U0909143

朔方文庫

明清時期寧夏文書檔案彙編

胡玉冰◎主編

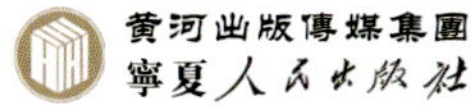

黄河出版傳媒集團
寧夏人民出版社

國家社會科學基金重大項目
“《朔方文庫》編纂”（批準號: 17ZDA268）經費資助出版

寧夏回族自治區“十四五”重點培育學科
“中國語言文學”學科建設經費資助出版

△諭内閣著將寧夏寧朔中衛等州縣堡屬本年未完正賦及帶徵各年正借錢糧暫予緩徵

乾隆十四年十一月初一日

乾隆十四年十一月初一日，内閣奉上諭："據甘肅巡撫鄂昌奏稱，甘州府屬之張掖縣暨東樂堡縣丞分駐地方，凉州府屬之鎮番、平番二縣，寧夏府屬之寧夏、寧朔、中衛三縣，直隸肅州并所屬之高臺縣，秋收俱僅五分以上，實屬歉薄。等語。收成五分以上，例不蠲免錢糧。但該省土瘠民貧，偶值歉收，民力不無拮据。宜量加體恤，著將張掖、東樂、鎮番、平番、寧夏、寧朔、中衛、肅州、高臺等州縣堡屬本年未完正賦及帶徵各年正借錢糧暫予緩徵，俟明歲麥熟後，照例催納。該部即遵諭速行。欽此。"

【《乾隆朝上諭檔》第 2 册，第 392 頁第 1529 條】

△諭傳諭陝甘總督尹繼善等查照舊例于寧夏沿邊一帶令蒙古進口交易

乾隆十四年十二月初四日

大學士公傅、大學士來字寄陝甘總督尹、甘肅巡撫鄂。

乾隆十四年十二月初四日，奉上諭："據馬靈阿奏稱，寧夏沿邊一帶，向令蒙古進口交易，迨乾隆九年，經原任督臣慶復查辦，因道員與駐札之員外郎各持己見，至今案尚未結，以致久行之例遽行禁革，多有未便，請查照舊例遵行。等語。寧夏沿邊口隘六十處所，向曾發給印牌，交該台吉等收執，遇有進口，執持查驗，立法原屬嚴明。行之數十年，并無疏忽。今乃以查辦之故，致使歷久遵行之例一旦禁革，有妨蒙古生計，殊非國家柔遠之道。在邊疆固宜防範，亦惟令該地方員弁于進口、出口之時詳加盤驗，弊端自可永除。可傳諭尹繼善、鄂昌等查照舊例，妥協辦理。欽此。"

遵旨寄信前來。

【《乾隆朝上諭檔》第 2 册，第 406 頁第 1577 條】

護理陝西寧夏總兵官海福題報接護鎮印日期

乾隆十四年十二月十五日

【注】護理陝西寧夏等處地方總兵官印、督中衛營副將、帶紀録二次臣海福謹題：爲恭報微臣接護鎮印日期事。

竊臣蒙太子太保、陝甘總督臣尹繼善調省考驗事竣，途次于乾隆拾肆年拾壹月貳拾捌日，蒙總督臣尹繼善委牌爲委署事，照得寧夏鎮那總兵，經本部堂委署固原提督所遺印務，不便乏員管理，本部堂選得中衛營副將海福堪以護理，合行飭委。爲此仰該將遵照即前赴寧夏，將總兵事務接管護理，務須勤慎供職，加意操防，毋得懈怠，有誤委用，仍將接護日期通報施行。等因。到臣。

蒙此，遵即兼程赴寧，于拾貳月拾伍日抵寧夏鎮城。寧夏總兵官臣那爾泰已經起程，本日，據署中軍游擊鄭士棟賫送寧夏總兵官銀印壹顆、王命旗牌拾杆面、未用火牌叁張、勘合拾道、蒙古勘合拾道，并節次奉到上諭、清漢各書，及一切營務事宜到臣，臣即于是日拜受護理訖。至一切營務汛守、兵馬錢糧及邊防各事宜，臣遵照成例，敬謹辦理外，所有微臣接印任事日期，理合恭疏題報，伏乞皇上睿鑒施行。爲此具本，謹具題聞。

乾隆拾肆年拾貳月拾伍日。

護理陝西寧夏等處地方總兵官印務、中衛營副總將、帶紀録二次臣海福。

【貼黄】

護理陝西寧夏等處地方總兵官印務、中衛營副總將、帶紀録二次臣海福

謹題：爲恭報微臣接護鎮印日期事。

竊臣蒙太子太保、陝甘總督臣尹繼善調省考驗事竣，途次于乾隆拾肆年拾壹月貳拾捌日，蒙總督臣尹繼善委牌照得，寧夏鎮那總兵經本部堂委署固原提督所遺印務，不便乏員管理，選得中衛營副將海福堪以護理，即前赴寧夏，將總兵衛營接管護理。等因。到臣。蒙此，遵即兼程赴寧，于拾貳月拾伍日抵寧夏鎮城。寧夏總兵官臣那爾泰已經起程，本日，據署中軍游擊鄭士棟賫送寧夏總兵官銀印壹顆、王命旗牌、上諭各書，及一切營務事宜到臣，臣即于是日拜受護理訖。至一切營務汛守、兵馬錢糧及邊防各事宜，臣遵照成例，敬謹辦理外，所有微臣接印任事日期，理合恭跪題報，伏乞皇上睿鑒施行。謹具題聞。

【注】此前有闕幅。

【《明清檔案》A161—85，B90439—B90440】

乾隆十五年（1750）

大學士管兵部來保奏報查核陝西省乾隆十三年各標營生息銀兩

乾隆十五年二月十六日

副摺。

二□二下兵。

兵部：爲奏陝甘各標生息銀兩由。

□太子太保、□銜□大學士□兼管兵部事務、教□二級紀録四次臣來保等謹奏：爲奏聞事。

查定例，内直省各標營生息銀兩，該督撫、提鎮每年將本銀收息及賞賫兵丁紅白事件，并動用過數目，造具清册，咨送到部，兵部按册逐一查核，分别舊管、新收、開除、實在，繕摺奏聞。等語。今據陝甘總督尹繼善將陝

西省乾隆拾叁年分督撫、提鎮各標營生息銀兩出入數目造册咨送前來，臣等謹將送到各册逐一查核，分别管、收、除、在，繕摺奏聞。計開：

一，册開舊管項下，乾隆拾叁年分督撫、提鎮標營存貯原本銀拾柒萬叁千壹百玖拾肆兩叁錢伍分壹毫壹絲玖忽陸微伍纖叁塵，以息作本銀捌萬壹千玖百叁拾玖兩陸分肆厘叁毫玖絲陸忽陸微肆纖柒塵，存剩息銀貳萬柒千伍百壹拾貳兩壹錢壹分叁毫捌絲伍微貳纖柒渺伍漠，共實存本息銀貳拾捌萬貳千陸百肆拾伍兩伍錢貳分肆厘捌毫玖絲陸忽捌微貳纖柒渺伍漠，等語。查陝西省乾隆拾叁年舊管本息銀兩，與乾隆拾貳年生息奏銷案内實存數目相符，應毋庸議。

一，册開新收項下，乾隆拾叁年分督撫、提鎮標營共收獲息銀肆萬貳千伍百肆拾貳兩叁錢捌分伍厘壹毫柒絲捌忽捌微陸纖陸塵伍渺，又收乾隆玖年奏銷餘息歸入營本營運銀陸千貳百陸拾叁兩玖錢捌分參厘伍毫壹絲捌忽肆微貳纖，共新收本息銀肆萬捌千捌百陸兩叁錢陸分捌厘陸毫玖絲柒忽貳微捌纖陸塵伍渺，等語。查陝西省生息銀兩，延綏一鎮商賈稀少，兵商兼借，安西提屬無商承領，俱係兵借，均以壹分起息。甘肅撫標以息作本銀兩，照例减輕以捌厘起息，其餘各標鎮營一例交商營運，俱以壹分伍厘起息，内西寧鎮以息作本銀兩。經該督以交商營運，無人承領，請以壹分起息。又，大通設處口外，仍請兵商兼借，俱經臣部覆准在案。今臣部按照借兵、借商本銀數目核算息銀，供無减少，應毋庸議。其新收乾隆玖年奏銷餘息歸入營本營運銀兩，應入以息作本項下，于息銀内開除。

一，册開開除項下，乾隆拾叁年分督撫、提鎮標營賞兵紅白事宜銀肆萬陸千貳拾兩。内固原提標因息銀不敷賞給，墊動以息作本銀捌百肆拾伍兩叁錢伍分貳厘捌毫柒絲伍忽。除平凉營因息銀不敷，自行借墊賞給銀陸錢叁分貳厘肆毫陸絲貳忽外，實賞給過銀肆萬陸千壹拾玖兩叁錢陸分柒厘伍毫叁絲捌忽。又，開除固鎮賞給撥補新兵路費銀捌拾玖兩伍錢，停募新兵繳還原本銀貳百玖拾肆兩。又，西寧、大通、慶陽、靖遠，其繳還司庫本銀肆千貳百貳拾貳兩。甘肅乾隆玖年奏銷息銀收入新收項下，作本交商營運銀陸千貳百陸拾叁兩玖錢捌分叁厘伍毫壹絲捌忽肆微貳纖，共開除本息銀伍萬陸千捌百捌拾捌兩捌錢伍分壹厘伍絲陸忽肆微貳纖。并據西安司總册内登明，督標出征兵丁吉喪禮銀因息銀不敷給賞，又無裒益可撥，應找領賞銀貳千貳百壹拾伍兩，統俟下年餘息銀内裒撥陸續找領。等語。查賞兵紅白事宜銀兩，係應行賞給之項，固鎮賞給撥補新兵路費銀兩。據該督咨内聲明，係經升任陝提瑚寶于酌籌清厘新兵等事案内奏明撥給之項，俱應准開銷。停募新兵繳還原本，并西寧、大通、慶陽、靖遠繳還司庫本銀，應令報明户部撥用。至甘肅乾隆玖年息銀作本交商營運銀兩，已經收入以息作本項下，應于息銀内開除。其西安册内聲明，督標不敷給賞出征兵丁，俟下年餘息找領銀兩，應于乾隆拾肆年奏銷案内查核。

一，册開實在項下。乾隆拾叁年分督撫提鎮標營，共實存原領本銀拾陸萬捌千陸百柒拾捌兩叁錢伍分壹毫壹絲玖忽陸微伍纖叁塵，以息作本銀捌萬柒千叁百伍拾柒兩陸錢玖分伍厘肆絲陸纖柒塵，存剩息銀壹萬捌千伍百貳拾陸兩玖錢玖分柒厘叁毫柒絲柒忽玖微陸纖柒塵貳渺伍漠，共實存本息銀貳拾柒萬肆千伍百陸拾叁兩肆分貳厘伍毫叁絲柒忽陸微捌纖柒塵貳渺伍漠，等語。查陝西省實存本銀并以息作本銀兩，内除延大通均應兵商兼借，安西提屬仍應一例借給兵丁外，其餘各標鎮營，俱應一例交商營運，以備賞給。再，查先經原任大學士等奏稱，各省生息銀兩，歷年收獲利息，除每年賞用，現在所有餘剩利銀，酌留本處賞用外，其餘銀兩先行撤出，充歸原項。嗣後將每年獲利，除賞兵等項應用外，所有餘剩銀兩，俱照此例，陸續繳完。等因。奏准在案。陝西省存貯息銀壹萬捌千伍百貳拾陸兩玖錢零，例應遵照原奏辦理。查乾隆拾年拾月内經該督奏請以玖年分報銷存貯息銀之數，統入現在營本之内。再，爲營運取息以資全賞之需，經臣部覆准在案。今據甘肅司總册内聲明，尚存玖年息銀陸千叁百叁拾捌兩肆錢零，現在陸續覓商交運，應于該年奏銷册内登報。等語。應令該督作速全行交商營運，以符奏定之例，仍于乾隆拾肆年奏銷案内造查核可也，爲此謹奏請旨。

乾隆拾伍年貳月拾陸日奏，本日奉旨："知道了。欽此。"

乾隆拾伍年貳月拾陸日。

臣來保、□次臣舒赫德，尚書署理正白旗漢軍都統事務兼佐領，加一級紀録四次臣李元亮，左侍郎兼正紅旗滿洲副都統、紀録十三次臣雅爾圖，左侍郎兼管順天府府尹事務、紀録一次臣蔣炳，經筵講官、右侍郎兼管國子監事務、紀録三次臣觀保，右侍郎臣孫嘉淦。

【《明清檔案》A162—73，B90851—B90856】

甘肅提督成元震題報巡查營汛起程日期

乾隆十五年二月二十八日

題。

□三月十七日。

該部知道。

提督甘肅等處地方總兵官、署都督僉事、駐扎甘州臣成元震謹題：爲恭報微臣巡查營汛起程日期事。

竊臣仰蒙皇上天恩，畀以甘肅提督，統屬伍營，表率肆鎮。臣自揣駑駘下質，未報涓埃。今于乾隆拾伍年貳月初壹日抵任，所有一切營務事宜，見在次第稽察，竭力整飭。但所屬營汛幅幀遼闊，地方險要，官兵技藝、營制事宜、軍火甲械，非臣親歷巡查，無以整官方而肅戎伍。伏查案准部咨，督臣伍年閲邊壹次，提督叁年普巡壹次。督臣閲邊之年，提臣停其普巡。提臣普巡之年，鎮臣停其巡查。等因。遵奉在案。

又于乾隆拾壹年，例應提臣普巡。前任提臣永常題明先巡涼州、寧夏貳鎮，其西寧、肅州貳鎮于乾隆拾貳年補巡。各在案。今自乾隆拾叁年起，扣至乾隆拾伍年，又值普巡之期。但查本年補行乾隆拾貳年武職軍政，若普巡臣屬涼州、寧夏、西寧、肅州肆鎮，地方遼闊，營汛繁多，往回周遍，必需數月，恐于辦理軍政大典致有貽誤。臣查西寧、肅州貳鎮，逼近邊口，誠爲緊要。臣酌量程途遠近，遵照提臣永常題明分巡之例，先巡西寧、肅州貳鎮，其涼州、寧夏貳鎮，容臣于辛未年①再爲補巡，庶于軍政巡查均無貽誤。

兹臣于乾隆拾伍年貳月貳拾捌日，輕騎減從，自備口糧鍋帳，自甘起程，由扁都口前往西寧鎮屬之永安、大通、白塔、北川、鎮海，以至西寧，挨營查勘邊隘墩汛，相度地勢險要情形，查閱分合陣式，考較官兵技藝，驗視一切軍裝器械以及馬匹、駝隻畢，仍進扁都口，前赴肅州鎮沿邊一帶，營汛逐一遍歷巡查，點閱考較，并嚴禁前鋒戎纛毋許遠迎，以省勞費。所過營汛隨從員役，臣嚴加約束，不許絲毫擾累。其巡查過情形，容臣回署後另疏具題。至臣標營伍事宜，飭令標下中軍參將萬岱率同各營將備加意料理外，所有微臣巡查營汛起程日期，理合恭疏題報，伏祈皇上睿鑒施行。爲此具本，謹具題聞。

乾隆拾伍年貳月貳拾捌日。

提督甘肅等處地方總兵官、署都督僉事、駐扎甘州臣成元震。

【貼黄】

提督甘肅等處地方總兵、署都督僉事、駐扎甘州臣成元震謹題：爲恭報微臣巡查營汛起程日期事。

竊臣仰蒙皇上天恩，畀以甘肅提督，于乾隆拾伍年貳月初壹日抵任，所有一切營務事宜，見在次第稽察，竭力整飭。伏查案准部咨，督臣伍年閱邊

①辛未年：乾隆十六年（1751）。

壹次，提督叁年普巡壹次。等因。又于乾隆拾壹年，例應提臣普巡。經前任提臣永常題明，先巡凉州、寧夏貳鎮，其西寧、肅州貳鎮于乾隆拾貳年補巡。各在案。今自乾隆拾叁年起，扣至乾隆拾伍年，又值普巡之期。但查本年補行乾隆拾貳年武職軍政，若普巡肆鎮，地方遼闊，營汛繁多，往回數月，恐于辦理軍政大典致有貽誤。臣查西寧、肅州貳鎮，逼近邊口，臣酌量程途遠近，遵照提臣永常分巡之例，先巡西寧、肅州貳鎮。其凉州、寧夏貳鎮，容臣于辛未年補巡，庶于軍政巡查均無貽誤。兹臣于乾隆拾伍年貳月貳拾捌日，輕騎减從，自甘起程，由扁都口前往西寧鎮屬，挨營查閱畢，仍進扁都口，前赴肅州鎮沿邊一帶營汛，遍歷巡查。其巡查過情形，容臣回署另疏具題。所有微臣巡查營汛起程日期，理合恭疏題報，伏祈皇上睿鑒，謹具題聞。

【《明清檔案》A162—94，B90939—B90941】

署陝西固原提督那爾泰題報交代起程回鎮日期

乾隆十五年三月十日

題。

十。

十五年四月十三日下兵。

該部知道。

署理陝西固原提督印務、寧夏總兵官、加貳級紀録壹次臣那爾泰謹題：爲恭報微臣交代回鎮日期事。

竊臣承准陝甘總督臣尹繼善委署陝西提督印務，于乾隆拾肆年拾貳月拾陸日到任親事，業將視事日期題報在案。今于乾隆拾伍年叁月初拾日，新任陝西提督臣李繩武到固，臣即將原接提督陝西總兵官銀印壹顆、王命旗牌捌杆面、未用火牌肆張，及節次奉到上諭、清漢各書，并新頒《武職衙門永遠傳示》上諭壹道，委令臣標中軍參將尚德賫送提臣李繩武接管任事。臣即于本日起程回寧。所有微臣交代起程日期，理合恭疏題報，伏祈皇上睿鑒施行。爲此具本，謹具奏聞。

乾隆拾伍年叁月初拾日。

署理陝西固原提督印務、寧夏總兵官、加貳級紀録壹次臣那爾泰。

【貼黄】

署理陝西固原提督印務、寧夏總兵官、加貳級紀録壹次臣那爾泰謹題：爲恭報微臣交代回鎮日期事。

竊臣承准陝甘總督臣尹繼善委署陝西提督印務，業將視事日期題報在案。今于乾隆拾伍年叁月初拾日，新任陝西提督臣李繩武到固，臣即將原接提督陝西總兵官銀印壹顆，委令臣標中軍參將尚德賫送提臣李繩武接管任事。臣即于本日起程回寧。所有微臣交代起程日期，理合恭疏題報，謹具奏聞。

【《明清檔案》A162—118，B91039—B91040】

陝西固原提督李繩武題報抵固任事日期

乾隆十五年三月十四日

題。

三。

三月二十六日。

十五年四月十六年下兵。

該部知道。

提督陝西固原等處地方總兵官、左都督兼騎都尉、又一雲騎尉臣李繩武謹題：爲恭報微臣抵固接印任事日期事。

竊臣欽奉上諭，調補固原提督，業將自福建浦城縣起程，由浙赴陝日期，恭疏題報在案。兹臣于乾隆拾伍年叁月初拾日抵固，准署固原提督印務。寧夏鎮臣那爾泰差委臣標中軍參將尚德賫送提督陝西總兵官銀印壹顆、王命旗牌捌杆面、未用火牌肆張，以及節次奉到上諭、清漢各書，并新頒《武職衙門永遠傳示》上諭壹道到臣。臣即于本日接受任事訖。除將微臣感激愚悃，恭摺奏謝天恩外，其一切事宜，容臣次第查辦。所有微臣抵固任事日期，理合恭疏題報，伏祈皇上睿鑒施行。爲此具本，謹具奏聞。

乾隆拾伍年叁月拾肆日。

提督陝西固原等處地方總兵官、左都督兼騎都尉、又一雲騎臣李繩武。

【貼黄】

提督陝西固原等處地方總兵官、左都督兼騎都尉、又一雲騎臣李繩武謹題：爲恭報微臣抵固接印任事日期事。

竊臣欽奉上諭，調補固原提督，業將自福建浦城縣起程，由浙赴陝日期，恭疏題報在案。兹臣于乾隆拾伍年叁月初拾日抵固，准署固原提督印務。寧夏鎮臣那爾泰差委臣標中軍參將尚德賫送提督陝西總兵官銀印壹顆到臣，臣即于本日接受任事訖。除將微臣感激愚悃，恭摺奏謝天恩外，所有微臣抵固任事日期，理合恭疏題報，謹具奏聞。

【《明清檔案》A163—3，B91089—B91090】

甘肅巡撫鄂昌題請報詳核固原賑災糧銀并無虛冒本[①]

乾隆十五年六月初四日

題。

該部察核具奏。

巡撫甘肅等處地方贊理軍務兼理茶馬、兵部右侍郎兼都察院右副都御史臣鄂昌謹題：爲行知事。

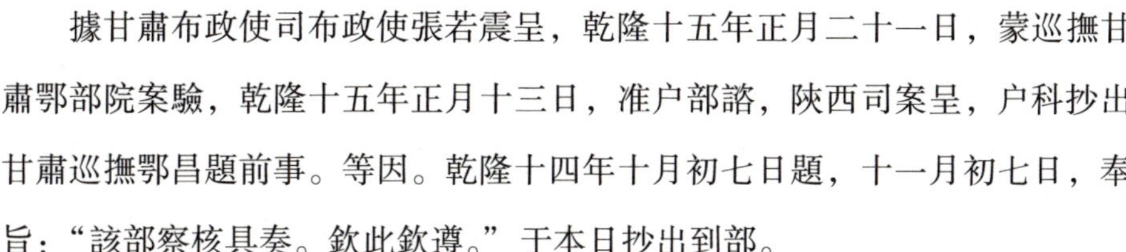

據甘肅布政使司布政使張若震呈，乾隆十五年正月二十一日，蒙巡撫甘肅鄂部院案驗，乾隆十五年正月十三日，准户部諮，陝西司案呈，户科抄出甘肅巡撫鄂昌題前事。等因。乾隆十四年十月初七日題，十一月初七日，奉旨："該部察核具奏。欽此欽遵。"于本日抄出到部。

該臣等查得，甘肅巡撫鄂昌疏稱，固原州地方于乾隆十三年十月初一、初二兩日地微震動，壓斃人畜，倒損房窑，及照例撫恤各緣由，經前撫臣黄廷桂會摺具奏。奉硃批："知道了。"欽遵在案。當即行司辦理去後。兹據布政使張若震詳稱，查固原州地震之白嘴子等一十八處被震民人八十七户，共壓斃男婦大小四十五名口。内大口二十九口，每口給棺木銀二兩，共銀五十八兩。小口一十六口，每口給棺木銀七錢五分，共銀一十二兩。壓斃牲畜之家計二十五户，每户給銀五錢，共銀一十二兩五錢。摇塌房屋八十間，每間給銀一兩，共銀八十兩。土窑五十四間，每間給銀一兩，共銀五十四兩。以上共賑過銀二百一十六兩五錢，在于司庫領回散給。又，見存民人共大小二百九十八口，每口無論大小各給糧三斗，共賑過倉斗糧八十九石四斗，在于該州倉貯乾隆七年采買小麥糧内支給訖。覆查賑過壓斃民人棺木、摇塌房窑及見存大小人口各項銀糧，均與乾隆三年寧夏地震賑恤之例相符。至該州賑

①内閣户科題本。

過牲畜銀兩，亦與甘屬歷年偏灾案内每户賑恤銀五錢之例相符。所有賑過銀兩，應請在于司庫備貯銀三十萬兩内作正開銷，糧亦即在于該州倉貯乾隆七年采買糧内准銷。并聲明固原州塌損城垣，另案請修。等情。取具細數册結，同監賑官印結，一并呈送題銷。等情。臣覆核無异。除册結分送部科外，相應會同陝甘督臣尹繼善合詞具題。等因。前來。

查甘省乾隆三年地震，經欽差大臣兵部侍郎班第等奏明，酌定壓斃人口每大口給棺木銀二兩，小口七錢五分。摇塌房屋土窑，每間給銀一兩。見存民人無論大小，每口賑糧三倉斗。奏明辦理在案。又，節年偏灾案内，淹斃牲畜每户給銀五錢。據該撫于題報情形案内，請明動給准銷，亦在案。今該撫鄂昌疏稱，固原州地震之白嘴子等一十八處被震民人壓斃大口二十九口，每口給棺木銀二兩。小口一十六口，每口給棺木銀七錢五分。壓斃牲畜二十五户，每户給銀五錢。摇倒房屋八十間，每間給銀一兩。土窑五十四間，每間給銀一兩。共賑過銀二百一十六兩五錢，在于司庫備貯銀三十萬兩内作正開銷。又，見存民人共二百九十八口，每口無論大小各給糧三斗。共賑過倉斗糧八十九石四斗，在于該州乾隆七年采買小麥内支給。取具監賑官印結請銷。并聲明固原州塌損城垣，另案請修。等語。查甘省節年賑恤動用銀兩，俱係請明動給。今固原州乾隆十三年地震用過銀二百一十六兩五錢，糧八十九石四斗，該撫雖稱經升任甘撫黄廷桂奏明辦理之項，但從前并無原奏抄録送部，亦未將所動銀糧各數報明。臣部無憑查核，未便遽議准銷。應令該撫鄂昌將前項賑過銀糧各數查明是否實給，并從前因何不將原奏抄録送部，據實詳查分晰，取具無浮印結，保題到日再議。并將塌損城垣應作何請修之處，報明工部定議可也。等因。于乾隆十四年十二月十四日題，本月十六日，奉旨："依議。欽此。"爲此合諮前去，欽遵施行。等因。準此，行司。

蒙此，遵即備移平慶道，轉飭遵照，仍令將固原州地震賑給過前項銀糧，遵照部示查明是否實給，取具無浮印結賫核。仍將塌損城垣應作何請修之處，一并妥議詳報，及屢催去後。今准平慶道章元佐移，據平凉府程永言詳，據固原州知州賈聖檜詳稱，遵查卑州乾隆十三年地震塌損城垣，自應議請修整。但查前奉諭旨，年來輸免正供并賑恤偏灾軍務經費亦屬浩繁，地方一切工程，俟一二年後，再請修整。等因。欽遵在案。今卑職自應欽遵諭旨，將該年地震塌損城垣，俟甘省經費有餘之日，另請估修。其地震白嘴子等一十八處壓斃人口、牲畜，賑過銀二百一十六兩五錢，係在司庫領獲，按户散給。又，見存民人共大小二百九十八口，賑過倉斗糧八十九石四斗，係請明在卑州倉貯乾隆七年采買糧内按户賑給。以上賑過銀糧，俱係會同委員照例實給，并無浮冒。理合據實出具印結，呈請核轉。等情。由府加結到道，本道覆核無异，相應加結轉請。等情。到司。

準此，除該州倒塌城垣應照所議，欽遵諭旨，俟甘省經費有餘之日另請估修外，該甘肅布政使司張若震查得，固原州乾隆十三年地震倒塌房屋、壓斃人口牲畜賑過銀糧一案，先據該州造具銷册結前來，當經本司裴叙原奏，呈請具題。奉大部行查，從前并未將原奏抄送，亦未將所賑銀糧款項報明，其賑過銀糧各數是否實給，無憑查核。等因。隨即行令確查取結，賫報去後。今准該道移，據平凉府詳，據固原州將乾隆十三年地震賑過銀糧查明，俱係實給，并無浮冒，取具印結前來。本司覆查，固原州地震之白嘴子等一十八處被震民人八十七户，共壓斃男婦大小四十五名口，内大口二十九口，每口給棺木銀二兩，共給銀五十八兩。小口一十六口，每口給棺木銀七錢五分，共銀一十二兩。壓斃牲畜之家二十五户，每户給銀五錢，共銀一十二兩五錢。摇塌房屋八十間，每間給銀一兩，共銀八十兩。土窑五十四間，每間給銀一兩，共銀五十四兩。以上共賑過銀二百一十六兩五錢。又，見存民人共大小二百九十八口，每口無論大小，各給糧三倉斗，共賑過倉斗糧八十九石四斗。逐加詳查，以上賑過各項銀糧，俱係遵照乾隆三年寧夏地震并歷年偏灾案内前劉赴憲奏准之例，會同委員隆德縣按户賑給，實用實效，并無虛冒情弊。應請將該州賑過前項銀兩，在于原動司庫備貯銀三十萬兩内作正開銷。賑過前項糧石，在于原動該州倉貯乾隆七年采買糧内作正准銷。等情。準據該道府具結查報前來，本司覆核無异。相應加結，合候保題。

至奉部示，從前既未將該州所賑銀糧款項報明，亦未將原奏抄送。等因。自應遵奉部示，將從前漏未抄録原奏之阿升司職名開揭請參，但事在乾隆十四年四月初九日恩詔以前，懇請邀免。至此案例限，以乾隆十五年正月十三日准諮之日起，扣限四個月，除去封印日期，應扣至本年五月二十日爲滿。今于限内呈賫，并未遲逾，理合一并聲明。等情。呈詳到臣。

該臣查得，固原州乾隆十三年地震壓斃人畜、倒塌房窑賑過銀糧，前經臣具題請銷。嗣准部覆，以從前并無原奏抄録送部，亦未將所動銀糧各數報明，無憑查核，未便准銷。令將前項賑過銀糧各數查明是否實給，并從前因何不將原奏抄録送部，據實詳查分晰取結，保題到日再議。等因。當經行司遵照去後。兹據布政使張若震詳稱，查固原州地震之白嘴子等一十八處，被震民人八十七户，共壓斃男婦大小四十五名口。内大口二十九口，每口給棺木銀二兩，共給銀五十八兩。小口一十六口，每口給棺木銀七錢五分，共給銀一十二兩。壓斃牲畜之家二十五户，每户給銀五錢，共銀一十二兩五錢。摇塌房屋八十間，每間給銀一兩，共給銀八十兩。土窑五十四間，每間給銀一兩，共給銀五十四兩。以上共賑過銀二百一十六兩五錢。又，見存民人共大小二百九十八口，每口無論大小各給糧三倉斗，共賑過倉斗糧八十九石四斗。逐加詳查，賑過各項銀糧俱係遵照乾隆三年寧夏地震并歷年偏灾案内奏准之例，按户賑給，實用實效，并無虚冒情弊。應請將前項賑過銀兩，在于原動司庫備貯銀三十萬兩内作正開銷。賑過前項糧石，在于原動該州倉貯乾隆七年采買糧内，作正准銷。等情。取具印結，加具司結，一并呈送，詳請題銷前來，臣覆核無异。

除原結分送部科外，相應加具印結，會同陝甘督臣尹繼善合詞保題，伏祈皇上睿鑒，敕部核覆施行。再照從前漏未抄録原奏請諮之升司阿思哈職名，自應開揭請參。但事在乾隆十四年四月初九日恩詔以前，應請邀免，合并聲明。謹題請旨。

乾隆十五年六月初四日。

巡撫甘肅等處地方贊理軍務兼理茶馬、兵部右侍郎兼都察院右副都御史臣鄂昌。

【貼黄】

巡撫甘肅等處地方贊理軍務兼理茶馬、兵部右侍郎兼都察院右副都御史臣鄂昌謹題：爲行知事。

該臣查得，固原州乾隆十三年地震壓斃人畜、倒塌房窑賑過銀糧，前經臣具題請銷，准部覆，令據實詳查分晰取結，保題到日再議。等因。行據布政使張若震詳稱，查固原州地震之白嘴子等一十八處被震民人八十七户，共壓斃男婦大小四十五名口。内大口二十九口，每口給棺木銀二兩，共給銀五十八兩。小口一十六口，每口給棺木銀七錢五分，共給銀一十二兩。壓斃牲畜之家二十五户，每户給銀五錢，共銀一十二兩五錢。摇塌房屋八十間，每間給銀一兩，共給銀八十兩。土窑五十四間，每間給銀一兩，共給銀五十四兩。以上共賑過銀二百一十六兩五錢。又，見存民人共大小二百九十八口，每口各給糧三斗，共賑過倉斗糧八十九石四斗。逐加詳查，賑過各項銀糧俱係照例賑給，實用實效，并無虚冒情弊。應請將賑過銀兩，在于原動司庫備貯銀内作正開銷。賑過糧石，在于原動該州倉貯糧内作正准銷。等情。取具印結，加具司結，呈送請題前來，臣覆核無异。除原結分送部科外，相應加具印結，會同陝甘督臣尹繼善謹題請旨。

【《明清宫藏地震檔案》（上卷壹）第433頁】

甘肅巡撫鄂昌題請核銷震後賑務用過銀兩并追繳册報不符銀數本[①]

乾隆十五年七月二十八日

題。

該部察核具奏。

巡撫甘肅等處地方贊理軍務兼理茶馬、兵部右侍郎兼都察院右副都御史臣鄂昌謹題：爲欽奉上諭事。

據甘肅布政使司布政使張若震呈，乾隆十二年七月十七日，蒙升任巡撫甘肅黄部院案驗，乾隆十二年七月十二日，准户部諮，陝西司案呈，户科抄出甘肅巡撫黄廷桂將乾隆三年寧夏地震辦理賑務用過銀糧等項，造具册結題銷。乾隆十一年十二月初四日題，乾隆十二年二月初七日，奉旨："該部查核具奏。欽此欽遵。"于本月初八日抄出到部。

户部隨將册開造運糧船隻工料銀兩移查工部去後。今于本年三月十六日，准工部查明，諮覆過部。該臣等會查得，甘肅巡撫黄廷桂將乾隆三年寧夏地震辦理賑務用過銀糧等項，造具册結，會同前任督臣慶復具題前來。查乾隆三年十二月初九日，奉上諭："據寧夏將軍阿魯等奏稱，寧夏地方于十一月二十四日戌時地動，滿城官兵房屋盡皆塌坍。等語。朕心深爲軫念，所有城内官兵人等，作何加恩賑恤之處，著該將軍作速查明，一面奏聞，一面辦理。其各處被灾兵民人等，著該地方官即行查明，一體賑恤。邊地寒冬，務令安妥，毋致一夫失所。欽此。"又，乾隆三年十二月十三日，奉上諭："前據寧夏將軍阿魯奏報，寧夏地方于十一月二十四日戌時地動，朕心軫念，已降旨令將軍、督撫等加意撫綏安插，無使兵民失所。今據阿魯續奏，是日地動甚重，官署、民房傾圮，兵民被傷身斃者甚多，文武官弁亦有傷損者，

①内閣户科題本。

朕心甚爲慘切，惟有敬凜天變，深自修省。著兵侍郎班第馳驛前去，即于明日起程，動撥蘭州藩庫銀二十萬兩，會同將軍阿魯并地方文武大員，查明被灾人等逐户賑濟，急爲安頓，無使流離困苦。其被壓身故之官弁，著照巡洋被風身故之例，加恩賜賞恤典。其動用銀兩，該部另行撥補。再，寧夏附近之州縣被灾者，著班第會同地方文武大員一體查賑，無得遺漏。欽此。”嗣據欽差兵部侍郎班第會同將軍、督撫阿魯等酌議寧夏見辦賑務事宜，繕摺具奏，奉硃批：“所奏俱屬妥協，此非尋常賑恤可比，須亟力爲之，務期稍救灾黎，以補我君臣之過耳。欽此欽遵。”在案。

今據該撫黄廷桂將乾隆三年寧夏地震辦理賑務用過銀糧等項，造具册結題銷。查册開：舊管無。新收銀一百二萬五千七百七十四兩八錢零，倉斗糧一十一萬六千一百九十六石零，料二百二十七石八斗七斤，重草一萬一千二百七束，皮衣、棉衣、夾單衣二千九百八件，羊一百五十隻，口袋一十九萬三千九十五條。内除相符准銷銀三十七萬五千二百八十六兩四錢五分零，糧七萬三千九百四十七石九斗七升一合零，料二百二十七石八斗，草一萬一千二百七束，皮衣、棉衣、夾單衣二千九百八件，羊一百五十隻，口袋一十五萬五千三十五條。駁查銀三十五萬四千三百六十三兩五錢七分零，糧一十一石一斗，口袋三萬六千條。另案歸結銀七千九百二十四兩二錢。實在銀二十八萬八千二百兩五錢九分零，糧四萬二千二百三十六石九斗九升九合零，口袋二千六十條。所有動用存剩款項數目，開列于後。

一，寧夏、寧朔、平羅三縣散賑乏食灾民四千一百八十七名，無論大小，每名先給口糧一倉斗，共需倉斗糧四百一十八石七斗。查原奏夏、朔、平、新、寶五縣生存人口，地震之後乏食，不及待賑，無論大小，每口先給一倉斗口糧。今止據夏、朔、平三縣將實賑過口糧造册請銷，其新渠、寶豐二縣并未散賑，業經題參審明在案，毋庸造册請銷。又，寧夏、寧朔、新渠三縣煮粥供食灾民二萬九千八百八口，自乾隆三年十二月初六日起，至四年正月初五日止，共需倉斗粟米六十九石九斗八升五合。查原奏夏、朔、平、新、寶五縣生存人口，地震鍋竈毁壞，急切不能炊爨，設廠煮粥賑濟。今止據夏、朔、新三縣將實用過糧石造册請銷，其平羅、寶豐二縣并未煮粥，業經題參審明在案，毋庸造册請銷。又，夏、朔、平、新、寶、靈、中七州縣初賑被灾户民并兵丁家屬以及府城客民，新、寶二縣聞賑歸來灾民共二十七萬四千二百四十六口，無論大小，每口給糧三倉斗，銀糧兼賑，每糧一石，照部價摺銀一兩，共需本色倉斗糧二萬九千八百三十七石四斗，銀五萬二千四百三十六兩四錢。又，夏、朔、平、寶等縣賑恤被灾各營兵丁三千八百三十八名，每名口給糧叁倉斗，銀糧兼散，共需本色糧六百七十二斗，銀五百四十四兩二錢。等語。

查乾隆四年三月内，"欽此"。兵部侍郎班第等奏報，夏、朔、平、新、寶五縣地震之後，生存大小人口二十一萬八百八十一口乏食，不及待賑，無論大小，每口先給口糧一倉斗，共糧二萬一千八十八石一斗。又，鍋竈毁壞，急切不能炊爨，設廠煮粥賑濟用過米二千五百一十一石一斗五升。又，夏、朔、平、新、寶、靈、中七州縣酌議初賑，不論大小人口，共二十七萬五十三口，每口給糧三倉斗，共需糧四萬五百七石九斗五升，需銀四萬五百七兩九錢五分。等因。在案。嗣據原任甘撫元展成諮報，新、寶二縣因震灾而兼被水灾，急不待賑，逃往他方，勢難阻留，是以不在原奏應賑口數之内。今既歸來，自應一體賑恤。經户部議令，將補賑銀糧統入賑恤案内，一并題銷。等因。亦在案。今前項賑過灾民銀糧并煮粥糧石，既據該撫造具實賑户口册結請銷。户部按册核算，數目相符。所有賑過本色糧三萬三百二十六石八升五合零，糧摺銀五萬二千四百三十六兩四錢零，均應准其開銷。至被灾兵丁，欽遵上諭，兵民一體賑恤。其賑過本色糧六百七石二斗，糧摺銀五百四十四兩二錢，亦應准其開銷。再，據該撫于册内聲明，前項被灾賑過户口銀糧與原奏數目不符之處，係前任寧夏縣知縣武梓。等因。地震廒座倒塌，糧石露出，灾民乘機取食，耗失不免，是以虚開抵補。業經在于題參事案内，審明灾民取食情實，已准作該員等耗失，并抵補已故知府顧爾昌虧空。等語。查乾隆十一年三月内，刑部題覆，前任寧夏縣知縣武梓等于賑恤案内虚開糧一萬六千八百九十五石二斗零，審明灾民取食情實，准作該員等耗失，知照户部在案。至虚開抵補虧空糧六千二百一十五石零，題參事案内并無此項糧數，應令該撫黄廷桂查明報部。

一，夏、朔、平、新、寶、靈、中七州縣加賑生存灾民，大口日給京升糧八合三勺，小口四合一勺五抄。倘有願領折色，著每糧一京石折給銀七錢。實加賑灾民五個月口糧，大口一十八萬四千七百二十六口，小口七萬三千一百四十八口。又加賑三個月口糧，大口二百三十四口，小口一百六口。又加賑兩個月口糧，大口二百五十九口，小口九十四口。又加賑一個月口糧，大口二十一口，小口五口。又加賑聞賑歸來灾民五個月口糧，大口四千九十口，小口一千九百六十八口。加賑三個月口糧，大口一千二百七十八口，小口七百四十四口。以上共計大口一十九萬六百八口，小口七萬六千六十五口。除小建不賑外，共賑過京斗合倉斗本色糧四萬二千九百二十九石四斗八升六合零，糧折銀一十五萬三千四十二兩八錢一分二厘七毫零。

查前項灾民係奏明加賑五個月，内有領過兩月、三月、一月加賑口糧，後次散賑不到并病故死亡以及搬移他往者，照數扣除，是以與原奏不符。又聞賑歸來灾民，因地震之後，俱各他往，并未請賑，未得入奏。嗣聞賑典，陸續歸來，業經諮部允准，照例一體賑恤。等語。查原奏内開被灾生存人口加賑五個月，大口日給京斗糧八合三勺，小口四合一勺五抄，除靈、中二州縣被灾較輕，并外府客民及兵丁家屬均毋庸加賑外，其夏、朔、平、新、寶五縣共計大口一十九萬一千一百五十六口，小口六萬九千七百九十七口，共該糧二十八萬一千四百三十七石八斗五升二合五勺。如有情願領銀者，每京石摺糧七錢。又，新、寶二縣從前俱係招集靈州、中衛等處民户分田開墾。

今地震水溢，伊等勢難存住，其有願回原籍并已經自行回籍者，亦令原籍地方官查明一體賑恤。等因。在案。嗣據原任甘撫元展成諮報，寧屬地震灾民逃往他方，勢難阻留，今既歸來，自應一例賑恤。經户部議令，將賑過銀糧統入賑恤案内一并題銷。等因。亦在案。今前項加賑灾民銀糧，既據該撫分别大小户口以及接賑月份造具册結請銷。臣部按册核算，數目相符。所有賑過本色糧四萬二千九百二十九石四斗八升六合零，糧摺銀一十五萬三千四十二兩八錢一分二厘七毫零，均應准其開銷。至册造户口銀糧并加賑月份與原奏數目不符之處，又據該撫分析聲明，應毋庸議。

一，夏、朔、平、新、寶、靈、中七州縣被灾兵民大小人口共二十七萬八百四十一口，每二口給房一間，三口給房二間，五口給房三間，多者按口遞增，共給房一十四萬八千四十四間，每間給銀二兩，共銀二十九萬六千八十八兩。又，靈、中二州縣被灾稍輕之處，倒房二千二百五十八間。每間給銀一兩，共銀二千二百五十八兩。又，夏、朔二縣賑給被灾并無家口隻身兵丁一千五百四十名，每名給房一間，共房一千五百四十間。每間給銀二兩，共銀三千八十兩。查隻身兵丁房價銀兩，自應一體賑給。又，固原鹽茶廳、固原州、鎮原縣摇塌民房共三百三十二間，土窑五間，每間給銀一兩，共銀三百三十七兩。等語。查原奏内開被灾見灾人口無論大小，有兩口者給房一間，三口給房二間，五口給房三間，多者照此遞增。每間給價銀二兩，令其自行搭蓋。查夏、朔、平、新、寶五縣計被灾兵民共大小人口二十六萬五千三百四十七口，共該房一十四萬七千四百八十二間，每間給銀二兩，該房價銀二十九萬四千九百六十四兩。其靈州、中衛共倒房二千二百五十八間，因被灾稍輕，每間給銀一兩，共給銀二千二百五十八兩。又，固原廳州、鎮原縣亦間有摇倒房屋土窑，照依靈州、中衛之例，一體撫綏。等因。在案。

今靈州、中衛并固原廳州、鎮原縣倒塌民房土窑賑給銀兩與原奏均屬相符，既據該撫造具册結請銷，所有用過銀二千五百九十五兩，應准開銷。

又，隻身兵丁每名給房一間之處，該撫既稱前項兵丁并無家屬，房價銀兩自應一體賑給。户部查與被灾兵民一體賑恤之諭旨亦屬相符，所有用過銀三千八十兩，亦應准其開銷。至夏、朔等州縣賑給被灾兵民大小人口房屋銀兩與原奏數目均屬不符，其不符緣由，疏册并未聲明，無憑查核。所有用過銀二十九萬六千八十八兩，未便遽准開銷。應令該撫黄廷桂詳細確查，逐一分晰聲明，具題到日再議。

一，寧夏府散給看守倉庫城池官兵内，協領四員，每員賞銀五十兩。佐領六員，每員賞銀四十兩。章京十一員，每員賞銀三十兩。驍騎校六員，每員賞銀二十兩。領催、前鋒、披甲一百八十一名，每名賞銀一十兩，共銀壹萬二千七百兩。又，夏、朔、平、新、寶、靈、中七州縣并無器具灾民四萬九千五百四十四户，每户給器具銀一兩，共銀四萬九千五百四十四兩。又，寧朔、寶豐二縣并無器具被灾兵丁四百一十一名，每名賑給器具銀一兩，共銀四百一十一兩。又，駐寧滿兵并無器具二千一百六十三户，每户給器具銀一兩，共銀二千一百六十三兩。等語。查原奏内開八旗看守倉庫城池官兵一千二百八員名，共應賞銀一萬二千七八百兩。又，被灾滿漢兵民五萬餘户，日用器具損毁俱盡，無力置買，每户賞銀一兩，俾其另製。等因。在案。今前項賞給八旗看守倉庫、城池官兵并滿漢兵民器具銀兩，既據該撫造具册結請銷。臣部按册核算，數目均屬相符。所有用過銀六萬四千八百一十八兩，應准開銷。

一，夏、朔、平、新、寶、靈、中七州縣賑給壓斃有主埋葬大口二萬四千一百一十九口，小口壹萬二千九百口。每大口給銀二兩，小口七錢五分，共銀五萬七千九百一十三兩。又，夏、朔、平、新、寶五縣掩埋壓斃無主大口一千二百四十口，小口九十四口。照有主之例，每大口給銀二兩，小口七錢五分，共銀二千五百五十兩五錢。又，寧夏府賑給壓斃駐寧滿洲官兵内，佐領三員，每員恤賞銀二百二十五兩。驍騎校一員，恤賞銀一百二十五兩。

領催十名，前鋒九名，每名賞恤銀一百兩。馬甲九十二名，每名賞恤銀七十五兩。步甲五十四名，每名賞恤銀二十五兩，共銀壹萬九百五十兩。又，壓斃知府一員，恤賞銀二百二十五兩。千總一員，恤賞銀一百二十五兩。把總一員，恤賞銀五十兩。馬兵一百五十六名，每名賞恤銀三十五兩。步守兵一百五十三名，每名尚恤銀二十五兩。共銀九千六百八十五兩。又，鹽茶廳壓死民人大口十二口，固原州壓死大口五口，小口三口。鎮原縣壓死大口二口，小口一口。每大口給銀二兩，小口七錢五分。共銀四十一兩。又，固原廳州、鎮原縣生存男婦大小共二百八十四口，每口給糧三倉斗，共糧八十五石二斗。再，查有主壓斃灾民較原奏少大口二十四口，係寧朔縣重開之數，今照數删除，下剩銀四十八兩，解還府庫。至恤賞緑旗官兵内，馬兵一名，步守兵六名，并無親屬請領，已將存剩銀一百八十五兩繳還原項。等語。查原奏内開被壓身故有主大口二萬四千一百四十三口，小口壹萬二千九百口。無主大口一千二百四十口，小口九十四口。每大口給埋葬銀二兩，小口七錢五分。共銀六萬五百一十一兩五錢。又，八旗壓斃官兵一百六十九員名，共恤賞銀壹萬九百五十兩。壓斃知府并千把總及緑旗馬步兵共三百一十九員名，共恤賞銀九千八百七十兩。又，鹽茶廳、固原州、鎮原縣壓死男婦人口并生存家口，照例一體扶綏。等因。在案。

今前項壓斃有主無主埋葬并滿漢官兵恤賞銀兩以及生存家口糧石，俱係奏明賞給之項，既據該撫造具結册請銷。臣部按册核算，數目相符。所有領過銀八萬一千一百三十九兩五錢，糧八十五石二斗，均應准其開銷。至有主壓斃灾民口數與原奏數目不符之處，該撫既稱係重開之數，已照數删除，下剩銀兩解還府庫，應毋庸議。其恤賞緑旗官兵内，馬兵一名，步守兵六名，又據該撫查明，各兵并無親屬請領存剩銀兩，既經繳還原項，亦毋庸議。

一，夏、朔二縣雇夫刨挖城門、街道、衙署等項。自乾隆三年十二月初二日起，至二十九日止，共一萬四千工，每工給銀八分。又，乾隆四年正月初一日起，至三月十一日止，共三萬三千三百九十工，每工給銀六分。共用銀三千一百二十三兩四錢。又，建蓋欽差大人、六部郎并道府公館九處，共計四十座。共蓋板房一百二十間，席棚十三座二十六間。又，製造監獄木籠四座，計八間。置買席片、鐵釘并匠夫工價共用銀五百七十六兩五錢。又，西路廳采買苫蓋糧堆大席二百塊，每塊價銀三錢四分。苫蓋糧船小席七百五十塊，每塊價銀一錢七分。共用銀一百九十五兩五錢。又，靈州、寧夏縣修造臨河堡大太平船二隻，哨船二隻，共計用銀四百七十三兩六錢一分。又，夏、朔、平三縣倉廒倒塌，製辦裝糧席囤等項共用銀四千四百四十兩二錢九分零。内背盤篩、揚米石人夫壹萬四千七百五十二工，每工給銀六分，共銀八百八十五兩一錢零。製辦席囤等項銀三千五百五十五兩一錢九分零。等語。查原奏内開夏、朔二縣雇覓夫役刨挖街道尸軀，年内每名日給工價銀八分，正月以後每名日給工價銀六分。等因。在案。嗣據原任甘撫元展成諮報，寧屬地震，倉廒傾倒，糧石四散，耗失甚多，不便露天堆積，請置備席囤上用蘆席苫蓋。經户部議，令將置買蘆席麻斤完日，造報工部核銷。并知照工部。亦在案。

今前項雇覓背盤篩、揚米石人夫工價銀兩，既據該撫造具册結請銷。户部按册核算，數目相符。所有用過銀八百八十五兩一錢零，應准開銷。至刨挖城門、街道、衙署用過銀兩，工部查册開：刨挖城門，清理街道、衙署，并未將刨挖清理各處所之高寬厚丈尺逐款開明，應令該撫將刨挖清理各處所高寬厚丈尺轉飭逐款查明，另造清册，并取具所用夫工并無浮冒捏飾確實印結題銷。其建蓋公館、監獄木籠等項，從前曾否奏明建蓋之處，疏内又未聲明。且查册開檩木、桁條、方木、椽子、門窗、檻框并未將各長徑寬厚丈尺逐一開載，所用一切板片又未將各應用處所高寬丈尺開造，成砌圍墻用磚亦不開明寬厚丈尺，匠工俱係籠統造報，難以查核，工部不便遽准。應令該撫查明，如係從前奏明之案，即照依駁款另造妥册，取具所用物料價值并無浮冒揑飾，勘結題銷，并將原奏抄録送部。如從前并未奏明，迄今始行造册報銷，事隔年久，無憑查考。所有用過前項銀兩，不便准其開銷。應令該撫毋庸造册報銷。其苫蓋糧堆糧船、修造船隻共用過銀六百六十九兩一錢一分，與例無浮，應准開銷。至夏、朔、平三縣製備裝糧席囤所用蘆席、麻斤夫工等項，見據該撫將用過銀兩另行造册諮銷，經工部會同户部查辦，應于彼案内辦理歸結。

一，夏、朔二縣接運武、古二縣運寧京斗糧三萬六百二十五石八斗七升一合八勺，又寶豐縣運貯平羅縣京斗糧九千二百二十七石一斗四升二合八勺零，各計程途遠近不等，照依河西運送軍糧之例，每京石每百里給脚價銀二錢。又，靈州、中衛、固原廳、州撥運寧郡倉斗糧二萬四千六百九十六石，各計程途遠近不等，照依運送賑糧之例，每倉石每百里給脚價銀一錢。以上共用脚價銀壹萬二千八百三十一兩四錢六分六厘二毫零。又，平羅縣縫補裝糧口袋二千一百三十五條，用過白布二十三匹，每匹價銀六錢。麻綫三斤，每斤價銀一錢四分。裁縫八十三工，每工價銀六分。扎口繩一千八百條，每條價銀八毫。捆載大麻繩四十五斤，每斤價銀八分。又，修理駝隻鞍價用過柳椽一百二十四根，每根價銀四分。木匠五十二工，每工給銀六分。以上修補口袋并駝隻鞍價共銀三十二兩三錢二分。又，供支八旗并寧夏鎮運糧駝五百七十三隻，正月初七日起，自寶豐運貯平羅京斗糧六千三百五十七石一斗四升二合八勺零。至二十五日回營止，每隻日支倉升料二升三升，七斤草一束二束不等，共支倉升料二百二十七石八斗零，采買七斤草一萬一千二百七束，每束時價銀自一分五厘至一分八厘不等，共用銀一百七十八兩八錢五分一厘。查前項駝隻自正月初七日運糧起，每駝日支料二倉升，草一束。又自正月十五日起，因駝隻日逐馱運糧石，不無疲乏，每隻加料一升，日支料三倉升，草一束。其回營駝隻每日止支空草二束。又，押駝兵丁一十二名，每名日支盤費銀一錢，自正月初八日起，至二十七日止。又，押運糧石把總四員，每員日給盤費銀二錢二分，跟役八名，每名日給盤費銀四分，計一十五日。以上官役兵丁盤費共計四十二兩。又，寧夏府散給委辦賑務原任西和縣李壽彤等十一員，每員日給盤費銀二錢二分，各支日期不等，共銀四百二十五兩四錢八分。等語。查乾隆四年二月内，據陝督查郎阿等奏稱，寧夏地震需糧甚急，撥運凉州府屬之武威、古浪二縣糧石來寧協濟。查凉州上年收成歉薄，見在柬作將興，應照河西軍需運糧之例，每京石每百里給脚價銀二錢。等因。又，寶豐見有倉糧，俱運至平羅，以資賑恤，但民間牲畜損斃大半，雇覓維艱。查有滿城并鎮標官駝約計六百隻，前往馱運，料草按日支給。等因。又據原任甘撫元展成題撥靈州、中衛并固原廳、州倉貯糧石運寧散給，其脚價銀兩，照例每倉石每百里給銀一錢。等因。各在案。

今前項運糧脚價，既據該撫開明程途里數，造具册結請銷。户部按册核算，數目相符，所有用過銀一萬二千八百三十一兩四錢六分六厘二毫零，應准開銷。又，每駝一隻，日支倉升料二升三升，七斤草一束二束不等，與在槽喂養之例無浮，其支過料二百二十七石八斗，草一萬一千二百七束，亦應准其開銷。至平羅縣修補口袋需用白布，并未開明丈尺，并麻綫、麻繩、修理駝隻鞍架柳椽以及采買草束價值，均屬浮多。又，散賑官員盤費，從前并未報部。押糧把總四員，盤費銀兩雖據該撫援照辦差千把之例支給，但辦差千把等官日給盤費銀二錢二分，并未另給跟役。今册造跟役八名，每名日給盤費銀四分，押駝兵丁十二名，每名日給盤費銀一錢，係照何例辦理。且駝隻既于正月二十五日回營，兵丁盤費因何支至二十七日，疏册均未聲明，户部無憑核議。所有用過銀六百七十八兩六錢五分一厘，未便遽准開銷。應令該撫逐一查明，據實核减，報部到日再議。

一，西路廳打造船一百隻，每隻物料工價銀一十四兩四錢七分九厘五毫零，共銀一千四百四十七兩九錢五分二厘三毫零。已經工部允銷在案。又，雇覓民船并官船接運凉州府屬運寧京斗糧四萬八百八十五石，每船一隻裝糧

四五十石，各計程途遠近不等，其官船雇覓船工水手，每糧一石給工食銀自八厘二毫至六分二厘不等。民船每糧一石給水脚銀自六分至七分五厘不等。共用銀二千二十九兩五錢四分一厘零。又，前項糧内截留中衛縣京斗糧壹萬五石五斗，折倉斗糧七千三石五斗。中衛縣雇車接運至倉計程八里，照每倉石每百里給脚價一錢之例核算，共給脚價銀五十六兩二分八厘。再，前項船隻運糧事竣，變價銀一百一兩三錢五分，亦經工部允准在案。變價銀兩批解藩庫。等語。查原奏内開撥運凉州府屬之武、古二縣倉糧運寧協濟雇覓民船并添造官船以資裝載，較之雇覓車羸從陸路馱運者猶可節運費而省民力。等因。在案。

今前項船隻運糧脚價，既據該撫開明程途里數，造具册結請銷。户部按册核算，官船運糧一京石給工食銀自八厘二毫至六分二厘，民船運糧一以京石給水脚銀自六分至七分五厘不等，較之陸路運糧脚價，有减無浮。又，中衛縣雇車運糧每倉石每百里給脚價銀一錢，與甘省運糧准銷脚價之例相符，所有用過銀二千八十五兩五錢六分九厘零，均應准其開銷。至運糧船隻，户部移查工部回稱，製造船一百隻，用過工料銀兩業經核銷在案。所有用過銀一千四百四十七兩九錢五分二厘三毫零，亦應准其開銷。其船隻變價銀一百一兩三錢五分，前經工部准其變價，歸還原動賑恤項下，知照户部在案。今此項銀兩曾否歸還原項，未據聲明，應令該撫查明報部。

一，中衛縣武生俞汝亮捐助衣服二千九百八件，内皮衣五百二十二件，棉衣一千一百六十二件，夾衣七百三十三件，單衣四百九十一件，散給夏、朔、平、新、寶五縣無衣窮民二千九百八名，每名給衣一件。又，捐賑羊一百五十隻，犒賞寧夏鎮各路協防兵丁一千三百名，均匀分給。等語。查乾隆四年十月内，據原任甘撫元展成諮報，原任湖廣提督俞益謨之子俞汝亮捐助羊一百五十隻，每隻估銀九錢。皮棉夾單衣二千九百八件，每件估銀七錢。制錢二千串，估銀二千兩。又捐助銀一千兩。共該銀五千一百七十兩六錢。

等因。在案。

今前項散給窮民衣服并犒賞協防兵丁羊隻，既據該撫造具灾民兵丁花名册結請銷。臣部按册核算，數目相符。所有捐助衣二千九百八件，羊一百五十隻，均應准其開銷。至捐助銀錢，已據該撫在于新收項下造報在案，應毋庸議。

一，直隸肅州修補夾布口袋三萬條，每條用綫工價銀八厘，共用銀二百四十兩。又，肅州并高臺縣遞運凉州夾布口袋三萬條。又，平凉府屬鹽茶廳、州、縣運寧夾布口袋一萬七十八條，共計重三萬九百五十八斤零。每一百三十斤合米一京石計算，每百里給脚價銀一錢五分，各計程途遠近不等，共用銀一百三十八兩六錢五分五厘二毫零。又，平凉府屬捆袋麻繩二百根，每根價銀九厘，共銀一兩八錢。等語。查乾隆四年三月内，據原任甘撫元展成諮報，凉屬運寧糧石，將甘肅運寧口袋截留凉州裝運，其運送口袋脚價，均請照依軍需運送軍裝之例，每一百三十斤合米一京石計算，每百里給脚價銀一錢五分。至修補口袋工價，亦應照軍需案内修補之例酌量支給。等因。在案。

今肅州并高臺縣遞運凉州夾布口袋，并固原等廳、州、縣運寧口袋脚價及修補口袋綫工，既據該撫造具册結請銷。臣部按册核算，數目相符。所有用過銀三百八十兩四錢五分五厘，應准開銷。

一，環縣賑給壓斃灾民埋葬銀一十二兩，房價銀三兩，口糧一十一石一斗。又，夏、朔二縣解還凉州完好夾布口袋三萬六千條。又，狄道州運寧口袋脚價銀四兩六錢。甘州府屬補修口袋綫工銀五十四兩二錢一分六厘零。運寧截留凉州裝糧口袋捆繩并脚價銀二十五兩八錢二分零。張掖縣接運肅州口袋雇覓民車脚價銀五十八兩六錢九分三毫零。山丹縣雇覓民車脚價銀三十六兩二錢二分四厘九毫零。寧州運至寧夏糧石并修補口袋脚價共銀壹萬二千七百二十二兩四錢九分一厘三毫零。凉州府屬運寧修補口袋并脚價共銀八百四十八兩九錢六分九厘六毫零。永、鎮二縣協濟車輛遞運武、故二縣運寧糧石脚價銀三萬一千九百九十兩七錢四分二厘四毫零。平、古二縣遞運協濟寧夏

賑糧脚價銀壹萬一千八百四十兩一錢六分七厘二毫零。等語。查原奏内開，慶陽府屬環縣之虎家灣等處亦間有摇倒房屋土窑，并間有壓死男婦人口者，照靈、中之例一體撫綏。等因。在案。

今環縣賑給壓斃灾民埋葬銀兩，并未分别大小口數。房價口糧銀數，亦未造具花名户口。其狄道等州縣運送糧石口袋脚價及修補口袋綫工捆繩麻斤價銀，均未造具細册送部，户部無憑查核。所有用過銀五萬七千五百九十六兩九錢二分零，未便遽准開銷。應令該撫逐一確查，分析聲明，據實造册，具題到日再議。

一，實在銀共二十八萬八千二百兩五錢九分七厘一毫零，内寧夏府庫下剩銀二十七萬九千四百六十一兩一錢四分八厘零。内：一，于查驗軍裝、器械等事案内，寧夏鎮標製辦軍裝，奉部准銷銀壹萬五千兩。一，于查明渠道震裂等事案内，修理三渠老埂，奉部准銷銀五萬七千三百四十四兩八分三厘八毫。一，與酌修新、寶渠道等事案内，修理惠農渠口，奉部准銷銀七萬九百七十七兩九錢八分八厘三毫。一，于借領兵餉銀兩事案内，寧夏鎮標并協路各營搭蓋窩棚，奉旨豁免銀壹萬九百一十一兩。一，于無籍之灾黎等事案内，夏、朔、平三縣借給窮民牛具，奉旨豁免銀壹萬二千五百一十三兩六錢三分四厘。一，于題參事案内，寧夏病故知縣沈項年虧空賑恤下剩及三渠老埂物料，共銀六百二十一兩五錢七分二厘六毫零，應于伊子沈光宇名下，著追完報。一，于題參事案内，平羅縣調任伏羌縣參革病故知縣馬瑗虧空賑恤下剩及挪建倉廒，共銀一千三百七十兩五分八厘七毫零，應于伊妻翁氏名下，著追完報。一，于揭報虧空倉庫錢糧事案内，中衛縣計參知縣姚廷柱虧空賑恤下剩銀六百五十四兩五錢八分八厘零，完交接任休致錢應榮墊辦城工動用，應俟城工造册請諮部覆到日，另案歸結。一，于各案内墊發平羅縣被水、被旱灾民口糧摺價，夏、平二縣新招户民牛具，平羅縣借給窮民口糧折價，夏、平二縣建蓋倉廒以及墊支廩口車價等項，共銀四萬八千七百四十四兩八錢五分四厘四毫零。應俟各彼案請撥有款及民借帶徵完解至日，再爲解繳歸結外，止該下剩銀六萬一千三百二十三兩三錢六分八厘零，内已解司庫銀壹萬六千六百八十五兩六分九厘八毫零，存貯府庫未解銀四萬四千六百三十八兩二錢九分八厘一毫零，現在催解。又，凉州府屬下剩銀八千七百三十五兩九錢三厘二毫，照數解還司庫訖。又，静寧州下剩銀三兩五錢四分五厘九毫零，見在催解。等語。

查乾隆九年三月内，欽奉諭旨："乾隆三年寧夏地震，被灾鎮標及外路協防兵丁在于寧夏府庫共借支銀一萬三仟伍佰伍拾九兩，除扣完司庫銀二千六百四十八兩外，著將未完銀一萬九百一十一兩，悉行豁免。欽此。"又，乾隆十年七月内，欽奉諭旨："甘省寧夏、寧朔、平羅三縣于乾隆三年地震之後，借給牛價銀兩尚有未完萬餘，著該部查明，加恩豁免。欽此。"户部行文陝督甘撫去後。嗣據該撫黄廷桂查明，未完銀壹萬二千五百一十三兩六錢三分四厘。欽奉上諭，加恩豁免，具摺奏聞。奉硃批："知道了。欽此。欽遵。"報部在案。今寧夏鎮標并協防兵丁以及夏、朔、平三縣民借未完共銀貳萬三仟肆佰二十四兩六錢三分四厘，臣部查與欽奉恩旨豁免銀數相符。又，製辦軍裝并修理三渠老埂惠農渠口，共用銀一十四萬三千三百二十二兩七分二厘一毫零，與工部題銷陸續知照户部銀數亦屬相符，均毋庸議。至沈項年虧空銀六百二十一兩五錢七分二厘六毫零，馬瑗虧空銀一千三百七十兩五分八厘七毫零，速飭在于各該員虧空案内催追完報。又，姚廷柱虧空銀六百五十四兩五錢八分八厘零，該撫既稱完交接任錢應榮墊辦城工動用，應俟城工銀兩准銷之日歸還原項報部，其各案墊發墊支并新招户民牛具、口糧折價等項，共銀四萬八千七百四十四兩八錢五分四厘四毫零，應令該撫俟各彼案請撥有款及民借帶徵完日解交歸結，仍開明年月案次分晰銀兩細數報部查核。至解司銀二萬五千四百二十兩九錢七分三厘零，造入何年何季撥册之處，未據聲明。其未解銀四萬四千六百四十一兩八錢四分四厘零，作速催解

司庫，一并報部查核。

一，實在：口袋共一十五萬七千九十五條，内寧夏、寧朔、中衛三縣變價夾布口袋一十一萬九千八百三十三條，單布口袋三萬五千四十三條，麻布口袋一百五十九條，三共口袋一十五萬五千三十五條，每條變銀一分五厘以致四分不等，共變銀四千三百九十六兩六錢四分。内解過司庫銀四千三百四十四兩八分。寧夏縣未解銀五十二兩五錢六分，係前令沈項年將夾布口袋報變單布口袋，不敷銀數，現在著落伊子沈光宇名下追解還項。中衛縣存貯夾布口袋二千六十條，查中衛縣存貯口袋見在收貯聽候備用。又，夏、朔、中三縣存貯倉斗糧四萬二千二百三十六石九斗九升九合三勺零。查夏、朔、中三縣存貯糧石，據寧夏府登稱，俱已另案動用，各隨本案内造報。等語。查前項口袋變價，先據該撫陸續諮報，共解司銀四千三百四十四兩八分，内除造入乾隆九十兩年春撥册内銀二千六百四十五兩四錢八分五厘零外，其餘銀一千六百九十八兩五錢九分五厘，造入何年何季撥册。又，夏、朔、中三縣存貯倉斗糧四萬二千二百三十六石九斗九升九合三勺零，係何案内動用之處，均未聲明。應令該撫逐一查明報部，并將中衛縣存貯夾布口袋二千六十條，轉飭加謹收貯。其寧夏縣未解銀五十二兩五錢六分，速飭追解還項，報部查核。

一，該撫總册開造賑恤寧夏地震灾民共收銀一百四十七萬三千兩，内除支發采買糧石并建築城工等項共銀四十四萬七千二百二十五兩一錢七分三厘零，各歸本案造銷外，止收銀一百二萬五千七百七十四兩八錢二分六厘零。等語。查前項收支存剩銀一百二萬五千七百七十四兩八錢二分六厘零，已于前款分别查核外，仍令該撫將采買糧石并建築城工用過銀肆拾肆萬七千二百二十五兩一錢七分三厘零，各歸本案造具册結題銷。至此案造銷遲延之處，據該撫疏稱，前經請明，俟原任寧夏縣武梓等虧空審擬明確，再行造銷。今已審題，應將賑恤過銀糧等項造册題銷。等語。應毋庸議。等因。乾隆十二年六月初四日題，本月初七日，奉旨："依議。欽此。"爲此合諮前去，遵照施行。等因。準此，行司。

蒙此，又于乾隆十五年三月十五日，蒙巡撫甘肅鄂部院案驗，乾隆十五年三月十一日，准户部諮，陝西司案呈，本年正月二十一日，准甘撫鄂昌諮，據布政司呈稱，前奉部諮，令將寧夏乾隆三年地震賑恤案内登答册籍速飭另造妥確，具題查核。等因。隨經行據寧夏府將所屬各縣乾隆三年地震賑恤登答各款册結造賫前來，當經本司同蘭、慶、甘、涼各册結彙詳請題，蒙憲臺以册登款項仍有未協。又，張、山、永三縣册造運寧口袋斤兩數目與肅、高二州縣原運斤兩數目亦屬不符，駁更除將册結飭發各屬，遵照指駁情節，逐一查明更造，俟至日另詳請題外，所有册結于限内賫到，駁更緣由，先請諮部。等情。相應諮明。等因。前來。應令該撫將前項駁更册結速飭更造妥確，具題查核可也。等因。準此，俱行到司。

蒙此，遵即備檄蘭、慶、甘、涼、寧五府，轉飭所屬作速查明登造，及屢催去後。兹據蘭、慶、甘、涼、寧五府將奉部諮查各款行據所屬各州縣逐一查明分晰，造具登答册結，呈賫前來。據此除奉部行令查明報部各款另詳呈請諮部外，該布政使張若震查得，寧夏乾隆三年地震賑恤過兵民銀糧奏銷案内：

一，奉部諮夏、朔等縣賑給被灾兵民大小人口、房屋銀兩與原奏數目均屬不符，所有用過銀二十九萬六千八十八兩，未便遽准開銷，應令詳細確查，逐一分晰，聲明具題一款。遵查，寧夏、寧朔、平羅、新渠、寶豐各縣賑給被灾兵民大小人口房價銀兩與原奏數目不符之處，行據各縣登稱，賑恤房價款内比原奏少户民二千八百七十二口，少賑房三千九百一十八間。其减少之處係具奏之後，灾民内有出外投親，以及病故、改嫁，并客民不願居住自行回籍者，是以删除未散。又，地震之後，灾民無處栖止，有移住他處者，嗣後聞賑歸來，户民大小口八千三百六十六口，請明照例一體賑恤，共該賑房四千四百八十間，是以與原奏不符。今各縣俱與册内分晰登明，其用過房價銀二十九萬六千八十八兩，應請准銷。

又奉部行查刨挖城門、街道、衙署，并未將刨挖清理各處所之高寬厚丈尺逐款開明，應令逐款查明，另造清册，取具所用夫工并無浮冒捏飾印結題銷一款。據稱，寧夏地震之後，衙署、廟宇、房舍盡皆倒塌，磚瓦土木混雜堆積，道路門限皆爲壅塞不通，灾民栖止行走俱在土堆、房屋之上，勢不得不爲清理，彼時倉皇急遽，奉諭刨挖，勢不能如土方之可以計丈計尺核算。今事隔數年，經手員役半多物故，悉照當日夫價底册造報，奉駁丈尺，實難懸揣捏造，所有用過銀三千一百二十三兩四錢，俱係實用實銷，應請准銷。

又奉部行查建蓋公館、監獄木籠等項，從前曾否奏明建蓋之處，疏内并未聲明，且查册開檩木、桁條等項并未將各長寬厚丈尺逐一開載，所用木片又未將應用處所高寬丈尺開造，成砌圍墻用磚亦未開明寬厚丈尺，匠工俱係籠統造報，難以查核，不便遽准，應令查明，如係奏明之案，即照依駁款另造妥册，取具所用物料價值無浮印結題銷，并抄原奏送部。如未奏明，迄今始行造報，事隔年久，無憑查核。前項銀兩不便准銷，應令毋庸造册報銷一款。行據寧夏府册登，地震之後，夏、朔二縣建蓋公館、板房、席棚、監獄木籠等項用過銀五百七十六兩五錢，緣乾隆三年地震之後，官衙、民舍一切俱無，彼時督撫兩憲及欽差大人俱駐寧城辦理賑務，正當嚴寒之時，萬難露處，詳明前任元撫憲批准搭蓋草房席棚，復又諭令添建板房，製辦木籠，俱係蒙諭辦理，實緣震灾之後正在撫恤，灾黎倉皇急切之際，未及預請具奏。迨後賑務完竣，造報奏銷股項繁多，正在清查呈請補奏，旋即題參寧夏縣前任沈項年虧空審明添建板房項下，准其造銷銀二百三十四兩二錢，是此項銀兩當日賑恤本案未及具奏，後于參案内已經諮題有案。并寧朔縣添建板房、席棚等項用過銀三百四十二兩三錢，事同一例，均係實用實銷，并非捏冒，應請准銷。

又奉部行查環縣賑給壓斃灾民埋葬銀兩，并未分别大小口數，房價、口糧銀數，亦未造具花名户口。又，狄道等州縣運送糧石口袋脚價，并夏、朔二縣解送凉州完好口袋，及修補口袋綫工捆繩麻斤價銀，均未造具細册，無憑查核，所有用過銀五萬七千五百九十六兩九錢二分零，未便遽准開銷，應令逐一確查，分晰聲明，造册具題，到日再議一款。查環縣賑給壓斃灾民埋葬銀兩大小口數房價、口糧銀數，并狄道等州縣運送糧石口袋脚價等項，俱行據各屬分晰造具細數册籍呈賫，祈請大部查核。所有前項用過銀五萬七千五百六十四兩九錢二厘二毫三絲六忽，倉斗口糧一十一石一斗，應請准銷。再，查部諮内開，共用銀五萬七千五百九十六兩九錢二分零，今册登共用過銀五萬七千五百六十四兩九錢二厘二毫三絲六忽。其數目不符之處，查肅州并高臺縣運寧口袋三萬條，内三千六百條，每條計重一斤。又二萬六千四百條，每條計重一十二兩。動支脚價，前奉部議，准銷在案。其接遞轉運之張、山二縣前册造每條俱重一斤，永昌縣前册造每條俱重一十四兩。今查明飭令更正，是以數目不符。共該下剩銀三十二兩一分九厘六毫二絲七忽九微，内張掖縣前任知縣李廷桂名下應追銀一十七兩五錢一分五厘六毫五絲，山丹縣前任知縣史載魁名下應追銀九兩九錢一毫五絲，永昌縣前任知縣鄭鐸名下應追銀四兩六錢三厘八毫二絲七忽九微。該員等俱已久經回籍，李廷桂係陝西延安府甘泉縣人，史載魁係江南鎮江府溧陽縣人，鄭鐸係山西蒲州府萬泉縣人，應請大部行令各該員原籍著追完報，仍請大部在于前造册内更正。

以上奉部行查各款，既據各屬逐細查明登覆，造具册結，呈賫前來，本司覆核無异。相應同本司應登款項，一并造册呈賫，合候具題。至此案以乾隆十五年三月十一日續准部諮起，例限四個月，應扣至本年七月十一日爲滿，今于限内登報，并未遲逾。再，此案有因册造舛錯駁更者，有數目相符存候彙轉者，是以年月銜姓先後不能畫一，合并聲明。等情。呈詳到臣。

該臣查得，乾隆三年寧夏地震辦理賑務用過銀糧等項，經前撫臣黄廷桂具題請銷，嗣准部覆，除允銷各款外，餘令逐一確查，分晰聲明，據實造册，具題到日再議。等因。當經行司遵照去後。兹據布政使張若震詳稱，除奉部行令查明報部各款另詳請諮外，一，奉部行查夏、朔等縣被灾兵民大小人口、房屋銀兩與原奏數目不符，應令詳細確查，分晰聲明具題一款。查寧夏、寧朔、平羅、新渠、寶豐五縣賑給被灾兵民大小人口、房價銀兩與原奏數目不符之處，係賑恤房價款内比原奏少户民二千八百七十二口，少賑房三千九百一十八間，其減少之處，係具奏之後，灾民内有出外投親，以及病故、改嫁，并客民不願居住自行回籍者，均經刪除未散。又地震之後，灾民無處栖止，有移住他處者，嗣後聞賑歸來，户民大小口八千三百六十六口，請明照例一體賑恤，共該賑房四千四百八十間，是以與原奏不符。今俱與册内分晰登明，其用過房價銀二十九萬六千八十八兩，應請准銷。

又奉部行查刨挖城門、街道、衙署，并未將刨挖清理各處所之高寬厚丈尺逐款開明，應令查明，另造清册題銷一款。查寧夏地震之後，衙署、廟宇、房舍盡行倒塌，磚瓦土木混雜堆積，道路門限皆爲壅塞不通，灾民栖止行走俱在土堆房屋之上，勢不得不爲清理。彼時倉皇急遽，勢不能如土方之可以計丈計尺核算。今事隔數年，經手員役半多物故，悉照當日夫價底册造報，奉駁丈尺，實難懸揣捏造，所有用過銀三千一百二十三兩四錢，俱係實用，應請准銷。

又奉部行查建蓋公館、監獄木籠等項，册内俱係籠統造報，難以查核。應令查明，另造妥册，并抄原奏送部一款。查地震之後，官衙、民舍一切俱無，彼時督撫及欽差俱駐寧城辦理賑務，正當嚴寒之時，萬難露處，詳明前撫元展成批准，搭蓋草房、席棚，添建板房，并製辦監獄木籠，俱係蒙諭辦理。實緣震灾之後正在撫恤，灾黎倉皇急切之際，未及預請具奏，迨後賑務完竣，造報奏銷股項繁多，正在清查，另請補奏。旋即題參前任寧夏知縣沈項年虧空審明添建板房項下，准其造銷銀二百三十四兩二錢，是此項銀兩當日賑恤本案未及具奏，後于參案内已經諮題有案。并寧朔縣添建板房、席棚等項用過銀三百四十二兩三錢，事同一例，均係實用實銷，并非捏冒，應請准銷。

又奉部行查環縣賑給壓斃灾民埋葬銀兩，并未分别大小口數房價、口糧

銀數，亦未造具花名，并狄道等州縣運送糧石口袋脚價，及修補口袋綫工、繩麻價銀均未造具細册，無憑查核，應令分晰造册具題一款。查環縣賑給壓斃灾民埋葬銀兩大小口數，房價、口糧銀數，并狄道等州縣運送糧石口袋脚價等項，行據各屬分晰造具細數清册賫核，所有用過銀五萬七千五百六十四兩九錢零，倉斗口糧一十一石一斗，應請准銷。至部諮内開，共用銀五萬七千五百九十六兩九錢二分零，今册登共用過銀五萬七千五百六十四兩九錢二厘零。數目不符之處，係肅州并高臺縣運寧口袋三萬條，内三千六百條每條計重一斤，又二萬六千四百條每條計重一十二兩。動支脚價，前奉部議，准銷在案。其接遞轉運之張、山二縣前册造每條俱重一斤，永昌縣前册造每條俱重一十四兩。今查明飭令更正，是以數目不符。共該下剩銀三十二兩一分零，内張掖縣前任知縣李廷桂名下應追銀一十七兩五錢一分五厘零，山丹縣前任知縣史載魁名下應追銀九兩九錢一毫零，永昌縣前任知縣鄭鐸名下應追銀四兩六錢三厘零。該員等久經回籍，李廷桂係陝西延安府甘泉縣人，史載魁係江南鎮江府溧陽縣人，鄭鐸係山西蒲州府萬泉縣人，應請行令各該員原籍著追完報，仍請在于前造册内更正。等情。

取具各細數册結，造具司總册，一并呈送，請題前來，臣覆核無异。除册結分送部科外，相應會同陝甘督臣尹繼善合詞具題，伏祈皇上睿鑒，敕部核覆施行。再，查此案有因册造舛錯駁更者，有數目相符存候彙轉者，是以年月銜姓先後不能畫一，合并陳明。謹題請旨。

乾隆十五年七月二十八日。

巡撫甘肅等處地方贊理軍務兼理茶馬、兵部右侍郎兼都察院右副都御史臣鄂昌。

【貼黄】

巡撫甘肅等處地方贊理軍務兼理茶馬、兵部右侍郎兼都察院右副都御史臣鄂昌謹題：爲欽奉上諭事。

該臣查得，乾隆三年寧夏地震辦理賑務用過銀糧等項，經前撫臣黄廷桂具題請銷，嗣准部覆，除允銷各款外，餘令確查分晰，造册具題，到日再議。等因。行據布政使張若震詳稱：

一，查夏、朔、平、新、寶五縣賑給兵民房價與原奏不符，係賑恤款内比原奏少户民二千八百七十二口，少賑房三千九百一十八間，其減少之處，係灾民内有出外、病故及客民回籍者，删除未散。又，嗣後聞賑歸來户民八千三百六十六口，照例賑恤，共房四千四百八十間，是以不符。其用過房價銀二十九萬六千八十八兩，應請准銷。

又查刨挖城門、街道、衙署，地震之後，衙署、廟宇、房舍盡行倒塌，壅塞不通，勢不得不爲清理。彼時倉皇急遽，不能計丈尺核算。今事隔數年，實難揑造，所有用過銀三千一百二十三兩四錢，應請准銷。

又查建蓋公館等項，地震之後，衙舍俱無，彼時督撫、欽差俱駐寧辦賑，萬難露處，詳明搭蓋席棚，添建板房，正在倉皇急切之際，未請具奏。迨後參沈項年虧空，審明准銷銀二百三十四兩二錢。并寧朔縣添建板房等項，用過銀三百四十二兩三錢。事同一例，應請准銷。

又查環縣賑給埋葬、房價、口糧銀數，并狄道等州縣口袋脚價等項，行據各屬分晰造册賫核，所有用過銀五萬七千五百六十四兩零，口糧一十一石一斗，應請准銷。至部諮内開共用銀五萬七千五百九十六兩零，今册登共用銀五萬七千五百六十四兩零。其不符之處，係查明飭令更正，共該下剩銀三十二兩零，内李廷桂名下應追銀一十七兩零，史載魁名下應追銀九兩零，鄭鐸名下應追銀四兩零。該員等久經回籍，應請行令各原籍著追，仍在前册内更正。等情。

取具題前來，臣覆核無异。除册結分送部科外，相應會同陝甘督臣尹繼善。謹題請旨。

【《明清宫藏地震檔案》（上卷壹）第442頁】

陝西寧夏總兵官那爾泰題報領到新頒王命旗牌日期

乾隆十五年九月二日

題。

廿六。

十五年十月九日下工、兵。

該部知道。

鎮守陝西寧夏等處地方副將、管總兵官事、加二級紀録一次臣那爾泰謹題：爲恭報微臣領到新頒王命旗牌日期事。

竊臣于乾隆拾肆年拾貳月初肆日，蒙工部札開，本部奏請换頒各省督撫、將軍、提鎮王命旗牌令箭壹摺，于乾隆拾肆年拾月拾伍日奏，本日奉旨："知道了。欽此欽遵。"相應行文直隸各省督撫、提鎮等一體遵照，于文到之日委員赴部請領，俟新旗牌頒發到日，即將舊旗牌送部查銷。等因。札行到臣，遵即備具文批，飭委請補臣標左營守備伍達哈賨赴工部請領。自令字伍百肆拾叁號起至伍百伍拾貳號止王命旗牌拾杆面，于乾隆拾伍年捌月貳拾肆日到寧。臣隨率領標營官弁出郊，跪迎至署，恭設香案，望闕叩頭謝恩，欽遵祗領，敬謹收貯。除將舊存王命旗牌臣另行差員繳部查銷外，所有微臣領到王命旗牌日期，理合恭疏題報，伏乞皇上睿鑒施行。爲此具本，謹具題聞。

乾隆拾伍年玖月初貳日。

鎮守陝西寧夏等處地方副將、管總兵官事、加二級紀録一次臣那爾泰。

【貼黄】

鎮守陝西寧夏等處地方副將、管總兵官事、加二級紀録一次臣那爾泰謹題：爲恭報微臣領到新頒王命旗牌日期事。

竊臣蒙工部札開，本部奏請换頒各省督撫、將軍、提督王命旗牌令箭壹折，于乾隆拾肆年拾月拾伍日奏，本日奏旨："知道了。欽此欽遵。"札行到臣，遵即備具文批，飭委請補臣標左營守備伍達哈賫赴工部請領。自令字伍百肆拾叁號起至伍百伍拾貳號止王命旗牌拾杆面，于乾隆拾伍年捌月貳拾肆日到寧。臣隨率領標營官弁出郊，跪迎至署，恭設香案，望闕叩頭謝恩，欽遵祗領，敬謹收貯。除將舊存王命旗牌臣另行差員繳部查銷外，所有微臣領到王命旗牌日期，理合恭疏題報，伏乞皇上睿鑒施行。謹具題聞。

【《明清檔案》A166—95，B93055—B93056】

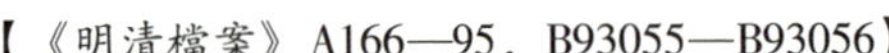

陝西固原提督李繩武題報接受新印開用日期

乾隆十五年九月六日

題。

十五年十月初八日下禮、兵。

該部知道。

提督陝西固原等處地方總兵官、左都督兼騎都尉、又一雲騎尉臣李繩武謹題：爲恭報微臣接受新印開用日期事。

竊臣承准禮部照會，内開：陝西提督印信業經造成，恭呈御覽，作速批差，赴部請領。等因。承準此，隨專差請領去後。今于乾隆拾伍年玖月初叁日，據臣標試用武進士李生伏捧賫新鑄清漢文篆乾字叁百貳拾貳號提督陝西總兵官銀印壹顆到固。臣即率標營各官出郊，跪迎至署，恭設香案，望闕叩頭，謝恩領受，即于本日開用訖。其舊印遵例鐫字封固，另行專差繳送禮部外，所有微臣接受新印開用日期，理合恭疏題報，伏祈皇上睿鑒施行。爲此具本，謹具奏聞。

乾隆拾伍年玖月初陸日。

提督陝西固原等處地方總兵官、左都督兼騎都尉、又一雲騎尉臣李

繩武。

【貼黄】

提督陝西固原等處地方總兵官，左都督兼騎都尉、又一雲騎尉臣李繩武謹題：爲恭報微臣接受新印開用日期事。

乾隆拾伍年玖月初叁日，據臣標試用武進士李生伏捧賫新鑄清漢文篆乾字叁百貳拾貳號提督陝西總兵官銀印壹顆到固，臣即率標營各官出郊，跪迎至署，恭設香案，望闕叩頭，謝恩領受，即于本日開用訖。所有微臣接受新印開用日期，理合恭疏題報，謹具奏聞。

【《明清檔案》A166—108，B93107—B93108】

陝甘總督尹繼善題報乾隆十四年各標鎮營病故告退等項功加員名

乾隆十五年九月二十四日

題。

十七。

十五年十月二十一日下兵。

該部知道。

太子太保，兵部尚書兼都察院右都御史，總督陝甘等處地方軍務兼理糧餉，加貳級紀録叁拾捌次、又軍功加壹級紀録貳次臣尹繼善謹題：爲遵例匯題事。

該臣看得，定例内開：功加效用各官，及功加職銜之見任千把總病故者，既係年底匯題。今老病告辭者，先行報部銷札，相應停其逐名具題，俱于年底一并匯題。等因。遵照在案。兹查乾隆拾肆年分，陝、甘、安各屬，除延綏、興漢、河州、肅州各鎮并無病故告退、功加效用各官兵外，查陝提標中營功加署守備，又功加署都司郭生花，西寧鎮屬扎什巴營功加署守備康寧，俱派赴金川軍營陣亡，于乾隆拾肆年肆月貳拾捌日繳札。安提屬沙州協營功加署守備，又功加署都司謝禄年老告辭，陝提屬潼關協營功加署副將黄得業，患病身故，俱于乾隆拾肆年伍月拾叁日繳札。陝提標左營功加署守備孫佩璣，固原城守營功加署副將吴卜，俱因年老告辭，陝提屬金鎖關營功加署副將劉玉成，督標火器營今改建威營，功加署守備谷留住，更本姓名張朋祥，俱因病告辭。凉州鎮屬永昌協營功加署守備胡光祖，更本名胡命性，陝提標前營功加署守備葛學義，督標後營功加署守備羅榮，俱患病身故。以上俱于乾隆拾肆年伍月貳拾玖日繳札。

西寧鎮屬大通協營功加署守備姜國安患病身故，又鎮海營功加署守備，又功加守備馬良奉，因出征金川，留牧馬匹被賊趕去，斥革，俱于乾隆拾肆年陸月拾貳日繳札。寧夏鎮標後營功加署守備姚玉患病身故，于乾隆拾肆年柒月初伍日繳札。陝提屬長武營功加署守備李彩因病告辭，督標中營功加署守備蔣文輝患病身故，俱于乾隆拾肆年柒月拾伍日繳札。凉州鎮標前營功加署守備李芳，本名劉德，患病身故，安提屬黄墩營功加署守備沈蘊伏，患病告辭，俱于乾隆拾肆年拾貳月拾柒日繳札。以上各標鎮營病故告退等項，功加郭生花等共壹拾捌員名，俱經隨時咨部繳札在案，相應照例匯題，伏祈皇上睿鑒，敕部施行。爲此具本，謹具題聞。

乾隆拾伍年玖月貳拾肆日。

太子太保、兵部尚書兼都察院右都御史、總督陝甘等處地方軍務兼理糧餉、加貳級紀録叁拾捌次、又軍功加壹級紀録貳次臣尹繼善。

【貼黄】

太子太保、兵部尚書兼都察院右都御史、總督陝甘等處地方軍務兼理糧餉、加貳級紀録叁拾捌次、又軍功加壹級紀録貳次臣尹繼善謹題：爲遵例巡匯題事。

該臣看得，定例内開：功加效用各官及功加職銜之見任把總病故者，既係年底匯題。今老病告辭者，先行報部銷札，相應停其逐名具題，俱于年底一并匯題。等因。遵照在案。玆查乾隆拾肆年分陜、甘、安各標鎮營病故告退等項，功加郭生花等共壹拾捌員名，俱經隨時咨部繳札在案。相應照例匯題，伏祈皇上睿鑒敕施行，謹具題聞。

【《明清檔案》A167—54，B93451—B93453】

陜西固原提督李繩武題報赴蘭考試武舉外場日期

乾隆十五年九月二十四日

題。

十四。

十五年十月十九日下兵。

提督陜西固原等處地方總兵官、左都督兼騎都尉、又一雲騎尉臣李繩武謹題：爲恭報微臣赴蘭考試武舉外場日期事。

乾隆拾伍年玖月初柒日，准蘭州撫臣鄂昌咨開，竊照鄉試武舉定期拾月初次第舉行，例應咨會提鎮壹員同考外場。今試期將届，除移明陜甘總督并俟臨場繕疏題報外，相應密咨查照，希即束裝，務于拾月初到蘭，以便會同考試。等因。移咨前來。臣即束裝，于本年玖月貳拾肆日，自固起程赴蘭，會同撫臣鄂昌考試武舉外場。除臣衙門緊要事件帶印沿途辦理，其平常事件檄飭中軍參將尚德代拆代行外，所有微臣起程日期，理合恭疏題報，伏祈皇上睿鑒施行。爲此具本，謹具奏聞。

乾隆拾伍年玖月貳拾肆日。

提督陜西固原等處地方總兵官、左都督兼騎都尉、又一雲騎尉臣李繩武。

【《明清檔案》A167—59，B93467—B39468】

△諭内閣著刑部將德明侵用色得禮所匿阿炳安銀兩一案照侵貪之例奏請正法

乾隆十五年十月十二日

諭曰："刑部將德明侵用色得禮所匿阿炳安銀兩一案，照侵貪之例，以情實另案奏請正法。朕去年降旨，將庚午①、辛未②兩年侵貪官犯，另案具題者，原慮貪官知將免勾，必且益逞，故特嚴其令，所以儆貪風而申國憲也。至德明此案，係侵用阿炳安之弟色得禮寄頓銀兩，此不過無耻之徒，乘機乾没。擬以絞候，已足蔽辜。與身爲侵貪犯法者，大相徑庭。今使阿炳安而在，誠應照此例處决。至其親弟，罪名已難與同科。今乃將受伊弟所寄匿之德明，援據另題之例，是何意見？總之，該部并不詳審案情，惟謬爲從嚴。自立無過之地，縱有未當，朕必爲改正。如此則法司明刑之謂何？即如周栐，身爲職官，行同賊盜，揑報沉溺銅斤，盗賣至于累萬。此而不置之重典，何以示懲？實應情實，請旨正法可也。乃該部轉入于緩决之内，此不過謂非侵貪耳。天下之律，豈能概天下之情哉？使一犯而有一例以待之，則刑部亦易爲耳。朕于政務權衡，一秉公正。乃諸臣總不知善體朕意，而惟工揣摩。究之揣摩，終歸紕繆，是可笑，亦可憫也。著將該堂官交部嚴察議處，其本擲還另議。"尋議，德明應入于明歲緩决册内，周栐仍未滿限，請仍暫准緩决。從之。

【《清實録》第13册，第1132頁《高宗純皇帝實録》卷三七四"乾隆十五年十月辛巳"條】

①庚午：乾隆十五年（1750）。
②辛未：乾隆十六年（1751）。

甘肅巡撫鄂昌題報乾隆十四年各屬承追自理贜贖銀兩

乾隆十五年十二月二十日

題。

十六年三月十二日下兵、户。

該部察核具奏。

巡撫甘肅等處地方贊理軍務兼理茶馬、兵部右侍郎兼都察院右副都御史、降四級留任臣鄂昌謹題：爲欽奉上諭事。

乾隆拾伍年拾壹月貳拾玖日，據甘肅布政使司布政使楊應琚，兼理甘肅按察使印務布政使楊應琚呈，雍正拾叁年肆月初貳日，奉前任巡撫許都院案驗，雍正拾叁年叁月叁拾日，准刑部咨，陝西清吏司案呈，准湖廣司傳抄，雍拾叁年貳月拾壹日，内開：奉上諭："據署湖南巡撫鍾保奏稱，外省自理贖鍰一項，歷來悉由外結，部内無案可稽，每年俱以'并無自理贖鍰'一語題覆完事。夫以一省之大，詞訟之多，經年之義，豈無贜罰收贖之案？總以未經報部，遂致積習相沿，因循隱匿。臣已將雍正拾貳年分所有批結各屬案件贜贖銀兩造册題報，惟是湖南如此，他省可知。仰懇敕部通行直省，嗣後務須按年報解，如再隱匿不報，一經發覺，嚴加議處。等語。直省自理贖鍰銀兩例應報解，著照鍾保所奏，通行直省督撫一體遵行，欽此。"相應移咨前去，欽遵查照施行。等因。咨院行司。奉此，當經前司備移各道，欽遵在案。

今查乾隆拾肆年分各屬自理贜贖，并外結事件贜贖銀兩，本司等查照往例，備移守巡捌道，檄行蘭、鞏、平、慶、甘、凉、寧、西捌府，并安、靖貳廳及直隸秦、階、肅叁州，分晰查造去後。除臨洮、甘肅、西寧、凉莊、安西伍道，安、靖貳廳，直隸階、肅貳州，蘭州、慶陽、甘州、凉州、西寧伍府，各回稱乾隆拾肆年分并無自理及外結事件，贜贖銀兩無憑查造外，兹準平慶、洮岷、寧夏叁道各移稱，遵將所屬外結各案共追出贜贖銀肆錢貳分，制錢肆千叁百文，備造清册移送。等因。到司。準此，本司等覆核無异。相應匯造總册呈報，合候核題。再照本司布政司、按察司衙門均無自理贓贖，無憑開造，合并聲明。等情。呈詳到臣。

該臣查得，自理贓贖銀兩之案，前奉上諭："嗣後務須按年報解。欽此。"當經前撫臣許容轉飭，欽遵在案。兹據兼理按察使印務布政使楊應琚，會同布政使楊應琚詳稱，乾隆拾肆年分平慶、洮岷、寧夏叁道所屬，共追出贓贖銀肆錢貳分，制錢肆千叁百文。等情。造具清册，并將臨洮、甘肅、西寧、凉莊、安西伍道，蘭州、慶陽、甘州、凉州、西寧伍府，直隸階、肅貳州，安、靖貳廳，乾隆拾肆年均無自理贓贖銀兩聲明詳請前來，臣覆核無异。除原册送部外，相應具題，伏祈皇上睿鑒，敕部核覆施行。謹題請旨。

乾隆拾伍年貳月貳拾日。

巡撫甘肅等處地方贊理軍務兼理茶馬、兵部右侍郎兼都察院右副部御史、降四級留任臣鄂昌。

【貼黄】

巡撫甘肅等處地方贊理軍務兼理茶馬、兵部右侍郎兼都察院右副都御史、降四級留任臣鄂昌謹題：爲欽奉上諭事。

該臣查得，自理贓贖銀兩之案，前奉上諭："嗣後務須按年報解。欽此。"當經前撫臣許容轉飭，欽遵在案。兹據兼理按察使印務布政使楊應琚，會同布政使楊應琚詳稱，乾隆拾肆年分平慶、洮岷、寧夏叁道所屬共追出贓贖銀肆錢貳分，制錢肆千叁百文。等情。造具清册，并將臨洮、甘肅、西寧、凉莊、安西伍道，蘭州、慶陽、甘州、凉州、西寧五府，直隸階、肅貳州，安、靖貳廳，乾隆拾肆年均無自理贓贖銀兩聲明詳請前來，臣覆核無异。除原册送部外，謹題請旨。

【《明清檔案》A169—103，B94719—B94721】

乾隆十六年（1751）

△諭内閣齊天勇著調補固原提督

乾隆十六年正月初五日

乾隆十六年正月初五日，内閣奉上諭："齊天勇，著調補固原提督。所遺湖廣提督員缺，著哈攀龍署理。欽此。"

【《乾隆朝上諭檔》第2冊，第503頁第1968條】

户部尚書蔣溥題覆陝甘各鎮標營官兵乾隆八年撤防回汛倒斃馬駝賠補事

乾隆十六年三月四日

題。

三。

十六年三月二十日下户。

依議。

經筵講官、太子少保、户部尚書暫行管理三庫事務、世襲一等輕車都尉臣蔣溥等謹題：爲欽奉上諭事。

户科抄出陝甘總督尹繼善題前事。内開：據蘭州布政使司布政使張若震詳，蒙總督陝甘尹部院案驗，乾隆拾肆年柒月初玖日，准户部咨，陝西司案呈，本年伍月拾貳日，准陝督尹繼善咨，據布政司呈稱，乾隆捌年，撤防回汛官兵分領帶回沿途倒斃馬、駝，前經各標鎮營援例造具册結請免，奉部以前項倒斃馬、駝既與軍需馬、駝急用者有間，與應准倒斃之例不符，本部不便據咨具奏。等因。查陝甘二提標，并凉、寧、西、肅、河五鎮，及慶、靖二營，乾隆捌年撤防回汛官兵後，防所分領帶回馬、駝内，沿途倒斃馬叁拾肆匹，大小駝壹百伍拾肆隻。雖與撥解軍營馬、駝急用者有間，惟是此項馬、駝原係久歷軍營，負重行遠，于雍正拾叁年交留牧放，又經多年前在防所常川牧放倒斃者，尚蒙皇恩免賠。嗣經防兵分領帶回，長途趕解，又值陸月暑天，生症倒斃，勢所不免，實非分領弁兵沿途經牧不善所致，若責令牽領弁兵賠補，未免偏枯。

查前于乾隆柒年玖月初玖日，欽奉上諭："哈密、赤、靖等處防所現有馬、駝，皆係昔年陸續騎馱撥往軍營者，用力已久，勞傷過甚，連年以來，多有倒斃，亦非防所弁兵不盡心經理之故。今仍照常例責令買補，弁兵未免苦累。著該督提變通辦理，將現今齒老有病之馬、駝查明，不拘價值，就近發賣。若一時無人購買，即分群牧放。若有倒斃，委員驗看，准其開銷。其尚足備防所之用者，仍令弁兵加意牧放，如倒斃過額，照例著賠。又，安西牧放之駝隻，前後倒斃壹千有餘，定例每百隻内准其開銷肆隻，其餘俱著弁兵賠補。但塞外弁兵多係寒苦，若令賠償此項，力有不支。查該管官弁報稱，歷年所養駝隻産獲駝羔陸百餘隻，不在交牧之額。朕思若以孳生之駝羔，即補倒斃之駝數，免其賠補，于弁兵甚爲有益。著該督提查明，遵諭辦理。其餘駝隻若有年久勞傷者，亦照哈密、赤、靖等處之例，行該部即行文該督提知之。欽此。"今此項沿途倒斃馬、駝，既據陝甘二提查明，當日倒斃俱經領兵弁員親加驗看，并移明沿途各該地方官通報有案，復請援例寬免，似與欽奉上諭内開"如有倒斃，委員驗看，准其開銷"之例相符，相應照倒請免。至前項倒斃馬、駝皮臟，據稱因彼時正值陸月暑天，隨倒隨即臭爛，應請免其變價。等情。相應咨請。等因。前來。應令該督將前項倒斃馬、駝，轉飭據實確查，照例取結具題，到日再議可也。等因。到院。案行到司。

蒙此，又蒙本部院案驗同前事。乾隆拾伍年伍月初陸日，准户部咨，陝西司案呈，本年叁月拾陸日，准陝督尹繼善咨，據布政司呈稱，乾隆捌年撤防回汛官兵，分領帶回，沿途倒斃馬、駝，轉飭據實確查，照例取結具題，到日再議。等因。即備移各鎮標營，據實確查，照例取結，及屢催去後。嗣准陝甘二提標，并凉、寧、西、肅、河五鎮，各將所屬防兵帶回，沿途倒斃馬、駝，照例取結，陸續移司。本司因查并未取有統領官兵弁員沿途驗看過印結，難以請題，隨俱駁令飭取在案。所有各標鎮營已于限内取具印結移司，復行駁取沿途驗看過印結緣由，相應詳請咨部。等情。相應咨明。等因。前來。應令該督將前項倒斃馬、駝，速飭取具印結具題，查核可也。等因。到院。俱行到司。

蒙此，遵即移准陝甘二提，凉、寧、西、肅、河五鎮，各將所屬撤防回汛官兵，原從防所分領帶回馬、駝，内沿途倒斃過馬、駝，悉稱再加確查，俱係實在倒斃。取具統領官兵弁員驗看甘結，由該標中營换具印結，并陝提屬關山、鳳翔二營，原從防所分領帶回馬，内沿途各有倒馬壹匹。該營待前以應由西安藩司造報，故未呈報。甘省今因援照甘省之例請免，經西安藩司移覆，令其統由甘省報銷，是以結内較前多開倒馬貳匹。等因。前來。

準此，該布政使張若震查得，陝甘各鎮標營，乾隆捌年撤防回汛官兵，原從防所分領帶回馬捌百叁拾壹匹，大小駝壹千玖百陸拾伍隻，内沿途共倒斃馬叁拾陸匹，大小駝壹百伍拾肆隻。原因此項馬、駝前在軍營用力，年久齒老，勞傷過甚。又係常川牧放，并無料草飼喂，迨至防兵分領帶回，長途跋涉，兼之沿途水草不時，其疲乏生症，倒斃在所不免，并非牽領弁兵不盡心經理所致。若責令賠補，實屬冤抑。查乾隆柒年玖月初玖日，内閣奉上諭："哈密、赤、靖等處防所現有馬、駝，皆係昔年陸續騎馱撥往軍營者，用力已久，勞傷過甚，連年以來，多有倒斃，亦非防所弁兵不盡心經理之故。今仍照常例責令買補，弁兵未免苦累。著該督提變通辦理，將現今齒老有病之馬、駝查明，不拘價值，就近發賣。若一時無人購買，即分群牧放。如有倒斃，委員驗看，准其開銷。其尚足備防所之用者，仍令弁兵加意牧放，如倒斃過額，照例著賠。又，安西牧放之駝隻，前後倒斃壹千有餘，定例每百隻内准其開銷肆隻，其餘俱著弁兵賠補。但塞外弁兵多係寒苦，若令

賠償此項，力有不支。查該管官弁報稱，歷年所養駝隻産獲駝羔陸百餘隻，不在交牧之額。朕思若以孳生之駝羔，即補倒斃之駝數，免其賠補，于弁兵甚爲有益。著該督提查明，遵諭辦理。其餘駝隻，若有年久勞傷者，亦照哈密、赤、靖等處之例，行該部即行文該督提知之。欽此欽遵。”在案。嗣經防員分領，長途趕解，更與在防者不同。又查雍正拾年，凉州鎮屬從藏撤回馬、騾，内沿途倒斃騾壹拾貳頭，前于欽奉上諭，壹年限内造請寬免，奉部議覆，前項沿途倒斃騾壹拾貳頭，援照原任大將軍岳鍾琪奏明之例，咨請寬免。付查軍需房覆稱，岳鍾琪原奏條例内開解送馬、騾、駝隻，中途急症倒斃者，概不在賠補之列。等語。今前項倒斃騾壹拾貳頭，既經該督查明，實由遠馳塞外，馱載勞傷，以致生症倒斃，并非調養不善之故，與奏明免賠之例相符，應毋庸議。等因。俱在案。今此項沿途倒斃馬、駝，既據陝甘二提查明，當日倒斃俱經領兵弁員親加驗看，并移明沿途各該地方官通報有案。今再確查，悉係實在倒斃，取具各該領兵官弁驗看甘結，換具印結，移請寬免前來，似與欽奉上諭内開“如有倒斃，委員驗看，准其開銷”及“從藏撤回倒斃騾頭免賠”之例相符，相應轉請，合候具題。至前項倒斃馬、駝皮臟，據稱因彼時正值陸月暑天，隨倒隨即臭爛，應請免其變價。再，此案以乾隆拾伍年伍月初陸日准咨起例，限陸個月，應扣至本年拾壹月初陸日爲滿。今依限詳覆，合并聲明。等情。到臣。

據此，該臣看得，陝甘各鎮標營乾隆捌年撤防回汛官兵沿途倒斃馬、駝一案，經臣咨部請免，嗣准部覆，令據實確查，照倒取結具題，到日再議。等因。轉行遵照去後。兹據蘭州布政使張若震詳稱，查陝甘各鎮標營乾隆捌年撤防回汛官兵，原從防所分領帶回馬捌百叁拾壹匹，大小駝壹千玖百陸拾伍隻，内沿途共倒斃馬叁拾陸匹，大小駝壹百伍拾肆隻，原因此項馬、駝前在軍營用力，年久齒老，勞傷過甚，又係常川牧放，并無料草飼喂，迨至防兵分領帶回，長途跋涉，兼之沿途水草不時，其疲乏生症倒斃，在所不免，并非牽領弁兵不盡心經理所致。若責令賠補，實屬寃抑。查與乾隆柒年玖月內欽奉上諭“如有倒斃，委員驗看，准其開銷”及“從藏撤回倒斃騾頭免賠”之例相符。相應照例請免。等情。取具領兵官弁驗看印結，呈賫前來，臣覆查無异。除結送部外，臣謹會同蘭州撫臣鄂昌合詞具題，伏祈皇上睿鑒，敕部議覆施行。謹題請旨。乾隆拾伍年拾壹月貳拾壹日題，拾貳月初拾日奉旨：“該部議奏，欽此欽遵。”于本日抄出到部。

該臣等查得，陝甘總督尹繼善疏陝甘各鎮標營乾隆捌年撤防回汛官兵沿途倒斃馬、駝一案。經臣咨部請免。嗣准部覆，令據實確查，照例取結具題，到日再議。等因。轉行遵照去後。兹據蘭州布政使張若震詳稱，查陝甘各鎮標營乾隆捌年撤防回汛官兵，原從防所分領帶回馬捌百叁拾壹匹，大小駝壹千玖百陸拾伍隻，內沿途共倒斃馬叁拾陸匹，大小駝壹百伍拾肆隻。原因此項馬、駝前在軍營用力，年久齒老，勞傷過甚，又係常川牧放，并無料草飼喂，迨至防兵分領帶回，長途跋涉，兼之沿途水草不時，其疲乏生症倒斃，在所不免，并非牽領弁兵不盡心經理所致。若責令賠補，實屬寃抑。查與乾隆柒年玖月內欽奉上諭“如有倒斃，委員驗看，准其開銷”及“從藏撤回倒斃騾頭免賠”之例相符，相應照例請免，取具領兵官弁驗看印結呈賫。等情。臣覆查無异。除結送部外，臣謹會同蘭州撫臣鄂昌合詞具題。等因。前來。

查陝甘二提標，并凉、寧、西、肅、河五鎮，及慶、靖二營，乾隆捌年撤防回汛官兵從防所分領帶回馬、駝，內沿途倒斃馬叁拾肆匹，大小駝壹百伍拾肆隻。先據原任陝督慶復援照沿途解送馬、騾、駝隻急症倒斃免賠之例，咨請免賠。經臣部以前項馬、駝防兵隨營帶回，原屬漫程緩行，與軍需馬、駝急用者有間，未便援例請免行，令另行妥議報部。嗣據該督咨稱，此項馬、駝，實係久歷軍營，用力過久，勞傷已甚，瘦弱不堪，嗣牽領回營，又兼時至陸月，天氣暑熱，跋涉行遠，是以頻見倒斃。前項馬、駝雖與軍需急用者有間，亦與尋常分領膘壯緩行者不同，并非牽領弁兵慢不經心所致，

咨請奏免。又經臣部以前項倒斃馬、駝既與軍需馬、駝急用者有間，與應准倒斃之例不符，不便據咨其奏。等因。咨覆該督在案。今據該督尹繼善疏稱，陝甘各鎮標營乾隆捌年撤防回汛官兵原從防所分領帶回馬捌百叁拾壹匹，大小駝壹千玖百陸拾伍隻，内沿途共倒斃馬叁拾陸匹，大小駝壹百伍拾肆隻，原因此項馬、駝前在軍營用力，年久齒老，勞傷過甚，又係常川牧放，并無料草喂，迨至防兵分領帶回，長途跋涉，兼之沿途水草不時，其疲乏生症倒斃，在所不免，并非牽領弁兵不盡心經理所致。若責令賠補，實屬冤抑。查與乾隆柒年玖月内欽奉上諭"如有倒斃，委員驗看，准其開銷"及"從藏撤回，倒斃騾頭免賠"之例相符，相應照例請免。等語。查乾隆捌年各鎮標營撤防回汛官兵分領帶回，沿途倒斃馬、駝，雖與乾隆柒年在防所牧放馬、駝"如有倒斃，委員驗看，准其開銷"之論旨不符。但查雍正拾年從藏撤回騾内，沿途倒斃騾頭，先據該督援照原任大將軍岳鍾琪奏明"解送馬、騾、駝隻，中途急症倒斃免賠"之例，請免賠補。經臣部覆准在案。今前項倒斃馬、駝，既據該督查明前在軍營用力年久，勞傷過甚，又係常川牧放，并無料草飼喂，迨至防兵分領帶回，沿途水草不時，疲乏生症，倒斃在所不免，并非牽領弁兵不盡心經理所致。查與"從藏撤回騾頭倒斃免賠"之例相符，所有原報倒斃馬叁拾肆匹，駝壹百伍拾肆隻，相應照例免其賠補。至陝西提屬關山、鳳翔二營續報，從防所分領帶回馬内沿途倒斃馬貳匹，該督從前并無報部之案，其是否實在倒斃，臣部無憑查核。前項倒斃馬匹，未便并准免賠，應令該督轉飭據實確查。如果實無冒免情弊，照例取結，另行報部，到日再議可也。臣等未敢擅便，謹題請旨。

乾隆拾陸年叁月初肆日。

經筵講官、太子少保、户部尚書暫行管理三庫事務臣蔣溥，經筵講官、左侍郎、降三級留任、紀録三次臣嵇璜，署理右侍郎事、仍帶革職留任臣覺羅班爾哈善，陝西清吏司郎中臣常瑛，陝西清吏司郎中臣鄭廷建，陝西清吏司員外郎臣瑚世泰，陝西清吏司主事臣威赫，堂主事兼辦陝西清吏司事臣瓦爾達，陝西清吏司主事臣李城，山東清吏司主事兼辦陝西清吏司事臣閻塏，陝西清吏司額外主事上學習行走臣劉湘。

【《明清檔案》A170—77，B95187—B95196】

署陝西固原提督哈攀龍題報奉到諭旨并臣工條奏准行事件施行情形

乾隆十六年四月六日

題。

七八。

四月十八日。

十六年五月初一日下兵。

該部知道。册并發。

署理陝西固原提督臣哈攀龍謹題：爲詳議具奏事。

竊臣卷查，乾隆拾壹年肆月拾伍日，蒙兵部札付，職方清吏司案呈，准吏部咨稱，吏科抄出内閣等衙門議覆大學士伯張廷玉等奏前事。内開：歷年所奉諭旨及内外臣工條奏准行之案，除明年歲底應即遵奉諭旨，照臣等見議章程辦理外，嗣後總以叁年壹次，分别叙入疏内，仍照舊例繕本具題，不必用摺具奏。至于各省提鎮向有應行具題成效事件，亦令就各提鎮所轄協、營奉行事宜，一體按款，分别具題。等因。于乾隆拾壹年叁月貳拾日奉旨："依議。欽此欽遵。"在案。

查臣屬標協自雍正元年起至乾隆拾貳年底成效事件，經前任陝提臣瑚寳分晰造册，恭疏題報在案。計自乾隆拾叁年正月起，至拾伍年年底，叁年之期已滿，臣隨行據標下中軍慶陽、靖遠、西隊、潼關、西安城守等協營副、參楊玉先等，各將自乾隆拾貳年具報以後至乾隆拾伍年底以前奉到諭旨，并臣工條奏准行事件造册前來。臣逐加察核，除議定律例之條俱應遵守，毋庸摘叙，其有□關于營伍地方事宜，行之已有成效，及見在實力奉行，期于有濟者，總計欽奉上諭共柒條，准行條奏共玖條。臣謹按年挨次，逐條逐款，分別登注，匯造成帙，均係實在情形。臣惟董率將弁，遵守辦理，務在循名責實，不致始勤終怠，庶幾武備修明、邊疆鞏固，以仰副我皇上綜核庶績、釐正群工之至意。除另賫送部外，理合繕造黄册，恭呈御覽，伏祈皇上睿鑒施行。爲此具奏，謹具奏聞。

乾隆拾陸年肆月初陸日。

署理陝西固原提督臣哈攀龍。

【貼黄】

署理陝西固原提督臣哈攀龍謹題：爲詳議具奏事。

竊臣卷查，乾隆拾壹年肆月拾伍日，蒙兵部札付，内閣等衙門議覆，大學士伯張廷玉等奏前事。内開：歷年所奉諭旨及内外臣工條奏准行之案，嗣復總以叁年壹次，分別叙入疏内繕本具題。查臣屬標協，自雍正元年起至乾隆拾貳年底成效事件，經前任陝提臣瑚寶分晰造册，恭疏題報在案。計自乾隆拾叁年正月起至拾伍年年底，叁年之期已滿。臣隨行據標協營副、參楊玉先等各將自乾隆拾貳年具報以後至乾隆拾伍年底以前奉到諭旨，并臣工條奏准行事件造册前來。臣逐加察核，除議定律例之條俱應遵守，毋庸摘叙。其有于營伍地方事宜，行之已有成效，及見在實力奉行，期于有濟者，臣謹按年挨次，逐條逐款，分別登注，匯造成帙，均係實在情形。臣惟董率將弁，遵守辦理，務在循名責實，不致始勤終怠，庶幾武備修明、邊疆鞏固，以仰副我皇上綜核庶績、釐正群工之至意。理合繕造黄册，恭呈御覽，謹具奏聞。

【《明清檔案》A171—48，B95601—B95603】

署陝西固原提督哈攀龍題報乾隆十五年委員稽查營汛情形

乾隆十六年四月九日

題。

□一。

四月二十二日。

十六年五月初八日下兵。

該部知道。

署理陝西固原提督臣哈攀龍謹題：爲欽奉上諭事。

竊臣卷查部議，内開：陝提所攝固原壹鎮，應仍照前署陝提李繩武原奏，每年于肆協副參、游擊内飭令互相稽查，至承查之副、參、游擊俱遵照議定之例，務須輕騎減從，不得擾累兵民。其互相稽查之後，令據實報明該提督具題可也。等因。奉旨："依議。欽此欽遵。"在案。

查乾隆拾肆年，委員互相稽查過營汛情形，經前署提臣那爾泰題報在案。今于乾隆拾伍年冬初，例應選員，互相巡查。經前提臣李繩武酌委署下馬關參將黄世熺巡查慶陽，協及所屬之紅德城、平凉、長武、邠州、涇州等陸營路，委紅德城游擊石體温巡查靖遠，協及所屬之固原城守、下馬關、西安州、蘆塘、蘆溝八營，未安等捌營路，委署西安城守參將高宗瑾巡查西鳳，協及所屬之鬬山、盩厔、富平、鳳翔城守等伍營路，委西鳳副將伸布巡查潼關，協及所屬之神道嶺、商州、金鎖關等肆營路，并西安城守壹營去後。嗣據該將等結稱，兵丁技藝俱皆純熟，軍裝齊全，器械鋒利，馬匹膘肥，理合出具印結呈賫。等情。在案。除結送部外，理合照案恭隨具題，伏祈皇上睿鑒，敕部施行。爲此具本，謹具奏聞。

乾隆拾陸年肆月初玖日。

署理陝西固原提督臣哈攀龍。

【貼黄】

署理陜西固原提督臣哈攀龍謹題：爲欽奉上諭事。

竊臣卷查部議，内開：陜提所攝固原壹鎮，應仍照前署陜提李繩武原奏，每年于肆協副、參、游擊内飭令互相稽查。其互相稽查之後，令據實報明該提督具題。等因。奉旨："依議。"欽遵在案。今于乾隆拾伍年冬初，例應選員互相巡查，經前提臣李繩武酌委署下馬關參將黄世熺巡查慶陽，協陸營路。委紅德城游擊石體温巡查靖遠，協捌營路。委署西安城守參將高宗瑾巡查西鳳，協伍營路。委西鳳副將伸布巡查潼關，協肆營路，并西安城守壹營去後。嗣據該將等結稱，兵丁技藝俱皆純熟，軍裝齊全，器械鋒利，馬匹膘肥，理合出具印結呈賫。等情。在案。除結送部外，理合照案恭疏具題，謹具奏聞。

【《明清檔案》A171—58，B95635—B95636】

陜西固原提督豆斌題報奉到坐名敕諭日期

乾隆十六年六月十八日

題。

十八。

十六年七月廿一日下兵。

豆斌，著來京陛見，固原提督員缺，著齊大勇調補，已有旨了。該部知道。

提督陜西固原等處地方總兵官臣豆斌謹題：爲恭報微臣奉到敕諭日期，仰祈睿鑒事。

乾隆拾陸年陸月初柒日，據在京提塘張希恕差賫欽頒微臣坐名敕諭壹道到固，臣即親率標下將等官郊迎至署，恭設香案，望闕叩謝天恩祗受訖。其敕諭内開載事宜，臣一一敬謹遵奉，并刊刻謄黄，頒發所屬，一體欽遵外，所有微臣奉到敕諭日期，理合恭疏題報，伏祈皇上睿鑒施行。爲此具本，謹具奏聞。

乾隆拾陸年陸月拾捌日。

提督陝西固原等處地方總兵官臣豆斌。

【貼黄】

提督陝西固原等處地方總兵官臣豆斌謹題：爲恭報微臣奉到敕諭日期，仰祈睿鑒事。

乾隆拾陸年陸月初柒日，據在京提塘張希恕差賫欽頒微臣坐名敕諭壹道到固，臣即郊迎至署，恭設香案，望闕叩謝天恩祗受訖。其敕諭内開載事宜，臣一一敬謹遵奉，并刊刻謄黄，頒發所屬，一體欽遵外，所有微臣奉到敕諭日期，理合恭疏題報，謹具奏聞。

【《明清檔案》A173—48，B96753—B96754】

暫理陝甘總督陳弘謀題參守備任性不職

乾隆十六年六月二十日

題。

十一。

七月初二日。

十六年七月十四日下兵。

這所參李伸，著革職，該部知道。

暫理陝甘總督印務、兵部右侍郎、巡撫陝西等處地方贊理軍務兼都察院右副都御史、四級紀録九次、革職留任臣陳弘録謹題：爲準咨題參事。

竊臣于乾隆拾陸年陸月初玖日，接署督篆准調任陝甘督臣尹繼善移，交署甘肅提督印務臣那爾泰咨，據署寧夏鎮總兵官印務，署花馬池營副將張晟呈，據興武營游擊劉志高揭稱，該營守備李伸情性乖張，罔遵法紀，將兩次徵兵及陸續新募兵丁所缺碎小軍裝，平時并不催收，乃于本年叁月拾壹日恭遇孝賢皇后忌辰，違例擅責兵丁崔帝勛、胡殿魁等貳拾伍名。又于拾伍日催收，復責處兵丁李厚、張懷慶等壹拾捌名。又本年叁月貳拾貳日，無故脱逃守兵貳名靳秀、張爾德，遲至月餘，該備匿不詳報開除。似此任性妄爲、不職之劣備，斷難一日姑容，相應揭報請參。等情。移交到臣。臣查守備有兵馬錢糧稽查約束之責，兵丁不法，固宜責懲，但忌辰齋戒之期，不應違例用刑。且每次責懲，動至拾餘人及貳拾餘人之多。至于兵丁脱逃，有干軍紀，又復匿不詳報。性情乖張，殊忝職守。署甘提臣那爾泰、署寧夏鎮臣張晟等查明，咨揭移交前來，難以姑容。所當會疏題參請旨，將守備李伸革職，以肅功令者也。除照例委員前往署事，并查該備任内有無未完錢糧、盜案、虧缺軍裝，及追取原領札付，至日另行送部外，臣謹會同蘭州撫臣鄂昌、署甘提臣那爾泰合詞題參，伏祈皇上睿鑒，敕部施行。爲此具本，謹題請旨。

乾隆拾陸年陸月貳拾日。

暫理陝甘總督軍務、兵部右侍郎、巡撫陝西等處地方贊理軍務兼都察院右副都察史、加一級紀録九次、革職留任臣陳弘録謹。

【貼黄】

暫理陝甘總督印務、兵部右侍郎、巡撫陝西等處地方贊理軍務兼都察院右副都御史、加一級紀録九次、革職留任臣陳弘録謹題：爲準咨題參事。

竊臣于乾隆拾陸年陸月初玖日，據署督篆准調任陝甘督臣尹繼善移，交署甘提印務臣那爾泰咨，據署寧夏鎮總兵官印務、署花馬池營副將張晟呈，據興武營游擊劉志高揭稱，該營守備李伸情性乖張，罔遵法紀，將兩次徵兵及陸續新募兵丁所缺碎小軍裝，平時并不催收，乃于本年叁月拾壹日，恭遇孝賢皇后忌辰，違例擅責兵丁崔帝勛、胡殿魁等貳拾伍名。又于拾伍日，責處兵丁李厚、張懷慶等壹拾捌名。又，本年叁月貳拾貳日，無故脱逃守兵貳名靳秀、張爾德，遲至月餘，該備匿不詳報開除。似此任性妄爲、不職之劣備，斷難一日姑容，相應揭報請參。等情。移交到臣。臣查守備有兵馬錢糧稽查約束之責，兵丁不法，固宜責懲，但忌辰齋戒之期，不應違例用刑。且每次責懲，動至拾餘人及貳拾餘人之多。至于兵丁脱逃，有干軍紀，又復匿不詳報。性情乖張，殊忝職守。署甘提臣那爾泰、署寧夏鎮臣張晟等查明，咨揭移交前來，難以姑容。所當會疏題參請旨，將守備李仲革職，以肅功令者也。臣謹合詞題參，伏祈皇上睿鑒，敕部施行。謹題請旨。

【《明清檔案》A173—53，B96777—B96779】

鎮守寧夏總兵官那爾泰奏爲恭祝萬壽摺

乾隆十六年七月初三日

鎮守陝西寧夏總兵官奴才那爾泰跪奏：爲恭祝聖壽事。

欽惟我皇上一中建極，萬福來同。皇極協三多祝頌，遍千八百國；聖祥允五福歌謡，綿億萬斯年。欣當桂月芳依，恭逢萬壽昌期，臣民華祝，中外萬呼。奴才受恩最重，依戀情殷。紓職守邊陲，不獲同在廷諸臣，隨班拜舞，犬馬下悃，實難自安。惟偕同城一文武，恭對載亭九叩，共祝聖壽無疆已耳。今特恭議奏摺，敬遣奴才標下左營把總龐存信賫捧闕廷，虔伸慶祝，伏乞皇上睿鑒。謹奏。

乾隆拾陸年柒月初叁日。

覽。

【《宫中檔乾隆朝奏摺》第1輯，第36頁】

甘肅提督齊大勇奏爲調補甘肅提督謝恩摺

乾隆十六年七月初四日

甘肅提督臣齊大勇跪奏：爲恭謝天恩，仰祈睿鑒事。

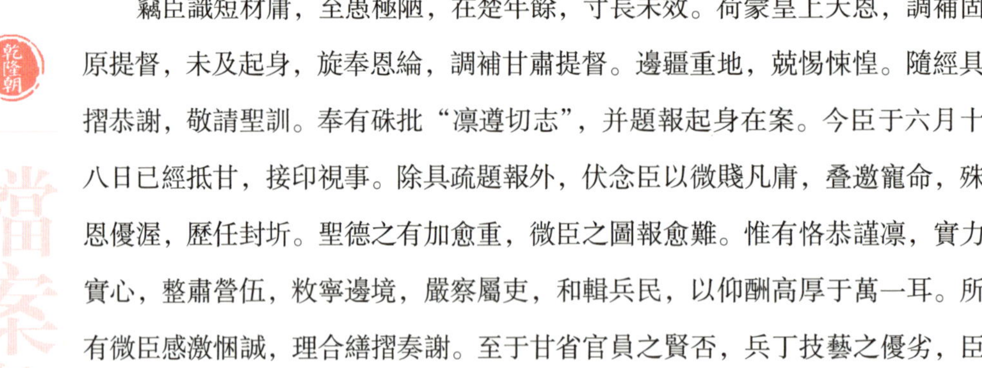
竊臣識短材庸，至愚極陋，在楚年餘，寸長未效。荷蒙皇上天恩，調補固原提督，未及起身，旋奉恩綸，調補甘肅提督。邊疆重地，兢惕悚惶。隨經具摺恭謝，敬請聖訓。奉有硃批“凜遵切志”，并題報起身在案。今臣于六月十八日已經抵甘，接印視事。除具疏題報外，伏念臣以微賤凡庸，叠邀寵命，殊恩優渥，歷任封圻。聖德之有加愈重，微臣之圖報愈難。惟有恪恭謹凜，實力實心，整肅營伍，敉寧邊境，嚴察屬吏，和輯兵民，以仰酬高厚于萬一耳。所有微臣感激悃誠，理合繕摺奏謝。至于甘省官員之賢否，兵丁技藝之優劣，臣當悉心考驗甄别，另行恭摺奏聞。合并陳明，伏祈皇上睿鑒。謹奏。

乾隆十六年七月初四日。

覽。

【《宫中檔乾隆朝奏摺》第 1 輯，第 60 頁】

甘肅巡撫鄂昌奏報甘省各地米糧價摺

乾隆十六年七月十三日

甘肅巡撫臣鄂昌謹奏：查通省米糧時價，例應按月奏報。甘屬地方口内、口外貴賤懸殊，謹將各府廳、州屬六月分米糧市集時估，臣公同布政使楊應琚就各該地方各項色樣酌分貴、賤、中價開列，恭呈皇上御覽。計開：

蘭州府屬，查與上月價稍减。粟米，每京石價銀三錢六分至八錢二分，價賤。小麥，每京石價銀三錢六分至八錢三分，價賤。青稞，每京石價銀三錢五分至六錢六分，價中。

鞏昌府屬，查與上月價稍減。粟米，每京石價銀四錢七分至一兩六分，價中。小麥，每京石價銀三錢三分至五錢一厘，價賤。青稞，每京石價銀二錢五分至三錢九分，價賤。

平涼府屬，查與上月價稍減。粟米，每京石價銀三錢三分至七錢九分，價賤。小麥，每京石價銀三錢三分至七錢六分，價賤。糜子，每京石價銀三錢一厘至四錢五分，價賤。

慶陽府屬，查與上月價稍減。粟米，每京石價銀四錢而分至七錢，價賤。小麥，每京石價銀五錢二分至七錢四分，價賤。糜子，每京石價銀三錢一分，價賤。

甘州府屬，查與上月價稍減。粟米，每京石價銀七錢四分至七錢九分，價中。小麥，每京石價銀五錢三分至八錢三分，價中。青稞，每京石價銀五錢至五錢七分，價中。

涼州府屬，查與上月價稍減。粟米，每京石價銀七錢三分至一兩二錢六分，價貴。小麥，每京石價銀六錢九分至七錢九分，價中。青稞，每京石價銀五錢四分至七錢四分，價貴。

寧夏府屬，查與上月價稍減。粟米，每京石價銀四錢四分至四錢八分，價賤。小麥，每京石價銀三錢九分至六錢九分，價賤。糜子，每京石價銀二錢三分至四錢三分，價中。

西寧府屬，查與上月價稍等。粟米，每京石價銀一兩一錢五分至一兩三錢二分，價貴。小麥，每京石價銀六錢四分至七錢四分，價中。青稞，每京石價銀五錢至六錢四分，價貴。

直隸秦州屬，查與上月價稍減。粟米，每京石價銀四錢八分至八錢四分，價賤。小麥，每京石價銀四錢五分至五錢七分，價賤。糜子，每京石價銀二錢四分至三錢一分，價賤。

直隸階州屬，查與上月價稍減。粟米，每京石價銀八錢一分至一兩一錢

二分，價貴。小麥，每京石價銀五錢八分至一兩一錢二分，價中。糜子，每京石價銀五錢八分，價中。

直隸肅州屬，查與上月價稍減。粟米，每京石價銀八錢六分一厘至一兩七二分，價貴。小麥，每京石價銀七錢五分六厘至一兩八厘，價貴。青稞，每京石價銀五錢七分至五錢八分，價貴。

安西廳屬，查與上月價稍減。粟米，每京石價銀一兩五錢七分至二兩四錢一分，價貴。小麥，每京石價銀一兩三錢二厘至一兩五錢九分，價貴。青稞，每京石價銀九錢四分至一兩三錢九分，價貴。

靖逆廳屬，查與上月價稍減。粟米，每京石價銀二兩五錢二分至二兩六錢四厘，價貴。小麥，每京石價銀一兩三錢四分至一兩四錢七分，價貴。青稞，每京石價銀九錢二分至一兩一錢七分，價貴。

乾隆十六年七月十三日。

覽。

【《宫中檔乾隆朝奏摺》第 1 輯，第 152 頁】

户部尚書海望題覆甘省乾隆十五年兵馬錢糧開銷事

乾隆十六年七月十五日

題。

一。

十六年七月廿一日下户。

依議。

太子少保大臣、户部尚書兼管三庫事務總管、内務府大臣臣海望等謹題：爲錢糧宜歸畫一，以便稽查事。

户科抄出，甘肅巡撫鄂昌將甘省乾隆拾伍年分支放過駐防寧夏、凉州、莊浪、滿洲，并撫標，各提、鎮、標、營驛官兵、馬、駝俸餉、銀糧、料草造册題銷。等因。于乾隆拾陸年肆月貳拾捌日題，閏伍月初肆日奉旨："該部察核具奏。欽此欽遵。"于本日抄出到部。

臣部隨將册開官、兵、馬、駝數目是否與經制相符，移查兵部去後。今于本年陸月初捌日，准兵部咨覆到部。該臣等查得，甘肅巡撫鄂昌將甘省乾隆拾伍年分支放過駐防寧夏、涼州、莊浪、滿洲，并撫標以及各提、鎮、標、營驛官兵、馬、駝俸餉、銀糧、料草造册奏銷。臣部將原册開造官、兵、馬、駝數目是否與經制相符之處，移查兵部覆稱，甘省乾隆拾伍年分兵馬錢糧册開陝甘安提督叁員，總兵伍員，副將壹拾壹員，參將壹拾肆員，游擊陸拾員，都司肆拾貳員，守備柒拾肆員，千總壹百肆拾伍員，把總叁百貳拾壹員，俱查與經制數目相符。至册開外委千把總伍百壹拾貳員，較之拾肆年多外委拾員，馬兵叁萬壹千捌百伍拾叁名，較之拾肆年少馬兵壹百壹拾叁名，步兵壹萬柒千貳百叁名，較之拾肆年少兵捌拾壹名，守兵壹萬伍千叁百叁拾捌名，較之拾肆年多兵壹名，數目均屬不符。其册開寧夏駐防將軍壹員、協領陸員、佐領貳拾肆員、驍驃校貳拾肆員，涼州駐防將軍壹員、協領陸員、佐領貳拾肆員、防禦貳拾肆員、步軍章京肆員、驍騎校貳拾肆員，莊浪駐防副都統壹員、協領叁員、佐領拾貳員、防禦拾貳員、步軍章京貳員、驍騎校拾貳員，均與各該處造送經制册檔相符。

再，寧夏經制册内開有副都統貳員、防禦貳拾肆員、步營防禦貳員、雲騎尉壹員，涼州經制册内開有副都統壹員，莊浪經制册開有食半俸騎都尉壹員。今查該撫册開寧夏副都統貳員、防禦貳拾柒員，涼州副都統壹員。其寧夏雲騎尉壹員，莊浪食半俸騎都尉壹員，册内均未分晰開載，與各該處造送經制册檔不符。兵部不便核覆。至涼州、莊浪告休協領、佐領、驍騎校等官册内并未聲明何員係于何年月日告休，且該撫册開莊浪原品休致佐領貳員，其是否支食全俸、半俸之處，亦未分晰開載。兵部均無憑核覆。至户部册開

駐寧駝捌百隻，駐凉官兵共馬陸千伍百捌拾匹、馱炮駝陸拾隻，駐莊官兵共馬叁千貳百捌拾叁匹、馱炮駝叁拾隻，俱與兵部册内數目相符。其户部册開駐寧官兵共馬伍千貳拾伍匹，與兵部册内駐寧官兵共馬伍千貳拾貳匹之數不符。再，查甘省乾隆拾伍年緑旗官、兵、馬、駝數目，該年朋馬奏銷，該督尚未題報，無憑查覆。查寧夏駐防兵丁、匠役共叁千肆百捌拾肆名，凉州駐防兵丁、匠役共貳千柒百貳拾肆名，莊浪共壹千肆百陸拾肆名，均與該將軍册報相符。仍將原册送回户部。等因。前來。

查奏銷兵馬錢糧，全以官、兵、馬、駝數目爲憑。今兵部既稱，甘省乾隆拾伍年分兵馬册造外委千把總伍百壹拾貳員，較之拾肆年多外委拾員，馬兵叁萬壹千捌百伍拾叁名，較之拾肆年少馬兵壹百壹拾叁名，步兵壹萬柒千貳百叁名，較之拾肆年少兵捌拾壹名，守兵壹萬伍千叁百叁拾捌名，較之拾肆年多兵壹名，數目均屬不符。又，寧夏經制册開副都統貳員、防禦貳拾肆員、步營防禦貳員、雲騎尉壹員，凉州經制册開副都統壹員，莊浪經制册開食半俸騎都尉壹員。今查該撫册開寧夏副都統貳員、防禦貳拾柒員，凉州副都統壹員。其寧夏雲騎尉壹員，莊浪食半俸騎都尉壹員，册内均未分晰，與各該處造送經制册檔不符。又，凉州、莊浪告休協領、佐領、驍騎校等官册内并未聲明何員係何年月日告休，且該撫册開莊浪原品休致佐領貳員，其是否支食全俸、半俸之處，亦未分晰開載，均無憑核覆。又册開駐寧官兵共馬伍千貳拾伍匹，與兵部册内駐寧官兵共馬伍千貳拾貳匹之數不符。再，查甘省乾隆拾伍年緑旗官、兵、馬、駝數目，該年朋馬奏銷尚未題報，無憑查覆。等語。查奏銷册造滿漢官、兵、馬、駝，既經兵部查明數目不符，其支過銀、糧、料草，臣部礙難核銷，應令陝督甘撫并寧夏、凉州將軍，將甘省乾隆拾伍年朋馬奏銷作速造册題報，并將官兵、馬匹數目不符之處，逐一確查分晰，造報兵部，統俟兵部核明咨覆臣部之日，以便將官、兵、馬匹支過俸餉等項一并核明，題銷可也。

臣等未敢擅便，謹題請旨。

乾隆拾陸年柒月拾伍日。

太子少保、内大臣、户部尚書兼管三庫事務總管、内務府大臣臣海望，經筵講官、太子少保、尚書世襲一等輕車都尉臣蔣溥，經筵講官、太子少保、兵部右侍郎兼管户部侍郎事務臣汪由敦，陝西清吏司郎中臣常瑛、山東清吏司郎中兼辦陝西清史司事臣良卿、陝西清吏司郎中臣七什、陝西清吏司郎中臣鄭廷建、陝西清吏司員外郎臣傅爾敏、陝西清吏司員外郎臣瑚世泰、陝西清吏司主事臣威赫、堂主事兼辦陝西清吏司事臣瓦爾達、陝西清吏司主事臣劉永鉽、陝西清吏司額外主事臣王翊。

【《明清檔案》A174—3，B97123—B97127】

甘肅提督新調固原提督齊大勇奏報進京祝賀太后萬壽摺

乾隆十六年八月初二日

甘肅提督、新調固原提督臣齊大勇跪奏：爲恭請恩准，進京隨班叩賀萬壽事。

竊臣微賤庸愚，荷蒙皇上天恩，殊施异數，屢任封疆。顯榮于聖明之世，安享于昌盛之期。舉家老幼，含哺鼓腹，禄養豐盈，優游恬適。悉沐皇太后之厚福涵濡，皇上之鴻慈下逮。寸心感激，報效未能。今年十一月，恭逢皇太后萬壽，普天胥慶，率土同歡。凡屬大小臣工，草茅婦子，共思就日瞻雲，咸切嵩呼拜舞。微臣受恩深重，歡仰之情，實切肺腑。而微臣之母年近七旬，現今迎養在署，恭聞皇太后萬壽昌期，愈深歡忭起舞，每欲親詣闕廷，瞻仰聖母慈顔，叩祝萬壽。緣秦疆遥隔，難遂悃忱，臣若不能隨班叩賀，于臣子之心，實屬難安。本年七月初四日，臣恭摺奏請陛見，原思賫摺往返，然後起身進京。正值慶賀萬壽之期，一則敬聆聖訓，于營伍地方，識所遵循，兼可下遂，叩祝微枕。今未奉到硃批，此心終覺懸懸。仰懇聖恩，准臣進京，得躋慶賀之班，俾與嵩呼之列，目睹太和洋溢，仰瞻萬壽昌期。臣回署後承歡稱道，告知臣母，俾知皇太后之升恒福壽若此其宏，聖天子之孝養崇隆如此其盛，則臣母子歡欣，願望之私俱遂矣。謹恭摺奏，懇伏祈皇上睿鑒，恩准施行。謹奏。

乾隆十六年八月初二日。

已准。可來京矣。

【《宫中檔乾隆朝奏摺》第 1 輯，第 337 頁】

甘肅提督新調固原提督齊大勇奏遵旨密籌邊防已料理妥協摺

乾隆十六年八月初二日

甘肅提督、新調固原提督臣齊大勇跪奏：爲遵旨密爲籌備，已經料理妥協，合先奏聞，仰祈睿鑒事。

乾隆十六年七月十九日，准安西提督臣永常密寄，内開：本提督在京面奉上諭："准夷新换台吉，其所陳請者概未允准。夷情狡詐，今歲不可不更爲加緊防範。汝回任路過，備戰各營，當密爲告述，俾其等今歲防冬，務將一切備戰事宜及馬、駝等項，俱密密留心，籌備妥協，斷不可張皇使人猜疑。欽此欽遵。"臣隨密爲面飭本標將，備令將器械、軍裝、馬匹、駝隻及一切行軍需用各項物件，俱一一密行籌備，料理妥協，并不張揚，使人知覺，致有猜疑。并密寄肅州、凉州、西寧、寧夏四鎮臣，亦令一體密爲籌備，務俱妥協。仍將邊境汛防關隘，以時届秋冬，飭令加緊防範，毋許稍有疏懈。而新任甘肅提臣李繩武已經抵甘，臣將籌備緣由密爲告知，互相酌議，已有成竹。倘有需用，即可隨時起身，不致遲誤。恐廑聖懷，謹繕摺奏聞，伏祈皇上睿鑒。謹奏。

乾隆十六年八月初二日。

知道了。

【《宫中檔乾隆朝奏摺》第 1 輯，第 339 頁】

甘肅提督新調固原提督齊大勇奏謝調補固原提督并請准進京摺

乾隆十六年八月初二日

甘肅提督、新調固原提督臣齊大勇跪奏：爲敬抒下悃，恭謝天恩事。

竊臣材質庸愚，知識淺陋，荷蒙皇上天恩，超遷拔擢，洊歷湖廣提督。在楚年餘，毫無寸報。仰荷聖恩，調補固原提督，未及赴任，旋奉恩綸，調補甘肅提督。兹又邀恩命，調補固原提督。叠膺寵眷，屢任封疆，自顧葑菲微材，仰荷君恩優渥，存心感激，夢寐悚惶。伏念固原爲秦疆重地，南通楚蜀，北接邊荒，西界甘凉，東聯晋豫。地方遼闊，營汛繁多。以臣愚陋凡庸，膺此重寄，雖即黽皇竭蹶，奮勉精勤，務期戎行整飭，察吏訓兵，防範邊陲，安民弭盗。而未得恭聆聖訓、面爲提撕開導，究恐設施措置未盡允宜，于營伍地方無所裨益。臣于本年七月初四日于甘肅提督任内曾經恭摺奏請陛見，今未奉到硃批。臣現候諭旨，是以此番不敢再爲瀆請。倘已蒙聖恩允准進京，臣即束裝起程，躬赴闕廷，跪請聖訓，庶幾凛遵法守，勉竭駑駘，稍酬高厚隆恩于萬一。所有微臣感激下悃，理合恭摺奏謝，伏祈皇上睿鑒。謹奏。

乾隆十六年八月初二日。

覽。

【《宫中檔乾隆朝奏摺》第 1 輯，第 340 頁】

陝西固原提督齊大勇奏報已抵固原新任摺

乾隆十六年八月二十九日

陝西固原提督臣齊大勇跪奏：爲微臣已抵固原新任，仰遵前奉訓旨，敬謹凛承，恪供厥職事。

竊臣于湖廣提督任内，荷蒙皇上天恩，調補固原提督，隨恭摺奏謝，叩請聖訓，奉到硃批："覽。固原爲邊疆重地，而且兵悍，汝宜加之意，但不可欲速更張耳。欽此。"臣悉心體認，服膺弗釋。而未及赴任，旋奉恩綸，調補甘肅。今又蒙聖恩，調補固原提督。臣于本年八月初二日自甘交代起程，于八月二十日已經抵固任事。臣看得營伍大概，尚屬整齊，馬步兵丁，俱皆强壯。就其外面情形，頗覺可觀。至若技藝之生熟，居心之馴悍，臣當仰遵聖訓，加意留心，循循化誨。示之以恩威，寬之以歲月，秉至公至正之心，以行鼓舞勸懲之道。務使天良感動，禮法咸遵，情意相孚，精良各技。斷不敢急遽圖功而流于苛刻，亦不敢因循怠惰而致近委靡。至若防範邊圉，修明武備，一切軍裝、器械、馬匹、錢糧等項，尤臣分内應辦之事，自當酌量緩急，漸次妥辦，以爲有備無患，慎重邊疆之計，庶幾仰酬高厚于萬一耳。所有遵訓辦理緣由，理合恭摺奏聞，伏祈皇上睿鑒。謹奏。

乾隆十六年八月二十九日。

覽奏，俱悉實力爲之可嘉。

【《宫中檔乾隆朝奏摺》第1輯，第537頁】

陝西固原提督齊大勇奏請附入督撫分辦祝賀太后萬壽之末摺

乾隆十六年八月二十九日

陝西固原提督臣齊大勇跪奏：爲仰懇聖恩，俯准俾伸誠悃事。

本年十一月二十五日，恭逢皇太后萬壽聖節，普天胥慶，率土同歡。凡屬内外臣工，無不共樂抒忱，以表臣子誠敬。現今各省督撫俱遣人進京，于西直門至西華門一帶途次分認段落，與在京王公大臣公同敬謹備辦。臣蒙皇上天恩，隆施格外，屢任封疆，顯榮聖世。際此慶典昌期，實切歡呼忭舞，所有誠敬微忱，迫思稍展。臣于甘肅提督任内，業經屢次與督臣、撫臣往復札商，冀思附入督撫分辦之末，稍伸忱悃。而督撫二臣以總理原議及所奉諭旨俱止言督撫，而未有“提鎮”字樣，不便附入。誠敬難伸，徬徨莫措。竊思提督領任封圻，係屬大員，擔爵受禄，同爲臣子。雖不得此于各督撫之公同分辦，而于皇太后之大慶典禮獨毫無將敬，此心輾轉，寢食難安。仰懇皇上天恩，特降諭旨，允准微臣附入督撫分辦之末，稍伸誠意，庶幾臣心乃安，臣志乃慊。至于若何附入辦理之處，俟奉到恩准硃批，臣當商之督撫，敬謹舉行。所有下悃，理合繕摺奏懇，伏祈皇上睿鑒，恩准施行。謹奏。

乾隆十六年八月二十九日。

不必。

【《宫中檔乾隆朝奏摺》第1輯，第538頁】

陝西固原提督齊大勇奏報自甘以來固原途中目見豐收摺

乾隆十六年八月二十九日

陝西固原提督臣齊大勇跪奏：爲目見豐收，恭摺奏聞事。

竊臣于八月初二日自甘交代起程來固，沿途所歷甘州、凉州、蘭州、平凉各府所屬之州縣地方，見民間築場納稼，刈穫堆積之穀子、糜子、莜麥、雜糧等項，如墉如櫛，百室盈寧。詢之土人，咸稱大有，爲比年所僅見。米麵食物，各色價俱平減。農民樂業，里巷歡呼，景象雍熙安恬。四境所有情形，理合奏聞，仰慰聖懷，伏祈皇上睿鑒。謹奏。

乾隆十六年八月二十九日。

欣悦覽之。

【《宫中檔乾隆朝奏摺》第 1 輯，第 539 頁】

甘肅巡撫楊應琚奏報秋禾收成分數摺

乾隆十六年九月十四日

甘肅巡撫臣楊應琚跪奏：爲奏聞事。

竊照收成分數例，應先爲陸續奏聞，再行彙疏題報。等因。遵奉在案。兹值秋成之際，臣飭各屬親赴四鄉試驗碾打，查明秋禾收成，切實分數具報去後。兹據陸續開報前來，臣查蘭州府屬除河州廳向不種植秋禾外，其皋蘭等六州縣俱收成十分。寧夏府屬寧夏等五州縣亦俱收成十分。鞏昌府屬除洮州廳、岷州向不種植秋禾外，其隴西等八縣秋收自八分以上至十分不等，闔府統計收成九分。凉州府屬武威等五縣秋收自八分至九分以上不等，闔府統計收成八分以上。甘州府屬張、山二縣秋收自七分以上至八分不等，闔府統計收成七分以上。所有蘭、鞏、甘、凉、寧五府屬本年秋禾收成分數，合先恭摺奏聞，至其餘各府州屬秋收分數，俟報齊之日，臣另摺續奏，合并陳明，伏祈皇上睿鑒。謹奏。

乾隆十六年九月十四日。

欣然覽之。

【《宫中檔乾隆朝奏摺》第 1 輯，第 669 頁】

陝甘總督黄廷桂奏覆固原提標可無庸采買跑駝摺

乾隆十六年九月十九日

陝甘總督臣黄廷桂、固原提督臣齊大勇謹奏：爲覆奏事。

竊臣等接准大學士公傅恒字寄，乾隆十六年七月二十二日，奉上諭："據原任提督豆斌奏稱，固原提標向有備戰駝五百餘隻，嗣經裁汰變價，現在甘肅寧夏等鎮均有駝隻，請俯准設立，以備緩急。等語。前經降旨，密令該督提等酌籌防範准夷事宜，原屬先事綢繆神州邊圉之意。其一應備戰馬、駝等項，但須漸次籌辦，以戒不虞。固原腹地，本非邊徼可比，若因馱載炮位需用，必應酌量預備，事亦尚在可緩。况以久經裁汰之駝隻，驟然設立，未免迹涉張皇，使遠人聞風驚疑，轉失静鎮之道。但豆斌既有此奏，亦屬籌備之一策，著將原摺抄寄該督黄廷桂、該提督齊大勇，將此項駝隻，從前何以議裁，現在是否應行復設，如果必須設立，又應作何辦理，該督等遵照前旨，酌量情形，密行熟籌妥辦，不得稍有張皇。欽此。"并抄寄提臣豆斌原奏摺到臣等。

伏查此案，駝隻經慶復于乾隆十年内奏准甘、凉、寧、肅裁留减半，固原、河州盡行裁去，益因無事喂養，虚費浩繁，原爲節省帑項起見，但未細將備戰兵數所需馬、駝分晰確計，以致各提、鎮率多不敷，若目今遽行購補，不特一時難以足數，且各營無故紛紛采買馬、駝，必致遠近番夷群生疑畏，甚非綏輯所宜。應作何從容補苴之處，請俟臣黄廷桂明歲巡查邊營，再行會商具奏，俱于遵旨密議酌籌邊備摺内聲明在案。

今查，固原駝隻雖裁，而馬匹額設原寬，以之通融，摘撥戰兵，儘可應調，不致周章。亦于前次摺内算明彙奏。至固原配炮駝六十隻，雖爲數無多，但此案關係通省，非止固原一處。且查每炮一位，配駝三隻，每駝二隻，折馬五匹，是一炮之重已給馱馬七匹有半。馬數充裕，即使口外途長，更互任載，自堪行走。誠如聖諭，事在可緩，此時均毋庸采買。所有臣等密議緣由，理合恭摺覆奏，伏祈皇上聖訓遵行。謹奏。

乾隆拾陸年玖月拾玖日。

知道了。

【《宫中檔乾隆朝奏摺》第1輯，第713頁】

大學士管兵部來保題覆甘肅寧夏鎮屬興武營守備准以丁起魁補授

乾隆十六年十二月十二日

題。

三。

十六年十二月十四日下兵。

丁起魁，依議用，餘依議。

經筵講官、太子太保、□□□侍衛武英殿大學士、内務府總管□□□□事務、軍功加一級□□□臣來保等謹題：爲請補邊營守備，以收實效事。

兵科抄出陝甘總督黄廷桂題前事。内開：乾隆拾陸年捌月拾肆日，准兵部咨，職方清吏司案呈，兵科抄出署陝督陳弘謀疏稱，甘肅興武營守備李伸于忌辰齋戒之期不應違例用刑，且每次責懲動至拾餘人及貳拾人之多。至于兵丁脱逃，有干軍紀，又復匿不詳報。性情乖張，殊忝職守。題參。等因。于乾隆拾陸年陸月貳拾日題，柒月拾肆日奉旨："這所參李伸，著革職，該部知道。欽此。"除行文該督欽遵外，查李伸所遺甘肅興武營守備員缺，係陝甘松潘分用滿員案内第貳拾捌次所出，應行題補第叁缺，應用緑旗候補人員，應令該督揀選題補可也。等因。準此，隨移咨揀選去後。兹準甘州提督李繩武咨稱，查寧夏鎮屬興武一營設處沿邊守備，有經理兵馬錢糧、操練汛防之責，係屬邊疆要缺。本提督在于甘標通融揀選，查甘標候補守備之年滿千總内，現無籍隸他省之人，隨考驗得，候補守備丁起魁，人材强健，弓馬可觀。前出征巴爾庫爾，進剿吐魯番等處，與賊打仗，著有功苦，堪以請補寧夏鎮屬興武營守備員缺。相應造具履歷，連人咨送驗試，會題請補。等因。到臣。

準此，該臣看得，寧夏鎮屬興武營守備李伸參革員缺，准部咨，令臣揀選題補。等因。移准甘提臣李繩武咨稱，選得甘提標候補守備丁起魁堪以請補，連人送驗前來。臣隨考驗得，丁起魁，人材、弓馬，均屬可觀，曾出征巴爾庫爾，進剿吐魯番等處，著有功苦，以之請補寧夏鎮屬興武營守備，實屬人地相宜。再，查邊疆緊要缺出，例應先儘籍隸他省之人揀選，現在并無籍隸他省之員。丁起魁係肅州人，距興武營貳千貳百餘里，與隔府別營之例相符。該員係奉旨發回本省以守備題補之員，應免送部，亦毋庸出具保結。除履歷送部外，臣謹會同蘭州撫臣楊應琚、甘提臣李繩武合詞具題，伏祈皇上睿鑒，敕部議覆施行。謹題請旨。乾隆拾陸年拾壹月初肆日題，本月貳拾玖日奉旨：“該部議奏。欽此欽遵。”于本日抄出到部。

該臣等議得，陜甘總督黄廷桂疏稱：寧夏鎮屬興武營守備李伸參革員缺，准部咨，令臣揀選題補，移准甘提臣李繩武選得甘提標候補守備丁起魁堪以請補，臣隨考驗得，丁起魁，人材、弓馬，均屬可觀，曾出征巴爾庫爾，進剿吐魯番等處，著有功苦，以之請補寧夏鎮屬興武營守備，實屬人地相宜。再，邊疆要缺，例應先儘籍隸他省之人揀選，現在并無籍隸他省之員。丁起魁係肅州人，距興武營貳千貳百餘里，與隔府別營之例相符。該員係奉旨發回本省以守備題補之員，應免送部。等因。具題前來。查甘肅寧夏鎮屬興武營守備員缺，係陜甘松潘分用滿員案内第貳拾捌次所出，應行題補第叁缺，應用緑旗候補人員。丁起魁係年滿千總，于乾隆拾壹年貳月初肆日引見，奉旨發回本省，以守備題補。今題補守備，與例相符，該督既稱，丁起魁，人材、弓馬，均屬可觀，曾出征巴爾庫爾，進勦吐魯番等處，著有功苦，以之請補寧夏鎮屬興武營守備，實屬人地相宜。并聲明現在并無籍隸他省之員，丁起魁係肅州人，距興武營貳千貳百餘里，與隔府別營之例相符。等語。應如該督所請，丁起魁准其補授甘肅寧夏鎮屬興武營守備。該員係奉旨發回本省以守備題補之員，毋庸送部，恭候命下，臣部照例兼銜給札，令其赴任可也。臣等未敢擅便，謹題請旨。

乾隆拾陸年拾貳月拾貳日。

……臣來保……臣舒赫德……臣李元亮，侍郎□□□□副御使兼理工部侍郎事、仍管太醫院事務、加一級紀録十一次臣雅爾圖，左侍郎兼管順天府府尹事務、降一級留任、加一級臣蔣炳，經筵講官右侍郎兼管國子監事務加一級臣觀保，右侍郎加一級紀録五次臣裘日修，職方清吏司掌印郎中臣玉柱，郎中臣永貴，郎中臣舒明，郎中臣盛典，郎中臣陳自能，員外郎臣達靈阿，員外郎臣五十三，員外郎臣張若澭，主事臣格圖肯，主事臣景善，主事臣文成，武庫司主事兼辦司事臣永長，主事臣李霖，堂主事兼辦司事臣曹理，額外主事臣綸音惠，額年主事臣吕光亨。

【貼黄】

丁起魁，甘肅人，年伍拾陸歲，由行伍。核補把總，續拔甘肅提標後營千總。乾隆拾壹年貳月初肆日，年滿，赴部引見，奉旨發回本省，以守備題補。今陝甘總督黄廷桂，以該員人材、弓馬均屬可觀，曾出征巴爾庫爾，進勦吐魯番等處，著有功苦，題補甘肅寧夏鎮屬興武營守備。

【《明清檔案》A177—67，B99139—B99143】

乾隆十七年（1752）

△甘肅巡撫楊應琚題欽奉上諭事①

乾隆十七年正月十二日

題。

十九。

二月初九日。

十七年三月初八日下户。

該部察核具奏。

巡撫甘肅等處地方贊理軍務兼理茶馬、都察院右副都御史臣楊應琚謹題：爲欽奉上諭事。

據甘肅布政使司布政使吴士端呈，乾隆拾陸年貳月貳拾捌日，蒙前任巡撫甘肅鄂部院案驗，乾隆拾陸年貳月貳拾貳日，准户部咨，陝西司案呈，先准甘撫鄂昌將乾隆叁年分寧夏地震賑恤案内駁查各款造册咨送前來，經本部將册造沈項年、馬瑗虧空銀兩移查刑、工貳部去後。今于乾隆拾伍年拾壹月貳拾肆等日，准刑、工貳部咨覆前來，查册開：

一，運糧船隻變價銀壹百壹兩叁錢伍分，先經本部以此項銀兩曾否歸還原項，行令查明報部去後。今册稱，查船隻變價銀壹百壹兩叁錢伍分，于乾隆拾年捌月内解司，收入原動賑恤項下，報部在案。等語。查前項船隻變價銀壹百壹兩叁錢伍分，與從前該撫咨報原案銀數相符，應毋庸議。

一，寧夏縣病故知縣沈項年虧空銀陸百貳拾壹兩伍錢零，平羅縣調任伏羌縣病故知縣馬瑗虧空銀壹千叁百柒拾兩伍分零，先經本部行令，速飭在于

①標題原缺，據書例補。

各該員虧空案内催追完報去後。今册稱，寧夏縣病故知縣沈項年、平羅縣調任伏羌縣病故知縣馬瑗虧空銀兩，見在各員虧空案内催追。移咨刑部覆稱，沈項年墊建倉廒銀兩已奉工部咨准開銷，但并無陸百貳拾壹兩伍錢零之數。至馬瑗名下應追銀壹千叁百柒拾兩伍分零，内有建蓋倉廒那用銀陸百柒拾玖兩貳錢零。該撫題請在于原墊賑恤銀内開銷，經本部行支工部查辦在案，其餘銀兩該撫尚未咨報完項。等因。又准工部覆稱，馬瑗名下那用建倉銀兩，未據該撫報銷，無憑查覆。等語。查沈項年虧空銀兩，刑部既稱并無陸百貳拾壹兩伍錢零之數，應令該撫查明報部。至馬瑗虧空銀壹千叁百柒拾兩伍分零，内有建蓋倉廒那用銀陸百柒拾玖兩貳錢零，工部既稱該撫尚未報銷，應令該撫作速造報工部核銷之日，報部查核。其餘銀兩，速飭在于該員虧空案内催追完報。

一，中衛縣被參知縣姚廷柱虧空城工銀陸百伍拾肆兩零，既稱完交接任錢應策墊辦城工動用，先經本部行令，俟城工銀兩進銷之日，歸還原項，報部去後。今册稱，中衛縣知縣姚廷柱虧空墊辦城工銀兩，應俟城工銀兩准銷之日，歸還原項報部。等語。應仍令該撫將前項銀兩，俟城工銀兩准銷之日，歸還原項報部。

一，各項墊發墊支，并新招户民牛具、口糧折價等項，共銀肆萬捌千柒百肆拾肆兩捌錢伍分零，先經本部行令，俟各彼案請撥有款及民借帶徵完日解交歸結，仍開明年月案次分晰銀兩細數報部。查核至解司銀貳萬伍千肆百貳拾兩玖錢柒分叁厘零，造入何年何季撥册，其未解銀肆萬肆千陸百肆拾壹兩捌錢肆分肆厘零，作速催解司庫，一并報部查核去後。今册稱，前項墊發墊支，并新招户民牛具、口糧折價等項，共銀肆萬捌千柒百肆拾肆兩捌錢伍分零。内夏、朔、平叁縣徵完牛具，解還司庫銀伍千玖百柒拾陸兩伍錢陸分柒厘叁毫零，造入乾隆拾叁年春秋撥册内訖。其餘銀肆萬貳千柒百陸拾捌兩貳錢捌分貳厘柒毫零，見在各彼案請撥有款及民借帶徵完解歸結，至解司銀貳萬伍千肆百貳拾兩玖錢柒分叁厘零，已造入乾隆伍、陸、柒、捌、玖、拾、拾貳等年各春秋撥册内訖。其未解銀肆萬肆千陸百肆拾壹兩捌錢肆分肆厘壹毫零，内静寧州解銀叁兩伍錢肆分伍厘玖毫零，造入乾隆拾貳年秋撥册内訖。又，寧夏府解司銀肆萬肆千陸百叁拾捌兩貳錢玖分捌厘壹毫零，造入乾隆拾叁年春秋貳撥册内訖。等語。查前項墊發墊支，并新招户民牛具、口糧折價，共銀肆萬貳千柒百陸拾捌兩貳錢捌分貳厘柒毫零，應令該撫俟各彼案請撥有款及民借帶徵完日報部查核。其解司銀貳萬伍千肆百貳拾兩玖錢柒分叁厘零，内除解司銀貳萬肆千肆百玖兩壹錢陸毫零，與乾隆伍、陸、柒、捌、玖、拾、拾貳等年各春秋撥册銀數相符。又，寧夏府并夏、朔、平、静等州縣共解司銀伍萬陸百壹拾捌兩肆錢壹分壹厘肆毫零，核對乾隆拾貳、拾叁等年春秋撥册銀數亦屬相符，均毋庸議。至張掖縣解司銀壹千壹拾壹兩捌錢柒分貳厘肆毫零，該撫雖稱造入乾隆玖年秋撥册内，但查該年撥册并無前項銀兩，應令該撫查明報部。

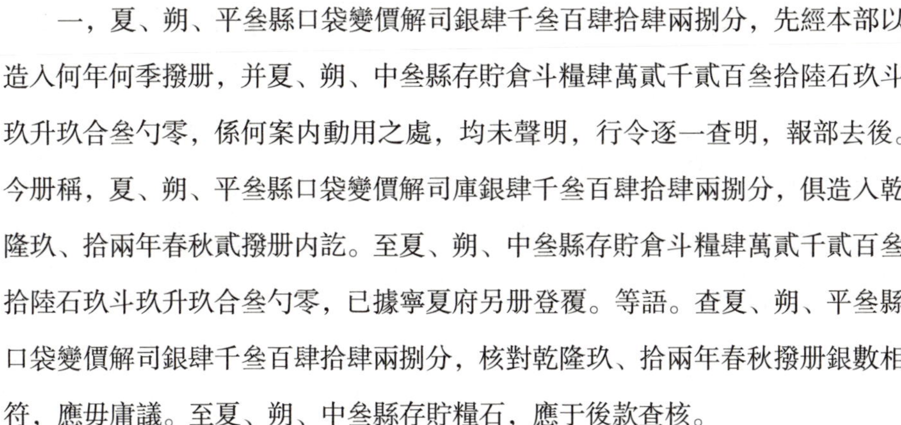

一，夏、朔、平叁縣口袋變價解司銀肆千叁百肆拾肆兩捌分，先經本部以造入何年何季撥册，并夏、朔、中叁縣存貯倉斗糧肆萬貳千貳百叁拾陸石玖斗玖升玖合叁勺零，係何案内動用之處，均未聲明，行令逐一查明，報部去後。今册稱，夏、朔、平叁縣口袋變價解司庫銀肆千叁百肆拾肆兩捌分，俱造入乾隆玖、拾兩年春秋貳撥册内訖。至夏、朔、中叁縣存貯倉斗糧肆萬貳千貳百叁拾陸石玖斗玖升玖合叁勺零，已據寧夏府另册登覆。等語。查夏、朔、平叁縣口袋變價解司銀肆千叁百肆拾肆兩捌分，核對乾隆玖、拾兩年春秋撥册銀數相符，應毋庸議。至夏、朔、中叁縣存貯糧石，應于後款查核。

一，寧夏縣未解銀伍拾貳兩伍錢零，先經本部行令，速飭追解還項，報部查核去後。今册稱，寧夏縣未解口袋變價不敷銀伍拾貳兩伍錢陸分，照數解司收入賑恤項下，造入乾隆拾貳年秋撥訖。等語。查寧夏縣口袋變價不敷銀伍拾貳兩伍錢零，該撫雖稱造入乾隆拾貳年秋撥册内，但查該年撥册并無

前項銀數，應令該撫查明報部。

一，寧夏府乾隆叁年地震辦理賑務案内虛開抵補已故知府顧爾昌虧空糧陸千貳百壹拾伍石零，先經本部以題參事案内并無此項糧數，行令查明報部去後。今册稱，乾隆叁年地震賑恤案内，删除新渠縣灾民口糧壹千伍百伍拾柒石叁斗、煮粥糧叁百陸拾陸石壹斗貳升，寶豐縣口糧叁千肆百壹拾肆石陸斗、煮粥糧肆百伍拾捌石陸斗，平羅縣煮粥糧肆百壹拾捌石肆斗，以上共删除虛開抵補已故顧府虧空糧陸千貳百壹拾伍石貳升，作采買開銷，價值在夏、朔、新、寶、平五縣煮粥夫工等項，共銀一萬肆仟捌佰貳拾肆兩肆錢零之内審明題結，于乾隆十一年在于題參事案内，咨部在案。等語。查前項糧石，既據該撫查明折算，價值在夫工銀一萬肆仟捌佰貳拾肆兩肆錢零之内審明題結，查與從前刑部知照原案銀數相符，應毋庸議。

一，平羅縣修補口袋需用白布，并未開明丈尺并麻綫、麻繩。修理駝隻鞍架柳椽以及采買草束價值均屬浮多。又，散賑官員盤費并押糧把總肆員盤費銀兩，雖據援照辦差千把之例支給，但辦差千把等官日支盤費銀貳錢貳分，并未另給跟役。今給跟役捌名，每名日支盤費銀肆分，押駝兵丁壹拾貳名，每名日支盤費銀壹錢，係照何例辦理？且駝隻于正月貳拾伍日回營，兵丁盤費因何支至貳拾柒日，均未聲明，無憑查核。所有用過銀陸百柒拾捌兩零，未便開銷，行令查明核減，報部去後。今册稱，平羅縣調任病故知縣馬瑗任内轉運寶豐糧石，所需口袋一時置備不齊，借用民間毛口袋貳千壹百叁拾伍條，係用舊殘損，隨時修補，每條用布貳叁肆伍寸不等，共用布柒拾叁丈陸尺，每叁丈貳尺合布壹匹，共用布貳拾叁匹，每匹銀陸錢，共銀壹拾叁兩捌錢。至麻綫、麻繩、柳椽，俱從别處馱販來平，平羅之省稱异灾之後，市集俱無，物價昂貴，勢所必然。因需用緊急，據實覓買應用，并無浮多。再，穀草一項，平、寶貳邑大灾之後，民間搭蓋窩鋪需用甚多，每束給銀壹分伍厘至壹分捌厘，均未浮多。又，縫聯口袋用麻綫叁斤，每斤銀壹錢肆分，共銀肆錢貳分。扎口繩壹千捌百條，每條銀捌毫，共銀壹兩肆錢肆分。捆載大繩肆拾伍斤，每斤銀捌分，共銀叁兩陸錢。柳椽壹百貳拾肆根，每根銀肆分，共銀肆兩玖錢陸分柒斤。穀草柒千陸百貳拾伍束，每束價銀壹分伍厘，共銀壹百壹拾肆兩叁錢柒分伍厘。裁縫捌拾叁工，每工銀陸分，共銀肆兩玖錢捌分。米匠伍拾貳工，每工銀陸分，共銀叁兩壹錢貳分。又采買柒斤穀草叁千伍百捌拾貳束，每束銀壹分捌厘，共銀陸拾肆兩肆錢柒分陸厘。俱係據實采買之項，并無浮冒情弊，委難核減出具并無浮冒印結。應請准銷。

又，夏、朔、新、寶、平伍縣辦理賑恤事務各員赴寧，除見任者不支盤費外，其餘效力及候補之員，若不支給盤費，實難枵腹辦差。隨照依辦差千把之例，每員日支盤費銀貳錢貳分，係各員按日應需之項。且大災之後，非別項辦差可以緩待，所有支過盤費銀肆百貳拾伍兩肆錢捌分，應請核銷。

又查寶豐糧石，地震之後，露積層冰，撥夏、朔貳縣牛車肆百玖拾柒輛，派委把總肆員管押，每員日支盤費銀貳錢貳分。因車輛甚多，該弁等若不隨帶跟役，前後稽察實難，是以每員帶跟役貳名，共跟役捌名，每名支盤費銀肆分。嗣因漸届春融，恐冰消浸泡堪虞，牛車行走遲緩，又派撥駝隻晝夜轉運，撥固原兵丁牽拉。另派寧鎮目兵壹拾貳名管押糧石，每名日給盤費銀壹錢。彼時以倉糧爲重，且倉卒大災，并無成例可援，俱按地方情形，酌量辦理，實非捏冒。所有支過駝運押糧目兵盤費銀貳拾肆兩，轉運押糧把總盤費銀壹拾叁兩貳錢，跟役盤費銀肆兩捌錢，應請核銷。

至駝隻于貳拾伍日回營，兵丁盤費支至貳拾柒日，因駝隻將糧運完，固原兵丁于貳拾伍日牽回本營，寧鎮目兵等候交收糧石，于貳拾柒日始行回營，是以先後不同。等語。查平羅縣修補口袋需用白布，雖據該撫開明丈尺，并聲明麻綫、麻繩，修理駝隻鞍架柳椽以及采買草束價值，并散賑官員跟役、押駝兵丁盤費，係大災之後，各項采買，價值并無浮多，亦無成例可援，取具并無浮冒印結送部，但事關請銷錢糧，未便據咨遽議，應令該撫再行詳細確查，據實核減。如果實無浮冒，另行造具册結，加結保題，到日再議。

一，夏、朔、中叁縣存貯倉斗糧肆萬貳千貳百叁拾陸石玖斗玖升玖合叁勺零，先經本部以係何案内動用之處，行令查明，報部去後。今册稱，夏、朔、中叁縣存貯撥運倉斗糧肆萬貳千貳百叁拾陸石久斗玖升玖合叁勺零。内寧夏縣存貯撥運倉斗糧貳萬貳百叁拾貳石肆斗壹升捌合貳勺零，内估支駐寧滿兵乾隆肆年分糧柒千肆百伍拾陸石伍斗肆升。又，乾隆伍年，借給水旱灾民籽種糧貳千捌百肆石陸斗陸升陸合。又，乾隆伍年，平羅縣賑糧貳千肆拾叁石柒斗肆合。又估支寧夏鎮標右營乾隆玖年分兵糧壹千叁百陸拾貳石貳斗伍合陸勺零，又估支鎮標前營乾隆玖年分兵糧壹千叁百肆拾石玖斗貳升陸合伍勺零，又估支鎮標後營乾隆玖年分兵糧壹千叁百肆拾石，又估支寧夏城守營乾隆玖年分兵糧伍百石，又估支寧夏鎮標左營乾隆拾年分兵糧柒百柒拾玖石玖斗伍升陸勺零，又估支鎮標右營乾隆拾年分兵糧壹千肆百叁拾捌石陸斗陸升陸合陸勺零，又估支寧夏城守營乾隆拾年分兵糧陸百叁拾貳石陸斗。又，乾隆伍年，借給口糧籽種糧叁百叁拾石陸斗陸升叁合柒勺零。見在催徵實在糧貳百貳石肆斗玖升伍合，實貯在倉。

又，寧朔縣存貯撥運倉斗糧壹萬伍千石柒斗叁升壹合零，内估支駐寧滿兵乾隆肆年分糧伍千捌百柒拾伍石柒斗壹升捌合玖勺。又估支駐寧滿兵乾隆柒年分糧叁千玖百石，又估支寧夏鎮標前營乾隆捌年分兵糧壹千石，又估支寧夏鎮屬玉泉營乾隆拾年分兵糧壹千肆百叁拾玖石捌斗叁升柒合叁勺零，又估支在城王洪、大壩驛夫乾隆拾年糧陸百肆拾捌石，又估支夏、朔貳縣孤貧乾隆拾年分口糧肆百柒拾伍石貳斗，又估支寧夏鎮屬玉泉營乾隆拾壹年分兵糧叁百陸拾玖石貳斗肆升捌合壹勺零。又，前任病故知縣辛禹籍虧空撥運倉斗糧壹千貳百玖拾貳石柒斗貳升陸合柒勺，應于該員虧空案内詳請歸結。

又，中衛縣存貯撥運倉斗糧柒千叁石捌斗伍升，内乾隆伍年賑濟窮民口糧壹千玖百肆拾陸石柒斗伍升肆合壹勺零。又，乾隆伍年，出借籽種糧肆千柒百柒拾玖石柒斗叁升伍勺零。又，乾隆陸年，賑濟窮民口糧壹百柒拾柒石陸斗肆升捌合肆勺零。被參知縣姚廷柱虧空撥運倉斗糧玖拾玖石叁斗陸升陸合捌勺零，應于虧空案内勒追歸結。另報實在糧叁斗伍升，又節年徵完民借籽種還倉糧壹千叁百貳拾貳石肆斗柒升捌合伍勺零。貳共糧壹千叁百貳拾貳石捌斗貳升捌合伍勺零，實貯在倉。其民欠未完乾隆伍年出借糧石，見在催徵。等語。

查夏、朔、中叁縣存貯倉斗糧肆萬貳千貳百叁拾陸石玖斗玖升玖合叁勺零，雖據該撫聲明估撥兵糧、借給灾民籽種、賑給口糧以及各員虧空，共糧肆萬柒百壹拾壹石陸斗柒升伍合捌勺零，但并未開明報部年月案次，無憑查核，應令該撫逐一查明，報部查核，并將民借籽種、口糧未還糧陸千伍百玖拾貳石伍斗捌升壹合柒勺零，各員虧空糧壹千叁百玖拾貳石玖升叁合伍勺零，各歸本案，催追完報。其實存糧壹千伍百貳拾伍石叁斗貳升叁合伍勺，轉飭加謹收貯，俟有動用，報部查核可也。等因。準此，行司。

蒙此，又于乾隆拾陸年捌月初叁日，蒙前撫鄂部院案驗，乾隆拾陸年柒月貳拾柒日，准户部咨，陝西司案呈，本年陸月初柒日，准甘撫鄂昌咨，據布政司呈稱，查得寧夏乾隆叁年地震賑恤案内奉部駁查各款，并修補口袋各項用過銀兩，令再詳細確查，據實核減。如果實無浮冒，另行造具册結，加結保題，到日再議。等因。當即備行寧夏府轉飭遵辦在案。今據該府詳，據各該縣登覆前來，查該縣等并未將奉查各款造具登答清册賫報，其夏、朔、新、寶等縣支過辦賑官員盤費銀肆百貳拾餘兩，亦未造具無浮册結呈賫，均難率轉。除再令確查，造具册結登覆，至日分别另請咨題外，相應詳明，合候咨部。等情。相應咨明。等因。前來。應令該撫轉飭將前項修補口袋并各項用過銀兩，作速確查核減，造具册結，分别咨題報部，毋任再延可也。等因。準此，行司。

蒙此，又于乾隆拾陸年拾貳月拾叁日，蒙巡撫甘肅楊都院案驗，乾隆拾陸年拾貳月初玖日，准户部咨，陝西司案呈，本年拾月拾伍日，准甘撫楊應琚咨，據布政司呈稱，乾隆叁年寧夏地震賑恤案内奉部駁查各款，并修補口袋各項用過銀兩，令再詳細確查，據實核減。如果實無浮冒，另行造具册結，分别咨題壹案，前因該縣等未將奉查各款造具登答清册賫報，其夏、朔、新、寶等縣支過辦賑官員盤費銀兩亦未造具無浮册結呈賫，均難率轉。當經升司駁令查造去後，至今仍未造賫。查此案原限肆個月，扣至本年閏伍月貳拾貳日爲滿，前經限滿，請明于本年閏伍月貳拾叁日接扣起肆個月之限，應扣至玖月貳拾叁日爲滿，今已滿限。既未造賫，則查造遲延之咎，不能爲初叁署寧夏縣知縣舒鴻儒、寧朔縣知縣魯克寬、署平羅縣知縣宋惟孜寬假，所有職名，相應詳揭請參。等情。相應咨參。等因。前來。應將原咨移送吏部查議，俟議結之日，將原咨送回本部存查外，仍令該撫將前項駁查各款轉飭，遵照本部原行，作速詳細確查，分别咨題報部，毋任遲延可也。等因。準此，俱行到司。

蒙此，隨即備移寧夏道轉飭查明遵辦去後。兹準寧夏道移，據寧夏府申，據所屬夏、朔、中、平等縣將奉部咨，查各款逐一查明分晰，造具册結，由府道加結，移送前來。準此，除奉部行查報部各款另詳請咨外，該布政使吴士端查得，寧夏乾隆叁年地震賑恤案内，平羅縣修補口袋各項，并夏、朔等縣散賑官員跟役、押駝兵丁支過盤費用過銀兩，奉部令再詳細確查，據實核減。如果實無浮冒，另行造具册結，加結保題，到日再議。等因。兹行據平羅縣册造，平羅調任病故知縣馬瑗任内轉運寶豐糧石，借用民間舊破毛口袋貳千壹百叁拾伍條，隨時修補應用。每條需用白布貳叁肆伍寸不等，共用布柒拾叁丈陸尺，每叁丈貳尺合布壹匹，共用布貳拾叁匹，每匹價銀陸錢，共用銀壹拾叁兩捌錢。又，縫聯口袋用過麻綫叁斤，每斤價銀壹錢肆分，共用銀肆錢貳分。需用裁縫捌拾叁工，每工價銀陸分，共用銀肆兩玖錢捌分。需用扎口繩壹千捌百條，每條價銀捌毫，共用銀壹兩肆錢肆分。需用捆載大麻繩肆拾伍斤，每斤價銀捌分，共用銀叁兩陸錢。修理駝隻鞍架需用柳椽壹百貳拾肆根，每根價銀肆分，共用銀肆兩玖錢陸分。需用木匠伍

拾貳工，每工拾銀陸分，共用銀叁兩壹錢貳分。采買柒斤重穀草柒千陸百貳拾伍束，每束價銀壹分伍厘，共用銀壹百壹拾肆兩叁錢柒分伍厘。又，草叁千伍百捌拾貳束，每束價銀壹分捌厘，共用銀陸拾肆兩肆錢柒分陸厘。又，押運糧石把總肆員，每員日支盤費銀貳錢貳分，計壹拾伍日，共支銀壹拾叁兩貳錢。跟役捌名，每名日支盤費銀肆分，計壹拾伍日，共支銀肆兩捌錢。押駝兵丁壹拾貳名，每名日支盤費銀壹錢，計貳拾日，共支銀貳拾肆兩。以上各款共用銀貳百伍拾叁兩壹錢柒分壹厘。又，寧夏府册報，夏、朔、平叁縣委散賑恤效力官員，照依辦差千把之例，每員日支盤費銀貳錢貳分，各支起止日期不等，共支過盤費銀肆百貳拾伍兩肆錢捌分。以上修補口袋及支給辦賑官員跟役盤費等項，通共用銀陸百柒拾捌兩陸錢伍分壹厘。據册登實，緣遭被地震大灾之後，諸物昂貴，照彼時情形權宜辦理。至支給各官役兵丁盤費銀兩，亦俱照各該員辦理賑務日期支給，均係實用實銷，并無浮冒，無從核減。等情。既據造册，出具無浮印結，由道加結，移送前來。相應加具印結，一并呈賫，合候加結具題。

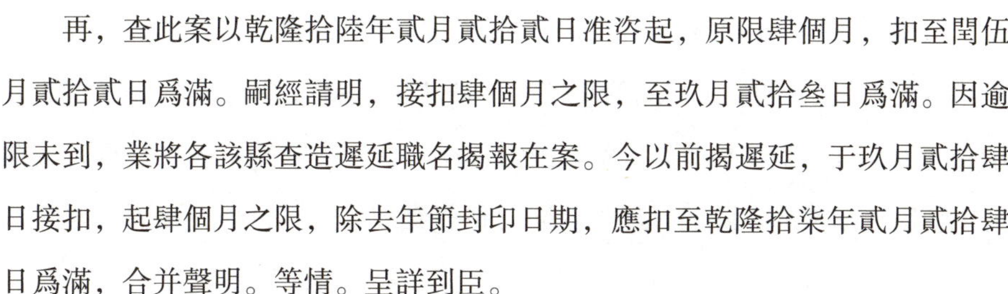

再，查此案以乾隆拾陸年貳月貳拾貳日准咨起，原限肆個月，扣至閏伍月貳拾貳日爲滿。嗣經請明，接扣肆個月之限，至玖月貳拾叁日爲滿。因逾限未到，業將各該縣查造遲延職名揭報在案。今以前揭遲延，于玖月貳拾肆日接扣，起肆個月之限，除去年節封印日期，應扣至乾隆拾柒年貳月貳拾肆日爲滿，合并聲明。等情。呈詳到臣。

該臣查得，寧夏地方先于乾隆叁年地震其賑恤案内有平羅縣修補口袋各項，并夏、朔等縣散賑官員跟役、押駝兵丁支過盤費銀兩，前准部咨，行令詳細確查，據實核減。如果實無浮冒，另行造具册結，加結保題，到日再議。等因。當即行司轉飭查造去後。玆據布政使吴士端詳稱，查平羅縣調任病故知縣馬瑗任内轉運寶豐糧石，借用民間舊破毛口袋貳千壹百叁拾伍條，隨時修補。應用共用布柒拾叁丈零合貳拾叁匹，每匹價銀陸錢，共用銀壹拾叁兩捌錢。又，縫聯口袋用過麻綫叁斤，每斤價銀壹錢肆分，共用銀肆錢貳分。需用裁縫捌拾叁工，每工價銀陸分，共用銀肆兩玖錢捌分。需用扎口繩壹千捌百條，每條價銀捌毫，共用銀壹兩肆錢肆分。需用捆載大麻繩肆拾伍斤，每斤價銀捌分，共用銀叁兩陸錢。修理駝隻鞍架需用柳椽壹百貳拾肆根，每根價銀肆分，共用銀肆兩玖錢陸分。需用木匠伍拾貳工，每工給銀陸分，共用銀叁兩壹錢貳分。采買柒斤重穀草柒千陸百貳拾伍束，每束價銀壹分伍厘，共用銀壹百壹拾肆兩叁錢米分伍厘。又，草叁千伍百捌拾貳束，每束價銀壹分捌厘，共用銀陸拾肆兩肆錢柒分陸厘。又，押運糧石把總肆員，每員日支盤費銀貳錢貳分，計壹拾伍日，共支銀壹拾叁兩貳錢。跟役捌名，每名日支盤費銀肆分，計壹拾伍日，共支銀肆兩捌錢。押駝兵丁壹拾貳名，每名日支盤費銀壹錢，計貳拾日，共支銀貳拾肆兩。以上各款共用銀貳百伍拾叁兩壹錢柒分零。又，夏、朔、平叁縣委散賑恤效力官員，照依辦差千把之例，每員日支盤費銀貳錢貳分。各支起止日期不等，共支過盤費銀肆百貳拾伍兩肆錢捌分。以上修補口袋及支給辦賑官員跟役盤費等項，通共用銀陸百柒拾捌兩陸錢零，實緣地震之後，諸物昂貴，照彼時情形，權宜辦理。至支給各官役兵丁盤費銀兩，亦俱照各該員辦理賑務日期支給，均係實用實銷，并無浮冒，無從核減。等情。取具册結，由司道加結，一并呈送，請題前來，臣覆核無异。除加具保結，同賫到各册結分送部科外，相應會同陝甘督臣黄廷桂合詞具題，伏祈皇上睿鑒，敕部核覆施行。謹題請旨。

乾隆拾柒年正月貳拾伍日。

巡撫甘肅等處地方贊理軍務兼理茶馬、都察院右副都御史臣楊應琚。

【貼黄】

巡撫甘肅等處地方、贊理軍務兼理茶馬都察院右副都御史臣楊應琚謹題：爲欽奉上諭事。

該臣查得，寧夏乾隆叁年地震賑恤案内，平羅縣修補口袋各項，并夏、朔等縣散賑官員跟役、押駝兵丁支過盤費銀兩，前准部咨，令確查核減。如果實無浮冒，另行造具册結，加結保題，到日再議。等因。行據布政使吴士端詳稱，查平羅縣調任病故知縣馬瑗任内轉運賓豐糧石，借用民間舊破毛口袋貳千壹百叁拾伍條，隨時修補，用布貳拾叁匹，共銀壹拾叁兩捌錢。又，縫聯口袋麻繩叁斤，共銀肆錢貳分。裁縫工價共銀肆兩玖錢捌分。扎口繩壹千捌百條，共銀壹兩肆錢肆分。大麻繩肆拾伍斤，共銀叁兩陸錢。修理駝隻鞍架用柳椽壹百貳拾肆根，共銀肆兩玖錢陸分。木匠伍拾貳工，共銀叁兩壹錢貳分。采買穀草柒千陸百貳拾伍束，共銀壹百壹拾肆兩叁錢柒分伍厘。又，草叁千伍百捌拾貳束，共銀陸拾肆兩肆錢柒分陸厘。又，押運糧石把總肆員，支盤費銀壹拾叁兩貳錢。跟役捌名，銀肆兩捌錢。兵丁壹拾貳名，銀貳拾肆兩。以上共用銀貳百伍拾叁兩壹錢零。又，夏、朔、平叁縣委散賑恤效力官員，照例共支盤費銀肆百貳拾伍兩肆錢捌分。以上修補口袋、支給盤費等項通共用銀陸百柒拾捌兩零，均係實用實銷，并無浮冒，無從核減。等情。取具册結，由司道加結呈送，請題前來，臣覆核無异。除加具保結，同賫到各册結分送部科外，相應會同陝甘督臣黄廷桂謹題請旨。

【《明清檔案》A178—33，B99515—B99531】

甘肅巡撫楊應琚題報乾隆三年平羅等縣地震賑恤用銀并無浮冒加具保結本①

乾隆十七年正月二十五日

題。

該部察核具奏。

---

①臺灣歷史語言研究所藏内閣大庫檔。

巡撫甘肅等處地方贊理軍務兼理茶馬、都察院右副都御史臣楊應琚謹題：爲欽奉上諭事。

據甘肅布政使司布政使吴士端呈，乾隆十六年二月二十八日，蒙前任巡撫甘肅鄂部院案驗，乾隆十六年二月二十二日，准户部諮，陝西司案呈，先准甘撫鄂昌將乾隆三年分寧夏地震賑恤案内駁查各款造册諮送前來，經本部將册造沈項年、馬瑗虧空銀兩移查刑、工二部去後。今于乾隆十五年十一月二十四等日，准刑、工二部諮覆前來。查册開：

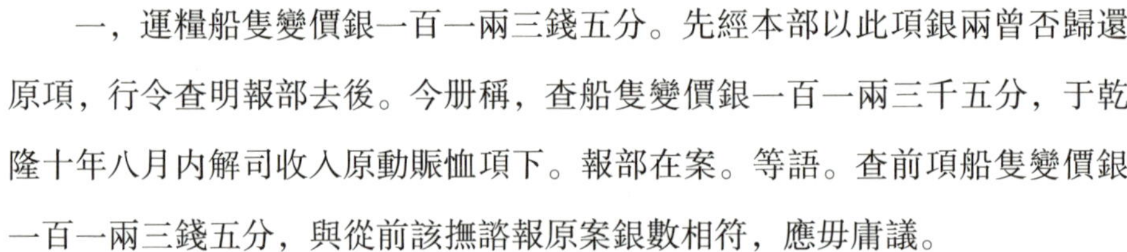
一，運糧船隻變價銀一百一兩三錢五分。先經本部以此項銀兩曾否歸還原項，行令查明報部去後。今册稱，查船隻變價銀一百一兩三千五分，于乾隆十年八月内解司收入原動賑恤項下。報部在案。等語。查前項船隻變價銀一百一兩三錢五分，與從前該撫諮報原案銀數相符，應毋庸議。

一，寧夏縣病故知縣沈項年虧空銀六百二十一兩五錢零，平羅縣調任伏羌縣病故知縣馬瑗虧空銀一千三百七十兩五分零。先經本部行令速飭在于各該員虧空案内催追完報去後。今册稱，寧夏縣病故知縣沈項年、平羅縣調任伏羌縣病故知縣馬瑗虧空銀兩，見在各員虧空案内催追，移諮刑部。覆稱沈項年墊建倉廒銀兩，已奉工部諮，准開銷，但并無六百二十一兩五錢零之數。至馬瑗名下應追銀一千三百七十兩五分零，内有建蓋倉廒挪用銀六百七十九兩二錢零，該撫題請在于原墊賑恤銀内開銷，經本部行文工部查辦在案。其餘銀兩該撫尚未諮報完項。等因。又准工部覆稱，馬瑗名下挪用建倉銀兩未據該撫報銷，無憑查覆。等語。查沈項年虧空銀兩，刑部既稱并無六百二十一兩五錢零之數，應令該撫查明報部。至馬瑗虧空銀一千三百七十兩五分零，内有建蓋倉庫挪用銀六百七十九兩二錢零，工部既稱該撫尚未報銷，應令該撫作速造報工部，核銷之日報部查核。其餘銀兩，速飭在于該員虧空案内催追完報。

一，中衛縣被參知縣姚廷柱虧空城工銀六百五十四兩零。既稱完交接任錢應榮墊辦城工動用，先經本部行令，俟城工銀兩准銷之日，歸還原項，報部去後。今册稱，中衛縣知縣姚廷柱虧空墊辦城工銀兩，應俟城工銀兩准銷之日歸還原項，報部。等語。應仍令該撫將前項銀兩，俟城工銀兩准銷之日，歸還原項，報部。

一，各項墊發、墊支并新招户民牛具、口糧摺價等項，共銀四萬八千七百四十四兩八錢五分零。先經本部行令，俟各彼案請撥有款及民借帶徵完日，解交歸結，仍開明年月案次，分晰銀兩細數，報部查核。至解司銀二萬五千四百二十兩九錢七分三厘零，造入何年何季撥册，其未解銀四萬四千六百四十一兩八錢四分四厘零，作速催解司庫，一并報部查核去後。今册稱，前項墊發、墊支并新招户民牛具、口糧摺價等項，共銀四萬八千七百四十四兩八錢五分零。内夏、朔、平三縣徵完牛具解還司庫銀五千九百七十六兩五錢六分七厘三毫零，造入乾隆十三年春秋撥册内訖。其餘銀四萬二千七百六十八兩二錢八分二厘七毫零，見在各彼案請撥有款及民借帶徵完解歸結。至解司銀二萬五千四百二十兩九錢七分三厘零，已造入乾隆五、六、七、八、九、十、十二等年各春秋撥册内訖。其未解銀四萬四千六百四十一兩八錢四分四厘一毫零，内静寧州解銀三兩五錢四分五厘九毫零，造入乾隆十二年秋撥册内訖。又，寧夏府解司銀四萬四千六百三十八兩二錢九分八厘一毫零，造入乾隆十三年春秋二撥册内訖。等語。查前項墊發、墊支并新招民牛具、口糧摺價，共銀四萬二千七百六十八兩二錢八分二厘七毫零，應令該撫俟各彼案請撥有款及民借帶徵完日報部查核。其解司銀二萬五千四百二十兩九錢七分三厘零，内除解司銀二萬四千四百九兩一錢六毫零，與乾隆五、六、七、八、九、十、十二等年春秋撥册銀數相符。又，寧夏府并夏、朔、平、静等州縣共解司銀五萬六百一十八兩四錢一分一厘四毫零，核對乾隆十二十三等年春秋撥册，銀數亦屬相符，均毋庸議。至張掖縣解司銀一千一十一兩八錢七分二厘四毫零，該撫雖稱造入乾隆九年秋撥册内，但查該年撥册并無

前項銀兩，應令該撫查明報部。

一，夏、朔、平三縣口袋變價解司銀四千三百四十四兩八分，先經本部以造入何年何季撥册，并夏、朔、中三縣存貯倉斗糧四萬二千二百三十六石九斗九升九合三勺零，係何案内動用之處，均未聲明，行令逐一查明報部去後。今册稱，夏、朔、平三縣口袋變價解司庫銀四千三百四十四兩八分，俱造入乾隆九、十兩年春秋二撥册内，訖至夏、朔、中三縣存貯倉斗糧四萬二千二百三十六石九斗九升九合三勺零，已據寧夏府另册登覆。等語。查夏、朔、平三縣口袋變價解司銀四千三百四十四兩八分，核對乾隆九、十兩年春秋撥册，銀數相符，應毋庸議。至夏、朔、中三縣存貯糧石，應于後款查核。

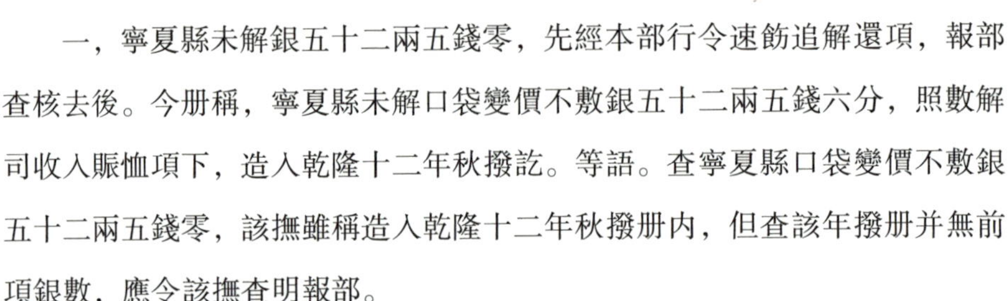

一，寧夏縣未解銀五十二兩五錢零，先經本部行令速飭追解還項，報部查核去後。今册稱，寧夏縣未解口袋變價不敷銀五十二兩五錢六分，照數解司收入賑恤項下，造入乾隆十二年秋撥訖。等語。查寧夏縣口袋變價不敷銀五十二兩五錢零，該撫雖稱造入乾隆十二年秋撥册内，但查該年撥册并無前項銀數，應令該撫查明報部。

一，寧夏府乾隆三年地震辦理賑務案内，虚開抵補已故知府顧爾昌虧空糧六千二百一十五石零，先經本部以題參事案内并無此項糧數，行令查明報部去後。今册稱，乾隆三年地震賑恤案内删除新渠縣灾民口糧一千五百五十七石三斗，煮粥糧三百六十六石一斗二升。寶豐縣口糧三千四百一十四石六斗，煮粥糧四百五十八石六斗。平羅縣煮粥糧四百一十八石四斗。以上共删除虚開抵補已故顧府虧空糧六千二百一十五石二升，作采買開銷價值。在夏、朔、新、寶、平五縣煮粥、夫工等項共銀一萬四千八百二十四兩四錢零之内審明題結，于乾隆十一年在于題參事案内諮部在案。等語。查前項糧石既據該撫查明折算價值，在夫工等銀一萬四千八百二十四兩四錢零之内審明題結，查與從前刑部知照原案銀數相符，應毋庸議。

一，平羅縣修補口袋需用白布并未開明丈尺，并麻綫、麻繩修理，駝隻鞍架柳椽以及采買草束價值均屬浮多。又，散賑官員盤費并押糧把總四員盤費銀兩雖據援照辦差千把之例支給，但辦差千把等官日支盤費銀二錢二分，并未另給跟役。今給跟役八名，每名日支盤費銀四分。押駝兵丁一十二名，每名日支盤費銀一錢，係照何例辦理。且駝隻于正月二十五日回營，兵丁盤費因何支至二十七日，均未聲明，無憑查核。所有用過銀六百七十八兩零，未便開銷，行令查明核減報部去後。今册稱，平羅縣調任病故知縣馬瑗任内轉運寶豐糧石所需口袋一時置備不齊，借用民間毛口袋二千一百三十五條，係用舊殘損，隨時修補，每條用布二三四五寸不等，共用布七十三丈六尺。每三丈二尺合布一匹，共用布二十三匹，每匹銀六錢，共銀一十三兩八錢。至麻綫、麻繩、柳椽俱從別處馱販來平，异灾之後，市集俱無，物價昂貴，勢所必然。因需用緊急，據實覓買應用，并無浮多。

再，穀草一項，平、寶二邑大灾之後，民間搭蓋窩鋪需用甚多，每束給銀一分五厘至一分八厘，均未浮多。又，縫聯口袋用麻綫三斤，每斤銀一錢四分，共銀四錢二分。扎口繩一千八百條，每條銀八毫，共銀一兩四錢四分。捆載大繩四十五斤，每斤銀八分，共銀三兩六錢。柳椽一百二十四根，每根銀四分，共銀四兩九錢六分。七斤穀草七千六百二十五束，每束價銀一分五厘，共銀一百一十四兩三錢七分五厘。裁縫八十三工，每工銀六分，共銀四兩九錢八分。木匠五十二工，每工銀六分，共銀三兩一錢二分。又，采買七斤穀草三千五百八十二束，每束銀一分八厘，共銀六十四兩四錢七分六厘。俱係據實采買之項，并無浮冒情弊，委難核減。出具并無浮冒印結，應請准銷。

又，夏、朔、新、寶、平五縣辦理賑恤事務，各員赴寧除現任者不支盤費外，其餘效力及候補之員，若不支給盤費，實難枵腹辦差。隨照依辦差千把之例，每員日支盤費銀二錢二分，係各員按日應需之項。且大灾之後，非別項辦差可以緩待，所有支過盤費銀四百二十五兩四錢八分，應請核銷。

又查寶豐糧石，地震之後，露積層冰，撥夏、朔二縣牛車四百九十七

輛，派委把總四員管押，每員日支盤費銀二錢二分。因車輛甚多，該弁等若不隨帶跟役，前後稽察實難，是以每員帶跟役二名，共跟役八名，每名支盤費銀四分。嗣因漸屆春融，恐冰消浸泡堪虞，牛車行走遲緩，又派撥駝隻晝夜轉運，撥固原兵丁牽拉。另派寧鎮目兵一十二名管押糧石，每名日給盤費銀一錢，彼時以倉糧爲重，且倉卒大災并無成例可援，俱按地方情形酌量辦理，實非捏冒。所有支過馱運押糧目兵盤費銀二十四兩，轉運押糧把總盤費銀一十三兩二錢，跟役盤費四兩八錢，應請核銷。至駝隻于二十五日回營，兵丁盤費支至二十七日。因駝隻將糧運完，固原兵丁于二十五日牽回，本營寧鎮目兵等候交收糧石，于二十七日始行回營，是以先後不同。等語。查平羅縣修補口袋需用白布，雖據該撫開明丈尺，并聲明麻綫、麻繩，修理駝隻鞍架柳椽，以及采買草束價值，并散賑官員、跟役、押駝兵丁盤費，係大災之後各項采買，價值并無浮多，亦無成例可援，取具并無浮冒印結送部。但事關請銷錢糧，未便據諮遽議，應令該撫再行詳細確查，據實核減。如果實無浮冒，另行造具册結，加結保題，到日再議。

一，夏、朔、中三縣存貯倉斗糧四萬二千二百三十六石九斗九升九合三勺零，先經本部以係何案内動用之處，行令查明報部去後。今册稱，夏、朔、中三縣存貯撥運倉斗糧四萬二千二百三十六石九斗九升九合三勺零。内寧夏縣存貯撥運倉斗糧二萬二百三十二石四斗一升八合二勺零，内估支駐寧滿兵乾隆四年分糧七千四百五十六石五斗四升。又，乾隆五年借給水旱災民籽種糧二千八百四石六斗六升六合。又，乾隆五年平羅縣賑糧二千四十三石七斗四合，又估支寧夏鎮標右營乾隆九年分兵糧一千三百六十二石二斗五合六勺零，又估支鎮標前營乾隆九年分兵糧一千三百四十石九斗二升六合五勺零，又估支鎮標後營乾隆九年分兵糧一千三百四十石，又估支寧夏城守營乾隆九年分兵糧五百石，又估支寧夏鎮標左營乾隆十年分兵糧七百七十九石九斗五升六勺零，又估支鎮標右營乾隆十年分兵糧一千四百三十八石六斗六升六合六勺零，又估支寧夏城守營乾隆十年分兵糧六百三十二石六斗。又，乾隆五年借給口糧籽種糧三百三十石六斗六升三合七勺零。現在催徵實在糧二百二石四斗九升五合，實貯在倉。

又，寧朔縣存貯撥運倉斗糧一萬五千石七斗三升一合零，内估支駐寧滿兵乾隆四年分糧五千八百七十五石七斗一升八合九勺，又估支駐寧滿兵乾隆七年分糧三千九百石，又估支寧夏鎮標前營乾隆八年分兵糧一千石，又估支寧夏鎮屬玉泉營乾隆十年分兵糧一千四百三十九石八斗三升七合三勺零，又估支在城王洪大壩驛夫乾隆十年糧六百四十八石，又估支夏、朔二縣孤貧乾隆十年分口糧四百七十五石二斗，又估支寧夏鎮屬玉泉營乾隆十一年分兵糧三百六十九石二斗四升八合一勺零。又前任病故知縣辛禹籍虧空撥運倉斗糧一千二百九十二石七斗二升六合七勺，應于該員虧空案内詳請歸結。

又，中衛縣存貯撥運倉斗糧七千三石八斗五升，内乾隆五年賑濟窮民口糧一千九百四十六石七斗五升四合一勺零。又，乾隆五年出借籽種糧四千七百七十九石七斗三升五勺零。又，乾隆六年賑濟窮民口糧一百七十七石六斗四升八合四勺零。被參知縣姚廷柱虧空撥運倉斗糧九十九石三斗六升六合八勺零，應于虧空案内勒追歸結。另報實在糧三斗五升，又節年徵完民借籽種還倉糧一千三百二十二石四斗七升八合五勺零，二共糧一千三百二十二石八斗二升八合五勺零，實貯在倉。其民欠未完乾隆五年出借糧石，現在催徵。等語。

查夏、朔、中三縣存貯倉斗糧四萬二千二百三十六石九斗九升九合三勺零，雖據該撫聲明，估撥兵糧、借給灾民籽種、賑給口糧，以及各員虧空，共糧四萬七百一十一石六斗七升五合八勺零，但并未開明報部年月案次，無憑查核。應令該撫逐一查明，報部查核。并將民借籽種、口糧未還糧六千五百九十二石五斗八升一合七勺零，各員虧空糧一千三百九十二石九升三合五勺零，各歸本案催追完報。其實存糧一千五百二十五石三斗二升三合五勺，轉飭加謹收貯，俟有動用，報部查核可也。等因。準此，行司。

蒙此，又于乾隆十六年八月初三日，蒙前撫鄂部院案驗，乾隆十六年七月二十七日，准户部諮，陝西司案呈，本年六月初七日，准甘撫鄂昌諮，據布政司呈稱，查得寧夏乾隆三年地震賑恤案内，奉部駁查各款并修補口袋各項用過銀兩，令再詳細確查，據實核減。如果實無浮冒，另行造具册結，加結保題，到日再議。等因。當即備行寧夏府轉飭遵辦在案。今據該府詳，據各該縣登覆前來，查該縣等并未將奉查各款造具登答清册賫報。其夏、朔、新、寶等縣支過辦賑官員盤費銀四百二十餘兩，亦未造具無浮册結呈賫。均難率轉，除再令確查造具册結，登覆至日，分别另請諮題外，相應詳明，合候諮部。等情。相應諮明。等因。前來。應令該撫轉飭將前項修補口袋并各項用過銀兩作速確查核減，造具册結，分别諮題報部，毋任再延可也。等因。準此，行司。

蒙此，又于乾隆十六年十二月十三日，蒙巡撫甘肅楊都院案驗，乾隆十六年十二月初九日，准户部諮，陝西司案呈，本年十月十五日，准甘撫楊應琚諮，據布政司呈稱，乾隆三年寧夏地震賑恤案内，奉部駁查各款，并修補口袋各項用過銀兩，令再詳細確查，據實核減。如果實無浮冒，另行造具册結，分别諮題一案。前因該縣等未將奉查各款造具登答清册賫報，其夏、朔、新、寶等縣支過辦賑官員盤費銀兩亦未造具無浮册結呈賫，均難率轉，當經升司駁令查造去後。至今仍未造賫。查此案原限四個月，扣至本年閏五月十二日爲滿，前經限滿，請明于本年閏五月二十三日接扣，起四個月之限，應扣至九月二十三日爲滿，今已滿限。既未造賫，則查造遲延之咎，不能爲初參署寧夏縣知縣舒鴻儒、寧朔縣知縣魯克寬，署平羅縣知縣宋惟孜寬假，所有職名，相應詳揭請參。等情。相應諮參。等因。前來。應將原諮移送吏部查議，俟議結之日，將原諮送回本部存查外，仍令該撫將前項駁查各款轉飭，遵照本部原行作速詳細確查，分别諮題報部，毋任遲延可也。等因。準此，俱行到司。

蒙此，隨即備移寧夏道轉飭，查明遵辦去後。兹準寧夏道移，據寧夏府申，據所屬夏、朔、中、平等縣將奉部諮查各款逐一查明，分晰造具册結，由府道加結，移送前來。準此，除奉部行查報部各款另詳請諮外，該布政使吴士端查得，寧夏乾隆三年地震賑恤案内，平羅縣修補口袋各項，并夏、朔等縣散賑官員跟役、押駝兵丁支過盤費用過銀兩，奉部令再詳細確查，據實核减。如果實無浮冒，另行造具册結，加結保題，到日再議。等因。

兹行據平羅縣册造，平羅調任病故知縣馬瑗任内轉運寶豐糧石，借用民間舊破毛口袋二千一百三十五條，隨時修補應用。每條需用白布二三四五寸不等，共用布七十三丈六尺。每三丈二尺合布一匹，共用布二十三匹。每匹價銀六錢，共用銀一十三兩八錢。又，縫聯口袋用過麻綫三斤，每斤價銀一錢四分，共用銀四錢二分。需用裁縫八十三工，每工價銀六分，共用銀四兩九錢八分。需用扎口繩一千八百條，每條價銀八毫，共用銀一兩四錢四分。需用捆載大繩四十五斤，每斤價銀八分，共用銀三兩六錢。修理駝隻鞍架需用柳椽一百二十四根，每根價銀四分，共用銀四兩九錢六分。需用木匠五十二工，每工給銀六分，共用銀三兩一錢二分。采買七斤重穀草七千六百二十五束，每束價銀一分五厘，共用銀一百一十四兩三錢七分五厘。又，草三千五百八十二束，每束價銀一分八厘，共用銀六十四兩四錢七分六厘。又，押運糧石把總四員，每員日支盤費銀二錢二分，計一十五日，共支銀一十三兩二錢。跟役八名，每名日支盤費銀四分，計一十五日，共支銀四兩八錢。押駝兵丁一十二名，每名日支盤費銀一錢，計二十日，共支銀二十四兩。以上各款共用銀二百五十三兩一錢七分一厘。又，寧夏府册報，夏、朔、平三縣委散賑恤效力官員，照依辦差千把之例，每員日支盤費銀二錢二分，各支起止日期不等，共支過盤費銀四百二十五兩四錢八分。以上修補口袋及支給辦賑官員跟役盤費等項，通共用銀六百七十八兩六錢五分一厘，據册登實。緣遭被地震大灾之後，諸物昂貴，照彼時情形，權宜辦理。至支給各官役兵丁

盤費銀兩，亦俱照各該員辦理賑務日期支給。均係實用實銷，并無浮冒，無從核減。等情。既據造册出具無浮印結，由道加結，移送前來，相應加具印結，一并呈賫，合候加結具題。

再，查此案，以乾隆十六年二月二十二日准諮起，原限四個月，扣至閏五月二十二日爲滿。嗣經請明，接扣四個月之限，至九月二十三日爲滿。因逾限未到，業將各該縣查造遲延職名揭報在案。今以前揭遲延于九月二十四日接扣，起四個月之限，除去年節封印日期，應扣至乾隆十七年二月二十四日爲滿。合并聲明。等情。呈詳到臣。

該臣查得，寧夏地方先于乾隆三年地震，其賑恤案内有平羅縣修補口袋各項，并夏、朔等縣散賑官員跟役、押駝兵丁支過盤費銀兩。前准部諮，行令詳細確查，據實核減。如果實無浮冒，另行造具册結，加結保題，到日再議。等因。當即行司，轉飭查造去後。兹據布政使吴士端詳稱，查平羅縣調任病故知縣馬瑗任内轉運寶豐糧石，借用民間舊破毛口袋二千一百三十五條，隨時修補。應用共用布七十三丈零，合二十三匹，每匹價銀六錢，共用銀一十三兩八錢。又，縫聯口袋用過麻綫三斤，每斤價銀一錢四分，共用銀四錢二分。需用裁縫八十三工，每工價銀六分，共用銀四兩九錢八分。需用扎口繩一千八百條，每條價銀八毫，共用銀一兩四錢四分。需用捆載大麻繩四十五斤，每斤價銀八分，共用銀三兩六錢。修理駝隻鞍架需用柳椽一百二十四根，每根價銀四分，共用銀四兩九錢六分。需用木匠五十二工，每工給銀六分，共用銀三兩一錢二分。采買七斤重穀草七千六百二十五束，每束價銀一分五厘，共用銀一百一十四兩三錢七分五厘。又，草三千五百八十二束，每束價銀一分八厘，共用銀六十四兩四錢七分六厘。又，押運糧石把總四員，每員日支盤費銀二錢二分，計一十五日共支銀一十三兩二錢。跟役八名，每名日支盤費銀四分，計一十五日共支銀四兩八錢。押駝兵丁一十二名，每名日支盤費銀一錢，計二十日共支銀二十四兩。以上各款共用銀二百五十三兩一錢七分零。又，夏、朔、平三縣委散賑恤效力官員，照依辦差千把之例，每員日支盤費銀二錢二分，各支起止日期不等，共支過盤費銀四百二十五兩四錢八分。以上修補口袋及支給辦賑官員跟役盤費等項，通共用銀六百七十八兩六錢零。實緣地震之後，諸物昂貴，照彼時情形權宜辦理。至支給各官役兵丁盤費銀兩，亦俱照各該員辦理賑務日期支給，均係實用實銷，并無浮冒，無從核減。等情。取具册結，由司、道加結，一并呈送請題前來，臣覆核無异。除加具保結，同賫到各册結分送部科外，相應會同陝甘督臣黄廷桂合詞具題，伏祈皇上睿鑒，敕部核覆施行。謹題請旨。

乾隆十七年正月二十五日。

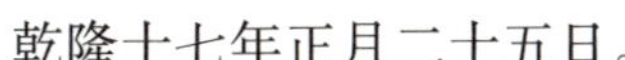
巡撫甘肅等處地方贊理軍務兼理茶馬、都察院右副都御史臣楊應琚。

【貼黄】

巡撫甘肅等處地方贊理軍務兼理茶馬、都察院右副都御史臣楊應琚謹題：爲欽奉上諭事。

該臣查得，寧夏乾隆三年地震賑恤案内，平羅縣修補口袋各項，并夏、朔等縣散賑官員跟役、押駝兵丁支過盤費銀兩，前准部諮，令確查核減。如果實無浮冒，另行造具册結，加結保題，到日再議。等因。行據布政使吴士端詳稱，查平羅縣調任病故知縣馬瑗任内轉運賓豐糧石，借用民間舊破毛口袋二千一百三十五條，隨時修補。用布二十三匹，共銀一十三兩八錢。又，縫聯口袋麻繩三斤，共銀四錢二分。裁縫工價共銀四兩九錢八分。扎口繩一千八百條，共銀一兩四錢四分。大麻繩四十五斤，共銀三兩六錢。修理駝隻鞍架用柳椽一百二十四根，共銀四兩九錢六分。木匠五十二工，共銀三兩一錢二分。采買穀草七千六百二十五束，共銀一百一十四兩三錢七分五厘。又，草三千五百八十二束，共銀六十四兩四錢七分六厘。又，押運糧石把總四員，支盤費銀一十三兩二錢。跟役八名，銀四兩八錢。兵丁一十二名，銀二十四兩。以上共用銀二百五十三兩一錢零。又，夏、朔、平三縣委散賑恤效力官員，照例共支盤費銀四百二十五兩四錢八分。以上修補口袋、支給盤費等項，通共用銀六百七十八兩零，均係實用實銷，并無浮冒，無從核減。等情。取具册結，由司、道加結，一并呈送請題前來，臣覆核無异。除加具保結，同賫到各册結分送部科外，相應會同陝甘督臣黄廷桂，謹題請旨。

【《明清宫藏地震檔案》（下卷壹）第 310 頁】

△諭内閣著史弘蘊補授寧夏鎮總兵

乾隆十七年正月二十九日

乾隆十七年正月二十九日，内閣奉上諭："寧夏鎮總兵那爾泰，著來京，另有簡用之處。其員缺，著史弘蘊補授。欽此。"

【《乾隆朝上諭檔》第 2 册，第 590 頁第 2411 條】

△陝西寧夏總兵官那爾泰題報欽奉恩詔恭謝天恩①

乾隆十七年二月三日

題。

二月十七日。

十七年三月十六日下禮、兵。

該部知道。

鎮守陝西寧夏等處地方副將、管總兵官事、紀録三次臣那爾泰謹題：爲欽奉恩詔，恭謝天恩事。

竊臣于乾隆拾柒年正月貳拾陸日，准甘肅布政司臣吴士端咨，乾隆拾柒

①標題原缺，據書例補。

年正月拾伍日，蒙甘肅巡撫臣楊應琚，准禮部頒發加上皇太后徽號恩詔壹道謄黄頒送到寧。臣隨同在城文武官員軍民人等出郊，迎至萬壽宫，恭設香案，跪聽宣讀，望闕叩頭謝恩，即謄黄分頒所屬營路官弁一體欽遵訖。欽惟我皇上神明天亶，至孝性成。隆號攸晋，徽章彪炳于日月；恩膏特沛，愷澤普遍于寰區。孝治聿昭，合四海臣工無不沾恩而罔祝；錫類廣敷，舉萬邦士庶悉皆沐露而嵩呼。臣世受國恩，寸長未效。欣逢慶典，异數獲邀，慚臣職之多忝，荷殊榮之寵，錫恩下逮，而推所生，榮臣身而及祖父，温綸自天，感深無地，惟與群僚萬姓永祝聖壽無疆，并惟勵躬竭愚，仰報隆恩萬一耳。所有奉到恩詔日期，并微臣感激下忱，理合恭疏題謝，伏乞皇上睿鑒施行。爲此具本，謹具題聞。

乾隆拾柒年貳月初叁日。

鎮守陝西寧夏等處地方副將、管總兵官事、紀録三次臣那爾泰。

【貼黄】

鎮守陝西寧夏等處地方副將、管總兵官事、紀録三次臣那爾泰謹題：爲欽奉恩詔，恭謝天恩事。

竊臣于乾隆拾柒年正月貳拾陸日，准甘肅布政司臣吴士端咨，乾隆拾柒年正月拾伍日，蒙甘肅巡撫臣楊應琚，准禮部頒發加上皇太后徽號恩詔壹道謄黄頒送到寧。臣隨同在城文武官員軍民人等出郊，迎至萬壽宫，恭設香案，跪聽宣讀，望闕叩頭謝恩，即謄黄分頒所屬營路官弁一體欽遵訖。所有奉到恩詔日期，并微臣感激下忱，理合恭疏題謝，伏乞皇上睿鑒施行。謹具題聞。

【《明清檔案》A178—58，B99639—B99641】

陝甘總督黄廷桂題報補授游擊

乾隆十七年二月六日

題。

八。

二月十六日。

十七年三月十一日下兵。

該部議奏。

太子少保、兵部尚書兼都察院右都御史、總督陝甘等處地方軍務兼理糧餉、世襲雲騎尉、紀録七次臣黄廷桂謹題：爲請補標營游擊事。

乾隆拾陸年拾壹月拾陸日，准兵部咨，職方清吏司案呈，乾隆拾陸年玖月拾貳日，本部將已准題補陝西下馬關參將雅倫泰帶領引見。奉旨："雅倫泰，著赴新任。欽此。"查雅倫泰係都司僉書管事，任内有紀録壹次，出師金川案内議敘功加貳等。今補授參將，應照例銷去功加貳等，加銜貳等，兼以游擊管陝西固原提屬下馬關參將事，帶紀録壹次，給與札付限票，令其赴任。所遺陝西固原提標後營游擊員缺，係陝甘松潘分用滿員案内第貳拾壹次所出，應行題補第貳缺，應用緑旗人員，見在并無預保注册人員掣補，應行文該督揀選題補可也。等因。準此，隨移咨揀選去後。兹準陝西固原提督齊大勇咨稱，選得延綏鎮屬孤山堡都司姬大鵬，年力精壯，弓馬嫻熟，營伍諳練，辦事勤敏，堪以請補陝提標後營游擊員缺。相應造具履歷，出具保結，連人咨送驗試，會題請補。等因。到臣。

準此，該臣看得，陝提標後營游擊雅倫泰升任員缺，准部咨，令臣揀選題補，等因。移准陝提臣齊大勇咨稱，選得延綏鎮屬孤山堡都司姬大鵬堪以請補，造具履歷、保結，連人送驗前來。臣考驗得，姬大鵬，人材、弓馬，均屬可觀，營伍事宜，亦稱諳練，以之請補陝提標後營游擊，堪以勝任。查姬大鵬係江南安慶府懷寧縣人，并非本省，歷俸已逾叁年，係署守備管事，請補游擊，越銜叁等，與例相符。再，該員係應行引見之員，俟奉旨後，接准部覆，照例給咨，送部引見，并臣出具保結，同履歷送部。其撫提印結，俟查取至日另送外，臣謹會同蘭州撫臣楊應琚、陝提臣齊大勇合詞具題，伏祈皇上睿鑒，敕部議覆施行。再，臣見署陝西巡撫印務，毋庸會銜，合并陳明。爲此具本，謹題請旨。

乾隆拾柒年貳月初陸日。

太子少保、兵部尚書兼都察院右都御史、總督陝甘等處地方軍務兼理糧餉、世襲雲騎尉、紀録七次臣黄廷桂。

【貼黄】

太子少保、兵部尚書兼都察院右都御史、總督陝甘等處地方軍務兼理糧餉、世襲雲騎尉、紀録七次臣黄廷桂謹題：爲請補標營游擊事。

該臣看得，陝提標後營游擊雅倫泰升任員缺，准部咨令臣選補。等因。移准陝提臣齊大勇咨稱，選得延綏鎮屬孤山堡都司姬大鵬堪以請補，造具履歷、保結，連人送驗前來。臣考驗得，姬大鵬，人材、弓馬，均屬可觀，營伍事宜，亦稱諳練，以之請補陝提標後營游擊，堪以勝任。查該員係應行引見之員，俟奉旨後，接准部覆，照例給咨，送部引見，并臣出具保結，同履歷送部外，臣謹合詞具題，伏祈皇上睿鑒，敕部議覆施行。謹題請旨。

【《明清檔案》A178—67，B99667—B99669】

兵部揭請内閣典籍廳查收前任寧夏將軍杜賚坐名舊敕

乾隆十七年三月（日不詳）

揭帖。

三月□日到。

兵部：爲揭送敕書事。

武選清吏司案呈，准寧夏將軍巴海咨稱，本將軍應領坐名敕書，有新補防禦六格于十六年十月二十五日恭賫到省，今將前任將軍杜賚坐名舊敕一道，交驍騎校錫拉浦呈送貴部，煩爲查收辨理。等因。前來。相應將送到寧夏將軍杜賚舊敕一道，揭送内閣典籍廳查收可也。須至揭者。計送敕書一道。

右揭内閣典籍廳。

乾隆十七年三月□日。

【《明清檔案》A179—117，B100465—B100466】

大學士管兵部來保題覆寧夏鎮標右營游擊准以靳文武補授

乾隆十七年五月十五日之三

題。

十七年五月十七日乙亥。

靳文武，依議用，餘依議。

經筵講官、太子太保、議政大臣領侍衛内大臣、武英殿大學士、内務總管兵部事務、軍功加一級、加一級臣來保等謹題：爲請補邊營游擊，以重岩疆事。

兵科抄出陝甘總督黄廷桂題前事。内開：案查乾隆拾陸年拾壹月貳拾柒日，准兵部咨，職方清吏司案呈，兵科抄出護陝甘督鄂昌題報寧夏鎮標右營游擊鄭士棟病故日期一疏。等因。于乾隆拾陸年伍月拾伍日題，閏伍月初玖日奉旨："兵部知道。欽此。"除將該員病故之處注册外，其所遺甘肅寧夏鎮標右營游擊員缺，係陝甘松潘分用滿員案内第貳拾次所出，應行題補第伍缺，應用緑旗人員。行文該督，揀選題補可也。等因。

準此，當即移咨揀選去後。兹準甘肅提督豆斌咨，准寧夏鎮總兵官那爾泰咨稱，竊照游擊爲一營表率，其整飭操練，責任匪輕，必須精明强幹之員，方克勝任。隨在于鎮屬都司内慎選得中衛營都司靳文武，才識明敏，弓馬嫺熟，久歷邊營，素稱幹練。曾經駐防赤金等處，又于貳次進剿金川，著有勤勞。今以該員請補標下右營游擊，洵屬人地相宜，相應造具履歷，加具保結，連人咨送驗試，轉咨請補。等因。到提督。準此，隨考驗得都司靳文武，人材强健，弓馬可觀，著有勤勞，堪以請補寧夏鎮標右營游擊員缺。所有送到履歷、保結，連人咨送驗試，會題請補。等因。

準此，該臣看得，寧夏鎮標右營游擊鄭士棟病故遺缺，准部咨令揀選題補。等因。移咨揀選去後。兹準甘提臣豆斌咨稱，選得寧夏鎮屬中衛營中軍都司靳文武堪以請補，移送履歷、保結，連人送驗前來。臣隨考驗得，都司靳文武，人材壯健，弓馬可觀，以之請補寧夏鎮標右營游擊，洵屬人地相宜。查靳文武，河南蘭陽縣人，係屬隔省歷俸已滿叁年，前經預保在案，係署守備管事請補游擊，越銜叁等，均與例相符。除給咨該員赴部引見，并臣出具保結同該員履歷送部，其撫提印結俟查取至日另行送部外，臣謹會同蘭州撫臣楊應琚、甘提臣豆斌合詞具題。伏祈皇上睿鑒，敕部議覆施行。謹題請旨。乾隆拾柒年肆月初叁日題，本月貳拾日奉旨："該部議奏。欽此欽遵。"于本日抄出到部。

該臣等議得，陝甘總督黄廷桂疏稱，寧夏鎮標右營游擊鄭士棟病故遺缺，准部咨令揀選題補。兹準甘提臣豆斌選得寧夏鎮屬中衛營中軍都司靳文武堪以請補，臣隨考驗得，都司靳文武，人材壯健，弓馬可觀，以之請補寧夏鎮標右營游擊，洵屬人地相宜。查靳文武，河南人，係屬隔省歷俸已滿叁年，前經預保在案。係署守備營事請補游擊，越銜叁等，均與例相符。給咨該員赴部引見。等因。具題前來。查先經大學士等會同臣部于武職升轉案内議定，游擊以上歷俸貳年、都司以下歷俸叁年，始准保題。等因。具奏，奉旨："依議。"欽遵在案。甘肅寧夏鎮標右營游擊員缺係陝甘松潘分用滿員案内第貳拾次所出，應行題補第伍缺，應用緑旗人員。靳文武先經該督于預保案内保題，經臣部議該員係現任都司，應升游擊之員歷俸已滿叁年，任内并無事故，應令給咨赴部引見。等因。題覆在案。今題補游擊，與例相符。該督既稱靳文武，人材壯健，弓馬可觀，以之請補寧夏鎮標右營游擊，洵屬人地相宜。等語。應如所請。靳文武，准其補授甘肅寧夏鎮標右營游擊。該員引見已滿叁年，該督既經給咨赴部，應俟該員到部，臣部帶領引見後，照例兼銜給札，令其赴任可也。臣等未敢擅便，謹題請旨。

乾隆拾柒年伍月拾伍日。

經筵講官、太子太保、議政大臣、領侍衛内大臣、武英殿大學士、内務總管兵部事務軍功加一級、加一級臣來保，太子少保、武英殿大學士、兵部尚書次臣舒赫德。

【《明清檔案》A181—11，B101065—B101068】

陝西寧夏總兵官那爾泰題報交印起程前赴新任日期

乾隆十七年五月二十七日之一

題。

十七年六月廿六日下兵。

該部知道。

鎮守陝西寧夏等處地方副將、管總兵官事、紀録三次臣那爾泰謹題：爲恭報微臣交代起程日期事。

竊臣于乾隆拾柒年伍月拾柒日，蒙兵部札付，爲欽奉上諭事。職方清吏司案呈，乾隆拾柒年肆月拾壹日内閣抄出。本月初拾日，内閣奉上諭："馬世岱，不勝總兵之任，著來京以護軍參領用。所遺泰寧鎮總兵員缺，著那爾泰調補；寧夏鎮總兵員缺，著韓錡補授。欽此欽遵。”到臣。臣隨恭設香案，望闕叩頭，并繕摺恭謝天恩訖。

今于乾隆拾柒年伍月貳拾肆日，蒙陝甘總督臣黄廷桂照會，飭委臣屬中衛營副將海福接署總兵印務，于乾隆拾柒年伍月貳拾柒日到寧。臣遵將寧夏總兵官銀印壹顆、王命牌拾杆面、未用火牌叁張、勘合拾道、蒙古勘合拾道，并節次奉到上諭、清漢各書，及一切營務事宜，即于當飭委臣標中軍游擊戴倓賫交副將海福接署。臣于貳拾捌日起程赴任訖。所有微臣交代起程赴任日期，理合恭疏題報，伏乞皇上睿鑒施行。爲此具本，謹具題聞。

乾隆拾柒年伍月貳拾柒日。

鎮守陝西寧夏等處地方副將、管總兵官事、紀録三次臣那爾泰。

【貼黄】

鎮守陝西寧夏等處地方副將、管總兵官事、紀録三次臣那爾泰謹題：爲恭報微臣交代起程日期事。

竊臣于乾隆拾柒年伍月拾柒日，蒙兵部札付，爲欽奉上諭事。職方清吏司案呈，乾隆拾柒年肆月拾壹日内閣抄出。本月初拾日，内閣奉上諭：“馬世岱，不勝總兵之任，著來京以護軍參領用。所遺泰寧鎮總兵員缺，著那爾泰調補。寧夏鎮總兵員缺，著韓錡補授。欽此欽遵。”到臣。臣隨恭設香案，望闕叩頭，并遵摺恭謝天恩訖。

今蒙督臣黄廷桂委臣屬中衛營副將海福接署總兵印務，于伍月貳拾柒日到寧。臣將寧夏總兵官銀印壹顆、王命旗牌勘合，并節次奉到上諭、清漢各書，及一切營務事宜，委臣標中軍游擊戴倓賫交副將海福接署。臣于貳拾捌日起程赴任訖。所有微臣交代起程赴任日期，理合恭疏題報。伏乞皇上睿鑒施行，謹具題聞。

【《明清檔案》A181—47，B101189—B101190】

甘肅寧夏總兵官韓錡題謝補授

乾隆十七年六月二日之二

題。

六月十六日。

十七年六月廿四日下兵。

該部知道。

鎮守甘肅寧夏等處地方副將、管總兵官事臣韓錡謹題：爲恭謝天恩事。

竊臣才識凡庸，智慮短淺。由乾隆丙辰[①]科武進士，洊歷廣西左江鎮總兵官，旋以丁憂回籍。受事之日無多，尺寸之功未效。本年叁月拾叁日服滿，赴闕恭請聖安，隨蒙皇上天恩，于本年肆月初拾日内閣奉上諭："馬世岱不勝總兵之任，著來京以護軍參領用。所遺泰寧鎮總兵員缺，著那爾泰調補。寧夏鎮總兵員缺，著韓錡補授。欽此。"臣仰承天眷，聞命悚惶。聖恩之付畀綦隆，臣心之感激愈切。伏念寧夏爲邊陲重地，顧臣譾陋，負荷爲難。惟有倍凛冰兢，勉竭駑鈍，事事欽遵聖訓，時時仰體宸衷。務期潔己虚懷，殫心畢力。督率所屬，整飭戎行。和輯兵民，綏靖封守，庶幾仰副聖主慎重邊疆至意。除臣任事日期另疏題報外，所有微臣感激下悃，理合恭疏題謝，伏乞皇上睿鑒施行。爲此具本，謹具題聞。

乾隆拾七年陸月二日。

鎮守甘肅寧夏等處地方副將、管總兵官事臣韓錡。

【貼黄】

鎮守甘肅寧夏等處地方副將、管總兵官事臣韓錡謹題：爲恭謝天恩事。

竊臣才識凡庸，智慮短淺。由乾隆丙辰科武進士，洊歷廣西左江鎮總兵

---

①乾隆丙辰：乾隆元年（1736）。

官，旋以丁憂回籍。受事之日無多，尺寸之功未效。本年叁月拾壹日服滿，赴闕恭請聖安。隨蒙皇上天恩，于本年肆月初拾日内閣奉上諭："馬世岱不勝總兵之任，著來京以護軍參領用。所遺泰寧鎮總兵員缺，著那爾泰調補。寧夏鎮總兵員缺，著韓錡補授。欽此。"臣仰承天眷，聞命悚惶。聖恩之付畀綦隆，臣心之感激愈切。伏念寧夏爲邊陲重地，顧臣譾陋，負荷爲難。惟有倍凛冰兢，勉竭駑鈍，事事欽遵聖訓，時時仰體宸衷。務期潔己虚懷，殫心畢力。督率所屬，整飭戎行。和輯兵民，綏靖封守，庶幾仰副聖主慎重邊疆至意。除臣任事日期另疏題報外，所有微臣感激下悃，理合恭疏題謝，伏乞皇上睿鑒施行。爲此具本，謹具題聞。

【《明清檔案》A181—62，B101249—B101250】

陜甘總督黄廷桂題請調補守備

乾隆十七年六月九日之一

題。

六月二十九日。

十七年七月初十日下兵。

該部議奏。

太子少保、兵部尚書兼都察院右都御史、總督陜甘等處地方軍務兼理糧餉、世襲雲騎尉、紀録七次臣黄廷桂謹題：爲請調補守備，以收實效事。

准陜西固原提督齊大勇咨稱，准興漢鎮總兵官張接天咨，竊照守備一官有整頓營伍、辦理公務之責，必須人地相宜，始克有濟。查寧羌營守備史文彬，人材、弓馬，均屬去得，料理營務，亦無貽誤。但寧羌爲川陜孔道，彈壓操防，均關緊要。該備史文彬非不黽勉從事，而辦理未能裕如，于衝要地方不甚相宜。查有漁渡路守備盧惠，辦事明敏，歷練營伍，以之調補寧羌營

守備，實于衝汛有益。其所遺漁渡路守備員缺，設處偏僻，即以史文彬調補。一轉移間，人地俱各相宜。相應造具各該員履歷移送轉咨。等因。到本提督。覆查與例相符，所有送到該員等履歷自應咨送查照會題。等因。到臣。

準此，該臣看得，興漢鎮屬寧羌營路當川陝孔道，事務繁劇，必須才堪肆應之員，方克勝任。兹準陝提臣齊大勇咨稱，寧羌營守備史文彬，人材、弓馬，均屬去得，于一切營務，非不黽勉從事，而辦理未能裕如。查有漁渡路守備盧惠，辦事明敏，歷練營伍。請與史文彬對調，人地俱各相宜。由興漢鎮總兵官張接天查造該員等履歷轉咨前來，臣覆查無异。相應仰懇聖恩，俯准對調，則于兩處營伍衝僻得宜，實有裨益。查史文彬，係直隸順天府密雲縣籍。盧惠，係廣東廣州府番禺縣籍。均係隔省，與例相符。今請對缺調補，應免送部，亦毋庸出具保結。除該員等履歷送部外，臣謹會同陝撫臣鐘音、陝提臣齊大勇合詞具題。伏祈皇上睿鑒，敕部議覆施行。爲此具本，謹題請旨。

乾隆拾柒年陸月九日。

太子少保、兵部尚書兼都察院右都御史、總督陝甘等處地方軍務兼理糧餉、世襲雲騎尉、紀録七次臣黄廷桂。

【貼黄】

太子少保、兵部尚書兼都察院右都御史、總督陝甘等處地方軍務兼理糧餉、世襲雲騎尉、紀録七次臣黄廷桂謹題：爲請調補守備等事。

該臣看得，興漢鎮屬寧羌營路當川陝孔道，事務繁劇，必須才堪肆應之員，方克勝任。兹準陝提臣齊大勇咨稱，寧羌營守備史文彬，人材、弓馬，均屬去得，于一切營務，非不黽勉從事，而辦理未能裕如。查有漁渡路守備盧惠，辦事明敏，歷練營伍。請與史文彬對調，人地俱各相宜。由興漢鎮總兵官張接天查造該員等履歷轉咨前來，臣覆查無异。相應仰懇聖恩，俯准對調，則于兩處營伍衝僻得宜，實有裨益。除該員等履歷送部外，臣謹合詞具題，伏所皇上睿鑒，敕部議覆施行。謹題請旨。

【《明清檔案》A181—72，B101297—B101298】

△諭内閣著安西提督李繩武革職

乾隆十七年六月十四日

同日，内閣奉上諭："李繩武前任固原，不過循分供職，并無出衆之處。及調任福建，即托病遷延。後甘省提督缺出，因其曾任邊疆，復加委用。至永常升任，一時未得其人。念伊係熟手，又復調往安西，自應勉力報效。今觀其辦理夷情，毫無定見，一味推諉取巧，種種未協，深負任使。且亦年老有病，著革職，來京候旨。所遺安西提督員缺，著綽爾多補授。凉州將軍員缺，著七十五補授。欽此。"

【《乾隆朝上諭檔》第 2 册，第 609 頁第 2492 條】

陝甘總督黄廷桂題請補授都司

乾隆十七年九月三十日之九

題。

十月初十日。

十七年十月廿八日下兵。

該部議奏。

太子少保、兵部尚書兼都察院右都御史、總督陝甘等處地方軍務兼理糧餉、世襲雲騎尉、紀録三次、降一級留任臣黄廷桂謹題：爲請補邊營都司事。

乾隆拾柒年柒月初貳日，准兵部咨，職方清吏司案呈，近經出有甘肅高古城營游擊員缺，本部將預保注册之陝西定邊營都司多哩掣補，開列職名具題。等因。于乾隆拾柒年伍月貳拾壹日題，本月貳拾叁日奉旨："多哩等依擬用。欽此。"查多哩係都司僉書管事，任内有加壹級。今補授游擊，應仍兼以都司僉書管甘肅凉州鎮屬高古城營游擊事，所有加壹級照例改爲紀録壹次。其所遺陝西定邊營都司員缺，係陝甘松潘分用滿員案内第拾玖次所出，應行題補第叁缺，應用緑旗預保人員。本部見在并無預保人員掣補，應令該督揀選題補可也。等因。

準此，隨移咨揀選去後。兹準陝西固原提督齊大勇咨，准延綏鎮總兵官向祥書咨稱，查定邊營都司係蜀邊疆要缺，必須精明熟諳之員，方克勝任。今考選得鎮屬寧塞堡守備郭萬銀，人材精壯，弓馬純熟，歷練營伍，曉悉邊情。任内并無未完錢糧、親喪事件，請補延綏鎮屬定邊營都司，洵屬人地相宜。今造具履歷，出具保結，連人咨送驗試，轉咨請補。等因。準此，本提督考驗得，郭萬銀，弓馬可觀，邊營熟諳。曾經出征打仗帶傷，著有功績，堪以請補延綏鎮屬定邊營都司員缺。所有送到履歷、保結，相應連入咨送驗試，會題請補。等因。到臣。

準此，該臣看得，延綏鎮屬定邊營都司多哩推升員缺，准部咨，令臣揀選題補。等因。移准陝提臣齊大勇咨稱，選得延綏鎮屬寧塞堡守備郭萬銀，堪以請補。取具履歷、保結，連人送驗前來。臣考驗得，郭萬銀，年力壯健，熟悉邊情，曾經出征，著有功勞。若以之請補延綏鎮屬定邊營都司員缺，實于邊營有益。查郭萬銀係寧夏府寧朔縣人，署守備管事，歷俸已滿叁年。請補前項都司，均與例相符。除給咨該員赴部引見，并臣出具保結同履歷送部，其撫提印結俟查取至日，另咨送部外，臣謹會同陝撫臣鐘音、陝提臣齊大勇合詞具題，伏祈皇上睿鑒，敕部議覆施行。爲此具本，謹題請旨。

乾隆拾柒年玖月叁拾日。

太子少保、兵部尚書兼都察院右都御史、總督陝甘等處地方軍務兼理糧餉、世襲雲騎尉、紀録三次、降一級留任臣黄廷桂。

【貼黄】

太子少保、兵部尚書兼都察院右都御史、總督陝甘等處地方軍務兼理糧餉、世襲雲騎尉、紀録三次、降一級留任臣黄廷桂謹題：爲請補邊營都司事。

該臣看得，延綏鎮屬定邊營都司多哩推升員缺。准部咨，令臣選補。等因。移准陝提臣齊大勇咨稱，選得延綏鎮屬寧塞堡守備郭萬銀，堪以請補。取具履歷、保結，連人送驗前來。臣考驗得，郭萬銀，年力壯健，熟悉邊情，曾經出征，著有功苦。以之請補延綏鎮屬定邊營都司員缺，實于邊營有益。除給咨該員赴部引見，并臣出具保結同履歷送部，其撫提印結俟查取至日，另咨送部外，臣謹合詞具題，伏祈皇上睿鑒，敕部議覆施行。謹題請旨。

【《明清檔案》A183—67，B102445—B102447】

陝西固原提督齊大勇奏報辦理防冬事宜摺

乾隆十七年十二月初一日

陝西固原提督臣齊大勇跪奏：爲奏聞事。

竊臣于本年十月内，接奉陝甘督臣黄廷桂札商防冬事宜。内稱：交易夷人，已于九月十八日事竣回巢，現届冬防，自應加意，一體整備。所有應用軍械密行整貯，馬、駝加意喂牧，仍須鎮静料理，無滋聲張。等語。伏查臣屬標營備戰馬兵一千六百名，靖遠協下馬關、蘆塘營備戰馬兵四百名，共額派備戰馬兵二千名。臣業已諄飭專管將弁嚴爲挑選，簡拔精鋭，必須年富力强，牧藝嫻熟，一可當十，方稱勁旅。其領兵員弁，擇其材技優長、曉暢營務、曾經出師者，遴派管領。軍資器械，時加繕修，務求堅固鮮明，足備實用。至于馬匹，既飭兵目留心飼喂，尤令所轄員弁不時點驗，必須膘分足數，堪任驅策。各鎮協營亦逐一嚴飭，紡令一體整備，常使士馬有騰躍之象，軍容多整肅之觀。一旦有用，自收實效于戎行也。所有微臣辦理過防冬事宜，理合繕摺奏聞，伏祈皇上睿鑒。謹奏。

乾隆十七年十二月初一日。

知道了。

【《宫中檔乾隆朝奏摺》第4輯，第460頁】

陝西固原提督齊大勇題報接受續增條例日期

乾隆十七年十二月十一日之三

題。

十八年二月十三日下兵。

該部知道。

提督陝西固原等處地方總兵官、都督同知、軍功紀録貳次臣齊大勇謹題：爲恭報微臣接受頒發《續增條例》日期事。

竊臣于乾隆拾柒年拾壹月貳拾貳日，准刑部律例館咨，爲頒發事務單，內開：刑部謹奏爲奏聞事。臣部律例館所有乾隆拾壹年起至拾伍年止纂輯《續增條例》，已經武英殿刊刻告竣。于乾隆拾柒年陸月貳拾貳日裝潢清漢樣本各壹函進呈，請交原館擬定數目，奏請頒發。等因。具奏奉旨："知道了。欽此欽遵。"知照到館。臣等查照□□□□續例數目，酌擬刷印清字《續增條例》壹百□拾柒部，漢字《續增條例》叁百柒拾伍部。謹將內外應行頒發各衙門另繕清單進呈，恭候命下之日刷印頒發。餘剩清字《續增條例》并漢字《續增條例》各拾部，存貯臣館，以備各該衙門并欽差蒞事官員如有需用之處，行文至館領用，俟□取完日再行刷印。其所需紙張等項行文户部支取。至外省道府以下及州縣等官爲數繁多，勢難俱從臣館給發。應請照頒發《律例全書》之例，將《續纂條例》另發各該布政司衙門各貳部，令其照様刊刷，轉發遵行。等因。乾隆拾柒年柒月拾伍日奏，本日奉旨："知道了。欽此。"等因。移咨并頒漢字增例壹部到臣，隨恭設香案，望闕叩頭祇受訖。所有微臣接受日期，理合恭疏題報，伏祈皇上睿鑒施行。爲此具本，謹具奏聞。

乾隆拾柒年拾貳月拾壹日。

提督陝西固原等處地方總兵官、都督同知、軍功紀録貳次臣齊大勇。

【貼黄】

提督陝西固原等處地方總兵官、都督同知、軍功紀録貳次臣齊大勇謹題：爲恭報微臣接受頒發《續增條例》日期事。

竊臣于乾隆拾柒年拾壹月貳拾貳日，准刑部律例館咨，頒發乾隆拾壹年起至拾伍年止纂輯漢字《增例》壹部到臣，隨恭設香案，望闕叩頭祇受訖。所有微臣接受日期，理合恭疏題報。謹具奏聞。

【《明清檔案》A185—69，B103475—B103476】

△諭内閣著趙本植補授寧夏府知府等

乾隆十七年十二月二十六日

乾隆十七年十二月二十六日，内閣奉上諭："直隸保定府知府員缺，甚屬緊要，著總督方觀承于通省知府内揀選一員奏明調補。所遺員缺，著王祖庚補授。甘肅寧夏府知府員缺，著趙本植補授。欽此。"

【《乾隆朝上諭檔》第2册，第640頁第2654條】

乾隆十八年 (1753)

陝西固原提督齊大勇奏爲延安兵丁聚衆塞署蒙聖訓謝恩摺

乾隆十八年三月初八日

陝西固原提督臣齊大勇跪奏：爲恭謝聖訓，仰祈恩鑒事。

竊臣于本年三月初七日，奉到延安兵丁聚衆塞署，查明情形陳奏一摺，硃批："汝無一語及馬乾，足見庇護。使汝當此事，亦不過如馬乾之畏縮耳，何以勝一省武弁表率耶？欽此。"跪讀之下，仰見天恩高厚，聖訓精切，不以臣庸劣，即加罷斥。猶爲諄諄教誨，准臣知所遵循，警惕悚惶，無地自容。伏思臣一介愚庸，無足比數，仰蒙我皇上厚澤深仁，多方造就，數年以來，叠賜拔擢，屢畀封疆重寄。臣早作夜思，勉竭駑質，常恐無以仰報高厚隆恩于萬一。惟是臣才識短淺，陋見所不及，愚昧之愆，實爲難逭。兹奉天語教誡，震醒愚蒙，大啓頑鈍。自今以後，臣惟有奮勵公忠，振起膽略，董率下屬，深以馬乾之畏縮爲鑒戒，以仰副我聖主諟慚。警覺之深，仁于勿替。所有微臣感激下跪，理合繕摺，恭謝天恩。伏祈皇上睿鑒。謹奏。

乾隆十八年三月初八日。

汝不能勉力，則是自取咎耳。勉之。

【《宫中檔乾隆朝奏摺》第4輯，第777頁】

陝西固原提督齊大勇奏報起身巡查營汛日期摺

乾隆十八年三月初八日

陝西固原提督臣齊大勇跪奏：爲恭報微臣起身巡查營汛日期事。

竊臣于莅任之後，于乾隆十七年春間，即爲補巡興漢一鎮及固屬之西鳳協營。本年秋，問即應補巡延綏鎮，并固屬之潼關、慶陽等協營。緣是年十月内，正值辦理軍政之期，及軍政事竣，時届嚴冬，兵馬不無寒苦之虞。臣即報明兵部，請展限在十八年春間補巡。兹值春融，臣□于三月初八日自固起身，由靖遠協屬八營下馬關至延綏一帶，及潼關、慶陽等協營，考較官兵各様技藝，點驗馬匹、軍備、器械，并塘汛、墩臺、營房等項，務秉至公，悉心查核。仍嚴禁員弁兵目，毋許投選，預備隨從人役，不得絲毫擾累。後于考校技藝之時，齊集官兵，宣明聖恩高厚，奉養生成，實難酬報。曉以尊親大義，感發其天良，并將近日延安兵丁不法一事，明白指示。語以王章國法，森嚴難犯，各宜謹懔，安分無違，永保身家，長享盛世太平之福。俟巡查事竣，當分别優劣，另摺奏聞。所有微臣起程日期，除恭疏題報外，理合繕摺恭奏，伏祈皇上睿鑒。謹奏。

乾隆十八年三月初八日。

知道了。

【《宫中檔乾隆朝奏摺》第4輯，第778頁】

△諭内閣著滿禄補授甘肅中衛副將等官員任免事

乾隆十八年十一月初六日

乾隆十八年十一月初六日，大學士公臣傅等將頭等侍衛常岱等帶領引見，奉旨："祖雲龍，著補授甘肅沙州副將。其頭等侍衛員缺，即著五靈阿調補。齊賓，著補授山東膠州副將。其鑲紅旗護軍參領員缺，即著海冲阿調補。全寶，著補授福建城守副將。其鑲藍旗蒙古參領員缺，即著舒德調補。滿禄，著補授甘肅中衛副將。其冠軍使員缺，即著海福調補。納漢泰，著補授直隸通州副將。其頭等侍衛員缺，即著德保調補。三泰，著補授直隸河屯副將。其正紅旗滿洲參領員缺，即著蘇保調補。博爾和，著補授四川夔州副將。其正黄旗滿洲參領員缺，即著岱清阿調補。赫成，著補授山西殺虎口副將。其正黄旗滿洲參領員缺，即著巴泰調補。五福，著補授固原潼關副將。其頭等侍衛員缺，即著保安調補。際泰，著補授甘肅永固城守副將。其正白旗蒙古參領員缺，即著巴爾泰調補。常英，著補授廣西潯州副將。其鑲白旗前鋒參領員缺，即著德柱調補。岳尼，著補授貴州定廣副將。其鑲黄旗護軍參領員缺，即著永泰調補。欽此。”

【《乾隆朝上諭檔》第2册，第717頁第2980條】

乾隆十九年（1754）

户部議覆陝甘總督永常奏平羅墾熟廢地額徵粟米撥補寧夏兵糧應如所請題本[1]

乾隆十九年閏四月初九日

爲遵旨議奏事。

臣等查得，寧夏駐防滿兵歲需額支一半本色粟米，向係在于寧、朔、中、平、新、寶等六縣地丁項下徵收粟米内估支，迨因乾隆三年震灾案内，將新渠、寶豐二縣議裁，其中可耕之地召民墾種完糧，改隸寧朔、平羅二縣管轄徵收。續于乾隆四年，據原任甘撫元展成以新、寶二縣既經裁汰，滿洲官兵歲需粟米七千六百八十餘石，無項可估。應請仍照舊例，折銀一兩采買供支，經臣部覆准在案。今該督永常奏稱，新、寶二縣荒廢地畝歸并平羅縣以來，陸續召墾熟地六千餘頃，每歲額徵粟米已有六千餘石。現在閑貯，并無估支，霉變堪虞。且將來建倉需費，如以此項粟米仍爲滿營兵糧以復舊款，尚不敷粟米一千六百餘石，暫于平羅等三縣另款徵放餘存款内通融撥補。等語。

[1]原件係滿漢合璧文本，臺灣歷史語言研究所藏内閣大庫檔。

臣等伏查，此項兵糧，原係估撥地丁項下本色粟米。因新、寶二縣議裁，缺額不敷米七千六百八十餘石，無項可動，是以每年動支庫帑采買供支。今歸并荒廢地畝既已陸續墾熟，每歲額徵粟米六千餘石，自應仍復舊款。應如該督所請，將前項徵收粟米盡數估撥寧夏兵糧，其不敷米一千六百餘石，暫于平羅等三縣餘存糧石内通融撥補。統俟荒地墾復徵收足額之日，一并歸于平羅縣辦理可也。

稽户完。

移會。

户部：爲移會事。

陝西司案呈，本部議覆陝甘總督永常奏，乾隆三年震災案内，新、寶二縣奉裁廢地已歸平羅縣墾熟，徵有糧石爲寧夏滿營兵糧一摺。于乾隆十九年閏四月初六日奏，本日奉旨：“依議。欽此。”相應抄録粘單，移會稽察房可也。須至移會者。計粘單一紙。

右移會稽察房。

乾隆十九年閏四月初九日。

【《明清宫藏地震檔案》（下卷壹）第433頁】

乾隆二十年（1755）

工部奏報查核甘省工程報銷未結案件

乾隆二十年三月二十日之四

副摺。

工爲議覆甘撫鄂奏未完案件由。

工部謹奏：爲欽奉上諭事。

内閣抄出甘肅巡撫鄂昌奏稱，甘省未完各案逐一清查，有已經題咨，經部議覆，駁查核减者；有因開造未協，援引未當，經臣自行駁更者；更有案屬相因歷年，俱有咨准部覆，俟前案核定准銷後，再行挨年援例請銷者。今于歲底通行查明共計未完二十八案。謹按分隸户、工二部事件，分别開具清摺恭奏。等因。乾隆二十年二月二十九日奉旨："甘肅係事簡省分，何以未完至二十八案之多？著户、工二部逐細查明辦理，應參奏者應行參奏。從前屢經降旨，務清積案，其各省有似此者，俱著該部嚴催速結，毋得仍前延緩。摺并發。欽此。"臣等遵查各省辦理工程報銷未結各案。臣部已于本年二月初八日分别舊案、新案，并應參、應催各款，開列清單具奏，奉旨："知道了。各省未結之案，惟江南最多。著將該督撫交部察議，餘著嚴催速結。單并發。欽此。"隨經遵旨，將應議之江南省督撫移咨吏部察議，并行文各省，將未結各案分别應參、應催，速即造報，完結在案。

今甘肅巡撫摺奏未完事件二十八案内二十二案係户部項下奏銷，應聽户部自行查奏外，其餘工程報銷未結事件六案，臣等逐細查明。有寧夏建築滿漢城垣、兵房等項一案，業經臣部于本年二月内列入應參各案内奏明，行令該撫查參在案。其臨洮道修理衙署一案，已據該撫將遲延職名咨參，經臣部移咨吏部查議，亦在案，應仍令甘肅巡撫催令速即查造完結。至金縣、寧遠、西和、中衛等縣建倉四案，有經臣部因册造籠統，駁令查明分晰者；亦有該撫自行駁改，咨請展限者。雖俱係乾隆十九年新案，但并非難結事件，應一并行令甘肅巡撫嚴飭速即造報。如再延緩，即行照例分案查參。至各省未結之案，應再行文各該督撫等，欽遵諭旨，嚴飭速即查辦完結，毋再延緩可也。謹奏請旨。

乾隆二十年三月二十日奏，本日奉旨："依議。欽此。"

【《明清檔案》A189—83，B105599—B105600】

陝西固原提督齊大勇題報奉到加上皇太后徽號恩詔日期

乾隆二十年八月十二日之二

題。

廿年九月□十日下禮。

該部知道。

提督陝西固原等處地方總兵官臣齊大勇謹題：爲欽奉恩詔事。

乾隆貳拾年捌月初叁日，據西安布政司差員捧賫平定准噶爾加上皇太后徽號恩詔臨固，臣即率同在城文武官員軍民人等出郊跪迎，至公所恭設香案，望闕謝恩，跪聽宣讀畢，隨敬謹謄黄，轉頒所屬標鎮協營，一體欽遵訖。所有奉到恩詔日期，理合恭疏題報，伏祈皇上睿鑒施行。爲此具本，謹具奏聞。

乾隆貳拾年捌月拾貳日。

提督陝西固原等處地方總兵官臣齊大勇。

【貼黄】

提督陝西固原等處地方總兵官臣齊大勇謹題：爲欽奉恩詔事。

乾隆貳拾年捌月初叁日，據西安布政司差員捧賫平定准噶爾加上皇太后徽號恩詔臨固，臣即率同在城文武官員軍民人等出郊跪迎，至公所望闕謝恩，跪聽宣讀畢，隨敬謹謄黄，轉頒所屬標鎮協營欽遵訖。所有奉到恩詔日期，理合恭疏題報。謹具奏聞。

【《明清檔案》A190—105，B106251—106252】

乾隆二十二年（1757）

甘肅巡撫吴達善題報縣官丁憂

乾隆二十二年二月三日

題。

二月二十八日。

廿二年三月十一日下吏。

吏部知道。

巡撫甘肅等處地方贊理軍務兼理茶馬、兵部右侍郎兼都察院右副都御史、軍功加一級臣吴達善謹題：爲咨取事。

據暫行代辦甘肅布政司事、護臨洮道候補知府王應瑜呈，乾隆貳拾壹年拾貳月初伍日，蒙巡撫甘肅吴部院案驗，乾隆貳拾壹年拾壹月叁拾日，准吏部咨，稽勳司案呈，據見任甘肅寧夏縣知縣歸夢熣報呈，家人丁禄呈稱，竊家主係江蘇常熟縣舉人，于乾隆拾柒年捌月會試下第。經王大臣驗看，帶領引見，分發各省，以知縣試用。續經簽掣甘肅，于乾隆拾捌年陸月，題署隴西縣知縣，貳拾壹年貳月，調補寧夏縣知縣。今有繼母吴氏隨父任在京，乾隆貳拾壹年拾月貳拾日病故。并無過繼，例應丁憂。遵例取具同鄉京官吏部考功司郎中虞鳴球印結，黏連投遞，伏乞知照任所，并行文原籍，取具丁結。等因。前來。查定例，見任官員丁憂者，以聞喪日爲始，離任回籍，不計閏，守制貳拾柒個月。等語。今該家人呈報，見任甘肅寧夏縣知縣歸夢熣之母于乾隆貳拾壹年拾月貳拾日在京病故，取有同鄉京官吏部考功司郎中虞鳴球印結，例應回籍守制。除先行移付選司開缺、功司注册外，并行令甘肅巡撫照例具題，將聞訃日期聲明報部查核。仍知照江蘇巡撫飭取該員丁憂原籍地方官印結送部備案可也。等因。咨院行司。

蒙此，該代辦布政司事王應瑜查得，寧夏縣知縣歸夢烇繼母吴氏于乾隆貳拾壹年拾月貳拾日在京病故。前據寧夏府知府童其瀾詳報，寧夏縣知縣歸夢烇于乾隆貳拾壹年拾壹月拾肆日在任聞訃。等情。隨查定例，見任各官父母在籍病故者，本籍督撫分别題咨。一面咨移任所，其任所衙門不拘部文及原籍之咨，以先到者，即行知照該員，令其離任，仍將該員聞訃日期咨部扣算起復。至京外各官，有本員聞訃在先，各督撫移咨在後者，仍以本員聞訃日期查辦。等因。查寧夏縣知縣歸夢烇繼母吴氏在京病故，既非任所，又非原籍，似應聽順天府府尹取具地方官印結題報。緣府尹及大部咨文均尚未到甘，而該員聞訃在先，隨即照例將該員聞訃日期詳請咨部在案。今據該家屬將該員之繼母吴氏病故緣由徑報大部，奉部行令甘省具題。等因。除移行知照外，相應教詳呈請，合候具題。等情。呈詳到臣。

該臣查得，見任知縣以上等官遇有丁憂事故，例應題報。兹據暫行代辦甘肅布政司事、護臨洮道候補知府王應瑜詳稱，查寧夏縣知縣歸夢烇繼母吴氏于乾隆貳拾壹年拾月貳拾日在京病故。前據寧夏府知府童其瀾詳報，該員于本年拾壹月拾肆日在任聞訃。隨查定例，見任各官父母在籍病故者，本籍督撫分别題咨。一面咨移任所，其任所衙門不拘部文及原籍之咨，以先到者即行知照該員令其離任，仍將該員聞訃日期咨部扣算起復。至京外各官，有本員聞訃在先各督撫移咨在後者，仍以本員聞訃日期查辦。等因。查寧夏縣知縣歸夢烇繼母吴氏在京病故，既非任所，又非原籍，似應聽順天府府尹取具病故地方官印結題報。緣府尹咨及部文均尚未到甘，而該員聞訃在先，隨照例將聞訃日期詳請咨部在案。今據該家屬徑將該員繼母吴氏病故緣由取具同鄉京官印結報部，奉部行令甘省具題。理合叙詳請題。等情。前來，臣覆查無异。所有寧夏縣知縣歸夢烇聞訃丁憂日期，相應具疏題報，伏祈皇上睿鑒，敕部查照施行。再照原籍地方官印結，已移咨江蘇飭取就近送部。又，寧夏縣知縣係衝、繁、疲、難肆項兼餘最要缺例，應在外題補。業經另行揀

選，會疏題補。又，臣見在途次，一切題咨案件得展限合并聲明。謹具題聞。

乾隆貳拾壹年貳月初叁日。

巡撫甘肅等處地方贊理軍務兼理茶馬、兵部右侍郎兼都察院右副都御史、軍功加一級臣吴達善。

【貼黄】

巡撫甘肅等處地方贊理軍務兼理茶馬、兵部右侍郎兼都察院右副都御史、軍功加一級臣吴達善謹題：爲咨取事。

該臣查得，知縣以上等官遇有丁憂事故，例應題報。兹據代辦布政司事、護臨洮道候補知府王應瑜詳稱，查寧夏縣知縣歸夢烇繼母吴氏于乾隆貳拾壹年拾月貳拾日在京病故。該員于拾壹月拾肆日在任聞訃，隨照例將聞訃日期詳請咨部在案。今據該家屬徑將吴氏病故緣由取結報部，奉部行令甘省具題。理合叙詳請題。等情。前來，臣覆查無异。所有歸夢烇聞訃丁憂日期，謹具題聞。

【《明清檔案》A194—9，B108255—108258】

陝甘總督黄廷桂題請補授參將

乾隆二十二年十月二十四日之一

題。

廿二年十一月廿三日下兵。

該部議奏。

太子太保、武英殿大學士、管總督陝甘事務兼理糧餉、世襲雲騎尉、軍功加一級紀録九次臣黄廷桂謹題：爲請補邊營參將，以收實效事。

該臣看得，凉州鎮屬大靖營參將來德因患病請休，經臣另疏具題在案。

其所遺參將員缺，係臨邊專營，整飭戎行，巡防邊隘，均關緊要，非明敏强幹之員，弗克勝任。兹查有奉旨發甘以參將差遣委用之見署寧夏鎮屬花馬池副將紹涵，年力富强，人亦明白，歷經委署副參事務，辦理營伍，俱屬妥協。前曾請補平羅營參將，因員缺掣補有人，經部議駁在案。今請即以該員補授大靖營參將，銜缺相當，與邊營要缺實有裨益。再，紹涵係正黄旗滿洲，奉旨簡發以參將委用之員應免送部，亦毋庸出具保結。除該員履歷俟查取至日另咨送部外，臣謹會同蘭州撫臣吴達善、甘提臣王進泰合詞具題。伏祈皇上睿鑒，敕部議覆施行。爲此具本，謹題請旨。

乾隆貳拾貳年拾月貳拾□日。

太子太保、武英殿大學士、管總督陝甘事務兼理糧餉、世襲雲騎尉、軍功加一級紀録九次臣黄廷桂。

【《明清檔案》A196—1，B109337—B109338】

△諭内閣著馬得勝補授固原提督等官員任免事

乾隆二十二年十二月十七日

乾隆二十二年十二月十七日，内閣奉上諭：“董芳現已病故，貴州提督員缺，即著哈攀龍補授。湖廣提督員缺，著齊大勇調補。王綬仍回原任，其固原提督員缺，著馬得勝補授，仍留軍營領兵，所有提督印務，著黄廷桂于總兵内揀選一員署理。其肅州鎮總兵員缺，著閻相師補授。所遺員缺，著高天喜補授。欽此。”

【《乾隆朝上諭檔》第3册，第123頁第409條】

甘肅寧夏總兵官五福題報交代起程赴肅日期

乾隆二十二年十二月二十八日之一

題。

正月二十日。

廿三年二月廿日下兵。

該部知道。

鎮守甘肅寧夏等處地方總兵官帶、隨帶加二級紀録一次臣五福謹題：爲恭報微臣交代起程赴肅日期事。

竊臣于乾隆貳拾貳年拾貳月貳拾陸日，蒙大學士、管陜甘總督臣黄廷桂照會，内開：案照寧夏鎮五總兵現係統領進剿官兵，所遺總兵印務選得靈州營參將馮天錫堪以委護。除給牌飭委該將遵照外，擬合照會該鎮知照。等因。到臣。查前于乾隆貳拾貳年拾貳月貳拾叁日，蒙督臣黄廷桂照會，酌派臣管領官兵進剿，并將續調寧夏鎮兵壹千貳百名定限正月拾伍前後到肅。仍令臣將官兵派定飭令起程，先行赴肅。俟各處官兵到日，以便統領前往。臣遵將官兵挑選派定，其馬匹、軍裝、器械以及官兵、跟役、餘丁俸賞銀兩，拽運軍裝車輛等項，俱遵照督臣檄飭，逐一趕辦齊全。飭令領兵將弁帶領兵丁，于本年拾貳月貳拾柒捌玖等日各自該營起程，于中衛總匯地方會齊，管領前往，依限抵肅。臣即于貳拾捌日兼程赴肅，除將調派官弁兵丁起程日期并馬匹、車輛、軍裝、器械各數目具報督臣外，所有寧夏總兵官銀印壹顆、王命旗牌拾杆面、未用火牌叁張、勘合拾道、蒙古勘合拾道，并節次奉到上諭、清漢各書，及一切事宜，飭委臣標兼理中軍右營游擊明華賫交靈州營參將馮天錫接管護理訖。謹將微臣交代起程赴肅日期，理合恭疏題報，伏乞皇上睿鑒施行。再，臣起程係在封印期内，緣事關交代題報，照例開用，合并陳明。爲此具本，謹具題聞。

乾隆貳拾貳年拾貳月貳拾捌日。

鎮守甘肅寧夏等處地方總兵官帶、隨帶加二級紀録一次臣五福。

【貼黄】

鎮守甘肅寧夏等處地方總兵官帶、隨帶加二級紀録一次臣五福謹題：爲恭報微臣交代起程赴肅日期事。

竊臣于乾隆貳拾貳年拾貳月貳拾陸日，蒙大學士、管陜甘總督臣黄廷桂照會，内開：案照寧夏鎮五總兵現係統領進剿官兵，其所遺總兵印務選得靈州營参將馮天錫堪以委護。除給牌飭委該將遵照外，擬合照會該鎮知照。等因。到臣。查前于乾隆貳拾貳年拾貳月貳拾叁日，蒙督臣黄廷桂照會，酌派臣管領官兵進剿，并將續調寧夏鎮兵壹千貳百名定限正月拾伍前後到肅。仍令臣將官兵派定，飭令起程先行赴肅。俟各處官兵到日，以使統領前往。臣遵將官兵挑選派定，其馬匹、軍裝、器械以及官兵、跟役、餘丁俸賞銀兩，拽運軍裝車輛等項，俱遵照督臣檄飭逐一趕辦齊全。飭令領兵將弁帶領兵丁，于本年拾貳月貳拾柒捌玖等日各自該營起程，于中衛總匯地方會齊，管領前往，依限抵肅。臣于貳拾捌兼程赴肅，除將調派官弁兵丁起程日期并馬匹、車輛、軍裝、器械各數目具報督臣外，所有寧夏總兵官銀印壹顆、王命旗牌拾杆面、未用火牌叁張、勘合拾道、蒙古勘合拾道，并節次奉到上諭、清漢各書，及一切事宜，飭委臣標兼理中軍右營游擊明華賫交靈州營参將馮天錫接管護理訖。謹將微臣交代起程赴肅日期理合恭疏題報，伏乞皇上睿鑒施行。再，臣起程係在封印期内，緣事關交代題報，照例開用，合并陳明。謹具題聞。

【《明清檔案》A196—87，B109677—B109679】

乾隆二十三年（1758）

△諭設法采購寧夏米以備臨時酌量賑糶傳諭吴達善知之

乾隆二十三年六月初六日

大學士公傅、大學士來字寄甘肅巡撫吴。

乾隆二十三年六月初六日，奉上諭：“據吴達善奏稱，甘省大勢缺雨，其杖徒以下等罪，可否亦照直隸清理刑獄之例，酌減辦理。等語。已于摺内批示。清理刑獄，亦祗祈求雨澤之一端。今肅、甘、凉、蘭等屬未得透雨，而涇州、高臺數州縣又有被灾之處，邊省貧民，深爲軫念。雖該省頻年額賦悉已加恩豁免，若秋成未能接濟，則應行撫恤之事不可不急爲籌畫。寧夏一帶，素稱産米之區，價值較他處必當平減。其應如何設法采購，以爲未雨綢繆之計，務宜作速部署，以備臨時酌量賑糶，庶邊氓得沾實惠。將此詳悉傳諭吴達善知之。欽此。”遵旨寄信前來。

【《乾隆朝上諭檔》第 3 册，第 231 頁第 677 條】

△諭内閣撥寧夏倉糧以資協濟延安榆林治邊一帶催車領運加銀

乾隆二十三年十月十三日

乾隆二十三年十月十三日，内閣奉上諭：“陝省延安、榆林沿邊一帶，米價稍昂，現撥寧夏倉糧，以資協濟，而催車領運若照定例給以官價，窮民往返，未免拮据。著加恩，將靖邊、定邊、榆林、懷遠四縣領軍車畜，除官價之外，每石每百里加銀五分，回空仍給半價。其將來寧夏軍需各項運竣，仍令運糧前往協濟。所有車輛、牲畜，亦照此例，一體賞給脚價，以示優恤邊氓之意。該部即遵諭行。欽此。”

【《乾隆朝上諭檔》第3册，第260頁第771條】

△諭内閣楊寧著調補寧夏總兵等官員任免事

乾隆二十三年十月十六日

乾隆二十三年十月十六日，奉旨："楊寧，著調補甘肅寧夏總兵。所遺廣東潮州總兵員缺，著明達補授。張國標，著補授浙江處州總兵。餘依議。欽此。"

【《乾隆朝上諭檔》第3册，第261頁第775條】

甘肅巡撫吴達善題請核銷寧夏等府屬辦理西路軍需用過錢糧

乾隆二十三年十月二十五日

題。

丑□。

十一月二十三日。

廿三年十二月二十八日下户、兵。

該部察核具奏。

太子少保、兵部右侍郎、原都察院右副都御史、巡撫甘肅等處地方贊理軍務兼理茶馬、軍功加二級臣吴達善謹題：爲軍需奏銷册籍，宜畫一造報，以免牽混，以清帑項事。

據辦理軍需局事務甘肅布政使蔣炳、凉莊道明德、甘肅道輔德、洮岷道程燾會詳呈稱請銷一件遵旨等事。蒙協辦陝甘總督劉部堂案驗，乾隆貳拾年捌月初陸日，准户部咨，軍需局案呈，本年陸月初肆日，准陝西司付送兵部咨内稱，准陝督劉統勛咨稱，查得甘省沿邊各驛額設驛馬每處安設肆匹以至叁肆拾匹不等。凡遇供應大差，不敷承應。業經奏准，一律設馬陸拾匹。等因。

查自寧夏花馬池驛起，至肅州酒泉驛止，共計肆拾捌驛内，除寧夏平番、在城兩驛舊各安馬陸拾匹，毋庸添補外，其餘肆拾陸驛共添馬壹千壹百伍拾叁匹。查沙井驛起，至肅州深溝止，遞送京兵共計壹拾伍站，每站前安孳生馬肆百匹。西寧鎮營孳生馬壹千匹，凉州鎮營孳生馬壹千陸百匹，甘提標孳生馬貳千肆百匹，肅州鎮營孳生馬壹千匹，共馬陸千匹。其所添驛馬即在各站孳生馬内照數調用，令司驛各員差妥當人役前赴各站牽領。至馬匹沿途料草仍在臺站奏銷，其各馬到站之後所需料草銀兩，照驛站成例另行起支。至臺站案内各鎮營孳生馬匹係每匹日支料貳□□，柒斤重草貳束，隨時采辦供支。每馬肆匹，派兵壹名，日支工食銀肆分。今各驛所添馬匹、應需夫馬工料等項銀兩，并倒馬數目，俱照各該驛額設之例，一體辦理。所需銀兩，司庫建曠不敷在于軍需銀内按季支給，照數報銷。俟凱旋之日，即便捲撤歸營。除咨户部外，相應咨明。等因。查本年貳月貳拾肆日，内閣抄出大學士公傅恒等議奏陝督劉統勛奏沿邊驛站實在情形一摺，内開：陝甘安設臺站備給官兵係在南路，沿邊一帶爲甘省北路。其北路之寧夏東西每站設馬，自□□以至叁肆拾匹不等，業務絡繹不律設馬陸拾匹。俟南路各臺兵過捲行，酌調分安各站。等因。奏准在案。

今該督咨稱，寧夏花馬池等肆拾陸驛共添馬壹千壹百伍拾叁匹，即在南路捲撤軍臺孳生馬匹内調撥應用。等語。查與從前軍機處原奏相符，自應准其照數調用。其所需夫馬工料銀兩，并倒馬數目，應照各驛額設之例，一體辦理。仍將各驛馬匹到站日期先行報部，至各臺所領孳生馬匹沿途供支料草并馬、夫工食以及所需夫馬工料銀兩，司庫建曠不敷在于軍需銀内按季支給之處，俱事隸户部。今該督既經咨明户部，應聽户部查核，相應咨覆該督，并知照户部。等因。前來。查此案近據該督咨報本部，以各驛所添馬匹、應需夫馬工料等項銀兩并倒馬數目，該督咨請俱照各該驛額設之例一體辦理之處，事隸兵部，應聽兵部查議咨覆該督，俟定議之日，知照本部在案。今既經兵部覆准，應令陜督將所需銀兩如果司庫建曠不敷在于軍需銀内按季支給，并將給過銀數造報兵部核銷，仍知照兵部可也。等因。咨院行局。

蒙此，遵即行據軍需局員蘭州府知府歐陽永裿、皋蘭縣知縣呼華國將寧、凉、甘、肅肆府州，并莊、西貳廳屬所管各驛新添、孳生馬匹、夫役乾隆貳拾壹年支過工料外備站價銀兩造册請銷前來。該軍需局司道等查得，寧、凉、甘、肅肆府州并莊、西貳廳屬所管各驛新添、孳生馬匹、夫役乾隆貳拾壹年支過工料外備站價銀兩，舊管：乾隆貳拾年拾貳月底止，新添、孳生馬壹千壹百伍拾叁匹，夫伍百柒拾陸名半。新收：乾隆貳拾壹年正月起，至拾貳月底止，一，收領用司庫軍需銀肆萬柒千叁百捌拾玖兩陸錢叁厘貳毫伍絲壹忽伍微貳纖貳塵。開除：乾隆貳拾壹年正月起，至拾貳月底止，銀共肆萬柒千叁百捌拾玖兩叁錢伍厘肆毫叁絲玖忽柒微陸纖貳塵捌眇捌漠。内：一，支寧夏府屬王鋐等捌驛工料站價銀壹萬叁千捌百肆拾陸兩捌錢壹分伍厘肆毫伍絲柒忽貳微；一，支西路廳屬中衛等陸驛工料站價銀陸千肆百柒兩肆錢玖分壹厘肆毫柒絲貳忽壹微叁纖壹塵陸眇捌漠；一，支莊浪廳屬鎮羌等柒驛工料站價銀柒千貳百玖拾貳兩壹分伍厘捌毫玖絲玖忽捌微伍纖壹塵貳眇；一，支凉州府屬武威等玖驛工料站價銀柒千柒拾玖兩柒錢玖分玖厘玖毫捌絲叁忽肆纖；一，支甘州府屬甘泉等玖驛工料站價銀柒千壹百伍拾陸兩伍錢柒分陸厘貳毫陸絲玖忽伍微肆纖；一，支直隸肅州屬酒泉等柒驛工料站價銀伍千陸百陸兩陸錢陸厘叁毫伍絲捌忽實在下剩銀貳錢玖分柒厘捌毫壹絲壹忽柒微伍纖玖塵壹眇貳漠。内寧夏府屬下剩銀陸分捌厘貳絲伍忽陸微玖纖貳塵，西路廳屬下剩銀叁分貳毫肆絲貳忽捌微柒纖捌塵叁眇貳漠，莊浪廳屬下剩銀叁分玖厘貳毫壹微肆纖捌塵捌眇，凉州府屬下剩銀捌分捌毫貳絲捌忽壹微陸纖，甘州府屬下剩銀肆分陸厘捌毫，直隸肅州屬下剩銀叁分貳厘柒毫壹絲肆忽捌微捌纖。

查前項支過孳生夫馬工料外備站價銀兩係請明在于軍需銀内，按照各驛原額夫馬一例支給。計夫壹名月支工食銀壹兩，如不及壹月，日止支銀叁分

叁厘叁毫。如遇小建，每名每日以叁分叁厘肆毫扣除。計馬壹匹日支料草銀捌分。外備站價亦係照依各該驛原額之數按馬按年支給。遇閏不加，小建不扣，是以多未畫一。查支退夫馬前項工料外備等銀肆萬柒千叁百捌拾玖兩陸錢叁厘貳毫伍絲壹忽伍微貳纖貳塵内，除各屬長支銀貳錢玖分柒厘捌毫壹絲壹忽柒微伍纖玖塵壹眇貳漠，見在催解，均俟解交至日，收還原領司庫軍需項下，止實該請銷銀肆萬柒千叁百捌拾玖兩叁錢伍厘肆毫叁絲玖忽柒微陸纖貳塵捌眇捌漠，應請作正開銷。所有蘭州府造到各府廳州細數册，同司總簡明册，相應一并呈賫，合候核題。等情。呈詳到臣。

該臣查得，甘、安貳道辦理西路軍需用過各項錢糧，經臣奏明，設局委員，逐項查核，上緊趕辦，并遵部示，分案請銷。兹據布政使蔣炳等詳稱，查寧、凉、甘、肅肆府州并莊、西貳廳屬所管各驛，新添、孳生馬匹、夫役乾隆貳拾壹年支過工料外備站價銀兩，舊管：乾隆貳拾年拾貳月底止，新添、孳生馬壹千壹百伍拾叁匹，夫伍百柒拾陸名半。新收：乾隆貳拾壹年正月起，至拾貳月底止，領用司庫軍需銀肆萬柒千叁百捌拾玖兩陸錢叁厘貳毫伍絲壹忽伍微貳纖貳塵。開除：乾隆貳拾壹年正月起，至拾貳月底止，銀肆萬柒千叁百捌拾玖兩叁錢伍厘肆毫叁絲玖忽柒微陸纖貳塵捌眇捌漠。内除寧夏府屬王鋐等捌驛工料站價銀壹萬叁千捌百肆拾陸兩捌錢壹分伍厘肆毫伍絲柒忽貳微，西路廳屬中衛等陸驛工料站價銀陸千肆百柒兩肆錢玖分壹厘肆毫柒絲貳忽壹微叁纖壹塵陸眇捌漠，莊浪廳屬鎮羌等柒驛工料站價銀柒千貳百玖拾貳兩壹分伍厘捌毫玖絲玖忽捌微伍纖壹塵貳眇，凉州府屬武威等玖驛工料站價銀柒千柒拾玖兩柒錢玖分玖厘玖毫捌絲叁忽肆纖，甘州府屬甘泉等玖驛工料站價銀柒千壹百伍拾陸兩伍錢柒分陸厘貳毫陸絲玖忽伍微肆纖，直隸肅州屬酒泉等柒驛工料站價銀伍千陸百陸兩陸錢陸厘叁毫伍絲捌忽。實在下剩銀：貳錢玖分柒厘捌毫壹絲壹忽柒微伍纖玖塵壹眇貳漠。内寧夏府屬下剩銀陸分捌厘貳絲伍忽陸微玖纖貳塵，西路廳屬下剩銀叁分貳毫肆絲貳忽捌微柒纖捌塵叁眇貳漠，莊浪廳屬下剩銀叁分玖厘貳毫壹微肆纖捌塵捌眇，凉州府屬下剩銀捌分捌毫貳絲捌忽壹微陸纖，甘州府屬下剩銀肆分陸厘捌毫，肅州屬下剩銀叁分貳厘柒毫壹絲肆忽捌微捌纖。查前項支過孶生夫馬工料外備站價銀兩係請明在于軍需銀内按照各驛原額夫馬一例支給。計夫壹名月支工食銀壹兩，如不及壹月，日止交銀叁分叁厘叁毫。如遇小建，每名每日以叁分叁厘肆毫扣除。計馬壹匹日支料草銀捌分，外備站價亦係照依各該驛原額之數，按馬按年支給。遇閏不加，小建不扣，是以多未畫一。查支過夫馬前項工料、外備等銀肆萬柒千叁百捌拾玖兩陸錢叁厘貳毫伍絲壹忽伍微貳纖貳塵。内除各屬長支銀貳錢玖分柒厘捌毫壹絲壹忽柒微伍纖玖塵壹眇貳漠。見在催解，均俟解交至日，收還原領司庫軍需項下，止實該請銷銀肆萬柒千叁百捌拾玖兩叁錢伍厘肆毫叁絲玖忽柒微陸纖貳塵捌眇捌漠，應請作正開銷。等情。造具簡明總册，同取到細數清册，一并呈送，詳請題銷前來，臣覆核無异。除原册分送部科外，相應會同大學士管陝甘督臣黄廷桂合詞具題，伏祈皇上睿鑒，敕部核覆施行。謹題請旨。

乾隆貳拾叁年拾月貳拾伍日。

太子少保、兵部右侍郎、原都察院右副都御史、巡撫甘肅等處地方贊理軍務兼理茶馬、軍功加二級臣吴達善。

【貼黄】

太子少保、兵部右侍郎、原都察院右副都御史、巡撫甘肅等處地方贊理軍務兼理茶馬、軍功加二級臣吴達善謹題：爲軍需奏銷等事。

該臣查得，甘、安貳道辦理西路軍需用過各項錢糧。經臣奏明，設局委員查校，分案請銷。玆據布政使蔣炳等詳稱：查寧、凉、甘、肅肆府州并莊、西貳廳屬所管各驛新添、孶生馬匹夫役乾隆貳拾壹年支過工料、外備站價銀兩，舊管、新添、孶生馬壹千壹百伍拾叁匹夫伍百柒拾陸名半，新收銀肆萬柒千叁百捌拾玖兩陸錢零，開除銀肆萬柒千叁百捌拾玖兩叁錢零，實在下剩銀貳錢玖分零。見在催解還項。等情。造具簡明總册同細數清册，一并呈送，詳請題銷前來，臣覆核無异。除原册分送部科外，相應會同大學士管陝甘督臣黄廷桂謹題請旨。

【《明清檔案》A198—65，B110755—B110762】

乾隆二十四年（1759）

△諭内閣著再加恩將鹽茶聽花馬池等十二廳州縣上年被灾處所俱一體加賑三個月仍准銀米兼賑等

乾隆二十四年正月初四日

乾隆二十四年正月初四日，内閣奉上諭："甘省河東、河西各屬上年偶被偏灾，業已加恩，多方撫恤。但念該省地處邊隅，民生素稱寒瘠，現在時届春初，小民方□□□至青黄不接，□□例賑既停，閭閻未免拮据。著再加恩，將河東之皋蘭、金縣、靖遠、會寧、武盛、古浪、平番、永昌、山斗、碾伯、鹽茶聽、花馬池等十二廳、州、縣上年被灾處所，無論極次貧民，灾分輕重，俱一體加賑三個月，仍准銀、米兼賑。其餘應行酌借口糧者，并著照□查□，俾窮黎得以接濟，用□力作。至皋蘭省會之地，以及平番、古浪、武威、□□、張掖、肅州等屬糧價較貴，而關外之安西五衛價值□昂，雖該督等現在減價平糶，然照常例酌減，恐仍不足以平市價。并著加恩，將粟米每石減糶銀二兩四錢，小麥每石減糶銀二兩二錢，庶貧民不致艱于買食。該督撫等其董率屬員，悉心查辦，務使農民普沾實惠。該部即遵諭行。欽此。"

【《乾隆朝上諭檔》第3册，第285頁第851條】

甘肅巡撫吴達善題報秋禾收成分數

乾隆二十四年十一月十九日之三

題。

十二月十五日。

廿四年十二月廿日下户。

該部知道。

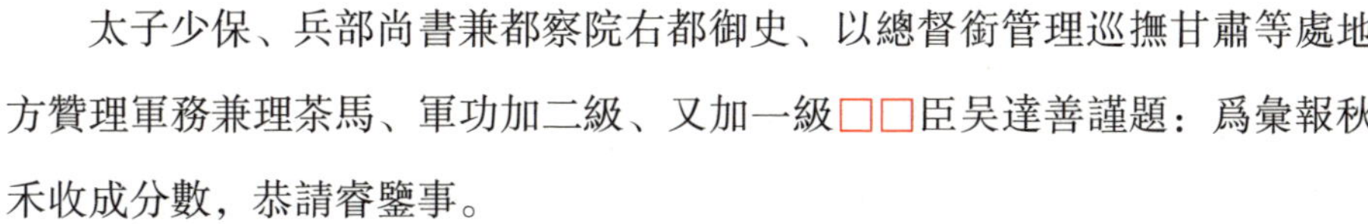

太子少保、兵部尚書兼都察院右都御史、以總督銜管理巡撫甘肅等處地方贊理軍務兼理茶馬、軍功加二級、又加一級□□臣吴達善謹題：爲彙報秋禾收成分數，恭請睿鑒事。

據甘肅布政使司布政使蔣炳呈，蒙前護甘肅巡撫印務徐布政使案驗，乾隆元年叁月拾柒日，准户部咨開，内閣抄出總理事務和碩莊親王等議覆，刑科掌印給事中陳履平奏督撫奏報年歲收成分數請改用題本一折。查督撫奏報年歲收成分數向係具摺密陳，若改用題本，自可杜假揑之弊。但摺奏可隨時具報，而題本必須彙齊通省分數，未免稽遲，應請嗣後仍令該督撫隨時具摺奏報外，再將通省之夏收、秋收分數分繕兩本具題，交部科查察。等因。奉旨："依議。欽此。"抄出到部，移咨轉行到司。蒙此，又蒙前查督院案驗，准户部咨同前事。

蒙此，又于乾隆叁年柒月貳拾伍日，蒙前元撫院案驗爲欽奉上諭事。乾隆叁年柒月拾玖日，准户部咨，山東司案呈，户科抄出山東巡撫法敏題報東省各州縣四鄉麥收分數壹案。于乾隆叁年伍月貳拾日題，陸月初肆日奉旨："該部知道。嚮來各省開報收成本内有止開某州某縣收成幾分者，有開各州縣收成分數而又合算一省之中約計可得幾分者。朕思開報收成，自當將各州縣分數分開于前，再將合計通省分數總開于後，則一望洞然，庶可慰朕念切民依之至意。著傳諭各督撫一體遵行。欽此欽遵。"于本月初伍日抄出到部，相應通行各省督撫遵奉旨内事理施行可也。等因。蒙此，又蒙前查督院案驗，准户部咨同前事。等因。

蒙此，又于乾隆拾肆年陸月貳拾日，蒙前鄂撫院案驗爲遵旨彙奏事。乾隆拾肆年陸月初柒日，准户部咨，福建清吏司案呈，本部彙奏乾隆拾叁年各直省豐歉旱澇收成分數壹案。乾隆拾肆年肆月貳拾叁日奏，本日奉旨："堂官免其交部，餘依議。欽此。"相應抄録原奏黏單移咨各該督撫，逐一查明報部。并令嗣後題報麥禾分數，務將省轄府、州、縣、衛等處開列明確。如有應行報明之處，務將不符緣由逐一聲明，庶彙奏得以畫一，而辦理不致參差矣。行令各該督撫一體遵照可也。計黏單一紙，内開：户部謹奏爲遵旨彙奏事。該臣等查得，乾隆玖年拾貳月初貳日，内閣抄出河南道監察御史彭肇朱奏稱，凡四方水旱豐歉，各省督撫或題或奏，部覆請旨施行。計一歲之中，天下之大，奏牘如此其紛且繁，皇上安能于萬幾之餘處處周知而數計？宜令户部年終一次蒙奏，計歲中某省旱、某省澇、某省旱澇不爲灾，某省豐、某省歉、某省豐歉居半。按省分注，務在簡切詳明。彙總繕摺，于封印之日進呈御覽。等因。奉旨："著照所請行，該部知道。欽此欽遵。"經臣等以各省收成分數各該督撫勘明題報，須于次年貳月内到齊奏請，嗣後于叁月内彙摺具奏，歲以爲例。等因。奉旨："依議。"欽遵各在案。

今據直隸等省各該督撫將乾隆拾叁年分夏麥蚕禾、秋禾收成分數及間有被灾分數陸續題報前來。查各省收成應照分數區别豐歉，乾隆拾年彙奏案内，臣等請照酌借倉糧定例收成在捌分以上者爲豐收，柒分以下者爲歉收，歷年遵行在案。查各省收成分數，臣部向將該省所轄地方開列于前，即將該督撫等題報收成分數分列于後，開單進呈。今次將各省題報分數與該省所轄地方詳加查對，内有廳衛城所等處該督撫題報案内并未報有分數。臣等竊思或係附入各州縣徵收，以致與省轄數目不符，亦應聲明報部，該督撫并未聲明。臣部承辦司員自乾隆拾年起，至乾隆拾叁年止，均未經詳查，係屬疏漏，應交部議處。至此次雖經臣等查出，但從前疏略之咎亦所難辭，應請一并察議。今仍按見在題報各省州縣豐歉分數原案，通融核算，區别分注，内有短少之處一并開注，繕具清單，進呈御覽。仍令該督撫詳悉聲明到部，再行辦理可也。

計開甘肅省轄捌府、拾壹州、陸廳、肆拾肆縣、陸衛、壹所，按該督撫題報分數案内并未將例府開報分數。再，省轄府、州、縣、廳、衛、所各數是否確實題報分數，案内有無遺漏糾錯，應令一并作速查明報部。等因。咨院。檄行到司。蒙此，除乾隆貳拾肆年夏禾收成分數業已彙詳呈請題報外，兹據各屬先後呈報本年秋禾收成分數前來。隨經本司分晰開摺，陸續呈請，核奏在案。該布政使蔣炳查得，蘭州府報稱皋蘭縣秋禾糜穀，除北鄉夏禾被旱不能改種外，東、西、南叁鄉畸零水地實在收成陸分以上；狄道州秋禾糜穀、莜燕麥，除被旱、被雹地畝外，實在收成陸分；河州秋禾糜穀、莜燕麥，除被旱、被雹地畝外，實在收成陸分以上；渭源縣秋禾莜燕莜麥，除被旱、被雹、被水地畝外，實在收成陸分以上；金縣秋禾糜穀、莜燕麥，除被旱地畝外，水地實在收成陸分；靖遠縣秋禾糜穀，除被旱地畝外，水地實在收成捌分。河州廳素不種植秋禾，毋庸開報。計蘭州府屬，除河州廳素不種植秋禾并各屬被旱、被雹、被水地畝外，其餘合府統計實在收成陸分以上。

又據鞏昌府報稱，隴西縣秋禾糜穀、玉燕、莜麥，除被旱地畝外，實在收成肆分以上；伏羌縣秋禾糜穀、莜燕麥，除被旱地畝外，實在收成陸分以上；會寧縣秋禾糜穀、莜燕、莜麥，除被旱地畝外，實在收成貳分以上；寧遠縣秋禾糜穀、莜燕麥，除被旱、被雹地畝外，實在收成伍分以上；通渭縣秋禾糜穀、莜燕麥實在收成陸分；漳縣秋禾糜穀、莜燕、莜麥，除被雹、被水地畝外，實在收成陸分；西和縣秋禾糜穀、莜燕麥，除被雹地畝外，實在收成陸分以上；安定縣秋禾糜穀、玉莜麥，除被旱、被雹地畝外，實在收成叁分以上。岷州因節氣蚤寒，并不種植秋禾。洮州撫番廳素不種植秋禾，毋庸開報。計鞏昌府屬，除洮州撫番廳、岷州素不種植秋禾并被旱、被雹、被水地畝外，其餘合府統計實在收成肆分以上。

又據平凉府報稱，平凉縣秋禾糜穀、莜燕麥，除被雹、被水地畝外，實在收成伍分以上；崇信縣秋禾糜穀、莜麥實在收成陸分以上；華亭縣秋禾糜穀、莜燕麥，除被雹地畝外，實在收成陸分以上；涇州秋禾糜穀、莜麥，除被旱、被雹地畝外，實在收成柒分以上；靈臺縣秋禾糜穀、莜麥，除被旱地畝外，實在收成陸分以上；莊浪縣秋禾糜穀、莜燕等禾，除被雹地畝外，實在收成肆分；鎮原縣秋禾糜穀、莜麥實在收成陸分以上；隆德縣秋禾糜穀、莜燕、莜麥，除被旱、被雹地畝外，實在收成肆分以上；固原州秋禾糜穀、莜燕麥，除被旱、被雹地畝外，實在收成貳分以上；静寧州秋禾糜穀、莜麥，除被旱、被雹地畝外，實在收成伍分以上；鹽茶廳秋禾糜穀、莜燕麥，除被旱地畝外，實在收成貳分以上。計平凉府屬，除被旱、被雹、被水地畝外，其餘合府統計實在收成肆分以上。

又據慶陽府報稱，寧州秋禾糜穀、莜麥實在收成柒分；安化縣秋禾糜子、莜麥，除被旱地畝外，實在收成陸分以上；合水縣秋禾糜穀、莜麥實在收成陸分以上；環縣秋禾糜穀、莜麥，除被旱地畝外，實在收成貳分以上；正寧縣秋禾糜穀、莜麥實在收成柒分以上。計慶陽府屬除被旱地畝外，其餘合府統計實在收成伍分以上。

又據甘州府報稱，撫彝廳秋禾糜穀，除被水地畝外，實在收成柒分以上；張掖縣秋禾糜穀，除被水地畝外，實在收成柒分以上；山丹縣秋禾糜子，除被水地畝外，實在收成陸分；東樂縣丞秋禾糜穀，除被水地畝外，實在收成柒分以上。計合州府屬除被水地畝外，其餘合府統計實在收成陸分以上。

又據凉州府報稱，武威縣秋禾糜穀實在收成陸分以上；永昌縣秋禾糜穀實在收成柒分；鎮番縣秋禾糜穀實在收成柒分以上；古浪縣秋禾糜穀實在收成柒分以上；平番縣秋禾糜穀、莜麥，除被旱地畝外，實在收成捌分。計凉州府屬除被旱地畝外，其餘合府統計實在收成柒分以上。

又據寧夏府報稱，寧夏縣秋禾糜穀、青豆、稻子實在收成捌分；寧朔縣秋禾糜穀、青豆、稻子實在收成捌分以上；靈州秋禾糜穀、稻子、莜麥、青豆，除被旱地畝外，實在收成伍分以上；中衛縣秋禾糜穀、稻子、青豆，除被旱地畝外，實在收成柒分；平羅縣秋禾糜穀、青豆實在收成捌分以上；花馬池州同秋禾糜穀、莜麥，除被霜受凍并東接定邊交界北倚邊墻無地布種外，西、南貳鄉實在收成壹分。計寧夏府屬，除被旱、被霜受凍并東接定邊交界北倚邊墻無地，除被霜地畝外，實在收成陸分以上。

計西寧府屬除擺羊戎廳、大通衛地氣寒冷，不種秋禾，并被旱、被霜地畝外，其餘合府統計實在收成伍分以上。

又據直隸秦州報稱，秦州秋禾糜子、粟穀、莜麥實在收成陸分以上；并所屬之清水縣秋禾糜子、粟穀、莜麥實在收成陸分；秦安縣秋禾糜穀、莜麥實在收成陸分；禮縣秋禾糜穀、莜燕麥實在收成陸分以上；徽縣秋禾糜子、粟穀、高粱、莜麥實在收成伍分以上；兩當縣秋禾糜穀、高粱、莜麥實在收成陸分以上。計直隸秦州并所屬合州統計實在收成伍分以上。

又據直隸階州報稱，階州秋禾糜穀、稻子、高粱、莜麥實在收成陸分；又，該州分防之西固州同秋禾糜穀、莜麥實在收成柒分；所屬之成縣秋禾糜穀、莜麥、高粱實在收成伍分以上；所屬之文縣秋禾糜穀、莜麥實在收成陸分。計直隸階州并所屬合州統計實在收成陸分以上。

又據直隸肅州報稱，肅州秋禾糜粟穀、莜麥，除被水地畝外，實在收成柒分以上；所屬之高臺縣秋禾糜粟、稻禾，除被水地畝外，實在收成柒分以上。計直隸肅州并所屬，除被水地畝外，合州統計實在收成柒分以上。

又據安西廳報稱，安西、柳溝貳衛并不種植秋禾，沙州衛秋禾糜穀實在收成捌分以上。

又據靖逆廳報稱，靖逆衛秋禾糜子實在收成陸分以上；赤金衛秋禾糜穀實在收成陸分以上。計靖逆廳屬統計實在收成陸分以上。等情。各申報前來。

查甘省捌府、叁州，安、靖貳廳，通盤合算，實在秋禾收成伍分以上。相應呈報，合候核題。再查各屬勘明被旱、被雹、被水、被霜凍處所，均係查照舊例逐一登除。至甘省蘭、鞏、平、慶、甘、凉、寧、西捌府，安、靖貳廳，歷年并無管轄地畝，無憑開報分數。今照舊例，將各該府廳屬并直隸秦、階、肅叁州，及所屬捌州、伍廳、肆拾肆縣、陸衛、壹所本年種植秋禾者，將收成分數分晰，總數統爲開報。其未種植秋禾者，亦于摺内逐細聲登，并無遺漏，合并聲明。等情。呈詳到臣。

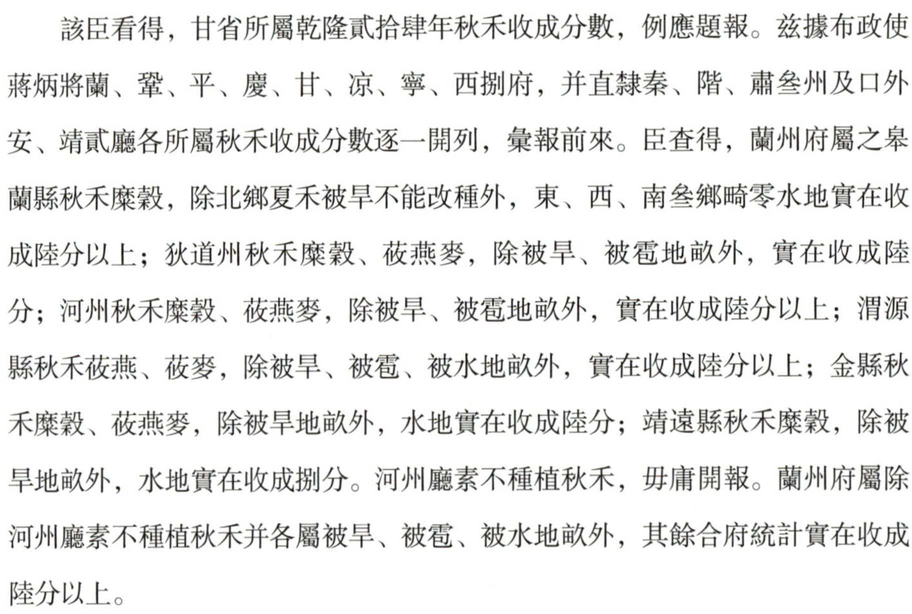

該臣看得，甘省所屬乾隆貳拾肆年秋禾收成分數，例應題報。兹據布政使蔣炳將蘭、鞏、平、慶、甘、凉、寧、西捌府，并直隸秦、階、肅叁州及口外安、靖貳廳各所屬秋禾收成分數逐一開列，彙報前來。臣查得，蘭州府屬之皋蘭縣秋禾糜穀，除北鄉夏禾被旱不能改種外，東、西、南叁鄉畸零水地實在收成陸分以上；狄道州秋禾糜穀、莜燕麥，除被旱、被雹地畝外，實在收成陸分；河州秋禾糜穀、莜燕麥，除被旱、被雹地畝外，實在收成陸分以上；渭源縣秋禾莜燕、莜麥，除被旱、被雹、被水地畝外，實在收成陸分以上；金縣秋禾糜穀、莜燕麥，除被旱地畝外，水地實在收成陸分；靖遠縣秋禾糜穀，除被旱地畝外，水地實在收成捌分。河州廳素不種植秋禾，毋庸開報。蘭州府屬除河州廳素不種植秋禾并各屬被旱、被雹、被水地畝外，其餘合府統計實在收成陸分以上。

又據鞏昌府屬之隴西縣秋禾糜穀、玉燕、莜麥，除被旱地畝外，實在收成肆分以上；伏羌縣秋禾糜穀、莜燕麥，除被旱地畝外，實在收成陸分以上；會寧縣秋禾糜穀、莜燕、莜麥，除被旱地畝外，實在收成貳分以上；寧遠縣秋禾糜穀、莜燕麥，除被旱、被雹地畝外，實在收成伍分以上；通渭縣秋禾糜穀、莜燕麥實在收成陸分；漳縣秋禾糜穀、莜燕、莜麥，除被雹、被水地畝外，實在收成陸分；西和縣秋禾糜穀、莜燕麥，除被雹地畝外，實在收成陸分以上；安定縣秋禾糜穀、玉莜麥，除被旱、被雹地畝外，實在收成叁分以上。岷州因節氣蚤寒，并不種植秋禾。洮州撫番廳素不種植秋禾，毋庸開報。鞏昌府屬除洮州撫番廳、岷州素不種植秋禾，并被旱、被雹、被水地畝外，其餘合府統計實在收成肆分以上。

又據平凉府屬之平凉縣秋禾糜穀、莜燕麥，除被雹、被水地畝外，實在收成伍分以上；崇信縣秋禾糜穀、莜麥實在收成陸分以上；華亭縣秋禾糜穀、莜燕麥除被雹地畝外，實在收成陸分以上；涇州秋禾糜穀、莜麥，除被旱、被雹地畝外，實在收成柒分以上；靈臺縣秋禾糜穀、莜麥，除被旱地畝外，實在收成陸分以上；莊浪縣秋禾糜穀、莜燕等禾，除被雹地畝外，實在收成肆分；鎮原縣秋禾糜穀、莜麥實在收成陸分以上；隆德縣秋禾糜穀、莜燕、莜麥，除被旱、被雹地畝外，實在收成肆分以上；固原州秋禾糜穀、莜燕麥，除被旱、被雹地畝外，實在收成貳分以上；静寧州秋禾糜穀、莜麥，除被旱、被雹地畝外，實在收成伍分以上；鹽茶廳秋禾糜穀、莜燕麥，除被旱地畝外，實在收成貳分以上；平凉府屬，除被旱、被雹、被水地畝外，其餘合府統計實在收成肆分以上。

又據慶陽府屬之寧州秋禾糜穀、莜麥實在收成柒分；安化縣秋禾糜子、莜麥，除被旱地畝外，實在收成陸分以上；合水縣秋禾糜穀、莜麥實在收成陸分以上；環縣秋禾糜穀、莜麥，除被旱地畝外，實在收成貳分以上；正寧縣秋禾糜穀、莜麥實在收成柒分以上；慶陽府屬，除被旱地畝外，其餘合府統計實在收成伍分以上。

又據甘州府屬之撫彝廳秋禾糜穀，除被水地畝外，實在收成柒分以上；張掖縣秋禾糜穀，除被水地畝外，實在收成柒分以上；山丹縣秋禾糜子，除被水地畝外，實在收成陸分；東樂縣丞秋禾糜穀，除被水地畝外，實在收成柒分。以上甘州府屬，除被水地畝外，其餘合府統計實在收成陸分以上。

又據凉州府屬武威縣秋禾糜穀實在收成陸分以上；永昌縣秋禾糜穀實在收成柒分；鎮番縣秋禾糜穀實在收成柒分以上；古浪縣秋禾糜穀實在收成柒

分以上；平番縣秋禾糜穀、莜麥，除被旱地畝外，實在收成捌分。凉州府屬，除被旱地畝外，其餘合府統計實在收成柒分以上。

又據寧夏府屬之寧夏縣秋禾糜穀、青豆、稻子實在收成捌分；寧朔縣秋禾糜穀、青豆、稻子實在收成捌分以上；靈州秋禾糜穀、稻子、莜麥、青豆，除被旱地畝外，實在收成伍分以上；中衛縣秋禾糜穀、稻子、青豆，除被旱地畝外，實在收成柒分；平羅縣秋禾糜穀、青豆實在收成捌分以上；花馬池州同秋禾糜穀、莜麥，除被霜受凍，并東接定邊交界北倚邊墻無地布種外，西、南貳鄉實在收成壹分。寧夏府屬，除被旱、被霜受凍，并東接定邊交界北倚邊墻無地布種外，其餘合府統計實在收成陸分以上。

又據西寧府屬之擺羊戎撫番廳因地氣寒冷，并不種秋。西寧縣秋禾糜子、莜燕麥除被霜地畝外，實在收成伍分以上；碾伯縣秋禾糜穀、莜燕麥除被旱地畝外，實在收成伍分以上；大通衛因地氣寒冷，并不種秋；歸德所秋禾糜穀、莜麥除被霜地畝外，實在收成陸分以上。西寧府屬除擺羊戎廳、大通衛地氣寒冷不種秋禾并被旱、被霜地畝外，其餘合府統計實在收成伍分以上。

又據直隸秦州秋禾糜子、粟穀、莜麥實在收成陸分以上；并所屬之清水縣秋禾糜子、粟穀、莜麥實在收成陸分；秦安縣秋禾糜穀、莜麥實在收成陸分；禮縣秋禾糜穀、莜燕麥實在收成陸分以上；徽縣秋禾糜子、粟穀、高粱、莜麥實在收成伍分以上；兩當縣秋禾糜穀、高粱、莜麥實在收成陸分以上。直隸秦州并所屬合州統計實在收成伍分以上。

又據直隸階州秋禾糜穀、稻子、高粱、莜麥實在收成陸分；又，該州分防之西固州同秋禾糜穀、莜麥實在收成柒分；所屬之成縣秋禾糜穀、莜麥、高粱實在收成伍分以上；所屬之文縣秋禾糜穀、莜麥實在收成陸分。直隸階州并所屬合州統計實在收成陸分以上。

又據直隸肅州秋禾糜粟穀、莜麥除被水地畝外，實在收成柒分以上；所屬之高臺縣秋禾糜粟、稻禾除被水地畝外，實在收成柒分以上。直隸肅州并所屬除被水地畝外，合州統計實在收成柒分以上。

又據安西廳屬之安西、柳溝貳衛并不種植秋禾；沙州衛秋禾糜穀實在收成捌分以上。

又據靖逆廳屬之靖逆衛秋禾糜子實在收成陸分以上；赤金衛秋禾糜穀實在收成陸分以上。靖逆廳屬合廳統計實在收成陸分以上。

查各府廳州所屬秋禾除偏被雹水霜旱凍傷地畝外，通計甘省捌府、貳廳并直隸叁州所屬伍廳、捌州、肆拾肆縣、陸衛、壹所實在秋禾收成伍分以上。所有查明乾隆貳拾肆年甘省秋禾收成分數，相應具題，伏祈皇上睿鑒，敕部查照施行。謹具題聞。

乾隆貳拾肆年拾壹月拾玖日。

太子少保、兵部尚書兼都察院右都御史、以總督銜管理巡撫甘肅等處地方贊理軍務兼理茶馬、軍功加二級、又加一級隨恭臣吴達善。

【貼黄】

太子少保、兵部尚書兼都察院右都御史、以總督銜管理巡撫甘肅等處地方贊理軍務兼理茶馬、軍功加二級、又加一級隨恭臣吴達善謹題：爲彙報秋禾收成分數等事。

該臣看得，甘省所屬乾隆貳拾肆年秋禾收成分數，例應題報。兹據布政使蔣炳將蘭、鞏、平、慶、甘、凉、寧、西捌府，并直隸秦、階、肅叁州，及口外安、靖貳廳各所屬秋禾收成分數逐一開列，彙報前來。臣查蘭州府合府統計收成陸分以上，鞏昌府合府統計收成肆分以上，平凉府合府統計收成肆分以上，慶陽府合府統計收成伍分以上，甘州府合府統計收成陸分以上，凉州府合府統計收成柒分以上，寧夏府合府統計收成陸分以上，西寧府合府統計收成伍分以上，直隸秦州合州統計收成伍分以上，直隸階州合州統計收成陸分以上，直隸肅州合州統計收成柒分以上，安西廳屬沙州衛收成捌分以上，靖逆廳合廳統計收成陸分以上。查各府廳州所屬秋禾，除偏被雹水霜旱凍傷地畝外，通計甘省秋禾收成伍分以上。所有查明乾隆貳拾肆年秋禾收成分數，謹具題聞。

【《明清檔案》A201—3，B112045—B112058】

△諭内閣著再加恩將固原鹽茶等十廳州縣于正賑之外再加展賑等

乾隆二十四年十二月初九日

乾隆二十四年十二月初九日，内閣奉上諭："甘省蘭、凉、平一帶，今夏得雨稍遲，已加恩，查照被灾輕重，一體賑恤。但念該省連歲歉收，貧民不無竭蹶。春耕在即，而例賑將停，恐不足以資接濟。著再加恩，無論成灾分數，極次貧民，將皋蘭、金縣、平番、古浪、會寧、安定、固原、靖遠、環縣、鹽茶等十廳、州、縣于正賑之外，再加展賑，至麥熟後停止。静寧、隆慶、狄道三州縣，再加展賑四個月，靈州、花馬池、中衛、河州、碾伯五廳、州、縣，再加展賑三個月，俾小民得以糊口力耕，示朕痌瘝念切至意。該部遵諭速行。欽此。"

【《乾隆朝上諭檔》第3册，第374頁第1196條】

乾隆二十五年（1760）

△諭内閣著于寧夏等四府州倉儲有餘之處再酌撥十餘萬石就近運赴被灾各屬等

乾隆二十五年正月初三日

乾隆二十五年正月初三日，内閣奉上諭："甘省被灾各屬倉儲未能充裕，業令該督撫撥運本省及陝省糧共四十餘萬石，分貯灾屬備用。但春間賑糶兼行，恐有不敷，著于鞏昌、寧夏、西寧、秦州四府州倉儲有餘之處，除留本地備用外，再酌撥十餘萬石，就近運赴被灾各屬，俾賑恤借糶，寬裕儲備，以資應用。該部即遵諭行。欽此。"

【《乾隆朝上諭檔》第 3 册，第 380 頁第 1218 條】

△諭内閣著再加恩將固原鹽茶等十廳州縣于正賑之外再加展賑等

乾隆二十五年正月初三日

乾隆二十五年正月初三日，内閣奉上諭："甘省蘭、涼、平、慶一帶，上年偶被偏灾，已加恩一體賑恤。但念邊氓生計拮据，春耕在即，而例賑將停，恐不足資接濟。著再加恩，無論被灾分數，極次貧民，將皋蘭、金縣、平番、古浪、會寧、安定、固原、靖遠、環縣、鹽茶等十廳、州、縣，于正賑之外再加展賑，至麥熟後停止。静寧、隆德、狄道三州縣再加展賑四個月，靈州、花馬池、中衛、河州、碾伯五廳、州、縣再加展賑三個月，俾小民得以糊口力耕，副朕念切痌瘝至意。該部遵諭速行。欽此。"

【《乾隆朝上諭檔》第 3 册，第 380 頁第 1219 條】

△諭内閣額僧格著署理固原提督印務

乾隆二十五年七月初九日

乾隆二十五年七月初九日，内閣奉上諭："甘肅提督閻相師現已回任，額僧格，著署理固原提督印務。欽此。"

【《乾隆朝上諭檔》第 3 册，第 471 頁第 1407 條】

大學士管兵部來保奏報新授固原提督楊寧原降級之案應否帶于新任

乾隆二十五年八月二十一日

副摺。

兵部：爲楊寧在總兵任内降級准帶新伍由。

大學士兼管兵部事務臣來保等謹奏：爲請旨事。

查雍正伍年玖月内奉旨："嗣後凡停俸降級革職留任之員，奉特旨升補，吏、兵二部將停俸降級革職留任之處查明奏聞。欽此。"查固原提督楊寧于甘肅寧夏鎮總兵任内有呈報逃兵遲延降貳級留任一案。今乾隆貳拾伍年柒月貳拾伍日奉上諭："補授固原提督所有楊寧在總兵任内降級留任之案應否帶于提督任内之處，謹遵例奏聞請旨。"

于乾隆貳拾伍年捌月貳拾貳日奏，本日奉旨："帶于新任。欽此。"

乾隆貳拾伍年捌月貳拾壹日。

大學士兼管兵部事務臣來保、署兵部尚書臣梁詩正、左侍郎臣熊學鵬，署理兵部侍郎事務臣旌額理。

【《明清檔案》A201—109，B112401—B112402】

乾隆二十六年（1761）

甘肅巡撫明德題報靈州營補修臨河堡官渡船隻用銀并無浮冒請照原册核銷

乾隆二十六年七月九日

題。

七月三十日。

廿六年八月十四日工、户、兵。

該部察核具奏。

巡撫甘肅等處地方贊理軍務兼理茶馬、兵部右侍郎兼都察院右副都御史臣明德謹題：爲軍需奏銷册籍，宜畫一造報，以免牽混，以清帑項事。

據甘肅布政使司布政使吴紹詩呈，乾隆貳拾伍年拾貳月貳拾柒日，蒙陝甘總督兼署甘撫楊部堂案驗，乾隆貳拾伍年拾貳月貳拾肆日，准工部咨，都水清吏司案呈，工科抄出總督管甘肅巡撫吴達善題前事。等因。乾隆貳拾伍年捌月貳拾陸日題，拾月初陸日奉旨："該部察核具奏。欽此欽遵。"于本日抄出到部。

該臣等查得，總督管甘肅巡撫吴達善疏稱，乾隆貳拾肆年，靈州營補修臨河堡官渡船隻用過工料銀兩内，太平船貳隻，每隻銀叁百叁拾伍兩陸錢，共銀陸百柒拾壹兩貳錢。哨船陸隻，每隻銀叁拾伍兩捌錢陸分，共銀貳百壹拾伍兩壹錢陸分。通共用過銀捌百捌拾陸兩叁錢陸分。查乾隆叁年，臨河堡打造船隻，原因地震，販賣木植者廣。今甘省連年歉收，又值軍興之際，木植稀少，諸物昂貴，販賣居奇。其用過一切物料，俱係照依允行時價製辦，實用實銷，并無浮冒，應請照數在于原□軍需餘平款内作正開銷。除册送部外，相應具題。等因。前來。查靈州營補造臨河堡官渡大太平船貳隻、哨船陸隻，先于乾隆貳拾肆年閏陸月内，據該撫估需工料銀兩造册咨部，經臣部查，乾隆叁年臨河堡補造船隻，大船每隻用銀貳百壹拾肆兩貳錢伍分，小船每隻用過銀貳拾貳兩伍錢伍分伍厘。今次大船每隻估需銀叁百叁拾伍兩陸錢，小船每隻估需銀叁拾伍兩捌錢陸分。價值浮多，行令照數删減，在于報銷册内聲明扣除，造報查核在案。今據該撫將補造前船其用過銀捌百捌拾陸兩叁錢陸分，造册請銷。并據聲稱，乾隆叁年臨河堡打造船隻，原因地震，販賣木植者廣。今甘省連年歉收，又值軍興之際，木植稀少，諸物昂貴，販賣居奇。用過物料俱係照依時價製辦，實用實銷，并無浮冒。等語。但查各省辦理一切船工用過銀兩，俱係照依准銷成例，核實造報。今甘省補造臨河堡太平哨船，自應遵照乾隆叁年報銷成例，據實造報。未便以甘省見年木植稀少，遽行加增，致滋靡費。應令該撫轉飭，照例據實删減，另造清册。具題到日，再行查核可也。乾隆貳拾伍年拾壹月貳拾日題，本月貳拾貳日奉旨："依議。欽此。"爲此合咨前去。欽遵施行。等因。準此，行司。

蒙此，該布政使吴紹詩查得，靈州營補修臨河堡官渡船隻壹案，前將用過工料銀兩造册請銷。接奉部覆，各省辦理一切船工用過銀兩，俱照准銷成例核實造報。今甘省補造臨河堡太平哨船，自應遵照乾隆叁年報銷成例據實造報，未便以甘省見年木植稀少，遽行加增，致滋糜費。行令轉飭照例據實删減，另造清册。具題到日，再行查核。等因。轉移飭遵在案。嗣因造到銷册未經删減，隨將限内造賫復經駁減緣由呈報，于本年陸日拾壹日詳咨在案。今准寧夏鎮移，據靈州營參將呈，據臨河堡把總孟德呈稱，乾隆貳拾肆年製造船隻，需用木植等項，實因甘省連年歉收，又值軍興，木植稀少，諸物價值數倍往昔。且前項船隻係駕渡御塘，本報過往欽差，并一切軍需差使補製船隻需用工料，俱照見行時價請銷。今奉大部指駁，于委難核減之中量加酌減。查補製大太平船貳隻需用丈捌木壹百陸拾根，每根原報銀貳兩肆錢肆分，今每根删減銀貳錢，壹百陸拾根共删減銀叁拾貳兩。哨船陸隻需用連木陸拾根，每根原報銀貳兩貳錢捌分，今每根删減銀壹錢貳分，陸拾根共删減銀柒兩貳錢。丈捌樓柱陸根，每根原報銀陸錢捌分，今每根删減銀貳分，陸根共删減銀壹錢貳分。大小船捌隻需鐵肆千壹百斤，每斤原報銀叁分柒厘，今每斤删減銀叁厘肆錢〔千〕，壹百斤共删減銀壹拾貳兩叁錢。以上木植、鐵斤通共删減銀伍拾壹兩陸錢貳分。至匠工等項係照乾隆肆年補製船隻成案造報，并無浮多。等情。另造銷册，并取具横城營都司查勘無浮印結，移送請銷前來。本司覆查册造補修大太平船貳隻，共用銀陸百貳拾玖兩肆錢捌分，補修哨船陸隻，共用銀貳百伍兩貳錢陸分，貳共用銀捌百叁拾肆兩柒錢肆分。應照陳請在于軍需除平銀内作正開銷。至核減銀伍拾壹兩陸錢貳分，見在催繳，俟解交至日，收還原款，另文呈報外，所有造到銷册并查勘

印結，相應呈賫，合候核題。

再，此案以乾隆貳拾伍年拾貳月貳拾肆日，准咨起扣，限肆個月，除去封印日期，應至乾隆貳拾陸年伍月貳拾貳日屆滿。前因册造未經删減，隨將駁減緣由詳請咨部在案。今以本年伍月貳拾貳日限滿之日接扣起肆個月之限，應扣至本年玖月貳拾貳日爲滿。今于限内呈報，合并聲明。等情。呈詳到臣。

該臣查得，靈州營補修臨河堡官渡船隻用過工料銀兩壹案，前經調任撫臣吴達善具題請銷，接准部咨，以補造臨河堡太平哨船自應遵照乾隆叁年報銷成例，據實造報。未便以見年木植稀少，遽行加增，致滋糜費。行令轉飭照例據實删減，另造清册，具題到日，再行查核。等因。當經行司轉飭，遵照去後。兹據布政使吴紹詩詳，准寧夏鎮移，據靈州營參將呈，據臨河堡把總孟德呈稱，乾隆貳拾肆年製造船隻需用木植等項，實因甘省連年歉收，又值軍興，木植稀少，諸物價值數倍往昔。且前項船隻係駕渡御塘，本報過往欽差，并一切軍需差使補製船隻需用工料等項俱照見行時價請銷。今于委難核減之中，量加酌減。查補製大太平船貳隻需用支捌木壹百陸拾根，每根原報銀貳兩肆錢肆分，今每根删減銀貳錢，壹百陸拾根共删減銀叁拾貳兩。哨船陸隻需用連木陸拾根，每根原報銀貳兩貳錢捌分，今每根删減銀壹錢貳分，陸拾根共删減銀柒兩貳錢。支捌樓柱陸根，每根原報銀陸錢捌分，今每根删減銀貳分陸根，共删減銀壹錢貳分。大小船捌隻，需鐵肆千壹百斤，每斤原報銀叁分柒厘，今每斤删減銀叁厘，肆千壹百斤共删減銀壹拾貳兩叁錢。以上木植、鐵斤通共删減銀伍拾壹兩陸錢貳分。至匠工等項係照乾隆肆年補製船隻成案造報，并無浮多。覆核補修大太平船貳隻，共用銀陸百貳拾玖兩肆錢捌分，補修哨船陸隻，共用銀貳百伍兩貳錢陸分，貳共用銀捌百叁拾肆兩柒錢肆分。應照陳請在于軍需除平銀内作正開銷。至核減銀伍拾壹兩陸錢貳分，見在催繳，俟解交至日，收還原款，另文呈報，取具册結呈賫。

請題前來，臣覆核無异。除册結送工部工科并將揭帖照例分送外，相應具題，代祈皇上睿鑒，敕部核覆施行。謹題請旨。

乾隆貳拾肆年柒月初玖日。

巡撫甘肅等處地方贊理軍務兼理茶馬、兵部右侍郎兼都察院右副都御史臣明德。

【貼黄】

巡撫甘肅等處地方贊理軍務兼理茶馬、兵部右侍郎兼都察院右副都御史臣明德謹題：爲軍需奏銷等事。

該臣查得，靈州營補修臨河堡官渡船隻用過工料銀兩壹案，前經調任撫臣吴達善題，准部咨，行令照例據實删減，另造清册，具題到日，再行查核。等因。行據布政使吴紹詩詳，據臨河堡把總孟德呈稱，乾隆貳拾肆年製造船隻需用木植等項，實因甘省連年歉收，又值軍興，木植稀少，諸物價值數倍往昔，需用工料等項俱照時價請銷。今于委難核減之中，量加酌減，木植、鐵斤通共删減銀伍拾壹兩零。至匠工築項係照乾隆肆年補製船隻成案造報，并無浮多。覆核補修大太平船貳隻、哨船陸隻，共用銀捌百叁拾肆兩零，應照原請在于軍需餘平銀内作正開銷。至核減銀伍拾壹兩零，見在催繳，俟解交還款，另報取具册結呈賫，請題前來，臣覆核無异。除册結送部科外，謹題請旨。

【《明清檔案》A202—45，B112727—B112732】

△大學士傅恒等議奏陝甘總督楊應琚奏試過馬匹放廠酌定章程事

乾隆二十六年七月十五日

大學士公臣傅等謹奏：爲遵旨議奏事。

陝甘總督楊應琚奏試過馬匹放廠酌定章程一摺，奉硃批："軍機大臣議奏。欽此。”據稱，陝甘標營馬匹收槽下廠數目、日期及試過情形，除延綏鎮標、興漢鎮屬原無廠地，向不放廠外，其安提肅鎮俱遵照原議，冬春六個月，概以三分下廠。陝甘二提、延綏鎮屬外路協營，西寧、凉州、河州[1]三鎮，蘭州[2]撫標及凉州、莊浪滿營，亦按冬春統以四分下廠。惟西安、寧夏滿營與西安督標、撫標，寧夏鎮屬暨陝提兼轄之西安城守營、潼關協，廠地窄狹，水草亦遜他處，上年冬間按照四分留廠，于十二月初旬仍俱收槽，至本年二月，春草萌發，始復下廠。此滿漢七營，將來冬春即照此以四個月下廠統計下廠日期、數目，分晰核算，每歲可節省料草等項銀兩約九萬兩。再，查此項銀兩，將來新疆歲需經費，就近酌留撥用。等語。

查陝甘酌留營馬放廠收槽，前經臣等會同該督楊應琚議覆吴達善摺内，令其按照營制繁簡、地方衝僻，或以七分收槽三分下廠，或以六分收槽四分下廠。其收槽之期，邊地以九月初十，内外腹地以九月二十。内外爲率，統聽各提鎮等自行酌辦。等因。奏准遵行在案。今據該督所奏試過情形，其三分下廠之安提肅鎮，及四分下廠之陝甘二提、延綏鎮屬外路協營，西寧、凉州、河縣三鎮，蘭縣撫標及凉、莊滿營，悉經遵照原議辦理。惟西安、寧夏滿營與西安督撫二標、寧夏鎮屬暨陝提轄之西安城守營、潼關協等處廠地窄狹，水草亦遜他處。等語。查下廠牧放，自應相視水草，酌定日期。如遇深冬，草枯水落，放廠轉致羸瘦。此滿漢七營馬匹，該督既于上冬試放，即于十二月初旬收槽，至本年二月下廠，業經確按情形，應即照此辦理。至每歲節省料草等項銀九萬兩，應歸裁減款項。臣等于會同該督議減甘陝經費案内，逐一因時撙節，酌歸實用。今此項節省銀兩，亦應如該督所請，就地近酌留備用，俟將來新疆酌定歲需經費，仍令該督撫等悉心妥協經理，隨時酌

①河州：本上諭下文又作“河縣”。
②蘭州：下文又作“蘭縣”。

量，具奏動撥，毋致浮濫可也。俟命下，臣等行知該督遵照辦理。謹奏。

乾隆二十六年七月十五日，奉旨："依議。欽此。"

【《乾隆朝上諭檔》第3册，第686頁第1924條】

大學士署户部來保奏覆甘凉等六郡增减收捐監糧事

乾隆二十六年八月二十六日之二

副摺。

户部：爲奏增减收捐監糧由。

經筵講官、太子太傅、武英殿大學士、署户部事務兼管禮部兵部事務臣來保等謹奏：爲遵旨議奏事。

内閣抄出甘肅巡撫明德奏稱，甘省各府州屬捐監糧穀數目，于乾隆三年經前撫臣元展成題定，每俊秀一名捐穀八十石至一百八石不等。并以甘省山地居多，不宜粟穀，有情願捐穀者，各從其便。若交米、麥、豆三色糧石，每名捐糧五十五石至一百石不等。嗣于乾隆九年因糧價平減，又經前撫臣黄廷桂題准，量爲加增。每俊一名捐穀一百石至一百八十石，如捐糧石，每名捐糧八十一石至一百二十八石零不等。并聲明邊省年豐歲歉不常，將來糧價或有增減，再行奏明辦理。等因。上年二月内，因積歉之後，糧價昂貴，各屬倉儲動缺，亟宜籌補。經升任藩司蔣炳會同臣恭摺奏請，仍照乾隆三年原定捐監穀數收納，并請將蘭州首府减二收捐。經部議覆，奉旨諭允。各在案。是捐監穀數已蒙聖恩，准照從前原額收納，而投捐生俊自必踴躍，臣又何敢復參末議，繁瀆聖聰。第臣因籌補倉儲，悉心體察，知原定糧數尚有窒礙難行之處，不得不據實敷陳，仰懇更定，冀收實效者。

案查前撫臣元展成所定收糧數目，係就當日時價分别議定，但米糧時價早晚不同，既難據一時之市價定永遠之捐例。核其所定糧數，亦有多寡未均。如寧夏府屬每俊秀一名，捐穀一百八石。按定例一米二穀計之，止應折米五十四石。乃原定如捐糧則收米、麥、豆三色共糧一百石，内粟米四十石，麥、豆各三十石。夫粟米、麥、豆俱係上色細糧，所定捐糧之數，幾與穀數相等，若謂粟、穀之價較資于米、麥、豆之價，粟、米即係粟、穀碾成，以米四十石抵穀八十石外，僅餘穀二十八石，豈能抵六十石上色之麥、豆乎？此以糧抵穀折算不均也。且如河西之涼、甘、肅一帶，均係出口要區，米糧素稱昂貴。乃原定涼、肅二府州屬每名捐糧五十五石，而將介在其間之甘州府屬定爲七十五石。又如寧夏、西寧二府均與涼州毗連，涼州原定每名捐糧五十五石，而西寧則定爲七十五石，寧夏則又定爲一百石。又如河東之鞏昌府屬與蘭州、平涼二府屬接壤，地多犬牙相錯，蘭州府屬每名捐糧五十六石，平涼府屬每名捐糧六十石，而鞏昌府屬則定爲八十三石。此所定鄰郡捐數大相懸殊也。

臣查甘州、寧夏、西寧三府俱係鄰邊要地，重兵駐扎之區。而鞏昌亦係通途巨郡，兵民繁衆，倉儲均關緊要。若不權其輕重，亟請更定，竊恐投捐生俊勢必避重就輕，咸赴額少府屬輸納，將來遇有需用，又多撥運之費，即于現在應需兵馬糧料亦恐無濟。臣查平涼府屬原定每俊秀一名，捐三色糧六十石，似屬適均。應請將甘、寧、西、鞏四府屬均照平屬之例，每俊秀一名，減爲捐糧六十石。其蘭、涼二府每俊秀一名，捐糧五十四五石，尚覺稍減，應請一例增爲六十石，其願捐穀者，仍聽照依原定穀數輸納。如此則要郡倉儲均可漸臻充裕矣。臣因甘、寧等府地方緊要，倉儲關重，用敢籌酌具奏。等因。乾隆二十六年八月初三日，奉硃批："該部議奏。欽此。"于八月初八日抄出到部。

查甘省常平捐納之例于乾隆三年經前任巡撫元展成題定，收捐監生照部捐銀一百八兩之例，收捐本色每一名捐穀八十石至一百八石，捐糧六十石至一百石不等。嗣于乾隆九年經前任甘肅巡撫黄廷桂因甘省連歲豐稔，糧價平

賤，題准加增每名捐穀一百石至一百八十石。又于乾隆二十五年二月内，據升任甘肅布政使蔣炳以甘屬糧價昂貴，倉儲未裕，奏請仍照乾隆三年原定捐監穀數收納，并請將蘭州首府減二收捐。俱經臣部奏准各在案。今該撫明德奏稱，前撫元展成所定甘、寧、西、鞏等府收糧數目多寡不均，投捐生俊未免避重就輕，咸赴額少府屬輸納，將來遇有需用，又多撥運之費，其甘、寧、西、鞏以及蘭、涼二府均請照平涼府屬每俊秀一名捐三色糧六十石之例收捐。等語。臣等伏查各省收捐監生，俱照乾隆九年遵旨速議具奏事案内，各按本地穀價准照部捐一百八兩之數合計酌定，收捐穀石。等因。在案。今該撫所請甘、涼等六郡悉照平涼府屬每名六十石之例收捐，核算米糧平賤之處，僅足抵銀七八十兩不等，是與從前原奏合定數目大相懸殊，且啓報捐生俊避重就輕之弊，應將該撫所請之處毋庸議。爲此謹奏請旨。

乾隆二十六年八月二十六日奏，二十八日奉旨：“依議。欽此。”

乾隆二十六年八月二十六日。

經筵講官、太子太傅、武英殿大學士、署户部事務兼管禮部兵部事務臣來保，户部百左侍郎臣吉慶，署侍郎事務臣錢汝誠。

【《明清檔案》A202—62，B112795—B112798】

大學士管户部傅恒奏覆甘省安定等廳州縣夏秋二禾被雹賑恤事

乾隆二十六年十一月十三日之一

副揩。

户部：爲甘撫題夏秋二禾被灾由。

大學士、兼管吏部户部事務、一等忠勇公臣恒等謹奏：爲彙報各屬偏隅被灾情形事。

乾隆二十六年十一月初八日，户科抄出甘肅巡撫明德疏稱，甘省地高氣寒，節候不齊。本年夏月間，有偏被雹水蟲傷之處，雖輕重不等，均屬一隅偏灾。節據詳報，經臣飭司委員會同確勘分晰查報去後。兹據布政使吴紹詩詳稱，查鞏昌府屬安定縣之東、南、北三鄉，西鞏堡等處雹傷秋禾二三四分不等，例不成灾。惟被水冲去民人大四口、小四口，冲没牲畜①之家共六户，照例賑給銀兩，以資接濟。又，平凉府屬平凉縣之南岔里等處夏秋二禾偏被雹水，借籽補種，今覆勘秋禾收成六分以上，例不成灾，其被水冲失牛隻二户照例賑恤銀兩。静寧州之南鄉、焦韓店、王家溝等處夏秋二禾偏被雹水四分，例不成灾，惟被水冲去民人大一口、小四口，冲失磨房三間、磨三盤，冲失牛八隻、驢二頭，計七户照例賑給銀兩，以資接濟。華亭縣之珍子莊、七家溝、新店鎮等處夏秋二禾偏被雹水，借籽改種，今覆勘珍子莊等處秋收六分，例不成灾，惟被水冲去牲畜之家共一十九户，照例賑恤銀兩。其新店鎮等處夏秋二禾雹傷八分，已成偏灾，又被水冲失羊五十五隻，共一十八户，照例賑恤銀兩，以資接濟。莊浪縣屬之東、南、西三鄉，李間兒莊等處秋禾被水三四分，例不成灾，惟水冲去磨房屋共二十三間，照例賑恤銀兩，以資接濟。又，凉州府屬撫彝廳之三壩等渠夏秋田禾被水冲坍成河地二頃三十六畝，各户種植夏禾已經收穫，收成實有八分，并不成灾。惟地畝被水冲坍成河，難以復種，勘明另請豁除。又，寧夏府屬靈州之西路新樓堡、張大渠等處，秋禾被水受傷五七分，盡被泥沙淤壅，共地二十七頃五十八畝五分，已成偏灾。中衛縣屬之永康、宣和等堡秋禾被水，現在收成八分，例不成灾，但内有水冲、沙壓不能墾復地三頃一十九畝，確勘另請豁除。又，西寧府屬西寧縣之平戎東營堡、石家莊等處夏禾被雹受傷五六七八分，地兩千一百三十六畝，已成偏灾。大通縣屬之凉州、泉溝莊等處，夏禾被雹受傷五六七分，地七百八畝，已成偏灾。

---

①畜：原作“蓄”，據文意改。

以上安定、平凉、静寧、莊浪、撫彝廳、中衛等六廳、州、縣夏秋二禾雖被雹、水，勘不成灾，惟有水冲沙壓地畝應行豁除。其華亭、靈州、西寧、大通四州縣間被雹、水，雖屬一隅，已成偏灾。其被灾地畝户口、冲倒房屋、淹損人口、牲畜，應行賑恤。及舊欠籽糧，分别寬緩。各項事宜，俱經飭令照例勘辦。又，凉州府屬之平番縣、寧夏府屬之中衛縣、西寧府屬之碾伯縣、直隸階州屬之成縣，以上四縣續報夏秋田禾亦有偏被雹、水之處。其是否成灾，均飭委員會司確勘，照例查辦。

又，蘭州府屬皋蘭縣之西鄉、西古城、苦盧灣、張家園等處夏秋二禾被水、被雹，俱翻種晚秋，今覆勘秋收六分以上，例不成灾。又，皋蘭縣分駐紅水堡縣之永泰堡、峴□水等處夏禾被雹二三四分不等，例不成灾。狄道州屬之東北鄉、祁家灣、西北鄉、六師桑、石家莊等處夏秋二禾被雹，改種晚秋，今覆勘秋收六分，例不成灾。又，狄道州分駐沙泥驛州判所屬東鄉、哈沙溝等處夏禾被雹，翻種晚秋，今秋成覆勘六分，例不成灾。河州屬之南鄉、四十里鋪、西南鄉、五十里鋪等處夏禾被雹，借籽補種，今秋成覆勘六分，例不成灾。靖遠縣屬之大深溝、官羊園等處夏秋二禾被雹，借籽補種晚秋，今秋成覆勘六分以上，例不成灾。渭源縣屬之北鄉、殊家山、西北鄉、熟窪岔等處夏秋二禾被雹四分，例不成灾。又，鞏昌府屬隴西縣之西南鄉、八十里鋪、東北鄉、十里鋪、西北鄉、阿都岔等處夏秋田禾被雹，借籽補種晚禾，今秋成覆勘收成六七分不等，例不成灾。寧遠縣屬之北鄉、羅家莊等處秋禾被水四分，例不成灾。岷州屬之東鄉、閆井、年家大莊等處夏禾被雹四分，例不成灾。會寧縣屬南鄉之南家嘴、澗淮堡、保川里、馬家河等處夏禾被雹四分，例不成灾。又，平凉府屬平凉縣之聖化里等處秋禾被雹，借籽補種晚禾，今秋成覆勘六分以上，例不成灾。涇州屬之六盤涇川里、原店里等處秋禾被雹，借籽補種晚禾，今秋成覆勘六分以上，例不成灾。静寧州屬北鄉、麥□、掌三大灣等處夏秋二禾被雹四分，例不成灾。隆德縣屬之蒙宣堡、轉嘴堡等處夏秋二禾被雹四分，例不成灾。酌借口糧，以資接濟。鹽茶廳屬之武源川、脱列堡等處夏秋二禾被雹四分，例不成灾。固原州屬之西鄉、彭家堡、廣寧里等處夏秋二禾被雹四分，例不成灾。又，慶陽府安化縣之蔣斌百户、陳百户等處秋禾被雹四分，例不成灾。合水縣屬之東鄉、西拉溝等處秋禾被雹四分，例不成灾。寧州屬之北鄉、杜百户之望寧旗、南寧里之柴家莊、東鄉、永公里之黑莊堡等處秋禾被雹四分，例不成灾。環縣屬之北三十里鋪、北鄉、新軍户、西北鄉、阜成所等處夏秋二禾被蟲、被雹，借籽補種晚禾，今秋成覆勘六分以上，例不成灾。又，凉州府屬平番縣之西大、通山城、馬軍三堡夏禾被雹，借籽補種，今秋成覆勘六分以上，例不成灾。又，寧夏府屬寧夏縣之杜家灣，河忠、任春二堡秋禾被雹、被水四分，例不成灾。又，西寧府屬碾伯縣之硤口堡、杏元莊等處夏禾被雹四分，例不成灾。又，直隸秦州屬秦安縣之北鄉、湯劉家莊等處夏禾被雹，借籽補種晚禾，今秋成覆勘六七八分不等，例不成灾。

以上二十五聽、州、縣，俱經委員會勘，并不成灾，但收成未免歉薄，應將借過籽種、口糧、銀兩統入本年借糶案内，彙詳請咨。其續報平番等四處，俟勘覆至日，照例勘明。已成偏灾之華亭、靈州、西寧、大通等四州縣，應賑灾民户口分别極、次貧民大小口數以及蠲免錢糧、寬緩舊欠籽糧各事宜妥議辦理。至冲去人口，每大口給銀二兩，小口給銀一兩。冲去房屋，每間給銀一兩，泡倒墻壁房屋，每間給銀五錢。冲失牲畜之家，每户給銀五錢。俱照甘省成例辦理，并移行各道府督率委辦，無使一夫失所。除取具印委各官會勘印結，候覆題案内彙核賫造外，所有偏被雹水蟲傷情形合先詳請具題。等情。臣覆查無异。除飛飭分别照例賑恤，統取會勘，切實分數印結，另疏題請外，所有華亭等州縣夏秋田禾偏被雹水情形相應具疏題報。等因。乾隆二十六年十月十四日題，十一月初八日奉旨："該部速議具奏。欽此欽遵。"抄出到部。

查乾隆五年九月内，臣部議覆被灾賑恤定例，内開：嗣後夏月被灾，統俟秋穫之時，確勘分數，另行辦理。至秋月被灾户民，照例大口日給糧五合，小口減半。其倒塌房屋，動撥存公銀兩量給修葺。酌量借給口糧、籽種，俟收成還項，免其加息。倘官爲借貸之外，仍需量行賑恤者，應令該管督撫屆期妥議具題，請旨遵行。又，地方偶值冰雹，亦令統照前款所議夏灾之例辦理，以昭畫一。等因。具奏奉旨："此奏依議。賑濟之事，最關緊要，固不可不先定條例以便遵行。然臨時情形難以預料，雖定例千百條，亦終不能概括。惟在該督撫因時就事，熟籌妥辦而已。欽此。"

今據該撫明德疏稱，安定、平凉等廳、州、縣夏秋二禾雖被雹水，例不成灾。惟有水冲沙壓地畝，應令豁除。其華亭、靈州、西寧、大通等四州縣間被雹水，雖屬一隅，已成偏灾。其被灾地畝户口、冲倒房屋、淹損人口牲畜，應行賑恤。所有舊欠籽糧分别寬緩各事宜，俱經飭令，照例勘辦。又，平番等四縣亦有偏被雹水之處，其是否成灾，均飭委員會同確勘，照例查辦。又，臯蘭、狄道、河州等二十五廳、州、縣俱經委員會勘，并不成灾，但收成未免歉薄，應將借過籽種、口糧、銀兩統入本年借糶案内，彙詳請咨。等語。應如該撫所請，准其照例先行賑恤，以資接濟。仍令該撫明德將華亭、靈州、西寧、大通等四州縣屬之成灾處、所應賑灾民户口，分别極、次貧民大小口數，以及蠲免錢糧、寬緩舊欠籽種等項速飭確查，造具册結題報。并將平番、中衛、碾伯、成縣等四縣偏被雹水之處是否成灾，統于覆題案内，照例分晰題報。再，安定等六廳、州、縣沙壓地畝應行豁除，其臯蘭等二十五廳、州、縣既經勘不成灾，但現在收成歉薄，所有借過籽種、口糧、銀糧彙入本年借糶案内，彙詳請咨，均應如該撫所請辦理。至應需賑恤銀兩，應令該撫核明確數，造册報銷可也。爲此謹奏請旨。

乾隆二十六年十一月十三日奏，本日奉旨："依議速行。欽此。"

乾隆二十六年十一月十三日。

大學士兼管吏部户部事務、一等忠勇公臣傅恒，户部尚書臣兆惠，尚書臣李侍堯，左侍郎臣明瑞，左侍郎臣裘曰修，右侍郎臣于敏中。

【《明清檔案》A202—91，B112903—B112910】

△諭内閣著寧夏駐防官員一體供支粟米不必另辦粳米合發

乾隆二十六年十二月十七日

乾隆二十六年十二月十七日，奉旨："嚮來寧夏駐防官員每歲所支粳米一千餘石，俱係官爲采買辦供。今據吴紹詩奏請，將夏、朔二縣額徵應輸粟米内量收粳米作抵。夏、朔等縣，此非出産粳米之區，采買抵輸，均屬頊擾。該處駐防官員爲數無多，著一體供支粟米，不必另辦粳米合發。欽此。"

【《乾隆朝上諭檔》第3册，第800頁第2239條】

乾隆二十七年（1762）

△諭内閣以富尼漢調補寧夏道等官員任免事

乾隆二十七年正月初五日

乾隆二十七年正月初五日，内閣奉上諭："據楊應琚奏請，將勒爾謹調補甘肅道，薩瀚補授寧夏道一摺。甘肅道員缺，前已有旨，將富尼漢補授。今該督既因員缺緊要，爲人地相宜起見，著照所請，將勒爾謹調補。所遺寧夏道員缺，即以富尼漢調補。薩瀚俟有道員缺出，另行奏請補授。欽此。"

【《乾隆朝上諭檔》第3册，第811頁第2265條】

△擬寫諭旨寧夏道一缺應否即將富尼漢調補薩瀚等官員任免事

乾隆二十七年正月初五日

查上年十一月二十八日，奉旨："甘肅道員缺，著富尼漢補授。欽此。"今該督奏請將寧夏道勒爾謹調補甘肅道，并將候補道薩瀚補放寧夏道。等語。應請旨，將勒爾謹照該督所請，調補甘肅道。其寧夏道一缺，應否即將富尼漢調補薩瀚，俟有道員缺出，另行題補。臣等謹擬寫諭旨進呈。謹奏。正月初五日。

【《乾隆朝上諭檔》第3冊，第811頁第2266條】

現任甘肅陝西兩省總兵各員名單

乾隆二十七年正月初五日

甘肅涼州鎮總兵達啓，正黄旗滿洲。

甘肅寧夏鎮總兵福永，鑲黄旗蒙古。

甘肅西寧鎮總兵汪騰龍，直隸人，現駐新疆。

甘肅肅州鎮總兵馬遽，甘肅人。

陝西延綏鎮總兵定柱，鑲黄旗滿洲。

陝西興漢鎮總兵金梁，甘肅人現駐新疆。

陝西河州鎮總兵存泰，鑲黄旗滿洲。

正月初五日。

【《乾隆朝上諭檔》第3冊，第812頁第2268條】

大學士管户部傅恒奏覆甘省動支倉費銀兩添建鄉倉事

乾隆二十七年閏五月四日之二

副摺。

户部：爲甘撫明奏建鄉倉由。

經筵講官、太子太保、保和殿大學士、議政大臣、兼管吏部户部事務兼管理藩院事務、一等忠勇公臣傅恒等謹奏：爲遵旨議奏事。

内閣抄出調任甘肅巡撫明德奏稱，竊照甘肅一省，河東田少山多，河西半係砂磧，州縣幅幀之廣，迥與他省不同。若各邑倉糧均貯城内賑糶買補，既糜挽運之費，而兵民領餉借籽又有負載之煩。是以乾隆三年，經前督臣查郎阿奏請分建鄉倉，部議未允。乾隆九年，又經前藩司徐杞將不建鄉倉，賑糶挽運多糜帑項，兵丁赴城關支，遠離汛守，并遠鄉農民春借秋還，種種不便情形，復行陳奏，經大學士會同户部議覆，准行在案。隨經前撫臣黄廷桂查明各屬應建鄉倉者六十七處，計倉廒七百二十九間，題准部覆，以鄉倉應交何員經管及節省脚價若干。等因。行查間，前撫臣黄廷桂又因甘省連登大有，買獲糧石俱堆貯民房、廟宇及城樓之内，州縣難以照料，請移緩就急，將修理甘州等處城工銀兩改建各屬城鄉倉廒，并聲明各鄉或有文武員弁駐扎，或有汛防官兵、倉夫、斗級看守，不致疏虞。且各鄉就近收貯，設遇賑糶運脚自多節省。經部議覆准建，亦在案。維時因糧多銀少，且止就在鄉糧數建蓋，僅建鄉倉三十處，計倉二百六十四間，較之原議，不及一半。臣查從前添蓋鄉倉之處，除固原州鹽茶廳已于四鄉添建，足敷就近支用外，其餘各州縣如靖遠、古浪、高臺幅幀最廣，所屬城堡内均駐有武員，并未議建鄉倉。又如皋蘭縣東北一帶廣袤四百餘里，該縣額貯糧十萬石，僅于永泰堡建倉貯糧二千石，不過縣額百分之二，實屬無濟。又如河州、會寧、岷州、西寧皆係大邑，所建鄉倉各止貯糧數千石，均不敷用。其金縣等三十七處先雖議建鄉倉，後因乏項中止。

切思國家經費有常，從前添建鄉倉，必須動支帑項，自未便輕議興舉。今則既有倉費，自應因時辦理。查甘省捐監每石收倉費銀四分，向爲州縣自行修倉之用。續于乾隆十八年前，撫臣因糧多廒少，奏明將各屬倉費提解司庫通融撥建，旋因歲歉糧貴，捐監甚少，倉費無多，是以尚未添建足數。今仰賴聖主洪福，連登大有。生俊報捐踴躍，倉費較前日多。采買收捐額貯漸充，需廒收貯，現動前項倉費陸續添建。查動用倉費添建倉廒歷係咨部辦理，前因皋蘭添建鄉倉咨部未經議准，但止建城倉而不建鄉倉，仍不能節帑項而便兵民。合無仰懇皇上天恩，俯准仍照前例添建鄉倉。臣等現在委員通行確查，將遠鄉城堡應建倉廒之處查明，咨部存案。擇其最要者，請于今秋盡現存倉費先爲添建，嗣後每年所收倉費臣等撙節辦理。分别緩急次第，咨部建蓋。如此則倉費銀兩盡歸實用，而一切出納尤可節省帑項，兵民領借亦免遠運之煩矣。臣謹會同督臣楊應琚合詞恭摺具奏。等因。于乾隆二十七年五月初七日奉硃批："該部議奏。欽此欽遵。"于五月初九日抄出到部。

臣等查甘省糧儲，先于乾隆九年據前任布政使徐杞以該省幅幀廣闊，鄉城相距遥遠，兵民領借倉糧殊多未便，奏請四鄉添建倉廒，就近出納。經大學士會同臣部議奏，行令前撫黄廷桂查明實在應否建蓋情形，分晰題覆。隨據該撫查造河州、鹽茶廳等處統計應添廒座七百二十九間。復經臣部議，令查明每倉堆貯糧石若干，并交與何員管理之處，具題再議。復據前撫黄廷桂奏稱：甘省連歲豐登，買獲糧石，急需堆貯，請于甘州等處城工銀兩内動項先建鄉倉二百六十四間，并聲明各鄉土堡高厚、居民稠密，有官兵、斗級看守，不致疏虞。等因。經臣部會同工部覆准，亦在案。今調任甘撫明德奏稱，從前添蓋鄉倉，除固原州鹽茶廳已于四鄉建設廒座，足敷就近支用外，其餘各州縣如靖遠、古浪、高臺所屬村堡并未議建鄉倉。又，皋蘭、河州、會寧、岷州、西寧等州縣所建鄉倉不敷積貯。又，金縣等三十七處雖議設鄉倉，未經估建。皆因從前添設倉廒，動須帑項，實以未便輕議興舉。今甘省收捐監糧每石收倉費銀四分，爲州縣修倉之用。現在甘省連登大有，生俊報捐踴躍，倉費較前日多，采買收捐額貯漸充，均需廠舍堆積。請將前項倉費銀兩添建鄉倉，并分别緩急次第咨部。等語。

臣等伏查，倉糧積貯原以預備平糶借支之需，甘省幅幀遼闊，兵民領借關支，遠赴城倉，每多跋涉。節經前撫黄廷桂查明應建鄉倉七百二十九間，業已估造二百六十四間。今若就倉費所入陸續添建，官民就近收支，誠可以便挽負而節運費，于地方殊有裨益，應如該撫所請。通行確查遠鄉村堡應行建蓋之處，咨部存案。并擇其急需添設者，于今秋盡現存倉費先爲添建，嗣後即以每年所收倉費陸續動支建造。務期撙節辦理，實用實銷。至現在靖遠、皋蘭等八州縣應建倉廠共若干間，現存倉費共若干兩，仍先報明臣部，并將建過倉廠動用銀兩數目造報工部核銷可也。爲此謹奏請旨。

乾隆二十七年閏五月初四日奏，本日奉旨："依議。欽此。"

乾隆貳拾柒年閏伍月初四日。

經筵講官、太子太保、保和殿大學士、議政大臣、兼管吏部户部事務兼管理藩院事務、一等忠勇公、紀録五次臣傅恒，經筵講官、議政大臣、……，御前大臣、鑲紅旗漢軍都統、署理□□□□□□□□軍功、紀録二次臣兆惠，户部尚書、正紅旗漢軍都統、加二級臣李侍堯，署理侍郎事務、總管内務府大臣、紀録十三次臣英廉，經筵講官、左侍郎、加三級臣于敏中，御前侍衛右侍郎、鑲黄旗滿洲副都統、一等□□□□□軍功加一級臣安泰，右侍郎兼管順天府府尹事務、加二級臣錢汝誠。

【《明清檔案》A203—44，B113251—B113255】

△奏應否令吏部行文調取甘肅中衛營副將福昌等來京引見等

乾隆二十七年十一月十四日

陝西興漢鎮總兵員缺。臣等遵旨：查得現任陝西波羅營副將王玉廷、甘肅中衛營副將福昌二員前在軍營時，奮勉出力，人亦去得，謹將該二員履歷另繕清單，恭呈御覽。應否令該部行文，調取來京引見，欽定一員補放興漢鎮總兵之處。伏候訓示。謹奏。十一月十四日。

王玉廷，甘肅人，年六十歲。由甘肅平羅營參將，于乾隆二十四年十月內補授陝西波羅營副將。

福昌，鑲紅旗滿洲人，年五十二歲。由副參領，于乾隆二十二年五月內補授甘肅永昌協副將，八月內調補甘肅中衛營副將。

【《乾隆朝上諭檔》第 4 册，第 56 頁第 135 條】

乾隆二十八年（1763）

△諭内閣著甘肅于通省知府内揀選一員調補寧夏府知府

乾隆二十八年十一月二十七日

乾隆二十八年十一月二十七日，内閣奉上諭："甘肅寧夏府知府員缺緊要，著該督于通省知府内揀選一員調補。所遺之缺，著五爾卿格補授。欽此。"

【《乾隆朝上諭檔》第 4 册，第 335 頁第 953 條】

乾隆二十九年（1764）

△奏遵旨將陝甘總督移駐蘭州事宜詢問常鈞

乾隆二十九年正月二十七日

臣等遵旨，將陝甘總督移駐蘭州事宜詢問常鈞。據稱，肅州距西安省城三十餘站，蘭州距西安省城僅十六站。現在總督駐札肅州，所有督標五營弁兵俱仍駐西安，凡有考驗、挑撥等事，須往返兩月有餘。且藩臬道員俱在蘭州，一應酌籌准駁事宜，不能面商，均多未便。至通省官員，相距窵遠，竟有經年不能面見總督者。若將總督移駐蘭州，道里適中，諸凡有便。

至標兵一事，督標五營本在西安，近因總督駐札肅州，其五營弁兵僅有督標副將一員駐彼彈壓。今總督既移駐蘭州，似應將西安督標亦一并遷往。但該兵丁俱係土著，難以遷徙。查固原提督本係陝省提臣，而駐札于甘省之固原，其所轄興漢、榆林等鎮俱在陝省，所有考驗等事，亦多未便。莫若將固原提督回駐西安，即將總督所轄標兵改隸提督。而現在所遺之固原提標，查凉州現有總兵一員，凉州在蘭、肅二州之中。蘭州既駐有總督，似可無庸設立總兵。而固原既無提督，不若即將凉州總兵就近改駐固原，所有提標即改爲凉州鎮標。其現在凉州鎮標合之蘭州撫標，俱改爲督標，歸總督管轄。即令總督中軍副將駐札凉州，以資彈壓。如此轉移，既屬簡便，而體制亦爲允協。等語。臣等謹擬寫入諭旨進呈。伏候欽定。謹奏。

正月二十七日。

【《乾隆朝上諭檔》第4册，第368頁第1070條】

△諭内閣著兵部定擬具奏河州鎮總兵改爲固原總兵等事宜

乾隆二十九年三月初四日

乾隆二十九年三月初四日，内閣奉上諭：“前因西陲辦理軍需，令陝甘總督駐札肅州，以便調遣。迄今大功告竣，新疆屯政亦已酌定章程，而該督仍駐肅州，距西安會城較遠，于腹地屬員案牘控馭轉多隔礙。朕意若將總督移駐蘭州，巡撫原署，則東西道里適均，不難居中節制，而甘肅巡撫亦可裁汰，當經傳諭楊應琚令其熟籌妥議。今據覆奏，與朕所見吻合。著將蘭州巡撫衙門改爲督署，令該督移駐并兼管撫事，無庸更設巡撫。所有原設撫標即改爲督標。其舊設西安督標即改爲提標，即令提督回駐西安管轄。至所奏河州鎮總兵改爲固原總兵，并摺内條議各標營弁兵一切裁汰撥給事宜，該部詳悉，定擬具奏。欽此。”

【《嘉慶道光兩朝上諭檔》第 8 冊，第 179 頁第 451 條】

△諭内閣并著加恩照皋蘭等十九州縣之例將靈州花馬池等處加賑一個月

乾隆二十九年四月初四日

乾隆二十九年四月初四日，内閣奉上諭：“甘肅省續據題報，翻種秋禾，復被偏灾之金縣、沙泥州判、環縣、靈州、花馬池等處，雖經該撫照例賑恤，恐民力尚不無拮据。并著加恩，照皋蘭等十九州縣之例加賑一個月。該督撫等其各飭屬實心經理，務俾小民均沾實惠。該部遵諭速行。欽此。”

【《乾隆朝上諭檔》第 4 冊，第 404 頁第 1170 條】

乾隆三十年（1765）

△諭内閣著加恩將灾重之鹽茶廳等十四廳縣概行展賑兩個月固原中衛隆德靈州花馬池州同等十五州縣概行展賑一個月

乾隆三十年正月初二日

乾隆三十年正月初二日，内閣奉上諭：“去歲甘貴夏秋偶被偏灾各州縣，業經降旨，令該督等加意撫綏，照例給賑，并蠲免本年額賦，以示優恤。但念該處地土瘠薄，當此青黄不接之時，例賑將停，麥秋未逮，小民口食，恐尚不免拮据。著加恩，將灾重之皋蘭、金縣、渭源、靖遠、紅水縣丞、沙泥州判、鹽茶廳、山丹、東樂縣丞、平凉、隴西、通渭、會寧、安定等十四廳、縣，無論極次貧民，概行展賑兩個月。稍重之漳縣、固原、張掖、武威、鎮番、平番、古浪、永昌、西寧、中衛、静寧、隆德、莊浪、靈州、花馬池州同等十五州縣，無論極次貧民，概行展賑一個月。該督其董率屬員，實心查辦，毋令胥吏侵蝕中飽，務俾貧民均沾實惠，以副朕軫念邊氓之至意。該部遵諭速行。欽此。”

【《乾隆朝上諭檔》第 4 册，第 559 頁第 1615 條】

乾隆三十一年（1766）

△諭内閣著加恩將被灾稍重之固原州鹽茶廳隆德中衛等十一處俱展賑一個月等

乾隆三十一年正月初三日

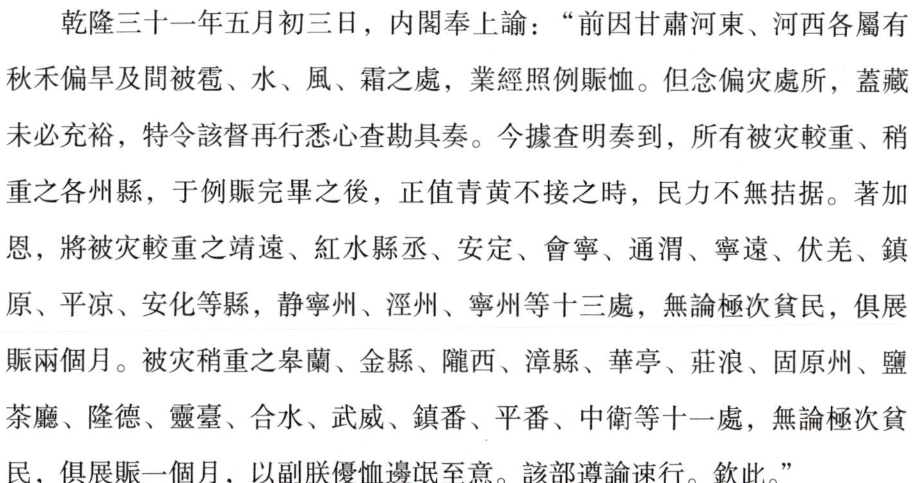

乾隆三十一年五月初三日，内閣奉上諭：“前因甘肅河東、河西各屬有秋禾偏旱及間被雹、水、風、霜之處，業經照例賑恤。但念偏灾處所，蓋藏未必充裕，特令該督再行悉心查勘具奏。今據查明奏到，所有被灾較重、稍重之各州縣，于例賑完畢之後，正值青黄不接之時，民力不無拮据。著加恩，將被灾較重之靖遠、紅水縣丞、安定、會寧、通渭、寧遠、伏羌、鎮原、平凉、安化等縣，静寧州、涇州、寧州等十三處，無論極次貧民，俱展賑兩個月。被灾稍重之皋蘭、金縣、隴西、漳縣、華亭、莊浪、固原州、鹽茶廳、隆德、靈臺、合水、武威、鎮番、平番、中衛等十一處，無論極次貧民，俱展賑一個月，以副朕優恤邊氓至意。該部遵諭速行。欽此。”

【《乾隆朝上諭檔》第 4 册，第 796 頁第 2243 條】

△諭内閣將固原鹽茶廳等處自乾隆二十三年至二十九年民欠地丁銀及折借籽種口糧牛本等項等普行豁免

乾隆三十一年正月初三日

乾隆三十一年正月初三日，内閣奉上諭：“昨歲河東、河西間有偏灾，業經降旨，于例賑之外加恩，分别展賑撫恤，期窮黎不致失所。復念甘省土瘠民貧，而被灾各屬尚有歷年緩帶借欠未完等項，例須新舊并徵，同時輸納，民力未免拮据。是用特沛恩膏，將甘肅省之靖遠、紅水縣丞、會寧、固原、鹽茶廳、環縣、山丹、東樂縣丞，武威、鎮番、永昌、古浪、平番、花馬池州同一十四廳、州、縣，自乾隆二十三年至二十九年民欠地丁銀及折借籽種、口糧、牛本等項銀共三十七萬四十餘兩，民欠地丁籽種、口糧、牛本等項糧共一百二十四萬五千餘石，陝西省之延安、榆林、綏德三府州屬，自乾隆二十一年至二十五年民欠籽種、口糧共四萬六千餘石，折借籽種、口糧、牛具銀一萬一千餘兩，普行豁免，俾閭閻蓋滋康阜。該督撫其董率所屬，盡心經理，務使小民均沾實惠，毋任不肖官吏侵漁中飽，以副朕愛養邊氓至意。該部遵諭速行。欽此。”

【《乾隆朝上諭檔》第 4 册，第 797 頁第 2244 條】

△諭内閣著四十六調補固原鎮總兵等官員任免事

乾隆三十一年正月初四日

乾隆三十一年正月初四日，内閣奉上諭：“俞金鰲，著調補肅州鎮總兵，即赴新任。廣西左江鎮總兵員缺，著頗榮仁調補。其固原鎮總兵員缺，著四十六調補。欽此。”

【《乾隆朝上諭檔》第 4 册，第 797 頁第 2246 條】

乾隆三十二年 (1767)

△諭姚棻著實授固原州知州

乾隆三十二年十一月初六日

查十月二十六日，吏部將拿獲馬得鰲之署固原州知州姚棻帶領引見，經臣等提奏，奉旨："姚棻，著實授固原州知州，仍交軍機處記名。欽此。"謹奏。

【《乾隆朝上諭檔》第 5 冊，第 236 頁第 671 條】

△奏固原州知州姚棻應否簡用徽州等三府缺

乾隆三十二年十二月十六日

查前經陝甘總督吴達善奏，探獲巨窩馬得鰲一案之署知州姚棻、游擊董果二員，奉旨送部引見，并交臣等提奏。本年十月二十六日，吏部將姚棻帶領引見，奉旨："著實授固原州知州，仍交軍機處記名。欽此。"未奉有遇知府缺出提奏之旨。嗣于十一月初六日，臣等提奏游擊董果時，奉旨："查詢姚棻已作何升用。"當經臣等以該員蒙恩，實授知州，并交軍機處記名，覆奏在案。今據吏部咨稱，本日進徽州等三府缺單，臣等謹擬寫空名諭旨，并姚棻名單進呈。其應否將該員簡用之處，恭候欽定。再，姚棻係安徽人，所有徽州府一缺應例回避，合并聲明。謹奏。十六日。

【《乾隆朝上諭檔》第 5 冊，第 259 頁第 745 條】

乾隆三十三年（1768）

△諭内閣著秦雄飛補授寧夏兵備道

乾隆三十三年九月十八日

乾隆三十三年九月十八日，内閣奉上諭："甘肅寧夏兵備道員缺，著秦雄飛補授。欽此。"

【《乾隆朝上諭檔》第 5 冊，第 516 頁第 1402 條】

陜甘總督明山奏報續派往烏魯木齊屯田官兵出關事

乾隆三十三年十二月十九日

暫署陜甘總督印務、陜西巡撫臣明山謹奏：爲奏聞事。

竊照乾隆三十三年，續派烏魯木齊屯田官兵一千名，經督臣吴達善奏明，陜甘督標派兵一百名，固原鎮派兵二百名，寧夏鎮派兵三百名，西寧鎮派兵四百名。其領兵官弁，于西寧鎮標派游擊一員、寧夏鎮標派都守一員統領管轄，仍按每兵百名，各派千把一員，外委一員，分領彈壓。并令十月十六以前，各自本營陸續起程，務于明歲正月内全抵烏魯木齊耕作在案。

兹據直隸肅州知州沈元振詳報，寧夏鎮屬所派守備、千把、外委共七員，兵三百名，于十一月初八日自肅出關。陜甘督標所派千總、外委各一員，兵一百名，于十一月十一日出關。固原鎮屬所派千把、外委共四員，兵二百名，于十一月十二日出關。西寧鎮屬所派游擊、千把、外委共九員，兵四百名，分作兩起，于十一月十四、十五等日出關。各起兵行甚爲安静。等情。詳報前來。臣查本年派往烏魯木齊屯田官兵游、守、千把、外委共二十二員，兵丁一千名，已全數出關。所有出關日期，理合恭摺具奏，伏祈皇上睿鑒。謹奏。

乾隆三十三年十二月十九日。

知道了。

【《宫中檔乾隆朝奏摺》第33輯，第42頁】

陜甘總督明山奏報甘肅省修補地方各項船隻事

乾隆三十三年十二月二十六日

陜甘總督臣明山謹奏：爲遵例彙奏事。

案照乾隆二十八年四月，准工部咨，嗣後凡係例限應修各項船隻，各督撫每年委員逐一查勘，將實係朽壞、不堪駕駛，及船身尚屬堅固，堪以改修、緩修各緣由，于年底彙摺奏聞。等因。遵照在案。兹據甘肅布政使蔡鴻業詳稱，查蘭州府省城黄河浮橋一道，額設巨船二十四隻，以通東西大路。每當春融建搭，嚴冬拆卸。因船隻終歲在河，夏則漲水冲擊，冬則冰凌推擦，易于損裂，必須隨時補修，以資濟渡。乾隆三十三年十一月十一日，據護理蘭州河橋同知、皋蘭縣知縣蔣全迪呈報，十一月初九日戌時，黄河上流冰凌擁下，衝斷鐵繩草索，船分兩岸，擊壞船二隻。等情。隨委署蘭州府經歷司曹夢箕會同護理同知查勘去後。當據勘有乾隆二十六年分製造船二隻損壞過甚，難以補修，必須另造，方可應用。

又，乾隆二十七年製造船二隻，二十八年製造船四隻，二十九年製造船二隻，三十年製造船二隻，共船十隻，因節年水冲浪激，傷損較多，應行大修。又，三十一年製造船八隻，三十二年製造船二隻，計船十隻，稍有擦損，應行小修。惟乾隆三十三年製造船二隻尚屬完好，毋庸修理。以上應行製造及大修、小修計船二十二隻，分别確估，需用工料并芟草、犒賞、祭品等項共需銀二百六十五兩七錢六分零，應于蘭州府經收税務并該同知抽牧商木内撙節動用。

又據署大通縣知縣李巨源詳稱，大通河渡船二隻于乾隆二十七年拆修，至今已逾五年以上，船身破爛，不能擺渡，應行估計拆修。隨委歸德縣丞聞元惇會同該縣查勘，當據勘明拆修渡船二隻，共估需工料銀三十二兩五錢二分。

又據歸德縣丞聞元惇詳稱，黄河救生船一隻，于乾隆二十八年拆修，扣至三十三年，已届五年，現在船身損壞，必須拆修。隨委署西寧縣知縣周人杰會同該縣丞勘得，前項船隻板片鐵釘已朽，應行拆修，估需工料銀一十三兩三錢四分零。以上大通、歸德二處船隻共需用工料銀四十五兩八錢六分零，遵照舊例，于乾隆三十三年公用銀内動支修補，工竣，咨部核銷。

至肅州屬高臺縣毛目縣丞所管黑河渡船、寧夏府之靈州臨河堡太平哨船，俱未届滿年限，船隻尚屬完固，應俟下年勘明有無損壞應修之處，在于次年奏報案内聲請辦理。等因。前來。臣覆核無异。理合遵例彙摺奏聞，伏乞皇上睿鑒。謹奏。

乾隆三十三年十二月二十六日。

該部知道。

【《宫中檔乾隆朝奏摺》第33輯，第127頁】

乾隆三十四年（1769）

△諭内閣著傳諭楊廷璋明山即速查明寧夏府知府張爲旃遷延日久事

乾隆三十四年七月初六日

大學士尹、大學士劉字寄直隸總督楊、陝甘總督明。

乾隆三十四年七月初六日，奉上諭："前署甘州、寧夏府知府張爲旃，由加捐道員補授江蘇驛鹽道。因員缺補放有人，應歸原班銓選。今據吏部查稱，該員投文之後，并未投供驗到，亦無告病。等語。該員既經加捐道員，何以遷延日久，并不赴部就銓。或竟回原籍，抑仍在甘省逗留，均未可定。著傳諭楊廷璋、明山即速查明，據實奏聞。欽此。"遵旨寄信前來。

【《乾隆朝上諭檔》第5册，第832頁第2210條】

△諭内閣確查原寧夏知府張爲旃等凌轢阿拉善王羅卜藏多爾濟事

乾隆三十四年七月十八日

乾隆三十四年七月十八日，内閣奉上諭："前以張爲旃于知府任内加捐道員，得缺後，另經簡補有人，該員理應赴部候補。乃竟因病逗留本籍，并不在部呈明，業經楊逢璋查參，已交部嚴察議奏矣。張爲旃爲寧夏府知府時，阿拉善王羅卜藏多爾濟有會勘地界之事。同寧夏道千從濂乘輿張蓋前赴會勘，公所自據交椅高坐，而任阿拉善王低坐，全不加以禮貌。曾經羅卜藏多爾濟咨報，該道府如此舉動，甚覺可笑可鄙。近邊地方各員與外藩諸王常有交涉之事，其接見自有一定儀注，遵行已久。雖守土之官與藩部不相統屬，固無庸適爲卑屈，但諸部列在藩衛，封爵優崇，朝廷體制所關，豈容地方官任意凌轢。此等無識之徒，方以妄自尊大、自鳴得意，而不知其庸陋實甚。我國家中外一統，所有藩封無不恪恭守職，即地方官稍有簡傲，亦皆委曲相從，不與較論。即此足見諸藩之奉法知禮，然亦豈得因其恭謹，轉致相輕。且如前明于河套一隅不能争抗，使千從濂、張爲旃生于當時，見諸蒙古，方畏懼之不暇，敢如此倨傲視耶？多見其不知量矣。此事現在派員確查，俟查明到日，再將千從濂、張爲旃交部議處。欽此。”

【《乾隆朝上諭檔》第 5 册，第 845 頁第 2247 條】

△奏寧夏道千從濂未病故

乾隆三十四年七月十八日

查寧夏道千從濂因丁憂離任，臣等昨所聞該員病故之説，查詢并無確據，是以擬寫諭旨内亦將千從濂列入。謹奏。七月十八日。

【《乾隆朝上諭檔》第 5 册，第 846 頁第 2248 條】

乾隆三十六年（1771）

△諭内閣靈州營參將夏國泰寧夏鎮游擊哲謹泰等革職事

乾隆三十六年三月十九日

乾隆三十六年三月十九日，内閣奉上諭："據明山奏，靈州營參將夏國泰將伊子夏益齡冒籍寧夏，入伍食糧，混應鄉試。寧夏鎮游擊哲謹泰并不查明來歷，于鄉試時，復敢出結保送，顯係勾結營私，請將夏國泰、哲謹泰革職，夏益齡革去武舉，一并拿問。該管之守備馬良棟扶同保送，并請革職。總兵張玉琦附參聽議，并自請交部，嚴加議處。等語。夏國泰、哲謹泰，俱著革職，夏益齡，著革去武舉，一并拿問。馬良棟，并著革職，交與該督嚴審，定擬具奏。張玉琦、明山，均著交部，嚴加議處。摺并發。欽此。"

【《乾隆朝上諭檔》第6冊，第578頁第1388條】

△諭内閣著甘肅于通省總兵内揀選一員調補固原鎮總兵

乾隆三十六年四月二十四日

乾隆三十六年四月二十四日，内閣奉上諭："固原鎮總兵四十六，業經降調，員缺甚屬緊要。著該督于通省總兵内揀選一員調補。所遺員缺，著巴格補授。至四十六現在所署肅州總兵員缺，尤屬緊要，著即令揀選調補之固原鎮前往署理。其固原鎮員缺，仍著承保署理。欽此。"

【《乾隆朝上諭檔》第6冊，第631頁第1516條】

△奏議固原鎮總兵四十六以降三級調用等事

乾隆三十六年四月二十四日

據内閣知會，兵部議覆，陝甘總督明山咨參固原鎮總兵四十六，于前署巴里坤總兵任内，并不將參將王廷樞弓馬生疏據實揭參，議以降三級調用一本，于本月二十三日，奉旨："四十六，著降三級調用。欽此。"臣等謹擬寫固原鎮總兵空名諭旨進呈，伏候簡放。謹奏。四月二十四日。

【《乾隆朝上諭檔》第 6 册，第 632 頁第 1518 條】

△諭著傳諭文綬逐一查明隆德等三州縣是否均沾渥澤無誤秋田等事

乾隆三十六年五月二十二日

大學士劉字寄暫署陝甘總督文。

乾隆三十六年五月二十二日，奉上諭："據常鈞奏，路過甘省之臯蘭、金縣、安定、會寧、静寧、隆德、涇州等州縣，因去冬今春雨雪未降，春麥不能及時下種，民食維艱，各地方官自去冬捐備米糧，煮粥散賑，至今尚未停止。等語。甘省今年望雨情形及籌撥糧米之處，節經明山具奏，續于四月十五日奏報雨水摺内稱，臯蘭、金縣、安定、會寧雖經得雨，衹可補種秋禾，其静寧、隆德、涇州各州縣曾否得有雨澤，未及聲叙。且明山節次所奏，衹稱借糶兼施，其地方官捐米煮粥一節，亦未奏及。貧民當積歉之後，嗷嗷待哺，設粥賑贍，較之散給銀米，尤爲有益。但現在夏麥無收，待至秋成，爲時尚早，灾黎藉粥糊口，自難遽停所需煮粥之米，是否于借糶項下通融籌辦，抑實係地方官捐備贍民，如何供此數月之用，均須從長籌畫。至臯蘭等四縣既得透雨之後，秋禾曾否一律普種，可望西成接濟，而静寧等三州縣是否均沾渥澤，無誤秋田，及前次傳詢之古浪、平番二處曾否亦得透雨，趕種晚秋，并現在有無亦資粥賑之處，著傳諭文綬逐一查明，悉心熟籌，率屬妥協經理，務使邊氓口食有資，毋稍失所。仍將各實在情形迅速由驛奏聞，以慰廑念。欽此。”遵旨寄信前來。

【《乾隆朝上諭檔》第 6 册，第 663 頁第 1624 條】

△奏明山未經聲叙隆德等處曾否得雨亦未奏及煮粥散賑等事

乾隆三十六年五月二十三日

查常鈞奏，路過皋蘭、金縣、安定、會寧、静寧、隆德、涇州各州縣，因去冬、今春雨雪未降，春麥不能及時下種，民食維艱。經各該地方官捐備米糧，煮粥散賑。等語。臣等查蘭州、鞏、平等屬望雨及籌撥糧米之處，節經明山具奏。今常鈞所奏甘省情形係四月十四日以前之事，因查明山四月十五日拜發摺内稱，蘭州、鞏昌、平凉等府于四月初七八九十等日得雨深透，惟皋蘭、金縣、安定、會寧等縣係連年積歉之區，雖經得雨，祇可補種秋禾。至古浪、平番，尚未據報得雨，隨經傳旨詢問，文綬現在未經覆到。其常鈞摺内所列之静寧、隆德、涇州三處曾否得雨，明山未經聲叙。至現在煮粥散賑一節，亦未奏及。臣等謹擬寫寄信文綬諭旨進呈，伏候欽定。其應用幾百里發往之處，并請旨遵行。謹奏。

五月二十三日。

【《乾隆朝上諭檔》第 6 册，第 664 頁第 1625 條】

署陜甘總督兼甘肅巡撫文綬題請核銷甘省乾隆三十五年驛站錢糧

乾隆三十六年六月十五日之一

題。

七月初七日。

卅六年七月廿八日下兵、户、工。

該部察核具奏。

兵部侍郎、都察院右副都御史、巡撫陝西等處地方、署陝甘總督印務兼理軍務糧餉、并管甘肅巡撫事兼理茶馬臣文綬謹題：爲請旨奏銷歲底驛站錢糧，以期畫一事。

乾隆叁拾陸年伍月貳拾陸日，准前任督臣明山移交據護甘肅驛傳道事蘭州府知府慕豫生呈，蒙前任陝甘總督明部院牌開，案照甘肅省乾隆叁拾伍年驛站錢糧奏銷册籍，前經飭令查造未據賫到，合行飭催該道即將該年驛站錢糧册籍速行造賫，以憑核題。等因。行道。蒙此，遵即備行各屬造報及節次行催去後。兹據各府州陸續造賫前來，該護甘肅驛傳道事蘭州府知府慕豫生查得，蘭州、鞏昌、平凉、慶陽、甘州、凉州、寧夏、西寧、安西玖府，并直隸秦州、階州、肅州叁州所屬各驛，支過乾隆叁拾伍年分原額、新增、新添、孳生并衝途各驛續添夫馬工料、外備站價以及應付廩口倒馬買補馬價，共支銀壹拾柒萬捌百壹兩陸錢肆分。本色糧柒千壹百陸拾壹石叁斗柒升玖合，折京斗糧壹萬貳百叁拾石伍斗肆升壹合肆勺。本色料壹千玖百玖石玖斗貳升，折京斗料貳千柒百貳拾捌石肆斗伍升柒合貳勺。本色草捌萬叁千肆百束。又，甘州、凉州、肅州、莊浪肆府廳州屬各驛墊供廩口不敷銀壹千肆拾貳兩陸錢捌分肆厘，應請在于驛站小建銀内扣留候支。所有各府廳州造賫乾隆叁拾伍年奏銷細數，并河東肆府貳州考成小建册揭，理合彙造呈賫，合候核題。等情。移交到臣。

該臣看得，驛站錢糧例應按年奏銷。甘肅省乾隆叁拾伍年分用過驛站錢糧，前經督臣明山檄飭造報去後。兹據護甘肅驛傳道事蘭州府知府慕豫生詳稱，蘭州、鞏昌、平凉、慶陽、甘州、凉州、寧夏、西寧、安西玖府，并直隸秦州、階州、肅州叁州所屬各驛，支過乾隆叁拾伍年分原額、新添、孳生并衝途各驛續添夫馬工料、外備站價以及應付廩口倒馬買補馬價，共支銀壹拾柒萬捌百壹兩陸錢肆分。本色糧柒千壹百陸拾壹石叁斗柒升玖合，折京斗糧壹萬貳百叁拾石伍斗肆升壹合肆勺。本色料壹千玖百玖石玖斗貳升，折京斗料貳千柒百貳拾捌石肆斗伍升柒合貳勺。本色草捌萬叁千肆百束。又，甘州、凉州、肅州、莊浪肆府廳州屬各驛墊供廩口不敷銀壹千肆拾貳兩陸錢捌分肆厘，應請在于驛站小建銀内扣留候支。等情。造具册揭，同各屬細數清册，呈請題銷前來，臣覆核無异。除册揭送兵部兵科、户部并將揭帖照例分送外，相應具題，伏祈皇上睿鑒，敕部核覆施行。再，臣甫經到任，一切題咨案件，例得展限，合并陳明。謹題請旨。

乾隆叁拾陸年陸月拾伍日。

兵部侍郎、都察院右副都御史、巡撫陝西等處地方、署陝甘總督印務兼理軍務糧餉、并管甘肅巡撫事兼理茶馬臣文綬。

【貼黄】

兵部侍郎、都察院右副都御史、巡撫陝西等處地方、署陝甘總督印務兼理軍務糧餉、并管甘肅巡撫事兼理茶馬臣文綬謹題：爲請旨奏銷歲底驛站錢糧等事。

該臣看得，驛站錢糧例應按年奏銷。兹據護驛傳道事蘭州府知府慕豫生詳稱，蘭州、鞏昌、平凉、慶陽、甘州、凉州、寧夏、西寧、安西玖府，直隸秦州、階州、肅州叁州所屬各驛，支過乾隆叁拾伍年分原額、新添、孳生并衝途各驛續添夫馬工料、外備以及應付廩口倒馬買補馬價，共銀壹拾柒萬捌百壹兩零。本色糧柒千壹百陸拾壹石零，折京斗糧壹萬貳百叁拾石零。本色料壹千玖百玖石零，折京斗料貳千柒百貳拾捌石零。本色草捌萬叁千肆百束。又，甘州、凉州、肅州、莊浪肆府廳州屬各驛墊供廩口不敷銀壹千肆拾貳兩零，應請在于驛站小建銀内扣留候支。等情。造具册揭，同細數清册，呈請題銷前來，臣覆核無异。除册揭送部科外，謹題請旨。

【《明清檔案》A211—144，B118269—B118271】

陝甘總督兼甘肅巡撫吴達善題報甘省各屬常平倉貯糧石數目

乾隆三十六年十月二日

題。

十月十七日。

三十六年十一月初二日下户。

該部察核具奏。

太子少保、兵部尚書兼都察院右都御史、總督陝甘等處地方軍務兼理糧餉并兼管甘肅巡撫事兼地方茶馬道職、留任又免革任臣吴達善謹題：爲移咨事。

據甘肅布政使司布政使尹嘉銓呈，蒙前任陝甘總督明部院批，本司詳賫各屬乾隆叁拾叁年常平倉穀奏銷册籍詳由，蒙批，仰候核題，繳册存送。等因。到司。蒙此，該布政使尹嘉銓查得，乾隆叁拾叁年社倉倉穀奏銷登答案内，因將社倉司總府總册造新收糧石未經分晰出借出糶年分、糧款細數，奉部飭令彙核，另造司總清册送部，并令嗣後造報額徵常平奏銷，均須畫一造報。等因。隨查各屬造報乾隆叁拾肆年常平奏銷府州總册，係在未奉文之先造到。因新收項下仍係照舊開造，糧總色樣并未分晰細數，當經飭發各府州，遵照另行分晰造報，并將發更緣由請明。咨部在案。

兹據蘭州、鞏昌、平凉、慶陽、甘州、凉州、寧夏、西寧、安西玖府，并直隸秦州、階州、肅州叁州各將所屬乾隆叁拾肆年倉貯常平糧石收支動存各細數造具奏銷清册前來。查册造舊管項下，共貯常平京斗糧肆百伍拾陸萬貳千壹拾壹石伍斗玖升壹合捌勺。新收項下，共收京斗糧壹百柒拾壹萬叁千叁百玖拾石肆斗柒合叁勺。開除項下，共除京斗糧貳百壹拾伍萬叁千伍拾捌石叁斗陸升壹合叁久。實在項下，共貯京斗糧肆百壹拾貳萬貳千叁百肆拾叁石陸斗叁升柒合捌勺。相應照造簡明省總及河東、河西收支細數各總清册，并將動支糧石造銷年月案由，在于河東、河西總册内按款分晰登明，同各府州撤册及開耗清册一并呈賫核題。至舊管糧石色樣與上屆實在不符之處，已于河東、河西司總册内分晰聲登。再，此案係按年接續造報之件，毋庸計限，合并聲明。等情。呈詳到臣。

該臣查得，甘肅省所屬各廳、州、縣常平倉貯糧石例應題銷。兹據甘肅布政使尹嘉銓詳稱，查乾隆叁拾肆年分舊管倉貯常平共京斗糧肆百伍拾陸萬貳千壹拾壹石伍斗玖升壹合捌勺，新收共京斗糧壹百柒拾壹萬叁千叁百玖拾石肆斗柒合叁勺，開除共京斗糧貳百壹拾伍萬叁千伍拾捌石叁斗陸升壹合叁勺，實在共貯京斗糧肆百壹拾貳萬貳千叁百肆拾叁石陸斗叁升柒合捌勺。并將動支糧石造銷年月案由在于河東、河西總册内按款分晰登明。至舊管糧石色樣與上屆實在不符之處，已于河東、河西司總册内分晰聲登。等情。取具撤册并開耗清册，造具簡明總册呈賫，請題前來，臣覆核無异。除册送户部户科并將揭帖照例分送外，相應具題，伏祈皇上睿鑒，敕部核覆施行。謹題請旨。

乾隆叁拾陸年拾月初貳日。

太子少保、兵部尚書兼都察院右都御史、總督陝甘等處地方軍務兼理糧餉并兼管甘肅巡撫事兼地方茶馬道職、留任又免革任臣吴達善。

【貼黄】

太子少保、兵部尚書兼都察院右都御史、總督陝甘等處地方軍務兼理糧餉并兼管甘肅巡撫事兼地方茶馬道職、留任又免革任臣吴達善謹題：爲移咨事。

該臣查得，甘肅省所屬各廳、州、縣常平倉貯糧石例應題銷。兹據布政使尹嘉銓詳稱，查乾隆叁拾肆年分舊管倉貯常平共京斗糧肆百伍拾陸萬貳千壹拾壹石零，新收共京斗糧壹百柒拾壹萬叁千叁百玖拾石零，開除共京斗糧貳百壹拾伍萬叁千伍拾捌石零，實在共貯京斗糧肆百壹拾貳萬貳千叁百肆拾石零。等情。造册呈賫。請題前來，臣覆核無异。除册送部科外，謹題請旨。

【《明清檔案》A213—30，B119153—B119155】

△奏查明山奏固原隆德等處春間缺雨偏災，各屬倉貯不敷等事

乾隆三十六年十月初十日

查甘省地方，據前督臣明山查奏，春間缺雨偏災，各屬倉貯不敷，應行籌撥糧石協濟，共計四府屬。如蘭州屬則有循化廳、河州、狄道、皋蘭、金縣、靖遠、渭源、沙泥州判、紅水縣丞等九處，鞏昌屬則有隴西、安定、會寧、通渭、漳縣、伏羌、寧遠等七處，凉州屬則有古浪、平番二處，平凉屬則有鹽茶廳、固原、静寧、平凉、崇信、鎮原、靈臺、隆德、莊浪等九處。今據督臣吴達善奏，應買補倉糧之處，蘭州屬有河州、狄道、皋蘭、金縣、紅水縣丞五處，鞏昌屬有安定、會寧二處，凉州屬除古浪、平番外，尚有武威、永昌二縣，平凉屬，除固原、静寧、平凉、隆德四縣外，尚有涇州一處。查吴達善初到甘省時，曾經具奏，各屬自六月以來，連日得雨，土膏充足，已種之穀糜、莜燕、胡麻等類俱各穎實暢茂。等語。今該督奏到，甘省八府二州秋禾收成通計八分有餘，是從前缺雨，各屬亦獲有秋。臣等并將今年屢次加恩該省諭旨一并節録進呈。謹奏。

十月初十日。

【《乾隆朝上諭檔》第6册，第797頁第1973條】

陝甘總督兼甘肅巡撫吴達善題請補授守備

乾隆三十六年十月十三日之五

題。

卅六年十一月初五日下兵。

該部議奏。

太子少保、兵部尚書兼都察院右都御史、總督陝甘等處地方軍務兼理糧餉并

兼管甘肅巡撫事兼理茶馬道職、留任又免革任臣吴達善謹題：爲請補守備事。

乾隆叁拾陸年玖月貳拾柒日，准兵部咨，武選清吏司案呈，乾隆叁拾陸年柒月分，本部將四川安阜營都司林朝達推升福建建寧鎮標中營游擊壹案，内開：廣西麥嶺營都司員缺，將甘肅南古城堡守備楊宗隆推升。該員現在屯田，准其升銜留任，俟有陝甘兩省應升都司選缺坐補。直隸赤城堡都司員缺，將甘肅安定堡守備前保推升。等因。具題。于乾隆叁拾陸年捌月初拾日奉旨：“林朝達等，依擬用，餘依議。欽此。”

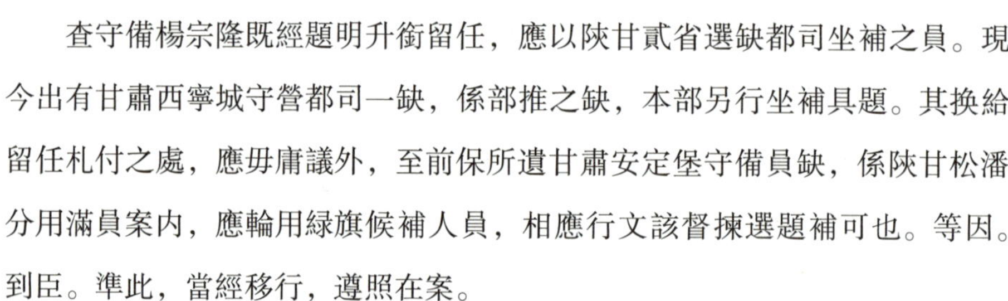

查守備楊宗隆既經題明升銜留任，應以陝甘貳省選缺都司坐補之員。現今出有甘肅西寧城守營都司一缺，係部推之缺，本部另行坐補具題。其换給留任札付之處，應毋庸議外，至前保所遺甘肅安定堡守備員缺，係陝甘松潘分用滿員案内，應輪用緑旗候補人員，相應行文該督揀選題補可也。等因。到臣。準此，當經移行，遵照在案。

該臣看得，甘肅寧夏鎮屬安定堡守備前保推升遺缺，接准部咨，應輪用緑旗候補人員，行令揀選題補。等因。臣隨詳加揀選，查有現在和闐屯田凉州鎮屬高古城營候補守備年滿千總任連于乾隆貳拾玖年肆月内，俸滿保送，赴部引見。奉旨：“任連，著回原任，以守備題補。欽此。”臣查該員年力强健，熟悉營伍，曾經出兵，著有勞績。今請以之補授寧夏鎮屬安定堡守備，堪以勝任。查任連係甘肅甘州府張掖縣人，請補前項員缺，與隔府别營之例相符。再，該員係奉旨以守備題補之員，今請補守備，銜缺相當，毋庸送部引見。除履歷候查取至日另咨送部外，臣謹會同甘肅提督臣路峨合詞具題，伏祈皇上睿鑒，敕部議覆施行。爲此具本，謹題請旨。

乾隆叁拾陸年拾月拾叁日。

太子少保、兵部尚書兼都察院右都御史、總督陝甘等處地方軍務兼理糧餉并兼管甘肅巡撫事兼理茶馬道職、留任又免革任臣吴達善。

【貼黄】

太子少保、兵部尚書兼都察院右都御史、總督陝甘等處地方軍務兼理糧餉并兼管甘肅巡撫事兼理茶馬道職、留任又免革任臣吴達善謹題：爲請補守備事。

該臣看得，甘肅寧夏鎮屬安定堡守備前保推升遺缺，准部咨令揀選題補。等因。臣隨詳加揀選，查有現在和闐屯田涼州鎮屬高古城營候補守備年滿千總任連于乾隆貳拾玖年肆月内，俸滿保送，赴部引見，奉旨："任連，著回原任，以守備題補。欽此。"臣查該員年力强健，熟悉營伍。曾經出兵，著有勞績。今請以之補授寧夏鎮屬安定堡守備，堪以勝任。除履歷候查取至日另咨送部外，臣謹合詞，具題請旨。

【《明清檔案》A213—54，B119253—B119255】

乾隆三十七年（1772）

△諭内閣著加恩將隆德等六州縣再行加賑一月

乾隆三十七年正月初二日

乾隆三十七年正月初二日，内閣奉上諭："甘肅省當積歉之餘，上年春夏短雨，河東、河西，各屬成灾，輕重不同，業經分别加恩撫恤，曾降旨撥帑運糧，多方賑贍。前據該督查奏，被灾次重及稍輕之處，今春酌借口糧，均已足資接濟。第念河東屬之安定、會寧、皋蘭、金縣、静寧、隆德等六州縣地止一熟，值頻年歉收之後，去歲未能補種秋禾，專待夏田糊口。當此青黄不接之際，農民未免待哺。著加恩，將此六州縣再行加賑一月。該督等其董率各屬善爲經理，務俾貧黎均沾實惠。該部即遵諭行。欽此。"

【《乾隆朝上諭檔》第6册，第895頁第2215條】

△諭著傳諭文綬即飭所屬迅速嚴行協拿務獲固原州軍犯馬如芳

乾隆三十七年四月二十日

大學士劉字寄陝甘總督文。

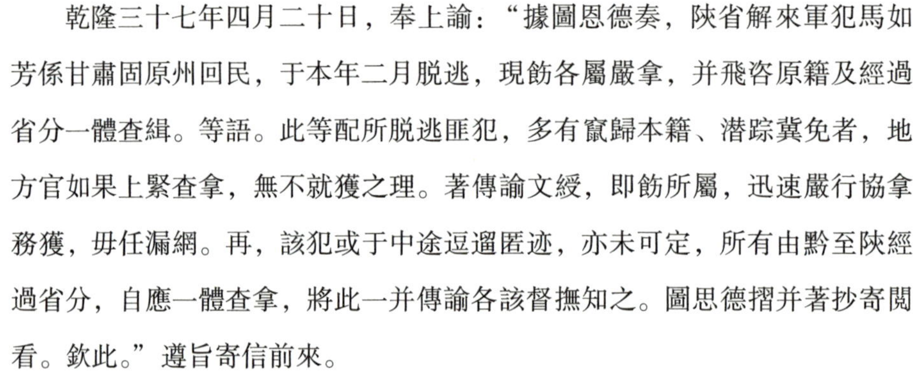

乾隆三十七年四月二十日，奉上諭："據圖恩德奏，陝省解來軍犯馬如芳係甘肅固原州回民，于本年二月脱逃，現飭各屬嚴拿，并飛咨原籍及經過省分一體查緝。等語。此等配所脱逃匪犯，多有竄歸本籍、潛踪冀免者，地方官如果上緊查拿，無不就獲之理。著傳諭文綬，即飭所屬，迅速嚴行協拿務獲，毋任漏網。再，該犯或于中途逗遛匿迹，亦未可定，所有由黔至陝經過省分，自應一體查拿，將此一并傳諭各該督撫知之。圖思德摺并著抄寄閲看。欽此。"遵旨寄信前來。

【《乾隆朝上諭檔》第 7 册，第 40 頁第 109 條】

△諭著傳諭勒爾謹即將中衛等受旱各處速飭委員詳加履勘

乾隆三十七年八月初五日

協辦大學士、户部尚書于字寄陝甘總督勒。

乾隆三十七年八月初五日，奉上諭："據勒爾謹奏，甘省七月中，叠沛甘霖，省城及河西甘、凉、秦、階一帶，秋禾暢茂，可望豐收，惟皋蘭等縣，間有被雹處所，不能補種。又，寧夏府之中衛縣，因山水冲塌溝洞，以致渠水斷流，田禾受旱，現在分飭道府查勘。等語。甘省地瘠民貧，一遇歉收，閭閻生計，即多拮据。不可因通省有收而一二州縣偶被偏灾，不爲實力查辦，致令獨抱向隅。著傳諭勒爾謹，即將被雹受旱各處速飭委員，詳加履勘，應作何撫恤之處，一面奏聞，即照例作速辦理，務使人皆得所，以副朕軫念邊氓至意。至甘省上年春間，雨澤短少，又當積歉之餘，窮黎頗形艱窘，幸秋成豐稔，民氣大舒。今此被有偏灾各處，民間景象較昨春何如，并著查明，據實具奏。欽此。”遵旨寄信前來。

【《乾隆朝上諭檔》第7册，第121頁第332條】

陝甘總督兼甘肅巡撫勒爾謹題報乾隆三十六年存營軍械盤查無缺

乾隆三十七年八月十日

題。

八月二十四日。

卅七年九月十五日下兵。

該部知道。

總督陝甘等處地方軍務兼理糧餉并兼管甘肅巡撫事兼理茶馬臣勒爾謹謹題：爲敬獻芻言，恭請聖鑒事。

案查雍正拾壹年正月貳拾壹日，准兵部咨開：會覆雲南提督蔡成貴題前事。等因。于雍正拾年拾壹月拾貳日題，本月拾伍日奉旨：“依議。欽此。”抄出到部。相應通行直隸各省將軍、督撫、提鎮一體欽遵可也。計黏單一紙，内開：查督撫、提鎮係封疆大吏，各營器械，自宜留心考察。嗣後副、參、游、都、守等官導屬提轄者，提督委員盤查。分隸鎮轄者，總兵委員盤查。如屬督撫所轄而不屬提鎮所轄者，亦令督撫委員盤查。皆取本營并無缺少印結及委員并無捏飾甘結存案。應令各省督撫、提鎮將標、鎮、協、營軍器俱于年底保題一次，仍將各省軍伙、器械等項數目分晰，各標營造册并保結送部查核。如委盤保題之後，仍有發覺缺少者，委員照徇情例議處，督撫、提鎮照失察例議處。等因。

又于乾隆拾貳年玖月貳拾叁日，准兵部咨，黏單内開：本部檢閲各省保題軍器册内并未將額設馬兵若干名、盔甲若干副，步兵若干名、盔甲若干副分晰開載，又不將額設旗纛、器械各若干件，係何項兵丁佩執操演詳細聲明。至各項盈餘、盔甲、旗纛、器械亦不注明“銷”“存”字樣。每遇各省請製、請銷軍裝等案，殊難按册查考。事關軍器，未便任其籠統造報，以致頭緒不清、章程不一。相應通行直省將軍、督撫、提鎮轉飭各營，逐款查明，詳細開注分晰馬步兵丁額數，并馬步各兵所用盔甲、器械，以及盈餘各項甲仗、器械。係督撫轄者，督撫各彙總造具四柱簡明清册。係提鎮轄，皆提鎮各彙總造具四柱簡明清册。仍于册尾開明各項總數，作速送部，以憑查考，并取具該承辦官并無遺漏、舛錯等弊印甘各結，報部備查。毋得仍前籠統開造，不行分晰詳細，致干駁查可也。等因。

又于乾隆貳拾陸年捌月貳拾陸日，准兵部咨，本部原題内開：議得山東巡撫阿爾泰疏稱，請將各營錢糧、馬匹，俱令慎重交代，年終一并保題。等因。查各直省年底將存貯軍器取結保題送部，其經管錢糧、馬匹向未開載。兵部酌議，請嗣後于保題軍器册内將錢糧有無虧缺、馬匹是否膘壯之處，俱照山東一體辦理，取具該營員印結，造册送部查核。其提鎮所轄統彙送督撫題報。等因。于乾隆貳拾柒年柒月拾壹日題，本月拾肆日奉旨：“依議。欽此。”等因。俱經移行，遵照在案。

兹準署陝西提督臣趙興宗、甘肅提督臣路峨、安西提督臣巴彦弼將標屬暨延綏、固原、興漢、凉州、寧夏、西寧、肅州、巴里坤各鎮營盤查各册移送。又據署督標中軍副將策卜坦將督標各營盤查清册呈賫，并稱標協各營官兵俸餉銀兩俱係按季從司領回，隨即包封，會同文員照數監散。即截曠銀兩，亦係按季解交司庫，營中并無存貯，均毋庸查點造報外，所有乾隆叁拾陸年分各標營存貯一切軍伙、器械、儲備箭枝以及盈餘軍器等項委員盤查，并無短少，馬匹俱各膘壯，公費錢糧亦無虧缺。照依定例分晰，造册咨送。并准安西提督臣巴彦弼咨稱，查提標中、左貳營各續添告駐及坐補綽爾們等兵丁貳百餘名，其中額設器械并未携帶，無憑收造。其陝西、甘肅兩省各提、鎮、營裁移右營兵丁雖甫經收齊，但帶到軍器等項尚未通盤額備，是以未經收造。至城守營兵丁尚未補足，均應俟將來肆千兵數補足之日，再按營制，照額撥備，入册造報。至公費馬匹照依中、左、右及城守肆營現在數目造入册内，以符各案奏銷，合并移明。等因。到臣。準據此，該臣看得，各省督撫、提鎮所屬各營軍器例應于年底盤查保題。又，保題軍器册内應將錢糧有無虧缺、馬匹是否膘壯之處取結造册，送部查核。等因。移行遵照在案。

兹準據陝西、甘肅、安西各提臣暨署督標中軍副將事策卜坦各將乾隆叁拾陸年分各標鎮協營存貯一切軍伙、器械、儲備箭枝以及盈餘軍器等項委員盤查，并無短少，馬匹俱各膘壯，公費錢糧亦無虧缺，照例造册咨送前來，臣覆核無异。除册送部外，臣謹彙案具題，伏祈皇上睿鑒，敕部核覆施行。再，查各提、鎮、營印鈐各結與文内語句無异，應同督標保結俱遵照新例停止，合并陳明。爲此具本，謹題請旨。

乾隆叁拾柒年捌月初拾日。

總督陝甘等處地方軍務兼理糧餉并兼管甘肅巡撫事兼理茶馬臣勒爾謹。

【貼黄】

總督陝甘等處地方軍務兼理糧餉并兼管甘肅巡撫事兼理茶馬臣勒爾謹謹題：爲敬獻芻言等事。

該臣看得，各省督撫、提鎮所屬各營軍器，例應年底盤查保題。又，保題軍器册内應將錢糧有無虧缺、馬匹是否膘壯之處造册，送部查核。兹準據陝西、甘肅、安西各提臣暨署督標中軍副將策卜坦各將乾隆叁拾陸年分各標鎮協營存貯一切軍伙器械、儲備箭枝以及盈餘軍器等項委員盤查，并無短少，馬匹俱各膘壯，公費錢糧亦無虧缺。照例造册，咨送前來，臣覆核無异。除册送部外，臣謹彙案，具題請旨。

【《明清檔案》A215—136，B120781—B120784】

△大學士臣劉統勛等謹奏爲遵旨議奏西安將軍富僧阿等奏西安寧夏滿兵移駐巴里坤應行各事宜

乾隆三十七年十月十六日

大學士臣劉統勛等謹奏：爲遵旨議奏事。

本年十月初二日，據西安將軍富僧阿等奏西安、寧夏滿兵移駐巴里坤應行各事宜一摺，奉批："軍機大臣議奏。欽此。"查此案移駐巴里坤滿兵二千名，先經臣等議准，在于西安、寧夏各挑選一千名，分爲兩年，前往移駐。所遺挑撥各缺，即由京派出二千名，分補原額。其一切應行更定章程，行令該將軍等查議具奏。又，先據伊犁將軍舒赫德奏移駐巴里坤官兵事宜四條，亦經臣等核議覆准，知照各在案。兹據該將軍等會同酌議，就舒赫德原議四條内協領等官分別帶翎以壯觀瞻，及關給官兵鹽菜銀兩二條已遵照辦理外，其挑派筆帖式及兵丁例馬改派車輛二條尚有隨宜酌辦之處，另行添列條款，分晰議奏。臣等查該將軍等摺内八款，除馬兵于起程時各帶鳥槍一杆，及每二名馬兵合帶棉甲一副，無庸携帶鐵甲，即留于各本營，俟京兵到日撥給。等因。二條俱係循照凉、莊官兵移駐烏魯木齊成例，酌議應如所奏辦理，毋庸置議外，其餘各條，臣等謹按照原議逐一酌核議奏。

一，據稱，移駐官兵數目應行核定也。西安、寧夏滿營，每佐領下所管官兵俱係各按本營舊制，今兩處官兵同在巴里坤一處駐札，自應畫一分撥。議于西安、寧夏兩處各派協領二員、佐領八員，除協領兼佐領二員外，實派佐領六員。防禦驍騎校各八員，分爲八旗。西安、寧夏之兵仍聽各本處協領等官管轄，以便約束差操。其兵丁二千名，每處各派領催四十名，前鋒四十名，馬兵八百名，步兵八十名，炮手十六名，匠役二十四名，按數均匀分撥。等語。查西安、寧夏滿兵營制各有不同，而移駐一處，分撥官兵宜歸畫一。今該將軍等議，將西安、寧夏應派協領、佐領、防禦驍騎校等官數目兩處一體派撥，分爲八旗。其兵丁二千名，每處應派領催、前鋒、馬步兵、炮手、匠役等亦按數均勻分撥，仍聽各本處協領等官管轄，則兩處官兵之數，既可適均各歸各管，官與兵皆素爲熟習，于約束差操均爲便益。應如所奏辦理。再，查臣等前議西安挑撥之一千兵，令于三十八年春季前往，寧夏挑撥之一千兵于三十九春季前往，以便從容行走。今該將軍等議，請每一千名分作十起，逐日接踵起程，俾無擁擠，亦屬籌辦得宜。至原議寧夏撥兵一千名應否裁減官員之處，行令該將軍查覆。今據稱，此項撥缺之兵將來由京派撥，仍補原額，并無增減。所有寧夏現存官員僅敷管轄，難以再減。等語。應請毋庸裁汰。

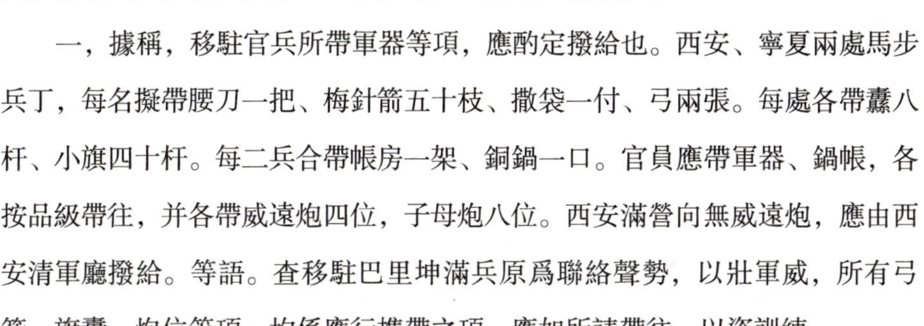

一，據稱，移駐官兵所帶軍器等項，應酌定撥給也。西安、寧夏兩處馬步兵丁，每名擬帶腰刀一把、梅針箭五十枝、撒袋一付、弓兩張。每處各帶纛八杆、小旗四十杆。每二兵合帶帳房一架、銅鍋一口。官員應帶軍器、鍋帳，各按品級帶往，并各帶威遠炮四位，子母炮八位。西安滿營向無威遠炮，應由西安清軍廳撥給。等語。查移駐巴里坤滿兵原爲聯絡聲勢，以壯軍威，所有弓箭、旗纛、炮位等項，均係應行携帶之項，應如所請帶往，以資訓練。

一，據稱，官兵馬匹仍應乘騎本身例馬前往也。近准舒赫德原議，令將滿營所需馬三千餘匹于甘省緑營馬匹内先期緩緩趕至哈密牧放，俟兵丁到時，每人撥給馬二匹騎往。其滿兵自營起程時，照例雇給車輛乘坐。但查西安頭起滿兵係明春三月間起程，而馬匹須先期趕赴哈密，彼時青草尚未發生，沿途必須供支，始能解往，而將來西安滿營撥補緑營馬匹由内地行走，亦不能牧放，又須供支。且捨現有之馬不令乘騎，另雇給車輛，未免周折多費。若每馬兵一名酌給馬二匹，沿途更换騎乘，加意喂養，按站緩行，自可不至疲乏。等語。查前此舒赫德原奏，令將滿兵需用馬匹先期緩緩趕赴哈密牧放，其起程時照例雇給車輛。原回滿兵，自各本營移駐巴里坤，道路遥遠，恐沿途乘騎不無疲乏，將來到彼時，有誤差操，故爲通融調劑。今據該將軍等以西安滿兵起程在明春三月間，馬匹先期趕赴哈密，青草尚未發生，

不能牧放，必須供支。而兵丁捨現有之馬，又雇給車輛，亦未免多費。酌議每兵給馬二匹，沿途自行加意喂養，且携眷之兵原屬按站緩行，更换乘騎，可無疲乏之慮，自屬酌量情形，籌畫料理，既可免供支之繁，又可節省車輛之費，誠屬簡便。亦應如所請行，仍令該將軍等嚴飭各官兵，沿途務須小心經理，毋使稍有疲乏，至誤差操。至稱寧夏滿營每兵額馬係一匹六分，今議給二匹，所短之數于存營馬内籌辦撥給。西安滿營，每兵額馬二匹六分三厘，嚮來止拴喂馬一匹，其一匹六分三厘俱係存貯馬價。今每兵議給馬二匹，應將西安存營兵丁之馬先行通融撥給，即將扣存移駐兵丁之馬價照數買補歸還，其下存六分三厘馬價仍照舒赫德原議，帶往巴里坤以備買補倒斃缺額之用，亦屬妥協，應如所議辦理。

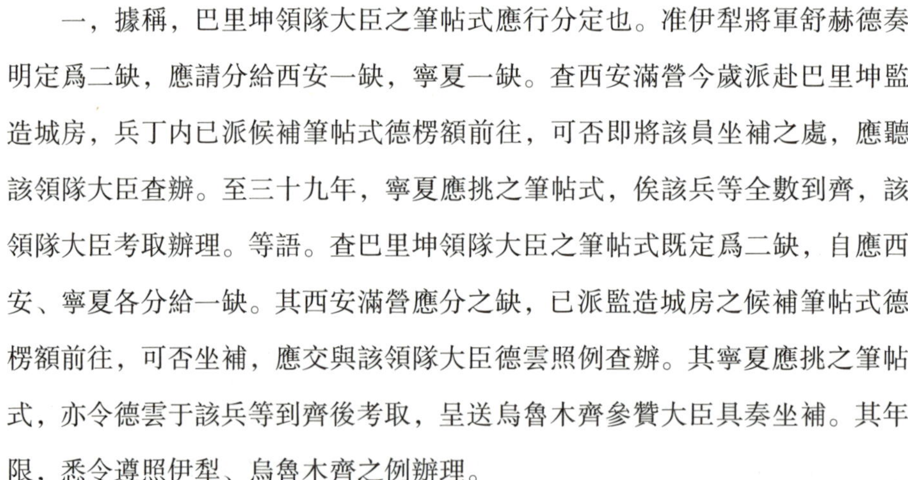

一，據稱，巴里坤領隊大臣之筆帖式應行分定也。准伊犁將軍舒赫德奏明定爲二缺，應請分給西安一缺，寧夏一缺。查西安滿營今歲派赴巴里坤監造城房，兵丁内已派候補筆帖式德楞額前往，可否即將該員坐補之處，應聽該領隊大臣查辦。至三十九年，寧夏應挑之筆帖式，俟該兵等全數到齊，該領隊大臣考取辦理。等語。查巴里坤領隊大臣之筆帖式既定爲二缺，自應西安、寧夏各分給一缺。其西安滿營應分之缺，已派監造城房之候補筆帖式德楞額前往，可否坐補，應交與該領隊大臣德雲照例查辦。其寧夏應挑之筆帖式，亦令德雲于該兵等到齊後考取，呈送烏魯木齊參贊大臣具奏坐補。其年限，悉令遵照伊犁、烏魯木齊之例辦理。

一，製買貨物銀兩應畫一妥辦也。西安移駐巴里坤之領催、前鋒、馬步兵、炮手，每名連家屬應製裝銀三十兩，嚮來移駐案内，俱係支給本兵一半，其一半扣留製買貨物。嗣經調任督臣文綬奏明，將扣留製買貨物銀兩多買羊隻孳生。經臣富僧阿會同議定，馬兵扣存十五兩，以八兩買羊，七兩製貨。步兵、匠役扣存七兩五錢者，以四兩買羊，三兩五錢製貨。業經行令西安府，將買羊之銀就近酌撥采辦在案。所有寧夏移駐兵丁應扣製辦貨物、羊隻、銀兩，即照西安之例，晝一辦理。等語。查西安、寧夏滿兵移駐一處，其製買貨物等項事同一例。西安兵丁應扣銀兩，既經富僧阿會同文綬議定章程，則寧夏移駐兵丁應扣製辦貨物、羊隻、銀兩，自應照西安現定之例一律妥辦。至墊發銀兩，應令該督俟西安、寧夏滿兵請領製裝銀兩之日照數扣存司庫，遇便帶解歸款。

一，據稱，西安挑捕馬甲已遵奉裁退也。本年五月，接准部覆，挑馬甲二百二十名，以足二千之數。臣富僧阿即在炮手養育兵閑散内挑補足額，其七八兩月分錢糧俱已關領。今既將挑補之馬甲裁退，其九月分錢糧已經停止。至前經奏明，借給新挑馬甲買馬銀兩，亦已收還歸款。所有原裁之養育兵一百名，請應復還原額。等語。查西安原派兵二千名，因不敷派撥，是以議裁養育兵一百名，加添馬甲二百二十名。今加添馬兵既議裁退，則前次所裁之養育兵一百名仍應復還原額，以資養贍。至裁退新挑馬甲九月分錢糧既經停止，應令照例分晰報銷。其借給新挑馬甲買馬銀兩，業經該營收還歸款，應毋庸議。

以上各條，臣等詳悉核議，均屬應行籌辦之事，理合恭摺覆奏，統俟命下，臣等交部行知西安將軍富僧阿、寧夏將軍偉善、陝甘總督勒爾謹轉行知照伊犁將軍及巴里坤大臣，一體遵照辦理。謹奏。

乾隆三十七年十月十六日，奉旨："依議。欽此。"

【《乾隆朝上諭檔》第 7 册，第 180 頁第 488 條】

陝甘總督兼甘肅巡撫勒爾謹題報甘肅各屬倉糧盤查無缺

乾隆三十七年十二月五日

題。

正月二十二日。

卅八年二月十八日下户。

該部察核具奏。

兵部尚書兼都察院右都御史、總督陝甘等處地方軍務兼理糧餉并兼管甘肅巡撫事兼理茶馬臣勒爾謹謹題：爲恭請聖訓事。

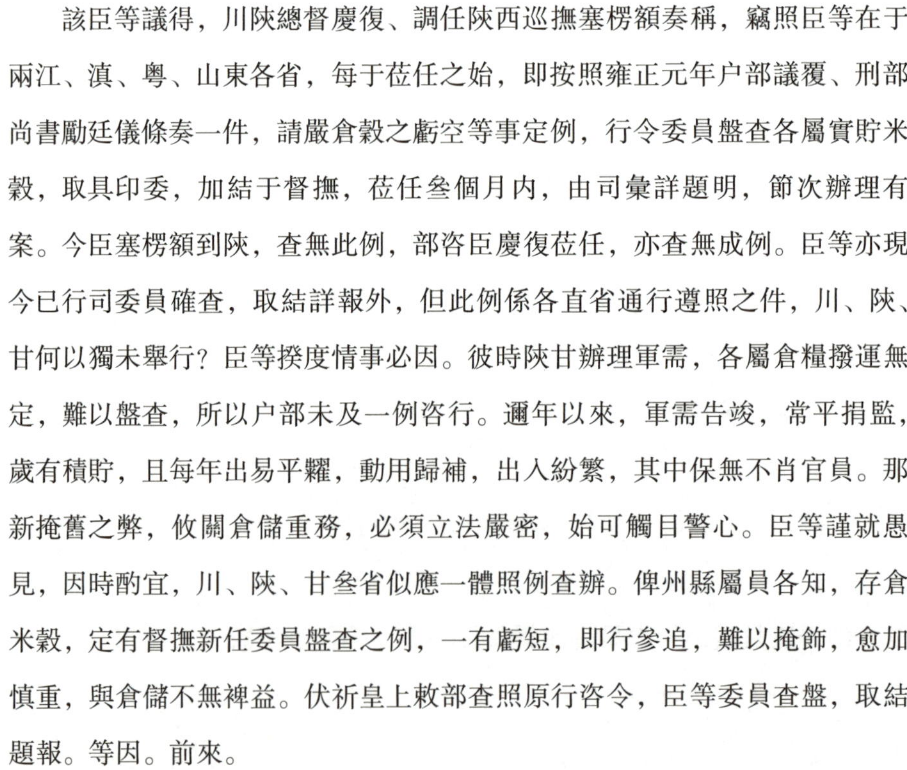

據甘肅布政使司布政使尹嘉銓呈，蒙升任甘撫黄部院案驗，乾隆玖年正月初伍日，准户部咨，四川清吏司案呈，内閣抄出川陝總督慶復等奏請川、陝、甘叁省各屬實存米穀應一體照户部議覆、刑部尚書勵廷儀條奏查辦一摺，于乾隆捌年拾壹月初捌日奉硃批："該部議奏。欽此欽遵。"于本月初玖日抄出到部。

該臣等議得，川陝總督慶復、調任陝西巡撫塞楞額奏稱，竊照臣等在于兩江、滇、粵、山東各省，每于莅任之始，即按照雍正元年户部議覆、刑部尚書勵廷儀條奏一件，請嚴倉穀之虧空等事定例，行令委員盤查各屬實貯米穀，取具印委，加結于督撫，莅任叁個月内，由司彙詳題明，節次辦理有案。今臣塞楞額到陝，查無此例，部咨臣慶復莅任，亦查無成例。臣等亦現今已行司委員確查，取結詳報外，但此例係各直省通行遵照之件，川、陝、甘何以獨未舉行？臣等揆度情事必因。彼時陝甘辦理軍需，各屬倉糧撥運無定，難以盤查，所以户部未及一例咨行。邇年以來，軍需告竣，常平捐監，歲有積貯，且每年出易平糶，動用歸補，出入紛繁，其中保無不肖官員。那新掩舊之弊，攸關倉儲重務，必須立法嚴密，始可觸目警心。臣等謹就愚見，因時酌宜，川、陝、甘叁省似應一體照例查辦。俾州縣屬員各知，存倉米穀，定有督撫新任委員盤查之例，一有虧短，即行參追，難以掩飾，愈加慎重，與倉儲不無裨益。伏祈皇上敕部查照原行咨令，臣等委員查盤，取結題報。等因。前來。

查先于雍正元年，臣部議覆原任刑部尚書勵廷儀條奏，内開：各省存倉米穀，雖有知府司道盤查管理，不能保其一無徇隱，當責之督撫核實嚴查，造册具奏。督撫升轉離任，將册籍交代新任督撫，限叁個月查核奏聞。如有虧空，即行題参。倘新任督撫徇隱，不行據實参處，後經發覺，一并照例議處，仍令分賠。俟命下之日，通行直隸各省督撫遵行。等因。于雍正元年捌月貳拾日奉旨："依議。欽此欽遵。"在案。今川陝總督慶復、調任陝西巡撫塞楞額奏稱，臣塞楞額到陝，查無此例。部咨臣慶復莅任，亦查無成例。臣等現今已行司委員確查取結詳報外，但此例係各直省通行遵照之件，川、陝、甘何以獨未舉行？臣等因時酌宜，川、陝、甘叁省似應一體照例查辦。俾州縣屬員各知，存倉米穀定有督撫新任委員盤查之例，一有虧短，即行参追，難以掩飾，愈加慎重，于倉儲不無裨益。等語。

查先于雍正拾叁年柒月内，據原任川撫楊馝題報，于雍正拾叁年肆月初貳日到任，雍正元年定例，各屬存倉米穀，新任督撫例應盤查具題。兹據委員盤查明確，委係實貯在倉，造具册結，會同四川總督黄廷桂具題，并聲明户部議覆刑部尚書勵廷儀條奏請嚴倉穀等事。議令新任督撫限叁個月查核奏聞壹案，查川省各任以來，并無准咨題案。等因。經臣部查，川省各屬存倉米穀雜糧數目相符，應令加謹收貯。至臣部議覆請嚴倉穀等事壹案，原係通行各省遵照事例，今川省并未准咨，係該司雍正元年捌月内遺漏行文所致，理應將遺漏行文之滿漢各官查参，交部議處。但事在恩赦以前，應毋庸議。其原議請嚴倉穀之案，仍抄録補行知照該督撫。等因。于雍正拾叁年拾月貳拾貳日奉旨："依議。欽此。"行文在案。續于乾隆貳年玖月内，據調任川撫碩色題報，于乾隆貳年伍月拾伍日到任，將各屬存倉米穀盤查，并無黴爛虧空情弊，造具册結，分送部科，會同總督查郎阿具題。亦在案。是川省現在遵行，毋庸再議。

至陝甘貳省存倉米穀，各督撫莅任之初，向未盤查造册題報。查亦係該司于雍正元年捌月内，將臣部議覆條奏請嚴倉穀壹案遺漏行文所致，應將從前遺漏行文之各司員查参議處。但事在屢次恩赦以前，應請免議。所有陝甘貳省倉穀現在軍需業已告竣，自宜照例一體盤查。應令陝甘督撫嗣後于督撫

莅任之初，務將各屬實貯米穀委員盤查清楚，于叁個月内核明具奏。如有虧空，即行題參。仍將雍正元年臣部議覆請嚴倉穀原案抄録補行各該督撫遵照辦理可也。等因。于乾隆捌年拾貳月初叁日題，本月初伍日奉旨："依議。欽此欽遵。"爲此合咨前去，遵奉施行。

計黏單一紙，内開：户部謹題爲請嚴倉穀之虧空等事。該臣等議得，刑部尚書勵廷儀奏稱，各省常平倉存貯米穀雖有知府盤查，司道管理，不能保其一無徇隱。當責之督撫，令其核實嚴查歷年存倉及現在捐穀之數，共貯若干、支用若干，仍委廉幹之員不時盤查，每年一次造册具奏。督撫升轉離任，將查倉册籍照例交代新任督撫詳查核奏。如有虧空，將從前徇隱之督撫照例議處。新任督撫徇隱，不行據實參處，後經發覺，一并照例議處。至于現未捐穀之省分，令該督撫酌議積貯。或許本身俊秀納粟捐監于四達之地以備賑糶之需，亦令該督撫每年造册，其奏穀賤之時，捐監無多，應令該督撫具題，暫動庫銀買穀貯倉，陸續捐監，以還庫帑。若遇歉歲，减價平糶，或題請散賑，或轉輸鄰近，以及困乏。如此則倉廩充裕，窮檐有所依賴。等因。前來。

查常平倉積貯米穀定例，年終各省督撫造册奏銷，如有虧空，即行題參。今尚書勵廷儀奏稱，各省存倉米穀雖有知府司道盤查管理，不能保其一無徇隱。當責之督撫核實嚴查，造册具奏。督撫升轉離任，將册籍交代新任督撫查核。等語。應如尚書勵廷儀所奏，行令各該督撫。仰體皇上珍念民依之至意，嚴飭該管各官務令實心奉行，仍于年終造册報題。至督撫升轉離任，將册籍交代新任督撫，限叁個月查核奏聞。如有虧空，即行題參。倘新任督撫徇隱，不行據實參處，後經發覺，一并照例議處，仍令分賠。又奏稱，現未捐穀之省分，令該督撫酌議許本省俊秀納粟捐監以備賑糶。如捐監無多，令該督撫具題，暫動庫銀買穀貯倉，陸續捐還。等語。

查浙江省存貯米穀共叁拾叁萬貳千餘石，又現在開捐柒拾萬石。河南省存貯米穀共壹百貳拾叁萬伍千石零，今因動賑，又現在開捐穀捌拾萬伍千石。江南省存貯米穀共貳萬柒千餘石，又現在開捐收貯米穀共玖拾餘萬石。雲南省存貯米穀共叁拾伍萬陸千餘石。四川省存貯米穀共叁拾柒萬貳千餘石。直隸省存貯米穀共壹百壹拾玖萬餘石。福建省存貯米穀共壹百柒拾伍萬叁千餘石。江西省存貯米穀共壹百貳拾萬貳百餘石。湖廣省存貯米穀共肆拾玖萬柒千餘石。廣東省存貯米穀共壹百柒拾捌萬柒千餘石。廣西省存貯米穀共壹百伍拾捌萬柒千餘石。貴州省存貯米穀共壹拾柒萬伍千餘石。山西省存貯米穀共壹萬捌千餘石，又捐收銀叁拾貳萬壹千餘兩。陝西省存貯糧柒拾肆萬陸千餘石。山東省存貯穀陸拾壹萬玖百餘石。查直隸等省存貯米穀較之現在開捐之浙江等肆省所報數目亦屬不少，若再開捐則米穀甚多，恐致黴爛。若動銀采買，又有存倉米穀。如果動用存貯無幾，令該督撫查明，預行題請。應將尚書勵廷儀奏請各省開捐動銀買穀存貯之處毋庸議，俟命下之日，通行直隸各省督撫遵行可也。等因。

又蒙總督陝甘勒部院牌開：案照前准户部咨開：嗣後督撫莅任之初，務將各屬實貯米穀委員盤查，造具册結，由司核明請題。如有虧缺，即行題參。等因。歷經備行，遵奉在案。今本署部院莅任伊始，自應實力奉行。爲此仰司官吏查照前行及今檄事理文到，即分委妥員，將各屬倉貯一切糧石徹底盤查清楚，造具册結。由該管道、府、直隸州核實依限呈賫，以憑核題。如有黴爛虧缺，立即開揭請參，毋得徇隱。致□并參未便該司，仍即擬定册結式樣，册内開明應以何年起爲舊管，其收支各數應截至何季爲止，通行頒發，俾各屬得以畫一照造，不致岐互。仍將辦理緣由先行具文報查毋違。等因。咨院行司。

蒙此，當即移行各道府轉飭委員盤查，造册結報，及復屢催去後，今準據造賫前來。查蘭州府知府瑞泰詳稱，遵即委員分途盤查所屬各廳、州、縣、州判、縣丞，自乾隆叁拾陸年拾壹月起，至叁拾柒年陸月底止，倉貯常平、額徵、社倉等項糧石，除各案動用外，實存京斗糧壹拾叁萬壹千壹百陸拾柒石伍斗貳升貳合捌勺。據各該委員按款逐一盤查，俱各實貯在倉，并無虧缺情弊。所有委盤過所屬實貯糧數册籍及委員印結，理合呈賫。等情。

又據鞏昌府知府陳之銓詳稱，遵即分途委員盤查所屬各廳、州、縣，自乾隆叁拾陸年拾壹月起，至叁拾柒年陸月底止，倉貯常平、額徵等項糧石，除各案動用外，實存京斗糧貳拾叁萬貳千捌百陸拾叁石捌斗玖升壹合伍勺。據各該委員按款逐一盤查，俱各實貯在倉，并無虧缺情弊。所有委盤過所屬實貯糧石册籍及委員印結，理合呈賫。等情。

又據平凉府知府達冲阿詳稱，遵即分途委員盤查所屬各廳、州、縣，自乾隆叁拾陸年拾壹月起，至叁拾柒年陸月底止，倉貯常平、額徵等項糧石，除各案動用外，實存京斗糧壹拾叁萬陸千伍百肆拾叁石玖斗捌升柒合柒勺。據各該委員按款逐一盤查，俱各實貯在倉，并無虧缺情弊。所有委盤過所屬實貯糧數册籍及委員印結，理合呈賫。等情。

又據慶陽府知府革雲鳩詳稱，遵即分途委員盤查所屬各州縣，自乾隆叁拾陸年拾壹月起，至叁拾柒年陸月底止，倉貯常平、額徵等項糧石，除各案動用外，實存京斗糧貳萬柒千叁百陸拾玖石貳斗肆升玖勺。據各該委員按款逐一盤查，俱各實貯在倉，并無虧缺情弊。所有委盤過所屬實貯糧數册籍及委員印結，理合呈賫。等情。

又據甘州府知府鍾賡起詳稱，遵即分途委員盤查所屬各廳縣縣丞，自乾隆叁拾陸年拾壹月起，至叁拾柒年陸月底止，倉貯常平、額徵、社倉等項糧石，除各案動用外，實存京斗糧肆拾伍萬捌千叁百叁拾貳石捌斗柒升柒合玖勺，白麪、炒麪共壹千肆百捌拾肆斤貳兩玖錢壹分。據各該委員按款逐一盤查，俱各實貯在倉，并無虧缺情弊。所有委盤過所屬實貯糧數册籍及委員印結，理合呈賫。等情。

又據凉州府知府黄元圯詳稱，遵即分途委員盤查所屬各廳縣，自乾隆叁拾陸年拾壹月起，至叁拾柒年陸月底止，倉貯常平、額徵、社倉等項糧石，除各案動用外，實存京斗糧壹拾肆萬貳千柒百肆拾叁石貳斗貳升貳合玖勺。

據各該委員按款逐一盤查，俱各實貯在倉，并無虧缺情弊。所有委盤過所屬實貯糧數册籍及委員印結，理合呈賫。等情。

又據寧夏府知府江世淋詳稱，遵即分途委員盤查所屬各州縣，自乾隆叁拾陸年拾壹月起，至叁拾柒年陸月底止，倉貯常平、額徵、社倉等項糧石，除各案動用并靈州存貯糧陸萬肆千陸百玖拾伍石柒斗叁升玖合伍勺，統于交代案内造報外，實存京斗糧貳拾伍萬貳千肆拾伍石伍斗叁升壹合捌勺。據各該委員按款逐一盤查，俱各實貯在倉，并無虧缺情弊。所有委盤過所屬實貯糧數册籍及委員印結，理合呈賫。等情。

又據西寧府知府奎明詳稱，遵即分途委員盤查所屬各廳縣縣丞，自乾隆叁拾陸年拾壹月起，至叁拾柒年陸月底止，倉貯常平、額徵、社倉等項糧石，除各案動用外，實存京斗糧貳拾貳萬肆千陸拾肆石柒斗壹升柒合叁勺，白麵、炒麵共貳百陸拾陸斤。據各委員按款逐一盤查，俱各實貯在倉，并無虧缺情弊。所有委盤過所屬實貯糧數册籍及委員印結，理合呈賫。等情。

又據安西府知府巴彦岱詳稱，遵即分途委員盤查所屬各縣，自乾隆叁拾陸年拾壹月起，至叁拾柒年陸月底止，倉貯常平、額徵、社倉等項糧石，除各案動用外，實存京斗糧肆拾貳萬陸千陸百玖拾貳石伍斗柒升陸合陸勺。據各該委員按款逐一盤查，俱各實貯在倉，并無虧缺情弊。所有委盤過所屬實貯糧數册籍及委員印結，理合呈賫。等情。

又准鞏秦階道程國表移稱，遵即分途委員盤查秦州、階州貳州，自乾隆叁拾陸年拾壹月起，至叁拾柒年陸月底止，倉貯常平、額徵、社倉等項糧石，除各案動用外，實存京斗糧肆萬捌百伍拾肆石玖斗玖合捌勺。據各該委員按款逐一盤查，俱各實貯在倉，并無虧缺情弊。所有委盤過所屬實貯糧數册籍及委員印結，理合移送。等情。

又據直隸秦州知州博赫詳稱，遵即分途委員盤查所屬各縣并州判，自乾隆叁拾陸年拾壹月起，至叁拾柒年陸月底止，倉貯常平、額徵、社倉等項糧石，除各案動用外，實存京斗糧壹拾玖萬貳千貳百壹拾石捌升捌合叁勺。據各該委員按款逐一盤查，俱各實貯在倉，并無虧缺情弊。所有委盤過所屬實貯糧數册籍并委員印結，理合呈賫。等情。

又據署直隸階州事禮縣知縣張照宇詳稱，遵即分途委員盤查所屬各縣并西固州同，自乾隆叁拾陸年拾壹月起，至叁拾柒年陸月底止，倉貯常平、額徵、社倉等項糧石，除各案動用并成縣存貯京斗糧捌萬伍千貳百玖拾石柒斗伍升玖合伍勺，統于交代案内造報外，實存京斗糧叁萬陸千叁百壹石肆斗捌合玖勺。據各該委員按款逐一盤查，俱各實貯在倉，并無虧缺情弊。所有委盤過所屬實貯糧數册籍及委員印結，理合呈賫。等情。

又准安肅道觀禄移稱，遵即委員盤查肅州，自乾隆叁拾陸年拾壹月起，至叁拾柒年陸月底止，倉貯常平、額徵、社倉等項糧石，除各案動用外，實存京斗糧壹拾伍萬肆千叁百陸拾陸石叁斗玖升叁合伍勺。據委員按款逐一盤查實貯在倉，并無虧缺情弊。所有委盤過肅州實貯糧數册籍及委員印結，理合移送。等情。

又據直隸肅州知州蔣全迪詳稱，遵即分途委員盤查所屬州同、州判、毛目、縣丞并高臺縣，自乾隆叁拾陸年拾壹月起，至叁拾柒年陸月底止，倉貯常平、額徵、社倉等項糧石，除各案動用外，實存京斗糧壹拾叁萬貳千柒百伍拾陸石叁斗貳升玖合玖勺。據各該委員按款逐一盤查，俱各實貯在倉，并無虧缺情弊。所有委盤過所屬實貯糧數册籍及委員印結，理合呈賫。等情。

又准巴里坤道永慶移稱，遵即委員盤查哈密奇臺通判、巴里坤同知并木壘巡檢，自乾隆叁拾陸年拾壹月起，至叁拾柒年陸月底止，倉貯屯田雜項等項糧石，除各案動用外，實存京斗糧壹拾壹萬貳千壹百貳石柒斗貳升伍合壹勺。據各該委員按款逐一盤查，俱各實貯在倉，并無虧缺情弊。所有盤查過倉貯實在糧數册籍同委員印結，一并移送。等情。各賫報到司。準據此，該布政使尹嘉銓查得，甘省各屬倉貯一切糧石，前值本部院莅任之始，當經本

司移行該管各道、府、直隸州分委各員盤查具結，并令將一切糧數截至乾隆叁拾柒年陸月底止，畫一造具清册，賫報去後。兹準據各該管道、府、直隸州分委各員按款盤查，并無虧缺。各造具盤查實貯糧數册籍，取具各委員印結，并各加具印結，賫送前來。

查河東、河西、蘭州、鞏昌、平凉、慶陽、甘州、凉州、寧夏、西寧、安西玖府，直隸秦州、階州、肅州叁州，并鞏秦階、安肅、巴里坤叁道各所屬倉糧，自前次盤查，係截至乾隆叁拾陸年拾月底止。今應于叁拾陸年拾壹月起，至叁拾柒年陸月底止，各屬倉貯各年常平、額徵、社倉等項糧石，除靈州、成縣貳處存貯京斗糧壹拾肆萬玖千玖百捌拾陸石肆斗玖升玖合，該州縣俱值正署各員新舊交代，統于交代案内造册結報，又除各廳、州、縣并縣丞、州同、州判、主簿各案動用外，實貯京斗糧貳百柒拾萬肆百壹拾伍石肆斗貳升肆合玖勺，白麵、炒麵共壹千柒百伍拾斤貳兩玖錢壹分。以上各處實貯糧數既準據該管道、府、直隸州報稱，均係分途委員按款盤查清楚，俱各實貯在倉，并無虧缺黴爛情弊。等情。本司覆核無异。理合照造簡明總册，同各屬賫到册籍，及委員印結，并道府加具印結，一并呈賫核題。再，查司總册造舊管糧數與上届實在册落不符之處，已于各府州總册内分晰登明。至此案例限以乾隆叁拾柒年柒月初陸日到任起，扣限叁個月。又，安西府駐扎口外，例應加展兩月，應扣至本年拾貳月初陸日爲滿。今于限内呈賫。再，册内有非現任銜姓者，原係先後賫到，應請毋庸駁换，合并聲明。等情。呈詳到臣。

該臣查得，甘肅省各屬倉貯糧石，臣于莅任之初，當即行司照例委員據實盤查去後。兹據甘肅布政使尹嘉銓詳稱，查河東、河西、蘭州、鞏昌、平凉、慶陽、甘州、凉州、寧夏、西寧、安西玖府，直隸秦州、階州、肅州叁州，并鞏秦階、安肅、巴里坤叁道，自乾隆叁拾陸年前督臣文綬盤查起，至叁拾柒年陸月底止，各屬倉貯各年常平、額徵、社倉等項糧石，除靈州、成縣貳處存貯京斗糧壹拾肆萬玖千玖百捌拾陸石肆斗玖升玖合，該州縣俱值正署各員新舊交代，統于交代案内造册結報，又除各廳、州、縣并縣丞、州同、州判、主簿各案動用外，實貯京斗糧貳百柒拾萬肆百壹拾伍石肆斗貳升肆合玖勺，白麵、炒麵共壹千柒百伍拾斤貳兩玖錢壹分。以上各處實貯糧數，準據該管道、府、直隸州報稱，均係分途委員按款盤查清楚，俱各實貯在倉，并無虧缺黴爛情弊。取具各清册，同委員盤查印結，造具司總簡明册，一并呈賫，請題前來，臣覆核無异。除册結送户部户科并將揭帖照例分送外，相應具題，伏祈皇上睿鑒，敕部核覆施行。再，查司總册造舊管糧數與上届實在册落不符之處，已于各府州總册内分晰聲登，合并陳明。謹題請旨。

乾隆叁拾陸年拾貳月初伍日。

兵部尚書兼都察院右都御史、總督陜甘等處地方軍務兼理糧餉并兼管甘肅巡撫事兼理茶馬臣勒爾謹。

【貼黄】

兵部尚書兼都察院右都御史、總督陜甘等處地方軍務兼理糧餉并兼管甘肅巡撫事兼理茶馬臣勒爾謹謹題：爲恭請聖訓事。

該臣查得，甘肅省各屬倉貯糧石，臣于莅任之初，行司照例委員據實盤查去後。兹據甘肅布政使尹嘉銓詳稱，查蘭州、鞏昌、平凉、慶陽、甘州、凉州、寧夏、西寧、安西玖府，直隸秦州、階州、肅州叁州，并鞏秦階、安肅、巴里坤叁道，自乾隆叁拾陸年前督臣文綬盤查起，至叁拾柒年陸月底止，常平、額徵、社倉等項糧石，除動用外，實貯京斗糧貳百柒拾萬肆百壹拾伍石零，白麵、炒麵共壹千柒百伍拾斤零，均係實貯在倉，并無虧缺情弊。取具清册，同盤查印結、造具總册呈賫，請題前來，臣覆核無异。除册結送部科外，謹題請旨。

【《明清檔案》A216—122，B121309—B121323】

陝甘總督兼甘肅巡撫勒爾謹題報甘肅各屬常平倉貯糧石數目

乾隆三十七年十二月十八日之一

題。

正月二十二日。

卅八年二月十六日下户。

該部察核具奏。

兵部尚書兼都察院右都御史、總督陝甘等處地方軍務兼理糧餉并兼管甘肅巡撫事兼理茶馬臣勒爾謹謹題：爲移咨事。

據甘肅布政使司布政使尹嘉銓呈，蒙陝甘總督勒部院批，本司詳賫甘省乾隆叁拾伍年常平倉穀奏銷册籍詳由。蒙批，此案本部院已于乾隆叁拾柒年柒月拾玖日查照，前詳具題矣。仰即轉飭知照，仍將叁拾陸年常平倉穀奏銷各册嚴飭各屬務于捌月内趕造齊全。另詳請題，毋任遲延繳册存送。等因。到司。

蒙此，該布政使尹嘉銓查得，甘省各屬乾隆叁拾陸年倉貯常平糧石收支動存各數，例應造册請銷，前經催令各屬接續造報去後。兹據蘭州、鞏昌、平凉、慶陽、甘州、凉州、寧夏、西寧、安西玖府，并直隸秦州、階州、肅州叁州，將所屬乾隆叁拾陸年倉貯常平糧石收支動存各細數造具奏銷清册前來。查册造舊管項下，共貯常平京斗糧貳百捌拾壹萬貳千柒百柒拾伍石柒升叁合柒勺。新收項下，共收京斗糧貳百肆拾叁萬柒千捌百柒拾柒石伍斗陸合陸勺。開除項下，共除京斗糧貳百貳拾貳萬捌千叁百石陸斗伍升肆合陸勺。實在項下，共貯京斗糧叁百貳萬貳千叁百伍拾壹石玖斗貳升伍合柒勺。相應照造簡明省總及河東、河西收支細數各總清册，并將動支糧石造銷年月案由，在于河東、河西總册内按款分晰登明，同各府州撒册及開耗清册一并呈賫核題。至舊管糧石數目、色樣與上届實在不敷之處，已于河東、河西司總册内分晰聲登。再，此案係按年接續造報之件，向不計限，合并聲明。等情。呈詳到臣。

該臣查得，甘肅省所屬各廳、州、縣常平倉貯糧石例應按年題銷。兹據甘肅布政使尹嘉銓詳稱，查乾隆叁拾陸年分各屬倉貯常平糧石，舊管共貯京斗糧貳百捌拾壹萬貳千柒百柒拾伍石柒升叁合柒勺，新收共京斗糧貳百肆拾叁萬柒千捌百柒拾柒石伍斗陸合陸勺，開除共京斗糧貳百貳拾貳萬捌千叁百石陸斗伍升肆合陸勺，實在共貯京斗糧叁百貳萬貳千叁百伍拾壹石玖斗貳升伍合柒勺。并將動支糧石造銷年月案由，在于河東、河西總册内按款分晰登明。至舊管糧石數目、色樣與上届實在不符之處，已于河東、河西司總册内分晰聲登。等情。取具撒册并開耗清册造具簡明總册呈賫，請題前來，臣覆核無异。除册送户部户科并將揭帖照例分送外，相應具題，伏祈皇上睿鑒，敕部核覆施行。謹題請旨。

乾隆叁拾柒年十二月拾捌日。

兵部尚書兼都察院右都御史、總督陝甘等處地方軍務兼理糧餉并兼管甘肅巡撫事兼理茶馬臣勒爾謹。

【貼黄】

兵部尚書兼都察院右都御史、總督陝甘等處地方軍務兼理糧餉并兼管甘肅巡撫事兼理茶馬臣勒爾謹謹題：爲移咨事。

該臣查得，甘肅省所屬各廳、州、縣常平倉貯糧石例應按年題銷。兹據甘肅布政使尹嘉銓詳稱，查乾隆叁拾陸年分各屬倉貯常平糧石舊管共京斗糧貳百捌拾壹萬貳千柒百柒拾伍石零，新收共京斗糧貳百肆拾叁萬柒千捌百柒拾柒石零，開除共京斗糧貳百貳拾貳萬捌千叁百石零，實在共貯京斗糧叁百貳萬貳千叁百伍拾壹石零。等情。造册呈賫，請題前來，臣覆核無异。除册送部科外，謹題請旨。

【《明清檔案》A216—135，B121375—B121377】

乾隆三十八年（1773）

署户部尚書永貴題覆陝甘二省派撥出征金川官兵用過錢糧開銷事

乾隆三十八年二月二十日之一

題。

卅八年二月廿二日下户。

依議。

經筵講官、署理户部尚書事務、鑲黄旗漢軍都統、世襲三等輕車都尉、革職留任五次、從寬免其革任臣永貴等謹題：爲派撥出征金川第四次官兵奏銷錢糧事。

户科抄出陝甘總督兼管甘肅巡撫事務勒爾謹題銷陝甘督標凉州、寧夏、西寧、固原、肅州五鎮派往金川第四次出征官兵支過俸賞、馱馬鞍屜等項銀兩一案。乾隆叁拾柒年拾月拾壹日題，拾壹月初拾日奉旨："該部察核具奏，欽此欽遵。"于本日抄出到部。

該臣等查得，陝甘總督兼管甘肅巡撫事務勒爾謹將蘭州、鞏昌、平凉、寧夏、凉州、慶陽、西寧、秦州、階州、肅州十府州屬乾隆叁拾柒年伍月内，供支陝甘督標凉州、寧夏、西寧、固原、肅州五鎮派往金川出征官兵應需俸賞、馱馬鞍屜、餘丁安家裹帶鹽菜口糧、騎馱馬騾料草并采買騾頭價值等項造册送部，具題請銷前來。查疏册内開：

一，蘭州等府州屬采買粳米貳石柒斗壹升肆合壹勺，每石各照本地時價銀壹兩肆錢陸分至陸兩叁錢不等，共用銀柒兩玖錢伍分捌厘。粟米貳百捌拾壹石伍斗肆升柒合玖勺，每石時價銀玖錢貳分伍厘至貳兩伍錢陸分不等，共用銀叁百捌拾貳兩壹錢壹厘。小麥壹百肆拾壹石貳斗柒升陸合貳勺，每石時價銀玖錢肆分貳厘至壹兩叁錢陸分壹厘不等，共用銀壹百柒拾伍兩肆錢壹分肆厘。青稞壹百叁石貳斗叁升捌合，每石時價銀捌錢玖分陸厘至壹兩伍錢不等，共用銀壹百兩叁錢叁分叁厘。炒麵壹百捌拾斤，每斤時價銀壹分叁厘，共用銀貳兩叁錢肆分。倉斗豌豆肆百肆拾肆石壹升，每石時價銀壹兩玖錢柒分至貳兩壹錢壹分肆厘不等，共用銀柒百伍拾柒兩柒錢叁厘。柒斤草柒千伍百伍拾玖束伍分，每束時價銀伍厘至叁分伍厘不等，共用銀壹百陸拾玖兩肆錢壹分陸厘。拾斤草壹萬陸千貳百捌拾捌束，每束時價銀柒厘至伍分不等，共用銀伍百壹拾捌兩貳錢叁分。等語。查前項采買粳粟米石、麥、豆、草束等項，共用過價銀貳千壹百拾叁兩肆錢玖分肆厘。户部核對該督造送各州縣月報時價册内糧草價值均屬相符，應准開銷。

一，陝甘督標凉州、寧夏、西寧、固原、肅州五鎮供支第四次派往進剿金川總兵定員，賞給貳年俸銀壹百陸拾叁兩叁錢捌分捌厘。參將壹員，賞給貳年俸銀柒拾捌兩陸錢捌分。游擊壹員，賞給貳年俸銀柒拾捌兩陸錢捌分。都司壹員，賞給貳年俸銀伍拾肆兩柒錢捌分捌厘。千總每員賞給貳年俸銀貳拾玖兩玖錢叁分，把總每員賞給貳年俸銀貳拾肆兩玖錢肆分貳厘，外委馬兵每員名賞給行裝銀壹拾兩，步兵每名賞給行裝銀陸兩。各計支銀數不等，共支俸賞行裝銀壹萬貳千叁百貳拾玖兩伍錢玖分貳厘。等語。查陝甘二省派往進剿金川官兵先據調任陝甘總督文綬奏准，照依乾隆拾貳年出征金川例案辦理。官員賞給貳年俸銀，馬兵每名賞給行裝銀拾兩，步兵每名賞銀陸兩。等因。在案。今陝甘督標凉州、寧夏、西寧、固原、肅州五鎮派往金川進剿官兵壹千伍百叁拾肆員名，共支過俸賞行裝銀壹萬貳千叁百貳拾玖兩伍錢玖分貳厘。户部按照册開官兵名數逐一核算，與該督奏准應支銀數均屬相符，應准開銷。

一，供支前項派往進剿金川馬步兵丁壹千伍百名，每百名給餘丁叁拾名，共餘丁肆百伍拾名，每名給安家銀叁兩，共銀壹千叁百伍拾兩。等語。查進剿兵丁隨帶餘丁先據調任陝甘總督文綬奏准，每兵壹百名給餘丁叁拾名，每名給安家銀叁兩。等因。在案。今前項兵丁壹千伍百名，隨帶餘丁肆百伍拾名，共支過安家銀壹千叁百伍拾兩。户部按册核算，與奏准應給銀數相符，應准開銷。

一，供支進剿金川總兵壹員，跟役貳拾肆名；參將壹員，跟役拾名；游擊壹員、都司壹員，跟役各捌名；千總陸員、把總玖員，跟役各叁名；外委拾伍員，跟役各壹名。跟役每貳名折給馱馬壹匹，每匹折銀捌兩，每馬給鞍屜壹副，每副照例折銀陸錢，共折支馬價銀肆百肆拾兩，共折支鞍屜銀叁拾叁兩。又，外委拾伍員、馬步兵丁壹千伍百名，共外委兵丁壹千伍百拾伍員名。例騎馬匹，因川省山高嶺峻，馬匹負重難行，業經奏明外委馬兵各給騎騾壹頭。又，每兵給馱騾壹頭，步兵每名止給馱騾壹頭。又，每馱騾壹頭給鞍屜壹副。各計支數目不等。共支過騎騾陸百拾伍頭，馱騾壹千伍百拾伍頭。鞍屜壹千伍百拾伍副，每副價銀陸錢，共銀玖百玖兩。等語。查進剿官兵騎馱馬騾先據調任陝甘總督文綬奏准，官員乘騎本身例馬，跟役每貳名給馱馬壹匹，每匹折銀捌兩，鞍屜壹副，折銀陸錢。又，外委馬兵例騎馬匹，因川省山高嶺峻，馬匹負重難行，每名給騎騾壹頭、馱騾壹頭，步兵每名止給馱騾壹頭，每頭給鞍屜壹副，每副折銀陸錢。又，總兵跟役貳拾肆名，參將跟役拾名，游擊都司各跟役捌名，千把總各跟役叁名，外委跟役壹名。等因。在案。今前項供支派往金川進剿官拾玖員乘騎本身例馬，外委拾伍員，馬兵陸百名，步兵玖百名。撥給騎馱騾共貳千壹百叁拾頭。跟役壹百拾名，每貳名給馱馬壹匹，共馬伍拾伍匹，每匹折銀捌兩，共銀肆百肆拾兩。鞍屜壹千伍百柒拾副，每副價銀陸錢，共銀玖百肆拾貳兩。户部按册核算，與該督奏准應給銀數相符，應准開銷。

一，采買前項撥給外委兵丁騎馱騾共貳千壹百叁拾頭，每頭價銀拾伍兩，共銀叁萬壹千玖百伍拾兩。等語。查進剿官兵應需騾頭先據調任陝甘總督文綬以川省山高嶺峻，馬力難于負重登陟，酌定易换騾頭。令地方官幫同以官價買騾，按每馬换給騾壹頭，俾得于山路趕緊前進。照例每騾給價銀拾伍兩。等因。奏准在案。今前項采買騾貳千壹百叁拾頭，用過價銀叁萬壹千玖百伍拾兩。户部按册核算，與該督奏準例價相符，應准開銷。

一，供支前項派往金川進勦官兵壹千伍百叁拾肆員名，應需鹽菜口糧并騎馱馬騾料草，各計支銀糧數目不等，共支過鹽菜銀壹千捌百柒拾壹兩壹錢陸分，京斗粳米叁石肆升陸合壹勺，粟米叁百肆拾石捌斗壹升伍合叁勺，白麵壹萬玖千陸百肆拾斤，炒麵壹萬壹千捌百捌拾斤，倉斗豌豆柒百玖拾陸石陸斗壹升伍合，柒斤重草捌千貳百伍拾陸束伍分，拾斤重草壹萬柒千玖百肆拾伍束。等語。查陝甘二省派往金川進勦官兵應需鹽菜等項，先據調任陝甘總督文綬奏准，總兵月支鹽菜銀拾伍兩。參將、游擊、都司各月支鹽菜銀肆兩貳錢。千總月支鹽菜銀貳兩肆錢，把總月支鹽菜銀壹兩貳錢，外委、馬步兵丁每名月支鹽菜銀玖錢。官兵、跟役所需口糧以米、麵各半兼支，每員名月支口糧米壹斗貳升肆合伍勺，炒白麵拾伍斤。各自本營起程裹帶肆拾日赴川，倘肆拾日已滿，尚未到營，即于沿途州縣計算接支。至每兵百名隨帶餘丁叁拾名，因背負兵丁行李，難以裹帶口糧，令沿途各州縣每名日支口糧京升粟米壹升。其撥給兵丁馱馬，請照西路備戰馬匹之例，每匹日支料豆叁倉升，拾斤重草壹束，令地方官照數供支，以保膘力。至官兵騎馬，每匹日支料豆叁升，柒斤重草壹束，在于本營馬乾銀内照數扣還歸款，等因。在案。今前項供支派往金川進勦官兵壹千伍百叁拾肆員名，并跟役、餘丁，共支過鹽菜銀壹千捌百柒拾壹兩壹錢陸分，京斗粳米叁石肆升陸合壹勺，粟米叁百肆拾石捌斗壹升伍合叁勺，白麵壹萬玖千陸百肆拾斤，炒麵壹萬壹千捌百捌拾斤，倉斗豌豆柒百玖拾陸石陸斗壹升伍合，柒斤重草捌千貳百伍拾陸束伍分，拾斤重草壹萬柒千玖百肆拾伍束。户部按照册開官兵名數、起止日期逐一核算，與奏准應支數目均屬相符，應准開銷。仍令該督將官兵乘騎馬騾支過料草轉飭在于各本營馬乾銀内照例扣價歸款，報部查核。再，查册造每小麥壹石磨白麵壹百捌斤，青稞壹石磨炒麵壹百伍斤，共用過小麥壹百捌拾壹石捌斗叁升壹合捌勺，青稞壹百拾壹石肆斗貳升捌合伍勺。按例核算，數目亦屬相符，應准開銷。

一，前項派往金川出征官兵壹千伍百叁拾肆員名，各計借支行裝銀數不

等，共借支銀捌千貳百叁拾陸兩。係照乾隆拾貳年金川舊例借支，已于第五次派往金川出征官兵案内，經調任陝甘總督文綬聲明，節次照例借給製裝銀兩緣由奏明在案。仍遵照原奏，俟各官兵凱旋回日，分作四季查扣，另請撥用。等語。查陝甘派赴四川出征官兵于例給俸賞之外，復行酌借治裝銀兩。前經臣部以該督辦理在前，具奏在後，殊屬未協奏明，俟將來官兵等凱旋坐扣時，中間或有不能清完之數，即著落原辦之總督等按數分賠還項。等因。在案。此案甘肅省第四次派往金川出征官兵借支治裝銀捌千貳百叁拾陸兩，應令該督遵照臣部奏案辦理可也。臣等未敢擅便，謹題請旨。

乾隆叁拾捌年貳月貳拾日。

經筵講官、署理户部尚書事務、鑲黄旗漢軍都統、世襲三等輕車尉、革職留任五次、從寬免其革任臣永貴等，經筵講官、太子太保、協辦大學士事務、户部尚書臣于敏中，經筵講官、左侍郎、管理三庫事務、總管内務府大臣臣英廉，左侍郎、鑲紅旗漢軍副都統兼公中佐領臣范時紀，右侍郎兼世襲一等輕車都尉臣蔣賜棨，郎中臣興泰，郎中臣戈源，郎中臣蔡履元，郎中臣楊有涵，員外郎臣德義，員外郎臣福明，員外郎臣福參泰，員外郎臣蔣熊昌，主事臣德爾炳阿，主事臣特克慎，主事臣張誠基，額外主事臣唐樂宇，額外主事臣章銓。

【《明清檔案》A217—38，B121605—B121613】

署户部尚書永貴題報查核陝甘二省乾隆三十七年各營兵丁借支接濟銀兩

乾隆三十八年三月二十五日之一

題。

林其宴。

卅八年三月廿八日下户。

依議。

經筵講官、署理户部事務兼管兵部理藩院、鑲黄旗漢軍都統、世襲三等輕車都尉、革職留任五次、從寬免其革任臣永貴等謹題：爲遵旨密議事。

户科抄出陝甘總督勒爾謹題報陝甘督標及提標各鎮協營馬步守兵乾隆叁拾柒年借支接濟銀兩一案。乾隆叁拾柒年拾貳月貳拾日題，乾隆叁拾捌年貳月拾柒日奉旨：“該部察核具奏。欽此欽遵。”于本日抄出到部。

該臣等查得，陝甘總督勒爾謹疏稱，陝甘各營兵丁按季預領餉銀之外，原有借支銀兩之例以恤戎行。前准部咨，各營兵丁有因青黄不接，糧價昂貴，或地方歉收，兵食不足，借支接濟銀兩，馬兵每名借銀肆兩，步兵每名借銀叁兩，守兵每名借銀貳兩。其坐扣限期，惟該地方實在被灾歉收者，緩作六季扣還，其餘總定以四季扣還。至所借銀兩，應令于出借之後，隨時咨部，統于年底造册彙題。等因。通行遵照在案。

兹據甘肅布政使尹嘉銓詳稱，准督標甘肅提標凉州、寧夏、固原、河州等標協營各移稱駐扎地方，乾隆叁拾柒年，夏秋禾苗偏被灾傷，糧價昂貴，兵丁買食維艱。遵照原議，預借餉銀。當即照例借給，隨時呈請。咨部在案。今查督標伍營實在馬戰兵柒百捌拾叁名，每名借銀肆兩，共銀叁千壹百叁拾貳兩。步戰兵壹千伍百名，每名借銀叁兩，共銀叁千壹拾伍兩。甘肅提標伍營實在馬戰兵貳千柒百柒拾玖名，每名借銀貳兩，共銀伍千伍百伍拾捌兩。步戰兵壹千柒百貳拾名，每名借銀壹兩伍錢，共銀貳千伍百捌拾兩。凉州鎮屬標協并莊浪各營堡實在馬戰兵貳千陸百伍拾伍名，每名借銀肆兩，共銀壹萬陸百貳拾兩。步戰兵壹千捌百玖拾壹名，每名借銀叁兩，共銀伍千陸百柒拾叁兩。守兵貳千柒百壹拾壹名，每名借銀貳兩，共銀伍千肆百貳拾貳兩。寧夏鎮屬標路各營實在馬戰兵貳千柒百叁拾壹名，每名借銀肆兩，共銀壹萬玖百貳拾肆兩。步戰兵壹千伍百捌拾叁名，每名借銀叁兩，共銀肆千柒百肆拾玖兩。守兵貳千玖百貳拾捌名，每名借銀貳兩，共銀伍千捌百伍拾陸兩。固原鎮屬各營實在馬戰兵肆百捌拾柒名，每名借銀肆兩，共銀壹千玖百肆拾捌兩。步戰兵貳百貳拾捌名，每名借銀叁兩，共銀陸百捌拾肆兩。守兵肆百柒拾陸名，每名借銀貳兩，共銀玖百伍拾貳兩。河州協并所屬各營實在馬戰兵伍百玖拾陸名，每名借銀肆兩，共銀貳千叁百捌拾肆兩。步戰兵肆百陸名，每名借銀叁兩，共銀壹千貳百壹拾捌兩。守兵叁百陸拾陸名，每名借銀貳兩，共銀柒百叁拾貳兩。以上標協各營堡實在馬步守兵通共借銀陸萬伍千肆百肆拾柒兩，俱在司庫存貯乾隆叁拾柒、叁拾捌兩年兵餉銀内借支訖。各照原議，自乾隆叁拾柒年秋季、冬季及叁拾捌年春季關領餉銀内分扣歸款，統俟坐扣完日，另詳報部造册，呈賫前來，臣覆核無异。除册送部外，臣謹具題。等因。前來。

查乾隆捌年，原任川陝總督馬爾泰題准陝西、甘肅兵丁借支接濟銀兩，馬兵每名不得過肆兩，步兵每名不得過叁兩，守兵每名不得過貳兩，在于建曠項下借支。其坐扣限期，總定以四季扣還，如實因地方歉收，緩作六季坐扣。并將出借銀兩隨時咨部，統于年底造册彙題。等因。在案。今乾隆叁拾柒年，甘肅各標協營因地方歉收及糧價昂貴，借支接濟銀兩先據該督陸續咨報，均經臣部照例核明覆准。今據該督將甘肅省督標及提標各協營堡馬步守兵貳萬叁千叁百肆拾伍名，共借銀陸萬伍千肆百肆拾柒兩，照例彙題到部。臣部核對原報出借銀數及坐扣限期均屬相符，應令該督轉飭照例分季坐扣。統俟扣完之日，報部查核可也。臣等未敢擅便，謹題請旨。

乾隆叁拾捌年叁月貳拾伍日。

經筵講官、署理户部事務兼管兵部理藩院、鑲黄旗漢軍都統、世襲三等輕車都尉、革職留任五次、從寬免其革任臣永貴，經筵講官、户部左侍郎、管理三庫事務、總管内務府大臣、署理步軍統領事務臣英廉，左侍郎、鑲紅旗漢軍副都統暫署鑲紅旗漢軍都統兼公中佐領臣范時紀，右侍郎兼世襲一等輕車都尉臣蔣賜棨，陝西清吏司郎中臣觀亮，郎中臣蔡履元、郎中臣戈源，員外郎臣赫敏，員外郎臣德義，員外郎臣福保，員外郎臣福明，主事臣楊鍾岳、額外主事臣張有年，額外主事臣戚蓼生，額外主事臣林其宴。

【《明清檔案》A217—91，B121853—B121856】

陜甘總督兼甘肅巡撫勒爾謹題報鎮臣恭謝加級紀録事件

乾隆三十八年閏三月二十一日之二

題。

四月初六日。

卅八年四月廿日下户、吏。

該部知道。

兵部尚書兼都察院右都御史、總督陜甘等處地方軍務兼理糧餉并兼管甘肅巡撫事兼理茶馬臣勒爾謹謹題：爲遵例彙題，恭謝天恩事。

案查乾隆貳拾伍年柒月拾玖日，准兵部咨爲欽奉上諭事，職方清吏司案呈，内閣抄出大學士、忠勇公傅恒等奏無關緊要本章，應酌定裁減，繕寫清單進呈，俟命下之日，交各衙門遵照辦理。謹奏。乾隆貳拾伍年伍月貳拾柒日奉旨："依議。欽此。"相應抄録黏單，知照該督可也。計黏單一紙，内開：一，各省副都統、提鎮恭謝加級紀録恩，毋庸特本具題呈報。將軍、督撫統于夏秋貳季彙題。等因。準此，當經通行，遵照在案。

兹據護延綏鎮總兵官印務、陜西撫標中軍參將許宗奕呈稱，乾隆叁拾柒年捌月初拾日，奉准部咨，黏單内開：大學士、定邊右副將軍温福等將乾隆叁拾陸年拾貳月貳拾伍日起，至貳拾玖日止，攻取斯當安打仗奮勉官兵議叙一案，册開超等之貴州定廣協副將、今升延綏鎮總兵富紳著功加壹等、紀録伍次。奉旨："依議。欽此。"相應代請彙案，題謝天恩。等因。又准署陜西提督印務、西寧鎮總兵官趙興宗，署甘肅提督印務、肅州鎮總兵官法靈阿，安西提督臣巴彦弼，署興漢鎮總兵官印務、西鳳協副將伸泰，署固原鎮總兵官印務、中衛協副將皂保，護凉州鎮總兵官印務、蘭州城守營叅將烏爾納，護寧夏鎮總兵官印務、鎮海營叅將新柱，署西寧鎮總兵官印務、督標中軍副將特松額，署肅州鎮總兵官印務、慶陽協副將趙登高，署巴里坤鎮總兵官印務巴格，各移呈内稱：自乾隆叁拾柒年柒月起，至拾貳月底止，并無奉到加級紀録之案。各等因。到臣。

準據此，該臣看得，定例内開：提鎮恭謝加級紀録恩，毋庸特本具題呈報。督撫統于夏秋貳季彙題。等因。兹查乾隆叁拾柒年柒月起，至拾貳月底止，各提鎮奉到加級紀録現值應行彙題之期，經臣移行查報去後。今據護延綏鎮總兵官印務、陝西撫標中軍叅將許宗奕呈稱，乾隆叁拾柒年捌月初拾日，奉准部咨，黏單内開：大學士、定邊右副將軍温福等將乾隆叁拾陸年拾貳月貳拾伍日起，至貳拾玖日止，攻取斯當安打仗奮勉官兵議叙一案，册開超等之貴州定廣協副將、今升延綏鎮總兵富紳功加壹等、紀録伍次，呈請彙案，題謝天恩。此外兩省各提鎮均稱，自乾隆叁拾柒年柒月起，至拾貳月底止，并無奉到加級紀録之案。等情。各具覆前來。所有延綏鎮總兵官富紳奉到議叙加級，呈請題謝天恩。到臣。臣謹循例彙題，伏祈皇上睿鑒，敕部查照施行。爲此具本，謹具題聞。

乾隆叁拾捌年閏叁月貳拾壹日。

兵部尚書兼都察院右都御史、總督陝甘等處地方軍務兼理糧餉并兼管甘肅巡撫事兼理茶馬臣勒爾謹。

【貼黄】

兵部尚書兼都察院右都御史、總督陝甘等處地方軍務兼理糧餉并兼管甘肅巡撫事兼理茶馬臣勒爾謹謹題：爲遵例彙題，恭謝天恩事。

該臣看得，定例内開：提鎮恭謝加級紀録恩，毋庸特本具題呈報。督撫統于夏秋貳季彙題。等因。兹查乾隆叁拾柒年柒月起，至拾貳月底止，各提鎮奉到加級紀録現值應行彙題之期，經臣移行查報去後。今據護延綏鎮總兵官印務、陝西撫標中軍參將許宗奕呈稱，乾隆叁拾柒年捌月初拾日，奉准部咨，黏單内開：將攻取斯當安打仗奮勉官兵議叙一案，册開超等之貴州定廣協副將、今升延綏鎮總兵富紳功加壹等、紀録伍次，呈請題謝天恩。到臣。臣謹循例彙題，謹具題聞。

【《明清檔案》A218—2，B122077—B122080】

署户部尚書永貴題覆賞給寧夏駐防官兵紅白賞銀開銷事

乾隆三十八年五月九日之一

題。

卅八年五月十三日下户。

依議。

經筵講官、署理户部事務兼管兵部理藩院、鑲黄旗漢軍都統、世襲三等輕車都尉、革職留任五次、從寬免其革任臣永貴等謹題：爲咨報事。

據寧夏將軍偉善將乾隆叁拾柒年分賞給寧夏駐防官兵紅白事件銀兩造册，咨部核銷。等因。隨經臣部將册造兵丁數目是否相符移查兵部去後。今于乾隆叁拾捌年閏叁月拾伍日，准兵部查覆相符，并將原册咨送到部。該臣等查得，寧夏將軍偉善將寧夏駐防官兵乾隆叁拾柒年正月起至拾貳月底止賞過紅白事件銀兩造册，咨部核銷前來。查册開：

一，舊管：銀壹千伍百伍拾叁兩貳錢壹厘。等語。查前項舊管銀兩核與上年實存銀數相符，應毋庸議。

一，新收：乾隆叁拾柒年正月起，至年底止，共收平餘銀貳千陸百陸拾柒兩壹錢柒分肆厘。又收地租銀捌百陸拾玖兩陸錢陸分。二共銀叁千伍百叁拾陸兩捌錢叁分肆厘。等語。查前項新收銀兩，臣部按册核算，數目相符，應毋庸議。

一，開除：乾隆叁拾柒年正月起，至年底止，官兵所出紅白事肆百伍拾貳件，照例共賞給銀叁千壹百捌拾陸兩。等語。查乾隆叁拾叁年拾貳月，經軍機大臣會同臣部議奏，嗣後寧夏駐防官兵紅白事件應需賞銀，在于該處賞給官兵地畝租銀并支放官兵錢糧平餘等項銀内充用。等因。奏准在案。今乾隆叁拾柒年分該處駐防官兵共紅白事肆百伍拾貳件，移據兵部覆稱兵丁數目相符，所有前項用過銀叁千壹百捌拾陸兩。按册核算，與應賞銀數亦屬符合，應准開銷。

一，實存：銀壹千玖百肆兩叁分伍厘。等語。應令該將軍將前項實存銀兩轉飭收貯，俟有動用，造入下年奏銷案内，具題查核可也。

臣等未敢擅便，謹題請旨。

乾隆叁拾捌年伍月初玖日。

經筵講官、署理户部事務兼管兵部理藩院、鑲黄旗漢軍都統、世襲三等輕車都尉、革職留任五次、從寬免其革任臣永貴，經筵講官、户部左侍郎、管理三庫事務、總管内務府大臣、署理步軍統領事務臣英廉，左侍郎、鑲紅旗漢軍副都統暫署鑲紅旗漢軍都統兼公中佐領臣范時紀，右侍郎兼世襲一等輕車都尉臣蔣賜棨，陝西清吏司郎中臣觀亮，郎中臣蔡履元，郎中臣戈源，員外郎臣赫敏，員外郎臣德義。

【《明清檔案》A218—83，B122415—B122417】

陝甘總督兼甘肅巡撫勒爾謹題報守備患病情實請准休致

乾隆三十八年七月二十四日之三

題。

八月初十日。

卅八年八月廿三日下户。

兵部議奏。

兵部尚書兼都察院右都御史、總督陝甘等處地方軍務兼理糧餉并兼管甘肅巡撫事兼理茶馬臣勒爾謹謹題：爲病軀難以供職，懇祈轉請休致事。

准署陝西提督印務、西寧鎮總兵官趙興宗咨，准署固原鎮總兵官印務、中衛協副將皂保咨，據署洮岷協副將事、固原鎮標右營游擊衆神保呈，據署西固營都司事、永安堡守備邱成琮詳稱，竊卑職係廣東肇慶府開平縣人，由千總升補守備。現年肆拾捌歲，正宜奮勉供職，以圖報效。奈舊染傷勞吐血病症，今又復發。雖極力醫治，終延未愈，不能騎射，難以供職。營伍關重，未敢戀棧，致滋貽誤，懇祈轉請休致。等情。轉報到鎮。

據此，隨即委員分别查驗取結去後。兹據署階州營游擊王世照、護永安堡守備周殿元呈稱，遵即查驗得，署西固營都司事、永安堡守備邱成琮，實係染患傷勞吐血病症，不能騎射，難以供職，并無捏飾規避情弊。其署西固營都司暨永安堡守備兩任内，俱無未清錢糧、盜案事件，取具該備嫡親甘結，卑職等出具承查印結，同原領守備札付，理合一并呈賫。再，查該員年將伍旬，將來病痊，亦難望其起用，合并聲明。等情。賫報到署。提督移咨到臣。

準此，該臣看得，定例内開：副將以下、衛千總以上各官，實係老病告休者，題請休致。等因。遵奉在案。兹有固原鎮屬署西固營都司事、永安堡守備邱成琮，因患傷勞吐血病症，不能騎射，難以供職，照例懇請休致。據該署鎮委員查驗屬實，并無捏飭規避情弊。正署兩任亦無未清錢糧、盜案事件，取具結札，由署陝西提督臣趙興宗移會具題前來。臣查署西固營都司事、永安堡守備邱成琮既據查明實係患病，難以供職，且年將届伍旬，將來病痊，亦難望其起用，似應照例准予休致。除結札送部外，臣謹具題，伏祈皇上睿鑒，敕部議覆施行。爲此具本，謹題請旨。

乾隆叁拾捌年柒月貳拾肆日。

兵部尚書兼都察院右都御史、總督陝甘等處地方軍務兼理糧餉并兼管甘肅巡撫事兼理茶馬臣勒爾謹。

【貼黄】

兵部尚書兼都察院右都御史、總督陝甘等處地方軍務兼理糧餉并兼管甘肅巡撫事兼理茶馬臣勒爾謹謹題：爲病軀難以供職等事。

該臣看得，定例内開：副將以下各官，實係老病告休者，題請休致。等因。遵奉在案。兹有固原鎮屬署西固營都司事、永安堡守備邱成琮，因患傷勞吐血病症，不能騎射，難以供職，照例懇請休致。據該署鎮委員查驗屬實，取具結札，由署陝西提督臣趙興宗移會前來。臣查署都司事守備邱成琮，既據查明實係患病，難以供職，似應照例准予休致。除結札送部外，臣謹具題請旨。

【《明清檔案》A219—18，B122737—B122739】

大學士管户部于敏中題覆甘省被灾地畝額徵錢糧應准豁免

乾隆三十八年十月四日

題。

依議。

經筵講官、太子太保、文華殿大學士、管理户部事務臣于敏中等謹題：爲欽奉上諭事。

户科抄出陝甘總督勒爾謹題皋蘭等三十廳、州、縣乾隆叁拾柒年夏秋貳禾被灾地畝應免分數錢糧一案。乾隆叁拾捌年陸月拾捌日題，柒月貳拾貳日奉旨：“該部議奏。欽此欽遵。”于本日抄出到部。

該臣等查得，陝甘總督勒爾謹疏稱，甘肅省各屬乾隆叁拾柒年夏秋貳禾偏被旱、雹、水、霜等灾，應行蠲賑各事宜。前經臣具疏題請，接准部覆，

行司遵辦去後。兹據甘肅布政使尹嘉銓詳稱，查皋蘭、紅水縣丞、金縣、渭源、狄道、靖遠、隴西、安定、會寧、平凉、静寧、華亭、涇州、隆德、鎮原、固原、鹽茶廳、安化、環縣、平番、寧夏、靈州、平羅、中衛、巴燕戎格廳、西寧、大通、肅州、王子莊州同、高臺等廳、州、縣，乾隆叁拾柒年偏被旱、雹、水、霜等灾，自伍分以至玖分不等，共地貳萬柒千玖百捌拾陸頃捌拾肆畝叁分。又，地陸千肆百玖拾□，通共額徵起存銀肆萬陸千捌百捌拾陸兩肆錢伍分柒厘，糧肆萬叁千叁百参拾玖石壹斗伍升貳合肆勺，番糧伍百捌拾伍石柒斗叁升叁合，柒斤重草壹拾伍萬壹千叁百捌拾捌束陸分玖厘。又，金縣貳拾斤重草壹百貳束肆斤零。又，固原、鹽茶二廳州拾捌斤重草貳千叁百伍拾伍束壹拾陸斤零。照例，被灾玖分免陸，捌分免肆，柒分免貳，伍陸分免一，共應免分數起存正銀壹萬貳千壹百伍拾肆兩玖錢叁分伍厘，耗銀壹千捌百貳拾叁兩貳錢肆分貳厘，正糧壹萬伍千壹百玖拾肆石叁升肆合肆勺，耗糧貳千貳百柒拾玖石壹斗肆合玖勺。又，應免番糧玖拾叁石柒斗捌升貳勺，額徵草貳萬陸千陸百叁拾叁束伍分柒厘。又，應免貳拾斤重草叁拾貳束肆斤零，拾捌斤重草肆百叁拾叁束捌斤零。又，中衛縣被水冲壓、不能墾復地捌拾柒畝，額徵銀捌分柒厘耗銀壹分叁厘，糧壹拾石肆斗肆升耗糧壹石伍斗陸升陸合，額徵草貳拾陸束壹分，應請全數豁免。以上應免并被水冲壓應豁各銀、糧、草束，據各委員會同各廳、州、縣册登，均請在于當年額徵内照數豁免，以免民累。再，查應免應豁銀、糧、草束，俱係因灾實在應免之數，并無捏飾冒免情弊。取具册結，加具司結，一并呈賫請題。等情。臣覆核無异。除册結照例分送外，相應具題。等因。前來。

查被灾地畝蠲免分數錢糧，先于雍正陸年叁月内欽奉諭旨："被灾拾分者，著免柒分，玖分者，著免陸分，捌分者，著免肆分，柒分者，著免貳分，陸分者，著免壹分。欽此。"又于雍正柒年陸月内欽奉諭旨："凡遇特恩蠲免錢糧者，其耗羡仍舊輸納。若因水旱蠲免者，不得徵收耗羡。將此永著爲例。欽此。”又，乾隆叁年伍月内欽奉諭旨：“嗣後著將被灾伍分之處，亦准報灾，地方官查勘明確，蠲免錢糧拾分之壹。欽此欽遵。”各在案。今據陝甘總督勒爾謹將甘肅省所屬皋蘭等叁拾廳、州、縣，乾隆叁拾柒年夏秋貳禾偏被雹、水、旱、霜等灾，自伍分至玖分不等，共地貳萬柒千玖百捌拾陸頃捌拾肆畝叁分，又地陸千肆百玖拾□，通共額徵起運存留正銀肆萬陸千捌百捌拾陸兩肆錢伍分柒厘，額徵起運存留正糧肆萬叁千玖百壹拾肆石捌斗捌升伍合肆勺，額徵柒斤重草壹拾伍萬壹千叁百捌拾捌束陸分玖厘。又，金縣額徵貳拾斤重草壹百貳束肆斤零。固原、鹽茶二廳州額徵拾捌斤重草貳千叁百伍拾伍束壹拾陸斤零。照例，被灾玖分免陸，捌分免肆，柒分免貳，伍陸分免壹，共應免分數正銀壹萬貳千壹百伍拾肆兩玖錢叁分伍厘，耗銀壹千捌百貳拾叁兩貳錢肆分貳厘，正糧壹萬伍千壹百玖拾肆石叁升肆合肆勺，耗糧貳千貳百柒拾玖石壹斗肆合玖勺，番糧玖拾叁石柒斗捌升貳勺，草陸萬貳千陸百叁拾叁束伍分柒厘，貳拾斤重草叁拾貳束肆斤零，拾捌斤重草肆百叁拾叁束捌斤零。造具册結，具題請免。等語。臣部按照册造各廳、州、縣被灾地畝分數，逐一分别核算數目，均與定例相符，應准其照數豁免。至中衛縣被水冲壓、不能墾復地捌拾柒畝，額徵銀捌分柒厘耗銀壹分叁厘，糧壹拾石肆斗肆升，耗糧壹石伍斗陸升陸合，草貳拾陸束壹分。既據該督聲明，委員會勘，取具實在不能墾復印結送部。所有豁免正耗銀、糧、草束，臣部核與該縣《全書》開載科則細數亦屬相符，應准其照例豁除。其各廳、州、縣蠲剩分數，應徵銀、糧、草束，仍令該督轉飭，照例分年帶徵完報造入地丁奏銷册内，送部查核可也。臣等未敢擅便，謹題請旨。

乾隆叁拾捌年拾月初肆日。

經筵講官、太子太保、文華殿大學士、管理户部事務臣于敏中，【注】經筵講官、禮部尚書、署理户部尚書事務、鑲黄旗漢軍都統、世襲三等輕車都尉、革職留任五次、從寬免其革任臣永貴，經筵講官、太子少保、户部尚書、

革職留任又二次從寬免其革任臣王際華，經筵講官、刑部尚書、正黄旗滿洲都統、管理三庫事務、總管内務府大臣、署理步軍統領事務臣英廉，左侍郎、鑲紅旗漢軍副都統兼公中佐領臣范時紀，右侍郎兼管順天府府尹事務兼襲一等輕車都尉臣蔣賜棨，陝西清吏司郎中臣觀亮，員外郎臣赫敏，員外郎臣福明，員外郎臣福柱，主事臣楊鍾岳，額外主事臣林其宴。

【注】銜名："經筵講官禮部尚書署理户部尚書事務鑲黄旗漢軍都統世襲三等輕車都尉革職留任伍次從寬免其革任臣永貴。"

【《明清檔案》A219—87，B123035—B123039】

△諭内閣著敖成補授寧夏鎮總兵等官員任免事

乾隆三十八年十月十七日

乾隆三十八年十月十七日，内閣奉上諭："甘肅寧夏鎮總兵員缺，著敖成補授。其甘肅提標中營參將員缺，著汪騰龍補授。欽此。"

【《乾隆朝上諭檔》第7册，第467頁第1296條】

陝甘總督勒爾謹奏爲補製撥缺鳥槍腰刀等項以實軍儲以備操練事

乾隆三十八年十一月初五日

陝甘總督臣勒爾謹跪奏：爲補製撥缺鳥槍、腰刀等項，以實軍儲，以備操練事。

竊照川省進剿逆酋，需用鳥槍、腰刀甚多。經臣奏明，在于甘省各標營挑選鳥槍二千杆，腰刀一千把，就近解川聽撥在案。臣查鳥槍腰、刀爲操演必需之物，既經動撥，自應如數補製，以備應用。兹據經費局司、道詳請督標，中營應補製鳥槍一千杆，腰刀二百把，固原鎮標應補製鳥槍四百杆，凉州鎮標應補製鳥槍六百杆，腰刀八百把。以上工價，照例在于金川軍需銀内動支。等情。臣查與川省撥缺之數相符。除分飭各該營選派幹員，督率工役，如法製造，槍鐵務須純净，刀刃務須鋒利外，臣謹繕摺恭奏，伏祈皇上睿鑒。謹奏。

乾隆三十八年十一月初五日。

知道了。

【《宫中檔乾隆朝奏摺》第33輯，第285頁】

△奏謹擬寫即將海禄實授固原鎮總兵諭旨呈覽

乾隆三十八年十一月十四日

查海禄于本年正月因李雲標患病解任，所遺固原鎮總兵員缺，奉旨："著海禄署理。"今臣等面奉旨，旨以海禄此次頗爲出力，應即令其實授。臣等查李雲標既因病解任，想一時未能就痊，謹擬寫即將海禄實授固原鎮總兵諭旨呈覽，合并聲明。謹奏。

十一月十四日。

【《乾隆朝上諭檔》第7册，第483頁第1344條】

陝甘總督兼甘肅巡撫勒爾謹題請核銷平羅縣撥運寧夏滿營兵馬糧料用過脚價銀

乾隆三十八年十二月四日

題。

卅九年正月廿八日下户。

該部察核具奏。

兵部尚書兼都察院右都御史、總督陝甘等處地方軍務兼理糧餉并兼管甘肅巡撫事兼理茶馬臣勒爾謹謹題：爲遵旨議奏事。

據甘肅布政使司布政使尹嘉銓呈，蒙總督陝甘勒部院案驗，乾隆叁拾捌年肆月貳拾貳日，准户部咨，陝西司案呈，户科抄出陝督勒爾謹題銷甘肅省平羅縣運供寧夏滿洲營乾隆叁拾柒年兵糧用過脚價銀兩壹案。乾隆叁拾柒年拾貳月貳拾日題，乾隆叁拾捌年貳月貳拾貳日奉旨："該部察核具奏。欽此欽遵。"于本日抄出到部。

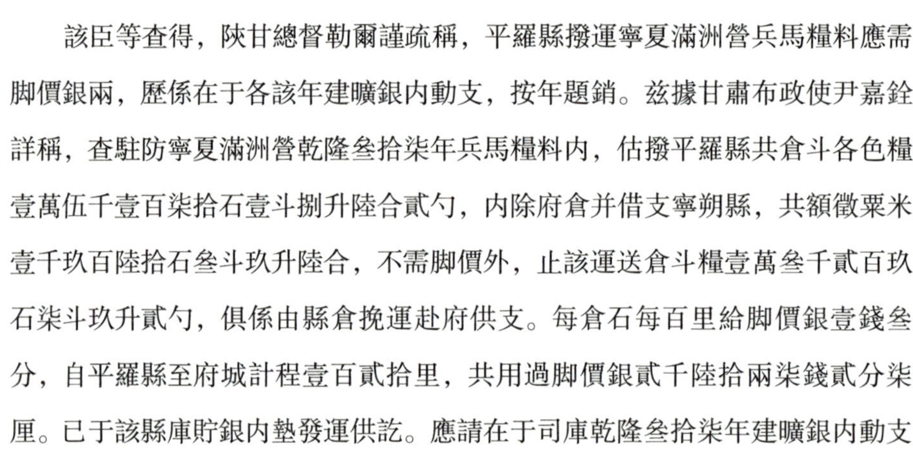

該臣等查得，陝甘總督勒爾謹疏稱，平羅縣撥運寧夏滿洲營兵馬糧料應需脚價銀兩，歷係在于各該年建曠銀内動支，按年題銷。兹據甘肅布政使尹嘉銓詳稱，查駐防寧夏滿洲營乾隆叁拾柒年兵馬糧料内，估撥平羅縣共倉斗各色糧壹萬伍千壹百柒拾石壹斗捌升陸合貳勺，内除府倉并借支寧朔縣，共額徵粟米壹千玖百陸拾石叁斗玖升陸合，不需脚價外，止該運送倉斗糧壹萬叁千貳百玖石柒斗玖升貳勺，俱係由縣倉挽運赴府供支。每倉石每百里給脚價銀壹錢叁分，自平羅縣至府城計程壹百貳拾里，共用過脚價銀貳千陸拾兩柒錢貳分柒厘。已于該縣庫貯銀内墊發運供訖。應請在于司庫乾隆叁拾柒年建曠銀内動支還項，作正開銷。等情。臣覆核無异。相應具題。等因。前來。

查駐防寧夏滿洲營每年額估兵糧，如府倉不敷撥供，由平羅縣徵貯糧内挽運供支。所需脚價，節據該督題請，照例給發，經臣部准銷在案。今據該督疏稱，乾隆叁拾柒年，平羅縣估撥寧夏滿洲營兵糧壹萬伍千壹百柒拾石壹斗捌升陸合貳勺，内除府倉徵收并借支寧朔縣，共額徵粟米壹千玖百陸拾石叁斗玖升陸合，無需脚價外，尚有應供糧壹萬叁千貳百玖石柒斗玖升貳勺，俱由縣倉挽運赴府供支。每倉石每百里給脚價銀壹錢叁分，自平羅縣至府城計程壹百貳拾里，共用脚價銀貳千陸拾兩柒錢貳分柒厘。已于該縣庫貯銀内墊發運供，請在于司庫建曠銀内動支還項。等語。臣部按照運過糧石程途里數逐一核算，與例相符，所有用過脚價銀兩，應准其在于司庫建曠銀内動支還項。等因。乾隆叁拾捌年閏叁月拾陸日題，本月拾捌日奉旨："依議。欽此。"相應行文陝甘總督可也。等因。咨院行司。

蒙此，該布政使尹嘉銓查得，前奉部咨平羅縣運供寧夏滿洲營乾隆叁拾柒年兵馬糧料，每倉石每百里給脚價銀壹錢叁分，與例相符，應准其開銷。等因。當經備檄轉飭，遵辦在案。今據署寧夏府知府陳之銓詳，據平羅縣知縣杜耕書詳稱，遵查卑縣乾隆叁拾捌年奉供駐寧滿洲營兵馬倉斗糧料壹萬肆千壹百壹拾石柒斗壹升玖合陸勺，内估支乾隆叁拾貳年額徵倉斗粟米肆百壹拾石玖升壹合，乾隆叁拾伍年額徵倉斗粟米肆百陸拾壹石伍斗壹升柒合壹勺，乾隆叁拾柒年額徵倉斗粟米貳千壹百陸拾玖石壹斗壹升壹合伍勺，乾隆叁拾捌年額徵倉斗粟米貳千叁百柒拾石。乾隆叁拾貳年額徵倉斗豌豆壹千石，乾隆叁拾叁年額徵倉斗豌豆伍千石，乾隆叁拾伍年額徵倉斗豌豆伍百石，乾隆叁拾陸年額徵倉斗豌豆捌百石，乾隆叁拾柒年額徵倉斗豌豆壹千肆百石。以上共運供新舊倉斗糧料壹萬肆千壹百壹拾石柒斗壹升玖合陸勺，内除府倉應徵本年額徵倉斗粟米柒百陸拾石叁斗玖升陸合不需脚價外，止該應需倉斗粟米、豌豆壹萬叁千叁百伍拾石叁斗貳升叁合陸勺。向例，卑縣應供月分係正、叁、伍月，寧夏、寧朔貳縣不能先行通融，即前項奉估新糧必須預爲借動，隨同舊糧湊供。查府城倉素無積貯，滿洲營官兵例不遠赴支領。兼之洪廣、李剛貳倉目下雖有存貯各色糧石，除供支洪廣營并平羅營所屬分駐李剛營歲需兵馬糧料，以及撥留應借附近各堡夏秋籽種之外，實係存貯無幾。所存之糧，亦係糜穀、青豆等色，較對奉估滿兵粟米、豌豆糧色不符。所有前項實應需倉斗粟米、豌豆壹萬叁千叁百伍拾石叁斗貳升叁合陸勺，供支在急。經卑縣照例雇覓民車俱由縣倉運供，每倉石每百里給脚價銀壹錢叁分，自平羅縣至府城計程壹百貳拾里，共應需脚價銀貳千捌拾貳兩陸錢伍分，已于該縣庫貯銀内墊發運供訖。

再，查歷年估撥新舊糧石俱經詳請脚價，奉部允准在案。今卑縣運供過

乾隆叁拾捌年滿兵倉斗糧料共用過脚價銀兩實係與例相符，并無揑飾情弊，理合具情轉詳，俯賜飭領還項。等情。由府轉詳前來。本司覆查駐防寧夏滿洲營乾隆叁拾捌年兵馬糧料内，估撥平羅縣乾隆叁拾貳年額徵倉斗粟米肆百壹拾石玖升壹合，乾隆叁拾伍年額徵倉斗粟米肆百陸拾壹石伍斗壹升柒合壹勺，乾隆叁拾柒年額徵倉斗粟米貳千壹百陸拾玖石壹斗壹升壹合伍勺，乾隆叁拾捌年額徵倉斗粟米貳千叁百柒拾石。乾隆叁拾貳年額徵倉斗豌豆壹千石，乾隆叁拾叁年額徵倉斗豌豆伍千石，乾隆叁拾伍年額徵倉斗豌豆伍百石，乾隆叁拾陸年額徵倉斗豌豆捌百石，乾隆叁拾柒年額徵倉斗豌豆壹千肆百石。以上共運過倉斗各色糧壹萬肆千壹百壹拾石柒斗壹升玖合陸勺。内除府倉應徵粟米柒百陸拾石叁斗玖升陸合不需脚價外，止該實應需倉斗粟米、豌豆壹萬叁千叁百伍拾石叁斗貳升叁合陸勺，俱係由縣倉挽運赴府供支。既據該縣詳請照例運供，每倉石每百里給脚價銀壹錢叁分，自平羅縣至府城計程壹百貳拾里，共用過脚價銀貳千捌拾貳兩陸錢伍分，已于該縣庫貯銀内墊發運供訖。本司核查所請糧數，俱與估撥册造之數相符，所有墊支過前項脚價銀兩，應請在于司庫乾隆叁拾捌年建曠銀内動支，作正開銷。相應詳請核題。等情。呈詳到臣。

該臣查得，平羅縣撥運寧夏滿洲營兵馬糧料應需脚價銀兩歷係在于建曠銀内動支，按年題銷。兹據甘肅布政使尹嘉銓詳稱，查駐防寧夏滿洲營乾隆叁拾捌年兵馬糧料内估撥平羅縣共倉斗各色糧壹萬肆千壹百壹拾石柒斗壹升玖合陸勺。内除府倉應徵粟米柒百陸拾石叁斗玖升陸合不需脚價外，止該運送倉斗粟米豌豆壹萬叁千叁百伍拾石叁斗貳升叁合陸勺，俱係由縣倉挽運赴府供支，照例每倉石每百里給脚價銀壹錢叁分。自平羅縣至府城計程壹百貳拾里，共用過脚價銀貳千捌拾貳兩陸錢伍分，已于該縣庫貯銀内墊發運供訖。細加核查，所請糧數俱與估撥册造之數相符，所有墊支過前項脚價銀兩應請在于司庫乾隆叁拾捌年建曠銀内動支，作正開銷。等情。詳請具題前來，臣覆核無异。相應具題，伏祈皇上睿鑒，敕部議覆施行。謹題請旨。

乾隆叁拾捌年拾貳月初肆日。

兵部尚書兼都察院右都御史、總督陝甘等處地方軍務兼理糧餉并兼管甘肅巡撫事兼理茶馬臣勒爾謹。

【貼黄】

兵部尚書兼都察院右都御史、總督陝甘等處地方軍務兼理糧餉并兼管甘肅巡撫事兼理茶馬臣勒爾謹謹題：爲遵旨議奏事。

該臣查得，平羅縣撥運寧夏滿洲營兵馬糧料應需脚價銀兩歷係在于建曠銀内動支，按年題銷。兹據甘肅布政使尹嘉銓詳稱，查駐防寧夏滿洲營乾隆叁拾捌年兵馬糧料内估撥平羅縣共糧壹萬肆千壹百壹拾石零。内除府倉應徵米石不需脚價外，該運送米豆壹萬叁千叁百伍拾石零，由縣倉運府供支共用過脚價銀貳千捌拾貳兩零，已于縣庫墊發運供訖。所有墊支脚價銀兩，應請在于司庫乾隆叁拾捌年建曠銀内動支，作正開銷。等情。前來，臣覆核無异。謹題請旨。

【《明清檔案》A219—135，B123233—B123239】

陝甘總督勒爾謹奏爲拿獲逃兵審明正法事

乾隆三十八年十二月初五日

陝甘總督臣勒爾謹跪奏：爲拿獲逃兵，審明正法，恭摺奏聞事。

竊照征兵脱逃，大干法紀，一經拿獲，即應立正典刑，以伸國憲。兹據蘭州按察使圖桑阿審解拿獲逃兵劉太亨一名前來，臣提犯嚴訊。據劉太亨供稱，年三十九歲，係寧夏縣人。乾隆三十七年六月内充當寧夏鎮左營守兵，是年七月内，派往金川出征。十二月十一日，拔補花馬池營馬兵。三十八年二月十一日，因思家念切，起意逃走。于十月三十日走至華亭縣窑頭鎮地方，被兵役拿獲。等情。嚴詰再三，堅供并無同逃之人，亦未拐帶軍器。臣查該犯所供出征起數與脱逃月日，均與軍營咨册相符，并調該營弁質認明確，臣隨于十二月初四日恭請王命，即在省城將逃兵劉太亨正法訖。除移咨軍營曉示儆衆外，理合恭摺奏聞，伏祈皇上睿鑒。謹奏。

乾隆三十八年十二月初五日。

覽。

【《宫中檔乾隆朝奏摺》第33輯，第627頁】

陝甘總督勒爾謹奏報甘省民捐社倉糧數事

乾隆三十八年十二月初五日

陝甘總督臣勒爾謹跪奏：爲遵例奏報民捐社倉糧數，仰祈聖鑒事。

竊照各省義倉穀數接准部咨，令于年内具奏。等因。兹據甘肅布政使尹嘉銓查明，乾隆三十八年，甘肅蘭州、鞏昌、平凉、慶陽、甘州、凉州、寧夏、西寧、安西九府及直隸秦州、階州、肅州三州，實存民捐社倉京斗糧二萬五千六百六十四石零，俱係實貯在倉，并無虧缺。等情。詳報前來。臣覆核無异。除將收支各細數遵例于下年分晰造册，另案具題外，所有甘省各屬實貯民捐社倉穀數，理合恭摺具奏，伏祈皇上睿鑒。

再，義倉一項，甘省歷來無此名目，惟民捐社倉，係小民自相捐輸，似與義倉立意相同，合并陳明。謹奏。

乾隆三十八年十二月初五日。

覽。

【《宫中檔乾隆朝奏摺》第33輯，第628頁】

甘肅按察使圖桑阿奏報移駐凉莊寧夏官兵全數入境事

乾隆三十八年十二月十六日

甘肅按察使奴才圖桑阿跪奏：爲移駐凉、莊寧夏官兵全數入境，恭摺奏聞事。

竊照自京移駐官兵，欽奉諭旨，令奴才稽查照料，遵將凉州頭起官兵行抵涇州日期，恭摺具奏在案。嗣于十一月初四日，奴才在涇州縣據會寧縣禀報二起領兵佐領阿克敦布有責打該縣長隨賈奎、趙棠之事，奴才隨即星馳前赴該處，親加驗看。賈奎旋經斃命，趙棠傷亦甚重，隨即禀報督臣參奏審辦。奴才仍馳赴涇州照料，并將阿克敦布滋事不法獲罪緣由，嚴切傳知各起領兵官員，務遵功令，管束兵丁，毋得再蹈前轍。該領兵官等均知凛畏，安静守法，于十二月十六日全數過涇州。奴才亦即銜尾行走，沿途照料彈壓，所有移駐凉、莊、寧夏官兵全數入境緣由，謹繕摺奏聞，伏祈皇上睿鑒。謹奏。

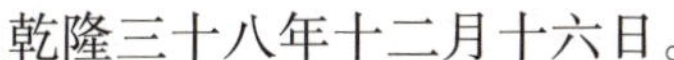
乾隆三十八年十二月十六日。

覽。

【《宫中檔乾隆朝奏摺》第 33 輯，第 804 頁】

乾隆三十九年（1774）

陝西巡撫畢沅奏報西安防兵全數到省事

乾隆三十九年正月初八

陝西巡撫臣畢沅跪奏：爲奏聞事。

竊照移駐凉莊寧夏等處防兵二千五百名，分作二十起行走，所有全數出境日期，業經臣奏明在案。兹查，移駐西安眷兵八百名，匀作七起，于上年十二月三十日全抵西安省城，沿途照例供支，均無貽誤。各起兵丁及帶兵之章京等，近因欽奉諭旨，嚴切臣與將軍富僧阿復隨時剴切曉諭，令其安分守法，毋得稍有妄爲。該官兵等各知感激皇恩，敬謹凛遵聖訓，不敢絲毫滋事。抵省後，現已安插停妥，看來俱屬安静。至各臺站安設車輛等項，及協站文武員弁，于未起兵過竣之後，即令全行撤回。所有西安防兵全數到省緣由，理合恭摺具奏，伏祈皇上睿鑒。謹奏。

乾隆三十九年正月初八日。

覽。

【《宫中檔乾隆朝奏摺》第 34 輯，第 186 頁】

陝甘總督勒爾謹奏報拿獲潰逃兵丁事

乾隆三十九年正月二十四日

陝甘總督臣勒爾謹跪奏：爲拿獲潰逃兵丁，審明正法，恭摺奏聞事。

竊查寧夏左營盤獲軍營潜回兵丁謝鐸、金訓二名，當經臣一面飛飭解省，并繕摺奏聞在案。兹據該營派撥員弁押解前來，臣率同司、道嚴加確訊。緣謝鐸、金訓俱係寧夏鎮標左營兵丁，奉派出征金川，三十八年六月初九日，在木果木營内見賊番擁至，衆兵倉皇星散。該二犯各受矛傷，不能拒敵，隨衆亂跑，一同潜回。等情。臣查木果木潰散之兵爲人人之所痛恨，而謝鐸、金訓二兵既潰且逃，尤爲罪不容誅，大干法紀。臣欽遵諭旨，于正月二十日恭請王命，將該犯謝鐸、金訓二名綁赴市曹處斬訖。除移咨軍營轉飭曉諭外，理合恭摺奏聞，伏祈皇上睿鑒。謹奏。

乾隆三十九年正月二十四日。

覽。

【《宫中檔乾隆朝奏摺》第 34 輯，第 339 頁】

陝甘總督勒爾謹奏報估變裁缺衙署事

乾隆三十九年正月二十九日

陝甘總督臣勒爾謹跪奏：爲估變裁缺衙署，遵例奏聞事。

竊查奇臺設立通判，前經奏明，將寧夏府西路同知裁移，業經奉旨，允准在案，其同知衙署隨飭藩司轉行估變。兹據該司詳覆前來。臣查寧夏府西路同知衙署建自何年，無所稽考。計大小房六十四間，自應全行估變。惟查中衙自雍正四年改衙爲縣之後，設立典史，向未建有衙署，歷任各員俱賃房居住，雖係微末之員，究于辦公未便。應將裁缺同知署内酌留房十四間，作爲典史衙署，其餘房五十間，照依時價，估銀七百四十四兩零。臣復飭寧夏道秦雄飛親往確查，并無估多報少情弊，應准其變價。再，查前任西路同知巴彦岱因衙署歷年久遠，坍塌甚多，于乾隆三十四年詳借司庫銀六百五十兩修建，議令三年扣完。迨至三十七年二月内，裁缺尚有未完銀一百四十二兩六錢零，應即在該典史養廉内照借項修理衙署例，分作八年扣還。除飭將估變銀兩解司充公并册結送部外，理合恭摺奏聞，伏祈皇上睿鑒。謹奏。

乾隆三十九年正月二十九日。

該部知道。

【《宫中檔乾隆朝奏摺》第34輯，第463頁】

陝西巡撫畢沅奏報拿獲軍營逃兵審明正法事

乾隆三十九年四月三十日

陝西巡撫臣畢沅跪奏：爲拿獲軍營逃兵，審明正法，恭摺奏聞事。

竊照隨征兵丁，在軍前脱逃被獲，欽奉諭旨，訊明後，即行正法，歷經欽遵辦理在案。兹據寧羌州拿獲逃兵張文信，留壩廳拿獲逃兵龔天相，先後押解至省，臣隨率同布政使富綱、按察使孫含中、督糧道王時薰、驛鹽道翁燿等提犯親訊。據張文信供稱，年三十一歲，甘肅靖遠縣人，乾隆三十一年在靖遠營當兵。三十七年五月，挑往四川。六月內，至西路軍營北梁子守卡，後派大牛廠打伏。因患眼疾，留在控喀養病，病好後，復派防卡。三十八年四月初八日，乘間逃走。因不熟路徑，隨處流蕩，乞食到寧羌州地方，被兵役盤獲。又據龔天相供稱，年二十七歲，甘肅寧夏縣人，乾隆三十七年在寧夏鎮標右營當兵。是年五月內，挑往四川。六月底，至日耳寨軍營派撥守卡。三十八年正月十五日，乘間逃走。因恐原籍查拿，不敢回家，日從山僻小路行乞，夜宿古廟空窑，并無一定住址。行至留壩廳地方，被兵役拿獲。等情。嚴詰，并無拐帶軍器，亦無結伴同逃及知情容留之人。核對軍營咨緝大案，均屬相符。查張文信、龔天相，俱係隨征兵丁，膽敢私自潛遁，大干法紀，臣于四月二十九日審訊明確，恭請王命，將張文信、龔天相綁赴市曹，即行處斬訖。除仍嚴飭文武各官督率兵役上緊踩訪密緝，務期陸續弋獲，并將拿獲張文信、龔天相審明正法緣由，咨明軍管暨原籍知照外，理合繕摺奏聞，伏祈皇上睿鑒。謹奏。

乾隆三十九年四月三十日。

覽。

【《宮中檔乾隆朝奏摺》第35輯，第455頁】

陝甘總督兼甘肅巡撫勒爾謹題請補授邊營游擊

乾隆三十九年五月四日

題。

八。

五月十八日。

卅九年六月初一日户、兵。

該部議奏。

兵部尚書兼都察院右都御史、總督陝甘等處地方軍務兼理糧餉并兼管甘肅巡撫事兼理茶馬臣勒爾謹謹題：爲請補邊營游擊事。

乾隆叁拾玖年肆月初拾日，准兵部咨，武選清吏司案呈，議得陝甘總督勒爾謹疏稱，玉泉營游擊徐起祥休致遺缺，查有四川軍營定邊副將軍果毅公豐昇額咨送，隨征奮勇出力之清水營都司那璘堪以請補。查那璘歷俸尚未滿年限，但現在軍營奮勇出力，似未便拘泥成例。仰懇俯准補授，則該員自必益加奮勵。等因。具題前來。

查甘肅玉泉營游擊員缺，係陝甘松潘分用滿員案内，應輪用緑旗人員。都司那璘因派赴軍營駐札木池等處，有賊匪偷竊衣物，背夫張世耀受傷身故壹案，該員并不實力稽查防範。臣部照例議以降一級調用，暫停開缺，仍留軍營效力，俟事竣之日，該管大臣出具考語，送部引見，恭候欽定。等因。題准在案。是該員係因軍營事件失察，議以降一級調用，留于軍營效力之員，未便遽准題補，應將該總督所請那璘題補游擊之處，毋庸議。其甘肅玉泉營游擊員缺係該省所出之缺，仍令該總督另行揀選題補。等因。于乾隆叁拾玖年叁月初伍日題，本月初玖日奉旨："依議。欽此。"相應知照陝甘總督可也。等因。到臣。

準此，該臣看得，寧夏鎮屬玉泉營游擊徐起祥休致遺缺，前經臣以四川軍營隨征奮勇出力之清水營都司那璘請補，接准部咨，那璘係因軍營事件失察，議以降一級調用，留于軍營效力之員，未便遽准題補，應將該督所請那璘題補游擊之處，毋庸議。仍令另行揀選題補。等因。臣查前准兵部咨稱，湖南巡撫梁國治奏，准定例，若遇本省應題缺出，將派往出征員弁與本省當差人員秉公比較。今玉泉營游擊一缺，查有四川軍營定邊副將軍臣明亮等，咨送隨征奮勇出力之神木協中軍都司史貴，堪以請補前項員缺。查史貴係平涼府固原州人，歷俸尚未滿年限，與例未符，但現在軍營奮勇出力，似未便拘泥成例。合無仰

懇聖恩，格外俯准補授，則該員自必益加勇躍圖報，凡在軍營員弁，皆知奮勉矣。再，該員例應引見之員，現在軍營進征，應俟金川凱旋回營之日，再爲給咨赴部。除履歷俟查取至日另咨送部外，臣謹會同甘肅提督臣法靈阿合詞具題。伏祈皇上睿鑒，敕部議覆施行。爲此具本，謹題請旨。

乾隆叁拾玖年伍月初肆日。

兵部尚書兼都察院右都御史、總督陝甘等處地方軍務兼理糧餉并兼管甘肅巡撫事兼理茶馬臣勒爾謹。

【貼黄】

兵部尚書兼都察院右都御史、總督陝甘等處地方軍務兼理糧餉并兼管甘肅巡撫事兼理茶馬臣勒爾謹謹題：爲請補邊營游擊事。

該臣看得，寧夏鎮屬玉泉營游擊徐起祥休致遺缺，准部咨令選補。等因。臣查前准兵部咨湖南巡撫梁國治奏准定例，若遇本省應題缺出，將派往出征員弁與本省當差人員秉公比較。今玉泉營游擊一缺，查有四川軍營定邊副將軍臣明亮等，咨送隨征奮勇出力之神木協中軍都司史貴，堪以請補前項員缺。查史貴歷俸尚未滿年限，與例未符，但現在軍營奮勇出力，似未便拘泥成例。合無仰懇聖恩，格外俯准補授，則該員自必益加勇躍圖報，凡在軍營員弁，皆知奮勉矣。除履歷俟查取至日另咨送部外，臣謹合詞具題，謹題請旨。

【《明清檔案》A221—9，B123969—B123971】

河東河道總督姚立德奏報伏汛水勢安瀾工程平穩事

乾隆三十九年七月初二日

河東河道總督臣姚立德謹奏：爲恭報伏汛水勢安瀾，工程平穩，仰祈聖鑒事。

竊臣到工後，將長水修防緣由繕摺奏聞在案。查豫東黄河未入伏時，據寧夏府具報，上游長水七尺五寸。入伏以後，陝州萬錦灘一次報長水四尺，又一次復報長水四尺，沁河亦接續發水一丈一尺六寸。所屬各廳積存長水，自五尺餘寸至七尺不等。埽工有蟄窪平水及出水無多段落，相機督飭加鑲，以禦汛漲。臣往來察看，南岸上南河廳之中牟十堡，北岸曹單廳之曹縣六堡，上年均因塌堤潰崖，鑲做新埽保護，工未蟄實，切須加意防範。兹已經歷桃、伏二汛，根底穩固，溜勢雖係頂冲，可資抵禦。又，南岸商虞廳之辛集，向爲兜灣迎溜要工，本年桃汛以來，溜漸外移。近日水長，勢益北趨，將北岸灘嘴逐漸刷去，河形順直水落之後，埽外澄有嫩灘寬數十丈，淤閉之象已成，修防之費可省。此皆仰賴皇上聖德昭孚，故得默荷河神效順。臣身任河防，不禁額慶無已。

今七月初一日，已届立秋，河水日消，間有窪灘漫水串及堤根處所，亦已一律消涸。堤岸埽壩，均極安穩。各工所貯正雜料物，足敷秋汛防備。惟是秋汛方臨，臣不敢因目下水退工穩，刻有疏懈。現督道廳營汛并委效力人員分段駐工，無分風雨晝夜，按段梭巡，務使三汛均安，上副聖主任用至意。所有伏汛已過，水勢安瀾、工程平穩情形，除照例具題外，謹恭摺奏報，伏乞皇上聖鑒。謹奏。

乾隆三十九年七月初二日。

欣慰覽之。

【《宮中檔乾隆朝奏摺》第35輯，第836頁】

陝甘總督勒爾謹奏請秦雄飛調補驛傳道等事

乾隆三十九年九月十三日

陝甘總督臣勒爾謹跪奏：爲遵旨鑒事。

竊臣准部咨，欽奉上諭："甘肅西寧道、驛傳道二缺俱屬緊要，著該督于所屬道員内各揀選一員調補。所遺員缺，著魏椿年、福寧補授。欽此欽遵。"轉行到臣，隨與布政使王亶望、按察使圖桑阿于通省道員内詳加揀選。

查有寧夏道秦雄飛，江南金匱縣人，由御史，于乾隆三十三年九月内奉旨補授今職。三十八年，大計卓异引見，奉旨："准其卓异，加一級，仍注册回任候升。欽此。"該道才具練達，辦事精詳，雖寧夏亦屬要缺，而所轄僅止一府，事務稍簡。驛傳道地處省垣，管理通省驛務，尤爲緊要。若以秦雄飛調補驛傳道，足資整飭。至西寧道一缺，臣查平慶道劉光昱，山西洪洞縣人，由知府，捐升道員，于三十四年六月内選授今職。該道居心淳樸，辦事認真，以之調補西寧道，實堪勝任。如蒙俞允，所遺寧夏道員缺，請即以魏椿年補授。其平慶道員缺，以福寧補授。再，查秦雄飛、劉光昱以道員調補道員，均無庸送部引見。合并陳明，伏祈皇上睿鑒。謹奏。

乾隆三十九年九月十三日。

該部知道。

【《宫中檔乾隆朝奏摺》第36輯，第687頁】

陝甘總督勒爾謹奏報拿獲逃兵馬玉等事

乾隆三十九年九月十三日

陝甘總督臣勒爾謹跪奏：爲拿獲逃兵，審明正法，恭摺奏聞事。

竊臣據河州拿獲逃兵馬玉、寧夏縣拿獲逃兵馬士鳳押解到省，由按察使圖桑阿審訊，詳解到臣，臣隨提犯親訊。緣馬玉係興漢鎮標中營步兵，在宜喜軍營奉派背負帳房，因中途遺失，畏罪脱逃。馬士鳳係寧夏城守營步兵，奉派出征，受苦不過，起意逃走。各等供。據此，核對軍營咨緝文案，俱屬相符，隨于本年九月初七日恭請王命，將馬玉、馬士鳳正法訖。除移咨軍營知照外，理合恭摺奏聞，伏祈皇上睿鑒。謹奏。

乾隆三十九年九月十三日。

覽。

【《宫中檔乾隆朝奏摺》第36輯，第688頁】

陝甘總督勒爾謹奏報審辦拿獲之遣犯馬德事

乾隆三十九年九月二十八日

陝甘總督臣勒爾謹跪奏：爲審辦遣犯，恭摺奏聞事。

竊臣據淵泉縣詳報，拿獲遣犯馬德，扎傷民人張奇身死。又據崇信縣詳報，拿獲改發逃遣王之剛。俱由按察使圖桑阿審擬，詳解到臣，隨提犯親訊。

緣馬德係安徽霍邱縣人，因屢次行竊，發遣新疆，給種地兵丁爲奴。于乾隆二十四年分，給瓜州營兵丁楊其勝跟隨種地。該犯所種之地，與張奇地畝相連，嚮來過水到渠，先灌張奇之田，次及該犯地内。本年五月初四日，張奇、馬德均赴田引水，馬德意欲先灌，隨用身佩小刀挖開渠口，張奇不允，致相扭結，馬德即用小刀扎傷張奇身死。

王之剛一案，訊據該犯供，係固原州回民，乾隆三十二年三月内，夥同回民馬天海等行竊犯案，改發廣東乳源縣充軍，乘空脱逃，銷毁刺字，求乞度日，被崇信縣差役盤獲。各等情。查對該犯等犯事原案，俱屬相符。

伏查新疆爲奴暨改發内地人犯，如有滋事不法以及脱逃例，應于審明後，一面即行正法，一面恭摺奏聞。馬德争放渠水，復敢逞凶，致斃人命，王之剛乘空潜逃，均屬不法。臣隨恭請王命，于九月二十六日，將馬德、王之剛正法訖。理合恭摺奏聞，伏祈皇上睿鑒。謹奏。

覽。

【《宫中檔乾隆朝奏摺》第37輯，第45頁】

陝甘總督勒爾謹奏請宋學淳調補寧夏知縣事

乾隆三十九年九月二十八日

陝甘總督臣勒爾謹跪奏：爲要缺需員，恭懇聖恩，俯准調補，以裨地方事。

竊查寧夏縣知縣徐朗元捐升知州離任，臣准到部咨，隨飭令該員赴選在案。所遺寧夏縣係衝、繁、疲、難四項相兼最要缺，例應在外揀選調補。臣與布、按兩司于通省知縣内詳加遴選，并無合例堪以題調之員。惟查有靖遠縣知縣宋學淳，年三十二歲，係鑲紅旗漢軍人，由舉人，候選知縣，挑取引見，奉旨發往甘肅委用，題署今職，業經扣滿年限，題請實授。該員才具精明，辦事勇往。合無仰懇聖恩，准將宋學淳調補寧夏縣知縣，于要缺實有裨益。惟查該員歷俸未滿三年，與例稍有未符。臣謹遵人地相需之例，專摺奏請。如蒙俞允，其所遺靖遠縣應歸部選，但甘省現有候補人員，例得遇缺補用。查有留甘候補知縣那禮善，年四十一歲，鑲白旗滿洲，由筆帖式，揀選引見，奉旨發往甘肅委用，題補鎮番縣知縣，旋經奏調新設宜禾縣知縣。嗣因裁汰巴里坤理事通判，經臣奏請，將現任通判文福借補宜禾縣，其那禮善留甘另補。奉旨允准在案。該員心地明白，辦事奮勇，以之補授靖遠縣知縣，堪以勝任。至宋學淳係對品調補，那禮善係留甘候補知縣，銜缺相當，均無庸送部引見。所有該員等參罰案件，另繕清單，恭呈御覽，伏祈皇上睿鑒，敕部施行。謹奏。

乾隆三十九年九月二十八日。

該部議奏。

【《宫中檔乾隆朝奏摺》第37輯，第46頁】

大學士管户部于敏中題覆甘肅漳縣接徵地丁未完照例議處

乾隆三十九年十二月四日

五。

卅九年十二月初六日下户、吏。

依議。其因接徵未完六分以上，議以革職之陳韶，著該督出具考語，送部引見，再降諭旨。

户部等部經筵日講起居注官、太子太保、文華殿掌大學士、掌翰林院事、管理户部事務、革職留任臣于敏中等謹題：爲奏銷等事。

據陝甘總督勒爾謹，將甘肅省乾隆叁拾叁年地丁奏銷年限案内漳縣未完銀糧，以現任知縣陳韶到任之日起，經徵壹年限滿，造具分數册揭，于乾隆叁拾玖年拾壹月拾柒日咨送到部。該臣等會查得，陝甘總督勒爾謹將甘肅省乾隆叁拾叁年地丁奏銷年限案内漳縣未完銀糧，以現任知縣陳韶于乾隆叁拾玖年陸月貳拾肆日到任之日起，扣至叁拾玖年陸月貳拾肆日爲滿。又因辦理京城移駐涼州、莊浪、寧夏滿兵臺站事宜，扣辦差玖拾貳日，統應扣至叁拾玖年玖月貳拾陸日止，經徵壹年限滿，造具册揭送部。據册開原報未完地丁起運銀壹千貳百壹拾兩肆錢捌分玖厘，糧壹百陸拾捌石叁斗貳合柒勺，俱仍未完。所有現任知縣陳韶職名，相應開揭。等因。前來。查定例，地丁錢糧經徵，州縣官欠伍分以上者革職。等語。應將接徵未完陸分以上之漳縣知縣陳韶照例革職。仍令該督將前項未完銀壹千貳百壹拾兩肆錢捌分玖厘，糧壹百陸拾捌石叁斗貳合柒勺，轉飭照例扣限催徵完報，如逾限未完，開揭報參。此本係户部主稿，合并聲明。臣等未敢擅便，謹題請旨。

乾隆叁拾玖年拾貳月初肆日。

户部等部經筵日講起居注官、太子太保、文華殿掌大學士、掌翰林院事、管理户部事務、革職留任臣于敏中，【注】經筵講官、禮部尚書署理户

部尚書事務、鑲黄旗漢軍都統、世襲三等輕車都尉、革職留任五次、從寬免其革任臣永貴，經筵講官、太子少保、户部尚書、革職留任又二次從寬免其革任臣王際華，經筵講官、議政大臣、刑部尚書、所兼辦户部侍郎事務、管理三庫事務、正黄旗滿洲都統、總管内務府大臣、革職留任又從寬免其革任臣英廉，左侍郎臣梁國治，右侍郎署正紅旗蒙古副都統、總管内務府大臣臣金簡，監察御史兼部行走臣陳朝礎，監察御史兼部行走臣戈源，陝西清吏司郎中臣德義，郎中臣太平阿，郎中臣馮光熊，員外郎臣馮光熊，員外郎臣赫敏，員外郎臣佛爾卿額，員外郎臣福明，員外郎臣梁永年，員外郎臣楊鍾岳，主事臣那繼德，主事臣善聰，主事臣楊以湲，主事臣張有年，主事臣戚蓼生，額外主事臣林其宴，經筵日講起居注官、太子太保、武英殿大學士、管理吏部事務臣舒赫德，經筵講官、協辦大學士事務、吏部尚書臣官保，經筵講官、協辦大學士事務、尚書臣程景伊，經筵講官、左侍郎臣邁拉遜，經筵講官左侍郎臣曹秀先。

【注】銜名："經筵講官禮部尚書署理户部尚書事務鑲黄旗漢軍都統世襲三等輕車都尉革職留任五次從寬免其革任臣永貴。"

【《明清檔案》A222—123，B124989—B124991】

大學士管户部于敏中題覆甘肅皋蘭等處夏禾被災應准動項賑恤

乾隆三十九年十二月十九日

題。

四。

林其宴。

卅九年十二月廿一日下户。

依議。

經筵日講起居注官、太子太保、文華殿大學士、掌翰林院事、管理户部事務、革職留任臣于敏中等謹題：爲彙報各屬夏禾偏隅被灾情形事。

户科抄出陜甘總督勒爾謹將皋蘭等七州、縣、州判乾隆叁拾玖年夏禾偏被水、旱等灾勘明成灾地畝，并極次貧民户口應需賑恤銀糧取結具題一案。乾隆叁拾玖年拾月初柒日題，拾壹月初貳日奉旨：“該部議奏。欽此欽遵。”于本日抄出到部。

該臣等查得，陜甘總督勒爾謹疏稱，甘肅省乾隆叁拾玖年各屬夏禾偏被旱、雹、風、水等灾，前經臣將情形具疏題報，接准部覆，令照例妥辦賑恤。等因。當經行司，轉飭遵照去後。兹據甘肅布政使王亶望詳稱，查蘭州府屬皋蘭縣之四鄉，本年伍月貳拾叁日被水，除燕灘等堡例不成灾外，惟代劉家莊等六十一村莊被水，實在成灾陸柒捌玖分不等，共地貳百捌拾玖頃陸拾陸畝。查出極貧大口貳萬陸千玖百貳拾肆口，小口壹萬肆千陸百肆口，内冲淹人畜房屋民人叁拾陸户，内生存民人大口壹百陸拾玖口，小口玖拾柒口。又，未被傷人畜、房屋止計禾苗被灾陸柒捌玖分，極貧大口貳萬陸千柒百伍拾伍口，小口壹萬肆千伍百柒口，次貧大口陸千柒百叁拾叁口，小口叁千陸百伍拾叁口。照例初賑、加賑倉斗糧壹萬柒千貳石陸斗陸升。又，被水淹斃民人大口壹拾柒口，每大口照例給銀貳兩，共銀叁拾肆兩，小口伍口，每口給銀壹兩，共銀伍兩。冲斃羊玖拾陸隻，驢拾頭，共計叁拾陸户。每户賑給銀伍錢，共銀壹拾捌兩。冲没房屋陸拾叁間，每間給銀壹兩，共銀陸拾叁兩。以上通共賑銀壹百貳拾兩，先于縣庫墊動，應赴司請領還項。

沙泥州判屬之皇甫莊等三十五村莊，本年伍月貳拾叁日夏禾被水，實在成灾伍陸柒捌玖分不等。民屯共地壹百叁拾玖頃捌拾叁畝，查出極貧大口伍千捌百肆拾肆口，小口貳千叁百玖拾陸口，内冲淹人口、房屋民人肆拾肆户，内生存大口壹百肆口，小口伍拾叁口。又，未被傷人口房屋，止計禾苗被灾伍陸柒捌玖分，極貧大口伍千柒百肆拾口，小口貳千叁百肆拾叁口，次貧大口肆千陸百柒拾伍口，小口貳千口。照例初賑、加賑倉斗糧叁千玖百壹拾玖石陸斗柒升柒合伍勺。又，前項被水淹斃民人大口貳拾口，每大口照例給銀貳兩，共銀肆拾兩。小口壹拾伍口，每口給銀壹兩，共銀壹拾伍兩。冲没民房玖拾柒間，每間賑銀壹兩，共銀玖拾柒兩。冲倒民房壹拾貳間，每間賑銀伍錢，共銀陸兩。以上通共賑銀壹百伍拾捌兩。先于庫内墊動，赴司請領還項。

平凉府静寧州屬之姚家岔等二十二村莊，本年伍月貳拾壹日，夏禾被雹，翻種晚秋，統俟秋成，另行勘辦。泡倒房屋肆拾叁間，每間照例賑給銀伍錢，共銀貳拾壹兩伍錢。淹斃男婦大口陸口，每口照例給銀貳兩，共銀壹拾貳兩，小口陸口，每口照例給銀壹兩，共銀陸兩。又，被水生存大口貳拾捌口，小口陸口，無論大小口，每口賑糧叁倉斗，共賑糧壹拾石貳斗。冲没牲畜之家計伍户，每户賑給銀伍錢，共銀貳兩伍錢。以上共賑倉斗糧壹拾石貳斗，銀肆拾貳兩，先在州庫銀内墊給，赴司請領還項。

凉州府武威縣屬之左三壩等處，本年夏禾被旱成灾伍陸柒捌玖分不等，共地叁千捌百捌拾柒頃玖拾玖畝陸分。查出極貧大口柒萬壹拾叁口，小口貳萬壹千捌百叁拾玖口，次貧大口柒萬叁千肆百貳拾口，小口貳萬伍千肆百陸拾柒口，照例初賑、加賑倉斗糧伍萬捌千玖百伍拾伍石伍斗肆升柒合伍勺。

鎮番縣屬之蔡旗等堡被風沙壓，實在成灾陸柒捌玖分不等，共地捌百壹拾陸頃貳拾壹畝。查出極貧大口肆萬捌千肆百陸拾叁口，小口壹萬肆千叁百貳拾貳口，次貧大口貳萬肆千捌百陸拾伍口，小口壹萬叁百叁拾伍口，照例初賑、加賑倉斗糧叁萬壹千捌百貳拾肆石叁斗柒合伍勺。

寧夏府寧朔縣屬之楊信等堡夏禾被水，實在成灾伍陸柒捌玖分不等，共地叁百貳拾肆頃壹拾叁畝。查出極次貧民大口貳萬肆百捌口，小口捌千叁百伍拾柒口，照例初賑、加賑倉斗糧玖千捌百捌拾叁石叁斗叁升伍合。

靈州屬之大沙井等處夏禾被水，實在成灾柒捌玖分不等，共地肆百伍拾頃肆拾陸畝。泡倒房屋伍百肆拾柒間，每間照例賑給銀伍錢，共銀貳百柒拾叁兩伍錢。先于州庫墊給，赴司請領還頃。查出極次貧民大口貳萬壹千壹拾柒口，小口玖千叁百貳拾陸口，照例初賑，加賑倉斗糧壹萬壹千柒百柒拾伍石捌斗玖升。

平羅縣屬之萬寶屯等處夏禾被水，實在成災柒捌玖分不等，共地柒百壹拾肆頃捌拾畝。漂失土房壹百肆拾玖間，每間照例賑給銀壹兩，共銀壹百肆拾玖兩。冲倒土房叁百捌拾玖間，每間賑給銀伍錢，共銀壹百玖拾肆兩伍錢，二共銀叁百肆拾叁兩伍錢。先于縣庫墊給，赴司請領還項。查出極次貧民大口壹萬玖千壹百肆拾肆口，小口柒千肆百壹拾柒口，照例初賑、加賑倉斗糧壹萬陸百壹拾叁石肆斗伍合。

以上甘肅省各屬乾隆叁拾玖年夏禾偏被旱、雹、風、水等灾，統計蘭州府屬皋蘭縣淹斃人畜、冲没房屋，共賑銀壹百貳拾兩；沙泥州判淹斃人畜、冲没房屋，共賑銀壹百伍拾捌兩；平凉府屬静寧州淹斃人畜、冲倒房屋，共賑銀肆拾貳兩；寧夏府屬靈州泡倒房屋，共賑銀貳百柒拾叁兩伍錢；平羅縣漂失及泡倒房屋，共賑銀叁百肆拾叁兩伍錢。以上共銀玖百叁拾柒兩。又各屬被旱、被雹、被水、被風，應賑灾民總計應需初賑、加賑口糧壹拾肆萬叁千玖百捌拾伍石貳升貳合伍勺。

查本年被灾需糧各處，倉貯糧石雖屬充裕，但現值估撥肆拾年兵馬糧料，及明歲春耕籽種，與夫青黄不接之時，均須留備糧石接濟。除被水冲没家具生存貧民係照急救之例，無論大小口，每口隨時給糧叁倉斗，以安灾黎。内皋蘭縣、沙泥州判、静寧州共需急救糧壹百叁拾柒石壹斗，應以本色給散外，其餘各屬應賑口糧，雖多寡不等，悉心籌畫。查玖月普賑，正秋禾酉成，糧價平減之時，應請照例每糧壹石折銀壹兩，全以銀兩給散。其加賑拾月口糧，以銀糧兼賑。至加賑拾壹、拾貳兩月口糧，係在隆冬之際，俱全給本色，以資民食。總計各屬共應需本色糧陸萬壹千壹百石壹斗貳升壹合伍勺，二共本色糧陸萬壹千貳百叁拾柒石貳斗貳升壹合伍勺，應在倉貯各項糧内動支。

又，應需口糧折銀捌萬貳千柒百肆拾柒兩捌錢壹厘。又，各屬被山水冲斃人畜、漂失泡倒房屋，共賑銀玖百叁拾柒兩。二共銀捌萬叁千陸百捌拾肆兩捌錢壹厘，應請在于司庫存貯備用款内借發，以資賑恤。應需本色糧石，灾民離城窵遠者，即于附近鄉倉存貯糧内動支。如無鄉倉，照例運至適中之地給散，并令將適中之地係何地名，道里若干，預爲報明。所需脚價銀兩，亦在司庫借動，統俟事竣，一并核實造銷。同散過折色共需銀兩確數，再于報銷案内聲明請撥還項，仍即移行本管道府督率府佐正印各官按户據實給散，毋任胥役頭人頂名冒領，務使灾黎均沾實惠。

又定例，被灾玖分者，錢糧免拾分之陸，捌分者，錢糧免拾分之肆，柒分者，錢糧免拾分之貳，伍陸分者，錢糧免拾分之壹。又定例，被灾捌分、玖分者，該年緩徵錢糧，分作叁年帶徵；伍分、陸分、柒分者，分作貳年帶徵。久經遵奉在案。以上被灾之處，除鎮番縣被風沙壓、不能墾復地肆拾壹頃貳拾畝，平羅縣被水冲塌地壹百貳拾伍頃柒拾畝，同額徵正耗銀、糧、草束一并請豁，仍于歲底春初查明，如有缺乏籽種、口糧者，臨時體察情形，酌量詳請借給。除將成灾應免分數錢糧册結另行查造。等情。取具印結，呈賫請題。臣覆核無异。除結照例分送外，相應具題。等因。前來。

查甘省皋蘭等處，乾隆叁拾玖年夏禾偏被水、旱等灾。先據陝甘總督勒爾謹題報情形，經臣部議，令勘明被灾地畝分數，分别極次貧民大小户口，照例妥辦，具題在案。今據該督勒爾謹疏稱，皋蘭、沙泥州判、武威、鎮番、寧朔、靈州、平羅等七州、縣、州判被灾處所，勘明實在成灾伍分、陸分、柒分、捌分、玖分不等，共地陸千陸百貳拾叁頃捌畝陸分。共查出極次貧民大口叁拾貳萬壹千貳百叁拾叁口，小口壹拾壹萬玖千伍百陸拾陸口，照例每大口日給糧伍合，小口給糧貳合伍勺。

又，皋蘭縣、沙泥州判、静寧州等處被水生存男婦肆百伍拾柒口，無論大小口，每口賑糧叁倉斗，總計應需初賑、加賑倉斗口糧壹拾肆萬叁千玖百

捌拾伍石貳升貳合伍勺。各處現值估撥兵馬糧料，及明歲春耕籽種，與夫青黄不接之時，均須留備接濟。除水冲生存貧民急救口糧壹百叁拾柒石壹斗，應以本色給散外，其玖月普賑，正值秋禾西成，糧價平減，請照例每石折銀壹兩，全以銀兩散給。其加賑拾月口糧，以銀糧兼賑。至加賑拾壹月、拾貳月兩月口糧，係在隆冬之際，俱全給本色，總計應需本色糧陸萬壹千壹百石壹斗貳升壹合伍勺，應在倉貯各項糧内動支。折色糧捌萬貳千柒百肆拾柒石捌斗壹合，每石折銀壹兩，共折銀捌萬貳千柒百肆拾柒兩捌錢壹厘。又，各屬被水淹斃人畜、漂失氾倒房屋，共賑銀玖百叁拾柒兩，二共銀捌萬叁千陸百捌拾肆兩捌錢壹厘。請在于司庫存貯備用款内借發。其應需本色糧石，灾民離城窵遠，運至適中之地給散。所需脚價銀兩，亦在司庫借動。統俟事竣，核實造銷。同散過折色銀兩確數，再于報銷案内聲明請撥還項。等語。均應如該督所題，照例辦理，統俟事竣，核實造册題銷，請撥歸款。至鎮番、平羅二縣沙壓水冲地畝，既據查明實在不能墾復，所有額徵正耗銀、糧、草束，應令該督查明科則細數同實在成灾地畝應免分數錢糧，照例分晰，造册題豁。仍令該督于歲底春初，體察情形，如有缺乏籽種、口糧者酌量借給，彙報查核。臣等未敢擅便，謹題請旨。

乾隆叁拾玖年拾貳月拾玖日。

經筵日講起居注官、太子太保、文華殿大學士、掌翰林院事、管理户部事務、革職留任臣于敏中，【注】經筵講官、禮部尚書署理户部尚書事務、鑲黄旗漢軍都統、世襲三等輕車都尉、革職留任五次從寬免其革任臣永貴，經筵講官、太子少保、户部尚書、革職留任又二次從寬免其革任臣王際華，經筵講官、議政大臣、刑部尚書所兼辦户部侍郎事務、管理革原事務、正黄旗滿洲都統、總管内務府大臣、革職留任又從寬免其革任臣英廉，左侍郎臣梁國治，右侍郎、署正紅旗蒙古副都統、總管内務府大臣臣金簡，監察御史兼部行走臣陳朝礎，監察御史兼部行走臣戈源，陜西清吏司郎中臣德義，郎中臣太平阿，郎中臣馮光熊，員外郎臣赫敏，員外郎臣佛爾卿額，員外郎臣福明，員外郎臣梁永年，員外郎臣楊鍾岳，主事臣那繼德，主事臣善聰，主事臣楊以湲，主事臣張有年，主事臣戚蓼生，額外主事臣林其宴，額外主事臣顏培天。

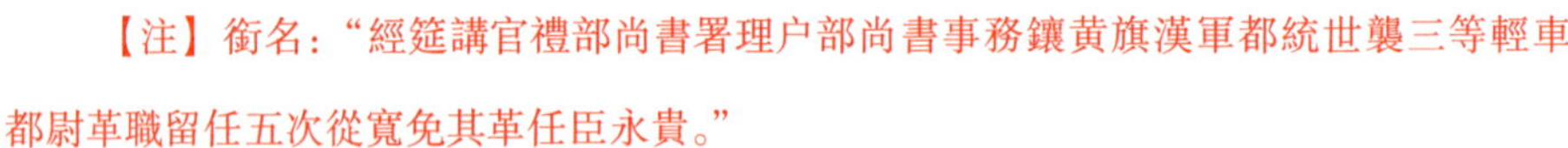
【注】銜名：“經筵講官禮部尚書署理户部尚書事務鑲黄旗漢軍都統世襲三等輕車都尉革職留任五次從寬免其革任臣永貴。”

【《明清檔案》A222—151，B125119—B125128】

乾隆四十年（1775）

△諭内閣著加恩將被灾較輕之靈州寧朔平羅等五處照例酌借籽種口糧等

乾隆四十年正月初三日

乾隆四十年正月初三日，内閣奉上諭：“昨歲甘肅夏秋二禾據報通省收成，統計八分有餘，尚屬豐稔。惟皋蘭、武威等七州縣夏禾被有偏灾，而皋蘭、金縣等五處秋禾復被霜、雹，均經先後分别，照例賑恤灾黎，自可不至失所。第念該省土瘠民貧，其被灾之夏秋二禾收成未免歉薄，閭閻不無拮据。著加恩，將皋蘭、武威二縣夏禾被灾較重之處，于青黄不接時，再展賑一個月。其被灾較輕之靈州、寧朔、平羅、鎮番、沙泥州判等五處，如有缺乏籽種、口糧，并著該督隨時體察，照例酌借，以資接濟。又，皋蘭、金縣等五處秋禾亦被偏灾，除皋蘭一縣已于夏灾案内展外，所有金縣、西寧、平番、肅州四州縣屬，并著一體展賑一個月，以示朕軫恤邊氓至意。該部遵諭速行。欽此。”

【《乾隆朝上諭檔》第7册，第776頁第2178條】

陝甘總督兼甘肅巡撫勒爾謹題報甘省乾隆三十九年審結軍流案件

乾隆四十年一月三十日

題。

收。

四十年三月十九。

該部知道。

兵部尚書兼都察院右都御史、總督陝甘等處地方軍務兼理糧餉并兼管甘肅巡撫事兼理茶馬臣勒爾謹謹題：爲請定彙題章程限期，以嚴考核事。

據甘肅按察使司按察使圖桑阿呈，竊查定例，嗣後一切彙題事件，統限開印後兩個月，具題誣告、反坐、尊長致死、有服卑幼等項，積匪猾賊、和同奸拐、平常軍流，并爲壹本。等因。遵奉在案，遵將乾隆叁拾玖年分應行彙題各案。

寧朔縣一件刁惡奸拐等事：張俊奸拐黄英之妻王氏同逃壹案。緣張俊與黄英同村居住，素日熟識。乾隆叁拾柒年玖月内，張俊乘黄英外出，即與王氏調戲成奸。嗣後乘便宣淫，已非壹次，黄英并不知情。迨本年陸月間，王氏起意逃走，張俊允從，即于初叁日早往，領王氏在沿河一帶求吃度日，夜宿空窑古廟，并無一定住址。經本夫訪知，報縣差緝到案研訊，據供前情不諱。張俊合依和誘知情爲首，發雲貴、兩廣烟瘴少輕地方，遵例改發極邊肆千里充當苦差，面刺“烟瘴改發”字様。至配所杖壹百，折責肆拾板。詳請咨准部覆，仍令照例彙題。

靖遠縣一件續獲逸犯事：續獲逸賊張浪子壹案。緣張浪子原籍固原州回民，移居崇信縣。乾隆叁拾柒年叁月内，撞遇已獲回賊馬絧、李養穩，各道貧難，張浪子起意行竊。肆月初壹日，行至合水縣西葦池鎮邵崇花店内，用鐵矛頭挖孔進内，竊獲脚户韓佐邦紅白布叁捲，又苦布貳匹、皮馬褂壹件，背往山溝藏放。初叁日夜，張浪子、李養穩又竊得板橋李偉家驢貳頭，馱載贜物至石

工寺俵分。經合水縣緝獲馬絅、李養穩審明擬遣，張浪子在逃未獲。叁拾柒年柒月貳拾日，張浪子又在固原州撞遇已獲審結之回賊馬阿都，及未獲之馬五，張浪子復起意行竊，馬五、馬阿都允從。貳拾陸日三更時分，行至該縣所屬趙家渠，瞥見車户史代宗等拽運伊犁布匹車輛停歇該地，張浪子取馬五身帶小刀，割斷捆繩，抽出藍布貳卷，并搭包等物，交給馬阿都、馬五背至山溝藏匿，次早將贓物俵分。因烟包、烟袋已經破爛，隨即撩弃。張浪子分得藍布貳拾匹，搭包壹個，携至固原州，央伊族兄張得才代賣布玖匹，餘布携回，沿途零賣玖匹，穿用貳匹。報縣盤獲夥賊馬阿都并賣贓之張得才，分别審擬咨部，將馬阿都依回民行竊結夥叁人以上例發遣，張得才依窩藏回民行竊减本犯壹等例滿徒。嚴緝逸犯張浪子、馬五等務獲。兹據張浪子再三研鞫，據供起意糾夥行竊不諱。此案再無窩夥竊劫别案，核對各原案，俱屬相符，正賊無疑。查該犯行竊合水縣及該縣布案，均係回民行竊結夥叁人以上，貳罪相等，從一科斷。張浪子歸行竊史代宗案内，依回民行竊結夥叁人以上例，應改發雲貴、兩廣極邊烟瘴充軍，面刺“回賊改遣”字樣。至配所折責肆拾板。逸賊馬五，獲日另結。詳請咨准部覆，仍令照例彙題。

秦州直隸州一件稟明等事：賊犯龐忠，夥同王豁豁等，偷竊州民田現龍家衣物壹案。緣龐忠籍隸秦安縣，曾于乾隆貳拾柒年及叁拾壹年，兩次行竊州民縣尚文、張榮華等家衣物犯案，先後審擬杖刺枷責，遞籍發落在案。乾隆叁拾捌年捌月貳拾壹日，龐忠又在州境石佛鎮撞遇王豁豁、緱破頭子，各道貧難。龐忠復起意行竊，王豁豁、緱破頭子依允，即于是夜二更齊至事主田現龍門首。王豁豁在外把風，龐忠用小刀挖孔，緱破頭子入室竊出衣服、棉被負行。貳拾貳日早，被巡役盤獲，偕同事主稟州研訊，各供前情不諱。贓經主認，正賊無疑。此案贓物估值銀叁兩壹錢。龐忠係叁次犯竊，合依竊盜叁犯，銀不及拾兩，錢不及拾千，杖壹百，流叁千里例，應杖壹百，流叁千里。至配所折責肆拾板，右面刺字。詳請咨准部覆，仍令照例彙題。

皋蘭縣一件報明等事：馬牙黑等偷竊客民劉汝梅布物壹案。緣馬牙黑、張牙骨布、馬天伏均係河州回民，約同出外傭工。乾隆叁拾捌年捌月拾伍日，行至該縣甘草店地方，馬牙黑起意行竊，張牙骨布、馬天伏依允。是夜齊至唐榮秀家店門首，張牙骨布越墻進院開門，偕同馬牙黑進内，共竊出馱鞍、布匹、錢袋，分背至山頂，俵分而散。報縣緝獲各犯研訊，據供前情不諱。贓經主認，正賊無疑。馬牙黑、張牙骨布、馬天伏均合依回民行竊結夥叁人以上，不分首從，發雲貴、兩廣極邊烟瘴地方充軍例，應發雲貴、兩廣極邊烟瘴充軍。至遣所杖壹百，折責肆拾板，均刺“回賊改遣”字樣。詳請咨准部覆，仍令照例彙題。

西寧縣一件稟明事：賊犯馬添喜偷竊縣署衣物壹案。緣馬添喜係西寧縣回民，因貧無度，于乾隆叁拾伍年柒月初伍日夜，潛至胡三茶館，竊獲切刀、皮褲。又于叁拾柒年伍月初柒日夜，竊得蘇有伏襖褐、皮靴。至叁拾捌年柒月貳拾玖日夜，又復潛至西寧縣署中，在貳堂西厢房廊下竊得轎夫衣帽等物，從原路而出。報經緝獲人贓研鞫，據供前情不諱。詰究再無窩夥劫竊别案，贓已全獲，正賊無疑。馬添喜除行竊胡三等計贓經罪不議外，合依賊匪偷竊衙署衣物，不分贓數多寡，發雲貴、兩廣極邊烟瘴地方充軍，遵照新例，改發極邊肆千里充當苦差。至配所杖壹百，折責肆拾板，面刺“烟瘴改發”，仍刺“回賊”貳字。詳請咨准部覆，仍令照例彙題。

武威縣一件拿究事：續獲在逃劉春誆騙文童汪朝璧銀兩壹案。緣劉春籍隸陝西醴泉縣，向在永昌縣烟鋪生理，與該縣文童汪朝璧素相認識。乾隆叁拾捌年叁月内，劉春前往口外，途遇已獲之華州民康必魁，結伴同行。閏叁月貳拾壹日，路經該縣，探知學院考試凉郡，劉春起意撞騙，康必魁允從，賃住雷秀春空房。肆月初陸日，劉春先向汪朝璧捏稱康必魁能傳遞文字，汪朝璧即浼劉春爲伊傳遞，往唤康必魁至汪朝璧寓所，隨誆汪朝璧對銀壹百壹拾兩，給藍布搭包裝盛，偕同杜含英等往姚守義錢鋪内封寄。康必魁取出綢帕，遞給汪朝璧，囑令帶入場中，作爲記認，自有文字傳到。劉春即暗中將銀搭掉换，汪朝璧等全未知悉，向姚守義托言還賬銀兩暫行寄存。劉春回寓，與康必魁分受臟銀。汪朝璧因場内無人傳文，初捌日同杜含英赴姚守義鋪内取銀開看。已經掉换制錢，被巡役查知，獲犯劉春逃逸。當將現犯康必魁依誆騙已成例擬軍，汪朝璧等分别擬以杖徒。咨准部覆在案。兹續獲劉春研訊，供認前情不諱。究詰并非久慣掉包奸匪，亦無另有撞騙情事，矢供不移，似無遁情。前招因康必魁有給與字眼等事，從重照爲首問擬。今查劉春實係此案起意爲首，更未便寬縱，合依考棚棍徒誆騙財物，枷號叁個月，發烟瘴充軍，遵照新例，改發極邊肆千里充當苦差。左面刺“烟瘴改發”字樣，仍盡掉包本法，右面再刺“搶奪”貳字。詳請咨准部覆，仍令照例彙題。

固原州一件白晝被竊等事：回民馬楊印等結夥叁人行竊驢頭壹案。緣馬楊印與楊海并未獲之馬守朋均係隆德縣回民，乾隆叁拾捌年捌月拾叁日早，馬楊印路經州屬黄狐子山，見有驢頭牧放，起意偷竊，糾約楊海、馬守朋同至山下。馬守朋、楊海把風，馬楊印上山偷取麻草驢壹頭，趕至馬守朋家窩藏。報州獲犯，起臟研鞫，據供前情不諱。究詰并無窩夥竊劫别案，臟經主認，正賊無疑。查馬楊印、楊海并在逃之馬守朋均屬回民，合依回民結夥叁人行竊，不分首從，不計臟數、次數，發雲貴、兩廣極邊烟瘴充軍例，發雲貴、兩廣極邊烟瘴充軍。至配所各折責肆拾板，各面刺“回賊改遣”字樣。逸賊馬守朋獲日照擬發配。詳請咨准部覆，仍令照例彙題。

狄道州一件稟明事：牟姓兒等奸拐王氏、雍氏、柳氏壹案。緣牟姓兒係狄道州人，吴老四係四川廣元縣人。乾隆叁拾叁年，牟姓兒先與無服族弟牟仲禄之妻王氏通奸，牟仲禄并不知情。叁拾伍年，王氏因家貧難度，與牟姓兒商同逃往各處求乞。叁拾柒年叁月初捌日，行抵四川蓬溪縣，即往丐頭王榮家住宿。叁拾捌年正月，牟姓兒回州。至伍月拾伍日，與素識之吴老四遇見乞婦雍氏、柳氏。吴老四起意拐逃，隨誘令赴川乞食，該氏等允從。拾捌日，吴老四與牟姓兒往領雍氏、柳氏赴川。行至中途，吴老四與柳氏通奸，牟姓兒與雍氏奸宿。嗣吴老四返州，探聽信息，將該氏等俱交牟姓兒領往四川。牟姓兒又與柳氏成奸，迫抵蓬溪縣，牟姓兒將雍氏等藏于岩洞，候吴老四到日嫁賣。經氏翁張自存等控州差獲吴老四，訊實逃匿處所，關准蓬溪縣獲犯移解到州，覆加嚴鞫，據各供前情不諱。查牟姓兒奸拐王氏，吴老四起意拐逃雍氏、柳氏，均係和誘爲首。牟姓兒、吴老四除通奸輕罪不議外，應俱依和誘知情爲首例發遣，照新例發極邊肆千里。至配所杖壹百，各折責肆拾板，面刺“烟瘴改發”字樣。詳請咨准部覆，仍令照例彙題。

通渭縣一件父被毆死事：甄從福毆傷甄彦龍身死壹案。緣甄彦龍係甄從福及甄高氏小功堂侄，甄從福即甄高氏之緦麻夫弟，平日均各和好，并無嫌怨。乾隆叁拾捌年玖月初伍日，甄彦龍飲入醉鄉，調戲服嬸高氏。高氏詈罵，甄彦龍將氏按倒炕上，拉脱氏褲，意欲强奸，高氏喊拒。甄從福聞聲進内，問知情由，即拾木鍁柄連毆甄彦龍額顱、右太陽等處，出告族衆甄富等往看。甄富又拾木鍁柄打傷甄彦龍右脚踝。經衆抬回，延至初拾日，甄彦龍因傷殞命，研鞫，據供前情不諱。究詰并非有心致死，亦無另有起釁别情，案無遁飾。查例載，本夫、本婦有服親屬皆許捉奸。如有登時殺死奸夫者，依夜無故入人家，已就拘執而擅殺律科罪，傷者無論，若非登時，以鬥殺論。又律載：夜無故入人家，已就拘執而擅殺者，杖壹百，徒叁年。又律載：毆殺堂侄者，杖壹百，流叁千里。又例載：毆死堂侄，除擬流外，仍斷給財産一半養贍。各等語。今此案甄從福係甄高氏緦麻夫弟，例得捉奸之人。而甄彦龍係甄高氏及甄從福小功服侄，膽敢將氏按倒炕上，拉脱氏褲，意欲强奸，實屬敗倫傷化。甄從福聞聲趨看，義忿向毆，適傷致斃，因與他故毆死卑幼者不同。若將該犯甄從福照律擬流，酌斷財産，未免情輕法重。應將甄從福照依應許捉奸之人登時殺死奸夫，依無故入人家，已就拘執而擅殺律，杖壹百，徒叁年，免斷財産。詳請咨准部覆，仍令照例彙題。

秦州直隸州一件報明等事：賊犯唐思旺行竊客民張進福棉被壹案。緣唐思旺先于乾隆叁拾肆年拾月貳拾捌日，偷竊陳得才家衣物。又，乾隆叁拾捌年伍月初貳日，偷竊馬子勉家棉襖。兩次犯案，在于面臂刺字，枷責發落，交保管束在案。兹于叁拾捌年拾貳月拾貳日早，該犯路過張進福鋪前，因見鋪内無人，復起意行竊。隨進内竊得棉被壹床，携至城中，被事主追及，認明原贜，首報研訊，據供前情不諱。贜經主認，正賊無疑。查唐思旺先經兩次行竊犯案刺字，今又偷竊棉被，實屬叁犯，計贜壹兩，合依竊盗叁犯，銀不及拾兩，杖壹百，流叁千里例，應杖壹百，流叁千里，至配所折責肆拾板，刺面。詳請咨准部覆，仍令照例彙題。

河州一件報明等事：侯宗文等偷竊州民楊海妥家銀錢壹案。緣侯宗文、侯正雙、侯六娃子與未獲之侯宗禮均籍隸皋蘭縣，一同出外覓工。乾隆叁拾捌年拾壹月拾陸日，行至該州，在楊海妥家借宿。至拾柒日早，侯宗文見楊海妥家計饒裕，起意行竊，侯正雙等俱各允從。次日即托詞足疼，又懇緩歇息。迨將黑時，楊海妥等均往後院。侯宗文令侯宗禮、侯六娃子把風，與侯正雙竊得匱貯制錢壹千捌百文，銀壹百貳拾兩，連夜行至新集空窑内藏放。至次早，俵分各散。報州獲犯，關起原贜，研鞫，各供前情不諱。究詰至再，堅供此外并無窩夥竊劫别案。贜經主認，正賊無疑。查此案竊錢壹千捌百文，照例估銀壹兩捌錢，又銀壹百貳拾兩，除折平水肆兩捌錢伍分外，共折庫平紋銀壹百壹拾伍兩壹錢伍分，連前通共估庫平紋銀壹百壹拾陸兩玖錢伍分。訊係侯宗文起意，爲首侯宗文，合依竊盗贜壹百壹拾兩以上，杖壹百，流貳千伍百里，至配所折責肆拾板。侯正雙、侯六娃子，均合依爲從減壹等，杖壹百，徒叁年，至配所折責肆拾板，均面刺“竊盗”貳字。詳請咨准部覆，仍令照例彙題。

秦州直隸州一件具禀事：賊犯劉三得偷盗南正穩之妻陳氏未埋尸棺衣物壹案。緣劉三得與南正穩平日熟識，乾隆叁拾捌年拾壹月内，南正穩之妻陳氏物故，南正穩因天氣寒冷，難以埋葬，將棺暫停郊外空窑。至拾貳月間，劉三得因貧難度，起意偷剥陳氏尸身衣服。拾貳月貳拾伍日夜，携帶鐵钁，潛至停棺處所，撬開棺蓋，剥取尸衣而逸。次早，南正穩投約報州，獲犯研訊，供認前情不諱。贜經主認，正賊無疑。查例載，盗未殯未埋尸柩，開棺見尸壹次者，發邊遠充軍。等語。劉三得合依盗未埋尸柩，開棺見尸壹次例，發邊遠充軍，至配所杖壹百，折責肆拾板，刺“盗棺”貳字。詳請咨准部覆，仍令照例彙題。

固原州一件報明事：回民馬二娃等夥竊駝客馬文成錢物壹案。緣馬二娃即馬得功，與已死馬伏明及在逃之馬得福、馬引乃嗎俱係該州回民，已獲董世明係州民，同堡居住。馬二娃先于叁拾伍年行竊犯案杖刺，交保管束在案。乾隆叁拾捌年拾貳月初拾日，馬引乃嗎糾約該犯到家，先有馬伏明、馬得福、董世明在座，馬引乃嗎起意夥竊，各犯允從。即于是晚二更時，一共伍人，齊至路旁，瞥見馬文成趕駝經過，馬二娃與馬引乃嗎分竊口袋、棉搭携回，將贜物藏與馬伏明家，贜錢貳千俵分而逸。稟州獲犯起贜，研鞫，據供前情不諱。究詰并無窩夥竊劫别案，案無遁情。贜經主認，正賊無疑。查此案馬伏明、馬二娃與未獲之馬得福、馬引乃嗎俱屬回民，除馬伏明病故不議外，將馬二娃即馬得功依回民結夥叁人以上行竊，不分首從，不計贜數、次數例，改發雲貴、兩廣極邊烟瘴充軍，面刺“回賊改遣”字樣，至配所折責肆拾板。逸賊馬得福、馬引乃嗎嚴緝獲日，照擬充發。詳請咨准部覆，仍令照例彙題。

靈臺縣一件報明等事：賊犯楊招聽從逸賊邢老六偷刨田牛氏墳墓壹案。緣楊招籍隸陝西省分州，出外傭工，與在逃逸賊邢老六熟識，同窑居住。乾隆叁拾捌年閏叁月初捌日晚，邢老六起意刨墓，楊招允從。即于是夜二更時候，齊赴田牛氏墳前，將土刨開。楊招在外把風，邢老六開棺，剥取衣服，携回空窑，俵分而逸。報縣驗詳，因限滿不獲，案將承緝不力職名咨參。茲獲犯楊招，訊供通報，邢老六屢緝無獲，自應將現犯先行審結，隨覆加研鞫，據供前情不諱。究詰實係邢老六起意，此外并無窩夥竊劫别案，矢口不移，案無遁情。贜經主認，正賊無疑。查名例稱，貳人共犯罪，壹人在逃，現獲者稱逃者爲首，則决其從罪。楊招合依開棺見尸爲從壹次者，改發近邊充軍，例應發近邊充軍，至配所折責肆拾板，面上分刺“發冢”及“改遣”字樣。首犯邢老六嚴緝獲日另結。詳請咨准部覆，仍令照例彙題。

肅州直隸州一件報明等事：樊永福奸拐吉恕之妻吉韓氏壹案。緣樊永福籍隸陝西臨潼縣，來肅生理。該堡兵丁吉恕派往金川，留妻韓氏同伊母何氏在家，樊永福常往閑談。乾隆叁拾柒年拾壹月叁拾日，樊永福與韓氏調戲成奸，何氏并不知情，以後通奸已非壹次。嗣于叁拾捌年拾貳月間，樊永福起意同逃，韓氏允從。叁拾玖年正月初肆日，韓氏托言往母家拜年，令工人王毛旦子跟隨樊永福，在路遇合，同行至皋蘭縣，賃崔文科家空房居住。報州緝獲嚴鞫，據供前情不諱。究詰不移，案無遁情。樊永福合依和誘知情爲首例，發雲貴、兩廣烟瘴少輕地方，照新例，改發極邊肆千里充當苦差，面刺“烟瘴改發”字樣，到配所折責肆拾板。詳請咨准部覆，仍令照例彙題。

會寧縣一件報明等事：回民馬得彪、馬二娃結夥行竊壹案。緣馬得彪係固原州回民，馬二娃係安定縣回民，與未獲之固原州回民木老大、馬老二、李姓均相認識。乾隆叁拾玖年叁月拾玖日，彼此撞遇，木老大糾同行竊，各犯允從。叁月貳拾壹日二更，至該縣澗灘鋪李友莪莊上，木老大、馬得彪在外把風，李姓、馬老二逾墻進院，撥開房門，竊得衣物，携匿空窑。報縣通報差緝在案各犯。又于叁月貳拾柒日半夜，在漳縣馬蓮灘高倉莊上挖窟進内，竊去叫驢貳頭、馱鞍貳副。貳拾玖日二更，在隴西熟羊城葛綉綿莊前撬門進内，竊出草驢貳頭。肆月初叁日，路過通渭，偷趕王有倉草驢壹頭，是晚仍至空窑取衣馱赴集上當賣。遇役盤詰，獲犯馬得彪并原贜衣物驢頭。又准固原州關獲馬二娃到案，先就現犯研鞫，據供前情不諱。究詰并無另有窩夥偷竊别案，贜經主認，正賊無疑。馬二娃、馬得彪均合依回民行竊結夥叁人以上，不分首從，不計贓數、次數，改發雲貴、兩廣極邊烟瘴充軍。馬二娃照例面刺“回賊改遣”肆字。馬得彪年逾伍拾，例應免發新疆，照新例改發極邊肆千里充當苦差，面刺“回賊”，并刺“烟瘴改發”字樣。到配所，各折責肆拾板。逸賊木老大等獲日，照擬審結。詳請咨准部覆，以馬得彪年逾伍拾，雖免刺“改遣”字樣，仍應實發雲貴、兩廣，不應改發極邊肆千里，仍令照例彙題。

寧朔縣一件奸拐室女事：徐忠奸拐吴君寵之女能姐壹案。緣徐忠與吴君寵同莊居住，素相往來，吴君寵時常出外生理。乾隆叁拾捌年玖月間，吴君寵妻故，遺女能姐在家。拾月間，徐忠前赴吴君寵家中，與能姐調戲成奸。嗣後乘便宣淫，已非壹次，吴君寵并不知情。迨本年陸月初，因吴君寵欲將能姐擇配，徐忠起意拐逃，能姐允從，即于初伍日早，與能姐一同潛逃，沿途討吃度日，夜宿空廟。吴君寵報縣，差緝到案，訊供通詳，據供前情不諱。徐忠合依和誘知情爲首例，問發雲貴、兩廣烟瘴少輕地方，遵例改發極邊肆千里充當苦差，面刺“烟瘴改發”字樣。至配所杖壹百，折責肆拾板。詳請咨准部覆，仍令照例彙題。各等因。咨院行司。奉此，節經分别轉飭遵照去後。

兹準據各該道府移詳，轉請彙題前來。本司覆查乾隆叁拾玖年分審結軍流案件：張俊和誘奸拐，回民張浪子結夥行竊，龐忠竊盗叁犯，回民馬牙黑等結夥行竊，馬添喜行竊衙署，劉春隨棚誆騙財物，回民馬楊印等結夥行竊，牟姓兒等和誘奸拐，甄從福捉奸致死有服卑幼，唐思旺竊盗叁犯，侯宗文竊盗計贓擬罪，劉三得盗未埋尸柩見尸爲首，回民馬二娃即馬得功結夥行竊，楊招刨墳見尸爲從，樊永福和誘奸拐，回民馬得彪等結夥行竊，徐忠和誘奸拐。以上各案，係尊長致死有服卑幼、和同奸拐、平常軍流，此外并無積匪、猾賊、誣告、反坐之案，相應詳請核題。等情。到臣。該臣查得，定例，因事擬遣一切軍流等案，咨部完結，年底彙題。兹據甘肅按察使圖桑阿詳稱，查乾隆叁拾玖年分，甘肅省審結軍流案件，有張俊和誘奸拐，回民張浪子結夥行竊，龐忠竊盗叁犯，回民馬牙黑等結夥行竊，馬添喜行竊衙署，劉春隨棚誆騙財物，回民馬楊印等結夥行竊，牟姓兒等和誘奸拐，甄從福捉奸致死有服卑幼，唐思旺竊盗叁犯，侯宗文竊盗計贜擬罪，劉三得盗未埋尸柩見尸爲首，回民馬二娃即馬得功結夥行竊，楊招刨墳見尸爲從，樊永福和誘奸拐，回民馬得彪等結夥行竊，徐忠和誘奸拐。以上各案，係尊長致死有服卑幼、和同奸拐、平常軍流，此外并無積匪、猾賊、誣告、反坐之案。等情。詳請彙題前來，臣覆核無异。相應循例彙題，伏祈皇上睿鑒，敕部查照施行。謹題請旨。

乾隆叁拾九年壹月叁拾日。

兵部尚書兼都察院右都御史、總督陝甘等處地方軍務兼理糧餉并兼管甘肅巡撫事兼理茶馬臣勒爾謹。

【貼黄】

兵部尚書兼都察院右都御史、總督陝甘等處地方軍務兼理糧餉并兼管甘肅巡撫事兼理茶馬臣勒爾謹謹題：爲請定彙題章程等事。

該臣查得定例，因事擬遣一切軍流等案，咨部完結，年底彙題。兹據甘肅按察使圖桑阿詳稱，查乾隆叁拾玖年分，甘肅省審結軍流案件有，張俊和誘奸拐，回民張浪子結夥行竊，龐忠竊盗叁犯，回民馬牙黑等結夥行竊，馬添喜行竊衙署，劉春隨棚誆騙財物，回民馬楊印等結夥行竊，牟姓兒等和誘奸拐，甄從福捉奸致死有服卑幼，唐思旺竊盗叁犯，侯宗文竊盗計贜擬罪，劉三得盗未埋尸柩見尸爲首，回民馬二娃即馬得功結夥行竊，楊招刨墳見尸爲從，樊永福和誘奸拐，回民馬得彪等結夥行竊，徐忠和誘奸拐。等情。詳請彙題前來，臣覆核無异。謹題請旨。

【《明清檔案》A223—23，B125279—B125294】

陝甘總督兼甘肅巡撫勒爾謹題請核銷寧夏等縣供支駐寧滿兵鉛藥用過銀兩

乾隆四十年四月五日

題。

叅。

四十年五月初一日下工、户、兵。

該部察核具奏。

兵部尚書兼都察院右都御史、總督陝甘等處地方軍務兼理糧餉并兼管甘肅巡撫事兼理茶馬臣勒爾謹謹題：爲題明製造鉛藥、火繩事。

據甘肅布政使司布政使王亶望詳稱，蒙總督陝甘勒部院案驗，乾隆叁拾玖年捌月拾玖日，准工部咨，虞衡司案呈，工科抄出陝督勒爾謹題前事。等因。乾隆叁拾玖年肆月拾玖日題，伍月貳拾伍日奉旨："該部察核具奏。欽此欽遵。"于本日抄出到部。

該臣等查得，陝督勒爾謹疏稱，寧夏、寧朔貳縣供支駐寧滿兵鉛藥壹案，前准部咨，令將火藥、烘藥照依凉州之例，每斤定價銀陸分陸厘，鉛彈照各省之例，每斤定價銀叁分伍厘，鐵子每斤定價銀壹分陸厘，火繩每丈定價銀貳分，所需價銀在于司庫建曠内動支造銷。等因。轉行遵照在案。兹據寧夏縣册造乾隆叁拾捌年分供支火藥壹千貳百柒拾捌斤零，烘藥貳拾陸斤零，鐵子叁拾伍斤零，火繩壹千肆百玖拾陸丈零，鉛彈壹百玖拾壹斤零，共用銀壹百貳拾叁兩叁錢貳分壹厘。寧朔縣册造乾隆叁拾捌年分供支火藥壹千貳百柒拾捌斤零，烘藥貳拾陸斤零，鐵子叁拾伍斤零，火繩壹千肆百玖拾陸丈零，鉛彈壹百玖拾壹斤零，共用銀壹百貳拾叁兩叁錢貳分壹厘。以上寧夏、寧朔貳縣乾隆叁拾捌年分，供支火藥、烘藥、鉛彈、鐵子等項通共用銀貳百肆拾陸兩陸錢肆分貳厘。應請在于叁拾捌年建曠銀内作正開銷。等情。

造册呈賫前來，臣覆核無异。除册送部外，相應具題。等因。前來。

查寧夏、寧朔貳縣乾隆叁拾捌年供支駐寧滿兵藥鉛等項，共用過銀貳百肆拾陸兩陸錢肆分貳厘，據該督造册題銷。臣部查册開，演炮火藥每月每次演放叁伍出不等，數目不符。其開除項下鐵子、鉛彈款項數目，亦屬牽混舛錯。至應行扣除移駐兵丁名數，前後又復互异，臣部均難查核。應將原册黏簽鈐印，發還該督，轉飭詳確查明，另造妥册，同原册一并送部，到日再行查核，仍知照户部可也。等因。乾隆叁拾玖年柒月初伍日題，本月初捌日奉旨："依議。欽此。"爲此合咨前去，欽遵查照施行。等因。到院行司。

蒙此，除另造登答清册，業經呈蒙咨部外，該布政使王亶望查得寧夏、寧朔貳縣供支駐寧滿兵鉛藥壹案，前奉部議，照依定價，在于司庫建曠銀内動支造銷。等因。遵照在案。今准寧夏道移，據寧夏、寧朔貳縣各將乾隆叁拾玖年供支過駐寧滿兵操演槍炮、用過火烘藥鉛等項銀兩，造册請銷前來。本司覆查，寧夏縣册造火藥玖百伍拾叁斤柒兩，每斤價銀陸分陸厘，共用銀陸拾貳兩玖錢貳分柒厘。烘藥壹拾捌斤拾伍兩柒分伍厘，每斤價銀陸分陸厘，共用銀壹兩貳錢伍分。鐵子伍拾叁斤柒兩，每斤價銀壹分陸厘，共用銀捌錢伍分伍厘。火繩壹千柒拾丈貳寸伍分，每火繩壹丈價銀貳分，共用銀貳拾壹兩肆錢壹厘。鉛彈壹百伍拾玖斤陸兩陸錢，每斤價銀叁分伍厘，共用銀伍兩伍錢柒分玖厘。以上通共用過銀玖拾貳兩壹分貳厘。寧朔縣册造辦供火藥玖百伍拾叁斤柒兩，每斤價銀陸分陸厘，共用銀陸拾貳兩玖錢貳分柒厘。烘藥壹拾捌斤拾伍兩柒分伍厘，每斤價銀陸分陸厘，共用銀壹兩貳錢伍分。鐵子伍拾叁斤柒兩，每斤價銀壹分陸厘，共用銀捌錢伍分伍厘。火繩壹千柒拾丈貳寸伍分，每火繩壹丈價銀貳分，共用銀貳拾壹兩肆錢壹厘。鉛彈壹百伍拾玖斤陸兩陸錢，每斤價銀叁分伍厘，共用銀伍兩伍錢柒分玖厘。以上通共用過銀玖拾貳兩壹分貳厘。以上寧夏、寧朔貳縣供支駐寧滿兵操演火烘藥鉛，共用銀壹百捌拾肆兩貳分肆厘，應請在于乾隆叁拾玖年建曠銀内作正開銷。所有造到册籍，相應詳賫，合候核題。等情。到臣。

據此，該臣看得，寧夏、寧朔貳縣供支駐寧滿兵鉛藥壹案，前准部咨，令將火烘藥照依凉州之例，每斤定價銀陸分陸厘，鉛彈照各省之例，每斤定價銀叁分伍厘，鐵子每斤定價銀壹分陸厘，火繩每丈定價銀貳分。所需價銀，在于司庫建曠銀内動支造銷。等因。轉行遵照在案。兹據甘肅布政使王亶望詳稱，查寧夏縣册造，乾隆叁拾玖年分供支火藥玖百伍拾叁斤柒兩，每斤價銀陸分陸厘，共用銀陸拾貳兩玖錢貳分柒厘。烘藥壹拾捌斤拾伍兩柒分伍厘，每斤價銀陸分陸厘，共用銀壹兩貳錢伍分。鐵子伍拾叁斤柒兩，每斤價銀壹分陸厘，共用銀捌錢伍分伍厘。火繩壹千柒拾丈貳寸伍分，每丈價銀貳分，共用銀貳拾壹兩肆錢壹厘。鉛彈壹百伍拾玖斤陸兩陸錢，每斤價銀叁分伍厘，共用銀伍兩伍錢柒分玖厘。以上共用銀玖拾貳兩壹分貳厘。寧朔縣册造乾隆叁拾玖年分供支火藥玖百伍拾叁斤柒兩，每斤價銀陸分陸厘，共用銀陸拾貳兩玖錢貳分柒厘。烘藥壹拾捌斤拾伍兩柒分伍厘，每斤價銀陸分陸厘，共用銀壹兩貳錢伍分。鐵子伍拾叁斤柒兩，每斤價銀壹分陸厘，共用銀捌錢伍分伍厘。火繩壹千柒拾丈貳寸伍分，每丈價銀貳分，共用銀貳拾壹兩肆錢壹厘。鉛彈壹百伍拾玖斤陸兩陸錢，每斤價銀叁分伍厘，共用銀伍兩伍錢柒分玖厘。以上共用銀玖拾貳兩壹分貳厘。以上寧夏、寧朔貳縣，乾隆叁拾玖年分供支火烘藥鉛，通共用銀壹百捌拾肆兩貳分肆厘，應請在于乾隆叁拾玖年建曠銀内作正開銷。等情。造册呈賫前來，臣覆核無异。除册送部外，相應具題，伏祈皇上睿鑒，敕部核覆施行。爲此具本，謹題請旨。

乾隆肆拾年肆月初五日。

兵部尚書兼都察院右都御史、總督陝甘等處地方軍務兼理糧餉并兼管甘肅巡撫事兼理茶馬臣勒爾謹。

【貼黄】

兵部尚書兼都察院右都御史、總督陝甘等處地方軍務兼理糧餉并兼管甘

肅巡撫事兼理茶馬臣勒爾謹謹題：爲題明製造鉛藥、火繩事。

該臣看得，寧夏、寧朔貳縣供支駐寧滿兵鉛藥壹案，前准部咨，令將所需價銀在于司庫建曠銀内動支造銷。等因。轉行遵照在案。茲據甘肅布政使王亶望詳稱，查寧夏、寧朔貳縣乾隆叁拾玖年分供支火烘藥鉛，通共用銀壹百捌拾肆兩貳分肆厘，應請在于叁拾玖年建曠銀内作正開銷。等情。造册呈賫前來，臣覆核無异。除册送部外，謹題請旨。

【《明清檔案》A224—18，B125841—B125845】

△諭内閣著斐慎補授寧夏鎮總兵等官員任免事

乾隆四十年八月初八日

乾隆四十年八月初八日，内閣奉上諭："甘肅寧夏鎮總兵員缺，著斐慎補授。其所署雲南昭通鎮總兵員缺，著副將巴克坦布升署。欽此。"

【《乾隆朝上諭檔》第 7 册，第 938 頁第 2645 條】

兵部尚書嵇璜題覆甘肅驛站倒馬價銀應准照數動撥

乾隆四十年九月三日

題。

四。

四十年九月初七日下兵、户。

依議。

兵部等部經筵講官、兵部尚書臣嵇璜等謹題：爲欽奉上諭事。

兵科抄出陝甘總督兼管甘肅巡撫事勒爾謹題前事。内開：據甘肅布政使司布政使王亶望呈，蒙陝甘總督勒部院案驗，乾隆叁拾玖年玖月初肆日，准

兵部咨，車駕司案呈，乾隆叁拾玖年捌月初貳日，兵科抄出本部題前事一案，相應抄單，移咨陝甘總督可也。計粘單壹紙，内開：會議得，陝甘總督兼管甘肅巡撫事勒爾謹疏稱，查得甘肅所屬各驛每年需用倒馬價銀，例應估撥。兹據署甘肅布政司事按察使圖桑阿詳稱，查蘭州、鞏昌、平凉、慶陽、甘州、凉州、寧夏、西寧、安西玖府，并直隸秦州、階州、肅州叁州所屬各驛，乾隆叁拾玖年分原額、新添、孳生共馬叁千肆百伍拾叁匹。自乾隆叁拾玖年正月初壹日起，至年底止，照依拾分倒貳之例合算，共應准倒馬陸百玖拾匹陸分，每匹價銀捌兩，共銀伍千伍百貳拾肆兩捌錢。又，册造蘭州、鞏昌、平凉、甘州、凉州伍府并直隸肅州所屬，共肆拾捌驛，續添馬柒百柒拾匹。自乾隆叁拾玖年正月初壹日起，至年底止，照依拾分倒貳之例合算，共應准倒馬壹百伍拾肆匹，每匹價銀捌兩，共銀壹千貳百叁拾貳兩。貳共倒馬價銀陸千柒百伍拾陸兩捌錢。核查册造倒馬價銀數目相符。至此項倒馬價銀，向係在于司庫收貯各屬解到茶價并官茶改折銀内動支。今將前項倒馬價銀應請在于乾隆叁拾玖年伍月以後各屬解到茶價并官茶改折歸并，候撥兵餉銀内動支，作正報銷。等情。造具估册呈賫，請題前來，臣覆核無异。除册送部外，相應具題。等因。具題前來。

查定例，甘肅驛馬倒斃，不得過貳分，買補馬價，每匹准銷銀捌兩，向例馬價，次年撥補，另爲造銷。原任甘肅巡撫鄂樂舜題請，自乾隆拾玖年爲始，統入驛站案内題銷，其倒馬價銀亦照工料之例，預爲估撥，于每年年底飭令請領，次年彙入驛站奏銷案内造報。等因。經兵部覆准在案。今甘肅省叁拾玖年分原額、新添、補站、滋生，并續添共馬肆千貳百貳拾叁匹，照依拾分倒貳之例合算，共應倒馬捌百肆拾肆匹陸分，每匹價銀捌兩，共該馬價銀陸千柒百伍拾陸兩捌錢。兵部核算倒斃分數并買補價值，均與定例相符。應如該督所題，准其照數動撥。至該督疏稱，前項馬價銀在于乾隆叁拾玖年伍月以後各屬解到茶價并官茶改折銀内動支。等語。亦應如該督所請，准其照數動支，仍將動支

銀兩并倒馬數目，統入該年驛站奏銷案内查核。等因。乾隆叁拾玖年柒月貳拾捌日題，捌月初貳日奉旨："依議。欽此。"等因。咨院轉行到司。

蒙此，該甘肅布政使王亶望查得，前奉部咨，甘省各驛每年應准貳分倒馬價銀，自乾隆拾玖年爲始，照工料之例，預爲估撥，于年底飭令請領，次年彙入驛站奏銷案内造報。等因。除乾隆叁拾玖年應准貳分倒馬價銀，已經估請造入叁拾玖年驛站奏銷案内報銷在案。兹準驛傳道熊啓謨將乾隆肆拾年壹歲倒馬價銀，分案造具估册，移送前來。查册造蘭州、鞏昌、平凉、慶陽、甘州、凉州、寧夏、西寧捌府，并直隸秦州、階州、肅州、安西州肆州所管各驛乾隆肆拾年分原額、新添、滋生共馬叁千肆百伍拾叁匹，自乾隆肆拾年正月初壹日起，至年底止，照依拾分倒貳之例合算，共應准倒馬陸百玖拾匹陸分，每匹價銀捌兩，共銀伍千伍百貳拾肆兩捌錢。又，册造蘭州、鞏昌、平凉、甘州、凉州伍府并直隸肅州所管，共肆拾捌驛，續添馬柒百柒拾匹。自乾隆肆拾年正月初壹日起，至年底止，照依拾分倒貳之例合算，共應准倒馬壹百伍拾肆匹，每匹價銀捌兩，共銀壹千貳百叁拾貳兩。貳共倒馬價銀陸千柒百伍拾陸兩捌錢。核查册造倒斃分數，買補價值，與例相符。至此項倒馬買補價銀向係在于司庫收貯各屬解到茶價并官茶改折銀内動支，今應請在于各屬解到茶價并官茶改折歸并候撥兵餉款内動支，作正報銷。所有造到册籍，相應詳賫，合候核題。再，此案倒馬價銀係按年估請之件，并不計限，合并聲明。等情。呈詳到臣。

該臣查得，甘肅所屬各驛每年需用倒馬價銀，例應估撥。兹據甘肅布政使王亶望詳稱，查蘭州、鞏昌、平凉、慶陽、甘州、凉州、寧夏、西寧捌府，并直隸秦州、階州、肅州、安西州肆州所管各驛，乾隆肆拾年分原額、新添、滋生共馬叁千肆百伍拾叁匹。自乾隆肆拾年正月初壹日起，至年底止，照依拾分倒貳之例合算，共應准倒馬陸百玖拾匹陸分，每匹價銀捌兩，共銀伍千伍百貳拾肆兩捌錢。又，册造蘭州、鞏昌、平凉、甘州、凉州伍府并直隸肅州所管，共肆拾捌驛，續添馬柒百柒拾匹。自乾隆肆拾年正月初壹日起，至年底止，照依拾分倒貳之例合算，共應准倒馬壹百伍拾肆匹，每匹價銀捌兩，共銀壹千貳百叁拾貳兩。貳共倒馬價銀陸千柒百伍拾陸兩捌錢。核查册造倒斃分數，買補價值，與例相符。至此項倒馬買補價銀，向係在于司庫收貯各屬解到茶價并官茶改折銀内動支，今應請在于各屬解到茶價并官茶改折歸并候撥兵餉款内動支，作正報銷。等情。造具估册呈賫，請題前來，臣覆核無异。除册送兵部兵科并將揭帖照例分送外，相應具題，伏乞皇上睿鑒，敕部議覆施行。謹題請旨。乾隆肆拾年陸月貳拾貳日題，柒月叁拾日奉旨："該部察核具奏。欽此欽遵。"抄出到部。兵部隨定稿，于捌月拾柒日會户部。今于本月貳拾壹日，准户部將會稿咨送過部。

該臣等會議得，陝甘總督兼管甘肅巡撫事勒爾謹疏稱，查得甘肅所屬各驛每年需用倒馬價銀例應估撥，兹據甘肅布政使王亶望詳稱，查蘭州、鞏昌、平凉、慶陽、甘州、凉州、寧夏、西寧捌府，并直隸秦州、階州、肅州、安西州肆州所管各驛，乾隆肆拾年分原額、新添、滋生共馬叁千肆百伍拾叁匹，自乾隆肆拾年正月初壹日起，至年底止，照依拾分倒貳之例合算，共應准倒馬陸百玖拾匹陸分，每匹價銀捌兩，共銀伍千伍百貳拾肆兩捌錢。又，册造蘭州、鞏昌、平凉、甘州、凉州伍府并直隸肅州所管，共肆拾捌驛，續添馬柒百柒拾匹。自乾隆肆拾年正月初壹日起，至年底止，照依拾分倒貳之例合算，共應准倒馬壹百伍拾肆匹，每匹價銀捌兩，共銀壹千貳百叁拾貳兩。貳共倒馬價銀陸千柒百伍拾陸兩捌錢。核查册造倒斃分數，買補價值相符。至此項倒馬買補價銀，向係在于司庫收貯各屬解到茶價并官茶改折銀内動支，今應請在于各屬解到茶價并官茶改折歸并候撥兵餉款内動支，作正報銷。等情。造具估册呈賫，請題前來，臣覆核無异。除册送部外，相應具題。等因。具題前來。

查定例，甘肅驛馬倒斃不得過貳分，買補馬價，每匹准銷銀捌兩，向例馬價，次年撥補，另爲造銷。原任甘肅巡撫鄂樂舜題請，自乾隆拾玖年爲始，統入驛站案内題銷，其倒馬價銀，亦照工料之例預爲估撥，于每年年底飭令請領，次年彙入驛站奏銷案内造報。等因。經兵部覆准在案。今甘肅省乾隆肆拾年分，原設新添補站滋生并續添共馬肆千貳百貳拾叁匹，照依拾分倒貳分之例合算，共應倒馬捌百肆拾肆匹陸分，每匹價銀捌兩，共該馬價銀陸千柒百伍拾陸兩捌錢。兵部核算倒斃分數，并買補價值，均與定例相符。應如該督所題，准其照數動撥。至該督疏稱，前項馬價銀兩在于各屬解到茶價并官茶改折銀内動支。等語。亦應如該督所請。准其照數動支，仍將動支銀兩并倒馬數目入該年驛站奏銷案内，報部查核。恭候命下之日，兵部行文該督遵行。再，此案係兵部主稿，合并聲明。臣等未敢擅便，謹題請旨。

乾隆肆拾年玖月初叁日。

兵部等部經筵講官、兵部尚書臣嵇璜，左侍郎、署鑲白旗滿洲副都統、□□□蒙古副都統事務、革職留任臣高樸，左侍郎臣周煌，右侍郎兼佐領、世襲恩騎尉臣景福，車駕清吏司掌印、四品京官銜在兵部郎中上行走臣暻善，郎中臣圖浚，郎中臣本珠，郎中臣陳步瀛，員外郎臣書寧，員外郎臣福重，員外郎臣張聚壁，額外主事臣劉之宸，額外主事臣鍾定邦，署户部尚書臣永貴，尚書臣王際華，左侍郎臣英廉，右侍郎臣金簡，陝西清吏司郎中臣太平阿，額外主事臣林其宴。

【《明清檔案》A225—1，B126337—B126344】

陝甘總督兼甘肅巡撫勒爾謹題請調補都司

乾隆四十年九月七日

題。

二。

九月二十二日。

四十年十月初四日上户。

該部議奏。

兵部尚書兼都察院右都御史、總督陝甘等處地方軍務兼理糧餉并兼管甘肅巡撫事兼理茶馬臣勒爾謹謹題：爲酌請調補都司，以裨邊營事。

准甘肅提督臣法靈阿咨稱，竊照西寧鎮屬白塔壹營設處邊隅，通達青海，漢回雜處，土番環居，所管隘口，在在緊要，向設都司壹員，定爲題掣之缺。誠以地方關重，欲使升用人員速行到任，俾營伍早收得人之效。兹查新掣白塔營都司劉萬福，由寧夏鎮標前營守備掣補都司，于乾隆叁拾捌年拾月内，派赴烏嚕木齊屯田，扣至肆拾叁年年底班滿，回任尚遠。該營都司員缺係以千總微員護理，于營伍地方一切事宜，恐致貽誤，必須精明幹練之員，經理措置，方得妥協。查有現署甘肅提標前營游擊事、陝西延綏城守營都司邊毓瑛，才識明敏，辦事幹練，以之調補西寧鎮屬白塔營都司，堪以勝任。其邊毓瑛所遺延綏城守營都司員缺，請即以新掣都司劉萬福調補。如此一轉移間，庶與邊營實有裨益，相應咨請會題。等因。到臣。

準此，該臣看得，營伍設處邊隅者，非實任大員，不足以資彈壓。兹準甘肅提督臣法靈阿咨稱，西寧鎮屬白塔壹營設處邊隅，通達青海，漢、回、土番雜處之地，所管隘口最關緊要。今新掣白塔營都司劉萬福，由寧夏鎮標前營守備于乾隆叁拾捌年拾月内派赴烏嚕木齊屯田，扣至肆拾叁年班滿，回任尚遠。該營都司員缺，係千總微員護理一切事宜，恐致貽誤。查有現署甘肅提標前營游擊之陝西延綏城守營都司邊毓瑛，才識明敏，辦事幹練，以之調補西寧鎮屬白塔營都司，實與邊營有益。等因。咨請對調前來。臣查人地相宜，例得酌量調補。今西寧白塔營設處邊隅，都司壹官，有彈壓土番、回、漢之責，最關緊要。現署甘肅提標前營游擊事、陝西延綏城守營都司邊毓瑛，熟悉邊情，辦事幹練，堪以勝任。合無仰懇聖恩，俯准將該員調補西寧鎮屬白塔營都司。其所遺陝西延綏城守營都司員缺，請即以新掣白塔營都司劉萬福調補。如此一轉移間，庶人地各適其宜，而與邊營均有裨益矣。查邊毓瑛、劉萬福俱係凉州府武威縣人，請調補前項員缺，與例相符。再，該員等俱係對缺調補，均毋庸送部引見。除履歷送部外，臣謹會同甘肅提督臣法靈阿合詞具題，伏祈皇上睿鑒，敕部議覆施行。爲此具本，謹題請旨。

乾隆肆拾年玖月初柒日。

兵部尚書兼都察院右都御史、總督陝甘等處地方軍務兼理糧餉并兼管甘肅巡撫事兼理茶馬臣勒爾謹。

【貼黄】

兵部尚書兼都察院右都御史、總督陝甘等處地方軍務兼理糧餉并兼管甘肅巡撫事兼理茶馬臣勒爾謹謹題：爲酌請調補都司等事。

該臣看得，營伍設處邊隅者，非實任大員，不足以資彈壓。兹準甘肅提督臣法靈阿咨稱，西寧鎮屬白塔營設處邊隅，漢、回、土番雜處之地，所管隘口最關緊要。今新掣白塔營都司劉萬福派赴烏嚕木齊屯田，回任尚遠。該都司員缺係千總護理一切事宜，恐致貽誤。查有現署甘肅提標前營游擊陝西延綏城守營都司邊毓瑛，才識明敏，辦事幹練，以之調補西寧鎮屬白塔營都司，實與邊營有益。等因。咨請對調前來。臣查人地相宜，例得酌量調補。西寧白塔營設處邊隅，都司壹官，最關緊要。現署甘肅提標前營游擊事、陝西延綏城守營都司邊毓瑛，熟悉邊情，辦事幹練，堪以勝任。合無仰懇聖恩，俯准將該員調補西寧鎮屬白塔營都司。其所遺延綏城守營都司員缺，請即以新掣白塔營都司劉萬福調補。如此一轉移間，庶人地各適其宜，而與邊營均有裨益矣。查該員等係對缺調補，均毋庸送部引見。除履歷送部外，臣謹合詞具題請旨。

【《明清檔案》A225—15，B126391—B126393】

兵部尚書嵇璜題覆陝西供支派往凉州等處官兵需用車輛口糧等銀開銷事

乾隆四十年九月十九日

題。

二。

四十年九月廿二日下兵、户。

依議。

兵部等部經筵講官、兵部尚書臣嵇璜等謹題：爲移付事。

先據陝西巡撫畢沅將乾隆叁拾捌年由京派往凉州等處駐防官兵需用車輛、口糧等項銀兩造册題銷，經兵部會同户部、工部查，乾隆叁拾捌年由京派往移駐凉州、莊浪、寧夏、西安肆處官捌拾肆員，兵丁叁千叁百户，分爲貳拾柒起行走。官員家口，每肆名口給車壹輛，每員給拉運行李車壹輛，兵丁每户給車壹輛。嗣據直隸總督咨報，直隸省陸續病故兵叁名，解京查辦貳名，内補送壹名。又，現據河南巡撫題報册開，河南省陸續病故兵叁名，是前項兵丁入陝西境，止該叁千貳百玖拾叁户。今册開叁千貳百玖拾玖户，其因何多開户數之處，未據聲明，行令該撫查明報部，并令將支過兵丁口糧粟米，俟户數核准之日，再行造報核銷。其華陰等捌站租賃店房，節年辦理移駐官兵文案内，從無動項賃房之例，所有用過房價銀兩，行令照例删減報部。至所需馬棚，亦令該撫將實需馬棚間數，并將從前辦過原案，查明報部，到日再行辦理在案。

今于乾隆肆拾年捌月初玖日，准該撫覆稱，前項兵丁入陝西境，止該叁千貳百玖拾叁户，册開叁千貳百玖拾玖户之處，隨咨查去後。今准直隸省來咨，馬甲忠信等叁名係在直省病故。又准河南省咨稱，馬甲石德等叁名係在河南省病故。等因。查直豫貳省請銷車價口糧，既係止照叁户造報，陝省事同一體，自應畫一删除。行據各屬按站删減陸户，共删車價銀貳拾叁兩壹錢，又删減陸户口糧共銀叁錢陸分肆厘。貳共删減銀貳拾叁兩肆錢陸分肆厘。現飭各地方官照數賠解，俟至日查收，造報撥用。至華陰等捌臺應需帳房，原因各營帳房多被出征金川官兵帶去，不敷應用，而移駐官兵俱各有大小家口逐站供送，時值嚴寒，又未便任其露處，是以照依乾隆貳拾年供應索倫等兵之案，賃用民房安置。每大間照例給銀肆錢，小間給銀叁錢，共用過賃房銀陸百柒拾叁兩叁錢，均係核實給發，萬難令其删減，仍請照案核銷。又，搭蓋馬棚，前于乾隆叁拾貳年玖月内供應天津移駐凉州官兵案内造報，每馬騾捌拾匹頭，需用棚拾間，每拾間需物料工價銀陸兩。奉准户部核准開銷在案。今照前案一例造報，應請照依前册造報銀肆百貳拾叁兩之數核銷，相應另造清册咨部。等因。咨覆前來。

查陝西省乾隆叁拾捌年供支由京移駐凉州、莊浪、寧夏、西安肆處官兵車輛，既據該撫查照直豫貳省報銷户數，删除册開官捌拾肆員，每員給行李車壹輛，用車捌拾肆輛。官員家口陸百貳拾捌口，每肆口給車壹輛，用車壹百伍拾貳輛。兵丁叁千貳百玖拾叁户，每户給車壹輛，用車叁千貳百玖拾叁輛。共用車叁千伍百貳拾玖輛。兵部查與應給車數相符。再，查該省供支前項車輛，止應按照叁千貳百玖拾叁户報銷。前册開造叁千貳百玖拾玖户，經兵部駁查，始據該撫按照實在供支車數删減。所有多應車輛各職名，應令該撫查取送部。其自華陰站送至涇州，原請銷車價銀壹萬肆千陸百貳拾兩壹錢捌分捌厘，除删減銀貳拾叁兩壹錢外，實請銷銀壹萬肆千伍百玖拾柒兩捌分捌厘，户部按册核算，數目相符，應准開銷。其支過兵丁口糧粟米伍百壹拾貳石柒斗伍升柒合肆勺，每京石價銀柒錢，共用銀叁百伍拾捌兩玖錢貳分柒厘。查與應支口糧數目并部定米價俱屬符合，亦應准其開銷。至移駐官兵眷口租賃民房，共賃大房肆百玖拾間，每間給租銀肆錢，共銀壹百玖拾陸兩。小房壹千伍百玖拾壹間，每間租銀叁錢，共銀肆百柒拾柒兩叁錢。貳共銀陸百柒拾叁兩叁錢。先據該撫請照乾隆貳拾年供應索倫兵丁賃用民房安置之例

辦理，經户部查乾隆貳拾年賃住民房係供出征准噶爾兵丁之用，與此案移駐事例不同。至節年辦理移駐官兵各案内，從無動項賃房之例，所有用過房價銀兩不准開銷，行令删減報部在案。

今雖據該撫覆稱，各營帳房多被出征金川官兵帶去，不敷應用。而移駐官兵俱各有大小家口逐站供送，時值嚴寒，未便任其露處。是以照依乾隆貳拾年供應索倫等兵之案，賃用民房安置，用過賃房價銀，萬難核減。等語。但查陝西從前辦理移駐官兵各事宜案内，從無動項雇賃民房之例。即此案移駐涼州等處官兵經過甘肅各站，亦未據甘省請銷雇房價銀。同一供應之案，自應一律辦理，未便另行雇賃民房，致滋糜費。所有此案請銷銀陸百柒拾叁兩叁錢，應令該撫查照甘肅省供應移駐例案，即行照數删減，報部查核。又，拉車馬騾伍千陸百肆拾匹頭，每馬騾捌拾匹頭，需用棚拾間，共需棚柒百伍間。每棚拾間，需用物料工價銀陸兩，共用銀肆百貳拾叁兩。既據該撫聲明，係照供應天津移駐涼州官兵成案辦理，户部核查原案并應支數目，核算相符，應准開銷。仍令該撫將删減車價口糧共銀貳拾叁兩肆錢陸分肆厘，照數著追報部。再，此案係兵部主稿，合并聲明。臣等未敢擅便，謹題請旨。

乾隆肆拾年玖月拾玖日。

經筵講官、兵部尚書、降拾貳級、從寬留任臣嵇璜，右侍郎兼佐領、世襲恩騎尉臣景福，車駕清吏司掌印、四品京官銜、在兵部郎中上行走臣嘿善，郎中臣圖浚，郎中臣本珠，郎中臣陳步瀛，員外郎臣書寧，員外郎臣福重，員外郎臣張聚壁，額外主事臣劉之宸，額外主事臣鍾定邦，署户部尚書臣永貴，尚書臣王際華，左侍郎臣英廉，右侍郎臣金簡，陝西清吏司員外郎臣佛爾卿額，四川清吏額外主事臣張有年。

【《明清檔案》A225—31，B126467—B126472】

乾隆四十一年（1776）

署户部尚書英廉奏報甘肅隆德縣多除攤荒糧折銀兩應令查參分賠

乾隆四十一年二月二十四日

副摺。

户部奏爲。

暫協辦大學士、刑部尚書署户部尚書臣英廉等謹奏：爲奏明事。

切查甘肅省乾隆三十三年奏銷各屬地丁正雜錢糧案内，隆德縣額徵地丁銀四千八十四兩四錢一分五厘，較《賦役全書》開載款目計不符銀二十兩，節經臣部詳核駁查。今據覆稱，隆德縣奏銷册造攤荒、實徵兩項銀數，與《全書》細加較核。緣民地荒糧内應除本色官學倉糧二百一十二石九斗三升九合九勺，每石折銀七錢，共該銀一百四十九兩五分八厘，訛于奏銷册造攤荒數内共除折色銀一百六十九兩五分八厘，計多除銀二十兩，實係奏銷荒内多除，以致實徵較少。但奏銷册内所少銀數，未悉起自何年，歷任止憑實徵額數造報。應請在于乾隆三十九年地丁奏銷册内更正。等語。臣等伏查，隆德縣額徵項下銀數，嚮來俱係籠統開造，不分款目。嗣于乾隆三十三年奏銷案内，經臣部頒示册式，行令分款造送，據册加除核算，始知該縣有與《全書》不符之處。查係官學倉糧一款，多除攤荒糧折銀二十兩，行令該督查其起自何年。據該督聲稱，歷年久遠，無從查悉。臣部覆將新舊《全書》逐細較對。該縣倉糧攤荒一款，始于順治七年，實係歷久相沿，難以究所自起。但前此籠統開報，即臣部亦無從核其細數。自行令分款核造以後，臣部始得按《全書》核對，知其有多除荒折之數。是該省從前統造之時，尚可謂之舊誤，因仍及既經分造以後，不應復致款目訛舛。所有隆德縣多除銀二十兩之誤，自當以三十三年駁查核實之時爲斷。相應奏明請旨，飭交該督，將三十三年造册之藩司及該縣職名送部查參。至該縣多除攤荒之案，始自順治七年，歷年久遠，難以追溯，著賠而款項亦不便無著。所有順治七年起，至乾隆三十八年止，每年少徵銀二十兩，統計銀二千四百餘兩。臣等酌議，自應著落三十三年分款造册之該縣及各該上司分賠一半，其餘一半，令三十四年以後，未經查明更正之歷任隆德縣及各該上司均分攤賠。其如何按數分賠之處，應令該督查核成數，即行著賠完報。所有多除應徵銀二十兩，該督咨請于乾隆三十九年册内更正之處，應准其更正，按年入額徵收，造報查核。爲此謹奏請旨。

乾隆四十一年二月二十四日奏，本日奉旨："知道了。欽此。"

乾隆四十一年二月□日。

暫協辦大學士、刑部尚書署户部尚書臣英廉，户部尚書臣王際華，右侍郎臣金簡。

【《明清檔案》A226—90，B127191—B127193】

陝西固原總兵官圖欽保題報接印任事日報

乾隆四十一年三月二十九日

題。

十五。

四十一年四月廿四日下兵。

該部知道。

鎮守陝西固原等處地方總兵官、法福禮巴圖魯臣圖欽保謹題：爲恭報微臣接印視事日期事。

竊臣仰荷聖恩，在金川軍營補授固原總兵，于乾隆肆拾壹年貳月初拾日，帶領所屬凱旋官兵，自噶拉依軍營起程，于本年叁月貳拾玖日抵固原□

城。准署固原總兵印務、中衛協副將皂保差委署本標中軍游擊張起沛賫送陝西固原總兵官銀印壹顆、王命旗牌拾捍面、未用火牌叁張，及節次奉到上諭、清漢各書到臣。臣隨恭設香案，望闕叩頭，即于是日領受任事訖。所有微臣接印任事日期，理合恭疏題報，伏祈皇上睿鑒施行。爲此具本，謹具題聞。

乾隆肆拾壹年叁月貳拾玖日。

鎮守陝西固原等處地方總兵官、法福禮巴圖魯臣圖欽保。

【貼黄】

鎮守陝西固原等處地方總兵官、法福禮巴圖魯臣圖欽保謹題：爲恭報微臣接印視事日期事。

竊臣仰荷聖恩，在金川軍營補授固原總兵，于乾隆肆拾壹年貳月初拾日，帶領所屬凱旋官兵，自噶拉依軍。署固原總兵印務、中衛協副將皂保差委署本標中軍游擊張起沛賫送陝西固原總兵官銀印壹顆到臣，臣隨恭設香案，望闕叩頭，即于是日領受任事訖。所有微臣接印任事日期，理合恭疏題報。伏祈皇上睿鑒施行，謹具題聞。

【《明清檔案》A226—103，B127235—B127236】

△諭内閣著張金城補授寧夏府知府

乾隆四十一年五月初七日

同日，内閣奉上諭：“甘肅寧夏府知府員缺，著張金城補授。欽此。”

【《乾隆朝上諭檔》第8册，第253頁第670條】

大學士管刑部舒赫德題覆甘省乾隆四十年緝拿命盗首犯未獲各官照例議處

乾隆四十一年五月十五日

題。

□□。

吴震起。

四十一年五月十八日下吏。

依議。

經筵日講起居注官、太子少保、武英殿大學士、御前大臣、管理吏部刑部兼管户部三庫、掌翰林院事兼管鑲黄旗滿洲都統事務、世襲雲騎尉、革職留任從寬留任又從寬免其革任臣舒赫德等謹題：爲遵例呈請彙題事。

刑科抄出陝甘總督兼管蘭州巡撫事勒爾謹題前事。内開：據按察使圖桑阿詳稱，查得乾隆四十年分，甘肅省承緝接緝慘殺事主之凶惡盗首暨尋常案緝凶首、盗首例應參處案件，摘叙簡由，詳請核題前來，臣覆查無异。相應具題，伏祈皇上睿鑒，敕部查議施行。等因。乾隆四十一年二月初七日題，三月初九日奉旨："該部議奏。欽此欽遵。"于本日抄出到部。

該臣等會同吏部會議得，據陝甘總督兼管蘭州巡撫事勒爾謹疏稱，查得前准部咨，命案内脱逃爲首凶犯及盗案内脱逃盗首承緝接緝各官，至勒緝年限已滿。照案緝拿後，應照彙題逃人之例，于年底彙參。等因。行司遵照在案。兹據甘肅按察使圖桑阿詳稱，乾隆四十年分，甘肅各屬承緝接緝殺死事主之凶惡盗首暨尋常案緝凶首、盗首例應參處案件共九案，凶盗各犯俱未弋獲，承緝接緝各官例應開報，相應叙明案由并各官起止月日，彙詳呈請核題，理合具題。等因。前來。

查定例，命案内之脱逃爲首凶犯，及盗案内之脱逃盗首，至勒緝年限已滿，照案緝拿後，該督撫于年底彙題册内核參。命案首犯未獲，將州縣官查參，盜案首犯未獲，將道府同知、通判、吏目、典史等官一并查參。接緝之州縣吏目、典史等官，一年内二三名不獲，罰俸六個月。又定例，承緝官本身不致離任者，仍按年彙題。一名至三名不獲者，罰俸六個月。等語。除接緝凶首、盜首一名不獲，各官例無處分，均毋庸議外，應將承緝凶首、盜首一名不獲，本身未經離任之寧州吏目馮時霖、固原州知州郭昌泰、安化縣知縣劉甫崗，均照例罰俸六個月。其未獲凶盜各犯，仍令該督嚴緝務獲，審擬具題。再，此案係刑部主稿，合并聲明。臣等未敢擅便，謹題請旨。

【注】

乾隆肆拾年五月拾伍日。

經筵日講起居注官、太子太保、武英殿大學士、御前大臣、管理吏部刑部兼管户部三庫、掌翰林院事兼管鑲黄旗滿洲都統事務、世襲雲騎尉、革職留任從寬留任又從寬免其革任臣舒赫德，經筵講官、議政大臣、刑部尚書、署户部尚書管理三庫事務、正黄旗滿洲都統、總管内務府大臣、署步軍統領、革職留任臣英廉，左侍郎、正紅旗滿洲副都統、仍兼署正藍旗滿洲副都統、協辦步軍統領衙門刑名事務、革職留任臣覺羅阿揚阿，左侍郎、革職留任臣胡季堂，署理右侍郎事務臣德福，陝西司郎中臣雅蘭泰，兼掌司印雲南司郎中臣舒世泰，郎中臣張登書，候補郎中臣彭定魁，員外郎臣五靈阿，員外郎臣胡世銓，主事臣奇豐額，主事臣吴震起，協辦大學士、吏部尚書臣程景伊，署左侍郎臣董誥，右侍郎臣瑚世泰，考功司員外郎臣阿敏，主事臣陳科錩。

【貼黄】

經筵日講起居注官、太子太保、武英殿大學士、御前大臣、管理吏部刑部兼管户部三庫、掌翰林院事兼管鑲黄旗滿洲都統事務、世襲雲騎尉、革職留任從寬留任又從寬免其任臣舒赫德等謹題：爲遵例等事。

該臣等會議得，據陝甘總督兼管蘭州巡撫事勒爾謹疏稱，乾隆四十年分，甘肅各屬未接緝殺死事主之凶惡盜首暨尋常案緝凶首、盜首例應参處案件共九案，凶盜各犯俱未弋獲，承緝接緝各官例應開報，叙明案由，理合具題。等因。前來。查接緝凶首、盜首不獲，各官例無處分，均毋庸議外，應將承緝凶首、盜首一名不獲，本身未經離任之寧州吏目馮時霖、固原州知州郭昌泰、安化縣知縣劉甫崗，均照例罰俸六個月。其未獲凶盜各犯，仍令該督嚴緝務獲，審擬具題。臣等未敢擅便，謹題請旨。

【注】銜名："經筵日講起居注官太子太保武英殿大學士御前大臣管理吏部刑部兼管户部三庫掌翰林院事兼管鑲黄旗滿洲都統事務世襲雲騎尉革職留任從寬留任又從寬免其革任臣舒赫德""經筵講官議政大臣刑部尚書署户部尚書管理三庫事務正黄旗滿洲都統總管内務府大臣署步軍統領革職留任臣英廉""左侍郎正紅旗滿洲副都統仍兼署正藍旗滿洲副都統協辦步軍統領衙門刑名事務革職留任臣覺羅阿揚阿"。

【《明清檔案》A226—140，B127377—B127380】

△諭著傳諭畢沅即將甘肅現在有無得雨田禾情形若何據實速行覆奏

乾隆四十一年五月二十四日

大學士于字寄陝甘總督勒、署陝甘總督畢，傳諭布政使王亶望。

乾隆四十一年五月二十四日，奉上諭："王亶望奏，甘肅蘭州、鞏昌、平凉、西寧、寧夏等各府州屬于四月十一二日得有細雨，尚未沾透，民情望雨甚殷，現在設壇祈禱。若旬日間得雨，于田禾尚有裨益。等語。前此畢沅亦經奏及，王亶望此奏距畢沅所奏又六七日，尚未得雨，恐旱象已成。甘肅土瘠民貧，若雨澤稍愆，閭閻生計即倍形艱窘。且該省又有被霜、被雹之處，雖已經播種翻犁，亦藉雨膏滋長。未識近日曾否均沾渥澍，朕心深爲軫念。著傳諭畢沅，即將現在有無得雨、田禾情形若何，據實速行覆奏。若業已成灾，不可不急籌撫恤。勒爾謹現已在途，著該督迅速趲程回任，督同藩司等確查被灾各屬，妥協籌辦，務期貧民口食有資，勿致稍有失所。此旨著由五百里發往，仍著將曾否得雨及勘辦情形若何，迅速由驛覆奏，并傳諭王亶望知之。欽此。”遵旨寄信前來。

【《乾隆朝上諭檔》第 8 册，第 267 頁第 708 條】

△諭著傳旨嚴行申飭勒爾謹奏請將寧夏鎮總兵裴慎等改予内用等事

乾隆四十一年六月初五日

大學士于字寄陝甘總督勒。

乾隆四十一年六月初五日，奉上諭：“據勒爾謹奏，延綏鎮總兵三德、寧夏鎮總兵裴慎因奏准陛見，皆不待委署之員到任，即將印務一面交付中軍、游擊，一面起程前往。即此一節，已見該鎮等未諳體制，似于總兵不甚相宜，請改予内用。等語。所奏甚謬，已于摺内批示矣。三德、裴慎，不待委員接印，即行起程，其意不過急于陛見，并非大過。謂之不諳體制則可，該督乃因此一節，遂以爲不宜總兵，實屬過當，而不合乎理。如該鎮等回任後，果有貽誤營務之處，該督原不妨據實具奏，請改内用，豈可預存成見，逆料其不能勝任，急爲此奏耶？况三德曾任潼關副將，裴慎由雲南游擊歷任副將，皆曾辦營伍之事，又何以謂其未能練習耶？且三德、裴慎在軍營頗爲出力，是以擢用總兵。昨來行在陛見召對時，視其材具器識，均尚可勝總兵之任。密爲記載，著將原片二件封發勒爾謹閲看。令其閲畢，仍即繳回。俾知朕與總兵等之是否相宜，一經召見，無不密記，以備考核。文職道府以上亦然。總因人才難得，故時刻留心，冀備任使。朕于用人之道慎重若此，勒爾謹身任封疆，豈可不爲國家愛惜人才乎？

“朕意勒爾謹之爲此奏，不過因伊在京陛見時，朕面訓平日過于姑息，令知悛改，遂即欲以此見其風力，尤屬誤會朕旨。朕所以飭爲姑息者，乃就伊所短，概指其性情辦事而言。惟當隨時儆覺，遇事整頓，以副朕教誨成全之意。豈無端劾兩總兵，便得謂之不憚改過，實力振勵，以見其風力乎？又閱該督同日奏到請以趙登高委署寧夏鎮總兵一摺，稱其訓練精勤，官兵畏服。等語。趙登高前經畢沅奏請，留補潼關協副將，該督不過因趙登高在甘年久，欲朕將伊補放總兵。合兩摺以觀，其肺肝如見。勒爾謹愚而取巧，甚屬非是，著傳旨嚴行申飭。欽此。”遵旨寄信前來。

【《乾隆朝上諭檔》第8册，第314頁第819條】

署兵部尚書豐昇額題覆甘肅寧夏鎮標右營守備准以李崇周升補

乾隆四十一年六月二十七日

題。

五。

四十一年七月初二日下兵、工。

李崇周，依議用，餘依議。

太子少保、議政大臣領侍衛内大臣、户部尚書、署理兵部尚書事務、鑲藍旗蒙古都統、果毅繼勇公臣豐昇額等謹題：爲請將軍營出力之員升補守備，以勵戎行事。

内閣抄出署理陝甘總督印務、陝西巡撫畢沅奏寧夏鎮標右營守備樊正侯軍營受傷身故遺缺，請將漢中營千總李崇周升補。等因。一摺。于乾隆肆拾壹年伍月貳拾陸日奉硃批：“該部議奏。欽此欽遵。”于陸月初貳日抄出到部。

該臣等議得，署理陝甘總督印務、陝西巡撫畢沅奏稱，竊臣接准四川督臣文綬咨，寧夏鎮標右營守備樊正侯因在軍營受傷遣回，行至川省梓潼縣身故，現在另疏題報，所遺員缺，例應揀選題補。查有漢中營千總李崇周出征金川，屢次打仗，奮勇殺賊，所有寧夏鎮標右營守備員缺，仰懇准以漢中營千總李崇周升補。該員感激天恩，自必益加奮勉。如蒙俞允，俟奉到諭旨之日，再行給咨，送部引見。爲此恭摺具奏，伏乞皇上睿鑒。等因。具奏前來。

查定例，都司以下歷俸叁年，始准保題。等語。甘肅寧夏鎮標右營守備員缺，係陝甘松潘分用滿員案内，應輪用緑旗候補人員。查千總李崇周，係出征金川，屢次打仗，奮勇殺賊，先經軍營保送遇缺升補之員。歷俸已滿叁年，任内并無事故，奏補守備，與例相符。該署總督既稱千總李崇周出征金川，屢次打仗，奮勇殺賊，所有寧夏鎮標右營守備員缺，仰懇准以漢中營千總李崇周升補。等語。應如所請。李崇周，准其補授甘肅寧夏鎮標右營守備。該員係未經引見之員，應令該總督給咨赴部，臣部帶領引見後，照例給與札付，令其赴任。臣等未敢擅便，謹題請旨。

乾隆肆拾壹年陸月貳拾柒日。

太子少保、議政大臣領侍衛内大臣、户部尚書、署理兵部尚書事務、御前大臣總管内務府大臣、火器營大臣管理户部五庫、鑲藍旗蒙古都統、果毅繼勇公臣豐昇額，經筵講官、尚書兼管國子監事務、革職留任貳次、從寬留任臣蔡新，左侍郎兼署禮部侍郎、鑲藍旗滿洲副都統、署鑲白旗蒙古副都統、管理宗人府銀庫、公中佐領、革職留任又從寬免其革任臣高樸，左侍郎臣周煌，經筵講官、右侍郎、正紅旗蒙古副都統、署鑲黄旗蒙古副都統、管理左翼年幼世職官學、世襲恩騎尉兼佐領臣景福，【注】武選清吏司掌印郎中臣多隆武，大理寺少卿仍兼兵部行走臣江蘭，郎中臣哈山，郎中臣江琅，郎中臣陳步瀛，郎中臣張鴻恩，廣西道監察御史留部行走臣色爾布，員外郎臣盛保，員外郎臣文泰，員外郎臣瑪爾札，員外郎臣阿彰阿，員外郎臣王禄朋，候補員外郎臣劉秉愷，候補員外郎臣周曰沆，主事臣永明，主事臣七十五，主事臣敷森布，主事臣聞嘉言，額外主事臣周元鼎，額外主事臣袁鎬，額外主事臣徐長發，司務兼辦司事臣金以塾。

【注】銜名："左侍郎兼署禮部侍郎鑲藍旗滿洲副都統署鑲白旗蒙古副都統管

理宗人府銀庫公中佐領革職留任又從寬免其革任臣高樸”……“經筵講官右侍郎正紅旗蒙古副都統署鑲黄旗蒙古副都統管左翼年幼世職官學世襲恩騎尉兼佐領臣景福”。

【《明清檔案》A227—55，B127685—B127688】

乾隆四十二年（1777）

△諭内閣著加恩將鹽茶廳等八處各展賑一個月等事

乾隆四十二年正月初二日

乾隆四十二年正月初二日，内閣奉上諭：“昨歲甘肅省夏秋二禾統計收成七分有餘，惟皋蘭等二十九廳、州、縣夏禾被旱，又有被霜、被雹之處。在通省雖僅一隅，而成災究覺稍重。屢經降旨，令該督切實查勘，妥協賑恤貧民，自不致失所。第念今春正賑已畢，尚屆青黄不接之時，民食未免拮据。著加恩，將皋蘭、金縣、安定、會寧、鹽茶廳、武威、平番、肅州八處各展賑一個月。又，續報秋禾被灾輕重之鎮番、中衛二縣，并著一體展賑一個月，用敷春澤。其餘被灾較輕之河州等二十一處，今春如有缺乏籽種、口糧之户，并著該督隨時體察酌借，以資接濟。該省係積歉之區，灾黎尤堪廑念。勒爾謹，務董率所屬，實心妥爲料理，俾得均沾實惠，以副朕軫恤邊氓之至意。該部遵諭速行。欽此。”

【《乾隆朝上諭檔》第8册，第510頁第1312條】

陝甘總督勒爾謹奏請張何衢仍留新改甘肅涇州直隸知州事

乾隆四十二年正月初九日

陝甘總督臣勒爾謹跪奏：爲新改直隸州員缺緊要，仰懇聖恩，俯准升署，以資治理事。

竊臣接准部咨，平凉府屬之涇州，准其改爲直隸州，在外揀選調補。現署知州張何衢尚未實授，今請升署，與例不符，行令另選合例人員，題請調補。等因。臣與布政使王亶望、按察使李本，于通省知州、知縣内，詳加遴選，非人地不宜，即本任亦屬緊要，實無合例堪以升調之員。查現任涇州知州張何衢，由隆德縣知縣升署今職。到任以來，于衝途要務，辦理裕如，實堪勝新改直隸州之任。查直隸州缺出，例應于知州、知縣内揀選升署。該員由現任隆德縣知縣即例得升署直隸州知州，今請仍留新改本缺。直隸州之任，其人其地并未更易，與未經實授、請升他缺者有間。合無仰懇皇上天恩俯准，以張何衢仍留新改涇州直隸州之任，俾得駕輕就熟，于地方不無裨益。如蒙俞允，照例接算前後俸次扣滿年限，另請實授。再，該員升署涇州，業經引見，未及一年，無庸再行送部。合并陳明，伏祈皇上睿鑒。謹奏。

乾隆四十二年正月初九日。

該部議奏。

【《宫中檔乾隆朝奏摺》第 37 輯，第 487 頁】

陝甘總督勒爾謹奏報查明寧條梁地方收税情形事

乾隆四十二年正月二十日

陝甘總督臣勒爾謹、陝西巡撫臣畢沅跪奏：爲查明寧條梁收税原委，恭摺具奏事。

竊臣等接准户部咨，理藩院具奏，户部郎中薩哈禪等查報，寧夏部郎玉柱所請裁汰神木、寧夏部郎二員，于寧條梁設立章京一員，辦理八旗札薩克事務之處，于蒙古無益，未便更張。其寧條梁設立税口，將鎮静堡税務移于寧條梁收納，蒙古人等并不情願，應毋庸議。又，玉柱呈報，靖邊縣派人往寧條梁收納牲畜税銀，是否屬實？如果徵收或係曾經奏明，抑係報明該總督等徵收，所收銀兩曾否報部？行令查明，據實具奏辦理。等因。當即轉飭布政使富綱、延榆綏道許宗智，將歷來該處收税原委詳悉確查。臣等并撿齊檔案，細加察核。

查得寧條梁市集，原係由内地之寧塞堡移往，寧塞堡舊有抽收畜税，因市集遷往口外，地方官未即往收，以致買賣牲畜，民人貪圖省税，樂赴口外交易，偷漏遂多。乾隆二十九年，經前任布政使方世俊以寧條梁已設巡檢係靖邊縣所轄，所有民人買畜税銀，未便任其偷漏，應照例一體抽收，統歸靖邊縣畜税項下，報解司庫。等情。經前任撫臣明德據詳批允徵，收解司按年奏銷，報部在案。嗣于乾隆三十一年，前署陝西撫臣湯聘因榆林商税缺額，奏准于寧條梁設立税局，令安邊同知就近試收。至三十二年，撫臣明山因寧條梁地方散漫難稽，奏准將該處税務改移于靖邊縣屬之鎮靖堡徵收，其民人在寧條梁應納買畜税銀，仍由靖邊縣照例徵收，歸入通縣畜税項下報解奏銷。亦各在案。

查寧條梁與鎮靖堡俱係靖邊縣所管，前因寧條梁地居邊外，難于稽查，所有設立商貨税局于乾隆三十二年改移鎮靖堡徵收。其由寧塞堡移往之畜税一項，仍在寧條梁抽收，每年由靖邊縣解司歷來造册報部，現有奏銷册檔可據，并非私自徵收。至此項畜税，係民人自行交易，該縣照例抽收，與蒙古等毫無干礙，以後自應照舊辦理，毋庸另議更張。所有臣等查明緣由，理合恭摺會奏，伏祈皇上睿鑒。謹奏。

乾隆四十二年正月二十日。

該部議奏。

【《宫中檔乾隆朝奏摺》第37輯，第569頁】

陝甘總督勒爾謹奏報拿獲逃兵陳可德并審明正法事

乾隆四十二年正月二十三日

陝甘總督臣勒爾謹跪奏：爲審辦逃兵，恭摺奏聞事。

竊臣據署寧朔縣知縣宋樹穀詳報，拿獲逃兵陳可德，當即飭令解犯至省，由按察使李本覆審，詳解到臣，臣提犯親訊。緣陳可德係寧朔縣人，充當寧夏鎮標右營步兵。乾隆三十七年，奉派出征。至四十年五月内，因派令打炮，膽怯潛逃，于偏僻小路討乞行走。因聞大兵凱旋，潛行回家，即被拿獲。等情。臣核對軍營咨緝文案相符，查該犯身列戎行，不思報效，膽敢私行逃走，殊干法紀，隨于乾隆四十一年十二月二十三日恭請王命，將該犯陳可德處斬訖。謹繕摺奏聞，并録供單，恭呈御覽，伏祈皇上睿鑒。謹奏。

乾隆四十二年正月二十三日。

【《宫中檔乾隆朝奏摺》第37輯，第589頁】

陝甘總督兼甘肅巡撫勒爾謹題請補授游擊

乾隆四十二年三月二日

題。

七。

三月十七日。

四十二年三月廿七日下兵。

【注一】

【注二】

兵部尚書兼都察院右都御史、總督陝甘等處地方軍務兼理糧餉并兼管甘肅巡撫事兼理茶馬臣勒爾謹謹題：爲請補游擊事。

乾隆肆拾貳年正月拾肆日，准兵部咨，武選司案呈，准職方司移付議覆，陝甘總督勒爾謹疏稱，固原鎮標右營游擊衆神保失馬壓傷膀背，年老戀棧，虚糜廪禄，題參勒令休致。查游擊衆神保係屬旗人，簡任緑營，未便僅予休致，應行革職。等因。題覆。于乾隆肆拾壹年拾貳月初肆日奉旨："依議。欽此。"相應移付武選司。等因。前來。除將該員革職之處注册外，其所遺陝西固原鎮標右營游擊員缺，係陝甘松潘分用滿員案内，應輪用緑旗預保人員，本部現無預保注册應掣游擊人員，相應行文該總督照例揀選題補可也。等因。到臣。準此，當經移行遵照在案。

該臣看得，陝西固原鎮標右營游擊衆神保革職員缺，接准部咨，應輪用緑旗預保人員，行令揀選題補。等因。臣查甘省現無預保人員，隨在所屬合例都司内詳加揀選。查有凉州鎮屬安遠營都司白文常，考驗得該員年力强壯，弓馬可觀，曾經出征，著有勞績。今請以之補授陝西固原鎮標右營游擊，堪以勝任。再，查白文常係直隸河澗府河澗縣人，請補前項員缺，與例相符。該員係例應引見之員，應俟部覆至日，照例給咨赴部引見。除履歷俟查取至日另咨送部外，臣謹會同陝西提督臣馬彪合詞具題。伏祈皇上睿鑒，敕部議覆施行。爲此具本，謹題請旨。

乾隆肆拾貳年初貳日。

兵部尚書兼都察院右都御史、總督陝甘等處地方軍務兼理糧餉并兼管甘肅巡撫事兼理茶馬臣勒爾謹。

【貼黄】

兵部尚書兼都察院右都御史、總督陝甘等處地方軍務兼理糧餉并兼管甘肅巡撫事兼理茶馬臣勒爾謹謹題：爲請補游擊事。

該臣看得，陝西固原鎮標右營，因臣隨在于所屬合例都司内詳加揀選。查有凉州鎮屬安遠營都司白文常，考驗得該員年力强壯，弓馬可觀，曾經出征，著有勞績。今請以之補授陝西固原鎮標右營游擊，堪以勝任。除履歷俟查取至日另咨送部外，臣謹合詞具題請旨。

【注一】藍批，字迹漫漶，無法辯認，亦無滿文可作參考。

【注二】藍印。

【《明清檔案》A229—58，B128893—B128894】

陝西西安提督馬彪奏報巡查營伍情形事

乾隆四十二年三月十二日

陝西西安提督奴才馬彪跪奏：爲巡查營伍情形事。

竊照陝西鎮協營伍，例應提督按年輪巡。自乾隆三十六年川省軍興以後，兵多調發出征，久停巡閲之舉。奴才于上年四月内抵任，因各營兵丁多係由軍營餘丁新補，即存營之舊兵，亦久曠操演，其技藝恐不免于生疏，節經移行鎮協各營上緊操練整頓，以期速復舊觀。奴才隨于今春先巡固原一鎮及提屬之西鳳、關山等營，業將起程日期，遵例報明兵部在案。除沿途墩汛兵丁順道驗試外，奴才逐營細加較閲。固原鎮標并城守四營走隊演陣，最爲整肅，官兵弓力强勁，槍、箭、藤牌各技均能嫻熟。又，蘭州城守并蘆塘二營弓力技藝亦與標營不相上下。此六營規制整齊，官兵弓馬、漢仗較之各標營爲最優。其平凉、下馬關、西安州、洮岷協屬鞏昌及提屬之西鳳、關山二營次之，靖遠八營較平凉等營又爲稍次。奴才于驗試之下，諄切面諭將備等官，實力督率練習，務期一律純熟，咸成勁旅。仍分别奬賞訓戒，以示勸懲。至于官弁内奴才詳加甄别，由軍營升遷擢補者十居六七，大抵皆因得有軍功，或帶傷著績，故其中尚有由鳥槍手得官者，雖改習弓箭，未能一時嫻熟，然人多精壯，均堪造就。但恐或有恃功驕恣怠惰廢弛者，奴才與鎮臣隨時留心體察，斷不肯曲爲姑容。至舊日存營將弁中，亦尚無平庸之人，均堪供職。各營馬匹陸續買補，現俱齊全膘壯。至軍械一項，出征日久，俱不免于短額。所有兵丁急需操演執用者，俱已補製齊全，餘如鍋、帳等項缺額者，飭令分别估計，陸續詳請製備，期于軍實無虧，營伍整肅，以仰副皇上慎重武備之至意。茲奴才于三月初九日事竣旋署，所有查看過營伍情形，理合恭摺奏聞，伏祈皇上睿鑒。謹奏。

乾隆四十二年三月十二日。

知道了。

【《宫中檔乾隆朝奏摺》第38輯，第93頁】

陝甘總督勒爾謹奏報甘肅雨水禾苗情形事

乾隆四十二年四月十二日

陝甘總督臣勒爾謹跪奏：爲敬陳雨水禾苗情形，仰祈聖鑒事。

竊照二月十九、二十日，蘭州省城雨雪沾足情形，業經臣恭摺具奏在案。嗣據蘭州、鞏昌、平凉、慶陽、甘州、凉州、寧夏、西寧、秦州、肅州等屬各報同日得雪，積地三四寸及一二寸不等。各屬又于二月二十六七、三月初四五、初九十及二十四五等日得雪一二寸、三四寸及深透不等。四月初二三日，蘭州省城及近省之鞏昌、西寧二府又得雨一二寸。其餘各府州尚未據報到臣。查甘省今春雨澤應時，土膏滋潤，民間所種麥禾及一切雜糧，三月下旬，一律出土，彌望青葱。入夏以來，復得好雨滋培，禾苗益加長發。現在糧價平減，農民欣慶。所有雨水禾苗情形，理合恭摺具奏，伏祈皇上睿鑒。謹奏。

乾隆四十二年四月十二日。

知道了。

【《宫中檔乾隆朝奏摺》第38輯，第329頁】

陝甘總督勒爾謹奏報選派伊犁换班屯兵事

乾隆四十二年四月二十七日

陝甘總督臣勒爾謹跪奏：爲選派伊犁换班屯兵，恭摺奏聞事。

竊照伊犁屯田官兵經前署督臣和其衷奏准，每届五年更换在案。兹準伊犁將軍伊勒圖咨稱，乾隆三十七年到屯之陝甘各提、鎮、營官兵，扣至四十二年冬間，五年期滿，應選派官兵一千五百九十一員名前赴伊犁换班。等因。臣查三十七年，派撥伊犁屯田官兵係由甘肅提標及肅州、凉州、寧夏、西寧、固原、延綏、巴里坤等鎮標官兵内派撥隨行，原派各提、鎮預期如數選派，計算程途遠近，酌量起程，務于本年十一月内齊抵伊犁，以資明春工作。至該官兵等應帶軍裝、器械及行裝等項，悉照上届成例辦理，理合恭摺奏明，伏祈皇上睿鑒。謹奏。

乾隆四十二年四月二十七日。

【《宫中檔乾隆朝奏摺》第38輯，第465頁】

陝甘總督勒爾謹奏報甘肅雨水禾苗情形事

乾隆四十二年五月二十六日

陝甘總督臣勒爾謹跪奏：爲恭報甘省雨水禾苗情形，仰祈聖鑒事。

竊照甘省入夏以來，雨澤稀少，業經臣將率屬祈禱緣由，恭摺具奏在案。嗣于五月十六、十八兩日，省城得有微雨，二十一日得雨二寸。并據鞏昌、平凉、慶陽、甘州、凉州、寧夏、西寧各府及安西州、秦州各屬禀報，于十二、十四、十七、二十一二等日得有細雨，自一寸以至二三寸不等。雖入土，未能深透。而甘省氣候較遲，其背陰卑濕之地所種二麥、豌豆可望有收，至高阜向陽之麥、豆，乾旱已久，恐難結實。查皋蘭、金縣、安定、會寧、鎮番、平番、碾伯、巴燕戎格廳、肅州等九處稟報受旱較重，静寧州、隆德、張掖、山丹、武威、永昌、西寧、大通縣等八處次之，現飭該管道府認真查勘，實力妥辦，以仰副聖主軫念邊氓之至意。所有各屬未得透雨及受旱輕重情形，謹繕摺恭奏，伏祈皇上睿鑒。謹奏。

乾隆四十二年五月二十六日。

已有旨了。

【《宫中檔乾隆朝奏摺》第38輯，第770頁】

陜甘總督勒爾謹奏報陜西軍營不敷公費請准一體預借事

乾隆四十二年五月二十六日

陜甘總督臣勒爾謹跪奏：爲查明陜省不敷公費，仰懇聖恩俯准一體預借，以清款項事。

竊查甘省提鎮各營節年辦解金川征兵衣履等項，借墊不敷公費銀兩，經臣查明確數，奏請在于司庫間款内預行借給，分年扣還，并聲明陜省各營不敷銀兩，容臣查明，另行具奏在案。兹查陜西撫提兩標暨提屬各營以及延綏、興漢、固原三鎮，自三十六年起，節次辦解金川征兵衣履等項，共不敷銀七萬一千二百餘兩。若一概預借公費，各該處每年定數多寡不同，既難克期扣清，且恐逐年動用之項轉致不敷。臣等通盤核算，應請預借公費銀四萬九千五百七十餘兩，以資清理。其餘不敷銀兩，令各營于每年額支公費内自行撙節彌補。所有請借銀數及扣還年限，另繕清單，恭呈御覽。臣謹會同陜西巡撫臣畢沅、提臣馬彪合詞恭奏。再，固原鎮係歸陜西提督統轄，是以列入陝省案内，請借其銀兩，仍應在甘省額設公費内借給。合并陳明，伏祈皇上睿鑒。謹奏。

乾隆四十二年五月二十六日。

該部議奏。

【《宫中檔乾隆朝奏摺》第38輯，第771頁】

陝甘總督勒爾謹奏請王三杰暫署甘肅洮泯營副將事

乾隆四十二年五月二十六日

陝甘總督臣勒爾謹跪奏：爲委署副將循例奏聞事。

竊照洮岷營副將常恭，奉旨升補福建福寧鎮總兵。所遺員缺，查有固原鎮標左營游擊王三杰堪以暫行護理。除檄飭遵照外，理合循例奏聞，伏祈皇上睿鑒。謹奏。

乾隆四十二年五月二十六日。

該部知道。

【《宫中檔乾隆朝奏摺》第38輯，第772頁】

大學士管户部于敏中題報查核甘省乾隆四十一年各營兵丁借支救濟銀兩

乾隆四十二年六月二日

題。

六。

林其宴。

四十二年六月初四日下户。

依議。

經筵日講起居注官、太子太保、文華殿大學士、文淵閣領閣事掌翰林院事、管理户部事務、世襲一等輕車都尉、革職留任臣于敏中等謹題：爲遵旨密議事。

户科抄出陝甘總督勒爾謹題，報陝甘督標及提標各鎮協營馬步守兵，乾隆肆拾壹年借支接濟銀兩一案。乾隆肆拾壹年拾貳月拾壹日題，乾隆肆拾貳年叁月貳拾玖日奉旨："該部察核具奏。欽此欽遵。"于本日抄出到部。

該臣等查得，陝甘總督勒爾謹疏稱，前准部咨，各營兵丁有因青黄不接、糧價昂貴，或地方歉收兵食不足，借支接濟銀兩，馬兵每名借銀肆兩，步兵每名借銀叁兩，守兵每名借銀貳兩。其坐扣限期，惟該地方實在被灾歉收者，緩作六季扣還，其餘總定以四季扣還。至所借銀兩，應令于出借之後，各隨時咨部，統于年底造册彙題。等因。通行遵照在案。兹據甘肅布政使王亶望詳稱，准督標甘肅提標凉州、寧夏、固原、河州、慶陽等標協營各移稱，駐札地方，乾隆肆拾壹年夏秋禾苗偏被灾傷，以及糧價昂貴，兵丁買食維艱，遵照原議預借餉銀，當即照例借給，隨時呈請，咨部在案。今查督標五營實在馬戰兵柒百捌拾名，每名借銀肆兩，共銀叁千壹百貳拾兩。步戰兵壹千伍名，每名借銀叁兩，共銀叁千壹拾伍兩。甘肅提標五營實在馬戰兵貳千柒百貳名，每名借銀貳兩，共銀伍千肆百肆兩。步戰兵壹千陸百陸拾陸名，每名借銀壹兩伍錢，共銀貳千肆百玖拾玖兩。

凉州鎮屬標協并莊浪各營堡，實在馬戰兵貳千伍百陸拾柒名，每名借銀肆兩，共銀壹萬貳百陸拾捌兩。步戰兵壹千捌百肆拾壹名，每名借銀叁兩，共銀伍千伍百貳拾叁兩。守兵貳千柒百壹拾名，每名借銀貳兩，共銀伍千肆百貳拾兩。

寧夏鎮屬標路各營，實在馬戰兵貳千伍百捌拾捌名，每名借銀肆兩，共銀壹萬叁百伍拾貳兩。步戰兵壹千肆百柒拾伍名，每名借銀叁兩，共銀肆千肆百貳拾伍兩。守兵貳千玖百貳拾捌名，每名借銀貳兩，共銀伍千捌百伍拾陸兩。

固原鎮屬各營堡，實在馬戰兵肆百玖拾捌名，每名借銀肆兩，共銀壹千玖百玖拾貳兩。步戰兵叁百壹拾肆名，每名借銀叁兩，共銀玖百肆拾貳兩。守兵陸百柒拾叁名，每名借銀貳兩，共銀壹千叁百肆拾陸兩。

河州協標并保安、臨洮等營，實在馬戰兵伍百捌拾肆名，每名借銀肆兩，共銀貳千叁百叁拾陸兩。步戰兵肆百陸名，每名借銀叁兩，共銀壹千貳百壹拾捌兩。守兵肆百肆拾肆名，每名借銀貳兩，共銀捌百捌拾捌兩。

慶陽協并紅德、涇州三營，實在馬戰兵貳百貳拾肆名，每名借銀肆兩，共銀捌百玖拾陸兩。步戰兵壹百貳拾捌名，每名借銀叁兩，共銀叁百捌拾肆兩。守兵貳百肆拾壹名，每名借銀貳兩，共銀肆百捌拾貳兩。

以上標協各營堡，實在馬步守兵通共借銀陸萬陸千叁百陸拾陸兩，俱在司庫存貯乾隆肆拾壹年兵餉銀内借支。遵照奉到部覆，并各標營原議，自乾隆肆拾壹年夏、秋、冬三季及肆拾貳年春季、夏季、秋季起，在于關領銀内分作四季并六季扣還歸款，統俟坐扣完日，另詳報部造册，呈賚前來，臣覆核無异。除册送部外，臣謹具題。等因。前來。

查乾隆捌年，原任川陝總督馬爾泰題准，陝西、甘肅兵丁借支接濟銀兩，馬兵每名不得過肆兩，步兵每名不得過叁兩，守兵每名不得過貳兩，在于建曠項下借支，具坐扣限期，總定以四季扣還。如實因地方歉收，緩作六季坐扣。并將出借銀兩隨時咨部，統于年底造册彙題。等因。在案。今乾隆肆拾壹年，甘肅各標協營因地方歉收及糧價昂貴，借支接濟銀兩，先據該督陸續咨報，均經臣部照例核明覆准在案。今據該督將乾隆肆拾壹年甘肅省督標及提標各營堡馬步守兵共貳萬叁千柒百柒拾肆名，共借支接濟銀陸萬陸千叁百陸拾陸兩，照例彙題到部。臣部核對原報出借銀數及聲明坐扣限期，均屬相符，應令該督轉飭，照例分季坐扣，統俟扣完之日，報部查核。臣等未敢擅便，謹題請旨。

乾隆肆拾貳年陸月初貳日。

經筵日講起居注官、太子太保、文華殿大學士、文淵閣領閣事、掌翰林院事、管理户部事務、世襲一等輕車都尉、革職留任臣于敏中，御前大臣、領侍衛内大臣、太子少保、議政大臣、户部尚書管理三庫事務兼管禮部太常寺、鴻臚寺樂部事務、總理善撲處大臣、正白旗滿洲都統、步軍統領、總管内務府大臣、一等果毅繼勇公臣豐昇額，經筵日講起居注官、議政大臣、協辦大學士事務、掌翰林院事、刑部尚書兼署户部尚書管理三庫事務、正黄旗滿洲都統、總管内務府大臣、革職留任又從寬免其革任臣英廉，【注】户部尚書兼管順天府府尹事務、革職留任臣袁守侗，御前侍衛内大臣、左侍郎、暫署吏部右侍郎、鑲白旗滿洲都統、總理清漪園等處事務大臣、管理火器營善撲處事務、世襲三等嘉勇男臣福康安，經筵講官、左侍郎臣梁國治，御前侍衛、右侍郎、總理圓明園内事務大臣、總管内務府大臣、管理武備院事務、總管圓明園八旗包衣三旗官兵、鑲黄旗滿洲副都統、世襲三等輕車都尉公中佐領臣和珅，右侍郎、正藍旗滿洲副都統、管理奉宸苑事務、總管内務府大臣臣金簡，翰林院侍講學士兼部行走臣成策，監察御史兼部行走臣陳朝礎，監察御史兼部行走臣蔡履元，陝西清吏司郎中臣評德，郎中臣太平阿，郎中臣楊長柱，郎中臣戚蓼生，員外郎臣赫敏，員外郎臣佛爾卿額，員外郎臣良柱，員外郎臣福明，員外郎臣觀亮，員外郎臣楊以湲，主事臣那繼德，主事臣烏陵阿，主事臣沈榮嘉，額外主事臣林其宴，額外主事臣顔培天。

【注】銜名："御前大臣領侍衛内大臣太子少保議政大臣户部尚書管理三庫事務兼管禮部太常寺鴻臚寺樂部事務總理善撲處大臣正白旗滿洲都統步軍統領總管内務府大臣一等果毅繼勇公臣豐昇額""經筵日講起居注官議政大臣協辦大學士事務掌翰林院事刑部尚書兼署户部尚書管理三庫事務正黄旗滿洲都統總管内務府大臣革職留任又從寬免其革任臣英廉"。

【《明清檔案》A230—62，B129521—B129525】

△大學士于敏中等謹奏爲遵旨議奏陝甘總督勒爾謹奏酌撥官兵經理馬廠事

乾隆四十二年六月初九日

大學士臣于敏中等謹奏：爲遵旨議奏事。

陝甘總督勒爾謹奏酌撥官兵經理馬廠。等因。一摺。乾隆四十二年六月初一日，奉硃批："軍機大臣議奏。欽此。"據稱，安西、凉州、肅州等處馬廠前經督臣楊應琚奏明，改撥巴里坤牧放。嗣因孳生日漸蕃盛，復經前督臣吴達善咨，部分爲東西兩廠。臣復咨部，分爲三廠。兹安西提督俞金鰲以牧放所需官兵俱在安西、沙州、靖逆等營派撥，今安西、沙州二營已歸并肅州鎮管轄，所有巴里坤鎮屬官兵額數較少，不敷派管牧務，可否于三廠馬内酌撥一廠在安西、赤金一帶牧放。等因。移咨商辦。臣查安西等處廠地窄隘，水草不豐，是以前此改撥巴里坤牧放。今不便移回舊廠，應于凉州、寧夏、西寧、肅州四鎮營内撥兵二百員名作爲巴里坤鎮標額兵，責令輪流經理馬廠。等語。

臣等伏查，牧放馬匹，必需地方廣闊、水草豐美，始能孳生蕃庶。前既因安西舊廠地方窄隘，水草不豐，將馬匹改撥巴里坤牧放，今自不便，仍復移回舊廠，但于凉州、寧夏、西寧、肅州四鎮營内裁撥官兵，改隸巴里坤鎮標，所有一切官兵移駐及該兵等眷屬遷移，未免又滋煩費，而凉州等四鎮兵數亦覺較少。查此項馬匹嚮來原係安西、沙州等營官兵管理，今安西、沙州二營雖改歸肅州管轄，各官弁仍駐札原處，未經移動。若令該督等于此二廠馬内酌量分撥一廠改隸肅州，即令安西、沙州二營兵弁輪流經理，仍于巴里坤原處牧放，并令巴里坤總兵仍前留心照料，不得因馬匹改屬肅州稍有岐視，如此則寧夏等四鎮兵弁既可免遷徙之煩，而牧放事宜，安西、沙州兵弁又係熟手，于馬政似更有益。仍著該督將該處實在情形悉心籌畫，妥協辦理。是否有當，伏候訓示。如蒙俞允，臣等即行知陝甘總督、甘肅提督及巴里坤總兵等，遵照施行。謹奏。

【《乾隆朝上諭檔》第 8 冊，第 667 頁第 1751 條】

陝甘總督兼甘肅巡撫勒爾謹題報靈州拆建倉廒估需銀兩

乾隆四十二年六月十日

題。

四十二年八月初二日下工、户。

□□□奏。

兵部尚書兼都察院右都御史、總督陝甘等處地方軍務兼理糧餉并兼管甘肅巡撫事兼理茶馬臣勒爾謹謹題：爲奏聞事。

據甘肅布政使司布政使王亶望呈，蒙總督陝甘勒部院案驗，乾隆肆拾貳年貳月拾玖日，准户部咨，陝西司案呈，本年正月初拾日，内閣抄出陝甘總督勒爾謹奏稱，竊查各省建修工程，無論正項、雜項，數在千兩以上者，例應先行專摺奏聞。等因。遵照在案。兹據西寧縣知縣詹耀璘詳稱，該縣現貯常平各項糧壹拾陸萬貳千餘石，内除舊有倉廒叁百壹拾叁間，止可貯糧壹拾貳萬餘石，其餘糧肆萬餘石，係分貯民房、廟宇，請添建倉廒捌拾間。等情。又據古浪縣知縣徐樹楠詳稱，該縣現貯常平各項糧壹拾萬陸千餘石，内除原有倉廒壹百肆拾玖間半，止可貯糧陸萬陸千餘石，其餘糧肆萬餘石無廒盛貯，請添建倉廒捌拾間。等情。又據靈州知州黎珠詳稱，該州原有倉廒玖拾肆間半，俱係建自前明，年遠日久，木植物料俱已坍塌朽爛，請另行重建。各等情。臣當經檄飭各該管道府前往確勘。西寧縣請建倉捌拾間，約需工料銀陸千肆百餘兩。古浪縣請建倉捌拾間，約需工料銀柒千貳百餘兩。靈州拆卸，另建倉玖拾肆間，約需工料銀伍千陸百餘兩。以上叁州縣共約需銀壹萬玖千貳百餘兩。等情。由甘肅布政使王亶望轉詳到臣，臣覆核無异。理合遵例，恭摺具奏。如蒙俞允，另行造册，題估興修。至所需工料銀兩，即在各屬新收捐監倉費項下動支，無庸借墊别款。合并陳明，伏祈皇上睿鑒。謹奏。乾隆肆拾貳年正月初柒日，奉硃批："該部知道。欽此欽遵。"抄出到部。

查西寧、古浪貳縣倉廒不敷，靈州倉廒坍塌，既據該督奏明，分别添建拆建，所需工料銀兩，在于捐監倉費項下動支，另行造册，題估興修。等語。應咨該督，速飭造具估册，咨送工部，核准之日，在于倉費項下動支，造報工部核銷可也。等因。又蒙總督陝甘勒部院案驗同前事。乾隆肆拾貳年肆月初柒日，准工部咨，營繕司案呈，本年正月拾捌日，准户部文開，内閣抄出陝督勒爾謹奏稱，竊查各省修建工程，無論正項、雜項，數在千兩以上者，例應先行專摺奏聞。等因。遵照在案。兹據西寧縣知縣詹耀璘詳稱，該縣現貯常平各項糧拾陸萬貳千餘石，内除舊有倉廒叁百拾叁間，止可貯糧拾貳萬餘石，其餘糧肆萬餘石，係分貯民房、廟宇，請添建倉廒捌拾間。等情。又據古浪縣知縣徐樹[illegible]詳稱，該縣現貯常平各項糧拾萬陸千餘石，内除原有倉廒壹百肆拾玖間半，止可貯糧陸萬陸千餘石，其餘糧肆萬餘石，無廒盛貯，請添建倉廒捌拾間。等情。又據靈州知州黎珠詳稱，該州原有倉廒玖拾肆間半，俱係建自前明，年遠日久，木植物料俱已坍塌朽爛，請另行重建。各等情。臣當經檄飭各該管道府前往確勘。西寧縣請建倉捌拾間，約需工料銀陸千肆百餘兩。古浪縣請建倉捌拾間，約需工料銀柒千貳百餘兩。靈州拆卸另建倉玖拾肆間，約需工料銀伍千陸百餘兩。以上叁州縣共約需銀壹萬玖千貳百餘兩。等情。由甘肅布政使王亶望轉詳到臣，臣覆核無异。理合遵例，恭摺具奏。如蒙俞允，另行造册，題估興修。至所需工料銀兩，即在各屬新收捐監倉費項下動支，無庸借墊别款，合并陳明。等因。乾隆肆拾貳年正月初柒日，奉硃批："該部知道。欽此欽遵。"抄出到部。

查西寧、古浪貳縣倉廒不敷，靈州倉廒坍塌，既據該督奏明分别添建拆建，所需工料銀兩在于捐監倉費項下動支，另行造册題估興修。等語。應咨該

督速飭造具估册，咨送工部，核准之日，在于倉費項下動支，造報工部核銷，并知照工部。等因。前來。查西寧、古浪、靈州等叁州縣添建拆建倉廒壹案，先由内閣抄出。經本部查添建倉廒事隸户部，隨將原奏抄録，移送户部查辦在案。今户部既經准其動支倉費銀兩辦理，相應移咨陝甘總督，將前項倉廒轉飭，速即詳細確估，造具估册，題報興修可也。等因。咨院俱行到司。

蒙此，該布政使王亶望查得，奏部咨覆，令將西寧、古浪、靈州叁州縣修建倉廒應需工料銀兩，速飭確估造册，題報興修。等因。除西寧、古浪貳縣應造此案估册，現在嚴催趕造，俟到日另詳呈請核題外，兹準寧夏道王廷贊移，據寧夏府知府張金城詳，據靈州知州黎珠呈稱，遵查卑州城内倉廒玖拾肆間半，前因木植椽瓦俱皆破朽，請准拆毁改修，以資收貯。至所需工料銀兩，卑職會同委員寧朔縣知縣宋樹穀，按照《工程做法則例》，撙節估計，共估需工料銀伍千陸百玖拾肆兩捌錢貳分伍厘，理合造具估計册結，同委員會勘、無浮印結，一并呈賫。等情。由道府核明加結，移送前來。本司覆查估需工料銀兩，與奏明伍千陸百餘兩之數相符。所有造到册結，相應詳賫具題。等情。呈詳到臣。

該臣查得，前准部咨，令將靈州拆建倉廒所需工料銀兩，詳細確估，造册題報興修。等因。行司遵照在案。兹據甘肅布政使王亶望詳稱，查靈州拆建倉廒玖拾肆間半，前因木植椽瓦俱皆破朽，請准拆毁改修，以資收貯，共估需工料銀伍千陸百玖拾肆兩捌錢貳分伍厘，與奏明伍千陸百餘兩之數相符。等情。取具估計册結呈賫，請題前來，臣覆核無异。除册結送工部工科，并將揭帖照例分送外，相應具題，伏祈皇上睿鑒，敕部核覆施行，謹題請旨。

乾隆肆拾貳年初拾日。

兵部尚書兼都察院右都御史、總督陝甘等處地方軍務兼理糧餉并兼管甘肅巡撫事兼理茶馬臣勒爾謹。

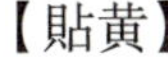
【貼黄】

兵部尚書兼都察院右都御史、總督陝甘等處地方軍務兼理糧餉并兼管甘肅巡撫事兼理茶馬臣勒爾謹題：爲奏聞事。

該臣查得，前准部咨，令將靈州拆建倉廒所需工料銀兩，詳細確估，造册題報興修。等因。行據甘肅布政使王亶望詳稱，查靈州拆建倉廒玖拾肆間半，因木植椽瓦俱皆破朽，請准拆毀改修，以資收貯，共估需工料銀伍千陸百玖拾肆兩零，與奏明伍千陸百餘兩之數相符。等情。取具估計册結，呈賫請題前來，臣覆核無异。除册結送部科外，謹題請旨。

【《明清檔案》A230—77，B129595—B129600】

△遵旨將甘肅各州縣節年帶徵民欠被灾未完銀糧交查户部恭呈御覽

乾隆四十二年六月十三日

臣等遵旨，將甘肅各州縣節年帶徵民欠被灾未完銀糧交查户部。兹據户部查覆前來，臣等查乾隆二十七年起至四十年共十四年，甘肅各州縣民欠被灾未完銀糧，其歷年俱有者共十六屬，欠至十餘年者共二十一屬，欠至六七八九年者七屬，欠至四年二年者八屬，一年有民欠者十四屬。謹分晰開單，恭呈御覽。謹奏。

六月十三日。

渭源、通渭、平凉、静寧、涇州、靈臺、寧州、中衛、金縣、隴西、河州、漳縣、隆德、安化、西寧、大通，以上十六州縣，自乾隆二十七年至四十年歷年俱有民欠未完銀糧，内西寧、大通二縣，止有未完銀數。

臯蘭、狄道、鎮原、合水、寧朔、靈州，以上一年無民欠。高臺、肅州，以上兩年無民欠。張掖、碾伯、固原、東樂縣丞、武威、永昌、古浪，以上三年無民欠。安定、靖遠、會寧、平番、寧夏、鎮番，以上四年無民欠。以上二十一州縣，民欠未完銀糧十年及十餘年不等。

山丹五年無民欠，平羅六年無民欠，華亭六年無民欠，撫彝廳七年無民欠，鹽茶廳七年無民欠，正寧七年無民欠，崇信八年無民欠。以上七州、縣、廳，民欠未完銀糧五六年及七八九年不等。

狄道州州判四年有民欠，寧遠、環縣、伏羌、紅水縣丞、禮縣、莊浪、巴彦戎格廳，以上八州、縣、廳民欠未完銀糧，除狄道州州判外，其餘止有二年。岷州、文縣、西安、西固州同、成縣、階州、徽縣、兩當、清水、洮州、秦州、平凉府、安西、玉門，以上府、州、縣十四屬，民欠未完銀米，止有一年。

【《乾隆朝上諭檔》第 8 冊，第 675 頁第 1762 條】

陝甘總督勒爾謹奏報委署道府摺

乾隆四十二年六月十三日

陝甘總督臣勒爾謹跪奏：爲委署道府恭摺奏聞事。

竊臣于本年六月初四日，承准大學士于敏中字寄。乾隆四十二年五月二十四日，奉上論："富勒渾，已降旨，補授禮部尚書，所有禮部事務現有豐昇額管理，富勒渾應俟軍需報銷事竣，再行來京供職。新授甘肅布政使王廷贊，著即赴省接篆。王亶望于交代後即來京請訓，前往浙江任事。三寶俟王亶望到浙後，再赴湖廣總督之任。將此由四百里傳論富勒渾、三寶、王亶望，并論令勒爾謹知之。欽此。"遵旨寄信到臣。

查升任浙江撫臣王亶望先于五月二十二日前赴寧夏驗收渠工，計奉到論旨之日，渠務諒已勘明。臣當即移咨該撫，并檄飭新授甘肅布政使王廷贊速即赴省交代。其寧夏道員缺緊要，查有凉州府知府吴鼎新老成明幹，堪以暫署寧夏道印務。所遺凉州府篆，查有肅州直隸州知州康基淵堪以署理。除檄行接署外，理合恭摺奏聞，伏祈皇上睿鑒。謹奏。

乾隆四十二年六月十三日。

該部知道。

【《宫中檔乾隆朝奏摺》第39輯，第59頁】

陝甘總督兼甘肅巡撫勒爾謹題報前曾被參縣官續徵銀米全完請准開復

乾隆四十二年六月十五日

題。

七月初一日。

四十二年七月十一日下户、吏。

該部查議具奏。

兵部尚書兼都察院右都御史、總督陝甘等處地方軍務兼理糧餉并兼管甘肅巡撫事兼理茶馬臣勒爾謹謹題：爲詳請開復事。

據甘肅布政使司布政使王亶望、按察使司按察使李本會詳呈，蒙總督陝甘勒部院案驗，爲奏銷等事。乾隆肆拾年拾月貳拾柒日，准户部咨，陝西司案呈，户科抄出陝督勒爾謹題前事壹案。將甘肅省乾隆叁拾叁年地丁奏銷年限案内原報未完銀糧，造具已未完欠數目册揭，送部前來。應將經徵接徵未完不及壹分之署崇信縣事大通縣知縣王旭、碾伯縣知縣曾道中，均照例停其升轉，罰俸壹年，戴罪徵收。未完壹分以上之寧州知州韋之瑗，照例降職壹級，戴罪徵收。未完貳分以上之署鎮原縣事隆德縣知縣舒攀桂，照例降職貳級，戴罪徵收。未完叁分以上之隴西縣知縣廣福、平凉縣知縣布瞻、靈臺縣知縣顧汝衡、固原州知州郭昌泰均照例降職叁級，戴罪徵收。未完肆分以上之安化縣知縣劉甫岡，照例降職肆級，戴罪徵收。原欠壹分年限内不全完之崇信縣知縣沈增，照例降叁級調用。查沈增已于另案地丁未完革職，奉旨：“送部引見。欽此欽遵。”在案。此案應降叁級，調用注册。王旭、舒攀桂俱

係署事官，均應照離任官例，于現任内各罰奉壹年。等因。于乾隆肆拾年玖月初捌日題，本月拾貳日奉旨："依議。欽此。"等因。咨院行司。

蒙此，當經備檄飭遵在案。兹據慶陽府詳稱，據安化縣知縣劉甫岡詳稱，遵查卑縣乾隆叁拾叁年，地丁起運未完銀壹千捌百陸拾肆兩捌錢柒分伍厘，未完起運糧貳千伍百玖拾捌石肆斗叁升叁合貳勺。奏部議，以經徵未完肆分以上之安化縣知縣劉甫岡，照例降職肆級，戴罪徵收。等因。兹查前項未完銀壹千捌百陸拾肆兩捌錢柒分伍厘，内于肆拾年徵完銀壹百貳拾叁兩捌錢肆分柒厘，于肆拾壹年肆月初叁日解交司庫訖。尚該未完銀壹千柒百肆拾壹兩貳分捌厘，業已徵收全完，于肆拾壹年拾月初陸日解交司庫訖。未完糧貳千伍百玖拾捌石肆斗叁升叁合貳勺，内于肆拾年徵完糧捌石柒升柒合，又于肆拾壹年徵完糧貳千伍百玖拾石叁斗伍升陸合貳勺，已出具倉收，于肆拾壹年拾貳月内賫驗在案。其應解降職俸銀事，在乾隆肆拾壹年五月初壹日恭奉詔以前，該縣劉甫岡係辦送兵差之員，毋庸完解，應請在于寬免册内造報。請免所有原參降職肆級戴罪徵收之案，相應詳請轉詳開復。等情。由府轉詳到司。

據此，該布政使王亶望、按察使李本會查得，乾隆叁拾叁年地丁奏銷册落安化縣原報，未完起運銀壹千捌百陸拾肆兩捌錢柒分伍厘，糧貳千伍百玖拾捌石肆斗叁升叁合貳勺。于肆拾年拾月貳拾柒日接准部覆，以經徵未完肆分以上，照例降職肆級，戴罪徵收。等因。飭遵在案。兹查前項原報未完銀壹千捌百陸拾肆兩捌錢柒分伍厘，内于肆拾年徵完銀壹百貳拾叁兩捌錢肆分柒厘，于肆拾壹年肆月初叁日解交司庫，徵完糧捌石柒升柒合，均于肆拾壹年造報，肆拾年帶徵考核册内造報，咨部在案。又，尚該未完銀壹千柒百肆拾壹兩貳分捌厘，業已續徵全完，于肆拾壹年拾月初陸日解交司庫。糧貳千伍百玖拾石叁斗伍升陸合貳勺，亦據該縣續徵通完，出具倉收賫司，已飭令加謹收貯。現在造報乾隆肆拾壹年帶徵叁拾叁年考核册内，彙請咨部外，伏查定例，有司未完錢糧，參後續徵全完者，各該經管衙門一面給與批收，一面速報，即行題請開復。等因。遵奉在案。兹查安化縣知縣劉甫岡未完前項銀糧，既經該縣照數續徵全完，銀已解交司庫，糧俱實貯在倉。所有原參奉議安化縣知縣劉甫岡經徵未完肆分以上，照例降職肆級，戴罪徵收之案，例得開復。今既據該縣由府詳請前來，相應轉請，具題開復。再，查此案事在乾隆肆拾壹年伍月初壹日，恭奉恩詔以前，所有降職肆級俸銀，既據該府詳稱毋庸完解，現在造入寬免册内請咨，合并聲明。等情。呈詳到臣。

該臣查得，有司徵收錢糧，參後續徵全完者，例得題請開復。兹據甘肅布政使王亶望等會詳稱，查乾隆叁拾叁年地丁奏銷册造安化縣原報，未完起運銀壹千捌百陸拾肆兩捌錢柒分伍厘，糧貳千伍百玖拾捌石肆斗叁升叁合貳勺。奉部議，以經徵未完肆分以上，照例降職肆級，戴罪徵收。等因。飭遵在案。兹查前項原報未完銀壹千捌百陸拾肆兩捌錢柒分伍厘，内于肆拾年徵完銀壹百貳拾叁兩捌錢肆分柒厘，于肆拾壹年肆月初叁日解交司庫，徵完糧捌石柒升柒合，均于肆拾壹年造報，肆拾年帶徵考核册内造報，咨部在案。又，尚該未完銀壹千柒百肆拾壹兩貳分捌厘，業已續徵全完，于肆拾壹年拾月初陸日解交司庫。糧貳千伍百玖拾石叁斗伍升陸合貳勺，亦據該縣續徵通完，出具倉收賫司，已飭令加謹收貯。現在造報乾隆肆拾壹年帶徵叁拾叁年考核册内，彙請咨部。所有原參奉議安化縣知縣劉甫岡經徵未完肆分以上，照例降職肆級，戴罪徵收之案，例得開復。等情。會詳請題前來，臣覆查無异。除揭帖照例分送外，相應具題。伏祈皇上睿鑒，敕部議覆施行。謹題請旨。

乾隆肆拾貳年陸月初伍日。

兵部尚書兼都察院右都御史、總督陝甘等處地方軍務兼理糧餉并兼管甘肅巡撫事兼理茶馬臣勒爾謹。

【貼黄】

兵部尚書兼都察院右都御史、總督陝甘等處地方軍務兼理糧餉并兼管甘肅巡撫事兼理茶馬臣勒爾謹謹題：爲詳請開復事。

該臣查得，有司徵收錢糧，參後績徵全完者，例得題請開復。兹據甘肅布政使王亶望等會詳稱，查乾隆叁拾叁年地丁奏銷册造安化縣原報，未完起運銀壹千捌百陸拾肆兩零，糧貳千伍百玖拾捌石零。奉部議，以經徵未完肆分以上，照例降職肆級，戴罪徵收。等因。飭遵在案。兹查前項未完銀，于肆拾年徵完銀壹百貳拾叁兩零，糧捌拾零，均于肆拾壹年造報肆拾年帶徵考核册内，造報咨部。尚未完銀壹千柒百肆拾壹兩零，糧貳千伍百玖拾石零，亦據該縣綺徵通完。現在造報乾隆肆拾壹年帶徵叁拾叁年考核册内，彙請咨部。所有原參奉議安化縣知縣劉甫岡經徵未完肆分以上，照例降職肆級，戴罪徵收之案，例得開復。等情。會詳請題前來，臣覆查無异。謹題請旨。

【注】此處闕一行。

【《明清檔案》A230—84，B129639—B129643】

陝甘總督兼甘肅巡撫勒爾謹題報薦舉軍政卓异官員

乾隆四十二年六月二十日

題。

四。

七月初六日。

四十二年七月十二日下兵、刑。

該部院議奏。

兵部尚書兼都察院右都御史、總督陝甘等處地方軍務兼理糧餉并兼管甘肅巡撫事兼理茶馬臣勒爾謹謹題：爲特舉卓异官員，以昭大典事。

竊照補行乾隆叁拾柒年軍政陝甘貳省應行卓异官員，業經臣恭疏題報，并聲明新疆屯防應行卓异人員，俟新疆各大臣查送到日，另疏具題。今准伊犁將軍大臣伊勒圖等咨稱，考驗得伊犁屯田肅州鎮屬大馬營游擊索靈阿，人材精壯，騎射可觀，諳練屯務，强幹黽勉。甘肅提標前營千總查楷，年富力强，弓馬嫻熟，當差奮勉。以上貳員，堪膺卓异。等因。

又准喀什噶爾辦事大臣雅德等咨，考驗得英阿雜爾駐防延綏鎮屬靖邊營都司楊殿甲，年力强壯，弓馬優嫻，營務諳練，辦事明敏。西寧鎮屬甘都堂堡千總張奉翩，年壯技優，辦事實心，操防勤慎，營伍諳練。以上貳員，堪膺卓异。等因。

又准烏嚕木齊辦事大臣索諾木策凌咨，考驗得瑪納斯屯田甘肅提標右營守備丁顯耀，人材壯健，弓馬可觀，屯田諳練，辦事勤幹。寧夏鎮屬中衛營千總陸法乾，人材壯健，曾經出征，屯田奮勉，頗著勤勞。瑪納斯協右營千總買廷選，弓馬可觀，屢經出征，屯田年久，著有勞績。以上叁員，堪膺卓异。等因。

又准哈喇沙爾辦事大臣觀音保咨，考驗得哈喇沙爾屯防延綏鎮標中營游擊、升銜留任參將和森布，才守兼優，諳練營屯，堪膺卓异。等因。

又准闢展辦事大臣白忠咨，考驗得闢展駐防潼關協千總張全忠，人材壯健，弓馬優嫻，堪膺卓异。等因。

各咨送前來。臣查以上玖員，歷俸俱滿年限，并無參罰服制，與卓异之例相符。再，該員等俱係例應見之員，現在新疆屯防，應俟班滿回營之日，再行給咨赴部。除各員履歷、考語造册送部外，臣謹恭疏具題，伏祈皇上睿鑒，敕下部院核覆施行。再，軍政應行卓异官員，向例開列事實，今新疆各處屯防卓异官員，有開列事實者，有未經開列者，辦理殊不畫一，是以本内俱未開列，合并陳明。爲此具本，謹題請旨。

乾隆肆拾貳年六月貳拾日。

兵部尚書兼都察院右都御史、總督陝甘等處地方軍務兼理糧餉并兼管甘肅巡撫事兼理茶馬臣勒爾謹。

【貼黄】

兵部尚書兼都察院右都御史、總督陜甘等處地方軍務兼理糧餉并兼管甘肅巡撫事兼理茶馬臣勒爾謹謹題：爲特舉卓异官員等事。

竊照補行乾隆叁拾柒年軍政陜甘貳省應行卓异官員，業經臣恭疏題報，并聲明新疆屯防應行卓异人員，俟新疆各大臣查送到日，另疏具題。今准伊犁將軍大臣伊勒圖等咨稱，考驗得伊犁屯田肅州鎮屬大馬營游擊索靈阿、甘肅提標前營千總查楷堪膺卓异。等因。又准喀什噶爾辦事大臣雅德等咨，考驗得英阿雜爾駐防延綏鎮屬靖邊營都司楊殿甲、西寧鎮屬甘都堂堡千總張奉翮堪膺卓异。等因。又准烏嚕木齊辦事大臣赤諾木策凌咨，考驗得瑪納斯屯田甘肅提標右營守備丁顯耀、寧夏鎮屬中衛營千總陸法乾、瑪納斯協右營千總買廷選堪膺卓异。等因。又准哈喇沙爾辦事大臣觀音保咨，考驗得哈喇沙爾屯防延綏鎮標中營游擊、升銜留任參將和森布堪膺卓异。等因。又准闢展辦事大臣白忠咨，考驗得闢展駐防潼關協千總張全忠堪膺卓异。等因。各咨送前來。臣查以上玖員，歷俸俱滿年限，與卓异之例相符。除各員履歷、考語造册送部外，臣謹恭疏具題請旨。

【《明清檔案》A230—100，B129713—B129715】

新授甘肅布政使王廷贊奏陳雨水禾苗情形摺

乾隆四十二年七月初六日

新授甘肅布政使奴才王廷贊跪奏：爲敬陳雨水禾苗情形，仰祈聖鑒事。

竊查甘省地方，風高土厚，水少山多，各府州屬地畝統計，水田居十之二三，山田居十之七八。每遇春夏，雨澤缺少，在水田猶可無慮，而山田間被偏灾，此歷來之情形也。本年，甘省春雨調匀，小民均得及時耕種。入夏以後，雨澤愆期，即有得雨地方，亦往往未能一律深透。查水田惟寧夏最盛，緣去歲欽奉恩旨，借項修理渠工，督臣勒爾謹親往查勘。奴才遵照指示機宜，率屬一體興修。現在渠水充盈，田疇沾足，凡經灌溉之田，夏秋二禾豐收可必。除寧夏而外，其餘各府州屬，凡有水田者，即豐歉不一，總有收成。至各處山田，其附近溝渠暨背陰低濕之地，所種麥、豆，尚冀薄收，惟高阜向陽地方旱乾已久，夏禾率多枯槁，現在據報偏灾者二十餘處。奴才由寧夏至省，凡經偏灾地方，繞道確查，均屬實情。其餘各屬，業經督臣分委道府認真履勘。奴才仍詳細查察，務使邊地灾黎不致一夫失所，好。勉爲之，知□□勝此任，故超用。所宜盡心救□灾黎；俾均霑實惠以仰副我皇上加惠元元之至意。六月二十以後，至今半月以來，據蘭州、鞏昌、平凉、慶陽、甘州、凉州、寧夏、西寧、秦州、階州、肅州各屬紛紛具報，得雨自一二寸至四寸不等，秋禾可資接濟。所有甘省雨水禾苗實在情形，理合恭摺奏聞，伏祈皇上睿鑒。謹奏。

乾隆四十二年七月初六日。

覽。

【《宫中檔乾隆朝奏摺》第39輯，第288頁】

陝甘總督勒爾謹奏覆甘省雨水情形摺

乾隆四十二年七月十二日

陝甘總督臣勒爾謹跪奏：爲遵旨覆奏事。

竊臣于七月十一日，承准大學士于敏中字寄。乾隆四十二年七月初二日，奉上諭："前據勒爾謹于六月内奏稱，甘省短少雨澤，曾經降旨詢問，令其將該處曾否續得雨澤及是否成灾情形，即行奏覆。兹復據勒爾謹奏，甘肅省城于五月二十八日得有微雨，不成分寸。秦州及所屬于二十八九兩日得雨三寸，其餘各府州屬有得雨不成分寸，有并未得雨者。高阜之地，夏禾率多黄萎。靖遠等十州縣已成偏灾，若十數日内，大沛甘霖，秋禾尚屬有濟。等語。深爲廑念，著傳諭勒爾謹，即將該省曾否已得透雨，及偏灾處所現在作何辦理，及盼雨各處是否不致成災各情形，迅速據實覆奏，仍一面委派大員確查有無成災之處，實力妥辦，務使窮黎均沾實惠。將此由四百里諭令知之，仍即由驛速行覆奏。欽此。”遵旨寄信到臣。

伏查六月二十二日，欽奉諭旨詢問曾否續得雨澤及是否成災情形，業經臣于六月二十三日繕摺馳奏，嗣于六月二十八日省城得雨，復經臣恭摺具奏在案。緣甘省夏間雨澤短少，皋蘭等縣夏禾間被旱災，節經遵旨確查勘辦。續又據狄道、隴西、漳縣、靈州、中衛等五州縣稟報，各處近水田禾俱屬有收，其山田無水之處受旱較重。臣已飭委該管道府親往查勘，實力妥辦，以仰副聖主軫念邊氓之至意。現據各屬稟報，于六月二十八日暨七月初二、初四等日得雨，自四五寸至深透不等。省城又于七月初四日得雨徹夜，入土深透，雖于夏田已屬過時，而于秋禾晚蕎一切雜糧的有裨益。臣謹繕摺，由驛覆奏，伏祈皇上睿鑒。謹奏。

乾隆四十二年七月十二日。

覽奏，稍慰解，有旨諭。

【《宮中檔乾隆朝奏摺》第39輯，第352頁】

甘肅布政使王廷贊奏陳雨水田禾情形摺

乾隆四十二年七月十九日

甘肅布政使奴才王廷贊跪奏：爲敬陳雨水田禾情形，仰祈聖鑒事。

竊查甘省本年入夏以後，雨澤愆期，各屬高阜山田，間被偏災，業經奴才將實在情形，于七月初六日，恭摺具奏在案。奴才率同道府認真查勘，如蘭州府屬之皋蘭、狄道、河州、渭源、金縣、靖遠、紅水縣丞，鞏昌府屬之隴西、安定、會寧、漳縣，平凉府屬之平凉、静寧、固原、隆德、華亭，甘州府屬之張掖、山丹，凉州府屬之武威、鎮番、永昌、平番，西寧府屬之西寧、碾伯、大通、巴燕戎格，并直隸涇州、肅州、安西州，以及玉門縣等處，夏禾間被旱災，輕重不一。又，如寧夏府屬之靈州、中衛二處，凡渠水灌溉之田，夏禾收成豐稔，秋禾長發茂盛，其山坡田地，亦因夏間缺雨，率多枯槁。奴才自寧夏起程赴省之時，曾經親勘，現在一并入于夏災案内，詳請督臣勒爾謹覆核題報。近日，奴才連奉督臣行知節次諭旨，仰見我皇上宵旰勤勞，誠恐一夫失所。奴才受恩深重，惟有竭盡心力，認真查辦，以仰副聖主軫念災黎之至意。七月初四日，省城得雨，入土深透。又據各屬稟報，六月盡、七月初間，各得雨四五寸至深透不等，于秋禾晚蕎一切雜糧大有裨益。所有各屬夏禾被旱及續得雨澤情形，理合恭摺奏聞，伏祈皇上睿鑒。謹奏。

乾隆四十二年七月十九日。

覽奏，俱悉。

【《宫中檔乾隆朝奏摺》第39輯，第426頁】

陝甘總督勒爾謹奏報籌辦舊存茶封摺

乾隆四十二年七月二十一日

陝甘總督臣勒爾謹跪奏：爲籌辦舊存茶封，仰祈聖鑒事。

竊查甘省備撥口外茶封，因存貯過多，經臣奏請，自乾隆四十三年爲始，將額徵二成本色改徵一成本色。經部議准，并令將舊存茶二十六萬餘封設法調劑，俾免朽變。等因。移咨到臣。臣隨率同新疆經費局、司、道詳加籌議，查茶封産自外省，購運需時，固宜稍爲寬貯，以備新疆支用。但陳積過多，誠不免于黴朽。乾隆二十七年，庫貯陳茶一百二十五萬餘封。經前督臣楊應琚奏准，搭支兵餉，每年支用茶一十二萬餘封，每封作銀三錢，并招商領變，未及十年，銷變全完。今所存不及二十七年四分之一，自無庸招商變賣。查新疆各處歲需茶二萬五千餘封，今將舊存茶二十六萬餘封酌留八萬

封，足敷新疆三年之用。其餘茶十八萬餘封應請仍照舊例，于甘提標并涼州、寧夏、西寧、肅州各鎮暨寧夏、涼州、莊浪等處滿營，各按營分之大小、道路之遠近、銷售之難易，以定配餉之多寡。自乾隆四十三年春季起，分作二年，均勻搭放兵餉。仍照例每封作銀三錢，于各營應領俸餉內扣貯司庫報部。如有不願搭領者，亦聽其便。統計二年之內，俱可用完。此後每年額徵茶封，總以新徵者存貯，舊貯者解赴新疆，搭支兵餉，不過三年，即可更易一周。如此，在茶封既不致有黴變之虞，而于新疆支用，亦爲有備無缺矣。所有籌辦緣由，理合恭摺具奏，伏祈皇上睿鑒。謹奏。

乾隆四十二年七月二十一日。

該部議奏。

【《宫中檔乾隆朝奏摺》第 39 輯，第 450 頁】

陝甘總督兼甘肅巡撫勒爾謹題報甘省運川火藥用過包裹等銀遵照部駁更造請銷

乾隆四十二年七月二十二日

題。

四□。

八月初六日。

四十二年九月下工、户、兵。

該部察核具奏。

兵部尚書兼都察院右都御史、總督陝甘等處地方軍務兼理糧餉并兼管甘肅巡撫事兼理茶馬、革職留任臣勒爾謹謹題：爲詳請撥解火藥，以資接濟事。

據甘肅布政使司布政使王廷贊呈，蒙總督陝甘勒部院案驗，乾隆肆拾貳

年正月初伍日，准工部咨，虞衡司案呈，先准陝督勒爾謹咨稱，甘省各屬乾隆叁拾捌年運送川省火藥，用過油簍、包裹等項工料銀貳千壹百貳拾壹兩陸錢柒分玖厘。奉准部覆，查册開：製辦油簍，每個開銀壹錢貳分至壹錢陸分不等。其裝盛火藥斤數均屬相同，何至價值多寡互异？且所用麻繩、鐵釘等項，價值又與定例浮多，行令按款分晰，據實删減，另造妥册，同原册一并送部，再行核銷。等因。當經檄行各屬，遵照登報去後。兹據固原、武威等州縣各將乾隆叁拾捌年運送川省火藥用過包裹等項銀兩，遵照部駁情節，分晰删減登造，所有造到清册，同原册一并詳請咨部。等情。除咨户部外，相應咨部。等因。

經本部以并未將古浪等縣原册送部，行令一并撿送。嗣據覆稱，古浪等縣簽册未奉户部駁發，復經本部移咨户部撿送去後。今于乾隆肆拾壹年玖月拾叁日，准户部將古浪等縣原册送部前來。查甘省各屬，乾隆叁拾捌年撥解川省火藥拾伍萬斤，製辦油簍包裹等項，先據該督將用過銀貳千壹百貳拾壹兩陸錢柒分玖厘，造册請銷。經本部以册造製辦油簍價值多寡互异，麻繩、鐵釘價值又與定例浮多，行令分晰删減，造銷在案。今雖據該督自行删減銀貳百肆拾兩玖錢捌分貳厘，另行造册送部，但查各州縣册造同一包裹，油簍、牛皮、油單等項價值仍屬多寡互异，鐵釘價值仍與定例浮多。至固原、西寧貳州縣，每油簍壹個僅裝藥肆拾貳斤零，自未便較與各州縣裝藥捌拾伍斤半油簍價值一體開報。再，查該省叁拾柒年解川火藥油簍、包裹案内，經本部以油簍、包裹等項價值均屬多寡互异，駁令據實畫一删減，造報在案。今此案事同一例，應將原册逐款黏簽鈐印，發還該督查照指駁情節，畫一删減，另造妥册，同原册一并送部，具題到日，再行核銷。其自行删減銀兩，應令該督先行照數著追歸款，報部查核可也。等因。咨院行司。

蒙此，該布政使王廷贊查得，奉部咨覆，查各州縣册造同一包裹、油簍，牛皮、油單等項價值仍屬多寡互异，鐵釘價值又與定例浮多。至固原、西寧貳州縣，每油簍壹個僅裝藥肆拾貳斤零，自未便較與各州縣裝藥捌拾伍斤半油簍價值一體開報。再，查該省叁拾柒年解川火藥油簍、包裹案内，經本部以油簍、包裹等項價值均屬多寡互异，駁令據實畫一删减，造報在案。今此案事同一例，應將原册逐款黏簽鈐印發還，查明指駁情節，畫一删减，另造妥册，同原册一并送部，具題到日，再行核銷。其自行删减銀兩，應令先行照數著追歸款，報部查核。等因。當經檄行各屬，遵照登報去後。兹據皋蘭、河州、固原、武威、永昌、鎮番、古浪、平番、西寧等州縣各將乾隆叁拾捌年運送凉州、西寧、固原叁鎮，并陝甘督標撥解川省火藥用過包裹、油簍等項銀兩，遵照大部簽示情節，按款分晰，畫一删减，登造清册，請轉前來。

本司覆查此案，原共請銷銀壹萬壹千叁百兩貳錢柒分伍厘，内除户部准銷運脚并押解官役盤脚口食銀玖千壹百柒拾捌兩伍錢玖分陸厘外，止奉駁查銀貳千壹百貳拾壹兩陸錢柒分玖厘。嗣據各州縣初次自行删减銀貳百肆拾兩玖錢捌分貳厘，實該駁查包裹銀壹千捌百捌拾兩陸錢玖分柒厘。今據各州縣遵照部駁情節畫一，復又自减銀伍百捌拾陸兩玖錢玖分肆厘，止實請銷銀壹千貳百玖拾叁兩柒錢叁厘，新請查核准銷。至原册開報初次自减銀貳百肆拾兩玖錢捌分貳厘，内據皋爾縣于乾隆肆拾壹年陸月拾玖日找領墊用銀内，已將初次删减銀肆拾壹兩玖錢叁分貳厘收還原墊縣庫訖。又，武威縣應解初次删减銀叁錢柒厘，已于肆拾壹年陸月拾玖日在找領墊用銀内如數迭扣，收入金川軍需款内，業將迭扣過銀數日期暨造入乾隆肆拾壹年秋撥不應撥册内各緣由，在于完報領解墊用下剩銀兩案内聲明，户部覆准在案。又據河州解交删减銀伍兩伍分玖厘前來，前司隨于肆拾壹年拾貳月初陸日照數收入金川軍需款内，造入肆拾貳年春撥不應撥册内報部，亦在案，祈請在于彼册内查核。至尚該未解初次并今次删减共銀柒百捌拾兩陸錢柒分捌厘，現在原辦各員名下催追還項，俟追完日，另爲詳報。所有造到登答清册并奉發原册，相應彙登總册，一并呈賫核題。再，此案例限以乾隆肆拾貳年正月初伍日准咨之日起，照例扣限陸個月。再，加自固原至蘭州，計程捌百肆拾叁里，每日以伍拾里計算，應扣程限壹拾柒日，統應扣至本年柒月貳拾貳日爲滿。今于限内詳賫，合并聲明。等情。呈詳到臣。

該臣查得，乾隆叁拾捌年，甘肅各屬運送川省火藥，用過包裹、油簍等項工料銀兩壹案，前經臣咨部請銷，接准部覆，以册造同一包裹、油簍，牛皮、油單等項價值仍屬多寡互异，鐵釘價值又與定例浮多。至固原、西寧貳州縣，每油簍壹個僅裝藥肆拾貳斤零，自未便較與各州縣裝藥捌拾伍斤半油簍價值一體開報，行令查明指駁情節，畫一删減，另造妥册，具題到日，再行核銷。等因。當經行司轉飭遵照去後。兹據甘肅布政使王廷贊詳，據皋蘭、河州、固原、武威、永昌、鎮番、古浪、平番、西寧等州縣各將乾隆叁拾捌年運送凉州、西寧、固原叁鎮，并陝甘督標撥解川省火藥用過包裹、油簍等項銀兩，遵照内部簽示情節，按款分晰，畫一删減登造。覆查此案，原共請銷銀壹萬壹千叁百兩貳錢柒分伍厘，内除户部准銷運脚并押解官役盤脚口食銀玖千壹百柒拾捌兩伍錢玖分陸厘外，止奉駁查銀貳千壹百貳拾壹兩陸錢柒分玖厘。嗣據各州縣初次自行删減銀貳百肆拾兩玖錢捌分貳厘，實該駁查包裹銀壹千捌百捌拾兩陸錢玖分柒厘。今據各州縣遵照部駁情節畫一，復又自減銀伍百捌拾陸兩玖錢玖分肆厘，止實請銷銀壹千貳百玖拾叁兩柒錢叁厘，祈請查核准銷。至原册開報初次自減銀貳百肆拾兩玖錢捌分貳厘，内據皋蘭縣于乾隆肆拾壹年陸月拾玖日找領墊用銀内，已將初次删減銀肆拾壹兩玖錢叁分貳厘收還原墊縣庫訖。又，武威縣應解初次删減銀叁錢柒厘，已于肆拾壹年陸月拾玖日在找領墊用銀内如數迭扣，收入金川軍需款内，業將迭扣過銀數日期暨造入乾隆肆拾壹年秋撥不應撥册内各緣由，在于究報領解墊用下剩銀兩案内報明，户部覆准在案。又據河州解交删減銀伍兩伍分玖厘，前司隨于肆拾壹年拾貳月初陸日照數收入金川軍需款内，造入肆拾貳年春撥不應撥册内報部，亦在案。祈請在于彼册内查核，至尚該未解初次并今次删減，共銀柒百捌拾兩陸錢柒分捌厘，現在原辦各員名下催追還項，俟追完日，另爲詳報。等情。造具總册，同各撤册及原撥簽册，一并呈賫，請題前來，臣覆核無异。除原册送工部工科，并將揭貼照例分送外，相應具題。伏祈皇上睿鑒，敕部核覆施行。謹題請旨。

乾隆肆拾貳年柒月貳拾貳日。

兵部尚書兼都察院右都御史、總督陝甘等處地方軍務兼理糧餉并兼管甘肅巡撫事兼理茶馬革職留任臣勒爾謹。

【貼黄】

兵部尚書兼都察院右都御史、總督陝甘等處地方軍務兼理糧餉并兼管甘肅巡撫事兼理茶馬、革職留任臣勒爾謹謹題：爲詳請撥解等事。

該臣查得，乾隆叁拾捌年，甘肅各屬運送川省火藥用過包裹、油簍等項工料銀兩壹案。前經臣容准部覆，今查明指駁情節，畫一删減，另造妥册，具題到日，再行核銷。等因。行據甘肅布政使王廷贊詳，據皋蘭等州縣各將乾隆叁拾捌年運送凉州、西寧、固原叁鎮，并陝甘督標撥解川省火藥用過包裹、油簍等項銀兩，遵照内部簽示情節，按款分晰，畫一删減登造。覆查此案原共請銷銀壹萬壹千叁百兩零，内除准銷外，止駁查銀貳千壹百貳拾壹兩零。嗣據各州縣初次自行删減銀貳百肆拾兩零，實該駁查銀壹千捌百捌拾兩零。今又自減銀伍百捌拾陸兩零，止實請銷銀壹千貳百玖拾叁兩零，祈請查核准銷。等情。造具總册，同各撤册及原駁簽册呈賫請題前來，臣覆核無异。除原册送部科外，謹題請旨。

【《明清檔案》A231—67，B130081—B130087】

陝甘總督勒爾謹奏報夏禾約收分數摺

乾隆四十二年八月初一日

陝甘總督臣勒爾謹跪奏：爲恭報夏禾約收分數，仰祈聖鑒事。

竊照甘省本年夏間雨澤愆期，皋蘭等處夏禾間被旱灾，節經臣恭摺奏聞，并照例恭疏題報在案。兹據各屬呈報夏禾約收分數，由布政使王廷贊核實，詳報到臣，臣覆加確查。按各府州所屬有無被灾之處，通盤核算，蘭州、鞏昌、平凉、慶陽、西寧五府屬涇州、肅州并所屬各收成六分有餘，甘州、凉州二府屬秦州、階州、安西州并所屬各收成七分有餘，寧夏府屬收成八分有餘，合計甘肅通省夏禾收成七分。除將各屬收成細數另行確核具題外，所有夏禾約收分數，合先恭摺奏聞，伏祈皇上睿鑒。謹奏。

乾隆四十二年八月初一日。

知道了。

【《宫中檔乾隆朝奏摺》第39輯，第562頁】

陝甘總督勒爾謹奏覆寧夏捐生捐穀可減十四石收捐摺

乾隆四十二年九月二十九日

陝甘總督臣勒爾謹跪奏：爲遵旨查明據實覆奏事。

竊臣承准大學士公阿桂、大學士于敏中字寄。乾隆四十二年九月初九日，奉上諭："户部議駁王亶望奏寧夏一府收捐監糧，請減照蘭州等處之例，每名捐穀八十石。等因。一摺。以寧夏、鞏昌、秦州嚮來每名捐穀一百八石，今若將寧夏一府減數收捐，則寧夏一屬報捐者自多，恐鞏昌、秦州等處嚮來報捐較多之地不免生避多就少之情，所駁亦是。但前據王亶望奏，寧夏穀價與蘭州等處相等，而捐數較蘭州等處爲多，各生未免裹足，以致捐數寥寥。等語。似係該處實在情形。① 惟所請減照八十石收捐之數，又未免與鞏昌、秦州等處多寡懸殊。朕意莫若爲之折中定數，酌減穀十四石收捐，② 使寧夏一屬不致因定額數多而心生畏阻，而鞏昌、秦州等屬亦不致因寧夏議減而聞風效尤，似爲兩得。著傳論勒爾謹，將如此酌減收捐是否與寧夏有益，及鞏、秦等屬不致避多就少，并援照請減之處，即速詳細查明，據實覆奏。將此由四百里論令知之，户部議摺并王亶望原摺俱著抄寄閲看。欽此。”遵旨寄信前來。臣跪讀之，仰見我皇上調劑邊儲，無微不至。

伏查寧夏一府，乾隆三年開捐之始，即議定每捐生一名收糧一百八石。蓋因該處與鞏昌、秦州二屬素爲産糧之區，彼時糧價較賤，是以定數較多。近年以來，寧夏糧價實與蘭州、凉州相等，而該處供支滿營、緑營兵馬糧料以及出借籽種、口糧等項，均應于本處倉儲動用，遇有不敷，即需撥運。王亶望，前在藩司任内，曾與臣籌慮及此，是以該撫奏請酌減糧數。兹欽奉聖論，折中定數，每捐生一名，酌減穀十四石，是誠格外特恩，捐生自不致仍前裹足。臣與藩司王廷贊悉心熟籌。合無仰懇天恩，予限半年，自乾隆四十三年春季起至六月底止，照減穀十四石收捐。如果捐生踴躍，足敷供支，即永以爲例。萬一尚有不敷，仍即據實奏聞。總期不致有撥運之繁、采買之費，庶于邊地倉儲得資裨益。至鞏昌、秦州二屬産糧本屬豐裕，而嚮來市價較之蘭州、寧夏稍賤。該處又無駐防滿兵，雖有緑營，需糧無多，斷無不敷之虞。即該地方官援照請減，臣亦當嚴行駁飭，必不使聞風效尤。所有查明實在緣由，理合恭摺覆奏，伏祈皇上睿鑒訓士。謹奏。

乾隆四十二年九月二十九日。

①情形：《乾隆朝上諭檔》“乾隆四十二年九月初九日”第1993條此二字後有“不可不爲之調劑”七字。
②酌減：《乾隆朝上諭檔》“乾隆四十二年九月初九日”第1993條此二字前有“每名”二字。

著照所請行。該部知道。

【《宫中檔乾隆朝奏摺》第 40 輯，第 260 頁。亦見《乾隆朝上諭檔》第 8 册，第 759 頁第 1993 條】

陜甘總督勒爾謹奏報寧夏府屬修理渠工係民借民還摺

乾隆四十二年十月十七日

陜甘總督臣勒爾謹跪奏：爲奏聞事。

竊查寧夏府屬應修渠工，前經臣親往確勘，奏請借銀八萬五千餘兩，分作八年徵還，仰蒙恩允。嗣據該道府等具報工竣，經升任布政使王亶望驗收，各工一律寬深，暢流無滯，添修坍岸、塘壩等項俱屬堅固，亦經奏明在案。兹據布政使王廷贊詳稱，此項工費，該司前于寧夏道任内發給該處有業之户自爲承辦，地方官不過往來稽查，并未經手。該業户以本身應還之項，辦自己切要之工，無不核實經理，通共用過銀八萬五千五百九十五兩零。除借支官項外，尚不敷銀五百九十餘兩，該渠民俱已分認歸結。所有前借庫銀八萬五千兩，應請遵照原奏，于乾隆四十三年起，分作八年，于各渠民名下徵收歸款。再，查此項銀兩係民借民還，無可核減，似無庸另行題銷。等情。詳請具奏前來，臣覆核無异。除將動用實數各册并圖説咨部立案外，相應恭摺具奏，伏祈皇上睿鑒。謹奏。

乾隆四十二年十月十七日。

知道了。

【《宫中檔乾隆朝奏摺》第 40 輯，第 435 頁】

△諭著傳諭三全選派寧夏駐防兵一千固原鎮總兵圖欽保馳驛迅赴河州幫同法靈阿辦理剿捕等事

乾隆四十二年十一月二十日

大學士公阿、大學士于字寄陝甘總督勒、寧夏將軍三、烏嚕木齊都統索、甘肅提督法、陝西提督馬，傳諭固原鎮總兵圖欽保。

乾隆四十二年十一月二十日，奉上諭："昨勒爾謹奏，河州民黄國其，聚衆竪旗、倡教拒捕一案，實屬不成事體，且非光天化日之下所宜有，其情罪甚爲可惡，業經勒爾謹親往查拿，自可將各可犯迅就弋獲，嚴訊重治，以示懲創，果爾甚善。但恐該省回民最多，又素習拳勇，性復護其同類，恃衆滋事，即如從前馬得鰲一案，窩盗縱劫，蔓延不法，其已事可見也。昨雖派令法靈阿即速帶兵剿捕，其聲勢固大，但恐緑營兵丁必有回民在内。若輩袒護徇情，積習難改，或不肯奮勇上前，或有奸惡回人潜與勾結，皆勢所不免，則雖有官兵在彼，仍不能得力。因思此等剿賊打仗之事，臨時勇往争先，耻于退怯，惟滿洲兵最爲足恃。從前王倫一案，派大學士舒赫德督率八旗兵前往，不旬日，即行剿滅，其明驗也。該省距京較遠，惟調駐防兵最爲便易。著傳諭三全，于寧夏駐防内即選派滿洲兵一千名，索諾穆策凌于烏嚕木齊駐防内即選派滿洲兵二千名，并將應用馬匹、軍械、乾糧等項迅速妥爲預備，候勒爾謹之信遄行。勒爾謹到彼，如首夥各犯盡數擒獲，不但毋庸另調滿兵，即法靈阿，亦當停其前往。若勒爾謹、法靈阿到後，逆匪仍前抗拒，尚未能克期完事，即一面由六百里馳奏，一面即用六百里加緊印文，飛調寧夏及烏嚕木齊滿兵赴剿。三全、索諾穆策凌一得勒爾謹印文，隨到隨即啓行，帶兵兼程前往，仍將帶兵起程日期迅速奏聞。第法靈阿、三全辦事雖極認真，然向未經列行陣，于調度機宜，未必遽能悉合。因查固原鎮總兵圖欽保在金川軍營數年，曾經著有勞績，帶兵之事，乃所熟嫻。著傳諭圖欽保接奉此旨，即由該處馳驛迅赴河州，幫同法靈阿辦理剿捕之事。寧夏兵到，伊并可幫帶滿兵，祇期于公事有益，彼此均不可稍存畛域之見。如勒爾謹此時已經獲犯完案，即圖欽保亦當行文停其前往。至勒爾謹昨奏，此事僅由四百里驛遞，尚屬不知緩急，現在如已獲犯竣事，著即由六百里奏聞。此旨著由六百里加緊發往，一并諭令知之。仍各將應行覆奏事宜迅速覆奏。欽此。”遵旨寄信前來。

【《乾隆朝上諭檔》第 8 冊，第 827 頁第 2206 條】

△陝甘兩省總兵内曾經出兵人員名單

乾隆四十二年十一月二十日

查陝甘兩省總兵内曾經出兵人員，謹開名單呈覽，恭候點派一員，以便寫入諭旨發往。謹奏。

陝西固原鎮總兵圖欽保、延綏鎮總兵三德、興漢鎮總兵梁朝桂、甘肅寧夏鎮總兵斐慎。

十一月二十日。

【《乾隆朝上諭檔》第 8 冊，第 829 頁第 2212 條】

△著傳諭寧夏將軍三全等均無庸挑選預備滿洲官兵幫同法靈阿辦理剿捕

乾隆四十二年十一月二十三日

大學士公阿、大學士于字寄陝甘總督勒、寧夏將軍三、烏嚕木齊都統索、甘肅提督法，傳諭固原鎮總兵圖欽保。

乾隆四十二年十一月二十三日，奉上諭：“前據勒爾謹奏，河州逆犯王伏林等倡教聚衆，拒捕傷差一案，恐其恃衆不法，不能速完。曾經傳諭三全，選派寧夏駐防兵一千，索諾穆策凌選派烏嚕木齊駐防兵二千，迅速挑備，候勒爾謹之信遣行。并論圖欽保馳赴河州，幫同法靈阿辦理剿捕。玆據勒爾謹奏到，官兵已于十三日抵具巢穴，將賊衆生擒五百二十二名，首犯王伏林等業俱殲戮，事已完結。頃據法靈阿奏，聞信後即行馳往，想聞勒爾謹辦完此事之信，自即仍回甘州。著傳論三全、索諾穆策凌等，所有滿洲官兵均無庸挑選預備，其圖欽保亦即可回鎮，將此一并傳諭知之。欽此。”遵旨寄信前來。

【《乾隆朝上諭檔》第 1 册，第 832 頁第 2217 條】

陝甘總督勒爾謹奏報甘肅民數穀數事

乾隆四十二年十一月二十五日

陝甘總督臣勒爾謹跪奏：爲遵例奏報民數、穀數，仰祈聖鑒事。

竊查乾隆五年十一月，欽奉上論：“每歲仲冬，該督撫將各州縣户口增減、倉穀存用，一一詳細具摺奏聞。”又于乾隆四十年四月，欽奉上論：“令各督撫等嚴飭所屬，嗣後務須查明實在民數具奏。欽此欽遵。”各在案。玆據甘肅布政使王廷贊查明，乾隆四十二年，甘肅省蘭州、鞏昌、平凉、慶陽、甘州、凉州、寧夏、西寧八府及安西、秦、階、肅、涇五直隸州，各屬實在民數共男女大小一千五百九萬二千四百三十三口，倉貯各色京斗糧三百七十四萬七千八十三石八斗五升五合。造册呈賫前來，臣覆核無异。除咨户部外，謹繕摺奏聞，并造黄册恭呈御覽，伏祈皇上睿鑒。謹奏。

乾隆四十二年十一月二十五日。

册留覽。

【《宫中檔乾隆朝奏摺》第 41 輯，第 168 頁】

陕西固原總兵圖欽保奏覆河州聚衆拒捕案已剿平現已帶兵回任事

乾隆四十二年十一月三十日

陕西固原鎮總兵官奴才圖欽保跪奏：爲奏聞事。

竊奴才于乾隆四十二年十一月二十五日，奉軍機大臣傳諭。乾隆四十二年十一月二十日，奉上諭："昨勒爾謹奏，河州民黄國其聚衆竪旗、倡教拒捕一案，實屬不成事體，且非光天化日之下所宜有，其情罪甚爲可惡。業經勒爾謹親往查拿，自可將各犯迅就弋獲，嚴訊重治，以示懲創，果爾甚善。但恐該省回民最多，又素習拳勇，性復護其同類，恃衆滋事，即如從前馬得鰲一案，窩盗縱劫，蔓延不法，其已事可見也。昨雖派令法靈阿即速帶兵剿捕，其聲勢固大，但恐緑營兵丁必有回民在内，若輩袒護徇情，積習難改，或不肯奮勇上前，或有奸惡回人潜與勾結，皆勢所不免，則雖有官兵在彼，仍不能得力。因思此等剿賊打仗之事，臨時勇往争先，耻于退怯，惟滿洲兵最爲足恃。從前王倫一案，派大學士舒赫德督率八旗兵前往，不旬日，即行剿滅，其明驗也。該省距京較遠，惟調駐防兵最爲便易。著傳諭三全于寧夏駐防内即選派滿洲兵一千名，索諾穆策凌于烏嚕木齊駐防内即選派滿洲兵二千名，并將應用馬匹、軍械、乾糧等項迅速妥爲預備，候勒爾謹之信遄行。勒爾謹到彼，如首夥各犯盡數擒獲，不但毋庸另調滿兵，即法靈阿亦當停其前往。若勒爾謹、法靈阿到後，逆匪仍前抗拒，尚未能克期完事，即一面由六百里馳奏，一面用六百里加緊印文飛調寧夏及烏嚕木齊滿兵赴剿。三全、索諾穆策凌一得勒爾謹印文，隨到隨即起行，帶兵兼程前往，仍將帶兵起程日期迅速奏聞。第法靈阿、三全辦事雖極認真，然向未經列行陣，于調度機宜未必遽能悉合。因查固原鎮總兵圖欽保在金川軍營數年，曾經著有勞績，帶兵之事，乃所熟嫻，著傳諭圖欽保接奉此旨，即由該處馳驛，迅赴河州，幫同法靈阿辦理剿捕之事。寧夏兵到伊，并可幫帶滿兵，祇期于公事有益，彼此均不可稍存畛域之見。勒爾謹此時已經獲犯完案，即圖欽保亦當行文停其前往。至勒爾謹昨奏此事，僅由四百里驛遞，尚屬不知緩急，現在如已獲犯竣事，著即由六百里奏聞。此旨著由六百里加緊發往，一并諭令知之，仍各將應行覆奏事宜迅速覆奏。欽此。”

奴才因聞督臣勒爾謹已赴河州，相距非遥，未敢聽候檄調，随于十一月二十六日自固原起程，星夜前往，途次承准督臣照會，内開：河州邪教匪犯，前經帶兵緝拿，或剿或擒，事已完結，該鎮可即欽遵諭旨回任。等因。奴才中途奉文之日，僅離蘭州一百餘里，且營伍情形亦有應行面禀之事，随于二十九日行抵蘭州，奴才拜摺後，即起程回任所。有奉到諭旨，理合恭摺奏覆，伏祈皇上睿鑒。謹奏。

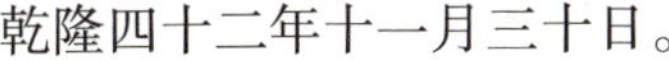

乾隆四十二年十一月三十日。

覽。

【《宫中檔乾隆朝奏摺》第41輯，第255頁】

乾隆四十三年（1778）

陝甘總督勒爾謹奏報審辦逃兵摺

乾隆四十三年二月十三日

陝甘總督臣勒爾謹跪奏：爲審辦逃兵，恭摺奏聞事。

竊臣據署張掖縣知縣陳澍詳報，拿獲逃兵李占元，當即飭令解犯至省，由按察使李本覆審，詳解到臣，随提犯親訊。缘李占元係平羅縣人，充當平羅營餘丁，乾隆三十七年，奉派出征，在軍營拔補寧夏鎮標右營步兵。三十九年十一月内，派往大黑山梁坐卡，即于是月十二日乘間潛逃，在川省山僻地方討吃度日。本年正月二十二日，逃至甘省張掖縣地方，即被兵役拿獲。等情。臣核對軍營咨緝文案相符，查該犯随征金川，由餘丁拔補步兵，不思報效，膽敢潛逃，大干法紀，隨于乾隆四十三年二月十二日恭請王命，將該犯李占元處斬訖。謹繕摺奏聞，并録供單，恭呈御覽，伏祈皇上睿鑒。謹奏。

乾隆四十三年二月十三日。

覽。

【《宫中檔乾隆朝奏摺》第 42 輯，第 112 頁】

甘肅按察使譚尚忠奏報地方雨雪情形摺

乾隆四十三年二月二十五日

甘肅按察使臣譚尚忠跪奏：爲恭奏經過地方雨雪情形，仰祈聖鑒事。

臣沐天恩，補授甘肅臬司。正月初三日，蒙恩召見，諭臣即赴新任。臣遵旨于正月初十日自京起程，二月十九日抵甘。所經直隸、河南等境俱于十一日得雪，土地滋潤，東作可興。入陝以後，春氣漸深，麥苗長發將齊。復于二月初五六等日得雪，尤覺生意油然，平疇青翠，一望連阡，莊農忻悦。甘省山多高峻，氣候稍遲。自二月初五日得雪之後，地脉已潤。臣所經涇州、隆德、平凉、固原、静寧、會寧、安定、金縣、皋蘭等州縣，地畝俱已翻犁，争先布種。至臣所未歷各州縣及附省以西各府屬，經臣到省查閲禀報，俱于初四、初五及初十、十四等日得雪二三寸至五寸不等。兹于二十三日亥時雨雪起，至二十四日辰時止，省城及各鄉得雪融化入土二寸，均可因時耕種，大于莊農有益。甘省地土瘠薄，動廑聖懷，隨時籌濟，有加無已，現在雨雪及時，民情歡踴，理合敬謹具奏，仰慰聖主念切民依之至意，伏乞皇上睿鑒。謹奏。

乾隆四十三年二月二十五日。

知道了。

【《宫中檔乾隆朝奏摺》第 42 輯，第 203 頁】

陝甘總督勒爾謹奏報查明甘肅省鹽務情形摺

乾隆四十三年三月十七日

陝甘總督臣勒爾謹跪奏：爲查明甘省鹽務情形，遵旨據實覆奏事。

竊臣欽奉上諭："各場所出餘鹽，舊例原爲贍恤貧乏之用，日久遂爲奸徒牟利之資。自應將各鹽場所出餘鹽，歲可獲利若干，通行核計，照數官爲收買，散給貧民。其一切肩挑背負之例，悉行停止，則貧户仍可倚以糊口，奸徒無從藉此犯科，實爲兩便。著傳諭有鹽各省分督撫及各省鹽政等，將如何設法辦理之處，就各實情，公同悉心妥議，詳晰覆奏。又，如湖廣向多川廣私販，陝甘省向售蒙古私鹽，與此等情形又復不同，或係積久相安，或應另爲籌辦，務按各實在情形，妥爲籌議，據實覆奏。等因。欽此。"臣隨飭布政司并分管鹽法之驛傳寧夏二道會查詳覆去後。

茲據該司、道查明，甘省出産官鹽，止有寧夏府屬之花馬小池及鞏昌府屬之漳縣、西和縣三處，每年出産鹽斤，僅敷商人配引行銷之用，并無餘鹽可以官爲收買，亦無肩挑背負貧民販買餘鹽之事。其額銷官引者，止有平凉、慶陽、寧夏、鞏昌等府屬及秦州、階州等屬，其餘各屬民間所食，多係土鹽，間有買食夷鹽者，皆因地處邊陲，閭閻貧苦，兼之山路崎嶇，道路遼遠，若一概運銷官鹽，脚費既重，鹽價倍昂，小民力難買食。是以定例聽從民便，積久遵行。至蒙古鹽斤遠在口外，内地民人不能往彼販賣，向係蒙古零星轉售，既無定數，亦無定價。各等情。詳覆前來。

臣查甘省鹽法有額銷官引及聽食土鹽之分，前于乾隆十年，經督臣黄廷桂奏明，敕部議准，各循其舊在案。至蒙古鹽斤産自青海，向係蒙古馱載至境，易换布匹、米糧，委係積久相安，并無奸商販囤之事。誠如聖諭，與東省情形不同，似應仍循舊章，無庸另爲籌議。所有實在情形，理合恭摺覆奏，伏祈皇上睿鑒。謹奏。

乾隆四十三年三月十七日。

該部知道。

【《宫中檔乾隆朝奏摺》第42輯，第392頁】

陝甘總督勒爾謹陝西巡撫畢沅河東鹽政瑺齡奏爲遵旨查明陝西省鹽務情形摺

乾隆四十三年四月十一日

臣勒爾謹、臣畢沅、臣瑺齡跪奏：爲遵旨查明陝省鹽務情形，據實覆奏，仰祈睿鑒事。

竊臣承准大學士公阿桂、大學士于敏中字寄。内開，乾隆四十二年十二月初九日，奉上諭："山東嶧縣地方鹽梟聚衆一案，該犯等供係在海贛交界之處零星偷買老少鹽，積有一二百斤不等，先後裝車推賣。等語。固思山東曹沂一帶鹽梟之案已經屢犯，由于其地與海贛鹽場相近，而各場所出餘鹽舊例原爲贍恤貧乏之用，日久遂爲奸徒牟利之資。即或嚴爲查禁，非肩挑背負，不許出場。而此等梟衆無難私雇窮人在場，如數携出，彼即從旁收買，一落其手，仍可積少成多，販行無忌，是此例不除，流弊終難盡絶。且此等肩挑背負之鹽，期使瀕海貧户稍獲微利以謀生，而積久法弛，窮民之沾潤有限，奸販之影射寖多。竟以老少之利源，變而爲私梟之弊藪，與其存此例以滋弊，莫若去此例以防奸。自應將各鹽場所出餘鹽，窮民肩挑背負，歲可獲利若干，通行核計，即照數官爲收買，散給貧民。其一切肩挑背負之例，悉行停止，則貧户仍得倚以糊口，奸徒無從藉以犯科，實爲兩便。其收買之鹽，或仍給商領銷，或并聽商買用。務使挑負之衆仍免向隅，而場竈所餘，亦無狼籍，正本清源之道，莫過于此。著傳諭有鹽各省分督撫及各鹽政等，將如何設法辦理之處，就各省實情，公同悉心妥議，詳晰覆奏。又如陝甘省向售蒙古私鹽，與此等情形又復不同。或係積久相安，或應另爲籌辦。務按各實在情形，妥爲籌議，據實覆奏，不得稍存遷就。將此遇各奏事之便，通行傳諭知之。欽此。”遵旨寄信到臣。當即飭令司、道等詳細確查，悉心妥議。

兹據布政使富綱、驛鹽道翁燿延、榆綏道許宗智查明，具詳前來。臣等查，陝西省食鹽行引各地方，如西安、同州二府，興安、商州、乾州、邠州四州各所屬，俱食山西之河東引鹽，商運商銷。邠州屬之長武縣與鳳翔府所屬各州縣俱領銷河東引張，支食甘肅靈州花馬小池鹽斤，民運民銷。延安、漢中、鄜州三府州各所屬及綏德州屬之清澗縣，則例食陝省定邊縣之花馬大池鹽斤，引張赴部領繳，亦係民運民銷。惟綏德州并所屬之吴堡、米脂及榆林府屬之榆林、懷遠共五州縣，并葭州之西、南二路，係就地各煎土鹽，以供民食，并無引張。該地居民承業充商，向設小票，名爲鹽户，售鹽完課。以上西安、同州、鳳翔、漢中四府，興安、邠州、乾州、商州、鄜州五州各所屬，及綏德州屬之清澗縣，或食河東引鹽，或食靈州、定邊花馬大小二池鹽斤。本地既不産鹽，相距鹽場又遠，額引之外，并無多餘，迥非江淮場竈餘鹽狼籍，足贍貧乏者可比。其延安、榆林、綏德三府州，雖或産池鹽，或産土鹽，但本地之鹽，僅敷本地民食及應銷地方，均無餘鹽可贍老幼貧民，似可毋庸查辦。至神木、府谷二縣及葭州東、北二路沿邊一帶地方，均食蒙古鹽斤，或民人出口販賣烟布，易换鹽斤，或蒙古自行馱運入口，易换零星貨物。原屬公平交易，兩有裨益，例所不禁。故歷來蒙古鹽斤入境，凡係携帶升斗、爲數無多者，聽其自爲銷售。一至擔馱以上，悉令鹽户按值公平收買行銷，歷久相安，并無違礙，似應仍循舊章，較爲妥協。臣等彼此札商，意見相同，理合據實恭摺會奏，伏祈皇上睿鑒。謹奏。

乾隆四十三年四月十一日。

該部知道。

【《宫中檔乾隆朝奏摺》第42輯，第617頁】

陝甘總督勒爾謹奏報地方雨水情形事

乾隆四十三年五月初八日

陝甘總督臣勒爾謹跪奏：爲敬陳雨水情形，仰祈聖鑒事。

竊照甘省自三月半以後，各屬未得透雨，業經臣將率屬祈禱緣由，節次奏聞在案。兹蘭州省城于四月二十五、二十八日得雨寸許，五月初二、初四日復得有微雨，不成分寸。并據蘭州、鞏昌、平凉、慶陽、甘州、凉州、寧夏、西寧八府，秦、階、涇三直隸州屬各禀報，于四月二十四五、二十七八及五月初二三等日得雨一二寸不等。臣查四月下旬至今，各屬雖屢得雨澤，均未深透。在附近河渠及背陰低窪之處，得此雨澤，生膏滋潤，不特麥苗可資長發，并可播種秋禾。其高原地畝晴曬日久，麥禾已經受傷，雖得微雨，難資長發。惟望大沛甘霖，冀得乘時改種。臣現在仍率屬虔誠步禱，俟得有透雨，即行馳奏外，理合將現在情形恭摺奏聞，伏祈皇上睿鑒。謹奏。

乾隆四十三年五月初八日。

知道了。

【《宫中檔乾隆朝奏摺》第 43 輯，第 12 頁】

陝甘總督勒爾謹奏報估修寧夏滿城城垣事

乾隆四十三年五月初八日

陝甘總督臣勒爾謹跪奏：爲遵例奏聞事。

竊臣于上年十二月内，據寧夏府知府張金城詳稱，寧夏滿城建自乾隆四年，因歷年已久，周圍城脚俱被鹹氣傷損，坍塌損壞數十餘處，詳請動項修理前來。經臣一面委員查勘，并于年底彙奏城垣，完固情形清單内，陳明在案。兹據委員寧夏道福明安勘明，該處滿城城垣，實因歷年久遠，坍塌過甚，亟應補修。率同府縣核實，估計約需物料、匠工銀四千八百九十五兩零。等情。由甘肅布政使王廷贊轉詳到臣，臣覆核無异。查定例，工程銀數在千兩以上者，應先行具奏，臣謹繕摺奏聞。如蒙俞允，另容造册題估興修。再，該處城垣已在保固限外，合并陳明，伏祈皇上睿鑒。謹奏。

乾隆四十三年五月初八日。

知道了。

【《宫中檔乾隆朝奏摺》第 43 輯，第 12 頁】

陝甘總督勒爾謹奏報審辦寧夏鎮逃兵張焕事

乾隆四十三年五月初八日

陝甘總督臣勒爾謹跪奏：爲審辦逃兵，恭摺奏聞事。

竊臣據署寧朔縣知縣成德詳報拿獲軍營脱逃寧夏鎮標復營步兵張焕，等情。當即批令押解至省，由按察使譚尚忠訊供，轉解到臣，臣提犯親訊。據該犯張焕供認脱逃不諱，核對軍營咨緝文内所開，該犯年貌及脱逃月日具屬相符。查該犯在軍營派令背負帳房，膽敢于中途撩弃脱逃，實屬國法所不容。隨于五月初八日恭請王命，派臣標中軍副將和成額、蘭州府知府楊士璣將該犯張焕綁赴市曹處斬訖。理合恭摺奏聞，并繕供單，恭呈御覽，伏祈皇上睿鑒。謹奏。

乾隆四十三年五月初八日。

覽。

【《宫中檔乾隆朝奏摺》第 43 輯，第 13 頁】

陝甘總督勒爾謹奏報甘肅雨水禾苗情形事

乾隆四十三年五月十八日

陝甘總督臣勒爾謹跪奏：爲敬陳雨水禾苗情形，仰祈聖鑒事。

竊照甘省入夏以來，屢次得雨，未能一律深透。業經臣將祈禱緣由，節次恭摺奏聞在案。兹蘭州省城于五月十二日戌時得雨起，至十三日辰時止，斷續相間，入土三寸。臣查，是日雨勢甚寬，隨飛札通查各屬去後。嗣據蘭州、鞏昌、平凉、凉州、寧夏、西寧六府屬各具報同日得雨一二三寸不等，其較遠地方尚未報到。臣查，甘省附近河渠足資灌溉之地，原祇十之二三，其距河較遠之處，全賴雨澤滋培農田，方有裨益。兹自入夏以來，雨澤頻沾，雖未深透，而下隰之地已資接濟，夏禾可冀有收。惟高原地畝，旋雨旋乾，麥禾間有黄萎。并據平凉、慶陽、涇州等屬其報麥根生蟲，間被咬傷，亦因久晴不雨所致。臣已飭各該道府履畝確勘，如果受傷屬實，即飭一律芟鋤，俟獲有甘霖，趕種秋禾。臣仍率屬虔誠祈禱，俟一得透雨，即行馳奏外，所有甘省現在雨水禾苗情形，理合恭摺奏聞，伏祈皇上睿鑒。謹奏。

乾隆四十三年五月十八日。

知道了。三寸之雨，亦不能接濟也。

【《宫中檔乾隆朝奏摺》第43輯，第147頁】

陝甘總督勒爾謹奏報甘肅地方得雨與禾苗情形事

乾隆四十三年六月十二日

陝甘總督臣勒爾謹跪奏：爲遵旨覆奏事。

竊臣承准大學士公阿桂、大學士于敏中字寄。乾隆四十三年六月初四日，奉上諭："前因甘省本年春夏缺雨，曾傳旨詢問勒爾謹各屬是否得有透

雨，如可趕種大田，即速酌借籽種，以資耕作。兹據勒爾謹奏稱，甘省春夏雖未得透雨，但近河下隰俱堪播種，即高阜山田頻得微雨，亦無礙種植。惟因屢被偏灾，小民缺之籽種、口糧者，十居五六，隨飭酌動官糧借給，俱已播種齊全。又通查各屬内有被蟲、被雹之正寧、崇信、涇州、鎮原、靈臺、永昌六州縣，又皋蘭等二十二州縣得雨較少，麥禾受傷，已成旱象，并飭勸令一律芟鋤，俟得有雨澤，即乘時改種秋禾。查明缺乏籽種之户，再行酌量借給，俾資耕作。等語。自應如此辦理。現在曾否得有透雨，甚爲軫念。如已成旱灾，該督即飭屬實力查辦，務使貧民俱各安所。將此由五百里傳諭知之，仍將曾否得雨及如何籌辦情形迅速覆奏。欽此。”遵旨寄信到臣。臣跪讀之下，仰見我皇上念切民依，有加無已之至意。

伏查甘省自五月十三日得雨之後，蘭州省城于五月二十九，六月初五、初八日各得雨寸許，并據蘭州、鞏昌、平凉、慶陽、甘州、凉州、寧夏、西寧等府，直隸秦州、涇州、肅州等州屬具報，于五月二十五六、二十八九，六月初三四、初五、初八等日各得雨二三四寸不等。臣就各屬禀報情形，悉心體察，如前經被蟲、被雹之正寧、崇信、涇州、鎮原、靈臺、永昌六州縣，及被旱之皋蘭等二十二州縣，夏禾間被灾傷，業經臣隨時飛飭各該道府親加勘驗，勸諭農民改種秋禾。兹于夏至前後，得此雨澤，雖未深透，其已經翻種之處秋禾，即可透土，未經翻種之處，亦可乘時播種晚秋。雖現在仰賴官糧接濟，而秋收有望，民情現俱寧貼。惟臣于本月初間，續據金縣、循化、安定、静寧、固原、武城、清水、寧遠等八廳、州、縣禀報，所屬高原地畝夏禾受旱，間有黄萎，臣現已飛飭各該道府分途前往，履畝確勘。如果難望有收，查明無力各户，酌借籽口，令其趕種晚秋。至其餘各屬，附近河渠及背陰下隰地畝，夏禾俱已結穗，秋禾亦俱長發。臣惟有隨時體察，核實辦理，以仰副我皇上軫念深仁，斷不肖有諱飾。所有現在雨澤禾苗情形，謹遵旨恭摺覆奏，伏祈皇上睿鑒。謹奏。

乾隆四十三年六月十二日。

已有旨了。

【《宫中檔乾隆朝奏摺》第 43 輯，第 433 頁】

陝甘總督勒爾謹奏報甘肅各營演習鳥槍情形事

乾隆四十三年六月十三日

陝甘總督臣勒爾謹跪奏：爲查明甘省各營演習鳥槍情形，恭摺奏聞事。

竊臣准兵部咨，議覆護理河南巡撫榮柱具奏操演鳥槍一摺，請旨嚴飭各省督提，務須實力奉行，以收實用，并將自通行後曾否練習精熟之處，據實查明奏聞。等因。奉旨："依議。欽此欽遵。"移咨到臣。

臣伏查鳥槍爲軍行利器，如果施放有準，實能所向無敵。甘省自乾隆三十九年奉部頒發健鋭、火器二營《操演連環鳥槍圖説》之後，臣節經嚴飭臣標中軍暨移行各提鎮轉飭勤加演習去後。嗣于上年冬間，臣欽奉訓飭，復通行各提鎮認真操演，至臣標五營，臣親加考驗，現俱一律嫻熟。并准甘肅提臣法靈阿考驗得，提標暨凉州、寧夏、西寧、肅州四鎮標、協、營兵丁演放連環鳥槍及打靶准頭，分别是否嫻熟，開列營分，移咨到臣。除未能嫻熟之各營分，勒限一年，嚴飭勤加學習，臣于明年春夏，分作二次，遍行巡閲，如尚不能一律精純，即將該管將備嚴行參奏外，謹將臣暨提臣考驗過營分，分别開列清單，恭呈御覽，伏祈皇上睿鑒。謹奏。

乾隆四十三年六月十三日。

知道了。

【《宫中檔乾隆朝奏摺》第 43 輯，第 445 頁】

甘肅布政使王廷贊奏報地方雨水禾苗情形事

乾隆四十三年六月二十八日

甘肅布政使奴才王廷贊跪奏：爲敬陳雨水禾苗情形，仰祈聖鑒事。

竊查甘省風高土燥，地氣早寒，民間所種田禾，或夏或秋，止有一收，不能于夏禾收穫之後，復種秋禾。去冬得雪無多，本年春夏以來，雨澤稀少，未能普遍透足，在有渠流引灌及背陰低窪處所，尚無妨礙，至山原高阜之地，夏禾多有受傷。而平、慶、凉、涇四府州屬，又兼有蟲、雹爲灾之處，其蘭、鞏、甘、寧、秦、肅、安西各府州所屬，亦多被旱，一切情形，節經督臣具奏在案。三月以來，惟有日隨督臣率同文武官弁早晚步禱，以冀沛降甘霖。昨于六月十七八及二十六七等日連得大雨，省城及附近地方俱已深透。嗣據平凉府、涇州等處亦報得雨透足，其餘州縣止報得二、三、四寸，仍多未透。但時過小暑，其得雨透足之區，亦止能有益于秋禾，而先經受旱黄萎之夏禾已屬無濟。

奴才通查各屬，惟寧夏五屬以及凡有渠水田地并直隸階州所屬各縣夏禾均各有收，其餘各府、州屬内，得雨多寡、遲早不等，在地氣稍暖、得雨較早之處，尚可翻種晚秋，以冀有收。其得雨已遲，不能改種，及地氣偏寒，向無秋禾之地，已成偏灾。奴才現在移行道府，率同印委各官履畝確勘，據實辦理。容俟勘報到日，奴才復勘明確，詳請督臣彙題外，所有現在雨水禾苗情形，知廑聖懷，理合恭摺奏聞，伏祈皇上睿鑒。謹奏。

乾隆四十三年六月二十八日。

凡有成灾者，悉心查辦，俾窮黎均沾實惠，勉之。

【《宫中檔乾隆朝奏摺》第 43 輯，第 586 頁】

陝甘總督勒爾謹奏報甘肅續經得雨及現在查辦偏灾情形事

乾隆四十三年閏六月初二日

陝甘總督臣勒爾謹跪奏：爲恭報甘省雨水情形，仰祈聖鑒事。

竊照蘭州省城于六月十七八日得雨深透，業經臣恭摺具奏在案。嗣于二十六七日省城復得雨三寸，并據蘭州、鞏昌、平凉、寧夏、凉州、西寧等府，直隸涇州、肅州等州屬具報，于十七八、二十三四等日各得雨二、三、四寸及深透不等。臣查，甘省入夏以來，節次得雨，未能深透普遍。據皋蘭等三十六廳、州、縣先後具報，夏禾間被灾傷，經臣飛飭各該道府分途前往履勘，并飭查明，如果夏禾難望有收，即行趕種秋禾。嗣據各該道府禀報，各屬夏禾受傷遲早不同，情形各异，有早經芟鋤改種秋禾者，有因節候已避不及趕種者，亦有地氣早寒、嚮來不能種秋者。所有皋蘭等三十六廳、州、縣高阜地方現在得有雨澤，于秋禾足資長發，而于夏禾已屬無濟。臣現在率同布政使王廷贊分飭各該道府查明被灾分數，督率所屬將撫恤事宜實力妥辦，務使小民均沾實惠，以仰副我皇上軫念邊地窮黎、不使一夫失所之至意。所有甘省續經得雨及現在查辦偏灾情形，理合由驛奏聞，伏祈皇上睿鑒。謹奏。

乾隆四十三年閏六月初二日。

覽奏俱悉，餘有旨諭。

【《宫中檔乾隆朝奏摺》第43輯，第635頁】

陝甘總督勒爾謹奏請准留熟諳屯務之推升參將何廷臣事

乾隆四十三年閏六月初三日

陝甘總督臣勒爾謹、烏嚕木齊都統臣索諾穆策凌、烏嚕木齊提督臣喬照跪奏：爲仰懇聖恩，准留熟諳屯務之員，以收實效事。

竊臣等接准部咨，巴里坤鎮標右營游擊何廷臣推升廣西全州營參將，應即給咨，送部引見。惟查何廷臣由塔爾納沁屯田都司升任寧夏鎮標右營游擊，經前督臣文綬以該員向在塔爾納沁屯田辦理妥協，約束遣犯，寬嚴得宜，題請調補巴里坤鎮標右營游擊，兼管屯務。該員先後辦理屯田十有餘載，于新疆墾種事宜甚爲熟諳，洵屬屯工得力之員。

臣等伏查定例，陝甘武職推升他省，有人地相宜，不便令其升往他省者，該督提保題留任，即于本省應升缺出題補。嗣于乾隆四十一年八月内，因兩江督臣高晋奏留蘇州城守營守備李逢春案内，欽奉上諭："推升别省之員，督撫等多以駕輕就熟請留，久之或致流弊。嗣後各督撫不得援例奏留。等因。欽此欽遵。"在案。

今何廷臣係推升别省之員，臣等何敢復循舊例冒昧奏懇？惟查新疆屯務最關緊要，一旦驟易生手，未免辦理周章。合無仰懇皇上天恩，俯准將何廷臣以參將銜仍留原任辦理屯務，俟有陝甘相當缺出，臣勒爾謹照例題補，送部引見，實于新疆屯務大有裨益。臣等往返札商，意見相同，謹合詞恭摺具奏，伏祈皇上睿鑒。謹奏。

乾隆四十三年閏六月初三日。

已有旨了。

【《宫中檔乾隆朝奏摺》第43輯，第644頁】

陝甘總督勒爾謹奏報甘肅雨水及勘辦被水地方情形事

乾隆四十三年閏六月十九日

陝甘總督臣勒爾謹跪奏：爲恭報甘省雨水情形，仰祈聖鑒事。

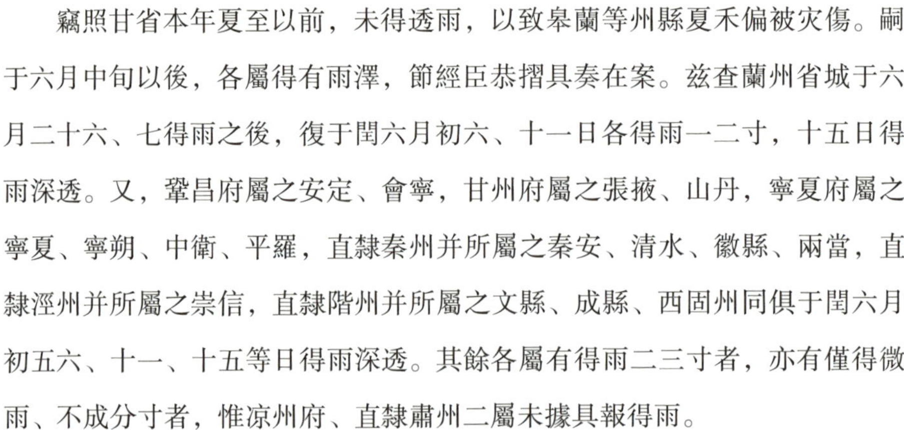

竊照甘省本年夏至以前，未得透雨，以致皋蘭等州縣夏禾偏被灾傷。嗣于六月中旬以後，各屬得有雨澤，節經臣恭摺具奏在案。兹查蘭州省城于六月二十六、七得雨之後，復于閏六月初六、十一日各得雨一二寸，十五日得雨深透。又，鞏昌府屬之安定、會寧，甘州府屬之張掖、山丹，寧夏府屬之寧夏、寧朔、中衛、平羅，直隸秦州并所屬之秦安、清水、徽縣、兩當，直隸涇州并所屬之崇信，直隸階州并所屬之文縣、成縣、西固州同俱于閏六月初五六、十一、十五等日得雨深透。其餘各屬有得雨二三寸者，亦有僅得微雨、不成分寸者，惟涼州府、直隸肅州二屬未據具報得雨。

臣查，此時得雨深透之處，于夏禾雖屬無濟，而于秋禾及一切雜糧，大有裨益。現在糧價不昂，民情寧謐，惟寧夏府屬之寧夏、寧朔、平羅三縣逼近黄河，因河水泛漲，致將沿河一帶地畝被水淹泡。又，直隸秦州暨所屬之秦安縣亦因山水暴發，附岸田禾間被冲淤。臣現飭該管道府履畝確勘，如有應行撫恤之處，率屬實力辦理，務使邊地窮黎不致失所，以仰副我皇上子惠元元之至意。所有秋田得雨及勘辦被水地方各緣由，理合恭摺奏聞，伏祈皇上睿鑒。謹奏。

乾隆四十三年閏六月十九日。

已有旨了。

【《宫中檔乾隆朝奏摺》第43輯，第841頁】

陝甘總督勒爾謹奏覆請將西安提標裁撤其官兵移駐伊犁新設鎮營事

乾隆四十三年閏六月十九日

陝甘總督臣勒爾謹跪奏：爲伊犁新設鎮營，酌請裁缺移駐，仰祈聖鑒事。

竊臣接准部咨，伊犁將軍伊勒圖具奏，伊犁屯田緑營兵丁請改爲携眷，并將總兵等官作爲額缺一摺。經軍機大臣議覆，此項官兵由陝甘何營裁汰派往，并如何分起移駐及辦送各事宜，交臣查明成例，定議具奏。等因。奉旨："依議。欽此欽遵。"行知到臣。除分起辦送各事宜，臣現在行司，查照移駐瑪納斯眷兵事例，逐一妥議，并將作何酌定營制、分設員弁之處，咨商伊犁將軍伊勒圖。俟查覆至日，另行具奏外，查該處議設總兵，應于内地總兵内酌請裁汰，但陝甘兩省共設八鎮，率皆地居邊要，番回雜處，均難裁汰。

臣再四思維，查西安提督一缺于乾隆二十九年欽奉諭旨："因西陲平定，將總督移駐蘭州，固原提督移駐西安，即將舊設西安督標改爲提標。"查西安省會自應駐以重兵，惟是該處現有撫標緑營及駐防滿兵足資彈壓，似應將西安提督及提標五營裁汰，即將所裁官兵，改設伊犁，如有不敷，再于内地各鎮營内量爲裁撥。其西安提督事務歸并巡撫兼管，仍聽總督節制。至撫標原設左右二營，其左營事務向係中軍參將管理，今既兼管提督，其將備等官似應量爲加增，以資差遣，應請改爲中、左、右三營，其應行添設官兵，亦于提標議裁官兵内酌撥。臣管窺所及，是否有當，相應恭摺奏聞。如蒙俞允，其一切未盡事宜，容臣另行定擬，分别奏題。所有伊犁新設鎮營，内地各鎮無可裁移，請裁西安提督之處，理合先行具奏，伏祈皇上睿鑒訓示。謹奏。

乾隆四十三年閏六月十九日。

另有旨諭。

【《宫中檔乾隆朝奏摺》第 43 輯，第 842 頁】

陝甘總督勒爾謹奏報夏禾約收分數摺

乾隆四十三年七月初四日

陝甘總督臣勒爾謹跪奏：爲恭報夏禾約收分數，仰祈聖鑒事。

竊照甘省本年夏間雨澤愆期，以致皋蘭等州縣夏禾間被灾傷，節經臣恭摺奏聞，并照例恭疏題報在案。兹據各屬呈報夏禾約收分數，由布政使王廷贊核實，詳報到臣，臣覆加確查。除被灾地方外，通盤核算，蘭州、鞏昌、平凉、慶陽、西寧五府屬，直隸涇州、肅州并所屬，各收成六分有餘。直隸安西州并所屬收成七分。甘州、凉州二府屬，直隸秦州、階州并所屬，各收成七分有餘。寧夏府屬收成八分有餘。合計甘肅通省收成七分。除將各屬收成細數另行確核具題外，所有夏禾約收分數，合先恭摺奏聞，伏祈皇上睿鑒。謹奏。

乾隆四十三年七月初四日。

覽。

【《宫中檔乾隆朝奏摺》第 44 輯，第 128 頁】

△諭著勒爾謹查明具奏寧夏等縣有黄河泛漲爲灾之事

乾隆四十三年七月十二日

大學士于字寄陝甘總督勒。

乾隆四十三年七月十二日，奉上諭：“勒爾謹奏甘省雨水情形一摺，覽奏已悉。甘省皋蘭等州縣被旱，成有偏灾，業據該督勘辦題報。今寧夏所屬三縣，又因河水泛漲被淹。而秦州秦安縣亦因山水暴發，田禾間有冲淤之處。自應飭屬實力勘查，照例分别妥辦，使被灾邊民不致失所，毋稍粉飾。至黄河未入龍門以前，向無泛溢，何以前歲陝西之朝邑縣及今歲甘肅之寧夏等縣俱有黄河泛漲爲灾之事，其故安在？并著該督查明具奏。此旨著由四百里發往，諭令知之。欽此。”遵旨寄信前來。

【《乾隆朝上諭檔》第 9 冊，第 233 頁第 588 條】

陝甘總督勒爾謹奏覆黄河泛漲原因摺

乾隆四十三年八月十五日

陝甘總督臣勒爾謹跪奏：爲遵旨覆奏事。

竊臣于本年七月三十日，行抵嘉峪關，欽奉上諭：“勒爾謹奏甘省雨水情形一摺，覽奏已悉。甘省皋蘭等州縣被旱，成有偏灾，業經該撫勘辦題報。今寧夏所屬三縣，又因河水泛漲被淹。而秦州秦安縣亦因山水瀑發，田禾間有冲淤之處。自應飭屬實力勘查，照例分别妥辦，使被灾邊氓不致失所，毋稍粉飾。至黄河未入龍門以前，嚮來從無泛溢，何以前歲陝西之朝邑縣及今歲甘肅之寧夏等縣俱有黄河泛漲爲灾之事？其故安在？并著該督查明具奏。此旨由四百里發往，諭令知之。欽此。”遵旨寄信到臣。

伏查寧夏等縣因黄河泛漲，間被灾傷，及秦州秦安縣山水瀑發，田禾間有冲淤之處，臣已飭屬實力確查。惟有于一切撫恤事宜認真妥辦，以仰副我皇上軫恤邊氓之至意。至黄河發源于星宿海，入西寧府屬之歸德境，經皋蘭、靖遠二縣，以至中衛、靈州、寧夏、平羅。查西寧、蘭州二府屬地方，黄河兩岸率皆山峽，河水無從泛濫。即入中衛後，水勢平衍，且有渠流宣泄，以資灌溉。誠如聖諭，黄河未入龍門以前，從無泛溢。惟因本年蘭州等府屬秋雨過多，以致山水匯入，黄流宣泄不及，遂致一入寧夏府屬地方，水勢散漫，其平灘臨河地畝，間被淹浸，實因衆水匯合，以致瀑漲也。至前歲朝邑縣田禾被水，因黄河由龍門徑行朝邑，直注潼關，始折而東下。朝邑在潼關上游，又因彼時渭、洛二河之水同時并漲，匯入黄河，以致淹及民田，亦非盡因黄河泛濫之故。所有實在情形，臣謹遵旨奏覆，伏祈皇上睿鑒。謹奏。

乾隆四十三年八月十五日。

知道了。

【《宫中檔乾隆朝奏摺》第 44 輯，第 542 頁。亦見《乾隆朝上諭檔》第 9 册，第 233 頁第 588 條】

△諭户部著勒爾謹據實覆奏請減寧夏府屬捐監糧數事

乾隆四十三年十月初五日

大學士公阿、大學士于字寄陝甘總督勒。

乾隆四十三年十月初五日，奉上諭："户部議駁勒爾謹請減寧夏府屬捐監糧數一摺，所駁甚是，已依議行矣。昨歲，王亶望奏請將寧夏監糧減至八十石收捐，經部議駁，朕特准酌減十四石。半年以來，已報捐五百二十餘名，是各生并無裹足不前之事。若照該督所請，復行議減，必恐他屬報捐各生見寧夏額數獨少，趨之若鶩〔鶩〕，致生避多就少之弊。是該督此奏，止知爲寧夏籌畫，而不爲督府倉儲通盤核計，殊未允協。且據户部奏稱，以寧夏半年收捐穀數計之，一年約可得監糧九萬餘石。加以該府額徵糧數，每年可得糧二十四萬餘石。除供支兵糧、籽種、口糧等項外，尚餘五萬餘石。實屬有盈無絀，勒爾謹何必鰓鰓過計若此。著將户部摺抄寄閱看，令其據實覆奏，彼將何以措辭乎？設或勒爾謹以部駁過于苛刻，該府實屬有難辦情形，亦不妨據實再行陳奏。如所言果合情理，朕自有權衡也。將此由四百里諭令知之。欽此。"遵旨寄信前來。

【《乾隆朝上諭檔》第 9 册，第 362 頁第 858 條】

陝西固原總兵圖欽保奏報巡查營伍情形摺

乾隆四十三年十月十六日

陝西固原總兵官奴才圖欽保跪奏：爲巡查營伍情形，分别等次，恭摺奏聞事。

竊照今歲秋間，例值奴才巡閲營伍之期。隨于本年八月十九日，自固原起程，先由北路所屬之八營、下馬關、西安州、永安、蘆塘、靖遠、蘭州城守等七營堡，次由南路所屬之鞏昌、岷州、洮州、舊洮、西固、階州、文縣、秦州、平凉等九營路，除官兵無多之營分不能排演陣式外，其餘逐營細加較閲。得下馬關、靖遠、蘭州城守、鞏昌、洮岷等五營，配隊演陣，俱各整齊，官兵弓力自八力以至十二力不等，拉放架式平穩，騎射亦屬可觀，連環鳥槍俱照部頒《京營九進十連環圖式》施放聯絡。演打准頭，每兵十名打三十槍，合計所中在二十五槍以外，牌刀、雜技、滚跳利便，可列一等。其八營、西安州、蘆塘、岷州、舊洮、文縣、西固、平凉等八營堡官兵，步箭平順，馬箭俱多可觀，弓力自六力以至九、十力不等，連環鳥槍雖照部頒京城式様操演，尚有參差。奴才親身指撥，接連整齊。打靶准頭，每兵十名，合計所中俱在二十五槍以下，應列爲二等。至永安、階州、秦州三營官兵，步箭去得，馬箭欠熟，弓力亦軟，鳥槍准頭每兵十名，合計所中僅足二十槍之數，應列三等。以上各營堡官兵，奴才于校閲之次，即經分别獎賞責懲，并將該管將弁各按等次酌予記功記過。至各營騎操馬匹，逐加點驗，俱皆膘壯足額。軍裝、器械，按册查點，鮮明齊全，并無虧缺。沿途墩臺、塘汛整齊完固，至將備、千把中，年力、弓馬，頗多可觀。

惟西安州營額外外委魯天成、洮岷協營額外外委李呈祥，馬步弓矢，俱皆生疏，奴才當場責革。其文縣營把總陶元龍現值奴才巡閲營伍之際，輒以患病詳請告辭，未便准行，應即斥革。又，靖遠營把總鐵進朝、經制外委化興朝，岷州營把總董錫爵，或年老力衰，或弓馬庸劣，均應斥革，以肅戎伍。

除將各員照例咨呈督臣咨革外，奴才巡查事竣，于本年十月十二日回署，將標下三營并固原城守營官兵各項技藝再行訓練整肅。考驗得，葉爾羌班滿換撤到營之本標中營把總劉成功、固原城守營經制外委李起奉，均年逾六旬，精力衰憊，未便姑容，貽誤操防，照例咨呈督臣咨革訖。所有奴才巡閱過營伍情形等次，理合恭摺，據實奏聞，伏祈皇上睿鑒。謹奏。

乾隆四十三年十月十六日。

知道了。

【《宫中檔乾隆朝奏摺》第45輯，第186頁】

△諭陝甘總督勒爾謹固原州知州那禮善暫時不必出缺等事

乾隆四十三年十月二十七日

大學士公阿、大學士于字寄陝甘總督勒。

乾隆四十三年十月二十七日，奉上諭："前因勒爾謹奏，據固原州知州那禮善拿獲趙鄉約，并未嚴切訊究，率據謊供具報。看該員必係一無能爲之人，或并即偷買賊贓，是以諭令該督將那禮善解京候審。今據勒爾謹奏，此案趙鄉約實係那禮善會同千總沈宗貴拿獲，并經該員徹夜盤詰，始據供出埋藏玉石地方，全行起獲。等語。那禮善既有拿犯獲玉之事，尚屬實力辦理，已諭軍機大臣存記，俟那禮善到京時，帶領引見。其缺可不必出，候朕再降諭旨。

"至本日巴延三奏，查訊張鑾同夥馮致安口供，内稱：張鑾寄交小的帶往肅州魏象紀信内，向肅州道門上袁姓要銀子。等語。該道係屬何人，因何令管門家人與奸商張鑾欠有銀兩交涉之事，其咎實所難辭。并著勒爾謹查明係作何事銀兩，提犯嚴切訊擬。若有私弊，將該道據實參奏，毋稍徇隱。巴延三摺并著抄寄閲看，將此由六百里傳諭知之，仍令即速由驛覆奏。欽此。"

遵旨寄信前來。

【《乾隆朝上諭檔》第9册，第412頁第970條】

陝甘總督勒爾謹奏爲遵旨查明甘省各屬應否再加賑情形摺

乾隆四十三年十一月初四日

陝甘總督臣勒爾謹跪奏：爲遵旨覆奏事。

竊臣承准大學士公阿桂、大學士于敏中字寄。乾隆四十三年十月初七日，奉上諭："甘肅本屬積歉之區，今年皋蘭等三十六廳、州、縣夏間有因旱成灾者，雖屢經降旨，該督統率各屬切實查勘，妥協賑恤，灾黎均可不致失所。但恐明春正賑已畢，尚屆青黄不接之時，民食不無拮据。是否尚需加賑，以資接濟，著傳諭該督即行妥酌覆奏，候朕于新正降旨。此旨由五百里發往，仍按原發里數由驛覆奏。欽此。"遵旨寄信到臣。

臣伏查甘省本年夏間雨澤愆期，致皋蘭等處夏禾偏被灾傷。仰蒙皇上加恩賑恤，臣凛遵節次訓諭，率屬實力查辦，小民已不致失所。兹復欽奉恩旨，以明春正賑已畢，尚屆青黄不接之時，是否尚須加賑，令臣妥酌覆奏。仰見我皇上軫恤灾黎，有加無已，臣隨率同布政使王廷贊細加確核，夏禾被旱成灾之皋蘭、河州、静寧、固原、平番、安定、涇州等七處情形較重，正賑已畢。青黄不接之時，民食未免拮据，相應仰懇聖恩展賑一個月。其餘被灾較輕地方，已蒙賑恤，再于明春酌借籽種、口糧，足資接濟。再，查甘省本年秋禾間有被霜、被雹、被水之處，均係一隅偏灾，應請一并毋庸展賑。所有臣查明酌擬緣由，謹遵旨由驛五百里覆奏，伏祈皇上睿鑒。謹奏。

乾隆四十三年十一月初四日。

届時有旨。

【《宫中檔乾隆朝奏摺》第45輯，第378頁】

陝甘總督勒爾謹奏請准寧夏捐監亦照蘭州等屬每名捐糧八十石摺

乾隆四十三年十一月二十二日

陝甘總督臣勒爾謹跪奏：爲遵旨據實覆奏事。

竊臣欽奉上諭："户部議駁勒爾謹請減寧夏府屬捐監糧數一摺，所駁甚是，已依議行矣。昨歲，王亶望奏請將寧夏監糧減至八十石收捐，經部議駁，朕特准酌減十四石。半年以來，報捐五百二十餘名，是各生并無裹足不前之事。若照該督所請，復行議減，恐他屬報捐各生見寧夏額數獨少，趨之如鶩〔鶩〕，致生避多就少之弊。是該督此奏，止知爲寧夏籌畫，而不爲督府倉儲通盤核計，殊未允協。且據户部奏稱，以寧夏半年收捐穀數計之，一年約可得監糧九萬餘石。加以該府額徵糧數，每年可得二十四萬餘石。除供支兵糧、籽種、口糧等項外，尚餘五萬餘石。實屬有盈無絀，勒爾謹何必鰓鰓過計若此？著將户部摺抄寄閱看，令其據實覆奏，彼將何以措辭乎？設或勒爾謹以部駁過于苛刻，該府屬實有難辦情形，亦不妨據實再行陳奏。如所言果合情理，朕自有權衡也。將此由四百里諭令知之。欽此。"并抄寄部議到臣。

臣伏查寧夏監糧前蒙聖恩減穀十四石，經臣奏准，予限半年，如果捐生踴躍，足敷供支，即永以爲例。萬一尚有不敷，即據實奏聞。等因。今自乾隆四十三年正月起至六月底止，半年以來，共收捐監生五百二十七名，誠如聖諭，各生并無裹足不前之勢。惟是監糧係用京斗收捐，兵糧等項係按倉斗支給。今半年所收監糧二萬四千七百六十餘石，止折倉斗糧一萬七千三百三十餘石。即以該府額徵糧全數核計，亦衹有糧十八萬餘石。以之供支滿漢兵馬糧料及民間籽種、口糧等項，實有不敷。倘再遇水旱偏災，民間額徵例應蠲緩，則供支各項糧石益覺掣肘，是以臣于試捐半年之後，奏請照蘭州等處糧數收捐。至各屬倉儲，均關緊要，部臣恐寧夏一府收捐屢議酌減，則他府報捐各生避多趨少，必致寧夏一府倉儲有餘，而督府倉儲恐致不足，自屬籌畫久遠之道。惟查鞏、秦等屬原定監糧一百八石，該府州屬每年動用無幾，是以收捐監穀愈積愈多，無虞匱乏。至蘭州、甘州、涼州、西寧等屬，每監生一名捐糧八十石，寧夏每監生一名捐糧九十四石，是寧夏監糧每名較督府尚多糧十四石，捐生勢必就少避多。即附近寧夏之人，亦必赴督屬報捐，該處糧石，誠恐日久，仍不敷用。況寧夏駐札滿兵需糧之處甚多，遇有不敷，非采買即須挽運，事關國家，經費不敢不預爲熟籌。合無仰懇聖恩，俯准寧夏捐監亦照蘭州等屬每石捐糧八十石，于邊地倉儲大有裨益。所有臣查明實在情形，謹據實恭摺覆奏，伏祈皇上睿鑒。謹奏。

乾隆四十三年十一月二十二日。

該部議奏。

【《宫中檔乾隆朝奏摺》第 45 輯，第 602 頁。亦見《乾隆朝上諭檔》第 9 册，第 362 頁第 858 條】

陝甘總督勒爾謹奏報民數穀數摺

乾隆四十三年十二月初二日

陝甘總督臣勒爾謹跪奏：爲遵例奏報民數，穀數，仰祈聖鑒事。

竊查乾隆五年十一月，欽奉上諭：“每歲仲冬，該督撫將各州縣户口增減、倉穀存用，一一詳細，具摺奏聞。”又于乾隆四十年四月欽奉上諭：“令各督撫等嚴飭所屬，嗣後務須查明實在民數具奏。欽此欽遵。”各在案。兹據甘肅布政使王廷贊查明，乾隆四十三年，甘肅省蘭州、鞏昌、平凉、慶陽、甘州、凉州、寧夏、西寧八府，及秦、階、涇、肅、安西五直隸州各屬實在民數，共男女大小一千五百一十一萬一百六十三口，倉貯各色京斗糧三百三十九萬四千一百二十四石九斗一升零，造册呈賫前來，臣覆核無异。除咨户部外，謹繕摺奏聞，并造黄册，恭呈御覽，伏祈皇上睿鑒。謹奏。

乾隆四十三年十二月初二日。

册，留覽。

【《宮中檔乾隆朝奏摺》第45輯，第785頁】

陝甘總督勒爾謹奏報民捐社倉糧數摺

乾隆四十三年十二月初六日

陝甘總督臣勒爾謹跪奏：爲遵例奏報民捐社倉糧數，仰祈聖鑒事。

竊照各省義倉穀數，例應于年内具奏。兹據甘肅布政使王廷贊查明，乾隆四十三年，甘肅省蘭州、鞏昌、平凉、慶陽、甘州、凉州、寧夏、西寧八府，及直隸秦州、階州、涇州、肅州、安西五州，實存民捐社倉京斗糧三萬一千九百五十二石零，俱係實貯在倉，并無虧缺。等情。詳報前來，臣覆核無异。除將收支各細數遵例于下年分晰造册，另案具題外，所有甘省各屬實貯民捐社倉糧數，理合恭摺具奏，伏祈皇上睿鑒。再，義倉一項，甘省歷來無此名目，惟民捐社倉係小民自相捐輸，似與義倉立意相同，合并陳明。謹奏。

乾隆四十三年十二月初六日。

覽。

【《宮中檔乾隆朝奏摺》第45輯，第836頁】

△諭户部著將摺内朕折角處抄寄勒爾謹閲看令其據實覆奏

乾隆四十三年十二月二十三日

大學士公阿、大學士于字寄陝甘總督勒。

乾隆四十三年十二月二十三日，奉上諭：“户部議駁勒爾謹請減寧夏府屬捐監糧數一摺，前據勒爾謹以寧夏所收糧數不敷支給，請照蘭州等處之例，每名八十石減數收捐，經户部議駁，朕降旨，令該督將實在情形具奏。兹勒爾謹仍以不敷支發之説陳請，而户部則稱，查據該府歷年册報出入總數，核以現在報捐情形，無慮不敷。等語。户部所言頗爲近理，朕亦不能代勒爾謹曲爲之解駁詰該部也。著將户部摺内朕折角處抄寄勒爾謹閱看，令其據實覆奏。如果該府屬另有籌辦情形，勒爾謹不妨據實陳奏，候朕酌量降旨。將此由四百里諭令知之。欽此。”遵旨寄信前來。

【《乾隆朝上諭檔》第 9 册，第 518 頁第 1213 條】

乾隆四十四年（1779）

△諭内閣著加恩將固原等被旱情形較重州縣各展賑一個月等

乾隆四十四年正月初四日

乾隆四十四年正月初四日，内閣奉上諭：“昨歲甘肅皋蘭等三十六廳、州、縣，因夏間雨澤愆期，以致田畝被旱成災。節經降旨，令該督等切實查勘，賑恤兼施，俾毋失所。第念皋蘭、河州、静寧、固原、平番、安定、涇州等七州縣被旱情形較重，開春正賑既畢，民食未免拮据。著加恩，各展賑一個月，用敷春澤。其餘被灾較輕地方，雖亦經照例賑恤，如今春尚有缺乏籽種、口糧之户，并著該督隨時體察酌借，以資接濟。勒爾謹，務董率所屬，實心料理，俾得均沾實惠，以副朕軫恤灾黎至意。該部遵諭速行。欽此。”

【《乾隆朝上諭檔》第 9 册，第 529 頁第 1234 條】

陝甘總督勒爾謹奏報將廢弛營伍之寧夏總兵裴慎革職審辦事

乾隆四十四年正月十八日

陝甘總督臣勒爾謹跪奏：爲特參廢弛營伍之總兵，以警疏玩事。

竊查總兵一官，有董率屬員、稽察兵馬錢糧之責，必須潔己奉公、修明武備，方爲無忝厥職。兹臣准甘肅提督臣法靈阿咨稱，訪聞寧夏鎮標營馬有缺額之事，不勝駭异。隨密委游擊李坌備帶印記前赴寧夏，將該鎮馬匹逐一查驗印烙去後。兹據該游擊稟稱，查得寧夏鎮標應存營馬八百八十五匹，實止有馬五百六匹，缺少馬三百七十九匹。據總兵裴慎告稱，因冬令倒斃過多，將備等公同商議，不敢購補，致滋賠累。現在照每匹八兩，封貯銀三千三十二兩，原欲俟新草發生之時，再爲買補，并非故爲懸缺。等情。由提臣咨揭前來。

臣查營馬原以資兵丁騎操之用，豈容缺額不補。即有倒斃，亦應隨時具報，何至提臣委員印烙馬匹時，始稱按馬存價、將來買補。種種支離，均須切實跟究。再，查該鎮屬馬匹冬春收槽喂養草乾銀兩，已據該鎮于上年冬季具領。今既稱馬匹于冬令倒斃過多，則草乾銀兩，恐該鎮亦不免有分肥入己情事，更須嚴查辦理。相應據實參奏請旨，將寧夏鎮總兵裴慎革職。俟命下之日，臣一面委員摘印署理，一面調取裴慎及應訊人等至省，秉公審明，另行具奏外，臣謹會同甘肅提督臣法靈阿合詞恭摺參奏，伏祈皇上睿鑒。謹奏。

乾隆四十四年正月十八日。

有旨諭部。

【《宫中檔乾隆朝奏摺》第46輯，第503頁】

陝甘總督勒爾謹奏報甘肅得雪情形事

乾隆四十四年正月二十六日

陝甘總督臣勒爾謹跪奏：爲彙報甘省得雪情形，仰祈聖鑒事。

竊查蘭州省城于正月初四日得雪四寸，業經臣恭摺具奏在案。嗣于正月初十日復得雪二寸，十三日又得雪一寸。并據蘭州、鞏昌、平凉、慶陽、甘州、凉州、寧夏、西寧八府屬，直隸秦州、階州、涇州并所屬，各具報，于正月初一二、初三四、初五六、初七八、初九、初十、十一、二十三等日得雪一二寸及三四寸不等。雖多寡不同，而當此地脉融和之候，得此祥霙，農民正可及時播種。臣現在欽遵諭旨，通飭各道府隨時體察。如有缺乏籽種、口糧之户，酌動官糧借給，以資接濟。所有甘省得雪日期，理合恭摺具奏，并繕清單，恭呈御覽，伏祈皇上睿鑒。謹奏。

乾隆四十四年正月二十六日。

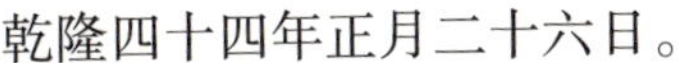
欣慰覽之。

【《宫中檔乾隆朝奏摺》第46輯，第604頁】

陝甘總督勒爾謹奏報借用公費補製甘州等五提鎮營軍械事

乾隆四十四年正月二十六日

陝甘總督臣勒爾謹跪奏：爲奏聞事。

竊臣于上年六月内，准甘肅提督法靈阿咨會具奏，查閱凉州、寧夏二鎮營伍情形摺内，奏稱：甘州、凉州、寧夏、西寧、肅州五提鎮營節年派往伊犁等處屯田及進剿金川帶缺軍械，約需銀一十七萬三千餘兩，方可補製齊全。去年荷蒙聖恩，准借公費，俱補以前之虧缺，所餘無幾，勢不能一時概行辦理。該提督奏懇聖恩，請分别緩急，匀作三次借項補製。等因。欽奉硃批："知道了。欽此欽遵。"移咨到臣。

臣隨移行各提、鎮、營，將節年保題軍火册内缺額器械，查明何項實係急需，先行造册請奏去後。茲據各提、鎮、營造具估册，呈移到臣。臣查甘州、凉州、寧夏、西寧、肅州五提鎮營估計急需補製軍械共銀一十萬二千七百六十五兩零，臣按册逐一查核，非係兵丁執操需用，即係攸關儲備緊要之項。合無仰懇聖恩，准于司庫借支銀兩，以資補製。至所借銀兩，統按各該鎮營每年額設公費多寡，請自前借三年、二年公費扣完之日起分，爲五年、六年、八年扣還歸款，庶操防有資，營伍得以整飭，而庫項亦不致虚懸矣。除造册送部外，臣謹會同甘肅提督臣法靈阿合詞恭摺具奏，伏祈皇上睿鑒。謹奏。

乾隆四十四年正月二十六日。

知道了。

【《宫中檔乾隆朝奏摺》第 46 輯，第 607 頁】

△諭内閣寧夏鎮總兵斐慎著革職

乾隆四十四年正月二十九日

乾隆四十四年正月二十九日，内閣奉上諭："據勒爾謹奏，寧夏鎮標營馬缺少三百七十九匹，該鎮總兵斐慎并未隨時具報。及提督委員印烙，始稱冬間倒斃過多，按馬存價。查核該鎮冬季領項又已支領，草乾銀兩，恐有分肥入己情事，請旨授斐慎革審。等語。斐慎，著革職。該督即提同應訊人證嚴審，定擬具奏。摺并發。欽此。"

【《乾隆朝上諭檔》第 9 册，第 550 頁第 1286 條】

△諭内閣著武靈阿補授寧夏鎮總兵

乾隆四十四年正月三十日

乾隆四十四年正月三十日，内閣奉上諭："甘肅寧夏鎮總兵員缺，著武靈阿補授。欽此。"

【《乾隆朝上諭檔》第9冊，第553頁第1295條】

陝甘總督勒爾謹奏請裁寧夏商籍學額以清弊源摺

乾隆四十四年二月二十八日

陝甘總督臣勒爾謹、陝甘學政臣童鳳三跪奏：爲請裁寧夏商籍學額，以清弊源，仰祈聖鑒事。

竊臣等接准部咨，内開：大學士公阿桂等議覆，御史戈源條奏清厘各省商籍一案，行令各督撫、學政通查各該省實係商人親子弟侄應試者，核計人數多寡，另行酌減學額具奏。等因。奉旨："依議。欽此欽遵。"臣勒爾謹隨飭司確查妥議，詳覆到臣。臣等伏查，甘省惟寧夏一府設有商學，歲、科兩試取進文童各八名，歲試取進武童八名。該府地處邊隅，承商之家，需本無多，利亦微薄，向係平凉、慶陽二府屬及寧夏府屬五州縣人合夥充商，并無外省承充正商之人。間有一二山西、陝西人在彼幫辦鹽務，俱係平凉、慶陽、寧夏三府屬商人爲之出結，與本省商人子弟一同應考。積習相沿，由來已久。今准部議，必係外省真商親子弟侄，方許應考。若本省及夥商、幫商之子弟，俱不准録，則寧夏額設商學，既經查明并無外省正商，自應無庸另設，致滋弊混。所有寧夏商學，原定歲、科兩試取進文童各八名，歲試取進武童八名之學額，應請概行裁汰，以清弊源。除現飭查明商籍舉人、貢生及文武生員，概令改歸原籍，另行造冊咨部外，臣童鳳三本年考試寧夏，即將商學停其取進，合并陳明，伏祈皇上睿鑒。謹奏。

乾隆四十四年二月二十八日。

該部議奏。

【《宫中檔乾隆朝奏摺》第 47 輯，第 32 頁】

陝甘總督勒爾謹奏覆請減寧夏府屬捐監糧價情形摺

乾隆四十四年二月二十八日

陝甘總督臣勒爾謹跪奏：爲遵旨據實覆奏事。

竊臣欽奉上諭："户部議駁勒爾謹請減寧夏府屬捐監糧數一摺，前據勒爾謹以寧夏所收糧數不敷支給，請照蘭州等處之例，每名八十石減數收捐。經户部議駁，朕降旨，令該督將實在情形具奏。兹勒爾謹仍以不敷支發之説陳請，而户部則稱，查據該府歷年册報出入總數，核以現在報捐情形，無慮不敷。等語。户部所言頗爲近理，朕亦不能代勒爾謹曲爲之解駁詰該部也。著將户部摺内朕折角處抄寄勒爾謹閲看，令其據實覆奏。如果該府屬另有難辦情形，勒爾謹不妨據實陳奏，候朕酌量降旨。將此由四百里諭令知之。欽此。"臣跪讀之下，仰見我皇上籌裕邊儲、務期核實之至意。當即欽遵諭旨，飛檄寧夏道府詳查實在情形，并飭署布政使事西寧道劉光昱核計每年收支款項，逐一詳覆去後。適布政使王廷贊陛見回任，復加確核，詳報到臣。

臣伏查寧夏監糧自乾隆四十三年正月起，欽遵諭旨，減穀十四石收捐，迄今已逾一年。雖四十三年供支各項係動用四十二年收貯之糧，但每年供支之數約略相等，自應即以四十三年之所入核計四十三年之所出，庶供支盈縮顯而易見。查乾隆四十三年一歲，共收監糧京斗穀一十一萬三千二百餘石，折合倉斗米三萬九千六百三十九石零。又收各年額徵正耗倉斗糧六萬六十二石零，又收各年民借籽口倉斗糧三千九百二十五石零。以上共收倉斗糧一十萬三千六百二十七石零。乾隆四十三年一歲，共估需滿漢各營兵馬糧料倉斗糧九萬一千六百六十三石零，又出借貧民籽口倉斗糧五萬三千四百四十石零。以上共用倉斗糧一十四萬五千一百四石零。統計一歲之所入，供一歲之所出，實不敷倉斗糧四萬一千四百七十七石零。此項不敷糧石，或附近撥運，或折色給發。此四十三年徵收各項糧石不敷供支之實在情形也。至未收捐以前，節經動項采買。自開捐以後，因所捐糧數暨徵收糧石不敷供支，或就近撥運，或估支折色，俱經臣分別題咨有案，此又歷年不敷之實在情形也。是收捐之多寡，實關倉貯之盈虛。臣前因民食兵糈起見，是以奏請減數收捐，兩經部臣議駁。仰蒙皇上諄諭，仍令臣據實覆奏。臣謹將實在情形，遵旨再行覆奏，并將部駁各條逐加登覆，另繕清單，恭呈御覽，伏祈皇上睿鑒。謹奏。

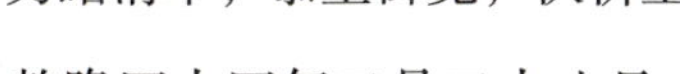

乾隆四十四年二月二十八日。

該部議奏。

【《宫中檔乾隆朝奏摺》第47輯，第33頁】

陝甘總督勒爾謹奏報查明酌情改甘肅驛傳道爲分巡蘭州道摺

乾隆四十四年二月二十八日

陝甘總督臣勒爾謹跪奏：爲遵旨酌議具奏事。

竊臣准部咨，欽奉上諭："各省驛站事務，直隸則係臬司兼轄，其餘俱係糧鹽道員兼管。該員等俱駐扎省城，以一人而轄通省郵傳，地方遼闊，稽查難周。莫若將各省驛站事務，皆令各守巡道按其所屬府、州、縣分司其事，而以按察使總其成，不必令糧鹽等道兼管。如有本係專管驛傳，并無兼轄他務者，即將員缺裁汰，則事有專責，而呼應亦靈。倘再有廢弛，及徇縱供應等弊，惟該管之司、道是問。其如何分轄歸并，及作何巡查稽核之處，著交該部詳細酌議具奏。欽此。"經部議，以甘肅驛傳道一缺應否裁汰，抑或將別道管理地方，

量予該道分管，以重職守之處，請旨交臣妥酌地方情形覆奏。等因。

臣查甘肅驛傳道一缺，向係總理通省驛務兼管茶馬等事分巡蘭州一府。今驛站事宜雖經改歸各巡道分管，而蘭州一府所屬一切倉庫、錢糧及屯田、水利均關緊要，兼以莊浪、甘州、西寧三處經銷茶引，責成該道督銷，若歸并別道辦理，既恐稽察難周，而各道現任所轄，或地方遼闊，難以再增，或彈壓番回，必須專設，實無可以歸并，亦難以別道所管地方酌撥該道分管。且查寧夏、西寧二道俱係管轄一府。合無仰懇聖恩，俯准將甘肅驛傳道一缺，改爲分巡蘭州道。除通省驛務改歸按察使統轄外，其蘭州一府驛務，仍令該道分管，以按察司總其成。其餘一切經管事宜，均循其舊。再，查該道向因總理通省驛站，政務殷繁，是以定爲請旨要缺。今分管一府郵政，則事之繁簡，今昔不同。似應請嗣後缺出，改爲由部銓選，庶職守各有責成，而繁簡亦歸核實矣。所有臣查明酌改緣由，理合恭摺奏聞，伏祈皇上睿鑒。謹奏。

乾隆四十四年二月二十八日。

該部議奏。

【《宮中檔乾隆朝奏摺》第47輯，第35頁】

陝甘總督勒爾謹奏報查明拆修城倉約須工料銀數摺

乾隆四十四年二月二十八日

陝甘總督臣勒爾謹跪奏：爲奏聞事。

竊查前准部咨，嗣後各省修建工程，無論正項、雜項，數在一千兩以上者，先行專摺奏聞。等因。歷經遵辦在案。茲據岷州知州侯作吴詳稱，該州城倉四十二間係乾隆六年建，蓋歷今三十餘載，木料朽壞，墻垣傾圮，應請拆卸補修。又據伏羌縣知縣尤永清詳稱，舊有城倉九十一間，歷年久遠，因附近渭河地氣潮濕，木植日漸朽腐，磚瓦亦多碎裂，應請及時補修。又據署張掖縣知縣陳澍詳稱，舊有倉廒三百間，止堪貯糧三十萬石。該縣現存各項糧五十萬八千七百餘石，且有應徵節年民欠及續收監糧，應請添建倉廒二百間，以資積貯。又據署寧朔縣知縣阿青阿詳稱，城鄉各倉共二百三十七間，歷年久遠。緣寧夏地方逼近黄河，硝碱過甚，倉廒墻壁，多有坍塌，木植磚瓦，亦多朽壞，應請一律補修。各等情。詳報到臣。

臣當經檄飭各該管道府前往確勘。岷州拆修城倉四十二間，約需工料銀二千八百九十餘兩。伏羌縣拆修城倉九十一間，約需工料銀三千九百餘兩。張掖縣添建倉廒二百間，約需工料銀一萬八千餘兩。寧朔縣補修城鄉各倉二百三十七間，約需工料銀六千五百八十餘兩。以上四州縣，共約需銀三萬一千三百七十餘兩。等情。由署甘肅布政使西寧道劉光昱轉詳到臣，臣覆核無异。理合遵例恭摺具奏。如蒙俞允，另行造册，題估興修。至所需工料銀兩，即在各屬新收捐監倉費項下動支，無庸動用別款。合并陳明，伏祈皇上睿鑒。謹奏。

乾隆四十四年二月二十八日。

該部議奏。

【《宫中檔乾隆朝奏摺》第47輯，第36頁】

陝甘總督勒爾謹奏報委署鎮將摺

乾隆四十四年二月二十八日

陝甘總督臣勒爾謹跪奏：爲委署鎮將，恭摺奏聞事。

竊查寧夏鎮總兵斐慎參革遺缺，奉旨："著武靈阿補授。欽此。"當即遵旨，行令該員速赴新任。但查該員現在葉爾羌防所，到任尚需時日。寧夏地方緊要，且當斐慎廢弛之後，亟需幹員經理。查固原鎮總兵圖欽保，熟悉營伍，訓練精勤，堪以委令暫署寧夏鎮總兵印務，以資整頓。其固原鎮總兵印務，查有靖遠協副將葉至剛，堪以護理。所遺靖遠協副將印務，查該協中軍都司丁大濟，堪以就近兼護。除檄飭各該員遵照外，理合恭摺奏明，伏祈皇上睿鑒。謹奏。

乾隆四十四年二月二十八日。

該部知道。

【《宫中檔乾隆朝奏摺》第47輯，第37頁】

陝甘總督勒爾謹奏報甘省雨水情形摺

乾隆四十四年三月十三日

陝甘總督臣勒爾謹跪奏：爲恭報甘省雨水情形，仰祈聖鑒事。

竊照甘省各屬，于正月間，節次得雪，業經臣恭摺具奏在案。嗣于二月初七、二十、二十七八等日，蘭州省城復得雨雪二三寸不等。并據蘭州、鞏昌、平凉、慶陽、甘州、凉州、寧夏、西寧八府屬，直隸肅州、秦州、階州、涇州并所屬，各具報，于二月初一二日起至二十七八等各日，得雨雪一二寸及三五寸不等。臣查本年節候較早，甘省如平凉、慶陽等屬播種冬麥之處，二月初旬，麥苗已長發二三寸不等。河西各屬地氣較寒，二月中旬，春麥亦漸次播種。今得此雨澤頻沾，于麥禾大有裨益。現在糧價不昂，民情欣忭。臣謹恭摺具奏，并將各屬各雨分寸開具清單，恭呈御覽，伏祈皇上睿鑒。謹奏。

乾隆四十四年三月十三日。

欣慰覽之。

【《宫中檔乾隆朝奏摺》第47輯，第145頁】

陝甘總督勒爾謹附奏報起程前往寧夏會辦案犯片

乾隆四十四年三月二十三日

陝甘總督臣勒爾謹、陝西巡撫臣畢沅跪奏：爲奏聞事。

竊臣等准兵部咨：陝西、甘肅等省營伍本年輪應查閲，奏奉諭旨：“著該省督撫就近查閲。欽此欽遵。”臣等伏查，上届輪應查閲之年，經前督臣明山奏明，西安提標及陝西撫標由督臣查閲，其興漢、延綏二鎮與潼關、西鳳等協營距甘遥遠，由撫臣就近查閲在案。此次自應循照辦理，惟查西安撫、提二標營伍，臣勒爾謹于上年十月内遵旨前往查審案件之便，業經閲看，恭摺奏聞，今年似無庸復行查閲。其興漢、延綏二鎮及潼關、西鳳等協營，應照上届成例，由臣畢沅查閲。至口外各營，臣勒爾謹于去歲前往巴里坤驗收城工之便，巴里坤、哈密、安西等營，俱經查閲具奏。惟烏嚕木齊提屬五營未經查閲。查烏嚕木齊距蘭四千餘里，可否由都統索諾穆策凌就近查閲之處，伏候訓示遵行。除臣等查閲過營伍情形隨時具奏外，所有商辦緣由，謹合詞恭摺具奏，伏祈皇上睿鑒訓示。謹奏。

乾隆四十四年三月二十三日。

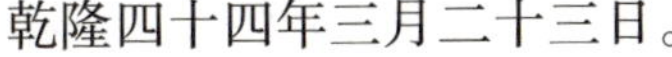

【《宫中檔乾隆朝奏摺》第47輯，第241頁】

陝甘總督勒爾謹奏報派員赴葉爾羌聽差摺

乾隆四十四年三月二十三日

陝甘總督臣勒爾謹跪奏：爲奏聞事。

竊查新任寧夏鎮總兵武靈阿，前于慶陽協副將任内派往葉爾羌聽差。今該員奉旨補放總兵，自應派員更换，令其赴任。查有安西協副將雙喜，堪以派往。所遺安西協副將員缺，查有沙州營參將張雯，堪以委署。除檄飭遵照外，理合恭摺奏聞，伏祈皇上睿鑒。謹奏。

乾隆四十四年三月二十三日。

覽。

【《宫中檔乾隆朝奏摺》第47輯，第242頁】

寧夏將軍札什嘉木磋奏爲遵旨勘明寧夏渠道摺

乾隆四十四年四月初三日

寧夏將軍臣札什嘉木磋、陝甘總督臣勒爾謹跪奏：爲遵旨勘明寧夏渠道，恭摺覆奏事。

乾隆四十四年二月十二日，准兵部遞到提督衙門咨，據甘肅寧夏府平羅縣人周玉桂、丁建朝呈控，伊等係該縣昌潤渠之民，今該處派令代惠農渠出夫交草，以致拖欠官糧。又，滿營羅佐領將昌潤渠舊口填塞，作爲馬廠道路，伊等呈明將軍，方准開挖。今聞該佐領仍欲填塞。等情。請旨，將周玉桂、丁建朝解交陝甘總督勒爾謹，會同寧夏將軍，將伊等所控情節，逐一詳細勘明，秉公妥協辦理，勿致稍有偏枯。倘其中另有别情，而周玉桂等捏詞妄控，亦當審明治罪，以儆刁風。等因。具奏奉旨："知道了。欽此欽遵。"于三月初二日，准兵部將周玉桂、丁建朝遞解到蘭，臣勒爾謹派員押至寧夏。臣札什嘉木磋先經派出協領卓靈阿三多，會同臣勒爾謹派委之平慶道福寧，押帶周玉桂、丁建朝，沿渠逐加履勘。臣勒爾謹于三月二十七日抵寧夏，會同臣扎什嘉木磋親加研訊。

緣惠農、昌潤二渠界址毗連，乾隆三年，寧郡地震，渠道摇塌，田畝荒蕪。乾隆六年，奏請重修渠道。彼時因河流西注，昌潤渠口地形窪下，恐有泛漲之虞。是以祗修惠農一渠，于渠身中間開挖支渠三道，一名六墩，一名交濟，一名仁義。引惠農渠之水注于昌潤渠身，澆灌地畝。昌潤渠士民既享惠農之利，自不得不幫惠農之工，此嚮來代惠農渠出夫交草之所由來也。嗣于乾隆三十年，昌潤渠士民在通福堡地方開挖新口，起名“等水”。渠因係沙底，進水微弱，乾隆三十五年，復于通議堡地方另開新口，起名“復興”。昌潤渠至乾隆四十年，渠水充暢，該渠士民呈請昌潤、惠農各挖各渠。等情。稟經寧夏水利同知伍諾璽批示，以二渠向係通力合作，不便更張。四十一年，該渠民楊得潤等以懇恩分壩等詞，在臣勒爾謹衙門投遞批令。蘭州布政司飛移寧夏道，詳細確勘，妥議詳奪。嗣據前任布政使王亶望據寧夏道魏椿年移咨，以惠農一渠稍遠渠長，向資昌潤渠幫辦，若各管各渠，于惠農渠工掣肘。經該道詳細開導，楊得潤等及兩渠士民俱願彼此互相協濟，取具遵依，呈詳到院，經臣勒爾謹批結在案。

迨乾隆四十二年，發帑大修以後，各處渠水通流，昌潤渠之等水、復興兩口進水益旺。其惠農渠之六墩、交濟、仁義支渠日漸沙漬，不能進水。周玉桂等以既無須惠農渠之水，即不應幫惠農渠之夫，此周玉桂等赴京控告之根由也。至周玉桂等在京所控滿營佐領填塞渠口一節，查昌潤渠士民于乾隆三十年所開等水渠口在滿營馬廠之內，因滿營馬匹及官兵往來不便，四十三年，前任將軍三全委令佐領斐楊阿太前往，會同平羅縣丞築壩禦水。嗣因土壩被冲，該處士民又呈懇免堵，經接任將軍候和隆武免其堵築，至今并無堵築之事。現在渠口深通，水流充暢。臣等復提集周玉桂、丁建朝暨兩渠士庶人等，訊供相同，詳查案卷，亦與供情符合。

伏查水利情形，今昔既不相同，自應隨時酌辦，俾工歸實用，民樂輸將，方不致有偏枯之患。今既查明惠農渠之三道支渠已經壅塞，其昌潤渠新開之等水、復興渠口進水旺盛，是昌潤渠已不受惠農渠之水，自無須幫惠農渠之工。所有原幫惠農渠夫料五百六十四分，應請撥還昌潤，責成平羅縣丞經管。嗣後惠農渠工程均由該渠士民自行修築，不得派令昌潤渠幫辦。昌潤

渠之等水渠口既在滿營馬廠界内，應令搭蓋橋座，以利往來。前任將軍三全委員築壩禦水，原爲經理馬廠起見。及至土壩被冲，佐領斐楊阿太并無復行築堵情事，均請免議。廳書王坦既據訊明周玉桂等不能指出舞弊確據，復吊取歷年所派夫、草檔册，逐加查核，委無浮派，應無庸議。至周玉桂、丁建朝所控自行開渠，仍代惠農渠出夫交草各情節并未失實。其所控因此拖欠官糧萬餘石一節，查平羅縣册檔，該渠士民等實欠糧八千八百六十餘石，據周玉桂等供係約略之詞，亦請免議。惟控滿營佐領將昌潤渠舊口填塞，作爲馬廠道路，及聞羅佐領將來仍要堵塞之處。查勘渠口原在馬廠界内，佐領斐楊阿太并無仍欲堵塞之言，乃周玉桂、丁建朝捏詞聳聽，殊屬不合。周玉桂、丁建朝應照不應重律，杖八十，折責三十板。

再，查昌潤渠道既經該士民于四十及四十一年懇請分壩，該管各官自應確勘情形，核實辦理，乃前任水利同知、司、道俱沿習舊例，草率具詳。臣勒爾謹未經細查，據詳批結，均難辭咎。除前任寧夏道魏椿年業經病故，無庸置議外，所有現在塔爾巴哈臺辦事之寧夏水利同知伍諾璽，前任甘肅布政使、今升浙江巡撫王亶望及臣勒爾謹職名，相應請旨交部，分别議處。除繕具周玉桂等供詞恭呈御覽外，所有臣等會同勘辦緣由，理合恭摺覆奏，伏祈皇上睿鑒。謹奏。

乾隆四十四年四月初三日。

該部議奏。

【《宫中檔乾隆朝奏摺》第47輯，第341頁】

陝甘總督勒爾謹奏爲遵旨審擬寧夏鎮總兵斐慎案情形摺

乾隆四十四年四月初三日

陝甘總督臣勒爾謹跪奏：爲遵旨審擬具奏事。

竊臣參奏寧夏鎮總兵斐慎一案，于二月十四日接准部咨，欽奉上諭：

"據勒爾謹奏，寧夏鎮標營馬缺少三百七十九匹，該鎮總兵斐慎并不隨時具報，及提督委員印烙，始稱冬間倒斃過多，按馬存價。查核該鎮冬季領項又已支領，草乾銀兩，恐有分肥入己情事。請旨將斐慎革審。等語。斐慎，著革職。該督即提同應訊人證，嚴審定擬具奏。欽此欽遵。"當即飛委固原鎮總兵圖欽保前往寧夏摘取印信署理，并委寧夏道福明安會同該鎮清查庫貯錢糧，并點驗馬匹。一面飛提斐慎及中軍游擊鄭敏并書識人等，于三月初六日押解到蘭，臣隨率同司、道逐加研訊。

緣寧夏鎮屬標營額馬八百八十五匹，例過五年，方准報倒領價。如未届期，遇有倒斃，向係各營自行買補，并不具報。乾隆四十三年夏秋，因黄河水漲，馬廠被淹，將馬趕至賀蘭山一帶牧放。該處水草微細，馬匹生症，至九月底，倒馬八十餘匹。維時馬價昂貴，皮臟變價無多，刻難全數買補。斐慎以各營倒馬過多，究係經理不善所致，隨飭該管將備照每匹官價銀八兩按數賠繳，暫行貯庫，俟馬價平減，即行買補。詎至冬令，馬猶生症不息，倒斃更多。連前共倒馬三百七十九匹，内除已買馬一百二十五匹外，尚缺馬二百五十四匹。應存馬價銀二千三十二兩，馬乾銀一千五百三十四兩零，本色料四百八十四石零，現俱存貯，并無虧短。研詰再三，據斐慎等堅供如一，并據斐慎痛哭流涕、摘帽叩頭告稱："我蒙皇上格外天恩，用至總兵，今因不能料理營伍，致被參革，已屬負恩。若再有侵欺，雖萬死無辭。"等語。臣恐鄭敏等尚有附和情事，于前往寧夏查辦渠工之便，提集各營將備，逐一詢問。僉稱去年秋冬倒馬過多，斐鎮令將備等賠銀屬實。其草乾銀兩現俱存貯，斐鎮、鄭敏并無侵蝕。并據寧夏鎮、道稟報，所查銀數、馬數暨應存料石，與斐慎等所供相同。

臣查此案罪名，全以有無侵蝕爲斷。寧夏營馬，當提督法靈阿委員查驗時，斐慎即以馬價現存面告。及至被參，臣委固原鎮圖欽保、寧夏道福明安前往盤驗，銀數、馬數俱無虧短，是斐慎之并未侵蝕已屬確鑿。惟未將倒斃馬匹當時買補，以爲存貯價，銀即可卸責，是其糊塗，未諳辦理不善之咎，實所難辭。既經革職，應請無庸置議。中軍游擊鄭敏雖由斐慎主使，但不隨時通報，亦難辭咎，應請旨交部議處。餘審無干，應予省釋。所短馬匹，飭令該營勒限買補，扣存草乾銀兩分别解司，歸款所有。臣尊旨審擬緣由，理合恭摺具奏，并繕具斐慎等供詞恭呈御覽。其斐慎案内倒斃馬匹月日及扣存銀數，現在造具清册，送部查核，合并陳明，伏祈皇上睿鑒。謹奏。

乾隆四十四年四月初三日。

該部議奏。

【《宫中檔乾隆朝奏摺》第 47 輯，第 345 頁】

陝甘總督勒爾謹奏覆辦理安肅道陳之銓管門家人販玉案奏摺遲緩原因摺

乾隆四十四年四月初三日

陝甘總督臣勒爾謹跪奏：爲恭摺覆奏事。

竊臣前赴寧夏查辦渠務，途次欽奉上諭："前據勒爾謹奏，安肅道陳之銓管門家人袁炳堂即袁添福，在葉爾羌陸續送交高樸家人沈泰金銀、綢緞等物，請將陳之銓解任質審。等語。當以陳之銓身任道員，縱令家人在回城販玉漁利，罪無可辭。即降旨，將陳之銓革職，并令該督提袁炳堂到案審擬具奏。此旨于正月二十九日頒發，距今已一月有餘，何以尚未據勒爾謹奏覆辦理？殊屬遲緩。著傳諭勒爾謹，即將此案迅速嚴訊明確，按律定擬具奏，毋稍延宕。將此傳諭知之。欽此。"查袁炳堂即袁添福一犯，于三月初八日自葉爾羌遞解到蘭。臣率同司、道，將陳之銓、袁炳堂隔别嚴訊，并傳借金之胡汝白、還銀之壽莨顯質訊明確，于三月二十三日恭摺具奏在案。惟因此摺係臣在途次拜發，且係差弁恭賫，是以到京稍遲。理合恭摺覆奏，伏祈皇上睿鑒。謹奏。

乾隆四十四年四月初三日。

覽。

【《宫中檔乾隆朝奏摺》第 47 輯，第 347 頁】

陝甘總督勒爾謹奏報起程赴京陛見摺

乾隆四十四年四月初三日

奴才勒爾謹跪奏：奴才前請進京瞻仰天顏一摺。于三月二十五日，在中衛途次欽奉硃批："准汝來，總督印，交畢沅暫署。欽此。"奴才跪讀之下，不勝欣忭，擬即星馳赴闕。緣平羅縣民周玉桂等在提督衙門控告渠工一案，奉旨令奴才會同將軍查辦。前于三月十八日起程，業經恭摺奏聞在案。中衛距寧不遠，且人證俱已調齊，未便令其守候，是以兼程赴寧查辦。今已事竣，奴才于拜摺後，星夜起程赴京，于平凉一帶，迎見畢沅，即將總督印信祗交接署。理合恭摺奏聞，伏祈皇上睿鑒。謹奏。

乾隆四十四年四月初三日。

覽。

【《宫中檔乾隆朝奏摺》第 47 輯，第 348 頁】

陝甘總督勒爾謹奏覆辦竣斐慎案情形摺

乾隆四十四年四月初三日

陝甘總督臣勒爾謹跪奏：爲恭摺覆奏事。

乾隆四十四年三月二十八日，承准大學士于敏中字寄。乾隆四十四年三月二十日，奉上諭："前據勒爾謹參奏，總兵斐慎虧短馬匹，并支領冬春兩季馬乾銀兩一摺，已于正月二十九日降旨，將斐慎革職，交該督嚴審，定擬具奏。距今已將兩月，何以尚未據審明奏覆？著傳諭勒爾謹，速行審訊明確，據實具奏。如勒爾謹已經交印起程來京，即著畢沅查審速奏。又，今日王廷贊奏稱于二月二十七日到蘭，是夜又得雨三寸。等語。甘省得有春雨，于農田甚爲有益。且除蘭州外，各屬曾否均沾，何以未據勒爾謹奏及并著一并查明具奏。此旨著由五百里傳諭知之。欽此。”

竊查參革寧夏鎮斐慎一案，臣于二月十四日接准部咨，欽奉上諭：“斐慎，著革職。該督即提同應訊人證嚴審，定擬具奏。欽此。”當即札委固原鎮總兵圖欽保前往摘印署理，并委寧夏道福明安會同圖欽保將斐慎任内經管馬匹、錢糧逐加點驗。于三月初六日，據該鎮、道稟報，鎮屬應行扣貯倒馬草乾銀兩及本色豆石現俱存貯，并無虧短。其原缺馬三百七十九匹，内于本年正二兩月業經買補馬一百二十五匹，至未買馬二百五十四匹，現貯馬價銀二千三十二兩。等情。并將斐慎及應訊人等委員押解到省。臣率同兩司逐一研訊，斐慎并無克扣草乾、分肥入己情事，衆供確鑿。惟銀糧、馬匹，必須點驗明確，方成信讞。臣于查辦渠務抵寧之便，將存貯銀兩、豆石及在槽馬匹逐一點驗，實無虧缺。現在繕摺，另行具奏外，所有斐慎一案業經辦竣緣由，理合恭摺覆奏。再，省城及各屬于二月二十七八等日得有雨澤，業經臣于三月十三日恭摺彙奏在案，合并陳明，伏祈皇上睿鑒。謹奏。

乾隆四十四年四月初三日。

覽。

【《宫中檔乾隆朝奏摺》第47輯，第348頁】

△大學士于敏中等遵旨議奏移駐伊犁眷兵并西安漢軍頂補緑營遺缺事

乾隆四十四年四月初九日

大學士臣于等謹奏：爲遵旨議奏事。

據伍米泰、勒爾謹、畢沅等奏商辦移駐伊犁眷兵，并西安漢軍頂補緑營遺缺一摺。于三月二十三日，奉硃批："原議大臣議奏。欽此。"查伊犁移駐眷兵一案，前經臣等議，令伍米泰等會同伊勒圖確切查勘，如果伊犁糧石充裕，足敷眷兵支給，即令于陝甘緑營内，如數裁撥眷兵三千名，陸續送往屯駐。并令將眷兵如何均匀調撥、分起派往，及漢軍如何撥補之處，詳悉妥議具奏，奉旨允行在案。

兹據伍米泰等奏稱，接准伊犁將軍伊犁圖咨覆，彼年倉貯餘糧甚多，足敷支給所有伊犁應派眷兵三千名，應令遵照原議，如數派撥，陸續送往。并稱，現在伊犁建築城房，兩年内即可趕修完竣，請將前項眷兵改作兩年移駐。等語。應如該將軍等所請，將西安漢軍撥换之陝西兵一千五百名于乾隆四十四年秋間派往，其陝甘二省裁撥兵一千五百名于乾隆四十五年秋間派往。所有初次派往兵一千五百名，内于陝西撫標派兵五十名，提標派兵四百名，延綏鎮標派兵三百七十名，興漢鎮標派兵二百六十名，固原鎮標派兵四百二十名，亦應如所請，按數派撥。

該將軍等又稱，撫提兩標、固原一鎮路屬通衢，應自本營派往，惟延綏、興漢兩鎮各營山路崎嶇，不能通車，兵丁挈眷遠行，殊多繁費。請將延綏、興漢二鎮應派移駐伊犁眷兵六百三十名，照依節次移駐新疆等處眷兵之例，由甘省河西各標營就近代派前往，即行招募補缺。此項代派之兵，于陝省應派各營内將孱弱懶惰之兵照數汰去，同撫提兩標、固原一鎮移駐之兵共足一千五百名之數，即將漢軍頂補，如此則所需盤費、脚價等項節省實多。等語。該將軍等所籌，既各按該處實在情形，且係遵照從前移駐新疆眷兵成例，應如所請辦理。

至西安漢軍頂補緑營，前經欽奉諭旨，以緑營移駐所出之缺，令西安漢軍陸續頂補，而以京城滿洲兵一千名移駐西安，于滿洲生計，亦大有裨益，誠爲一舉兩得。是以臣等原議，初次派往眷兵一千五百名將西安漢軍撥補，二次派往眷兵一千五百名由陝甘兩省均匀裁撥。嗣據該將軍等奏稱，西安漢軍兵丁共二千三百三十二名，除撥補移駐緑營兵缺外，尚存八百餘名，未便仍留滿營，請一并改補緑營，亦經臣等議准在案。兹復據該將軍等稱，以此項漢軍兵丁若俟緑營缺出陸續撥補，未免需時。且陝甘兩省幅[illegible]遼闊，若將明年二次移駐之兵一千五百名全行裁撥，亦覺汛廣兵單，請將應行改補之漢軍全數改補。等語。應如該將軍等所請，于明年移駐之一千五百名内將應行改補之漢軍兵丁八百餘名全數改補，其餘剩緑營兵六百餘名作爲裁缺，毋庸另行募補，以符營制。

所有移駐供支事宜，及漢軍出旗後改駐京兵各條款，應令該將軍等熟商妥議，會同具奏到日，另行核辦。如蒙俞允，臣等交兵部行知該將軍等一體遵照辦理。謹奏。

乾隆四十四年四月初九日，奉旨："依議。欽此。"

【《乾隆朝上諭檔》第 9 册，第 654 頁第 1550 條】

陝甘總督勒爾謹奏報查繳違礙書籍摺

乾隆四十四年四月十三日

陝甘總督臣勒爾謹跪奏：爲查繳違礙書籍，恭摺具奏事。

竊臣欽奉諭旨："查繳應禁各項違礙書籍、板片，并准各省奏明，將應禁書籍開單知照。"節經通飭各屬會同儒學悉心訪查，并飭慎選紳士，凡遇有書之家，通行曉諭，務期搜羅净盡。惟因甘省僻處邊隅，讀書之家，除舉業經書之外，絶鮮收藏。是以自四十一年五月奏繳之後，續行呈繳者，甚屬寥寥。兹據寧夏府、直隸肅州、階州，并寧夏、寧朔等州縣陸續呈繳到《歷朝捷録》《古今全史》等書文共十五種，計四十四部。又吕留良《時文》一本，《慚書》二本，《三易集》一本，殘缺不全《歷史大方》等書六本。又錢謙益序文四紙，由布政使王廷贊查明，俱係各省奏明應禁之書，呈詳到臣。除再行嚴飭各屬留心查辦，俟續有查獲，另行奏繳，并將現繳書籍封呈軍機處查銷外，理合開列清單，會同陝甘學臣童鳳三恭摺具奏，伏祈皇上睿鑒。謹奏。

乾隆四十四年四月十三日。

覽。

【《宫中檔乾隆朝奏摺》第 47 輯，第 455 頁】

陝甘總督勒爾謹奏請准升署知州摺

乾隆四十四年四月十三日

陝甘總督臣勒爾謹跪奏：爲仰懇聖恩俯准升署要缺知州，以裨地方事。

竊照涇州知州陳常現因患病，詳請調理，業經臣恭疏題報。所遺涇州直隸州一缺，爲入甘門户，事務殷繁，係衝、疲、難三項相兼要缺，例應在外揀選調補。臣率同兩司在于通省知州内詳加遴選，實無合例堪調之員。惟查有寧朔縣知縣陸瑋，年四十一歲，浙江監生，捐納知縣，奉旨發往甘肅差遣委用，題署寧朔縣知縣，試俸期滿，奉文實授。該員才識明幹，辦事練達，前經委署皋蘭縣知縣，辦理裕如，洵爲知縣中出色之員，以之升署涇州直隸州知州，實于衝要地方，大有裨益。但該員到任未滿五年，與升署之例，稍有不符。臣謹遵人地相需之例，恭摺奏請。如蒙俞允，不特該員感激天恩，自必力圖報效，臣亦得收指臂之助。再，查該員係以知縣升署直隸州知州，應俟部覆到日，給咨赴部引見，仍照例扣滿年限，另請實授。所遺寧朔縣知縣員缺係衝、難中缺，應歸部選。但甘省現有分發試用人員，容臣另行遴員請補。合并陳明，并開具陸瑋參罰案件清單，恭呈御覽，伏祈皇上睿鑒。謹奏。

乾隆四十四年四月十三日。

該部議奏。

【《宫中檔乾隆朝奏摺》第 47 輯，第 457 頁】

陝甘總督勒爾謹奏報甘省雨水情形摺

乾隆四十四年四月十三日

陝甘總督臣勒爾謹跪奏：爲恭報甘省雨水情形，仰祈聖鑒事。

竊照甘省各屬，于二月間，均得有雨澤，業經臣開具清單彙奏，并將蘭州省城于三月初九日續得雨澤附摺奏聞在案。兹查蘭州省城自三月初九得雨之後，于十二、十五、二十二、三十等日，節次得雨深透。并據蘭州、鞏昌、平凉、慶陽、甘州、凉州、寧夏、西寧等府，直隸秦州、階州、涇州各具報，于三月初八九、十五、十九、二十三四等日，各得雨二三寸及深透不等。臣于遵旨前往寧夏查辦事件，及自寧起程進京，途次目睹各屬雨水充足、麥禾暢茂，可冀豐收。理合恭摺奏聞，伏祈皇上睿鑒。謹奏。

乾隆四十四年四月十三日。

欣慰覽之。

【《宫中檔乾隆朝奏摺》第 47 輯，第 458 頁】

陝甘總督勒爾謹奏爲籌辦班禪額爾德尼過冬地方摺

乾隆四十四年四月十五日

陝甘總督臣勒爾謹跪奏：爲籌辦班禪額爾德尼過冬地方，仰祈聖鑒事。

竊查班禪額爾德尼初次瞻仰天顔，經過地方，一切預備事宜，自應敬謹備辦。其在塔兒寺過冬之處，更須委員確查，預爲料理，當經札飭西寧縣往勘在案。兹于隆德途次，接准青海副都統法福禮來札，班禪額爾德尼在西寧塔兒寺過冬之處，隨會同署總兵紹涵、西寧縣知縣詹耀璘前往查看。據塔兒寺垂卜藏胡圖克圖告稱，從前達賴喇嘛赴京時，曾在塔兒寺内建有講經都綱，并住房二百餘間，正宜班禪額爾德尼居住。隨往查驗，該處房屋足敷班禪額爾德尼住居。惟因建蓋日久，甚屬遭壞，若不急爲修整，難以居處。然亦非一兩月所能辦理，應作何預爲籌辦之處，札商到臣。

臣查班禪額爾德尼由西藏遠來瞻仰天顔，在塔兒寺過冬四五月之久，其住宿地方，若不妥爲料理，殊不足以慰適其心，亦非臣等恭敬之道。查平慶道福寧由工部郎中升用道員，熟悉工程，練達事務。固原州知州那禮善辦事勇往，頗有識見。臣已飭委該道率同該州親往塔兒寺查勘，如有應行修補及彩畫之處，即詳加確估，飭令地方官上緊趕辦，務使班禪額爾德尼歡心居住，以度新春。所需銀兩，先于司庫耗羡項下動用，俟工竣之日，核明確數。如所費不過萬兩上下，臣即自行捐辦，若爲數過多，請由司、道暨知府等于養廉内分年坐扣歸款。班禪額爾德尼初次瞻仰天顔，經過西寧，臣等仰賴聖主洪福，又得拜謁，些須之費，實人人心悦而樂輸者也。謹繕摺奏聞，伏祈皇上睿鑒。謹奏。

乾隆四十四年四月十五日。

好。知道了。

【《宫中檔乾隆朝奏摺》第47輯，第465頁】

署理陜甘總督印務畢沅奏爲籌修西寧塔兒寺供班禪過境赴熱河之用摺

乾隆四十四年四月十九日

署理陜甘總督印務陜西巡撫臣畢沅跪奏：爲奏聞事。

竊臣前于三月十八日自省起程，赴漢興一帶，查閲各營官兵，途次接准督臣勒爾謹咨，稱已奏准陛見，所有總督印務，奉旨交臣暫署，并令迅速來甘，于途次交印。臣即兼程行走，查閲營伍事竣，由商州僻路飛馳回省。于四月十三日到署，清理一切積案。十六日，將巡撫印務，照例交藩司富綱護理，臣即日起程赴甘。十八日，迎見督臣，業將總督印信接署視事訖。臣查班禪額爾德尼明歲入覲天顔，慶祝萬壽，實爲吉祥歡喜之事。所有經由甘省一切應行預備之處，業經督臣勒爾謹派員承辦，恭摺奏聞在案。臣伏思班禪額爾德尼明年前赴熱河，沿站支應馬、駝、食物及一應供頓住宿各事宜，尚可從容料理，不致遲誤。惟于本年六月内即起身前來，在西寧塔兒寺居住過冬，停留數月之久。該處屋宇雖多，俱損壞不堪，臣在西安，問之將軍伍米泰，亦云此屋若非大加修理，難以居住。

現經督臣奏，派平慶道福寧、固原州知州那禮善前往勘辦，但爲期已迫，若不從長籌畫、迅速妥辦，恐不免遲誤草率之虞。督臣赴京往返，尚需時日，臣抵蘭後，擬即赴西寧塔兒寺，率同該道等親臨相度，逐一詳悉指示，即日興工，迅速趕辦。至甘省工匠，俱遲笨粗蠢，不堪使用。查陝省華岳廟①各項匠作，俱係京師及南中好手，臣現已一面飛調一二十名就近赴甘，帶往分頭妥辦，一面飛飭該地方官上緊購備木料，燒造磚灰，其顏料等物如甘省一時不能購備者，亦在華陰廟通融借用，務期一律新整，妥速盡善，刻日竣工，以免臨期遲誤。理合一并恭摺奏聞，伏祈皇上睿鑒。謹奏。

乾隆四十四年四月十九日。

好。知道了。

【《宫中檔乾隆朝奏摺》第47輯，第506頁】

暫護陝西巡撫印務富綱奏爲陝省向未設有商學摺

乾隆四十四年四月二十六日

暫護陝西巡撫印務布政使奴才富綱跪奏：爲陝省向未設有商學，恭摺具奏事。

①華岳廟：下文又作“華陰廟”。

竊查前准部咨，大學士九卿議覆御史戈源奏請清厘商籍一案，行令各督撫、學政通查。各該省實係商人親子弟侄應試者，核計人數多寡，另行酌減學額具奏。等因。奉旨："依議。欽此欽遵。"咨行查辦，當經撫臣畢沅檄司查議。隨查陝省向未設有商學，外省商人子弟無從詐冒。惟每科鄉試内有甘肅寧夏府商學生員，應否酌核裁減，經奴才于布政使任内移查甘省去後。兹據署藩司劉墫詳，准甘肅藩司覆稱，寧夏商人均係本省之人合夥充膺，并無外省正商，所有原設學額，已議詳總督、學政奏請裁汰，均歸各本籍應試。等因。前來。

奴才伏查陝省本無商學，外省商人子弟無由冒濫應試，其節科在陝鄉試之寧夏府商學，亦經督、學二臣核奏裁汰。所有陝省，向無商學，毋庸查辦緣由，理合恭摺具奏，伏祈皇上睿鑒。謹奏。

乾隆四十四年四月二十六日。

該部知道。

【《宫中檔乾隆朝奏摺》第 47 輯，第 597 頁】

署理陝甘總督印務畢沅奏報雨水田禾情形摺

乾隆四十四年四月二十八日

署理陝甘總督印務陝西巡撫臣畢沅跪奏：爲奏聞事。

竊臣從西安起程赴甘，在途次遇見督臣，業將接印任事各緣由，恭摺奏明在案。兹臣兼程行走，已于四月二十六日，抵蘭州省城，沿途察看禾苗情形，并細加諮詢，到署後，即檢查各屬禀報，自二三月以後，膏澤頻沾，麥苗甚爲暢發。省城臯蘭地方復于四月初一、初五等日，得雨深透。其餘蘭州、鞏昌、平凉、慶陽、寧夏、西寧、甘州、秦州、階州、涇州各屬，于四月初五六、初十、十四等日，節次均沾得雨二三寸至深透不等。現在平凉以東麥苗約高一尺二三寸，業已吐穗齊全，正屆揚花之候。其蘭、鞏以西，麥苗約長八九寸，尚未出穗，氣象甚覺發榮。惟陰坡及磽瘠之區，苗葉間生黄疸，恐將來分數不無稍減。餘俱彌望青葱，日内土脉滋潤，暫且不需雨澤。如于五月中旬，再得甘霖，接濟夏禾，可望有收。其河西等屬節候較遲，新苗纔長發二三寸，現亦渠水暢流，足資灌溉。米糧時估及民間食物，價值俱平，地方均屬寧謐。爲此恭摺具奏，仰慰慈懷，伏祈皇上睿鑒。謹奏。

乾隆四十四年四月二十八日。

覽奏，俱悉。

【《宫中檔乾隆朝奏摺》第47輯，第608頁】

署理陝甘總督印務畢沅奏報拿獲逃遣審明正法摺

乾隆四十四年五月二十日

署理陝甘總督印務陝西巡撫臣畢沅跪奏：爲拿獲逃遣，審明正法，恭摺奏聞事。

竊臣據固原州知州那禮善稟報，拿獲雲南嵩明州脱逃改遣軍犯牟添福，押解到省，隨率同按察使海寧等提犯研訊。緣牟添福係甘肅固原州回民，因乾隆四十一年在岷州地方，夥同回民馬三十五等，偷竊李應林等家案内，依回民行竊結夥三人以上例，改發極邊烟瘴充軍，面刺“回賊改遣”字様，于四十三年五月内咨，解到雲南嵩明州安置。即于是年十月二十日夜，乘空脱逃，用藥除去兩面刺字，從山僻小路行走，沿途求乞度日。至四十四年四月初六日，回至原籍固原州牟家堡地方，尚未到家，即被巡役盤獲，稟解至省。恐配所主守得賄縱放逃後，或有行凶爲匪情事，及知情容留之人，究結不移。核對該犯犯事案由，及脱逃月日，均屬相符，并驗明兩面起除刺字疤痕亦屬符合。

查牟添福係應發新疆改發内地人犯，膽敢在配脱逃，例應即行正法，以昭炯戒。審明後，臣即于五月十六日恭請王命，派委蘭州府知府楊士璣、臣標署中軍副將哈當阿，將該犯牟添福綁赴市曹，即行處斬訖。除飭屬停緝，并咨明雲南撫臣轉飭知照外，所有拿獲逃遣牟添福審明正法緣由，理合恭摺奏聞，并繕供單，恭呈御覽，伏祈皇上睿鑒。謹奏。

乾隆四十四年五月二十日。

覽。

【《宫中檔乾隆朝奏摺》第 47 輯，第 797 頁】

署理陝甘總督印務畢沅奏報親往勘辦修葺西寧塔兒寺摺

乾隆四十四年五月二十四日

署理陝甘總督印務陝西巡撫臣畢沅跪奏：爲奏聞事。

竊照班禪額爾德尼今歲在西寧塔兒寺過冬，該處屋宇急需修葺，經臣奏明，親往規度，并選調陝省匠工以期迅速集事。嗣臣到蘭後，將案件清理，于五月初四日起程，初七日前抵塔兒寺。查寺在西寧府城西南五十里，隨山麓之高下，建蓋塔院、僧房。寺旁高坡上另有東向院落一所，樓房、堂屋共有八十餘間，係康熙初年達賴喇嘛所居之地，迄今已歷百十餘年，風雨漂摇，墻垣俱已坍損，木植亦多朽壞。且住屋太覺卑陋，必須大加改葺，方可居住。

臣率同平慶道福寧等詳加相度，通盤籌算，將前面破樓拆去，改建山門一座、照壁一座，外築馬道宇墻，門内添牌樓門一座。正中經堂樓房一座，連兩旁配樓、廂樓、照樓、穿堂樓等處，上下共計六十間，俱已歪扭遭舊，全無款式，均須拆改增葺。經堂上添蓋樓罩一間，較爲軒亮。樓上後檐接蓋暖房三間，中設佛龕，上用蓮花罩，以爲坐静之地。其經樓南首，係另一院落，將舊屋全行拆去，改造平臺寢室一座，計十五間，以爲寢息之所。至一應門窗、欄楯、階砌、甬道及各項裝修，現已一無所有，俱應按照房間，一一製造添設，共計修蓋樓房、屋宇八十四間。此外寺内零星僧舍尚多，不過略爲粘補，將來隨從僧衆儘敷居住。但班禪額爾德尼于六月内起身前來，爲期已近，按此項工程不小，必須上緊迅速趕辦。臣即令于次日破土興工，分頭采辦木植及灰石、磚瓦各項物料。前調華陰顏料、工匠等，現已陸續到來，平慶道福寧熟悉工程，實心任事，臣已將應行改造添葺，及一切做法，詳悉指示，令該道駐札工所，董司其事，以專責成。固原州知州那禮善，辦事亦頗奮勉，令其往來西寧一帶督辦料物，以便源源應手。現在衆工并舉，加緊趲修，約計七月底全行告蕆，不至稍有草率遲誤。務期雲房式奂，梵宇聿新，以仰副皇上優禮真僧之至意。至一切物料、匠工價值，約估需銀在三萬兩以内，先于司庫借發，俟辦竣後，陸續捐還歸款。

所有臣親往勘辦各緣由，理合恭摺奏聞，并備燙樣一分，敬呈御覽，伏祈聖鑒。謹奏。

乾隆四十四年五月二十四日。

好。知道了。

【《宫中檔乾隆朝奏摺》第47輯，第821頁】

△諭内閣著永齡補授寧夏道

乾隆四十四年七月二十日

乾隆四十四年七月二十日，内閣奉上諭："甘肅寧夏道員缺，著永齡補授。欽此。"

【《乾隆朝上諭檔》第9册，第755頁第1840條】

乾隆四十五年（1780）

△諭内閣著加恩將固原等九州縣灾重貧民加賑一個月等

乾隆四十五年正月初四日

乾隆四十五年正月初四日，内閣奉上諭："上年，甘肅皋蘭等廳、州、縣，因夏禾間被偏灾，業經降旨，分别賑恤，小民自可不致失所。第念青黄不接之時，正賑已畢，窮黎未免尚形竭蹶。著加恩，將皋蘭、狄道、平番、武威、肅州、安定、會寧、固原、涇州等九州縣灾重貧民加賑一個月。其餘被灾較輕地方，并著查明，酌借籽種、口糧，以資接濟。該部遵諭即行。欽此。"

【《乾隆朝上諭檔》第9冊，第931頁第2317條】

乾隆四十六年（1781）

△呈覽王廷贊程棟供詞

乾隆四十六年七月十三日

臣等遵旨，將王廷贊、程棟供詞内折角處刑嚇王廷贊、程棟，所有録取供詞，理合呈覽謹奏。

問王廷贊：你做過王亶望屬員，其婪得贓銀，現據甘省各員逐一供出某人送多少，你爲什麼始終替他隱諱，不肯從實供出。你若再游移掩飾，就要動刑了。

據供：我接王亶望交代庫裏就短少三千兩銀子，我不肯接收，他説修理衙門去用了。我説你修理衙門是派首縣辦的，怎麼要開銷公項。後來面稟勒總督，總督説，他報過文書是有的，我也衹得隱忍了。至餽送王亶望銀兩的，我也知道幾個，如武威縣朱家慶，固原州知州郭長泰，涇縣知縣邱大英，西寧縣知縣詹耀麟，俱有餽送之事。風聞即係坐省長隨經手送進，但我不知道他們送的實在數目，所以從前未曾供出。

問：你説節下屬員送水禮一概不收，可以查問得的到底誰送你禮，從實供來。

據供：我初到任時，就有蔣重熹、楊士璣等屬員餽送水禮，我叫他家人進署，駡了幾句，叫他收了回去，這是可以問得出的。後來屬員都曉得了，亦不敢再送。

問：你任内收捐監生，又每名多收心紅紙張銀一兩，明係入己的贜，你還要强辯嗎？

據供：我任内收捐監生，每名加添心紅紙張銀一兩，當時各州縣送來，我糊塗就行收受，這就是我的該死。惟是我在藩司任内地方上公事，如四十二年修理安定橋，我捐銀三千餘兩。四十四年修理龍王廟、雷壇，我捐銀一萬兩。即本年賊人圍困省城，城中百姓乏食，我將銀一萬三千兩交首府、首縣散賑。又，本年我續調兵三千五百名，我將銀八千兩獎賞，先到弁兵。又，舊教回民，我賞他們制錢五百串，銀一千兩。又，守城民夫三次賞制錢，共一千二百串。這是都有著落，可以查問得的。上各項銀兩并没有開銷公項，都在這收受心紅紙張銀兩項下支給，但我收受此項銀兩時，并不曉得各項用去，原想要入己的，如今還有何辯？

問：你在藩司任上一切辦災散賑等事，據你説得認真，亦不過以本道府結報爲憑，難道王亶望就不要道府結報麽？

據供：聽説王亶望辦災預先定了分數，然後叫各州縣依著他報上來，到後來，本道府加結，不過具文而已。我這種没天理的事，實在不敢做，所以各州縣報來，若在五分以下，即爲不合例，不必再委道府查勘，若報有七八分災，則先行委員覆勘，然後再由道府加結詳報。至散賑一事，核定某縣户口共計若干，先將某村莊應賑大口若干、小口若干，頒發告示分貼，然後照數散給。原要使人共知，俾吏胥無從作弊。但我不過盡這一點心，其是否別有弊竇，亦不能保其必無。我從前即有此供，衹是我覺察不出來，便不敢將屬員舉劾。

問：你將銀子十五换兑换金子，約來有七千多兩，這項銀子是那裏來的，是何時兑换的呢？

據供：這金子是我兩年前在甘肅陸續兑换的，今年進京，我没有銀子，就將這項金子帶進京來是實。

問程棟：你供勒爾謹每年幫他進貢銀三千、二千兩不等，此項銀兩是否勒爾謹借進貢名色勒索你的，抑係你自己要逢迎總督、解囊獻媚的呢？

據供：總督進貢，我幫三千、二千兩，因我係首縣，于此事應略盡點心。况藩司向我婪索，我就供應，總督不向我要，我就不送一點，覺得心上不安，實在不是總督勒索我的，亦不是我有心要討他的好。

問：藩司本府署内親戚幕友要捐監生，填寫實收，并不發銀，你爲什麽要送他，并不索討這項銀兩，統計共有多少？

據供：藩司本府署中親友捐過監生，未曾發還穀價，這項銀兩，今日記不得實在數目，大約亦總在一萬兩以外。而藩司所欠的多，本府所欠的少，皆因我領實收，經由藩司給發，又要本府出結，然後得領。若不與他們捐辦，恐再領實收時，就有多少留難刁蹬，所以衹得任他們填捐，不發價值罷了。

問：你在皋蘭縣任，雖用度大，上司供應亦要的多，但你兩年積存銀兩，爲什麽到卸事時，剩得三萬兩，莫非你又隱瞞麽？

據供：我進京時所帶銀一萬五六千兩，也不過是約略之詞。此外我妻子自己積蓄幾兩銀子，换些金銀首飾，這都是有的，還有携帶零星銀子數百兩或一千兩，均未曾秤兑。

問：你供捐官之項都是皋蘭縣任内得來，這又是在三萬兩之外的了。

據供：我祖父以來，雖薄有産業，但不能有餘力捐一員外，我這捐官之項就是皋蘭縣任内捐監剩下之銀，即如我報捐也不是一次就能捐足。如彀捐雙月，就先捐雙月，迨後再湊若干，又加捐單月，逐漸捐至不論雙單，并分部學習。至得缺後，我又捐免試俸，總計所費有一萬餘金。所供是實。

【《乾隆朝上諭檔》第 10 册，第 574 頁第 1665 條】

△呈覽王廷贊供詞

乾隆四十六年七月十三日

臣等復將王廷贊所供餽送王亶望銀物之朱家慶等四人是否俱現在甘肅，訊問王廷贊。據供，朱家慶係漢軍，現已告病在京。郭昌泰係山西人，現丁憂回籍。其邱大英、詹耀麟二人，仍在甘肅。等語。臣等謹遵旨寄信阿桂、李侍堯，將邱大英、詹耀麟二人如何餽送王亶望銀物之處，嚴行審訊。其朱家慶、郭昌泰二人，謹一并擬寫諭旨，分寄留京辦事王大臣、山西巡撫，令其即行提訊録供，具奏謹奏。所有臣等覆訊王廷贊供詞，理合一并呈覽。

據王廷贊供：我在寧夏府任内，有已故家人王姓從省城回來告我説，在省城時，見有武威縣朱家慶、固原州郭昌泰、金縣邱大英、西寧縣詹耀麟等各餽送王亶望銀兩，或二千，或三千不等，俱係交坐省長隨將竹簍酒罈裝盛如送禮模樣抬進去的。至朱家慶係漢軍，人業已告病。郭昌泰係山西人，亦經丁憂回籍。其邱大英、詹耀麟俱現在甘肅是實。

【《乾隆朝上諭檔》第 10 册，第 576 頁第 1666 條】

△諭著傳諭阿桂等就近一并提訊邱大英詹耀璘歸案辦理等

乾隆四十六年七月十三日

尚書額駙公福字寄欽差大學士公阿、陝甘總督李。

乾隆四十六年七月十三日，奉上諭："連日令軍機大臣嚴訊王廷贊。據供，伊在寧夏府任内，有已故家人王姓自省回來，告稱見有武威縣朱家慶、固原州郭昌泰、涇縣邱大英、西寧縣詹耀璘等各饋送王亶望銀兩，或二千，或三千，交坐省長隨將竹簍酒罎裝盛送進。并據王廷贊供稱，朱家慶、郭昌泰二員已經告病丁憂回籍，其邱大英、詹耀璘現在甘省。等語。除朱家慶、郭昌泰二員，諭令留京王大臣并雅德另行查辦外，其邱大英、詹耀璘二人，現任甘省知州，著傳諭阿桂等就近一并提訊該員，得有確據，即行嚴參，歸案辦理。將此隨報發往，諭令知之。欽此。"遵旨寄信前來。

【《乾隆朝上諭檔》第10册，第577頁第1667條】

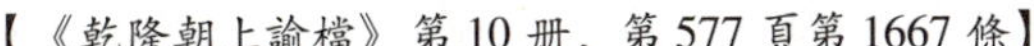

△諭著諭留京辦事王大臣并山西巡撫雅德各行提取朱家慶郭昌泰二人嚴訊確供迅速具奏

乾隆四十六年七月十三日

尚書額駙公福字寄留京辦事王大臣、山西巡撫雅。

乾隆四十六年七月十三日，奉上諭："連日令軍機大臣嚴訊王廷贊。據供，饋送王亶望銀兩之人有武威縣朱家慶、固原州郭昌泰、涇縣邱大英、西寧縣詹耀璘等，各饋送王亶望銀兩或二千，或三千，交坐省長隨將竹簍酒罎裝盛送進。現在朱家慶係漢軍，已經告病回京，郭昌泰係山西人，已經丁憂回籍。等語。除將邱大英、詹耀璘二人，諭令阿桂等于甘省就近審訊外，其朱家慶、郭昌泰二人，著諭留京辦事王大臣并山西巡撫雅德各行提取，嚴訊確供，迅速具奏。將此隨報發往，諭令知之。欽此。”遵旨寄信前來。

【《乾隆朝上諭檔》第10册，第578頁第1668條】

陝甘總督李侍堯奏報甘肅夏禾收成事

乾隆四十六年八月初七日

三品頂帶、管理陝甘總督臣李侍堯謹奏：爲恭報夏禾約收分數，仰祈聖鑒事。

竊照甘省入夏以來，雨澤頻沾，夏禾得資接濟。其未雨之前，具報受旱、被雹各處，經臣飭委道府親詣查勘，不過收成稍薄，俱不成灾，業已恭摺奏聞在案。兹據各屬呈報，夏禾約收分數由藩司福崧核實詳報前來，臣覆加查核。各府州内如蘭州、寧夏二府屬，直隸秦州并所屬，直隸肅州并所屬，各收成八分有餘。鞏昌、平凉、甘州、凉州、西寧五府屬，直隸階州并所屬，直隸涇州并所屬，直隸安西州并所屬，各收成七分有餘。慶陽府屬收成七分。合計甘肅通省夏禾收成七分有餘。除將各屬收成細數另行確核具題外，所有夏禾約收分數，合先恭摺奏聞。再，臣于七月二十六日具奏：隴西、寧夏、寧朔、平羅等四縣有偏被水灾之處，查係秋禾，其夏禾俱已收割。合并陳明，伏祈皇上睿鑒。謹奏。

乾隆四十六年八月初七日。

覽。

【《宫中檔乾隆朝奏摺》第48輯，第369頁】

△福隆安等奏議酌添陝甘二省各標營額兵及移駐提督另設總兵裁改將備各員事

乾隆四十六年八月十二日

臣福隆安等謹奏：爲遵旨詳議速奏事。

大學士公阿等奏，會議酌添陝甘二省各標營額兵，及移駐提督，另設總兵，裁改將備各員一摺。乾隆四十六年八月十二日，奉硃批："軍機大臣會同該部詳議速奏。欽此。"據奏，陝甘二省各營官兵，近年裁撥太多，節次欽奉諭旨，令臣等酌量原額添補，并將西安提督仍駐固原州。其固原州總兵移駐河州，及馬步守兵應行酌量分添之處，逐一妥議具奏。各等因。欽遵在案。

查甘肅督提四鎮，除提標及寧夏鎮標毋庸議添外，具督標五營原設兵二千五百名，除陸續裁撥并扣留公糧及屯防養廉公費兵外，現存實兵一千五百三十八名，今請設兵三千名，應添兵一千四百六十二名。肅州鎮標三營原設兵三千名，除陸續裁撥并扣留公糧及屯防養廉公費兵外，現存實兵一千八百三名，今請設兵二千四百名，應添兵五百九十七名。西寧鎮標五營原設兵四千名，除陸續裁撥并扣留公糧及屯防養廉公費兵外，舊存實兵二千二百九十五名，今請設兵二千五百名，應添兵二百五名。凉州鎮標五營原設兵四千一百名，除陸續裁撥并扣留公糧及屯防養廉公費外，舊存實兵二千一百四十五名，今請設兵二千三百名，應添兵一百五十五名。河州協原設兵二千名，除陸續裁撥并扣留公糧及屯防養廉公費兵外，舊存實兵九百九名，今以協改鎮，請仍設左右二營設兵二千名，應添兵一千九十一名。陝西撫標左右二營原設兵一千一百九十五名，除陸續裁撥并公糧屯防養廉公費外，舊存實兵七百五十名，今請設兵一千名，應添兵二百五十名。

提督從前奉駐固原，自乾隆二十九年移駐西安，設提標五營兵二千三百七十六名，除陸續裁撥并公糧屯防養廉公費兵外，現存實兵一千三百五名。今查固原州近距六盤，爲甘省東路襟喉，地方緊要，應請仍駐提督，改移提標五營，設兵三千名，應添兵一千六百九十五名。至西安提標五營原設兵三千名，除陸續裁撥并公糧屯防養廉公費兵外，現存實兵一千七百四十五名。今提督業已移駐固原，西安雖有將軍、副都統，大員不能兼轄緑營，若歸入撫標統轄，究係文臣，不能專心訓練。且提標所屬潼關、富平、宜君等營俱在西安東南，如仍令固原提督管轄，亦恐鞭長莫及。今請設兵二千一百名，應添兵三百五十五名，分中、左、右三營。另設西安鎮總兵一員，專司操演，兼轄附近營汛，其兩營官弁即隨提督移駐固原。至陝西延綏、興漢二鎮，其延榆一帶外接土默特、鄂爾多斯諸部落，久爲臣僕，無須重兵防範。惟興漢一鎮與四川、湖廣毗連，關係緊要。原設兵二千四百名，除陸續裁撥并公糧屯防養廉公費外，舊存實兵一千四百七名，今請設兵二千名，應添兵五百九十三名。至緊要營堡，如河州、西寧、肅州、凉州、寧夏、西安、興漢、固原各提鎮所屬之處，現在兵額均不敷防守，應請添兵自數百名至數十名。至安定爲鞏昌分汛，相距不及二百里，駐兵百名，把總一員，足資防守。

又查向例，添兵必須多添將備員弁。今以提督移駐固原，所有請設西安鎮止須安設中、左、右三營，將前、後二營游擊、守備以及千把、外委等一并裁移固原，以復五營舊制。至河州循化應行添設各營員，請酌量裁移，毋庸添設。其新添兵一萬二千九百四十名，内共請添兵馬五千五百八十一名，步兵四千二百四十四名，守兵二千九百五名，外添公費馬步守兵共二百十名。又查金城關離省城甚近，無庸添兵，是以單内未經列。等語。

查陝甘二省，關隴重地，控制邊疆，番族環居，回民錯處，仰蒙睿慮周詳，特頒諭旨，酌照原額添補兵丁，使營伍充實，聲勢聯絡，以資彈壓，而供調遣，實爲捍衛邊陲、圖維久遠之至計。所有甘肅督提等各標，應如大學士公阿桂等所議，除甘州提標及寧夏鎮標毋庸議添外，其督標五營地居省會，控制宜嚴，應添兵一千四百六十二名，以足三千之數。肅州鎮標三營，控扼嘉峪關内外，爲新疆門户，地居衝要，應添兵五百九十七名，以足二千四百名之數。西寧鎮標五營，地處極邊，番回雜處，應添兵二百五名，以足二千五百名之數。凉州鎮標五營，三邊重守，控制犀番，應添兵一百五十五名，以足二千三百名之數。河州以協改鎮，所管關隘極多，番回雜處，應添兵一千九十一名，以足二千名之數。陝西撫標左右二營，居省會要地，兵勢自宜壯盛，應添兵二百五十名，以足一千名之數。

至提督自乾隆二十九年未經移駐西安以前，本駐固原州，以爲甘省東路襟喉，且其地去西安、蘭州，均不過六百餘里，呼應既兩省可通，而西控鞏秦，北連延慶，均有指臂之使，自當仍舊駐札固原，于地方形勢，均屬有益。亦應如所議，改設提標五營，添兵一千六百九十五名，共設兵三千名，以壯聲勢。是提標業已移駐固原，其西安提標現存實兵一千七百四十五名，若即令固原提標管轄，誠屬鞭長莫及，若歸入撫標統轄，于訓練之方，亦恐未能盡善。查四川成都將軍設有軍標，兼轄松潘、建昌二道，漢土兵丁于乾隆四十一年經軍機大臣會同兵部議准在案。今西安係全陝省會，襟帶豫晋，接連隴蜀，實爲形勢重地，若議將西安提標兵添足二千一百名，另設西安總兵管轄，未免轉滋煩擾。查嚮來西安將軍原設滿洲兵七千名，節經移駐裁減，止存三千七百餘名，較之原設滿州兵額所轄已减其半。所有提標現存之兵，應請添足二千一百名，照成都將軍兼轄漢兵之例，設立軍標中、左、右三營，即令該將軍一體管轄，與滿洲兵就近不時訓練，以成勁旅，則體制既崇，聲勢更壯。

西安毋庸另設總兵，而提督駐札固原，復不致控馭遼遠，于軍政實有裨益。所有西安提督原管之各營汛，其應歸將軍、提督分别管轄之處，現經臣等于議覆阿桂等酌定營制統轄事宜案内，另行定議具奏。其西安另設總兵之處，應毋庸議。至陝西延綏、興漢二鎮，除延綏鎮毋庸添兵外，其興漢鎮毗連川廣，林谷阻深，地方極爲遼闊，且江楚無業貧民前來開墾，最易藏奸納匪，亦應添兵五百九十三名，以足二千名之數。如此則督撫、提鎮各俱設有重兵，平時既足以資彈壓，臨時又足以壯聲援，更無調遣不敷之患矣。此外如河州、西寧、肅州、凉州、寧夏、西安、興漢、固原等處各提鎮所屬之營堡，如循化、起臺等處，或關隘層叠，或汛廣差繁，在在俱關緊要，現有兵額不敷防守，應如所議。

循化營逼近黄河，番回雜處，請設兵八百名，應添兵三百三十名。保安堡番民雜處，地居險要，請設兵五百名，應添兵三百三十八名。起臺堡番回環居，最爲緊要，請設兵二百五十名，應添兵一百五十三名。臨洮營路通川境，汛廣兵單，請設兵三百名，應添兵一百六十五名。大通協地處口外，番民雜處，請設兵六百名，應添兵一百三名。永安營地處極邊，番民環繞，請設兵五百名，應添兵一百十七名。鎮海堡係邊口要區，請設兵二百名，應添兵五十三名。歸德營北近黄河，番民雜處，道路崎嶇，最爲緊要，請設兵七百名，應添兵四百五名。南川營番民雜處，隘口甚多，請設兵一百五十名，應添兵二十名。亦雜石營四汛臨番，請設兵八十名，應添一十六名。千户莊營番民環居，請設兵五十名，應添兵二十五名。北川營番回雜處，請設兵一百五十名，應添兵三十四名。巴燕戎格營番回雜處，甚屬緊要，請設兵三百名，應添兵五十一名。巴暖營地處山中，甚屬扼要，請設兵一百五十名，應添兵十八名。康家寨營地處塞外，番回環居，請設兵六十名，應添兵二十名。乩思觀營番回雜處，請設兵四十名，應添兵十三名。碾伯營地處衝途，西南扼要，請設兵一百五十名，應添兵四十名。嘉峪關緊要邊垣，隘口甚多，請設兵三百五十名，應添兵七十九名。鹽池堡地處衝途，汛廣兵單，請設兵八十名，應添兵四十一名。紅崖堡番民雜處，隘口甚多，請設兵一百名，應添兵三十一名。梨園營地處山中，番民環居，請設兵一百五十名，應添兵七十五名。洪水營番衆環繞，隘口甚多，請設兵三百名，應添兵六十名。南古城逼近南山，番民雜處，請設兵一百五十名，應添兵八十四名。馬營墩駐設南山，汛防要隘，請設兵一百名，應添兵十七名。莊浪營四路通衢，差繁汛廣，請設兵五百名，應添兵一百五十四名。岔口營地處衝途，黑番錯處，請設兵二百名，應添兵九十四名。安遠營番民雜處，地衝差繁，請設兵二百名，應添兵六十六名。古浪堡差務稍繁，請設兵一百名，應添兵六名。黑松堡地處衝途，番民雜處，請設兵八十名，應添兵二十二名。武勝營番回雜處，請設兵五十名，應添兵七名。張義堡駐設南山，逼近番衆，請設兵一百三十名，應添兵七十三名。西把截營逼近南山，番民雜處，請設兵一百名，應添兵三十一名。花馬池營逼近邊墻，汛廣兵單，請設兵四百名，應添兵一百三十三名。同心城營回民雜處，請設兵一百名，應添兵十七名。惠安營回民雜處，請設兵五十名，應添兵十一名。韋州營回民雜處，請設兵五十名，應添兵十一名。靈州營回民雜處，請設兵四百名，應添兵九十三名。横城營逼近邊墻，地方緊要，請設兵一百五十名，應添兵二十一名。西安城守營地處四衝，巡防差遣，營務紛繁，請設兵三百六十名，應添兵八十一名。慶陽協汛地繁多，不敷防守，請設兵三百五十名，應添兵八十二名。長武營地處衝途，差務繁多，請設兵二百二名，應添兵七十一名。邠州營路衝差繁，請設兵一百九十名，應添兵六十三名。涇州營路衝差繁，請設兵一百五名，應添兵三十三名。潼關協入陝咽喉，最爲扼要，請設兵六百五名，應添兵一百六十名。神道嶺營地處山中，巡防緊要，請設兵一百五十名，應添兵十二名。興安城守營逼近漢江，水陸交通，請設兵三百二名，應添兵一百十二名。白土路營地處山中，汛地廣闊，請設兵四百名，應添兵五十名。漁渡路地廣差繁，請設兵四百，應添兵五十二名。紫陽營地處漢江，汛防緊要，請設兵四百名，應添兵一百二十名。七里關營界連楚蜀，汛地速闊，請設兵二百名，應添兵六十一名。舊縣關營在萬山之中，棚民甚多，請設兵五百名，應添兵二百九十六名。漢中城守營地處扼要，請設兵六百名，應添兵一百十八名。漢鳳營地連雲棧，汛廣差繁，請設兵五百名，應添兵九十九名。陽平關營地處山中，巡防緊要，請設兵三百名，應添兵六十五名。寧羌

營地衝差繁，請設兵四百名，應添兵一百三十六名。略陽營汛廣差繁，請設兵三百名，應添兵二十七名。固原城守營汛地遼闊，巡緝難周，請設兵五百十五名，應添兵一百五名。靖遠協營逼近邊墻，地方緊要，請設兵四百四十名，應添兵一百六名。下馬關營逼近邊墻，回民雜處，請設兵二百二十一名，應添兵五十九名。蘆塘營近邊要地，汛廣兵單，請設兵二百名，應添兵六十六名。西安州營兵數稍單，難資防範，請設兵一百十名，應添兵二十七名。永安堡回民雜處，汛廣兵單，請設兵九十名，應添兵二十九名。八營堡路衝差繁，請設兵六十七名，應添兵二十名。洮岷協營地處極邊，接壤番地，請設兵六百三十五名，應添兵八十五名。階州營地當扼要，回民雜處，請設兵四百二十名，應添兵五十九名。文縣營汛地遼闊，不敷防守，請設兵二百八十名，應添兵三十名。西固安營地處極邊，接壤番地，請設兵二百四十名，應添兵四十七名。岷州營汛地遼闊，毗連番界，請設兵一百六十名，應添兵四十四名。舊洮營回番雜處，要隘甚多，請設兵二百一十名，應添兵六十八名。秦州營回民雜處，汛廣兵單，請設兵二百三十名，應添兵二十八名。鞏昌營回民雜處，分防衝要，請設兵六百六十名，應添兵三百五十四名。鞏昌營分防安定縣汛，地衝差繁，應駐兵一百名，即于鞏昌營撥足一百名。蘭州城守營地處衝要，差務搜繁，請設兵五百一十名，應添兵一百五十名。金縣營差務繁多，請設兵五十名，應添兵十三名。紅城堡改設守備營，地當孔道，差務紛繁，請設兵一百名，應添兵七十一名。苦水堡地衝差繁，請設兵五十名，應添兵三十名。平凉城守營回民雜處，汛廣差繁，請設兵五百名，應添兵三百五十三名。俱應如所議添設。其安定距鞏昌不遠，駐兵一百名，把總一員，足資防守，亦應如所議辦理。

通盤核算計，甘省共添正額兵六千四百七十七名，内馬兵二千七百三名，步兵二千二百九十八名，守兵一千四百七十六名。陝西共添正額兵六千二百五十三名，内馬兵二千八百七十八名，步兵一千九百四十六名，守兵一千四百二十九名。統計兩省共添兵一萬二千七百三十名。除原任陝甘總督勒爾謹奏准酌復公糧兵二千名外，現在實添兵一萬七百三十名，俱係實在差操兵，無虚額。至所議外添公費兵共二百十名，尚係相沿成例，現在欽奉上諭："各省營伍所有賞恤等項，自乾隆四十七年爲始，俱著于正額支給造册，報部核銷。"等因。欽遵在案。其所請外，添公費兵二百十名，應毋庸議。

又，陝甘二省新添額兵歲需餉項，亦應令該督等核定，現添額兵實數，另行具題。又查向例添兵必須增設將備等員，但查陝甘二省營分繁簡不同，自應酌量裁移，以歸實用。所有西安提標現已議歸西安將軍管轄，應即將原設提標之中、左、右三營作爲軍標。其應設中軍副將一員，即以原設中軍游擊改補。應添設中軍都司一員，其中營守備及左、右二營游擊、守備、千把、外委等俱有原設員弁，毋庸增設。至固原移駐提督應添設兩營，即以西安原設提標前、後二營游擊、守備、及千把、外委等員弁裁移固原，以復五營舊制，所有固原提標，亦毋庸增設營分。河州設鎮，應仍設左、右二營，其左營應添中軍游擊一員，即以陝西紅德營游擊裁移。應添中軍守備一員，即以永安營守備裁移。其原設左營都司一員，改爲右營都司。守備一員，即作爲都司中軍。左營應添千總一員，于臨洮營裁移。左營應添千總一員，于寧夏興武營裁移。應添把總一員，于哈拉庫圖爾營裁移。應添經制外委二員，即在左、右兩營額兵拔補。其應需養廉，應俟另案辦理。

至循化廳本設兵八百名，舊設游擊一員，尚不足資彈壓，應以鎮海營參將移駐歸河州鎮管轄，而以循化游擊改駐鎮海之丹噶爾。又，循化應添中軍守備一員，即于哈拉庫圖爾營裁移。應添千把總各一員，并于寧夏中衛營裁移。應添額外外委二員，即在該營額兵内拔補。其鎮海營改設游擊，即將舊有千總一員作爲中軍。哈拉庫圖爾營應添千總一員，即于大通協裁移。歸德營應添把總一員，即于永安營裁移，應添額外外委，即在該營額兵内拔補。永安營舊有千總一員，即作爲該營游擊中軍千總。保安營應添把總一員，即

于肅州金塔寺營裁移。寧夏興武營舊有把總一員，即作爲都司中軍。紅德城營原駐游擊既撥移河州鎮標，其紅德城營即以延綏鎮波羅協清平堡守備移駐。其清平堡事務即以寧塞堡分防寧條梁汛把總移駐。所有寧條梁汛即以清平堡經制外委移駐。至紅城堡地衝差重，應設守備一員，即以永固協屬之黑城都司改補，并同原設弁兵案數移駐紅城堡。其紅城堡把總一員，令同兵丁全行移駐黑城，衹留原設把總一員、經制外委一員、額外外委一員，其餘經制額外外委各一員，一并移駐紅城堡，改屬凉州鎮管轄，均應如所議辦理。至金城關一處，既據大學士公阿桂等查明，該處離省城不遠，自可毋庸添兵，應令陝甘總督酌安汛兵防守巡緝，更爲慎密。

其一應添製軍裝及將軍、提督并裁改副將、游擊等各官，應撰敕書、關防印信以及揀選升調各事宜，俱應聽該督等會同另行詳細確核條款，具奏請旨辦理。臣等謹悉心會議，是否有當，伏候皇上訓示。謹奏。請旨。

乾隆四十六年九月□日，奉旨："依議。欽此。"

【《乾隆朝上諭檔》第10冊，第738頁第2023條】

△尚書福隆安等議奏大學士公阿桂等奏陝甘二省增添兵額所有各路營協堡汛酌定營制統轄事宜

乾隆四十六年八月十二日

尚書額駙公臣福隆安等謹奏：爲遵旨議奏事。

大學士公阿桂等奏，陝甘二省現已遵旨增添兵額，所有各路營協堡汛酌定營制統轄事宜一摺。于乾隆四十六年八月十二日，奉硃批："原議大臣一并議奏。欽此。"據奏，西安提督仍駐固原，應設中、左、右、前、後五營，其原屬固原鎮之固原城守靖遠、蘆塘、西安州、永安堡八營，平凉、秦州、鞏昌九營，應改歸固原提督統轄。又，西安提督原管之慶陽協紅德、涇州兩

營亦應仍歸固原提督統轄。西安添鎮應仍設中、左、右三營外，其提督原管之西安城守潼關協神道嶺、商州、金鎖關、富平、西鳳、宜君各營，應歸西安鎮統轄。又，邠州、長武二營原隸慶陽協，查該營在陝西地方距西安較近，應改歸西安鎮統轄。河州改鎮，應設左、右二營外，其原管之循化、保安、起臺、臨洮并撥歸固原之洮岷、舊洮、岷州、西固、階州、文縣、蘭州城守各營俱仍歸河州鎮統轄。又，紅城、苦水二營向係蘭州城守所屬，該二處在莊浪迤東七十里至一百二十里，距涼州較遠，且在黄河迤西，應改歸涼州鎮屬之莊浪營參將管轄。至肅州鎮向轄金塔、永固二協，嗣于乾隆四十二年移駐提督案内，經部議，將肅州口外之安西協副將等十一營汛改歸肅州鎮屬所管，不爲不多。而永固協所屬各營，俱在甘州地方，嚮來一切文移由甘州提督咨行肅州鎮，復由肅州行文永固，往返紆回，實屬不順。每至稽貽誤，應將永固協并所轄甘州城守、大馬、黑城、洪水、馬營墩、山丹、峽口、梨園南、古城十營堡改歸甘州提督統轄。等語。

查營制統轄，自應相度地方形勢，遠近適中，始足以重操防而資控制。西安提督改駐固原，除應設中、左、右、前、後五營外，其原屬固原鎮之固原城守、靖遠、蘆塘、西安州、永安堡八營，平涼、秦州、鞏昌等營堡，應准其改歸固原提督統轄。其西安提督原管之慶陽協紅德、涇州兩營，亦准其仍歸固原提督統轄。河州以協改鎮，除設左、右二營外，其原管之循化、保安、起臺、臨洮，并撥歸固原之洮岷、舊洮、岷州、西固、階州、文縣、蘭州城守各營，應准其歸于河州鎮統轄。又，紅城、苦水二營距涼州較近，准其改歸涼州鎮屬之莊浪營參將轄。又，肅州鎮屬之永固協其所轄各營，俱駐札甘州地方。一切文移向由甘州提督咨行肅州鎮，復由肅州鎮行文永固，往返紆回，難免遲誤。所有永固協及所轄之甘州城守、大馬、黑城、洪水、馬營墩、山丹、峽口、梨園南、古城等營堡，均應准其改歸甘州提督統轄。至所奏西安添設總兵，仍設中、左、右三營，其提督原管之西安城守，潼關協神道嶺、商州、金鎖關、富平、西鳳、宜君各營，應歸西安鎮統轄。又，邠州、長武二營原隸慶陽協，查該營在陝西地方距西安較近，應改歸西安鎮統轄。等語。查西安現經臣等議，請照成都將軍兼轄漢兵之例，設立將軍標，西安毋庸設鎮。其西安提督原管西安城守一營近在同城，應即歸將軍管轄。其潼關協神道嶺、商州、金鎖關、富平、西鳳、宜君各營，及慶陽協屬之邠州、長武二營，查從前提督駐札固原時，原係該提督管屬，所有潼關等各營協，自應仍歸固原提督統轄，以符舊制，而重責成。是否有當，伏候皇上訓示遵行。爲此謹奏請旨。

【《乾隆朝上諭檔》第 10 冊，第 746 頁第 2025 條】

△福隆安等速議具奏原任甘肅凉州副都統黄檢奏凉州莊浪馬步甲空缺請由京派撥或從寧夏西安滿營酌量撥補事宜

乾隆四十六年九月初三日

臣福隆安等謹奏：爲速議具奏事。

原任甘肅凉州副都統黄檢奏，凉州、莊浪馬步甲空缺，請由京派撥，或從寧夏、西安滿營酌量撥補一摺。乾隆四十六年八月二十九日，奉硃批："軍機大臣速議具奏。欽此。"據稱，凉州滿營原設兵一千名，内馬甲八十八名，步甲、炮手、匠役一百一十名。莊浪滿營原設兵五百名，内馬甲四百四十名，步甲、炮手、匠役六十名。乾隆四十一年内，前任凉州副都統常禮格①具奏，凉州裁汰馬甲四十名，作爲養育兵一百二十名，莊浪裁汰馬甲二十名，作爲養育兵六十名。又，凉州暫裁步甲四十名，莊浪暫裁步甲二十名，俟幼丁長成，再行挑補足額，奏准在案。現在莊浪有馬甲四百二十名，

①常禮格：下文作"常格禮"。

步甲、炮手、匠役四十名，内調赴河州勦滅逆回馬甲三百名，其在軍營陣亡傷故者，業經挑補足額外，凉州現有馬甲八百四十名，步甲、炮手、匠役四十名，内調赴河州勦滅逆回馬甲六百名，于軍營陣亡一百名，傷亡二名，病故三名。又，本營升補驍騎校所遺馬甲二名，病故馬甲一名，共馬甲一百零八名，此缺例應即時挑補。今于凉州本營現有炮手、步甲、匠役，以及壯丁内挑選馬甲一百零二名尚懸，應挑馬甲額缺六名。又，現挑補馬甲所遺炮手、步甲、匠役三十三名，共懸馬步、炮手、匠役三十九缺，凉州現無挑補之人。

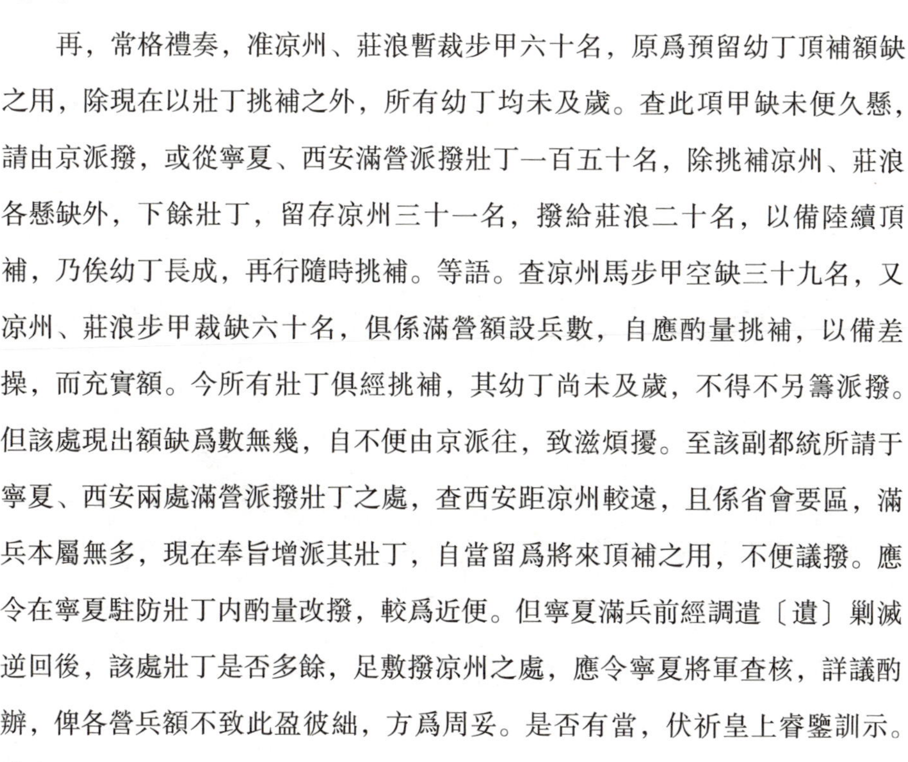

再，常格禮奏，准凉州、莊浪暫裁步甲六十名，原爲預留幼丁頂補額缺之用，除現在以壯丁挑補之外，所有幼丁均未及歲。查此項甲缺未便久懸，請由京派撥，或從寧夏、西安滿營派撥壯丁一百五十名，除挑補凉州、莊浪各懸缺外，下餘壯丁，留存凉州三十一名，撥給莊浪二十名，以備陸續頂補，乃俟幼丁長成，再行隨時挑補。等語。查凉州馬步甲空缺三十九名，又凉州、莊浪步甲裁缺六十名，俱係滿營額設兵數，自應酌量挑補，以備差操，而充實額。今所有壯丁俱經挑補，其幼丁尚未及歲，不得不另籌派撥。但該處現出額缺爲數無幾，自不便由京派往，致滋煩擾。至該副都統所請于寧夏、西安兩處滿營派撥壯丁之處，查西安距凉州較遠，且係省會要區，滿兵本屬無多，現在奉旨增派其壯丁，自當留爲將來頂補之用，不便議撥。應令在寧夏駐防壯丁内酌量改撥，較爲近便。但寧夏滿兵前經調遣〔遺〕勦滅逆回後，該處壯丁是否多餘，足敷撥凉州之處，應令寧夏將軍查核，詳議酌辦，俾各營兵額不致此盈彼絀，方爲周妥。是否有當，伏祈皇上睿鑒訓示。謹奏。

乾隆四十六年九月初三日，奉旨："依議。欽此。"

【《乾隆朝上諭檔》第10册，第711頁第1966條】

陝甘總督李侍堯奏報將脱逃之殺人回犯馬進朝正法事

乾隆四十六年九月二十日

三品頂帶管理、陝甘總督臣李侍堯謹奏：爲審擬具奏事。

竊照固原州行竊拒殺事主擬斬之回犯馬進朝脱逃被獲一案。臣前奉諭旨："設法嚴拿。"嗣據該州知州那禮善詳報，本年七月初十日，在于州屬塊灘山洞内將馬進朝拿獲。經臣繕摺奏報，并聲明解役人等有無賄縱情弊，再行嚴審，究擬具奏在案。兹臣提犯到省，檄飭按察司福寧審擬招解前來，臣覆加研訊。

緣馬進朝與長解馬芳俱係回民，鄰居交好。乾隆四十五年，馬進朝行竊拒捕，扎傷事主鄭統身死，擬斬監候，僉差長解馬芳、米如復押解赴省。經前督臣勒爾謹審明具題，發回解至金縣，路過山嶺，馬芳即將馬進朝脚鐐開放，跟同行走。馬進朝自知罪重，起解在途，即想脱逃。適于上年九月十八日晚，行至安定縣二十里鋪，天雨難行，即住宿路旁窑内。短解馬得芳、馬天成另炕睡息，長解米如復攔窑睡宿，馬芳與馬進朝對鎖在一炕同睡。二更時分，馬進朝乘各役睡熟，叫醒馬芳，央求縱放，并許日後趁錢分半使用。馬芳因念同教，平居交好，復貪事後酬謝，即時應允，代馬進朝退下手銬，幫同撬斷鎖鍊，該犯即由窑後掇門逃逸。日藏山洞，夜由僻路行走，復用磁瓦自行爛除刺字。行至鹽茶廳禹王山内，路遇不知姓名人代爲剃頭，討乞賣柴度日。本年七月内，潛回固原州塊灘山。經該州緝獲具報，飭提該犯并長解馬芳，嚴加詰究，據供前情不諱。逃後并無知情容留之人，其短解人役亦無賄縱情事。

查例載，擬斬監候脱逃被獲者，擬斬立决。又，解審斬絞重犯，在途開放鎖鐐，以致脱逃，俟拿獲正犯之日，究明賄縱屬實，即將解役照所縱囚罪全科。等語。馬進朝因逞凶拒捕，扎傷事主身死，罪擬斬候。該犯即不脱逃，亦應入于本年秋審情實。乃敢賄囑逃逸，漏網多時，情殊可惡，未便再稽顯戮。臣隨于本月十八日恭請王命，委蘭州府知府舒其紳、臣標中軍副將和成額將馬進朝綁赴市曹處斬，以伸國法，而儆凶惡。至長解馬芳，身充州役，管解重囚，因與馬進朝同教，貪賄故縱，骫法已極，應照囚罪全科，請旨即行正法。原解米如復并不知賄縱情事，仍照例減囚罪二等，杖一百，徒三年，定驛折責發配。代犯供詞，另繕清單，恭呈御覽。理合將審擬緣由，恭摺具奏，伏祈皇上睿鑒，敕下法司核議施行。謹奏。

乾隆四十六年九月二十日。

三法司核擬速奏。

【《宫中檔乾隆朝奏摺》第49輯，第6頁】

陝甘總督李侍堯奏報審辦甘省捐監冒賑案犯熊啓謨等事

乾隆四十六年九月二十四日

三品頂帶管理、陝甘總督臣李侍堯謹奏：爲審擬具奏事。

竊照甘省捐監冒賑案内，有前任蘭州道參革四川川北道熊啓謨現已解到，臣嚴加審訊。據熊啓謨供：我于四十年四月到甘肅驛傳道任，那時捐監事例已經辦定，辦灾多寡，俱由王亶望主議，我一人不能拗阻。我父親生辰，鄭陳善送過壽禮四百兩。後我丁憂離任，陸瑋送過奠儀盤費五百兩。此外并無收受屬員銀兩是實。

又，口外解到前任寧夏同知已升鎮西府知府五諾璽，據供：我于四十年署寧夏縣任内，辦過灾賑折銀八千八百七十餘兩，實散過賑銀七千三百兩，餘銀一千五百七十兩。四十一年，又辦過賑銀五萬九百九十餘兩，實散過賑銀四萬一千四百五十兩，餘銀九千五百四十兩。我止送過王亶望銀兩，并與勒總督代買物件，至本道、本府并無饋送銀兩是實。

又，前任秦州直隸州知州奇明供：我于四十年在靈州任内，辦過賑銀二萬三千九百餘兩，實散過賑銀一萬九千三百兩，餘銀四千六百兩。四十一年，我到秦州任，辦過賑銀八千一百兩，實散過銀六千五百兩，餘銀一千六百兩。四十三年，辦過賑銀一萬三千三百兩，實散過銀一萬一千二百餘兩，餘銀二千一百兩。王亶望、王廷贊索過銀兩物件使費，本道府并未送過銀兩，我也并未收受屬員銀物。

各等供。臣恐該犯等所供尚有不盡，反覆嚴訊，矢口不移，似無遁飾。查五諾璽，侵冒銀款在一萬兩以上，請照侵盜錢糧一千兩以上例，擬斬監候，秋後處決，入于情實。奇明，請照侵盜錢糧一千兩以上例，擬斬監候，秋後處決。熊啓謨，請照監臨官勒索所部財物一千兩以下杖流律，從重發往新疆效力贖罪。各犯等應追銀兩，臣前會同大學士公阿桂奏請各照辦過賑銀十分之四分賠，俟部覆至日，按數著追。所有各犯供詞另繕，恭呈御覽，伏祈皇上睿鑒，敕議施行。謹奏。

乾隆四十六年九月二十四日。

原議大臣議奏。

【《宫中檔乾隆朝奏摺》第49輯，第37頁】

△奏畢沅奏到博赫在途病故等事

乾隆四十六年九月二十八日

臣等遵旨，查畢沅奏到接解赴甘審訊，在途病故之博赫一員。前經阿桂等查明，該員係在秦州任内，曾扶同捏結并捐過監生五十名，并未辦過災賑。再，查福明安係在寧夏道任内扶同捏結之員，是以一并解甘質訊。其如何定擬之處，現未據該督奏到。謹奏。

九月二十八日。

【《乾隆朝上諭檔》第10册，第786頁第2131條】

△福隆安等議奏伊犁將軍伊勒圖等奏傳訊原任鎮西府知府崧柱折收監糧及在甘肅鹽茶廳署凉州府任内僅據各屬虚報灾賑轉行捏結等事宜

乾隆四十六年九月二十八日

臣福隆安等謹奏：爲遵旨議奏事。

伊犁將軍伊勒圖等奏傳訊伊犁效力之原任鎮西府知府崧柱折收監糧，及在甘肅鹽茶廳署凉州府任内，僅據各屬虚報灾賑，轉行捏結，各情節一摺。乾隆四十六年九月二十日，奉硃批："軍機大臣議奏。欽此。"據稱，八月二十一日，接奉諭旨後，即委員迅往崧柱寓所，將一切貲産查抄封固，飭交撫民同知衙門存貯，俟甘省結案，知照辦理。隨傳訊崧柱。據供：崧柱于乾隆三十八年到甘肅鹽茶廳任，至四十年，地方報了灾，我轉報後，就署凉州府印。十一月到任該府，各屬前任已經報灾放賑，知府例應親赴查辦。那時我没有去查，就據他們開的捏結轉報是實。四十一年七月，卸了府事，回鹽茶廳。那時署廳已經報出本年的灾，我接手辦理放賑諸事，相沿通省陋習，冒賑浮開這些情弊原是有的。至一切數目，此時實在記憶不清。等語。

查鹽茶廳係分駐同知，地方灾賑是其經手承辦。凉州府有稽查屬員報灾虚實專責，豈容僅照各屬虚報，轉行捏結，是侵冒情弊，業經供認，現在一面委員將崧柱解甘質訊。等語。查崧柱前在甘肅同知及署凉州府任内，于地方灾賑并未親查，扶同捏結冒銷，既經該將軍等訊明供認，情弊已屬顯然。至一切細數及此外有無不實不盡之處，自因該處無人質對，未肯逐一供吐。現已據該將軍等委員解赴甘省，應令李侍堯等奏明，令都統明亮詳晰查辦。所有崧柱供出在鎮西府任内折收買補各情節，除業經奉有諭旨，令李侍堯嚴行審訊外，仍請敕交明亮，再行詳查，將崧柱所供收捐監生及原定糧石折收數目是否相符。

又，交奇臺縣照數買貯盤糧交代之處，是否實貯在倉，别無捏飾。再，崧柱在鎮西府任内業已相沿舊習，折色買補。其前後任知府及所屬州縣，自難保無此等弊端，亦請交明亮，一并嚴查，將該處自開捐後所收糧石核明確數，逐一盤驗。現在倉貯有無虧短之處，詳悉查明，據實具奏。庶積弊悉就清厘，邊儲益歸核實。至前任烏嚕木齊都統索諾穆策凌奎林等于該處折收買補等弊，因何未行詳查辦理，并此外有無徹底查訊，歸案辦理。又查，本月初四日，先據伊勒圖等奏到崧柱供詞，内稱，崧柱于乾隆四十三年正月到鎮西府任，四十五年五月卸事，在任年餘，報捐過監生二三百名。因報捐之人冀圖省便，俱係交銀折收，崧柱亦相沿辦理。該處原定捐監每名收京石糧四十石，崧柱按照市價，每名連公倉脚費折收銀四十兩及四十一二兩不等。等語。是崧柱在鎮西府任内違例折色，業據供認不諱。又據崧柱供，因鎮西府署未建倉廒，經前任知府詳明，分貯宜禾、奇臺二縣。崧柱因奇臺縣户民較多，市糧凑集，將銀交該縣按數買貯結，備案親加盤量，歷經本道盤查，卸任時，照數交代新任轉報。等語。所供殊難憑信。現在烏嚕木齊等處，業經大學士公阿桂不實不盡之處，應令索諾穆策凌奎林據實明白覆奏。臣等謹酌議具奏，伏祈皇上睿鑒訓示。謹奏。

乾隆四十六年九月二十八日，奉旨："知道了。欽此。"

【《乾隆朝上諭檔》第10册，第788頁第2133條】

陝甘總督李侍堯奏報甘省秋成分數事

乾隆四十六年十月初八日

三品頂帶管理、陝甘總督臣李侍堯謹奏：爲恭報秋成約收分數，仰祈聖鑒事。

竊照秋成約收分數例，應先行具奏。兹據甘肅布政使福崧核實彙報前來，臣覆加確核，除隴西、寧夏、寧朔、平羅等四縣被水地畝，并向不種秋禾之循化等處不計外，統計甘省各廳、州、縣，本年秋末約收八分有餘。謹繕清單，恭呈御覽，伏祈皇上睿鑒。謹奏。

乾隆四十六年十月初八日。

該部知道。

【《宫中檔乾隆朝奏摺》第49輯，第175頁】

陝甘總督李侍堯奏請補放道府直隸州各員缺事

乾隆四十六年十月二十日

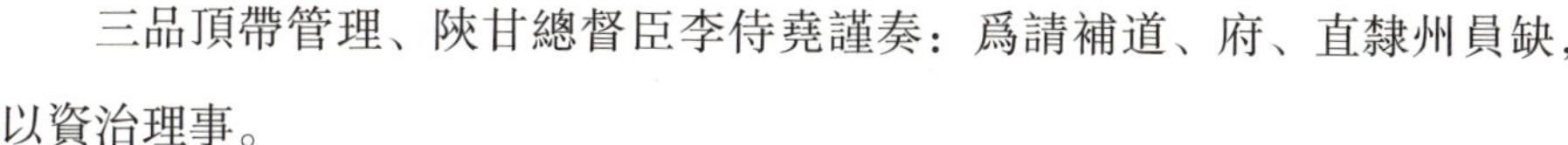

三品頂帶管理、陝甘總督臣李侍堯謹奏：爲請補道、府、直隸州員缺，以資治理事。

竊照甘省監糧灾賑案内，濫行出結之道、府、直隸州，俱經革職，所遺員缺，仰蒙聖恩，簡發候補道張廷桂等四員、候補知府張燮等六員、候補直隸州知州顔培天等三員，來甘補用。兹該員等已陸續到甘，理應奏請補授，以專責成。臣酌量員缺繁簡，人地相宜，分别奏補。

查鞏秦階道員缺，候補道張廷桂，堪以擬補。甘凉道員缺，候補道滿岱，堪以擬補。寧夏道員缺，候補道德爾炳阿，堪以擬補。安肅道員缺，候補道五正額，堪以擬補。鞏昌府員缺，候補知府張燮，堪以擬補。平凉府員缺，候補知府熊枚，堪以擬補。慶陽府員缺，候補知府吕光亨，堪以擬補。甘州府員缺，候補知府巴尼珊，堪以擬補。凉州府員缺，候補知府富巽，堪以擬補。寧夏府員缺，候補知府章銓，堪以擬補。直隸階州員缺，候補直隸州知州顔培天，堪以擬補。直隸肅州員缺，候補直隸州知州任嘉春，堪以擬補。直隸安西州員缺，候補直隸州知州吴貽桂，堪以擬補。

又，臣出京時，奏蒙皇上賞帶軍機處行走、中書京察都、等俸滿記名以同知用之王彝憲一員，該員到甘數月以來，幫辦一切，俱能勤慎奮勉。前經臣會同大學士公阿桂奏請補授直隸秦州知州，奉旨："俟此案定後，再行酌量，請旨補用。欽此。”今直隸秦州業已開缺，仍以王彝憲請補直隸秦州知州，亦能勝任。如蒙俞允，該員等均係奉旨簡發。王彝憲一員，亦係本年四月内甫經引見，俱無庸送部，合并陳明。謹開具各員簡明履歷，恭呈御覽，伏祈皇上睿鑒。謹奏。

乾隆四十六年十月二十日。

該部速議見奏。

【《宫中檔乾隆朝奏摺》第49輯，第308頁】

陝甘總督李侍堯奏請補放州縣員缺事

乾隆四十六年十月二十日

三品頂帶管理、陝甘總督臣李侍堯謹奏：爲請補州縣員缺，以裨地方事。

竊照甘肅折捐冒賑之各州縣，俱經革職拿問，所遺員缺，需人補用。前因甘省當積弊之餘，必得曾任州縣之員，方能清查利弊、整頓地方。經臣會同大學士公臣阿桂奏，蒙皇上揀發候補知州七員、知縣十五員來甘補用。兹該員等俱已到省，其應歸部選之缺，吏部已銓選有人。所遺衝、繁緊要各缺，臣就揀發人員内，酌量人地相宜，奏請補用。

查候補知州遇昌，堪以擬補固原州知州。候補知州王寬，堪以擬補狄道州知州。候補知州孝順阿，堪以擬補靈州知州。候補知州于鍠，堪以擬補河州知州。候補知州吴趨，堪以擬補静寧州知州。候補知州富昌，堪以擬補岷州知州。

其知縣各缺，查候補知縣胡紹祖，堪以擬補皋蘭縣知縣。候補知縣岳昇，堪以擬補金縣知縣。候補知縣張志元，堪以擬補平凉縣知縣。候補知縣德元，堪以擬補張掖縣知縣。候補知縣冷文煒，堪以擬補山丹縣知縣。候補知縣邢士端，堪以擬補武威縣知縣。候補知縣喬應發，堪以擬補平番縣知縣。候補知縣李登瀛，堪以擬補永昌縣知縣。候補知縣張世法，堪以擬補寧夏縣知縣。候補知縣明福，堪以擬補中衛縣知縣。候補知縣張永升，堪以擬補西寧縣知縣。候補知縣侯映甲，堪以擬補高臺縣知縣。候補知縣吴文濤，堪以擬補敦煌縣知縣。候補知縣穆燛，堪以擬補玉門縣知縣。該員等均係奉旨揀發，以知州、知縣補用人員，銜缺相當，毋庸送部引見，合并陳明。謹繕各員簡明履歷，恭呈御覽，伏祈皇上睿鑒。謹奏。

乾隆四十六年十月二十日。

【《宫中檔乾隆朝奏摺》第 49 輯，第 310 頁】

陜甘總督李侍堯奏請揀員補放鎮西府知府與哈密通判員缺事

乾隆四十六年十月二十日

三品頂帶管理、陜甘總督臣李侍堯謹奏：爲新疆知府通判要缺需員，請旨簡放，以裨吏治事。

竊查鎮西府知府一缺，經前督臣勒爾謹以寧夏府同知五諾璽奏請升補，尚未送部引見。兹查五諾璽于前署寧夏縣任内冒賑侵蝕，革職問罪，所有鎮西府員缺，係衝、繁、難最要滿缺，例應在外揀選調補。又，該府所屬哈密通判經方，亦于折捐冒賑案内革職拿問，所遺員缺係衝、繁邊外要缺，均應在外揀調。臣與兩司在于新疆并内地知府、通判人員内詳加揀選，并無堪以升調之員。合無仰懇聖恩，敕部在于候補知府、通判人員内揀選引見，恭候簡放，令該員等速赴任，以資治理，實于口外地方有益。臣謹繕摺具奏，伏祈皇上睿鑒。謹奏。

乾隆四十六年十月二十日。

有旨諭部。

【《宫中檔乾隆朝奏摺》第 49 輯，第 312 頁】

甘肅提督俞金鰲奏報到任日期事

乾隆四十六年十月二十四日

提督甘肅總兵官奴才俞金鰲跪奏：爲恭報到任日期事。

竊奴才仰蒙天恩，調補甘肅提督，于八月十四日，由熱河行在陛辭起身，十月初七日到蘭州。督臣李侍堯留奴才住蘭四日，凡有應辦暨添兵各事宜，俱已備細酌商。二十四日，奴才已抵甘州駐札衙門。准署提督固原鎮總兵官哈當阿差委提標後營都司高生恭捧賫到提督甘肅總兵官銀印一顆，奴才隨望闕九叩祗領訖。所有到任日期，除照例恭疏題報外，理合繕摺具奏，伏祈皇上睿鑒。謹奏。

乾隆四十六年十月二十四日。

覽。何病令愈如初否？何不奏及？

【《宫中檔乾隆朝奏摺》第49輯，第337頁】

陝甘總督李侍堯奏報查抄王曾翼等二十員資産衣物事

乾隆四十六年十月二十八日

三品頂帶管理、陝甘總督臣李侍堯謹奏：爲奏明事。

竊臣前將甘省捏災冒賑之州縣，并濫行出結之道、府、直隸州劉光昱等十五員任所，及已經離任現在省城各寓所貲財查抄，開列清單，具奏在案。兹據藩司福崧、臬司福寧禀稱，續行查抄過參革甘凉道王曾翼、凉州府知府汪皋鶴、固原州知州那禮善、寧夏同知五諾璽、河州知州謝桓、直隸秦州知州侯作吴、岷州知州承志安、定縣知縣黄道煛、永昌縣知縣林昂霄、中衛縣知縣王臣、隆德縣知縣舒攀桂、平凉縣知縣沈泰、寧夏縣知縣宋學淳、兩當縣知縣宋樹穀、通渭縣知縣趙元德、崇信縣知縣華廷飏、署金縣知縣花馬池州同王萬年、前任鎮原縣知縣墨爾更額、山丹縣知縣萬邦英、靈臺縣知縣顧汝衡等二十員各任所、寓所貲財、衣物，研訊各參員家人等，俱稱并無隱匿、寄頓情弊。等情。具報前來。除將抄出銀兩各物封貯寄庫，其餘各員現已委員署理，俟查抄齊畢，逐一查估分别，應行解京留外變價，另行具奏。所有查抄王曾翼等二十員貲財、衣物緣由，合先開列清單，并彙開總數清單，恭呈御覽，伏祈皇上睿鑒。謹奏。

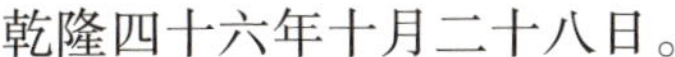

乾隆四十六年十月二十八日。

覽。

【《宫中檔乾隆朝奏摺》第49輯，第380頁】

陕甘總督李侍堯奏報籌辦甘省被灾地方之賑務事

乾隆四十六年十一月初二日

三品頂帶管理、陕甘總督臣李侍堯謹奏：爲遵旨覆奏事。

竊臣接准廷寄，乾隆四十六年十月初八日，奉上諭："本年，各直省被有偏灾地方，如甘肅隴西、寧夏等縣黄水漲溢，并金縣、靖遠等縣旱、雹、黄疸，收成亦皆歉薄，俱經降旨，令該督統率所屬，切實查明，分别賑恤，及酌借口糧、籽種。但明春正賑已畢，尚屆青黄不接之時，民食不免拮据。是否尚需加賑，著傳諭該督即行查明覆奏，候朕于新正降旨。等因。欽此。"遵旨寄信前來。

仰見我皇上軫念窮黎有加無已之盛心。臣伏查，本年甘省隴西、寧夏、寧朔、平羅等四縣秋禾偏被水灾，經臣飭委道府大員查勘明確，據實詳報，將應行撫恤之處，照例具題。仰蒙皇上天恩賑恤，業已蔀屋均沾。兹復欽奉恩旨，以明春青黄不接，是否尚需展賑，諄諄垂詢，自應據實查辦，以濟貧民。臣與布政司福崧詳加酌核，查隴西、寧夏二縣，被水不過一隅，尚屬較輕，現在按例給賑，小民已不致失所，應請毋庸加展。臣仍飭令地方官留心體察，如尚有缺籽乏食之户，再于明春酌借籽種、口糧，以資接濟。惟查寧朔、平羅二縣，因河水泛溢，被灾較重，房屋多有倒塌，將來正賑已畢，民力未免拮据。應請將該二縣灾民，于正賑之外，展賑一月口糧，以廣皇仁。所有查明酌擬緣由，理合覆奏，伏祈皇上睿鑒。謹奏。

乾隆四十六年十一月初二日。

旨有□時須發。

【《宫中檔乾隆朝奏摺》第 49 輯，第 405 頁】

陝甘總督李侍堯奏報籌議陝甘二省添兵駐防事

乾隆四十六年十一月初九日

三品頂帶管理、陝甘總督臣李侍堯謹奏：爲添兵各款，續行籌議具奏，仰祈聖鑒事。

竊臣前會同大學士公臣阿桂遵旨籌議陝甘兩省添兵移駐各款，經軍機大臣會議覆奏，奉旨：“依議。欽此。”咨行到臣。所有議准各款，臣遵即移行陝甘各文武，查照原議，逐一妥協辦理外，惟原議内開：陝甘兩省所有扣存公糧、公費各款，應令該督查明核辦。等語。臣查公糧一項，于乾隆二十一年，經前督臣黄廷桂因陝甘兩省辦理軍需以來，緑旗各營公私借墊頗多，欽奉諭旨，免其扣抵，奏准在于兩省兵數内酌扣公糧十分之一，共扣公糧兵七千九百三十名。合計閏年小建，常年約扣銀二十三四萬餘兩，通融、彌補。嗣于二十六年扣案清完，即將此項即省銀兩歸入新疆經費項下支銷在案。今陝甘共添兵一萬二千七百三十名，每歲約需餉、乾糧、料草折共銀三十四萬五千九百餘兩，應請將前項扣存公糧銀二十三四萬餘兩，仍充新添兩省兵餉支用。其不敷銀兩，按閏年小建確數，陝省應請在于地丁銀内撥支，甘省應請統隨常年兵餉一并添撥，嗣後將公糧名色，概行删除。至新疆經費短少之數，查經費項下，有積年存餘銀二百萬餘兩，可添入支用，俟將來存剩數少之時，再行籌撥。

又查公費一項，定例每兵一百名内扣公費二三名不等，以爲營中每年添補軍裝，製辦火藥、鉛丸之用。前臣等籌議添兵一萬二千七百三十名外，添公費馬步守兵共二百一十名。因公費原係營中必需之項，各省皆有此款，俱于額兵内扣出，以致有虧兵數，是以臣等原奏請于正額外加添，使兵不虚增而費有所出。兹準部議，以兵丁賞恤等項，欽奉諭旨："俱著于正項支給。"欽遵在案。所請外添公費兵二百十名，應毋庸議。等因。臣查紅白賞恤銀兩加惠兵丁之項，與公費原屬兩款，絶不相涉。今賞恤銀兩，遵旨作正開銷，其公費一款，應請仍照原議添設，庶于營中辦公有裨。

又部議西安毋庸設鎮。照成都之例，請設將軍標，統領中、左、右三營。應設中軍副將，以提標中營參將改補。查將軍標下中營與總督中營一例應設副將，以符體制。今河州業已改協爲鎮，其原設河州協副將，即可移作西安將軍標中軍副將。至西安提督移駐固原，例設中軍參將，應即以提標中軍參將隨同移駐固原。其中營守備一員應請裁汰，留陝候補。其千把、外委仍隸副將管轄。所有固原鎮中營游擊一員，查河州舊設左營都司一員，原議改爲右營都司，今西安將軍標副將應設中軍都司一員，即將河州右營都司改駐。其固原鎮中營游擊即請改爲河州鎮右營游擊，該游擊都司所屬守備、千把仍留原營，毋庸隨同移駐，似此移改各營，體制均屬相符。

又，陝甘兩省各營議添兵丁，自應早爲召募，以資訓練操防。臣現已嚴飭各該營于奉文之日即照應添之數召募，先儘兵家子弟及土著民人，挑選漢仗强幹、年力精壯者充補。其外來流蕩，并無家室之人，概不准挑。并嚴飭將備、千把，勤加操練，以期盡成勁旅。其西安提督移駐固原，止令將前、後二營官弁并中營參將隨同移駐，所遺兵丁，即分撥西安各營，充作新添之數。至應行移駐各官，統于明歲開印後，各赴新任，以專責成。所有各營歲需本色糧料、草束，臣已飭藩司按添兵之多寡，確加估撥。如有不敷，或本處采買，或于鄰境酌撥，以期無誤供支。

至于官兵衙署，查固原原係提督衙署，河州原係總兵衙署，其餘副將以下各官，彼此移駐，均有衙署，無庸添建外，惟循化營添設守備一員，應建衙署。即將永安營裁汰守備衙署變價移建，其移建工料如有不敷，在于留半銀内動用。又，歸德營、保安營各添把總一員，俱應照例酌建房屋，以資栖止。其新添兵丁，亦照例每兵一名，給兵房二間。查新添循化、巴燕戎格營地界番回，舊無兵房，必須添建。其餘各營從前均有裁缺兵丁，其營中有無兵房，現在飭令地方官會同營員確查辦理。至各營改設之後，有昔簡而今繁、昔繁而今簡，應分别部選外，題謹另繕清單，恭呈御覽。

又部議内開：各營養廉名糧，核明扣除，添足實額，將來應照各營所扣兵餉挑部實兵，及現在增添之外，有無添設養廉名糧，應令該督另行查明，辦理具奏。等因。查陝甘已經添兵一萬二千七百餘名，足資操防，似毋庸將養廉名糧再爲扣除，添足實額。俟武職養廉議定之後，即將此項名色删除，即作爲養廉正項。如有不敷，再行籌款。所有應支本色糧草、銀兩，俱作新添兵馬之用。至現在將軍、提督，并裁改副將、參將、游擊、都司、守備，應撰敕書、關防、印信，容臣逐一查明，擬定字樣，分别咨部鑄給，照例具題。此外有無應行酌改之處，臣隨時酌議具奏。所有續籌添兵各款，理合恭摺奏聞，伏祈皇上睿鑒，敕議施行。謹奏。

乾隆四十六年十一月初九日。

該部議奏。

【《宫中檔乾隆朝奏摺》第49輯，第514頁】

陝甘總督李侍堯奏請百泰借補平凉府鹽茶同知事

乾隆四十六年十一月十五日

三品頂帶管理、陝甘總督臣李侍堯謹奏：爲要缺同知需員，仰懇聖恩借補，以裨地方事。

竊照平凉府鹽茶同知閔鵷元，于揑灾冒賑案内，參革治罪，所遺員缺，分駐海城，回民雜處，係繁、疲、難三項要缺，例應在外調補。臣與兩司詳加揀選，現在甘省丞倅州縣均係甫經補放，并無合例之員。惟查有委用知州百泰，年四十六歲，厢白旗蒙古，由禮部堂主事奉旨記名，以直隸州知州用，前督臣勒爾謹奏請揀發人員，經部揀選，以知州發甘候補。于乾隆四十五年到甘，歷經差委，均無貽誤。該員心地明白，辦事穩妥，以之借補鹽茶同知，堪以勝任。如蒙俞允，該員自必感激天恩，益加奮勉，于要缺郡丞，實有裨益。再，查百泰雖係知州揀發，但該員原係記名以直隸州知州補用之員，今以借補同知，銜缺相當，毋庸送部引見，合并陳明。至該員參罰案件，另具清單，恭呈御覽，伏祈皇上睿鑒。謹奏。

乾隆四十六年十一月十五日。

該部議奏。

【《宫中檔乾隆朝奏摺》第 49 輯，第 625 頁】

陝甘總督李侍堯奏報甘肅民數事

乾隆四十六年十一月二十日

三品頂帶管理、陝甘總督臣李侍堯謹奏：爲遵例奏報民數，仰祈聖鑒事。

竊查乾隆五年十一月，欽奉上諭："每歲仲冬，該督撫將各府、州、縣户口增減、倉穀存用，一一詳悉，具摺奏聞。欽此。”又于乾隆四十年四月，欽奉上諭：“令各督撫等嚴飭所屬，嗣後務須查明實在民數具報，確核彙奏。欽此欽遵。”各在案。兹據甘肅布政使福崧查明，乾隆四十六年，甘肅省蘭州、鞏昌、平凉、慶陽、甘州、凉州、寧夏、西寧八府，及秦、階、涇、肅、安西五直隸州各屬，實在民數共男女大小一千五百一十三萬七千六百二口，造册呈賫前來，臣覆核無异。除咨户部外，謹將甘省民數繕摺奏聞，并造黄册，恭呈御覽，伏祈皇上睿鑒。

至通省倉穀用存數目，因甘省折收冒賑等案現在徹底查辦，所有各屬倉貯糧石，均應盤查確實，未能遽行循例造報，前經臣奏明在案，合并聲明。謹奏。

乾隆四十六年十一月二十日。

留。覽。

【《宫中檔乾隆朝奏摺》第 49 輯，第 715 頁】

陜甘總督李侍堯附奏估修寧夏固原二處城垣情形之摺片

乾隆四十六年十一月二十一日

再，臣檢查卷案，寧夏、固原二處城垣，上年據該州縣詳請估修，藩司具詳請奏，前督臣勒爾謹并未專摺具奏，止于四十四年年終彙奏城垣保固單内添注“年久，因陰雨坍塌”。其所估工料價值，寧夏府城據該縣原報估銀七萬餘兩，經委員原任甘凉道王曾翼覆勘，止需銀一萬兩内外。又，固原州城據該州原報估需銀五萬餘兩，經升任平慶道福寧覆勘，多有緩修之處。臣查寧夏城垣據覆勘一萬兩内外之工程，而原報至七萬餘兩。固原城垣以尚可緩修之工程列入急修，估需銀五萬餘兩。明係該州縣藉端浮冒，希圖侵蝕，情弊顯然，本應嚴參治罪，但寧夏縣知縣宋學淳、固原州知州那禮善，俱于冒賑案内正法，無可加罪。臣現在遴委誠幹大員前往勘估，如果應修，再行據實具奏。若止需粘補，即飭令地方官照例自行修葺，毋庸動項興修。所有寧夏、固原二處城垣，委員復加勘估緣由，理合附片奏聞，伏祈皇上睿鑒。謹奏。

乾隆四十六年十一月二十一日。

覽。

【《宫中檔乾隆朝奏摺》第49輯，第734頁】

乾隆四十七年（1782）

△諭著再加恩將被灾較重之寧朔平羅二縣貧民展賑一個月等

乾隆四十七年正月初六日

乾隆四十七年正月初六日，内閣奉上諭："上年，甘肅寧朔、平羅等縣因河水泛溢，秋禾被灾，屢經降旨，令該督切實查勘，照例給賑。第念今春正賑已畢，尚屆青黄不接之時，民力未免拮据。著再加恩，將被灾較重之寧朔、平羅二縣貧民展賑一個月。其隴西、寧夏二縣被灾較輕，仍著該督，飭令地方官留心體察，如有缺籽乏食之户，即行酌借籽種、口糧，以資接濟，務使灾黎共慶安全，用敷春澤。該部遵諭速行。欽此。"

【《乾隆朝上諭檔》第11册，第8頁第20條】

陝甘總督李侍堯奏爲委護道篆摺

乾隆四十七年正月初十日

三品頂帶管理、陝甘總督臣李侍堯謹奏：爲委護道篆，恭摺奏聞事。

竊照平慶道汪新欽奉諭旨，補授湖北按察司。所遺員缺，雖經部選有人，但到任尚需時日，理應遴員接署。查平慶道駐札固原州，離平凉府七十里，有平凉府知府熊枚何以就近暫行兼護，除檄飭遵照外，所有委護緣由，理合恭摺奏聞，伏祈皇上睿鑒。謹奏。

乾隆四十七年正月初十日。

覽。

【《宫中檔乾隆朝奏摺》第 50 輯，第 489 頁】

陝西固原提督馬彪奏爲移駐固原接收交代事件摺

乾隆四十七年二月初四日

陝西固原提督奴才馬彪跪奏：爲奴才移駐固原接收交代事件，仰祈聖鑒事。

竊奴才遵照軍機大臣原議，將西安提標改設軍標事宜，于本年正月二十一日，造册移交西安將軍伍彌泰接收管轄。即于是日帶領裁移前後二營將弁并王命印信文卷等項，束裝運載，自西安起程，恭摺奏聞在案。兹于二月初一日前抵固原。查固原移駐提督原議設立五營，添足兵丁三千名。業經固原鎮總兵哈當阿照議挑選，募補足數，均匀分撥五營，并一切馬匹、軍裝、器械等項造册移交前來。奴才即于是日接管，將中、左、右三營分撥兵丁，仍令照舊管轄，其新添前後二營兵丁，即飭令跟隨奴才到固之將弁等，亦即于是日各接收管理訖。除另疏題報外，所有奴才移駐前抵固原日期，并接收交代事件，謹再繕摺賫奏，伏祈皇上睿鑒。謹奏。

乾隆四十七年二月初四日。

知道了。

【《宫中檔乾隆朝奏摺》第 50 輯，第 764 頁】

陝西固原提督馬彪奏爲請准赴都陛見摺

乾隆四十七年二月初四日

陝西固原提督奴才馬彪跪奏：爲籲懇聖恩，俯准赴都陛見事。

竊奴才自乾隆四十一年金川凱旋，趨赴熱河行在，瞻仰天顔。至四十四五六三年内，連摺恭懇陛見，均未仰蒙俞允。見議陝甘二省增設官兵，西安提督移駐固原，奴才于二月初一日業經抵任。伏查固原地方爲兩省襟要之區，提督職司專閫，見在統轄各鎮及增設營伍，均宜實力整頓訓練。奴才自分駑駘，誠恐不足以資策勵，謹再瀝陳下悃，仰祈恩准赴京，恭覲天顔，跪聆聖訓，庶新移重地，一切得所遵循。而數載以來，犬馬戀主之忱，亦藉以少伸萬一。至仰蒙恩准後，奴才即移咨督臣李侍堯，俟委員到日，將提督印務，交給接管，奴才即趨赴闕廷。爲此恭摺具奏，伏祈皇上睿鑒。謹奏。

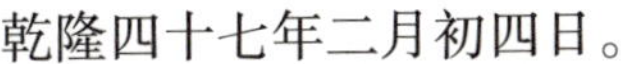
乾隆四十七年二月初四日。

准汝来。

【《宫中檔乾隆朝奏摺》第 50 輯，第 765 頁】

陝甘總督李侍堯奏報甘省冒賑案犯王鳳儀等原封家産自行變交事

乾隆四十七年三月初五日

三品頂帶管理、陝甘總督臣李侍堯謹奏：爲奏明請旨事。

竊臣前准部咨，甘省止捐監生未經辦賑各員内，有前任寧夏理事同知升任員外郎岱禄，曾署寧夏、隴西二縣，捐監三百名，每名應追繳銀八兩，于一年限内，令其繳銀二千四百兩。所有前次奏明，看守該員家産，仍交岱禄收領，自行變交。等因。臣查甘省止捐監生未經辦賑人員，前已查明在甘、離甘并捐監應繳銀數，分咨旗籍追繳。嗣查有止捐監生未經辦賑之知縣王鳳儀、張履升、楊瀛仙三員原籍家産，准雲南撫臣劉秉恬咨稱，均已查封備抵。今岱禄家産既經部議，仍交該員收領，自行變交，其王鳳儀等三員，事同一例，原封家産似應照岱禄之案，仍交該員等收領，自行變交。除張履升現任甘省合水縣，在于任所，著追外，所有王鳳儀、楊瀛仙二員應繳銀兩，臣一面移咨雲南撫臣，同查封張履升原籍家産，仍交該員等家屬收領，自行速變，依限完繳，并咨明刑部知照在案。

茲準刑部咨稱，查交還岱禄家産，令其自行變交，係由本部具奏，請旨辦理。今王鳳儀等雖與岱禄事同一例，但事關帑項，不便據咨完結，應令該督查明具奏，俟奉有諭旨，再行遵照辦理。等因。咨覆到臣，臣查王鳳儀、楊瀛仙、張履升三員止捐監生未經辦賑此案内，岱禄應賠監價銀兩，既經部議，將原封家産仍交收領，自行變交，其王鳳儀等三員可否亦照岱禄之例一體辦理。出自聖恩，理合恭摺具奏，伏祈皇上睿鑒。謹奏。

乾隆四十七年三月初五日。

該部議奏。

【《宫中檔乾隆朝奏摺》第51輯，第137頁】

陝甘總督李侍堯奏請武靈阿暫署固原提督事

乾隆四十七年三月十九日

三品頂帶管理、陝甘總督臣李侍堯謹奏：爲委署提鎮印務，恭摺奏聞事。

竊臣接准固原提臣馬彪咨稱，奏請陛見，奉到諭旨："准汝來。欽此。"所有提督印務，應請委員接署，以便交代起程。臣查有寧夏鎮總兵武靈阿，熟諳營伍，辦事認真，且寧夏與固原相離較近，可以委署，俾提臣馬彪得以迅速赴京，瞻仰天顔。其寧夏鎮印務，查有臣標右營參將顔鳴漢，心地明白，營務熟悉，堪以護理。除移行遵照外，所有委署緣由，理合恭摺奏聞，伏祈皇上睿鑒。謹奏。該部知道。

乾隆四十七年三月十九日。

該部知道。

【《宫中檔乾隆朝奏摺》第51輯，第263頁】

陝甘總督李侍堯奏報審辦偷買私玉人犯馬相等事

乾隆四十七年四月初八日

三品頂帶管理、陝甘總督臣李侍堯謹奏：爲奏明事。

竊臣准庫車辦事大臣海成來咨，拿獲偷買私玉人犯馬相、白正儒等，俱經該處訊明。馬相籍隸靈州，向在阿克蘇販賣雜貨生理，陸續用烟、茶、布、綫，向不知姓名回子换有大小渣子玉石二十三塊、玉子兩個。白正儒籍隸固原州，向在喀什噶爾販賣雜貨生理，陸續用烟、茶，向不知姓名回子换有大小玉石七塊，俱埋藏城外。該犯等于乾隆四十六年七八月間由阿克蘇、喀什噶爾先後起程回籍，各將换得玉石私行偷帶，行至庫車地方，即被官兵拿獲，訊取確供，將該犯等遞解到蘭。臣隨飭司委員逐加研訊，據該犯等堅供，偷换私帶，衹此一次，從前并無販賣情事。馬相一犯，于取供後，在監病故，由臬司福寧審擬前來。伏查乾隆四十三年十一月内奉上諭："此次查辦之後，前赴新疆偷買玉石者，一經查獲，即照竊盜滿貫例，計贜科罪。等因。欽此。"除馬相一犯私换玉石共費貨物值銀八兩，應擬杖責，已經病故，毋庸議外，白正儒私换玉石，共費烟、茶值銀三兩，合依竊盜贜一兩以上至一十兩杖七十律，應杖七十，折責二十五板，遞回原籍交保，嚴加管事。至搜獲玉石，已准該處咨稱，另行解京在案。所有審辦緣由，理合恭摺奏明，伏祈皇上睿鑒。謹奏。

乾隆四十七年四月初八日。

知道了。

【《宫中檔乾隆朝奏摺》第 51 輯，第 396 頁】

陝甘總督李侍堯奏報對調參將以裨營務事

乾隆四十七年四月十六日

三品頂帶管理、陝甘總督臣李侍堯謹奏：爲對調參將以裨營務事。

竊照固原提標中軍參將一缺爲各營領袖，有總理兵馬錢糧、訓練弁兵之責，且甫經移駐，提督一切事宜，均資中軍料理，必得明白歷練之員，方能勝任。兹準提臣馬彪咨稱，現任中軍參將素爾善，由肅州鎮標右營游擊推升今職，該員于營伍尚爲熟諳，辦事亦屬小心，但于中軍繁缺，未能料理裕如。查有宜君營參將李良輔，由京營游擊升授今職，該員心地明白，營伍熟諳，請以調補提標中軍參將，實堪勝任。其宜君營參將員缺，係偏僻營分，即以素爾善調補，亦能勝任。咨商到臣，臣查固原甫經改設提督，所有中軍參將一缺，事務較繁，辦理一切，均關緊要，既據提臣馬彪酌量人才，咨請奏明對調，相應具奏，仰懇聖恩，俯准以宜君營參將李良輔調補固原提標中軍參將，其宜君營參將員缺，即以素爾善調補。一轉移間，人地相宜，實于營務有裨。如蒙俞允，該員等均係現任參將調補參將，銜缺相當，俱毋庸送部引見。再，提臣馬彪移咨後，即起程赴京陛見，不及會銜，合并聲明。除查取該員等履歷送部外，理合恭摺具奏，伏祈皇上睿鑒，敕部議覆施行。謹奏。

乾隆四十七年四月十六日。

該部議奏。

【《宫中檔乾隆朝奏摺》第 51 輯，第 457 頁】

△諭内閣加恩晋封趙良棟王進寶等事

乾隆四十七年五月初四日

乾隆四十七年五月初四日，内閣奉上諭："朕恭閲《皇祖實録》所載掃除吴逆、平定川陜事迹，因取張勇、趙良棟、王進寶三人國史列傳詳加披覽，其功績實有不可没者。當吴逆煽亂，川陜兩省提鎮王輔臣、吴之茂等相率從賊，維時西陲告警，張勇以雲南提督調回甘肅，授爲靖逆將軍。勇躬履行間，殫心籌畫，攻取平凉，底定秦隴，其間收復洮河諸郡及舉發僞札、執斬來使諸事，居然有古名將風。

而趙良棟之授爲寧夏提督，即係張勇所爲。又，王進寶亦曾隸勇麾下。兩人提兵轉戰，同心效力。趙良棟首先建議直取成都，王進寶戡定保寧，殲擒渠帥。其削平恢復之勛，亦不可泯。厥後張勇封侯，趙良棟、王進寶僅得子爵，蓋緣兩人各懷私忿，互相攻訐。雖較之張勇之勤勞懋著，始終無過者實遜，然兩人之功，究足以掩其過。今百年論定，眷念成勞，趙良棟、王進寶，宜加追叙。前于乾隆三十二年特降恩旨，令張勇等子孫世襲罔替。張勇本係侯爵，其元孫張承勛承襲，因曠班，革去散秩大臣，在二等侍衛上行走，兹特加恩，復還散秩大臣，照舊供職。至進取雲南，恢復成都，趙良棟之功爲最，原封一等子，晋封爲一等伯。王進寶，原封三等子，著晋封爲一等子，仍准世襲罔替。并交該督撫查明趙良棟、王進寶現在襲職子孫，送部引見，候朕酌量録用，以示優眷。夫兵可百年不用，不可一日不備。國家承平日久，每溯前勛，爰思將帥，如張勇、趙良棟、王進寶諸人，將材武略，獨出冠時，名炳旂常，賞延苗裔。凡在戎行者，尚其益勵赳桓，以副干城腹心之寄。將此通諭，中外知之。欽此。"

【《乾隆朝上諭檔》第 11 册，第 165 頁第408 條】

陝甘總督李侍堯奏報雨水禾苗情形摺

乾隆四十七年六月初四日

三品頂帶管理、陝甘總督臣李侍堯謹奏：爲恭報雨澤禾苗情形，仰祈聖鑒事。

竊臣前于四月十二日，將甘省河東、河西各屬，自三月下旬，至四月初旬，具報得雨分寸日期，繕單恭摺奏聞在案。兹查四月中旬至五月下旬，續據金縣、狄道、岷州、安定、會寧、伏羌、寧遠、西和、洮州、平凉、静寧、固原、安化、合水、寧州、正寧、秦安、清水、徽縣、禮縣、階州、成縣、西固、莊浪、三岔、涇州、鎮原、崇信、中衛、西寧，各廳、州、縣縣丞先後具報，均經得雨深透。又，皋蘭、河州、循化、渭源、□遠、紅水、隴西、漳縣、通渭、鹽茶、隆德、環縣、秦州、兩當、文縣、靈臺、張掖、山丹、撫彝、東樂、武威、永昌、鎮番、古浪、平番、寧夏、寧朔、靈州、平羅，碾伯、大通、歸德、巴燕戎格、肅州、高臺、玉門等廳、州、縣縣丞陸續具報，連次得雨，自一二三寸至四五寸不等。是通省各屬，俱經得有雨澤。

查甘省地處邊陲，山高氣冷，收成較遲。今歲雨澤應時，所有各屬内地氣較暖、收成較早之區，據報二麥、青稞、大豆、豌豆均已揚花結實，間有收穫者。粟米、糜穀、蕎麥、燕麥等禾苗滋長六七八寸不等。其地氣較寒、收成稍晚之處，二麥、青稞、豌豆亦經吐穗，漸次含花，粟米、糜穀、蕎麥等禾苗滋長四五寸。現在民情愉悦，糧價平減，地方寧謐，理合恭摺具奏，伏祈皇上睿鑒。謹奏。

乾隆四十七年六月初四日。

欣悦至之。

【《宫中檔乾隆朝奏摺》第52輯，第22頁】

陝甘總督李侍堯奏報接到廷議并駝隻料草節省銀兩歷欠不清現在查辦緣由摺

乾隆四十七年六月二十八日

三品頂帶管理、陝甘總督臣李侍堯謹奏：爲奏明事。

竊臣于本年六月二十六日，接准軍機處抄寄大學士臣阿桂等遵旨議覆，甘肅提督俞金鰲奏請將駝隻料草節省銀兩撥補節年虧缺公費一摺。内稱，查各省標營額設公費，原備粘補軍械及營中一切公用支銷，惟甘省因節次調派出征，兵丁借支款項過多，且甘省各營差使絡繹費用，亦較他省爲繁，以致借用公糧遞年虧欠。截至四十六年冬季，一提四鎮竟有未繳銀六萬八千餘兩。固由歷任營員辦理不善，亦因各營支費本屬浩繁、入不敷出。臣阿桂在甘省時，本意欲于新補兵額内，其馬兵暫緩買補馬匹，將所有草乾銀兩撥補公費，一年之内，彌補後，再行補立馬匹。與李侍堯閑論中，亦曾提及因款項尚未徹底清厘，是以未經定議。今俞金鰲奏稱，此項扣繳銀六萬八千兩，請于節年駝隻料草銀兩舊作接濟兵丁之用者，今即藉此一項，撥填歸款，固屬以公辦公，爲贍恤兵丁、通融辦理起見，但據單開，西寧、凉州、肅州、寧夏四鎮及提標各營，有舊存節省銀兩，本多撥補之外，尚有餘剩以備接濟者，有止撥填公費而置急製軍裝于不論者，有舊存節省銀兩無多，撥填公費尚有不敷，酌留一半以資接濟者，有節省銀兩甚少，難以撥補及本無節省銀兩者，其作何籌辦之處，未經議及情形，既不畫一聲叙，亦未詳明查。公費不敷銀六萬八千餘兩，應于公糧充裕時，陸續扣繳，現在扣項既多，完補無期。至急製軍裝銀十萬七千二百餘兩雖未起扣，將來亦須于通省兵丁餉銀内接季坐扣。前欠未清，後項又至，其爲苦累則一。在皇上體恤深仁，固不靳此十餘萬帑金，而臣等愚昧之見，該省既有項可籌彌補，兵丁得沾實惠，感頌皇仁，即與特頒諭旨加恩，豁免無异。臣等請將甘省各營應行扣繳公費六萬八千餘兩，及急製軍裝銀七萬七千二百餘兩，□交與李侍堯會同俞金鰲詳查明確，該省各營節年駝隻節省料草銀兩共有若干，不必拘定何鎮何營，儘數通融、彌補。如有不敷，再將未立馬匹草乾銀兩撥抵，俟該督等具奏到日，再請旨施行。等因。乾隆四十七年六月十五日，奉旨："依議。欽此。"抄寄到臣。

伏查臣前清厘各州縣倉庫虧空之後，因思甘省各營多有公費不敷、借墊不清之處。如甘州、凉州、西寧、肅州各提、鎮、標，向有駝隻節省乾銀買備兵糧接濟等項，原議係將銀兩交同城文員貯庫，遇有動用，詳明總督，并報明藩司，追扣還之日，仍行具報，以備查核。無如存貯年久，各營借用并不詳報，又不按期清還，頻年拖欠，以致存貯日少，竟有乾隆二十六年借款至今未清。經臣于本年三月内移詢各提鎮，并飭司檄行各該府查覆，嗣據各提鎮覆稱，銀兩久經借墊，此内除凉州鎮標節省銀兩現存府庫，其甘州提標應存銀一萬九千餘兩，據甘州府巴尼珊詳報，現交府庫止有六千八百一十一兩三錢，尚有借動未歸銀一萬二千一百九十五兩七錢。西寧鎮標應存銀三萬二千二百五十八兩零，據西寧府巴海稟報，實存府庫止有三十八兩六錢，其餘銀三萬二千三百二十餘兩俱係該鎮標借動，并未歸還。詢其因何久借不歸緣由，率多含糊，不能詳悉聲覆。嗣于五月十五日□□□俞金鰲□稱，此項銀兩，業經奏請撥填公費不敷及應扣急製軍裝銀兩，將摺稿録寄閲看。臣竊以甘省各營兵丁差使較多，費用亦較他省爲繁，以致頻年借項，兵力拮据。在提臣之奏，固屬以公辦公，爲贍恤兵艱起見。扣項籌補一分，即兵力寬紓一分，意非不善。但此項銀兩，果使各標營實貯無虧，方可藉資挹注。今查存貯以來，歷年借動，多半無存。即如甘州提標，據提臣單開，現存銀一萬九千七兩，除撥填不敷公費及急製軍裝借項外，尚剩銀六千餘兩，以備接濟。又，西寧鎮屬，據提臣單開，現存銀三萬五千一百八十餘兩，除撥填公費外，尚存銀一萬餘兩，亦可留爲接濟。乃臣據甘州府所禀，則現存銀兩止有六千八百餘兩。又，西寧府所稟，則庫存止有銀三十八兩，其餘盡係營中借去未歸。又，肅州、鎮原存節省銀一千八百餘兩，自議交州庫以後，從無具報借領之案。檢查肅州交代庫項册，亦未開有此款。前項銀兩，作何下落，經臣飭再行查，至今尚未據覆。是提臣所指填撥之款，按單而計，足敷撥用。而核之庫貯，半屬虚懸，似未便以紙上空談，即爲利益兵丁之實濟。且此項銀兩，既經奏明，撥填公費，則奏准以後，即應解司歸款，以清前借。在各營以歷年壓欠緩扣之項，今爲奏准撥補公費之款，勢難延宕，急須歸還，自必急向兵丁扣餉完繳，是本欲撥此項以抵兵欠，轉因繳此項而加扣兵餉，未受益而先受其累。此言甚通。再，甘州、西寧兩標歷年借動節省銀兩，俱有指稱公費不敷借墊。查甘省先因各營公費不敷，業經前督臣勒爾謹兩次奏明，借領司庫銀一十萬六千五百六十餘兩，何又將此項節省銀兩挪墊。甘提標有十年前之借款，甚至西寧鎮標有二十餘年之壓欠，至今并未歸還，均須徹底清厘。容臣詳查明確，會同提臣妥商酌辦。此項銀兩果能立時定繳，則以撥填公費所缺無多，亦可免兵丁扣項之半。如其不能，自未便以空言無實，反累兵丁。容臣酌核熟籌，所有扣繳公費及應扣急製軍裝統計銀十四萬餘兩，除將現存銀數先行撥補外，不敷銀兩，或可照阿桂等所請，各營添兵應立馬匹再行酌緩，將節省乾銀盡數撥補，務俾兵丁均沾利益之處，再行奏明，恭請聖訓。所有臣接到廷議，并此項節省銀兩，歷欠不清，現在查辦緣由，理合先行恭摺覆奏，伏祈皇上睿鑒。謹奏。

乾隆四十七年六月二十八日。

已有旨了。

【《宫中檔乾隆朝奏摺》第52輯，第284頁】

陝西固原提督馬彪奏報回任日期摺

乾隆四十七年七月初九日

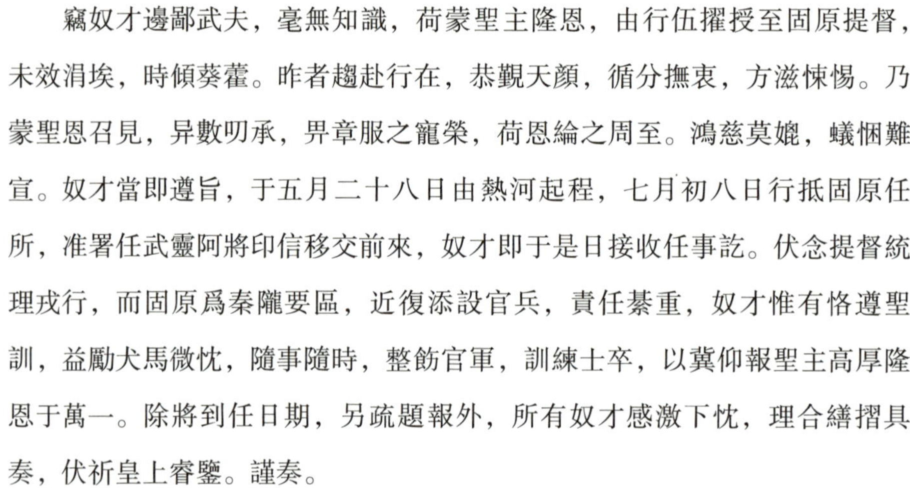

陝西固原提督奴才馬彪跪奏：爲恭報回任日期，仰祈聖鑒事。

竊奴才邊鄙武夫，毫無知識，荷蒙聖主隆恩，由行伍擢授至固原提督，未效涓埃，時傾葵藿。昨者趨赴行在，恭覲天顔，循分撫衷，方滋悚惕。乃蒙聖恩召見，异數叨承，畀章服之寵榮，荷恩綸之周至。鴻慈莫媿，蟻悃難宣。奴才當即遵旨，于五月二十八日由熱河起程，七月初八日行抵固原任所，准署任武靈阿將印信移交前來，奴才即于是日接收任事訖。伏念提督統理戎行，而固原爲秦隴要區，近復添設官兵，責任綦重，奴才惟有恪遵聖訓，益勵犬馬微忱，隨事隨時，整飭官軍，訓練士卒，以冀仰報聖主高厚隆恩于萬一。除將到任日期，另疏題報外，所有奴才感激下忱，理合繕摺具奏，伏祈皇上睿鑒。謹奏。

乾隆四十七年七月初九日。

覽。

【《宮中檔乾隆朝奏摺》第 52 輯，第 431 頁】

陝甘總督李侍堯奏報夏禾收成分數摺

乾隆四十七年七月二十五日

陝甘總督臣李侍堯謹奏：爲恭報夏禾收成分數，仰祈聖鑒事。

竊照甘省入夏以來，雨澤頻沾，田禾暢茂，節經臣于四月十二、六月初四等日恭摺奏聞在案。查六月中旬以後，二麥、青稞、莞豆均經先後成熟登場，近復屢獲甘霖，旋即晴霽，不但夏田得以及時收割曬晾，兼之各色秋禾得雨滋培，益覘芃鬱。玆據各屬呈報夏禾收成分數，由署藩司福寧核實詳報前來。臣覆加查核各府州内，如慶陽、甘州、寧夏、西寧四府屬，直隸秦州、階州、涇州并所屬，各收成八分有餘。蘭州、鞏昌二府屬，直隸肅州并所屬，各收成八分。平凉、凉州二府屬，直隸安西州并所屬，各收成七分有餘。合計甘肅通省夏禾收成八分有餘。伏念甘省自積弊廓清之後，今歲雨暘時若，水田旱地一概有收，此皆仰邀聖主福庇，俾瘠土邊氓，咸獲盈寧之慶。現在新糧入市，價值平減，民情歡樂，地方寧謐。除將各屬收成細數另行確核、循例具題外，所有甘省夏禾收成分數，合先恭摺奏聞，伏祈皇上睿鑒。謹奏。

乾隆四十七年七月二十五日。

欣慰覽之，餘有旨諭。

【《宫中檔乾隆朝奏摺》第52輯，第541頁】

陝甘總督李侍堯奏報裁移將弁摺

乾隆四十七年七月二十八日

陝甘總督臣李侍堯謹奏：爲奏明裁移將弁，仰祈聖鑒事。

竊照庫爾喀喇烏蘇、精河、喀喇巴爾噶遜三處移駐眷兵，由陝甘兩省各營派撥前往。現經臣另摺奏聞，所有營轄兵丁之將弁統計應需二十八員，内除喀喇巴爾噶遜應需員弁先經前督臣勒爾謹議，照烏嚕木齊都統所請，設立守備一員、把總二員、經制外委二員、額外外委二名，奏明在于陝甘二省簡僻營分裁移前往，經兵部覆准在案。其庫爾喀喇烏蘇改駐眷兵需員管轄，先經前任烏嚕木齊都統奎林議，由内地各營裁移游擊一員、守備一員、千總二員、把總二員、經制外委四員、額外外委四名。又，精河改駐眷兵，議由内地裁移都司一員、千總一員、把總一員、經制外委二員、額外外委二名，以資管轄。等因。于上年四月内咨商前督臣勒爾謹查核具奏，彼時正值逆回滋擾，勒爾謹未經辦理。嗣臣抵任後，于閏五月内因兵丁剿賊，調集蘭城，奏明將此案眷兵暫緩一年移駐。今秋已届移駐之期，現經派撥兵丁，即應一并裁移將弁，臣檢查案卷，見有該都統咨商查辦之文，而前督臣未及核奏。但兵丁移駐業已届期，管轄弁員難容遲緩，隨即照奎林所議裁移之數，行知陝甘兩提。臣在于所屬營分，即行酌派裁移，令其帶領起程。

兹據提督馬彪、俞金鰲酌派咨覆前來，臣覆加查核，原議移裁各缺，俱在簡僻營分派撥，但僻路各營之游擊，俱係專營駐札統轄之員，不便裁移，是以該提督擬于總兵標下各營酌量裁撥。查河西各鎮内寧夏情形，尚屬不甚衝繁，該標原設左、右、前、後四營游擊各一員，城守營都司一員，今擬援照乾隆二十九年凉州城守營都司裁并鎮標後營都司兼管之例，將寧夏鎮後營游擊裁移，即將寧夏城守營都司改調作爲後營都司，兼管城守營事務。又，延綏鎮屬雙山堡都司一缺，地處簡僻，僅轄兵丁四十餘名，據該提督議請裁移，將兵丁即歸該營經制外委管理，但該處究係沿邊專汛，雖兵額無多，未便止留外委。查有延安營千總一員，可以撥駐雙山堡，俾專汛守。至其餘所裁員缺，均係斟酌營制情形辦理。計陝省各標營裁撥官弁十五員名，甘省各標營裁撥官弁十三員名，内除原在屯所告駐之守備二員，千把、外委等官九員名，即補内地擬裁各缺外，實在由内地各營裁移之游擊一員，都司一員，千把、外委十五員名，應即令各該員弁，遵照派定地方，分起前往。所有裁移將弁緣由，理合恭摺具奏，并將裁撥官弁營分員缺，分晰咨部，伏祈皇上睿鑒。謹奏。

乾隆四十七年七月二十八日。

該部知道。

【《宫中檔乾隆朝奏摺》第52輯，第572頁】

陝甘總督李侍堯奏報西安提督移駐固原其衙署存留由地方官照料事

乾隆四十七年九月十一日

陝甘總督臣李侍堯謹奏：爲奏明事。

竊臣前會同大學士公阿桂遵旨籌議陝甘兩省添兵移駐各事宜案内，西安提督移駐固原，其中軍參將隨同移駐，并將中營守備一缺裁汰，仍于西安添設將軍標。即以裁缺河州協副將作爲軍標中軍副將，河州左營裁缺都司作爲副將中軍都司，經軍機大臣會同兵部覆准在案。

兹據西安布政使圖薩布詳稱，西安提督業經移駐，衙署空閑，請作爲新設軍標副將衙署。其提標中軍參將衙署亦屬空閑，請撥給副將中軍都司居住。至裁汰西安提標中營守備衙署一所，應交地方官估變。等情。臣查西安提標移駐固原，現有舊制提標中軍參將衙署可以撥給副將居住，其新設副將中軍都司亦有裁缺守備衙署可以撥給居住。一轉移間，適與體制相符。至提督衙署規模宏敞，似未便改爲副將衙門。若令地方官估變，則公廨與民房體制攸殊，百姓難于居住，勢必零星拆變，一切物料，未免均多折耗，估值無多，殊爲可惜。臣請將提督衙署照舊存留，飭交地方官加意照料，毋許損壞。設將來或有需用之處，亦屬因利乘便，可無另籌之煩。理合恭摺奏明，伏祈皇上睿鑒。謹奏。

乾隆四十七年九月十一日。

知道了。

【《宫中檔乾隆朝奏摺》第53輯，第27頁】

陝甘總督李侍堯奏報地方秋禾收成事

乾隆四十七年十月初七日

陝甘總督臣李侍堯謹奏：爲恭報秋禾收成分數，仰祈聖鑒事。

竊照秋成約收分數，例應先行具奏。兹據甘肅布政使福崧核實彙報前來，臣覆加確核。除向不種植秋禾之循化廳、岷州、洮州廳、巴燕戎格廳、西寧、大通二縣、紅水縣丞等處不計外，查各府州内如蘭州、鞏昌、平凉、甘州、凉州、寧夏等六府屬，直隸秦州、階州、肅州三州并所屬，各收成八分有餘。慶陽、西寧等二府屬，直隸涇州并所屬，各收成八分。直隸安西州并所屬，各收成七分有餘。統計甘肅通省，本年秋禾約收八分有餘。除將各屬收成細數另行詳晰具題外，合將甘省秋禾約收分數，先行恭摺奏聞，伏祈皇上睿鑒。謹奏。

乾隆四十七年十月初七日。

知道了。

【《宫中檔乾隆朝奏摺》第 53 輯，第 276 頁】

陝甘總督李侍堯奏報甘肅添鑄炮位事

乾隆四十七年十月十三日

陝甘總督臣李侍堯謹奏：爲酌定分貯添鑄炮位事宜，仰祈聖鑒事。

竊臣前會同大學士公阿桂遵旨酌籌善後事宜案内，議以炮位爲軍行之利器，亦城守之良材，防衛邊陲，尤關緊要。蘭州省城舊存子母炮位與鳥槍無异。又，威遠炮轟擊稍遠，而施放時，易于跳動，難得准頭，俱不甚得力。此次攻剿賊匪，照四川劈山炮式樣製成二十位轟打賊營，甚爲便捷得力。并于凉州調到大炮四尊，頗爲應用。剿賊事竣，業已炸壞二尊。又，查凉州鎮屬各營舊貯大炮一百六十六位，俱係前明製造，歷年久遠。炮身鐶箍多有脱落銹蝕，火門、鏜口亦多炸裂。各營向不演放，視同廢鐵。其存貯凉州城内者，不過二十餘尊，餘俱散貯各營堡。且有簡僻營汛額兵甚少，亦存貯舊時大炮數位者。此係前明中葉防禦外番及迤北一帶部落所留存，不但今昔情形不同，且萬一賊匪竊發，被其搶得，轉所以藉寇兵。聞西寧鎮，亦係如此，均未妥協。容臣李侍堯派員逐一勘驗，將無用廢炮，盡行銷毁，試演堪用好炮，分貯督撫、提鎮駐札各城。如尚不敷，揀選熟諳匠役鑄造大神炮，酌定數目分貯。至劈山炮，施放迅利，携帶便易，應多爲鑄造。督撫、提鎮大標，約計兵丁二百名，即給一位，并飭各營時常操演試放，以期有準。其陝西各標營，亦如此照辦。等因。具奏在案。

臣隨通飭兩省各標營，將舊貯各炮位，查明堪用與否，分晰具報。除西安撫標本無舊貯大神炮外，其甘州、固原提屬河州、興漢、延綏、凉州、西寧、寧夏、肅州各鎮屬先據查出舊貯各項大炮共六百四十六位，初次演試堪用者僅有二百四十位。臣恐報明堪用之炮尚難盡信，復經移行各提鎮，再將各炮位加足吃藥分兩，裝入錢糧，詳加演試，復有炸裂，實在堪用者一百三十三位，内大神炮六十一位，又大將軍、將軍、紅衣雷公等名目共炮七十二位。計其吃藥自一斤以外至五六斤不等，查臣等原議試演堪用之大神炮分貯督撫、提鎮駐札各城，如有不敷，再行添鑄。今前項覆演堪用之大神炮雖未敷分撥，但現在查出堪用之大將軍、將軍、紅衣雷公等炮，按其尺寸斤重以及吃藥分兩、轟擊遠近，均與大神炮相仿，即可抵作大神炮之用。現飭將協路各營舊貯大炮酌量道路遠近，一體分撥督撫、提鎮駐札各城，擬于臣標及西安撫標各貯十六位，固原、甘州兩提標各貯十四位，河州、興漢、延綏、凉州、西寧、寧夏、肅州七鎮標各貯十位。核算現存堪用之各項大炮已敷撥貯，似可無庸再行鑄造，以省糜費。

至劈山炮一項，從前原議督撫、提鎮大標，約計每兵二百名，即給一位，今臣復加籌酌，兵丁有槍手、箭手之不同，其槍手兵丁，自應按數酌給，以資演放。至箭手兵丁不諳演放，若一例配給，徒爲虚器。兹擬止就督撫、提鎮大標槍手兵丁，以每二百名，鑄造一位配給。除臣標現有去年新鑄二十位，足敷配給各槍手外，其巡撫提鎮各親標，應核明槍手兵丁之數，按二百名配給一位，令各標營自行選覓熟諳炮匠，如法鑄造。臣仍派委妥員前往驗試，將應造炮數、需用工料核實報銷。

至各項存營炮位，若不加演放，恐閑貯年久，必至銹蝕，臣請嗣後令各營每年將存貯大炮以春秋二季輪流演放，報明臣衙門查考。其所用火藥，准于公費内開銷。并將劈山炮令槍手兵丁時常操演施放，務期迅利嫻熟，庶火器更益精良，而邊備倍昭嚴整。至兩省副將以下各營堡均有舊存威遠、子母、涌珠各項小炮，現在演試堪用者共計二千六百一十三位，足敷備禦，應仍令照數存貯該營，以資演放。其炸裂損壞之大小各炮盡行銷毁，將無用廢鐵稱交各地方官變價充公。所有臣酌辦炮位事宜，理合恭摺具奏，伏祈皇上睿鑒。謹奏。

乾隆四十七年十月十三日。

該部議奏。

【《宫中檔乾隆朝奏摺》第53輯，第352頁】

陝甘總督李侍堯奏報蘭城得雪事

乾隆四十七年十月十三日

陝甘總督臣李侍堯謹奏：爲恭報省城得雪日期，仰祈聖鑒事。

竊照蘭州省城于十月初九日辰刻得雪，起沾灑綿密，至戌刻止，積地四寸，彤雲密布，其勢甚寬。查甘省河東地方多有播種冬麥之處，得此應時瑞雪，土脉滋培，固屬大有裨益。即河西各屬向不種植冬麥之區，若冬雪稠叠，凝積山岩，明年春暖消融，渠流更資灌溉。并現在得雪之後，地脉沾潤，即可趁此翻犁，農情尤爲歡慰。至附近之金縣、狄道州、沙泥州判、渭源并隆德等州縣業據具報，得雪三四寸不等。其離省較遠各州縣，臣已通飭查明得雪分寸具報外，所有省城得雪日期，合先恭摺具奏，伏祈皇上睿鑒。謹奏。

乾隆四十七年十月十三日。

欣慰覽之。

【《宮中檔乾隆朝奏摺》第 53 輯，第 355 頁】

陜甘總督李侍堯奏報驗看參將斤梁病情并勒令休致事

乾隆四十七年十月十三日

陜甘總督臣李侍堯謹奏：爲驗明病廢參將，請旨勒休事。

竊臣前准烏什參贊大臣綽克托咨稱，烏什所屬賽里木拜城駐防參將斤梁于本年正月内三年期滿。該員係乾隆四十二年，由游擊派來烏什管理城守營事務，續經部掣寧夏花馬營參將，四十四年正月内奏明，駐札賽里木拜城辦事。該員在烏什賽里木拜城共五年有餘，人誠辦事奮勉，管束兵丁、回子俱屬妥協，理合照例出具考語，送部引見，但斤梁舊病復發，手足麻木，不能乘騎。除令坐車起程回營外，俟斤梁前抵蘭州，視其病體是否堪能引見，或令解任之處，臨期查驗辦理。等因。并抄録原奏，移送到臣。查斤梁係略陽營游擊派往賽里木拜城辦事，續經預保推升花馬營參將，亦應于回營之日補行引見。玆于十月初七日到蘭，臣親加驗看，該員步履維艱，形體瘦弱，詢據禀稱，身受潮濕，手足麻木，不能騎射。現在醫治罔效，恐難就痊。等語。臣查斤梁年已六十四歲，患病屬實，難期痊愈，相應奏明，將該員勒令休致。其花馬營參將員缺，聽候部臣分缺，行知到日辦理。所有驗明參將病廢緣由，理合恭摺具奏，伏祈皇上睿鑒。謹奏。

乾隆四十七年十月十三日。

該部知道。

【《宮中檔乾隆朝奏摺》第 53 輯，第 355 頁】

陝甘總督李侍堯奏報審辦行動瘋癲語言荒誕之寧夏漢民王盛昌事

乾隆四十七年十一月十二日

陝甘總督臣李侍堯謹奏：爲審明定擬具奏事。

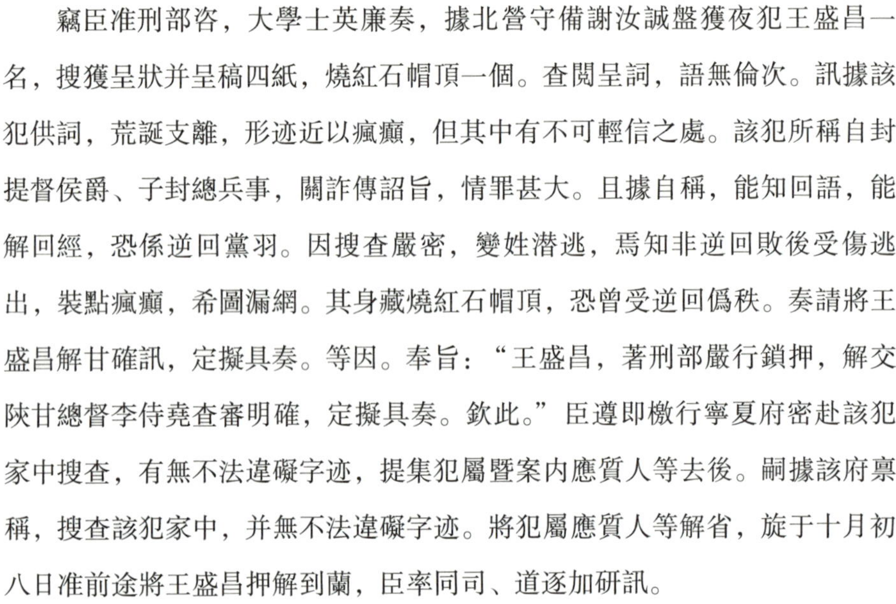

竊臣准刑部咨，大學士英廉奏，據北營守備謝汝誠盤獲夜犯王盛昌一名，搜獲呈狀并呈稿四紙，燒紅石帽頂一個。查閱呈詞，語無倫次。訊據該犯供詞，荒誕支離，形迹近以瘋癲，但其中有不可輕信之處。該犯所稱自封提督侯爵、子封總兵事，關詐傳詔旨，情罪甚大。且據自稱，能知回語，能解回經，恐係逆回黨羽。因搜查嚴密，變姓潛逃，焉知非逆回敗後受傷逃出，裝點瘋癲，希圖漏網。其身藏燒紅石帽頂，恐曾受逆回僞秩。奏請將王盛昌解甘確訊，定擬具奏。等因。奉旨："王盛昌，著刑部嚴行鎖押，解交陝甘總督李侍堯查審明確，定擬具奏。欽此。"臣遵即檄行寧夏府密赴該犯家中搜查，有無不法違礙字迹，提集犯屬暨案内應質人等去後。嗣據該府稟稱，搜查該犯家中，并無不法違礙字迹。將犯屬應質人等解省，旋于十月初八日准前途將王盛昌押解到蘭，臣率同司、道逐加研訊。

緣王盛昌係寧夏縣漢民，自幼習醫。乾隆十八年，在寧夏鎮前營充當步兵，糧名王昌。二十三年，派往西路出征。當因采薪迷路，軍營革除名糧。行據寧夏鎮查覆，有步兵王昌姓名，其充伍革除俱有案據。嗣該犯于二十七年回家，已染患瘋癲，時發時止。病愈之時，仍行醫賣藥，病發之時，各處游蕩，經月不歸，不能顧家。犯妻李氏偕子王晋朝在平羅縣地方依住母家。四十五年，王盛昌瘋發，在寧夏道衙門控告平羅縣民武大、武倉謀殺伊子，審虛枷責，交伊族叔王國俟、王國賢、王國棟管束，輪流看守，并未出門。四十六年七月間，王國俊等見其病勢較愈，防範稍懈，該犯忽乘間逸出，找尋無踪。詎王盛昌蓦地赴京，懷挾呈詞，未及投控，經步軍統領衙門盤獲，奏明解甘。臣研訊之下，該犯供詞錯亂，殊不明晰。查照該犯在京原供，逐層質訊。

如原供王燦冒名誘奸劉氏，并懷恨謀殺一節，訊據王燦供稱，開藥鋪生理，王盛昌常賒藥料，後因他得了瘋病，我不肯賒給是實，并無與劉氏通奸、謀殺王盛昌情事。王盛昌也没有與我分争過。至所稱誘奸之劉氏，查明該處并無其人。質訊王盛昌，亦不能置辯。

又如，原供王燦買通杜大，奸占伊妻李氏，藏匿武大、武倉氈鋪，并賄囑毆子，及賄通王國賢等謀害伊父子一節。據犯妻李氏供稱，男人王盛昌得了瘋病，游蕩在外，不能顧家，我同兒子王晋朝在平羅縣娘家借房居住。王燦與杜大我并不認識，那裏有奸占情事，都是男人瘋話。質訊犯子王晋朝供稱，并未被平羅縣責處，我同母在平羅居住，王國賢們俱在寧夏，那有圖害情事。質訊武大、武倉供稱，從前因説過王盛昌瘋癲，彼此口角，他告狀，審虚被本縣遞籍枷責是實，并無送銀的事。驗訊杜大老病癱瘓，據供不但與王盛昌之妻李氏素不認識，即王燦、武大們，亦從未見面，那有買通奸占情事。王盛昌説我奸占他女人，領人把他毆打，現與他對面，他連我并不認識，已不辨自明。隨提查平羅縣審卷，緣王盛昌因武大、武倉指斥瘋癲，不容行醫，該犯懷憤，赴寧夏道衙門捏控武大等謀害伊子，批發平羅縣杜耕書，審虚遞籍枷責，交該犯族叔王國賢等管束在案。是王盛昌因誣控枷責，罪由自取，所稱占妻、行賄、謀害。等語。全無影響。

又，原供囑令大盗王金龍、王金虎扳害并買囑肅州翟知州等將伊子王晋朝責打一節，訊據王金龍等供稱，務農爲業，并未爲匪。與王盛昌平日認識，他曾向我們借錢未給，想是因此懷恨。至杜大，并未見過是實。復提訊犯子王晋朝，并未到過肅州，實無被責情事。提訊杜大，彼時在平羅署内，并未出門，那有帶領家人趕王晋朝之事，是該犯所稱扳害責打等情全屬虚捏。

又，原供寧夏道因其能懂回經、回語，令查新教、舊教一節。訊據王國俊等供稱，我們闔族都是漢人，他那能懂得回經、回話。況上年六月内，王盛昌還管束在家，并未出門。七月盡間，纔偷跑出去，那有委他查辦舊教、新教的事。復傳回民以回語詢問該犯，并不曉悉。查寧夏道永齡彼時正在西寧辦理差務，并不在寧夏，是該犯所稱令查回教能通回經、回語俱係謊供。

又，原供葉巨川告以見有封提督侯爵、子封總兵旨意，被王麟暗謀奪去一節。查王麟係寧夏把總，據供與王盛昌素不認識，他說他的提督被我暗謀去了，明是瘋話。如果他真做了官，我如何奪得來。質訊葉巨川係生員，據供曾爲王盛昌蒙師，他得了瘋病，十數年不見面了，他捏造旨意，封提督、總兵，分明是瘋話，我如何敢捏造旨意哄他，又圖甚麽呢。至該犯在京所稱梁大人，係前任肅州鎮今補福寧鎮總兵梁朝桂。訊據該犯供稱，與梁朝桂同鄉認識，我因聞有封提督、總兵之信，久不見文書，想梁總兵必然知道，所以上京找他詢問的究。其如何謊造旨意緣由，該犯亦茫無分辯。

又，原供王晋朝、王麟、王國棟都來京居住，杜大能使人瞧不見他，他能暗中瞧人一節。查王晋朝等現在原籍，杜大并無邪術，更屬荒誕。

又，原供當兵時西路出征，派送駱駝，被阿睦爾撒納長槍扎傷大腿一處。等語。訊據犯妻李氏供，係從前狗咬疤痕，并非槍傷。

各等情。臣查該犯驀地赴京，控告多人，今經提訊犯妻李氏、犯子王晋朝及王燦、武大、杜大、王金龍等，并無占妻、謀害、賄囑、扳盜、毆子、奪官等事，杜大亦無邪術，葉巨川并未告知封官，所控情事，全屬子虚。但其指控武大、王燦、王金龍等，均挾有微嫌，似非全係瘋癲。至詰以官封提督、子授總兵，據稱聞有旨意，久不見文書，所以赴京尋梁總兵問信，再三研詰，執之愈堅，又似瘋癲，忽明忽昧，語無倫次。臣恐係逆回餘黨，曾受僞秩，加以刑訊。該犯本係漢民，不通回語，當逆回滋事時，該犯尚管束在家，其非漏網逆黨，似屬可信。惟是該犯身藏紅石帽頂，捏稱奉旨封侯授爵，即係詐傳詔旨，情罪較重，應請將王盛昌一犯，依詐傳詔旨律，擬斬監候。王國賢、王國俊、王國棟，管事不嚴，照例責處。餘屬無干，概行省釋。該犯所供翟知州、德知州、黄知縣查無責處，王晋朝卷據陳都司亦無説情之事，平羅縣知縣杜耕書已于冒賑案内正法，均毋庸議。該犯原呈應請銷毁。所有審擬緣由，理合恭摺奏覆。再，該犯審訊之下，忽明忽昧，語言錯亂，難于録叙所有。該犯妻子并案内質訊人等另繕供單，恭呈御覽，伏祈皇上睿鑒，敕部議覆施行。謹奏。

乾隆四十七年十一月十二日。

該部議奏。

【《宫中檔乾隆朝奏摺》第 53 輯，第 780 頁】

陝甘總督李侍堯奏報民數穀數摺

乾隆四十七年十一月二十日

陝甘總督臣李侍堯謹奏：爲循例奏報民數、穀數，仰祈聖鑒事。

竊照乾隆五年十一月内欽奉上諭：“每歲仲冬，該督撫將各府、州、縣户口增減、倉穀存用，一一詳悉，具摺奏聞。欽此。”又于乾隆四十年四月内欽奉上諭：“令各督撫等嚴飭所屬，嗣後務須查明實在民數具報，確核彙奏。欽此欽遵。”各在案。兹據署甘肅布政使福寧查明，乾隆四十七年，甘肅省蘭州、鞏昌、平凉、慶陽、甘州、凉州、寧夏、西寧八府，及秦、階、涇、肅、安西五直隸州各屬，實在民數，共男女大小一千五百一十四萬六千八百四十五口。又，實在倉貯，各色京斗糧二百七十七萬六千七百三十九石三斗零，造册呈賫。再，查上年奏報民穀數之時，因甘省折收冒賑等弊正在查辦，所有各屬倉貯尚未徹底盤查，是以臣于摺内聲明，祇將四十六年民數核奏，其四十六年穀數不能循例造報緣由，具奏在案。今諸弊業已清厘，各屬倉儲均經責成道府盤查具結，由司核詳，經臣另案保題，所有四十六年穀數，自應補行奏報。據該署司查明，上年實存各色京斗糧二百四萬二千七十二石二斗零，一并造册補賫前來，臣覆核無异。謹將四十七年民數、穀數循例造報，并將四十六年穀數補行核報，恭摺奏聞。仍分繕黄册，恭呈御覽，伏祈皇上睿鑒。謹奏。

乾隆四十七年十一月二十日。

册留覽。

【《宫中檔乾隆朝奏摺》第 54 輯，第 20 頁】

陝甘總督李侍堯奏報民捐社倉糧數摺

乾隆四十七年十一月二十日

陝甘總督臣李侍堯謹奏：爲遵例奏報民捐社倉糧數，仰祈聖鑒事。

竊照各省義倉穀數，例應按年奏報，前因甘省折捐冒賑，弊竇多端，經臣奏明，統俟新任道、府、州核盤確實，再爲循例辦理。今各屬倉糧俱已徹底盤清，造册結報。據署理甘肅布政司事按察使福寧查明，乾隆四十六年分，甘肅省蘭州、鞏昌、平凉、慶陽、甘州、凉州、寧夏、西寧八府，及直隸秦州、階州、涇州、肅州、安西州五州，實存民捐社倉京斗糧三萬一千九百三十二石零，俱係實貯在倉，并無虧缺。等情。呈請補奏前來，臣覆核無异。除將收支各細數遵例分晰造册，另案具題外，理合循例恭摺具奏，伏祈皇上睿鑒。再，義倉一項，甘省歷來無此名目，惟民捐社倉係小民自行捐輸，似與義倉立意相同，合并陳明。謹奏。

乾隆四十七年十一月二十日。

覽。

【《宫中檔乾隆朝奏摺》第 54 輯，第 25 頁】

陝甘總督李侍堯奏報民捐社倉糧數摺

乾隆四十七年十一月二十四日

陝甘總督臣李侍堯謹奏：爲遵例奏報民捐社倉糧數，仰祈聖鑒事。

竊照各省義倉穀數，例應于年内具奏，甘省乾隆四十六年社倉穀數，因去年正值查辦監糧之案，通省倉貯尚須徹底盤查，未及循例奏報。迨今歲盤查清楚，業經臣將上年社倉實存穀石補行奏報在案。兹據署甘肅布政使福寧查明，乾隆四十七年，甘肅省蘭州、鞏昌、平涼、慶陽、甘州、涼州、寧夏、西寧八府，及直隸秦州、階州、涇州、肅州、安西州五州，實存民捐社倉京斗糧三萬二十一百九十二石零，俱係實貯在倉，并無虧缺。等情。詳報前來，臣覆核無异。除將收支各細數遵例分晰造册，另案具題外，所有甘省各屬實貯民捐社倉糧數，理合恭摺具奏，伏祈皇上睿鑒。謹奏。

覽。

【《宫中檔乾隆朝奏摺》第 54 輯，第 104 頁】

陝甘總督李侍堯奏爲私占兵額濫支糧餉事參失職官員摺

乾隆四十七年十二月初六日

陝甘總督臣李侍堯謹奏：爲參奏事。

竊臣接據寧夏鎮總兵武靈阿揭稱，查得鎮標左營兵丁王偉，先于乾隆三十八年出征金川陣亡，伊妻張氏以家道貧寒，懇將伊子准補名糧，俾資養贍。彼時伊子王殿魁年甫七歲，前任游擊尚政寅、守備任廉并不照陣亡兵丁子未成丁賞給寡婦半餉之例辦理，遽將王殿魁捏報十三歲，轉呈護總兵新柱，准給守糧一分入册。迨乾隆四十一年，王殿魁病故，伊弟王殿甲年甫六歲，復經張氏以伊無效命疆場，今一旦住支錢糧，養贍無資，瀝情呈懇。經署中軍游擊史貴、本營守備張永，千把丁從禮、閻涌等呈明，署總兵趙登高即將王殿甲接頂名糧，迄今已歷多年，兵名仍係王殿魁，按籍而稽，年已二十二歲，其實係伊弟王殿甲頂充，現年止十二歲。似此私占兵額、濫支糧餉，自應詳請嚴參，以示懲警。等情。并准提督臣俞金鰲據咨，移會到臣。

伏查陣亡兵丁，如伊子幼小，不能充伍，仰蒙聖主軫恤戎行，恩施優渥，原有准給伊妻半餉之例，乃該兵王偉陣亡之後，該管營員既查明子幼不能入伍，并不照例辦給半餉，遽將七歲稚子王殿魁虛報年歲，准給守糧。迨王殿魁病故之時，該管營員又不及早更正，仍前徇隱，將六歲幼弟王殿甲頂名食糧，均干功令。雖窮兵嫠婦，諒不能以賄行求，但其徇情濫給，已屬顯然。查例載，馬糧缺出，該管官并不秉公拔補，或聽受囑托者，雖不得財，降三級調用。等語。此案王殿魁、王殿甲以六七歲幼孩，輾轉冒充兵籍，該管營員徇情濫准，虛增年歲，支食餉銀，似此曲意市恩，即與聽受囑托無异。相應參奏請旨，將從前濫給王殿魁名糧之護總兵新柱、署游擊尚政寅、守備任廉，并以後濫准王殿甲頂名充伍之署總兵趙登高、署游擊史貴、守備張永，千總丁從禮、把總閻涌等，交部嚴加議處。至四十二年以後，該管之歷任將備、千把等員弁扶同徇隱，咎實難辭，應同失察之歷任總兵一并請旨，交部分別議處。臣現在查取各職名咨部核辦，并將節年濫給銀糧，著落各營員名下照數賠補。至此案原係營員市恩邀譽，王殿魁、王殿甲童稚無知，咎在官而不在兵。除王殿魁業經病故，王殿甲免其治罪，止將名糧革除外，惟念故兵王偉究係奮力行間，歿于王事，今伊子名糧業經革退，而煢煢嫠婦，養贍無資，情堪憫惻，自應仰體皇仁，可否將王偉之妻張氏仍給與寡婦半餉，俟伊子及歲時，照例停支之處，出自皇上天恩。再，查護護總兵新柱已于逆回不法時遇難身故，把總閻涌已經革職，合并陳明。臣謹會同甘肅提督臣俞金鰲合詞恭摺具奏，伏祈皇上睿鑒，敕部查議施行。謹奏。

乾隆四十七年十二月初六日。

該部議奏。

【《宫中檔乾隆朝奏摺》第 54 輯，第 286 頁】

乾隆四十八年 (1783)

陝甘總督兼甘肅巡撫李侍堯題報乾隆四十七年審結軍流案件

乾隆四十八年二月五日

題。

□□□□。

該部知道。

太子太保、兵部尚書兼都察院右都御史、總督陝甘等處地方軍務兼理糧餉并兼管甘肅巡撫事兼理茶馬、降一級留任降二級從寬留任降一級留任臣李侍堯謹題：爲請定彙題章程限期，以嚴考核事。

據署甘肅按察使事西寧道景如柏呈，案查定例，嗣後一切彙題事件，誣告、反坐、尊長致死有服卑幼等項，積匪、猾賊、和同奸拐、平常軍流，統爲壹本。又奉准刑部咨，嗣後每年軍流遣犯，同有關人命擬徒案件，并爲壹本彙題，須分項，止摘叙案由，毋庸録叙全招，仍于本後聲叙某項幾案總數，以歸簡易。仍將原招分項另造清册，送部查核。各等因。遵奉在案。

兹查乾隆肆拾柒年分甘肅省應行彙題軍流遣犯，蘭州府屬皋蘭縣一件報明事：王勛思毆踏王國玉身死，將王勛思依毆殺緦麻侄孫律，杖壹百，流叁千里。

狄道州一件稟報事：馬麻哥等因囤積、私賣、興販、煎熬硝磺，將馬麻哥、史榮、徐光位、劉勸娃、劉世倉、劉世唐、劉風雨、張乾、楊有元、王者士、劉良禄、竇二、陳法仲等壹拾叁犯，均依收買硫磺壹百斤以外，焰硝叁百斤以外，從重改發新疆，給種地兵丁爲奴。

鞏昌府屬洮州廳一件稟明事：馬絞其子因奸拐孟希聖之妻李氏，將馬絞其子依和誘知情爲首例，發雲貴、兩廣烟瘴少輕地方，照例改發極邊足肆千里充軍。孟李氏減等，滿徒杖罪的決，徒罪收贖。

平凉府屬隆德縣一件解究事：包四郎、包守倉因拐逃司珍之妻張氏，將包四郎、包守倉依和誘知情爲首例，發雲貴、兩廣烟瘴少輕地方，照例改發極邊足肆千里充軍。

凉州府屬武威縣一件報明等事：陳興業因挾嫌故殺幼女圖賴于華，將陳興業依故殺子孫圖賴人者發附近充軍。

寧夏府屬中衛縣一件稟報事：蔣元亨因誘拐岳才娃子、楊常娃子，將蔣元亨依和誘知情爲首，照名例改發雲貴、兩廣極邊足肆千里充軍。岳才娃子、楊常娃子減等，俱徒叁年，均年未及歲，照律收贖。

西寧府屬西寧縣一件報明事：白奉玉因扎傷大劉氏身死，并持刀自戕。將白奉玉照奸夫、奸婦商謀同死，奸夫未死，依例減等，杖壹百，流叁千里。

安肅道屬安西直隸州一件白晝搶奪等事：回犯索永廣等，因在途結夥搶奪客民周彩輝父子衣物，將索永廣、李夢奇、劉良緒、拜喜、拜全、安興、安進海、虎愛先、馬福廣玖犯，均照回民搶奪結夥叁人以上例，不分首從，俱發黑龍江給兵丁爲奴。吴得元壹犯，雖係漢民，但隨同衆回匪結夥搶奪，亦非善類，未便獨照搶奪本律擬徒，致滋寬縱，應請一并發往黑龍江，給兵丁爲奴。

以上各案，俱經詳蒙，咨准部覆，仍令照例彙題。各等因。咨院行司。奉此，節經轉飭遵照去後。兹據各該道府移詳前來，署司覆查甘肅省乾隆肆拾柒年分審結應入彙題軍流事件，王勛思、陳興業貳案，係尊長致死有服卑幼。馬麻哥等囤積、私賣、興販、煎熬硝磺；白奉玉扎傷大劉氏身死，并持刀自戕；索永廣等回民搶奪，結夥叁人。以上叁案，俱係平常軍流遣犯。馬絞其子、包四郎、包守倉、蔣元亨叁案，係和同奸拐。以上共計捌案，并無誣告、反坐、積匪、猾賊、有關命犯擬徒之案，相應具詳，呈請核題。等情。呈詳到臣。

該臣查得，前准部咨：嗣後因事擬遣一切軍流同有關人命擬徒案件，并爲壹本彙題，須分項另造清册，送部查核。等因。行司遵照在案。兹據署甘肅按察司事西寧道景如柏將甘肅省乾隆肆拾柒年分審結軍流案件，王勛思、陳興業貳案，係尊長致死有服卑幼。馬麻哥等囤積、私賣、興販、煎熬硝磺；白奉玉扎傷大劉氏身死，并持刀自戕；索永廣等回民搶奪，結夥叁人。以上叁案，俱係平常軍流遣犯。馬紋其子、包四郎、包守倉、蔣元亨叁案，係和同奸拐。以上共計捌案，并無誣告、反坐、積匪、猾賊、有關命犯擬徒之案。等情。造具清册呈賫，請題前來，臣覆查無异。除册送部外，相應循例彙題，伏祈皇上睿鑒，敕部核覆施行。謹題請旨。

乾隆肆拾捌年貳月初伍日。

太子太保、兵部尚書兼都察院右都御史、總督陝甘等處地方軍務兼理糧餉并兼管甘肅巡撫事兼理茶馬、降一級留任降二級從寬留任降一級留任臣李侍堯。

【貼黄】

太子太保、兵部尚書兼都察院右都御史、總督陝甘等處地方軍務兼理糧餉并兼管甘肅巡撫事兼理茶馬、降一級留任降二級從寬留任降一級留任臣李侍堯謹題：爲請定彙題章程等事。

該臣查得，前准部咨，嗣後擬遣一切軍流同有關人命擬徒案件，并爲壹本彙題，須分項另造清册，送部查核，等因。行據署甘肅按察司事西寧道景如柏將甘肅省乾隆肆拾柒年分審結軍流案件，造具清册，呈賫請題前來，臣覆查無异。除册送部外，謹題請旨。

【《明清檔案》A237—13，B133369—B133372】

△奏隆德縣知縣舒攀地與程棟等在甘肅正法事

乾隆四十八年二月初六日

查前任甘肅隆德縣知縣舒攀地一犯，于冒賑案内，侵蝕銀二萬兩以上，與程棟等在甘肅正法。謹奏。

二月初六日。

【《乾隆朝上諭檔》第11冊，第584頁第1439條】

△諭著傳諭李侍堯即將從前何以不行附參寧夏府知府章銓之處明白回奏

乾隆四十八年二月十五日

尚書和字寄陝甘總督李。

乾隆四十八年二月十五日，奉上諭："吏部奏，寧夏府知府章銓失察李天植，承修渠工，折收料物，將該府議以降二級調用一摺，已依議行矣。此案，洮河廳同知李天植承修渠工，私將料物折收入己，該府章銓近在同城，何致漫無聞見，非尋常錯誤可比。該督李侍堯上年參奏時，自應將該府一并附參，乃直至吏部咨取職名，始行開送。著傳諭李侍堯，即將從前何以不行附參之處明白回奏。將此諭令知之。欽此。"遵旨寄信前來。

【《乾隆朝上諭檔》第11冊，第593頁第1472條】

△奏李侍堯參奏李天植摺内未將失察之寧夏府知府章銓附摺參奏

乾隆四十八年二月十五日

查李侍堯參奏李天植修理渠工，折收木桩、草束錢文一案摺内，未將失察之寧夏府知府章銓附摺參奏，謹此奏聞。謹奏。

二月十五日。

【《乾隆朝上諭檔》第 11 册，第 594 頁第 1473 條】

△諭内閣著永慶實授寧夏府知府

乾隆四十八年二月二十三日

乾隆四十八年二月二十三日，内閣奉上諭："甘肅寧夏府知府員缺，著永慶實授。欽此。"

【《乾隆朝上諭檔》第 11 册，第 598 頁第 1491 條】

署理陝甘總督畢沅奏報雨水田禾情形摺

乾隆四十八年三月二十日

署理陝甘總督陝西巡撫臣畢沅跪奏：爲續報雨水田禾情形，仰祈聖鑒事。

竊臣前由西安赴蘭察看沿途地方，其平凉以西，春田正在盼雨之候，于三月初六七等日，蘭州附近一帶，得雨二三寸。臣當即恭摺奏聞，并飛查各屬是否一律均沾去後。嗣據鞏昌、平凉、慶陽、西寧、凉州、寧夏、涇州、秦州等屬陸續禀報，亦于初六七等日得雨一二寸不等。臣查甘省地高氣冷，節候較遲，河東各屬民間播種穀麥有甫經出土者。至陽坡高原，有尚未出土者。并有待得雨後再行補種者。至河西氣候更遲，正當翻犂下籽之時，目下節届春深，農民漸殷望澤。臣正擬率同司、道等設壇祈禱，兹蘭州省城于十八九兩日，陰雲四合，微雨沾灑，入土二寸有餘。雖久晴之後，此雨尚未透足，而土脉漸覺滋潤，于田禾甚有裨益。現在雲氣濃厚，遠近各屬，可望普沾。市糧價直尚平，閭閻光景，均屬寧謐。除再行飛查各府、州、縣日内曾否沾被甘霖，另行具報外，所有蘭州省城地方續得雨澤日期，理合恭摺具奏，伏祈皇上睿鑒。謹奏。

乾隆四十八年三月二十日。

知道了。

【《宫中檔乾隆朝奏摺》第 55 輯，第 422 頁】

署理陝甘總督畢沅奏報委署知府摺

乾隆四十八年三月二十日

署理陝甘總督陝西巡撫臣畢沅跪奏：爲委署知府循例奏聞事。

竊照寧夏府知府章銓因失察署水利同知李天植折收渠工物料，經部議降調，臣接准部咨，即飭令離任，所遺寧夏府知府印務應遴員署理。查有平凉府鹽茶同知百泰堪以委署，除檄飭該丞前往接印署理外，理合遵例奏聞，伏祈皇上睿鑒。謹奏。

乾隆四十八年三月二十日。

覽。

【《宫中檔乾隆朝奏摺》第 55 輯，第 423 頁】

陝西固原提督馬彪奏報巡查營伍事竣摺[①]

乾隆四十八年三月二十一日

陝西固原提督奴才馬彪跪奏：爲巡查營伍事竣，恭摺奏聞事。

竊照陝省鎮協各營例係提臣分作三年輪流巡閲，上年例應巡閲固原鎮屬

①原檔殘損。

營伍。緣上年于添兵案内，提臣移駐固原，河州改協設鎮，仍歸提臣統轄，所有鎮屬各營新添兵丁并應製補一切軍伙、器械，均需整頓、製補，是以暫緩巡閱，業將緣由報明兵部。兹查各營新舊兵丁箭槍技藝俱已演練熟習，軍伙等項製補齊足。奴才于本年二月初四日輕騎減從，自固原城起程，由八營、西安州、永安、蘆塘、靖遠、蘭州，至河州所屬起臺、循化、保安、洮岷、岷州、西固、階州、文縣，及提屬之鞏昌、秦州等處，挨次逐營，悉心查閱，仍留心察看起臺、循化、保安番回地方情形，俱屬安静寧謐。奴才隨諭令各上土司嚴加管束，咸皆安分。其沿途各營墩臺、塘汛，即順道查驗，現俱修理新鮮，整齊完固。

奴才查看得，河州鎮標兩營合操演陣，槍炮連絡，配隊軍容，嚴肅步伐，號令整齊。官兵弓力六力以至十一二力不等，拉扯架式平順。步箭每五矢中三矢、四矢者居多。演試連環鳥槍式樣施放便捷，演打准頭中三槍者十之二三，中兩槍者十之三四，餘皆尚中一槍。牌刀雜技并皆滚跳便捷，人材營制堪爲優等。又，蘆塘、蘭州城守營、循化、保安、洮岷、秦州此六營官兵馬步弓矢、鳥槍准頭及各項技藝均于河州鎮標不相上下，以上六營官兵弓馬、漢仗及營伍制規，較各營亦尚爲優。其西安州、靖遠、起臺、臨洮、岷州、舊洮、階州、鞏昌等營官兵次之。其餘八營、永安、西固、文縣等營官兵弓力六力以至十力，或步箭平順，而馬箭未能一律嫻熟，或鳥槍連環步伐參差，施放未能疾速，大概較之西安州、靖遠等營又爲稍次。奴才于驗試之下，即將各營官兵當場分别優劣，擇其技藝優嫻者，面加奬賞，以示鼓勵，其技藝生疏者，量行責懲降補，用昭警戒。仍嚴飭該管將弁等官勤加訓練，務成勁旅，咸臻純熟，以收實用。至各營舊額騎操馬匹逐加點驗，俱皆膘壯足額，庫貯軍伙、器械現俱製補齊全鮮明。

奴才依次閲畢，于三月十三日回抵固原，隨將標下五營并固原城守營官兵一體驗試。陣式整肅，槍炮齊捷。官兵弓力六力以至十二三力不等，撒放平穩。中靶者居多，槍兵打靶中三槍者十之二三，中兩槍者十之三四，餘亦各中一槍。新添兵丁馬步弓矢、鳥槍准頭較于舊兵一律熟習。其牌刀雜技亦俱可觀，其中槍箭等技間有未能如式之處，奴才隨即指出，當場親加教演，務期一律整齊純熟。仍嚴諭各將備不時督令、勤加操練外，至于協路各營兵技之優劣，全賴備弁之教習，如果精力健壯、弓馬嫻熟，方可以資領袖。今看得秦州營把總周丕德、臨洮營額外外委張守義、鞏昌營額外外委牛根乾，以上三弁俱皆材技衰庸，奴才隨即當場斥革，俾弁兵咸知儆惕。

茲奴才巡查事竣，仍咨會河州、興漢、延綏三鎮臣一體嚴飭所屬各營將領認真訓練，務期箭槍等技益臻嫻熟，共成勁旅，庶不負皇上豢養士卒、整飭武備之至意。所有奴才查閱過營伍情形，理合恭摺奏聞，伏祈皇上睿鑒。謹奏。

乾隆四十八年三月二十一日。

好，知道了。

【《宫中檔乾隆朝奏摺》第55輯，第432頁】

署理陝甘總督畢沅奏報雨水禾苗情形摺

乾隆四十八年四月初四日

署理陝甘總督陝西巡撫臣畢沅跪奏：爲續報雨澤禾苗情形，仰祈聖鑒事。

竊照甘省各屬，自三月以後，連次得有雨澤情形，節經臣恭摺奏聞在案。近據河東之平凉、鞏昌、慶陽暨涇、秦、階各府州屬陸續禀報，于三月下旬，甘霖普被，自三四寸至深透不等。至蘭州附近各屬，連日濃雲四合，密雨沾濡，約計亦有三四寸。田禾藉資接濟，現在土脉滋潤，春麥、早穀、豌豆其已經出土者，正可及時長發，有甫經播種者，亦俱一律出土，農民甚爲欣悦。至河西之西寧、寧夏、甘州、凉州、肅州等處，亦得過雨二三寸不等。該處節候較遲，農田半資渠水。現據各府、州、縣禀報，目下正當山雪消融之候，渠道暢流，足敷灌溉，各屬糧價尚平，地方安堵，民情寧謐。理合恭摺奏聞，伏祈皇上睿鑒。謹奏。

乾隆四十八年四月初四日。

欣慰覽之。

【《宫中檔乾隆朝奏摺》第 55 輯，第 575 頁】

署理陝甘總督畢沅奏爲請補縣令摺

乾隆四十八年四月十六日

署理陝甘總督陝西巡撫臣畢沅跪奏：爲請補縣令，以資吏治事。

竊查平凉府屬華亭縣知縣歐陽立魁調補寧夏縣知縣，所遺員缺，係專疲簡缺，應歸部選。第甘省現有候補人員，例得遇缺請補。查有候補知縣海柱，年四十七歲，正藍旗滿洲，由生員捐納筆帖式。乾隆二十六年，補授工部筆帖式，加捐知縣。二十八年，揀發四川，補授金堂縣知縣。丁憂回旗，仍在工部行走。三十九年，遵例捐知縣，雙月選用。揀發安徽，題補舒城縣，奏調阜陽縣。四十六年，因拿獲太和縣鹽梟拒捕毆斃兵丁首犯二名，奏奉硃批："好。此人著送部引見。欽此。"續因另案承審遲延，部議革職引見，奉旨："海柱，著發往甘肅，仍以知縣用。其革職之案帶于新任。欽此。"于本年正月二十六日到甘。臣查該員心地明白，辦事勤奮，以之補授華亭縣知縣，堪以勝任。該員以候補知縣請補知縣，銜缺相當，毋庸送部引見。除參罰案件另繕清單，恭呈御覽外，臣謹恭摺具奏，伏祈皇上睿鑒，敕部議覆施行。謹奏。

乾隆四十八年四月十六日。

該部議奏。

【《宫中檔乾隆朝奏摺》第 55 輯，第 701 頁】

陝甘總督兼甘肅巡撫李侍堯題報縣印篆文模糊請准鑄換

乾隆四十八年五月二十九日

題。

六月十三日。

四十八年一月廿七下禮。

該部知道。

太子太保、兵部尚書兼都察院右都御史、總督陝甘等處地方軍務兼理糧餉并兼管甘肅巡撫事兼理茶馬、降七級留任臣李侍堯謹題：爲請換新印，以昭信守事。

據甘肅布政使司布政使馮光熊呈，據中衛縣知縣明福詳稱，案查卑縣印信，係乾字伍千叁百陸拾伍號中衛縣印信壹顆，鈐用年久，篆文模糊，難昭信守。理合造具印模清册，請換新印到司。據此，該布政使馮光熊查得，各官印信，鈐用年久，篆文模糊，例應隨時請換新印，以昭信守。今中衛縣印信，係乾隆拾陸年貳月内奉部頒發，歷年已久，篆文模糊，據該縣造具原頒印文號數、印模清册，詳賫請換新印前來，本司覆核無异。相應詳請具題。等情。呈詳到臣。

該臣查得，各官印信年久，篆文模糊，例應題請換鑄新印，以昭信守。兹據甘肅布政使馮光熊詳稱，查中衛縣印信，係乾隆拾陸年貳月内奉部頒發，歷年已久，篆文模糊，難昭信守。造具原頒印文號數、印模清册，呈請換鑄。等情。具詳請題前來，臣覆查無异。除印模清册分送部科外，相應具題，伏祈皇上睿鑒，敕部換鑄施行。謹題請旨。

乾隆肆拾捌年伍月貳拾玖日。

太子太保、兵部尚書兼都察院右都御史、總督陝甘等處地方軍務兼理糧餉并兼管甘肅巡撫事兼理茶馬、降七級留任臣李侍堯。

【貼黄】

太子太保、兵部尚書兼都察院右都御史、總督陕甘等處地方軍務兼理糧餉并兼管甘肅巡撫事兼理茶馬、降七級留任臣李侍堯謹題：爲請换新印等事。

該臣查得，各官印信年久，篆文模糊，例應題請换鑄新印，以昭信守。兹據甘肅布政使馮光熊詳稱，查中衛縣印信，係乾隆拾陸年貳月内，奉部頒發，歷年已久，篆文模糊，難昭信守，造具原頒印文號數、印模清册，呈請换鑄。等情。具詳請題前來，臣覆查無异。除册送部科外，謹題請旨。

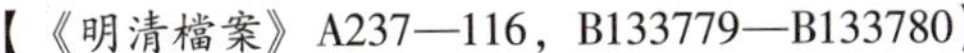
【《明清檔案》A237—116，B133779—B133780】

△諭内閣著吉蘭泰補授寧夏鎮總兵

乾隆四十八年七月十二日

乾隆四十八年七月十二日，内閣奉上諭："甘肅寧夏鎮總兵員缺，著吉蘭泰補授。欽此。"

【《乾隆朝上諭檔》第 11 册，第 747 頁第 1942 條】

△奏武靈阿由山東參將升任甘肅副將擢用寧夏總兵

乾隆四十八年七月十二日

查原任寧夏鎮總兵武靈阿曾經出兵伊犁回部，又隨同剿捕臨清逆匪王倫出力，由山東參將升任甘肅副將，擢用總兵。謹奏。

七月十二日。

【《乾隆朝上諭檔》第 11 册，第 747 頁第 1943 條】

△諭内閣著發交大學士九卿閲看所有二十九日李侍堯奏到之摺

乾隆四十八年十月二十九日

乾隆四十八年十月二十九日，内閣奉上諭："據李侍堯奏，本年，甘省收成通計約有八分，惟寧夏府屬之寧夏、寧朔、靈州暨花馬池四處，八、九月間，秋霖過多，收成未免减薄，于冬春酌量出借平糶，以資接濟。等語。甘省地瘠民貧，遇有災荒，一經奏聞，朕無不即諭令加意撫恤。自勒爾謹、王亶望等上下通同捏災冒賑，甘肅幾于無歲不旱。朕彼時亦非不風聞其弊，第以念切民懷，恐降旨查詢，轉啓諱災之漸，是以無不俯允所請。迨四十六年查辦之後，朕尚恐該省有冒賑一案，嗣後匿災不報，屢經傳諭李侍堯，如有歉收之處，仍當據實入告，不可因噎廢食。乃兩年以來，俱據該督奏報，雨暘時若，收成豐稔，本年秋收通計復有八分，寧夏等四處轉因陰雨過多，以至减收，更可見從前該省每歲報旱，悉屬虚捏。所有本日李侍堯奏到之摺，并著發交大學士、九卿閲看。欽此。"

【《乾隆朝上諭檔》第 11 册，第 862 頁第 2293 條】

乾隆四十九年（1784）

固原提督馬彪奏謝恩補提督事

乾隆朝四十九年二月十八日

陝西固原提督奴才馬彪跪奏：爲奏聞恭謝天恩，仰祈睿鑒事。

竊奴才于本年二月十四日，承准兵部火票遞到，内閣抄出，正月二十七日，奉上諭："湖廣提督李國梁之父李瑞年届九旬，李國梁，著加恩，調補直隸提督，俾得就近侍養。其湖廣地居衝要，兼轄水陸，馬彪在提督任内有年，頗爲出力，著調補湖廣提督。所遺陝西固原提督，著剛塔調補。剛塔說交界處送駕後，即行速赴新任。馬彪、李國梁，俱俟到任接印交代後，再行起程，各赴新任。欽此。”奴才聞命之下，隨恭設香案，遥望闕廷，叩謝天恩。奴才現在料理束裝，祗候提督臣剛塔到任交代印信後，即起程馳赴新任。

竊思奴才愚魯庸材，毫無知識，數十年蒙皇上逾格垂恩，至深極渥，涓埃未效。兹湖廣地居衝要，兼轄水陸，誠恐奴才不足以資策勵，惟有敬謹小心，遵循認真，辦理營務，以期仰報高厚隆恩于萬一。所有奴才接奉上諭，感激下悃，理合繕摺，恭謝天恩，伏祈皇上睿鑒。謹奏。

乾隆四十九年二月十八日。

汝是出力舊人，有何可諭，一切勉之。

【《宫中檔乾隆朝奏摺》第59輯，第348頁】

△諭内閣著福寧實授寧夏道

乾隆四十九年三月初二日

乾隆四十九年三月初二日，内閣奉上諭：“甘肅寧夏道員缺，著福寧實授。欽此。”

【《乾隆朝上諭檔》第12册，第21頁第82條】

暫署户部事務金簡題覆甘省供支移駐庫爾喀喇等處官兵眷口用過盤費車價開銷事

乾隆四十九年三月七日

題。

四。

四十九年三月廿三日下户、兵。

依議。

户部等部工部尚書、暫署户部事務、總管内務府大臣臣金簡等謹題：爲遵旨議奏事。

户科抄出陝甘總督李侍堯題銷甘肅省各屬乾隆肆拾柒年供支各提、鎮、營移駐庫爾喀喇烏蘇、精河、喀喇巴爾噶遜等處官兵眷口用過盤費車價等項銀兩一案。乾隆肆拾捌年拾月拾捌日題，拾壹月拾捌日奉旨："該部察核具奏。欽此欽遵。"于本日抄出到部。

該臣等會查得，陝甘總督李侍堯將甘肅蘭州、鞏昌、平凉、慶陽、甘州、凉州、寧夏、西寧，并秦州、階州、涇州、肅州、安西、迪化等各府州屬供支陝甘各提、鎮、營移駐庫爾喀喇烏蘇、精河、喀喇巴爾噶遜等處官兵眷口用過盤費車價等項，造册送部具題，請銷前來。查疏册内開：

一，收司庫并安肅道庫、迪化州庫新疆經費，并各屬墊支，共銀玖萬柒七陸百捌拾兩玖錢伍分陸厘。等語。查前項新收銀兩，户部按册核算，數目相符，應毋庸議。

一，蘭州、鞏昌、平凉、慶陽、甘州、凉州、寧夏、西寧、秦州、階州、涇州、肅州、安西、迪化等府州屬供支陝甘各提、鎮、營移駐庫爾喀喇烏蘇、精河、喀喇巴爾噶遜三處，携眷官弁貳拾捌員、兵壹千壹百名。内除告駐官弁拾貳員、兵拾柒名，又帶兵前往游擊等官弁玖員，例無盤脚，實在兵連眷口大口貳千玖百陸拾陸名口，小口捌百肆拾名口。每大口每百里給盤費銀壹錢貳分，小口給銀陸分。又，前項兵丁眷口無論大小，每叁名給車壹輛，口内每輛每百里給脚價銀肆錢伍分，口外每輛每百里給脚價銀壹兩陸錢。各計支程途遠近不等，共實支盤費銀壹萬柒千叁百捌拾貳兩捌錢貳分柒厘，車價銀陸萬捌千柒百陸拾玖兩肆錢肆分伍厘。等語。查乾隆肆拾柒年捌月内，據陝甘總督李侍堯具奏，新疆庫爾喀喇烏蘇、精河、喀喇巴爾噶遜三處，改駐眷兵壹千壹百名内，除在于濟木薩、瑪納斯二營派撥眷兵壹百伍拾肆名外，其餘兵玖百肆拾陸名，在于陝甘各標營按額攤派。至應需管轄官弁貳拾捌員，在于陝甘兩提所屬營分酌派將備、千把外委等員，帶領前往。其原在屯兵丁，應令各營按照此次派往兵丁數内扣除。其應需車輛盤費等項，均照上届移駐眷兵之例辦理。等因。奏准行文，遵照在案。

今據陝甘總督李侍堯將蘭州等府州屬乾隆肆拾柒年供支陝西甘肅各營，并濟木薩、瑪納斯二營移駐庫爾喀喇烏蘇、精河、喀喇巴爾噶遜三處兵丁眷口支過盤費車價等項，造册題銷。所有前項移駐兵丁壹千壹百名，連眷口大口貳千玖百陸拾陸名口，小口捌百肆拾名口，每大口每百里給盤費銀壹錢貳分，小口給銀陸分，共實支盤費銀壹萬柒千叁百捌拾貳兩捌錢貳分柒厘。户部按册逐一核算，與該督奏准原案并定例應給銀數，均屬相符，應准開銷。至該兵丁眷口應需車輛，無論大小口，每叁名需車壹輛，口内每輛每百里給脚價銀肆錢伍分，口外每輛每百里給脚價銀壹兩陸錢，共用過車價銀陸萬捌千柒百陸拾玖兩肆錢肆分伍厘。等語。兵部查册造前項移駐官兵并隨帶眷口，除外委等員乘騎本身例馬及沿途病故眷口外，計實在出口男婦大小共叁千柒百捌拾叁名口，無論大小，按每叁名口給車壹輛，共用車壹千貳百陸拾輛陸分貳厘貳毫，兵部核與應給車數相符。所有用過車價銀陸萬捌千柒百陸拾玖兩肆錢肆分伍厘，户部按册造程途里數逐一核算，與應給銀數，亦屬相符，應准開銷。

一，蘭州等府州屬供支陝西、甘肅各提、鎮、營移駐庫爾喀喇烏蘇、精河、喀喇巴爾噶遜隨帶軍械各物，共重肆萬捌千陸百陸拾捌斤拾伍兩零。口内按叁百玖拾斤合車壹輛，每輛每百里給脚價銀肆錢伍分，口外按伍百貳拾斤合車壹輛，每輛每百里給脚價銀壹兩陸錢，共用過車價銀伍千壹拾壹兩捌錢陸分肆厘。等語。查册造蘭州、鞏昌、平凉、慶陽、甘州、凉州、寧夏、西寧、秦州、階州、肅州、安西、迪化等各府州所屬各縣驛，供支前項移駐兵丁隨帶軍械共重肆萬捌千陸百陸拾捌斤拾伍兩零，口内按叁百玖拾斤給車壹輛，口外按伍百貳拾斤給車壹輛。除有額設所車各驛儘數應付外，口内、口外共雇民車叁百陸拾貳輛玖分柒厘零，兵部核與應給車數相符。所有用過車價銀伍千壹拾壹兩捌錢陸分肆厘，户部按册造程途里數逐一核算，與應給銀數亦屬相符，應准開銷。

一，實存銀陸千伍百壹拾陸兩捌錢貳分，内除肅州二次解還銀陸千陸兩叁錢肆分玖厘。又，應于眷兵名下追還長支銀叁拾肆兩捌錢柒分貳厘，各屬未解銀肆百柒拾伍兩伍錢玖分玖厘，統俟領扣解繳完日報部。至前項已領司道州庫新疆經費銀玖萬伍千捌百肆拾肆兩肆錢肆分壹厘，應于原動款内作正開銷外，其各屬墊用銀壹千叁百陸拾兩玖錢壹分陸厘，俟請領至日，在于司庫新疆經費銀内給發還項。等語。

查前項已領銀兩，應准其在于原動司道州庫新疆經費銀内動支。其各屬墊用銀壹千叁百陸拾兩玖錢壹分陸厘，應令該督俟各屬請領至日，即在于准銷司庫經費銀内給領還項。至各屬下剩銀内肅州解還銀陸千陸兩叁錢肆分玖厘，係造入何年何季撥册報部，未據聲明，應令該督轉飭查明報部。其眷兵名下應追長支銀叁拾肆兩捌錢柒分貳厘，各屬未解銀肆百柒拾伍兩伍錢玖分玖厘，并令嚴飭作速扣解司庫，報部查核。此本係户部主稿，合并聲明。臣等未敢擅便，謹題請旨。

乾隆肆拾玖年叁月初柒日。

工部尚書暫署户部事務、管理奉宸苑事務、總管内務府大臣臣金簡，户部右侍郎兼署吏部侍郎、鑲白旗滿洲副都統、革職留任臣諾穆親，經筵講官、户部右侍郎臣曹文埴，陝西清吏司郎中臣福柱，郎中臣塔清阿，郎中臣盛嘉祐，郎中臣劉文徽，員外郎臣良柱，員外郎臣善應保，員外郎臣翰圖，員外郎臣烏陵阿，員外郎臣孟甡康，主事臣善慶，主事臣余德洋，額外主事臣張灼，經筵講官、吏部尚書兼署兵部尚書事務臣劉墉，兵部尚書臣周煌，左侍郎臣紀昀，署理藩院左侍郎兼署兵部右侍郎臣保泰，車駕清吏司郎中臣觀音保，郎中臣李世裕。

【《明清檔案》A239—136，B135045—B135050】

陝甘總督兼甘肅巡撫李侍堯題請核銷甘肅各營補製鉛藥火繩等項用銀

乾隆四十九年閏三月十日

題。

五。

又三月二十四日。

四十九年四月十八下工、户、兵。

該部察核具奏。

太子太保、兵部尚書兼都察院右都御史、總督陝甘等處地方軍務兼理糧餉，兼管甘肅巡撫事兼理茶馬、降一級留任臣李侍堯謹題：爲報銷事。

據甘肅布政使司布政使馮光熊詳稱，蒙總督陝甘部院李侍堯案驗，乾隆肆拾捌年拾月初拾月，准兵部咨，武庫司案呈，准陝督李侍堯咨稱，乾隆肆拾陸年分，撒拉爾逆回不法，侵擾蘭州，官兵剿滅净盡，辦理軍需款内，查明固原、甘肅貳提，并凉州、西寧、肅州、寧夏肆鎮，暨督標洮岷、莊浪、蘭州城守等協營，按照軍需第叁案内撥過鉛藥、火繩、軍裝數目，造具切實估計册結，相應咨部立案，以便造銷。除咨户、工貳部外，爲此咨部查照。等因。前來。查乾隆肆拾柒年陸月内，陝督李侍堯題銷剿滅逆回軍需案内用過藥鉛及破損用缺軍裝等項，本部議准補製，仍令該督將補製軍械等項數目，并確估工料銀兩，造報兵、工貳部查核題准在案。今該督册造軍需第叁案，固原等提鎮協、營補製藥鉛、軍器等項，核與原題相符，應准其製補，以資應用。仍令該督俟造竣之日，據實題銷，報部查核，并知照户、工部可也。

又蒙總督陝甘部院李侍堯案驗，乾隆肆拾捌年拾壹月貳拾柒日，准工部咨，虞衡司案呈，准兵部咨稱，准陝督李侍堯咨，乾隆肆拾陸年分，撒拉爾逆回不法，侵擾蘭州，官兵剿滅凈盡，辦理軍需款内，查明固原、甘肅貳提，并凉州、西寧、肅州、寧夏肆鎮，暨督標莊浪、洮岷、蘭州城守等協營，按照軍需第叁案内撥過鉛藥、火繩、軍裝數目，造具估册，咨部立案，以便造銷。等因。查乾隆肆拾柒年陸月内，本部議覆，陝督李侍堯題銷剿滅逆回軍需案内，用過鉛藥及破損用缺軍裝等項，本部議准補製，仍令該督將補製軍裝等項數目，確估造報，查核題准在案。今册造軍需第叁案，固原等提鎮協、營補製藥鉛、軍器等項，核與原題相符，應准其補製，俟造竣之日，據實題銷，知照工部。等因。前來。查甘省乾隆肆拾陸年分剿滅逆回軍需第叁案，固原等提鎮協、營補製藥鉛、軍器等項，既經兵部准其製補，相應行文陝甘總督，轉飭承辦之員，俟製補完竣，即將各物用過工料銀兩詳細造册，據實題銷。仍知照户部、兵部可也。各等因。到院行司。

蒙此，當經備移各提、鎮、營查明補製去後。兹準固原、甘肅貳提，并凉州、西寧、肅州、寧夏肆鎮，暨督標洮岷、莊浪、蘭州城守等協營，各將補製乾隆肆拾陸年進剿撒拉逆回撥缺鉛藥、火繩、腰刀、長槍、長矛、戰箭等項軍裝用過工料銀兩，照例造具奏銷册結前來。該甘肅布政使馮光熊查得，册開舊管無項，新收：

一，收領獲司庫銀貳萬柒千柒拾捌兩壹錢伍厘。開除：共銀貳萬伍千玖百捌拾叁兩壹錢捌厘。

一，除固原、甘肅貳提，凉州、寧夏、西寧叁鎮，并洮岷等協屬各營，補製撥缺槍炮鉛丸壹百玖拾貳萬捌千伍百貳拾出，各計每出輕重不等，共用過鉛價、運脚、盤費并柳簍、包裹、雜費等項銀數不一，共用銀伍千叁百柒拾伍兩捌錢壹分玖厘。

一，除固原、甘肅貳提，并凉州、寧夏、西寧、肅州肆鎮，并督標莊浪、洮岷所屬以及金縣營補製撥缺火繩伍拾叁萬捌百壹拾丈，每丈用紙張、樹皮、硝斤、匠工等項各計銀數不一，共用銀壹萬陸千玖百玖拾兩柒錢伍分陸厘。

一，除固原、甘肅貳提，并寧夏、西寧、凉放叁鎮屬，并督標各營補製火藥肆萬玖千柒百玖斤拾貳兩，每斤需用硝磺灰并盤費、運脚、包裹、雜費等項各計銀數不一，共用銀貳千肆百玖拾捌兩叁錢伍分壹厘。

一，除凉州、西寧貳鎮，并督標蘭州城守等營補製戰箭壹萬貳千伍拾肆枝，用箭杆、翎華、桃樺皮、膠鰾、箭頭、匠工等項各計銀數不一，共用銀肆百伍拾玖兩陸錢叁分陸厘。

一，除凉州鎮并督標補製威遠炮群子壹千陸百個，大神炮封口壹百貳拾出，及火繩、胡蘆、罐子、皮搭、皮袋、榔頭、銃子、燃火杆子、刷子等項，并焰硝玖百伍拾陸斤，各計價值物料、匠工銀數不一，共用銀柒拾陸兩貳錢捌分壹厘。

一，除凉州鎮并督標補製撥缺長槍柒拾捌杆、長矛伍拾捌杆，每杆各計需用物料、匠工銀數不等，共用銀伍拾玖兩玖錢肆分陸厘。

一，除凉州鎮補製弓壹百張，每張需用物價、匠工銀數不等，共用銀壹百叁拾柒兩。

一，除凉州鎮補製撒袋壹百副，每副需用物料、匠工銀數不等，内除廢袋雙價准抵外，止共用銀玖拾捌兩玖錢伍分。

一，除凉州鎮并督標補製撥缺腰刀貳百貳把、牌刀拾叁把、劘拾伍把，每把需用物料、匠工銀數不一，共用銀壹百伍拾玖兩壹錢陸分玖厘。

一，除督標補製撥缺夾布號褂貳百壹拾貳件，每件需用物料、匠工銀數不一，共用銀壹百貳拾柒兩貳錢。

實在共節省銀壹千玖拾肆兩玖錢玖分柒厘。查前項節省銀壹千玖拾肆兩玖錢玖分柒厘，内固原提標節省銀叁百捌兩叁錢玖分捌厘，甘肅提標節省銀貳百貳拾柒兩柒錢壹分叁厘，凉州鎮標節省銀陸拾貳兩叁錢肆分陸厘，寧夏

鎮標節省銀壹拾伍兩壹錢柒分捌厘，西寧鎮標節省銀伍拾玖兩玖錢肆分伍厘，督標節省銀玖兩玖錢貳分肆厘，靖遠協營節省銀肆拾兩肆錢陸分柒厘，下馬關營節省銀陸拾壹兩肆錢肆分肆厘，蘆塘營節省銀貳拾叁兩叁錢肆分伍厘，西安州營節省銀玖兩捌錢伍分伍厘，永安堡節省銀貳拾玖兩叁錢柒分，八營節省銀叁拾柒兩壹錢捌分壹厘，洮岷協屬節省銀貳拾捌兩壹錢肆分陸厘，鞏昌營節省銀捌兩貳錢伍分陸厘，固原城守營節省銀伍拾貳兩陸錢陸分貳厘，平凉城守營節省銀壹百壹拾捌兩叁分玖厘，莊浪營節省銀玖錢柒分叁厘，金縣營節省銀壹兩柒錢伍分伍厘。均係領獲司庫之項，現于各該營應領官兵俸餉銀内照數迭扣還項。

至用過銀貳萬伍千玖百捌拾叁兩壹錢捌厘，據各營結稱，均係照例及現在時價補製，并無浮冒，應請准銷。至各提、鎮、營原撥鉛藥、火繩、長槍、長矛以及箭枝等項，已于軍需第叁案册内題報，并將應需補製物料、匠工等項銀兩造具估計册結，送部在案，祈請查核准銷。等因。前來。相應提造司總科明清册，同各撤册結，一并詳賫核題。再，此案以乾隆肆拾捌年拾月初拾日准咨之日起，扣限陸個月，應扣至乾隆肆拾玖年閏叁月初拾日爲滿，合并聲明。等情。到臣。

據此，該臣看得，甘肅各提、鎮、協、營補製，乾隆肆拾陸年剿滅撒拉逆回，撥缺鉛藥、火繩等項軍裝估需工料銀兩一案，先經臣造具估册咨部在案。接准部咨，俟補製完竣，將用過工料銀兩詳細造册題銷。等因。當經轉飭遵照去後。兹據甘肅布政使馮光熊詳稱，查得册開，舊管無項。新收：

一，收領獲司庫銀貳萬柒千柒拾捌兩壹錢伍厘。開除：共銀貳萬伍千玖百捌拾叁兩壹錢捌厘。

一，除固原、甘肅貳提，凉州、寧夏、西寧叁鎮，并洮岷等協屬各營補製撥缺槍炮鉛丸壹百玖拾貳萬捌千伍百貳拾出，各計每出輕重不等，共用過鉛價、運脚、盤費并柳簍、包裹、雜費等項銀數不一，共用銀伍千叁百柒拾

伍兩捌錢壹分玖厘。

一，除固原、甘肅貳提，并凉州、寧夏、西寧、肅州肆鎮，并督標莊浪洮岷所屬，以及金縣營補製撥缺火繩伍拾叁萬捌百壹拾丈，每丈用紙張、樹皮、硝斤、匠工等項各計銀數不一，共用銀壹萬陸千玖百玖拾兩柒錢伍分陸厘。

一，除固原、甘肅貳提，并寧夏、西寧、凉州叁鎮屬，并督標各營補製火藥在萬玖千柒百玖斤拾貳兩，每斤需用硝磺灰并盤費、運脚、包裹、雜費等項各計銀數不一，共用銀貳千肆百玖拾捌兩叁錢伍分壹厘。

一，除凉州、西寧貳鎮，并督標蘭州城守等營補製戰箭壹萬貳千伍拾肆枝，用箭杆、翎華、桃樺皮、膠鰾、箭頭、匠工等項各計銀數不一，共用銀肆百伍拾玖兩陸錢叁分陸厘。

一，除凉州鎮并督標補製威遠炮群子壹千陸百個，大神炮封口壹百貳拾出，及火繩、胡蘆、罐子、皮搭、皮袋、槨頭、銃子、燃火杆子、刷子等項，并焰硝玖百伍拾陸斤，各計價值物料、匠工銀數不一，共用銀柒拾陸兩貳錢捌分壹厘。

一，除凉州鎮并督標補製撥缺長槍柒拾捌杆，長矛伍拾捌杆，每杆各計需用物料、匠工銀數不等，共用銀伍拾玖兩玖錢肆分陸厘。

一，除凉州鎮補製弓壹百張，每張需用物價、匠工銀數不等，共用銀壹百叁拾柒兩。

一，除凉州鎮補製撒袋壹百副，每副需用物料、匠工銀數不等，内除廢袋變價准抵外，止共用銀玖拾捌兩玖錢伍分。

一，除凉州鎮并督標補製撥缺腰刀貳百貳把、牌刀拾叁把、剷刀拾伍把，每把需用物料、匠工銀數不一，共用銀壹百伍拾玖兩壹錢陸分玖厘。

一，除督標補製撥缺夾布號褂貳面壹拾貳件，每件需用物料、匠工銀數不一，共用銀壹百貳拾柒兩貳錢。

實在共節省銀壹千玖拾肆兩玖錢玖分柒厘。查前項節省銀壹千玖拾肆兩玖錢玖分柒厘，内固原提標節省銀叁百捌兩叁錢玖分捌厘，甘肅提標節省銀貳百貳拾柒兩柒錢壹分叁厘，凉州鎮標節省銀陸拾貳兩叁錢肆分陸厘，寧夏鎮標節省銀壹拾伍兩壹錢柒分捌厘，西寧鎮標節省銀伍拾玖兩玖錢肆分伍厘，督標節省銀玖兩玖錢貳分肆厘，靖遠協營節省銀肆拾兩肆錢陸分柒厘，下馬關營節省銀陸拾壹兩肆錢肆分肆厘，蘆塘營節省銀貳拾叁兩叁錢肆分伍厘，西安州營節省銀玖兩捌錢伍分伍厘，永安堡節省銀貳拾玖兩叁錢柒分，八營節省銀叁拾柒兩壹錢捌分壹厘，洮岷協屬節省銀貳拾捌兩壹錢肆分陸厘，鞏昌營節省銀捌兩貳錢伍分陸厘，固原城守營節省銀伍拾貳兩陸錢陸分貳厘，平凉城守營節省銀壹百壹拾捌兩叁分玖厘，莊浪營節省銀玖錢柒分叁厘，金縣營節省銀壹兩柒錢伍分伍厘。均係領獲司庫之項，現于各該營應領官兵俸餉銀内照數迭扣還項。

至用過銀貳萬伍千玖百捌拾叁兩壹錢捌厘，據各營結稱，均係照例及現在時價補製，并無浮冒，應請准銷。至各提、鎮、營原撥鉛藥、火繩、長槍、長矛以及箭枝等項，已于軍需第叁案册内題報，并將應需補製物料、匠工等項銀兩造具估計册結，送部在案。祈請查核准銷。等因。前來。相應造具總撒各册結，呈賫前來，臣覆核無异。除册結送部外，臣謹具題。伏祈皇上睿鑒，敕部核覆施行。爲此具本，謹題請旨。

乾隆肆拾玖年閏叁月初十日。

太子太保、兵部尚書兼都察院右都御史、總督陝甘等處地方軍務兼理糧餉、兼管甘肅巡撫事兼理茶馬、降一級留任臣李侍堯。

【貼黄】

太子太保、兵部尚書兼都察院右都御史、總督陝甘等處地方軍務兼理糧餉、兼管甘肅巡撫事兼理茶馬、降一級留任臣李侍堯謹題：爲報銷事。

該臣看得，甘肅各提、鎮、協、營補製乾隆肆拾陸年剿滅撒拉逆回撥缺鉛藥、火繩等項軍裝估需工料銀兩一案，先經臣造具估册，咨部在案。接准部咨，俟製補完竣，將用過工料銀兩詳細造册題銷。等因。當經轉飭遵照去後。兹據甘肅布政使馮光熊詳稱，查册開舊管無項，新收領獲司庫銀貳萬柒千柒拾捌兩零，開除共銀貳萬伍千玖百捌拾叁兩零，實在節省銀壹千玖拾肆兩玖錢零。現于各該營餉内扣還製，并無浮冒。相應造具册結，呈賫前來，臣覆核無异。除册結送部外，臣謹具題請旨。

【《明清檔案》A240—34，B135243—B135251】

△諭内閣著遇昌補授寧夏府知府等官員任免事

乾隆四十九年閏三月二十七日

乾隆四十九年閏三月二十七日，内閣奉上諭："甘肅寧夏府知府員缺，著遇昌補授。鞏昌府知府員缺，著圖巴補授。廣東潮州府知府員缺，著李蔚補授。惠州府知府員缺，著何夢蓮補授。其所遺員缺，著張心鏡補授。欽此。"

【《乾隆朝上諭檔》第12册，第93頁第280條】

陝西巡撫畢沅奏爲準咨派撥官兵起程赴甘省策應堵截逆回并咨調預備緣由摺

乾隆四十九年四月二十五日

陝西巡撫臣畢沅跪奏：爲奏聞事。

竊查甘省鹽茶廳逆回聚衆滋事，臣前准固原提臣剛塔咨會，當經派委臬司王昶等前赴甘省交界長武地方堵截擒拿，并預爲挑選兵丁，以備調用。一面奏聞，一面咨會督臣李侍堯在案。數日以來，未得逆回如何滋擾情形。兹于二十五日辰刻，接督臣李侍堯自鹽茶廳來咨，逆回已由靖遠渡河，勢甚緊急。東路之兵不敷應用，飛調臣標兵五百名，西安將軍標緑營及滿營兵共三千名，迅速赴甘策應。等因。臣查靖遠距蘭州不過二百餘里，逆回已經渡河，必須多兵應援，不容稍緩。臣原預備兵五百名，一切軍裝、器械早已收拾齊全，即派委臣標中軍參將孫受帶領起程。其所調西安滿漢兵三千名，亦經西安將軍傅玉、副都統明善預爲挑備停妥，即日分起起程。臣并飛飭西路各州縣，不拘車輛馬騾，多爲預備，俟各兵到境，即便應付接濟脚力，務期迅速行走，前赴平凉、固原一帶，以資策應。至陝省鳳翔、延安、邠州各屬均與甘省接壤，現在逆回等雖已渡河，但河東之平凉、涇州等處在在回民錯雜，所有要隘處所，亦須派兵彈壓，以防蠢動。臣已飛札興漢鎮臣三德帶兵一千名，由雲棧前赴鳳翔，延綏鎮臣策卜坦帶兵一千名前赴定邊各交界地方，不動聲色，嚴密堵禦，并聽候調用。

再，查陝省西、同、鳳各營兵丁，經提臣剛塔陸續調往固原協勦，現在存營無幾。省城滿漢官兵，此次調用，亦幾及一半，而陝西幅幀遼闊，回民衆多，兵備未便空虛，設甘省更須調撥，未免不敷應用。若至須用之時，再從鄰省咨調，恐有鞭長不及之虞，是以臣已密會山西撫臣農起在于附近陝省各營分預備兵二三千名，如遇應用，即行飛調，庶不致臨時遲誤。仍聽候甘省信息，倘可無須，即便停止。所有准咨派撥官兵起程并咨調預備各緣由，理合恭摺奏聞，伏祈皇上睿鑒。謹奏。

乾隆四十九年四月二十五日。

已有旨了。

【《宫中檔乾隆朝奏摺》第 60 輯，第 187 頁】

陝西巡撫畢沅奏覆陝省官員須稍緩撤回緣由摺

乾隆四十九年五月初九日

陝西巡撫臣畢沅跪奏：爲恭摺奏覆事。

竊臣承准廷寄，欽奉上諭："此次逆回聚衆滋擾，節經李侍堯等奏報情形，看來斷不至如蘇四十三之猖獗，無難克期撲滅。且該處將軍、都統俱已帶兵起程，畢沅復札派興漢、延綏兩鎮各帶兵一千名赴鳳翔、定邊等處堵禦。又密咨晋省預備兵二三千名候調，所辦殊屬張皇。其山西省官兵竟可毋庸預備。欽此。"臣前聞逆回滋擾，靖遠一帶，勢甚緊急，督臣飛調陝省滿漢官兵前往協勦。而西、同、鳳各路汛防兵丁，亦節經提臣調往，現在存營無幾。西安官兵，亦調去一半，甘省河東等屬回匪甚多，恐有意外糾聚蔓延情事，是以密札山西撫臣于交界地方各在本營預備。嗣接督臣來札，有官兵屢次擊殺賊衆竄散之信，臣當即一面飛札晋省，毋庸預備，一面奏明在案。但臣不行細加揆度事勢，僅以拘迂之見，鰓鰓過計，轉致籌辦未協。

玆蒙皇上訓示周詳，敬謹跪讀，無任慚悚交并。正在恭摺奏覆間，復奉諭旨："以賊首田五身死，餘匪勢成瓦解，此時自可無需多兵。其西安滿漢各營兵丁，應即撤回，令其各歸營伍。"臣近接督臣咨送五月初一日奏稿内，有逆回竄入官川，聚衆千餘人，現在飛催陝省官兵迅速前去，是此時尚屬各路官兵會齊協勦，臣標兵五百名約計日内已抵安會地方。而近日該處情形未能深悉，應聽督臣就近籌度辦理。至定邊係延安府所各與甘省之靈州接壤，距鹽茶廳道路不遠，回民衆多。該處離榆林不過三四百里，即在該鎮管轄境内，鄰封有事，原有巡防之責。鎮臣策卜坦現在就近前往，非但彈壓地方，亦可以供策應。至鳳翔、隴州，處處與甘境犬牙相錯，爲回匪出没之所，各營防兵已俱調去。倘有賊匪竄入秦、鞏一帶，必須分兵堵截。昨興漢鎮臣三德亦已帶兵在鳳翔駐札，此時賊匪尚未撲滅盡净，則此二路之兵似須稍緩撤回，以資控制。爲此恭摺奏覆，伏祈皇上睿鑒。謹奏。

乾隆四十九年五月初九日。

【《宫中檔乾隆朝奏摺》第60輯，第320頁】

甘肅按察使陳步瀛奏報現在賊匪情形及調兵防守緣由摺

乾隆四十九年五月十四日

甘肅按察使臣陳步瀛跪奏：爲奏聞事。

竊臣隨督臣李侍堯查辦鹽茶廳逆回田五率衆倡亂一案，搜捕餘黨，正在陸續辦理。嗣因官川餘賊逸出西鞏驛，通渭石峰堡之回匪乘機響應，圍攻通渭縣城，督臣札調臣馳赴安定一帶，隨同查辦。臣于五月十二日自鹽茶起程，十三日戌刻，行抵隆德縣城。接據平涼府知府王立柱、署静寧州知州涂躍龍報稱，西安副都統明善帶領滿漢兵一千二百名，于十一日由静寧州前往石峰堡進勦。十三日，據馬夫探稱，十二日辰刻，官兵抵高廟山，滿兵先占山頂，賊人各執刀矛，仰面上攻，官兵往下放槍，打死賊人數十名。賊人退回石峰堡，官兵乘勢追趕，奪得頭卡。撫標兵續至，正在札營，賊人又從山上下撲，官兵抵敵不住，即時冲散，領兵大人不知下落。嗣據行營官兵陸續回州，俱稱副都統明善已中矛傷陣亡。等情。臣聽聞之下，不勝駭异。賊回草竊小醜，膽敢抗拒官兵，并將領兵大臣殺害，逞凶犯順，不法已極。

查將軍傅玉、副都統永安圖桑阿，提督剛塔、俞金鰲，合兵數千，駐札通渭之馬營監。大兵雲集，震讋天威。現雖偏師失利，逆回必不致遽肆鴟張。惟高廟山距静寧、隆德、平涼等州縣僅八九十里至百餘里不等，静寧現在兵三百名，平涼有兵百餘名，隆德僅止數十名。該州縣慮其乘虚東犯，群請益兵防守。若俟稟請督臣派撥，誠恐輾轉遲延。臣從固原經過，詢知彼處尚存兵一千五百名，現已飛札副將張拱酌調兵五百名，分撥隆德、平涼兩縣防護城池，仍將徑行調撥緣由稟知督臣。臣即星赴静寧州，會同將備，收集餘兵，嚴防要隘，以遏賊鋒。至督臣李侍堯于十一日由靖遠一帶進發，計日將抵安定，一切進勦事宜，諒已熟籌方略。臣俟静寧籌辦防守事畢，仍馳至督臣行營，隨同料理外，所有現在賊匪情形及調兵防守緣由，理合由驛六百里奏聞，伏乞皇上聖鑒。謹奏。

乾隆四十九年五月十四日。

即有旨諭。

【《宫中檔乾隆朝奏摺》第 60 輯，第 377 頁】

甘肅布政使馮光熊奏陳籌辦供支及省城寧謐情形摺

乾隆四十九年五月二十日

甘肅布政使臣馮光熊跪奏：爲敬陳籌辦供支及省城寧謐情形，仰祈聖鑒事。

竊查甘省鹽茶廳屬小山兒回匪不法，前經督臣李侍堯帶同臬司陳步瀛前往查辦，并會同固原提督剛塔奏調官兵剿捕，其口糧、料草等項，飭臣預備供支無誤。乃鹽茶、靖遠賊匪剿捕甫竣，復有自馬家堡竄出餘孽，與通渭縣屬石峰堡回匪勾連，騷擾西鞏驛，侵犯通渭縣城。西安副都統明善從静寧之高廟山一路進剿，受傷陣亡。逆匪竟敢攻犯城池，戕害大臣，猖獗已極，深堪髮指。茲奉督臣飭知，奏請簡派大臣前來會辦，并經西安將軍傅玉等奏調，寧夏滿兵及阿拉善親王兵丁暨四川屯練降番各兵迅集會剿，飭臣預備供支。并因賊回竄逸滋擾，尚無定踪，飭令臬司陳步瀛于安定、會寧一帶督率經理，省城地方飭臣嚴密防範。等因。

臣伏思賊回肆逞，指日大兵雲集，自可殲擒滅無遺。至供支官兵口糧、料草，係臣專責，自當慎重迅速，以期接濟。所有沿途經過地方，臣已飛飭按例供支。其駐札官兵之所，查河東各屬倉儲糧料均屬充裕，無難調撥，惟賊無定踪，追剿尚無定處，必須多備乾糧、炒麵，以便携帶，臣亦早飭預備運供。至草束一項，河東廠貯甚少，現飭上緊采買，倘有不敷，酌量就近撥運。臣已知會臬司，彼此商酌妥辦，總期無誤供支。

至省城地方，回民雜處，必須嚴密防範。此爲最要。臣仰尊聖訓，曉諭老教回民，好。感戴皇恩，協力查拿，如有自他處潰散潛逃煽惑者，立即擒獻。有擒獻者否？并于各要隘口多撥兵役，安設卡倫，晝夜巡防。節據附近各處拿獲潛來匪黨，并督臣飭拿之要犯李應登、張守禄、馬德田、文貴、馬五十九、馬忠、馬清等，或係從賊打仗，或係謀逆知情，隨時訊明，稟請督臣將各犯先後正法。尚有現拿之犯，另容訊明辦理。臣惟有督同在省文武各官嚴密稽查，安撫舊教，嚴拿新教，以期净絶根株，俾逆犯不致漏網。是。

現在省城及各屬，連次得有透雨，麥苗暢茂，糧價不昂，民情安堵。所有籌辦供支及省城寧謐情形，理合由驛恭摺奏聞，伏乞皇上睿鑒。謹奏。

乾隆四十九年五月二十日。

妥當。但所奏略遲矣，已後十日半月即當聞。汝曾在軍機處行走，豈不知朕廑念乎？

【《宫中檔乾隆朝奏摺》第60輯，第449頁】

暫署户部事務金簡題覆甘省節年徵過茶課開銷事

乾隆四十九年五月二十一日

題。

五。

孟甡康。

四十九年五月廿六日下户。

依議。

工部尚書暫署户部事務、總管内務府大臣臣金簡等謹題：爲奏銷茶馬事宜事。

户科抄出陕甘總督李侍堯題甘肅省乾隆肆拾陸年分茶馬奏銷一案。乾隆肆拾玖年貳月初伍日題，閏叁月初貳日奉旨："該部察核具奏，册并發。欽此。欽遵。”于本日抄出到部。

該臣等查得，陜甘總督李侍堯將乾隆肆拾陸年正月起至拾貳月底止，甘肅各司徵完乾隆肆拾伍年分官茶改折并帶徵各年茶價銀兩以及各屬額徵茶課銀兩，分晰造册，具題請銷前來。查疏册内開：

一，舊管項下，莊浪司存庫各年官茶貳萬柒千貳百肆拾肆篦柒分伍厘，西寧司存庫各年官茶壹萬玖千肆百貳拾肆篦，甘司存庫各年官茶壹萬陸千伍百陸拾肆篦，莊浪司存庫各年官茶改折銀貳千陸百陸拾柒兩捌錢柒分貳厘，西寧司存庫各年官茶改折銀玖千捌百兩，甘司存庫各年官茶改折銀壹萬陸拾兩伍錢陸分。等語。查前項舊管茶封并存庫官茶改折銀兩，臣部核對上年奏銷册造，實存數目相符，應毋庸議。

一，新收：乾隆肆拾伍年分，莊浪司商人應納一成官茶肆千陸百伍拾壹篦，九成官茶改折銀貳萬伍千壹百拾伍兩肆錢；西寧司商人應納一成官茶肆千捌百伍拾陸篦，九成官茶改折銀貳萬陸千貳百貳拾貳兩肆錢；甘司商人應納一成官茶肆千壹百肆拾壹篦，九成官茶改折銀貳萬貳千叁百陸拾壹兩肆錢。等語。查莊浪等三司共額領茶引貳萬柒千貳百玖拾陸道，每道徵茶伍拾□。按伍斤爲壹封，貳封爲壹篦，共□官茶□□□萬貳千玖百陸拾封，合拾叁萬陸千肆百捌拾篦。先據原任陜甘總督楊應琚以庫貯茶封存積難銷，奏准每封改折銀叁錢。嗣于乾隆叁拾陸年，經原任總督吴達善以伊犁等處有安插投誠土爾扈特人衆，應需賞茶壹萬封，奏准以二成本色、八成折色徵收。至肆拾貳年，經原任總督勒爾謹以庫貯茶封足敷新疆拾餘年之用，奏准于肆拾叁年徵收。肆拾壹年茶引爲始，改徵一成本色，其餘均徵折色。等因。各在案。所有莊浪等三司乾隆肆拾伍年共納一成本色茶貳萬柒千貳百玖拾陸封，九成折色□□□□萬伍千陸百陸拾肆封，每封□□□□□□□，應折徵銀柒萬叁千陸百玖拾玖兩貳錢。臣部核算數目，均屬相符，應毋庸議。

一，開除：莊浪司完解肆拾伍年分官茶改折銀貳萬伍千壹百拾伍兩肆錢；西寧司完解肆拾伍年分官茶改折銀貳萬陸千貳百貳拾貳兩肆錢；甘司完解肆拾伍年分官茶改折銀貳萬貳千叁百陸拾壹兩肆錢。共銀柒萬叁千陸百玖拾玖兩貳錢。等語。查前項莊浪等三司完解肆拾伍年官茶改折銀柒萬叁千陸百玖拾玖兩貳錢，臣部按册核對，乾隆肆拾玖年春撥□□□□□□□□，應毋庸議。

一，開除：莊浪□□運新疆動用乾隆肆拾年分官茶捌千陸百肆拾箆半，肆拾壹年分官茶肆千陸百伍拾壹箆，肆拾貳年分官茶壹千玖百玖拾陸箆半；西寧司撥運新疆動用肆拾壹年分官茶肆千捌百伍拾陸箆，肆拾貳年分官茶肆千捌百伍拾陸箆。等語。查發變茶封，先于乾隆貳拾柒年經原任陝甘總督楊應琚奏明，每封作價銀叁錢，令滿洲、緑旗搭支俸餉，并召商變賣。等因。在案。今乾隆肆拾陸年，莊浪、西寧二司撥運新疆各處官茶貳萬伍千箆，應令該督轉飭俟撥支完日，將扣收茶價銀兩分晰報部查核。

一，開除：甘司供支進剿撒拉逆回官兵動用乾隆肆拾壹年分官茶叁千陸百玖拾柒箆，肆拾貳年分官茶壹千陸百拾肆箆零壹斤拾伍兩柒錢陸分肆厘。等語。查册造供支進剿撒拉爾逆回官兵共動支茶伍千叁百壹拾壹箆壹斤拾伍兩柒錢陸分肆厘。每箆作爲貳封，共計茶壹萬陸百貳拾貳封壹斤拾伍兩柒錢陸分肆厘。内供支番土官兵茶叁千壹百捌拾貳封貳斤玖兩壹錢肆分貳厘。核對辦理撒拉爾軍需案内造報數目，雖屬相符，但前項供支茶葉，前經臣部以并無報部案，據駁令據實詳查報部，現在尚未核准，應令該督俟撒拉軍需第拾□□核准之日，再行造報核銷。至删除獎賞官兵茶柒千肆百叁拾玖封肆斤陸兩陸錢貳分貳厘，據稱業經奏明攤賠之處，但查此項删除茶封係何州縣供支，折銀若干，彙入何案内追賠，于何年月日造册報部，未據該督分晰聲明，臣部無憑查對，應令該督轉飭詳悉查明，報部查核。

一，實存：莊浪司各年官茶壹萬陸千陸百柒箆柒分伍厘，西寧司存庫各年官茶壹萬肆千伍百陸拾捌箆，甘司存庫各年官茶壹萬伍千叁百玖拾叁箆半零叁斤貳錢叁分陸厘，莊浪司存庫未解肆拾肆年官茶改折銀貳千陸百陸拾柒兩捌錢柒分貳厘，西寧司存庫未解肆拾叁年官茶改折銀玖千捌百兩，甘司未解各年官茶改折銀壹萬陸拾兩伍錢陸分。共銀貳萬貳千伍百貳拾捌兩肆錢叁分貳厘。等語。查前項存庫茶封并各年官茶改折銀兩，臣部核算應存數目相符，應令該督轉飭將茶封加謹收貯，俟有動用，造入下年奏銷册内報部查核。其未解各年官茶改折銀兩，已越伍陸年之久，未據分毫解司，殊屬不合。應令該督嚴飭作速提解司庫，報部撥用。如再延緩未解，即行開揭送部查議。

一，寧夏道屬，乾隆肆拾伍年分額徵茶引貳百柒拾道，每道徵銀叁兩玖錢，共應徵銀壹千伍拾叁兩，已解司造撥。等語。查寧夏道屬徵完乾隆肆拾伍年茶課銀壹千伍拾叁兩，臣部核對肆拾柒年秋撥册内數目相符，應毋庸議。

一，延榆綏道乾隆肆拾陸年分額頒茶引壹千貳百道，每道徵銀叁兩玖錢，共應徵銀肆千陸百捌拾兩，已完解西安布政司庫。等語。查前項延榆綏道徵完乾隆肆拾陸年茶課銀肆千陸百捌拾兩，係造入何年何季撥册内報部，未據聲明，臣部無憑核對，應令該督轉飭查明報部。

一，徵□興安等州縣乾隆肆拾陸年分茶課銀伍百叁拾叁兩叁錢貳分柒厘，俱已完解。西安布政司庫内造入乾隆肆拾柒年春撥册内銀叁百肆兩柒錢陸分壹厘，又貯庫銀貳百貳拾捌兩伍錢陸分陸厘，俟造入季册内報部撥用。等語。查前項興安等州縣完解茶課銀伍百叁拾叁兩叁錢貳分柒厘，内造入肆拾柒年春撥册内銀叁百肆兩柒錢陸分壹厘，臣部核對數目相符，應毋庸議。其貯庫銀貳百貳拾捌兩伍錢陸分陸厘，除照數登記外，仍令陝西巡撫轉飭造入季報册内，報部酌撥。臣等未敢擅便，謹題請旨。

乾隆肆拾玖年伍月貳拾日。

工部尚書暫署户部事務、管理奉辰苑事務、總管内務府大臣臣金簡，户部右侍郎、鑲白旗滿洲副都統、革職留任臣諾穆親，經筵講官、户部右侍郎臣曹文埴，陝西清吏司郎中臣塔清阿，郎中臣劉坤，郎中臣盛嘉祐，郎中臣劉文徽，員外郎臣善應保，員外郎臣翰圖，員外郎臣烏陵阿，員外郎臣孟甡康，主事臣善慶，主事臣余德洋，額外主事臣張灼，額外主事臣何愚。

【《明清檔案》A240—145，B135693—B135699】

陝甘總督李侍堯奏請暫將文報改由軍臺轉遞摺

乾隆四十九年五月二十六日

陝甘總督臣李侍堯謹奏：爲奏明事。

竊臣現在伏羌剿賊，接據臬司陳步瀛禀稱，平凉、隆德、静寧一帶，現有賊匪滋擾鄉村，離城漸近。查該處係通衢大道，文報設有疏虞，所關匪細，請添兵防護。等情。臣查平凉、隆德、静寧，均係甘省衝衢要路，現在情形緊急，又無可添撥之兵。前經臣兩次飛催阿拉善及寧夏滿漢官兵星赴該處剿捕，并移咨欽差尚書福康安，領侍衛内大臣海蘭察入甘境後，即可于平凉、隆德、静寧一帶，督率阿拉善、寧夏之兵剿賊。惟是衝衢文報絡繹，誠恐萬一疏虞，自當預爲籌畫。臣擬將奏摺、文報改由軍臺馳遞，較爲穩妥。但蘭州至凉州向無軍臺，臣現在飭撥臣標馬一百二十匹，安設十二臺，直至凉州之大河驛，接上邊路軍臺，約計道里遠近，不甚懸殊。仰懇皇上敕部將由京所發文報亦暫改從軍臺轉遞，不致貽誤。爲此恭摺具奏，伏祈皇上睿鑒。謹奏。

乾隆四十九年五月二十六日。

是。已有旨了。

【《宫中檔乾隆朝奏摺》第60輯第524頁】

甘肅按察使陳步瀛奏報賊匪情形及催兵速赴静寧緣由摺

乾隆四十九年五月二十九日

甘肅按察使臣陳步瀛跪奏：爲遵旨覆奏事。

乾隆四十九年五月二十八日，接奉尚書和珅傳諭，乾隆四十九年五月二十日，奉上諭："以隆德等處兵力既單，賊人乘勢搶奪，斷不可不防。自當如此嚴密堵禦，毋使賊人乘間逃竄。等因。欽此欽遵。"寄信前來。

竊臣于五月十四日，由隆德縣馳抵静寧州，當查自高廟山退回之西安滿漢兵，除帶傷者不計外，尚存九百一十四名。次日，該州拿獲奸細訊供，知石峰堡賊人有勾合該州底店子回匪入夥之信，詢知州屬鄒家河爲經由要路，隨咨會西安協領禪達禮帶領滿漢官兵前往防守，一面稟知督臣李侍堯、將軍傅玉，札知提督剛塔一體防範。適督臣帶兵赴通渭一帶進剿，催臣馳赴安定辦理軍糧，臣即于十七日起程西行，十八日抵安定。旋于二十一日，據静寧州稟報，十八日，石峰堡之賊千有餘人突至鄒家河，維時協領禪達禮已奉將軍檄調，將滿洲兵三百餘名帶赴大營進剿，祇有守備趙承謨帶領軍標、撫標兵五百餘名與賊打仗，殺賊數十名，官兵亦有傷亡。因賊多兵少，不能堵禦，賊遂東赴隆德縣之盤隆山勾合底店子各處回匪，于附近村莊肆行焚劫。據隆德、静寧、平凉、華亭等州縣及莊浪縣丞于二十三四等日紛紛稟報，經臣節次稟請督臣發兵剿捕。適伏羌縣賊人圍攻縣城，督提各臣俱赴伏羌剿賊。經督臣派兵二百名赴莊浪防守，又兩次發兵八百名赴隆德防守，而賊匪已聚有數千人，于二十五日辰刻越過隆德，直撲静寧，圍攻州城。經平凉府知府王立柱、署州涂躍龍會同都司趙廷選督率兵民施放槍炮，打死賊人甚多，拿獲活賊一名。至戌刻，賊始退至離城三里之翠屏山。現據該府州稟請火藥、鉛彈，臣即于督臣存貯安定火藥内動撥，專派弁兵星飛解往接濟。

查静寧爲驛站大路，静寧被圍，則文報阻隔。雖經督臣奏明一切軍報改

由寧夏軍臺馳遞，惟是静寧距省城僅衹五百餘里，中間會寧、安定兩縣爲糧運要路，現在督提各臣追逐伏羌之賊日益南行，相距愈遠。惟將軍傅玉以石峰堡尚有餘賊，現駐鹿鹿山，誠恐賊人由静寧南竄，抄奪糧運，直襲大兵之後，臣已屢次馳稟督臣，速撥重兵前來防護。現據隴西縣稟報，官軍抵伏羌之後，殺賊甚多，重圍已解，彼處逆賊殲除净盡，大兵自可計日北旋。至欽差尚書福康安等將次抵境，臣已飛稟陝西撫臣畢沅，即于陝省帶兵來甘，以速剿除。其寧夏、延綏及阿拉善王各處官兵俱已具報起程，亦已屢次催令前進。至静寧州，原有守城兵三百名，鄒家河退回之兵應有四百餘名，計督臣所遣分防隆德之兵，目前可抵州境，該府州等竭力守禦，尚可支持，以待大兵之集。現蒙皇上欽派重臣帶領京兵來甘進剿，草竊小寇，自可計日蕩平。除飭該府州等加意防守，務保無虞外，所有賊匪情形及催兵速赴静寧緣由，理合由驛六百里覆奏，伏乞皇上聖鑒。謹奏。

汝所辦皆合機宜，勉爲之。

【《宫中檔乾隆朝奏摺》第60輯，第581頁】

陝甘總督兼甘肅巡撫福康安題報署任游擊俸滿請准實授

乾隆四十九年七月二十四日

題。

十二。

四十九年八月二十二日下兵。

該部議奏。

太子太保、内大臣、兵部尚書都察院右都御史、總督陝甘等處地方軍務兼理糧餉、兼管甘肅巡撫事兼理茶馬、嘉勇侯臣福康安謹題：爲報明俸滿日期事。

准前任陝甘總督臣李侍堯移交，案查前准兵部咨開，乾隆肆拾陸年拾貳月初貳日，本部將奏署陝西提標後營游擊吴宗茂帶領引見，奉旨："吴宗茂，准其升署陝西提標後營游擊，著扣滿年限，照例題請實授。欽此。"查吴宗茂，甘肅人，由行伍，係甘肅凉州鎮標右營守備，題補新城營都司。因剿除賊匪，奏署游擊，應給與署陝西固原提標後營游擊札付限票，令其赴任。仍俟扣滿歷俸年限，另行題請實授，知照該督可也。等因。當經移行，遵照在案。

玆準前督臣李侍堯移交，准原任陝西固原提督臣剛塔咨，准興漢鎮總兵官三德咨，據署舊縣關營游擊吴宗茂呈稱，竊卑職前由凉州鎮標右營守備，蒙題補新城營都司，經部議覆，奉旨准其補授，尚未接札。因在華林山一帶地方剿除賊匪，奏署游擊，赴部引見。奉旨："吴宗茂，准其升署陝西提標後營游擊，著扣滿年限，照例題請實授。欽此。"嗣因西安提標後營各官裁移固原，卑職籍隸固原，係在本籍，與例不符，隨蒙調署舊縣關營游擊在案。今以卑職自乾隆肆拾陸年閏伍月初貳日，轉蒙檄飭奉旨，准其補授新城營都司之日起，連閏扣至乾隆肆拾玖年肆月初貳日，歷俸已滿叁年，應請實授。相應造具履歷，呈賫核轉。等情。到鎮。轉報到提督，移咨轉交到臣。

準此，該臣看得，舊制西安提督移駐固原案内，署提標後營游擊吴宗茂係在本籍，與例不符，經前督臣李侍堯請將該員調署舊縣關營游擊。嗣准部覆，准其調署，仍俟扣滿歷俸年限，題請實授。等因。今准前督臣李侍堯移交，准原任陝西固原提督咨稱，署游擊吴宗茂以乾隆肆拾陸年閏伍月初貳日接到奉旨，准其補授凉州鎮屬新城營都司之日起，連閏扣至肆拾玖年肆月初貳日，歷俸已滿叁年，移送履歷，請題實授前來。臣查升署游擊吴宗茂歷俸既滿叁年，應照例題請實授。除履歷送部外，臣謹會同署陝西固原提督臣伍岱合詞具題，伏祈皇上睿鑒，敕部議覆施行。爲此具本，謹題請旨。

乾隆肆拾玖年柒月貳拾肆日。

太子太保、内大臣、兵部尚書都察院右都御史、總督陝甘等處地方軍務兼理糧餉、兼管甘肅巡撫事兼理茶馬、嘉勇侯臣福康安。

【貼黄】

太子太保、内大臣、兵部尚書都察院右都御史、總督陝甘等處地方軍務兼理糧餉、兼管甘肅巡撫事兼理茶馬、嘉勇侯臣福康安謹題：爲報明俸滿日期事。

該臣看得，舊制西安提督移駐固原案内，署提標後營游擊吴宗茂係在本籍，與例不符，經前督臣李侍堯請將該員調署舊縣關營游擊。嗣准部覆，准其調署，俟扣滿歷俸年限，題請實授。等因。今准前督臣李侍堯移交，准原任陝西固原提督咨稱，署游擊吴宗茂以乾隆肆拾陸年閏伍月初貳日奉旨，准其補授凉州鎮屬新城營都司之日起，連閏扣至肆拾玖年肆月初貳日，歷俸已滿叁年，移送履歷，請題實授前來。臣查升署游擊吴宗茂歷俸既滿叁年，應照例題請實授。除履歷送部外，臣謹合詞具題請旨。

【《明清檔案》A241—72，B135989—B135991】

陝甘總督兼甘肅巡撫福康安題報署任守備俸滿請准實授

乾隆四十九年七月二十四日

題。

十一。

八月初十日。

四十九年八月二十九日下兵。

該部議奏。

太子太保、内大臣、兵部尚書都察院右都御史、總督陝甘等處地方軍務兼理糧餉、兼管甘肅巡撫事兼理茶馬、嘉勇侯臣福康安謹題：爲報明期滿事。

准前任陝甘總督臣李侍堯移交，案查前准兵部咨開：議得陝甘總督李侍堯疏稱，甘肅寧夏鎮標前營守備郭茂降調遺缺，請以委用守備五福題署。查五福係驍騎校揀發甘肅，以守備委用，到標未及貳年，今請署守備，與奏准新例相符，應如所請，准其題署甘肅寧夏鎮標前營守備。仍俟扣滿年限，照例題請實授。等因。轉移遵照在案。

兹準前督臣李侍堯移交，准甘肅提督臣俞金鰲咨，准寧夏鎮總兵官吉蘭泰咨，據兼署標下中軍游擊李基呈，准署前營游擊達啓移，據署中軍守備五福呈稱，竊卑職于乾隆肆拾柒年貳月初肆日收入督標起，扣至肆拾玖年貳月初肆日，貳年期滿，理合造具履歷，呈請核辦。等情。轉報到鎮，移咨到提督，轉咨移交到臣。

準此，該臣看得，甘肅寧夏鎮標前營守備郭茂降調遺缺，先經前督臣李侍堯將委用守備五福題署。嗣准部覆，與新例相符，應如所請，准其題署。甘肅寧夏鎮標前營守備俟扣滿年限，照例題請實授。兹準前督臣李侍堯移交，准甘肅提督咨稱，題署守備五福于乾隆肆拾柒年貳月初肆日收入督標起，扣至肆拾玖年貳月初肆日，已滿貳年，移送履歷，請題實授前來。臣查守備五福到標委用已滿貳年，應照例題請實授。除履歷送部外，臣謹會同甘肅提督臣俞金鰲合詞具題，伏祈皇上睿鑒，敕部議覆施行。爲此具本，謹題請旨。

乾隆肆拾玖年柒月貳拾肆日。

太子太保、内大臣、兵部尚書都察院右都御史、總督陝甘等處地方軍務兼理糧餉、兼管甘肅巡撫事兼理茶馬、嘉勇侯臣福康安。

【貼黄】

太子太保、内大臣、兵部尚書都察院右都御史、總督陝甘等處地方軍務兼理糧餉、兼管甘肅巡撫事兼理茶馬、嘉勇侯臣福康安謹題：爲報明期

滿事。

該臣看得，甘肅寧夏鎮標前營守備郭茂降調遺缺，先經前督臣李侍堯將委用守備五福題署。嗣准部覆，准其題署甘肅寧夏鎮標前營守備，俟扣滿年限，照例題請實授。兹準前督臣李侍堯移交，准甘肅提督咨稱，題署守備五福于乾隆肆拾柒年貳月初肆日收入督標起，扣至肆拾玖年貳月初肆日，已滿貳年，移送履歷，請題實授前來。臣查守備五福到標委用已滿貳年，應照例題請實授。除履歷送部外，臣謹合詞具題請旨。

【《明清檔案》A241—73，B135993—B135994】

△奏甘肅軍營調寧夏阿拉善四川屯練降番各兵等事

乾隆四十九年十月初三日

查甘肅軍營調寧夏、阿拉善、四川屯練降番各兵，係傅玉、五岱、剛塔等于五月十五日具奏，李侍堯未經會銜。至京兵係五月十八日派往，李侍堯奏請派久經行陣大員赴甘會辦一摺，于五月二十一日奏到。奉硃批：“遲了，早皆起程矣。欽此。”謹奏。

十月初三日。

【《乾隆朝上諭檔》第 12 冊，第 305 頁第 850 條】

陝甘總督兼甘肅巡撫福康安奏明静寧隆德一帶瘟疫止息民人無傷

乾隆四十九年十一月十七日

奏。

臣福康安跪奏：爲查明覆奏事。

竊臣于本月初五日，接准兵部火票遞到乾隆四十九年十月二十六日内閣奉上諭："據福康安奏，静寧、隆德一帶瘟疫盛行，静寧州病斃犯屬五百四十餘名口，隆德縣病斃犯屬二百餘名口。等語。逆回罪惡貫盈，其婦女幼孩，本應概予駢誅，經朕法外施仁，寬其一綫，免死發遣。兹復因疫病斃，已伏冥誅，亦其孽由自作，罪所應得。但瘟疫既已盛行，則静寧、隆德一帶良民，亦必有沾染疾病者，該督曾否設法施藥療治，并如何量予拊循之處，朕心深爲廑念。著福康安飭屬詳查，妥爲辦理，以副朕軫恤良民至意。此旨速由六百里馳諭福康安。欽此欽遵。"行知到臣。

仰見聖主惠愛黎元、如傷在抱之至意。伏查静寧、隆德二處監禁犯屬疫斃者數百人，固由賊犯逆天造釁，罪不容誅。即其妻子幸荷聖恩寬宥，予以一綫之生，究竟莫逃冥戮。惟是一方既有疫氣，誠恐纏染多人，難分良莠。臣據該州縣具報之初，即委候補同知李天培携帶銀兩，多備藥味，前往該處確查。民間如有沾染，亟行散給藥劑，俾資療治，仍量加撫恤。嗣據該同知禀稱，民間雖有病疫者，沾染甚輕，業俱醫療就痊。現值嚴冬閉藏之候，瘟疫亦已止息，人口不致損傷，閭閻仍極安樂。等情。臣以爲此係地方應辦之事，是以未即奏聞。乃荷聖明，廑念垂詢諄諄，邊方黎庶，屢邀高厚鴻慈，實屬淪肌浹髓。臣已恭録諭旨，刊刻謄黄，遍行曉示，俾窮鄉僻壤，無不共喻我皇上軫恤良民、毋使一夫失所之至意。謹恭摺由驛奏覆，仰慰聖懷，伏祈皇上睿鑒。謹奏。

該部知道。【注】

乾隆四十九年十一月十七日。

【注】硃批。

【《明清檔案》A242—107，B136749—B136750】

陝甘總督兼甘肅巡撫福康安題請豁免陣亡病故西路駐防官兵土夷等長支借等銀

乾隆四十九年十二月十五日

題。

四。

五十年二月初十日下户、兵。

該部議奏。

太子太保、内大臣、兵部尚書都察院右都御史、總督陝甘等處地方軍務兼理糧餉、兼管甘肅巡撫事兼理茶馬、嘉勇侯臣福康安謹題：爲援例請免在營在差各事故官兵長支等項銀兩，以示優恤，以廣皇仁事。

據甘肅布政使司布政使浦霖呈，案查前准寧夏、凉州、莊浪叁滿營，舊制固原暨西寧、白土路叁鎮營，并據哈密、迪化、阜康、綏來、濟木薩等廳、州、縣、縣丞，各將奉派口外新疆各處駐防屯田辦差病故以及金川陣傷亡故滿漢各官兵等長支借支并應賠各項銀糧，陸續援例請免，均奉部覆，准其造册，統于年底彙案呈請題豁。等因。俱行到司。

蒙此，除將應免銀糧各細數分晰造册，并將奏准各原行挨順年目，備載册首，詳内省繁，毋庸重叙外，該甘肅布政使浦霖查得，前奉部議，延綏鎮總兵米國正駐防哈密病故，其長支借支俸薪等項銀兩，經前督部院查郎阿奏請照例豁免，奉部覆准。并令嗣後西路駐防官弁兵丁前在防所病故者，其長支借支俸薪等項銀兩，應請一體免其追繳。等因。于乾隆叁年貳月初肆日奏，本日奉旨："依議。欽此。"又于乾隆伍年肆月内，欽奉上論："朕覽兵部纂修則例内稱，從前進藏出征及受傷病故官兵，所有預借銀兩，免其追繳，係出自特恩，未便纂爲成例。等語。朕思兵丁捐軀行陣，情實可憫，其預借銀兩，理應豁免。必待特降諭旨，恐其中不無一二遺漏。著爲定例，凡遇有此等事件，該部即援例請免，則恩恤之典，可垂記遠矣。欽此。”又于乾隆貳拾陸年伍月貳拾玖日，奉上諭：“察哈爾八旗撤回官兵至本游牧後病故人等，應賠額外多倒馬、駝，暨多行支領并借支等項銀兩，盡行加恩寬免。欽此。”又于乾隆貳拾柒年伍月内，欽奉上諭，内開：“此次西、北兩路派出官兵在軍前病故人等，應追各項，加恩寬免。伊等雖回至游牧後病故，亦係一體。曾在軍前效力，著將伊等應賠逾額倒斃馬、駝，以及長支借支等項銀兩，俱著加恩寬免。欽此欽遵。”在案。嗣將甘提標中營守備景日廣，在哈密防所病故并出征贍對，病故參將瑚璉，出征金川病故守備徐賓，及西路軍需解馬遇賊陣亡中衛協副將滿禄，關展管糧换回病故臨洮道勒爾金，并陝甘滿漢各營奉派出征辦差事竣回營後病故各官弁兵丁等長支借支各項銀兩，俱經援照前例請免，奉部覆准，各在案。

今准寧夏、凉州、莊浪叁滿營，舊制固原暨西寧、白土路叁鎮營，并據哈密、迪化、阜康、綏來、濟木薩等廳、州、縣、縣丞，各將奉派口外新疆各處屯田病故，以及金川出征陣亡，并徵剿撒拉逆回凱旋回營後病故官兵等長支借支并應賠各項銀糧，移行請免前來。覆查册造乾隆肆拾陸年進剿撒拉逆回凱旋回營後陸續病故寧夏滿營驍騎校伍苟兒、馬甲朱爾杭阿等叁拾壹名，應還借支俸裝并跟役皮衣銀貳百肆拾叁兩貳錢玖分。又，册造凉州滿營陸續病故馬兵永安等叁拾柒名，應還借支行裝并删减肆分鹽菜未完銀叁百捌拾捌兩伍錢叁分伍厘。又，册造莊浪滿營陸續病故馬兵厄圖渾等壹拾伍名，應還借支製裝并删减肆分鹽菜銀壹百陸拾壹兩叁錢肆分陸厘。又，册造舊制固原鎮標叁營，并所屬西固、階州、文縣、秦州等營乾隆肆拾年出征金川陣亡把總閻大强、左營外委慕天伏、兵丁張瑞等肆拾員名，應還重支川省各站鹽菜、口糧、脚價銀肆拾叁兩玖錢玖分玖厘。又，册造西寧鎮標冰溝、文縣、秦州等營出征金川陣亡外委徐昭德等拾叁員名，應還長支川省鹽菜、口糧共銀貳拾捌兩壹錢壹分肆厘。又，册造吐魯番病故白土路營馬兵王加貞、七里關營步兵尤進保等貳名，共長支鹽菜銀柒錢伍分，白麥貳拾伍斤。又，册造哈密病故印房辦事防禦阿爾薩長支鹽菜銀玖兩叁錢捌分伍厘玖毫，粟米壹石壹斗伍升叁合柒勺，白麥玖拾陸斤。又，册造迪化州頭屯病故土夷廠徒先坎等叁名，應還未完房馬價銀貳拾兩叁錢叁分肆厘，京斗小麥壹拾石玖斗捌升陸合壹勺。又，册造綏來縣病故廠徒張玉貴應還未完房馬價銀貳兩叁錢叁分肆厘，京斗小麥肆斗柒升貳合叁勺。又，册造綏來縣病故廠徒賴蘭廷等貳名，未完房價銀肆兩陸錢陸分捌厘，京斗小麥玖斗伍升柒勺。又，册造綏來縣病故廠徒黄廷榮，未完房馬價銀伍兩陸錢陸分柒厘，京斗小麥玖斗肆升肆合肆勺。又，册造阜康縣病故廠徒陳作雲等叁名，未完房馬價銀壹拾兩叁錢叁分伍厘，京斗小麥捌斗陸升壹合壹勺，白麥壹百貳斤。又，册造阜康縣病故廠徒胡斗興未完房馬價銀伍兩陸錢陸分捌厘，京斗小麥捌斗玖升伍合壹勺。又，册造濟木薩縣丞病故廠徒廖來敬等貳名，未完牛價銀肆兩陸錢陸分肆厘，京斗粟穀壹石陸斗肆升玖合。又，册造濟木薩縣丞病故廠徒童洪顯，未完房馬價銀伍兩陸錢陸分捌厘，京斗粟穀壹石陸斗肆升捌合玖久。以上共計壹拾伍案，各該官兵、土夷、廠徒等長支借支并應還房馬價銀玖百叁拾肆兩柒錢伍分柒厘玖毫，京斗粟米壹石壹斗伍升叁合柒勺，白麥貳百貳拾叁斤，小麥壹拾伍石壹斗玖合柒久，粟穀叁石貳斗玖升柒合玖勺。

查該官兵出征金川，并剿捕撒拉逆回，及奉派口外新疆屯田辦差，既經陣亡病故，情堪憫惻，所有應還長支借支并删減鹽菜銀糧等項，與乾隆貳拾陸柒兩年欽奉上諭“軍前陣亡及回至游牧後病故人等，長支借支等項銀兩，俱著寬免”之例相符。應請俱照前例，一體准予豁免，以示優恤，以廣皇仁。相應分晰照造司册，一并具詳，呈賫核題。仍將請免銀糧，請俟題免奉部覆准之日，在于各本案原動款内，准其作正開銷。再，此案係查照本案請奉大部核覆，准其彙案造免之件，毋庸加結，合并聲明。等情。呈詳到臣。

該臣查得，前准部咨，令將嗣後西路駐防官弁兵丁前在防所病故者，其長支借支各項銀兩應請一體免其追繳。等因。行司遵照在案。兹據甘肅布政使浦霖詳稱，查乾隆肆拾陸年進剿撒拉逆回凱旋回營後陸續病故寧夏滿營驍騎校伍茍兒、馬甲朱爾杭阿等叁拾壹名，應還借支俸裝并跟役皮衣銀貳百肆拾叁兩貳錢玖分。又，册造凉州滿營陸續病故馬兵永安等叁拾柒名，應還借支行裝，并删减肆分鹽菜未完銀叁百捌拾捌兩伍錢叁分伍厘。又，册造莊浪滿營陸續病故馬兵厄圖渾壹拾伍名，應還借支製裝并删减肆分鹽菜銀壹百陸拾壹兩叁錢肆分陸厘。又，册造舊制固原鎮標叁營，并所屬西固、階州、文縣、秦州等營，乾隆肆拾年出征金川陣亡把總閻大强、左營外委慕天伏、兵丁張瑞等肆拾員名，應還重支川省各站鹽菜、口糧、脚價銀肆拾叁兩玖錢玖分玖厘。又，册造西寧鎮標冰溝、文縣、秦州等營出征金川陣亡外委徐昭德等拾叁員名，應還長支川省鹽菜、口糧共銀貳拾捌兩壹錢壹分肆厘。又，册造吐魯番病故白吐路營馬兵王加貞、七里關營步兵尤進保等貳名，共長支鹽菜銀柒錢伍分，白麥貳拾伍斤。又，册造哈密病故印房辦事防禦阿爾薩，長支鹽菜銀玖兩叁錢捌分伍厘玖毫，粟米壹石壹斗伍升叁合柒勺，白麥玖拾陸斤。又，册造迪化州頭屯病故土夷廠徒先坎等叁名，應還未完房馬價銀貳拾兩叁錢叁分肆厘，京斗小麥壹拾石玖斗捌升陸合壹勺。又，册造綏來縣病故廠徒張玉貴應還未完房馬價銀貳兩叁錢叁分肆厘，京斗小麥肆斗柒升貳合叁勺。又，册造綏來縣病故廠徒賴蘭廷等貳名，未完房價銀肆兩陸錢陸分捌厘，京斗小麥玖斗伍升柒勺。又，册造綏來縣病故廠徒黄廷榮未完房馬價銀伍兩陸錢陸分柒厘，京斗小麥玖斗肆升肆合肆勺。又，册造阜康縣病故廠徒陳作雲等叁名，未完房馬價銀壹拾兩叁錢叁分伍厘，京斗小麥捌斗陸升壹合壹勺，白麥壹百貳斤。又，册造阜康縣病故廠徒胡斗興未完房馬價銀伍兩陸錢陸分捌厘，京斗小麥捌斗玖升伍合壹勺。又，册造濟木薩縣丞病故廠徒廖來敬等貳名，未完牛價銀肆兩陸錢陸分肆厘，京斗粟穀壹石陸斗肆升玖合。又，册造濟木薩縣丞病故廠徒童洪顯，未完房馬價銀伍兩陸錢陸分捌厘，京斗粟穀壹石陸斗肆升捌合玖勺。以上共計壹拾伍案，各該官

兵、土夷、廠徒等長支借支并應還房馬價銀玖百叁拾肆兩柒錢伍分柒厘玖毫，京斗粟米壹石壹斗伍升叁合柒勺，白麥貳百貳拾叁斤，小麥壹拾伍石壹斗玖合柒勺，粟穀叁石貳斗玖升柒合玖勺。

查該官兵出征金川，并勦捕撒拉逆回，及奉派口外新疆屯田辦差，既經陣亡病故，情堪憫惻，所有應還長支借支并删減鹽菜銀糧等項，與乾隆貳拾陸柒兩年欽奉上諭“軍前陣亡及回至游牧後病故人等，長支借支等項銀兩俱著寬免”之例相符。應請俱照前例，一體准予豁免，以示優恤，以廣皇仁。仍將請免銀糧，請俟題免奉部覆准之日，在于各本案原動款内准其作正開銷。等情。造具清册，呈賫請題前來，臣覆核無异。除册送户部户科并將揭帖照例分送外，相應具題，伏祈皇上睿鑒，敕部核覆施行。謹題請旨。

乾隆肆拾玖年拾貳月拾伍日。

太子太保、内大臣、兵部尚書都察院右都御史、總督陝甘等處地方軍務兼理糧餉、兼管甘肅巡撫事兼理茶馬、嘉勇侯臣福康安。

【貼黄】

太子太保、内大臣、兵部尚書都察院右都御史、總督陝甘等處地方軍務兼理糧餉、兼管甘肅巡撫事兼理茶馬、嘉勇侯臣福康安謹題：爲援例請免等事。

該臣查得，前准部咨，令將嗣後西路駐防官弁兵丁前在防所病故者，其長支借支各項銀兩應請一體免其追繳。等因。行據甘肅布政使浦霖詳稱，查各該官兵、土夷、廠徒等長支借支并應還房馬價銀玖百叁拾肆兩零，京斗粟米壹石壹斗伍升零，白麥叁拾肆拾叁斤，小麥壹拾伍石壹斗零，粟穀叁石貳斗玖升零。查該官兵出征金川，并勦捕撒拉逆回，及奉派口外新疆屯田辦差，既經陣亡病故，情堪憫惻，所有應還長支借支并删減鹽菜銀糧等項，應請照例一體豁免，以示優恤，以廣皇仁。等情。造具清册，呈賫請題前來，臣覆核無异。除册送部科外，謹題請旨。

【《明清檔案》A242—148，B136931—B136938】

乾隆五十年（1785）

（陝甘總督兼甘肅巡撫）福康安奏請委署府官

乾隆五十年正月十七日

臣福康安跪奏：爲委署知府循例奏聞事。

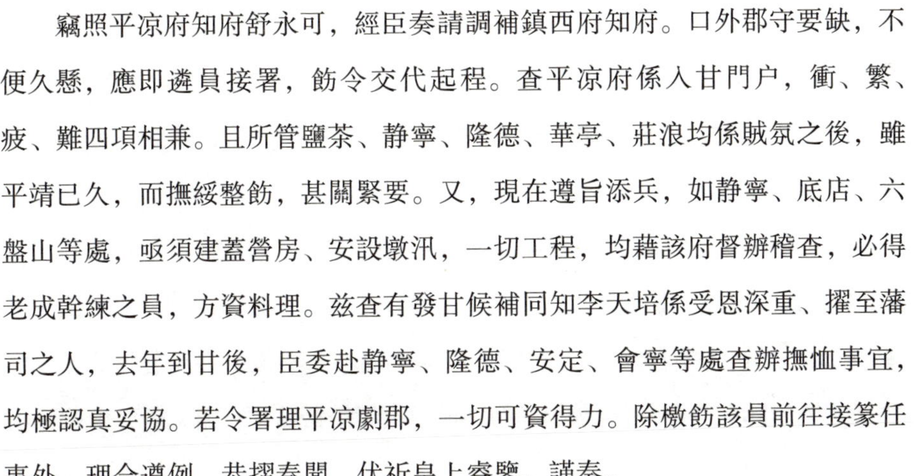

竊照平凉府知府舒永可，經臣奏請調補鎮西府知府。口外郡守要缺，不便久懸，應即遴員接署，飭令交代起程。查平凉府係入甘門户，衝、繁、疲、難四項相兼。且所管鹽茶、静寧、隆德、華亭、莊浪均係賊氛之後，雖平靖已久，而撫綏整飭，甚關緊要。又，現在遵旨添兵，如静寧、底店、六盤山等處，亟須建蓋營房、安設墩汛，一切工程，均藉該府督辦稽查，必得老成幹練之員，方資料理。兹查有發甘候補同知李天培係受恩深重、擢至藩司之人，去年到甘後，臣委赴静寧、隆德、安定、會寧等處查辦撫恤事宜，均極認真妥協。若令署理平凉劇郡，一切可資得力。除檄飭該員前往接篆任事外，理合遵例，恭摺奏聞，伏祈皇上睿鑒。謹奏。

覽。【注】

乾隆五十年正月十七日。

【注】硃批。

【《明清檔案》A243—13，B137025—B137026】

陝甘總督兼甘肅巡撫福康安題請核銷甘省供支進剿并凱旋官兵外帶軍裝各物用過車價銀

乾隆五十年正月二十日

題。

十。

二月初五日。

五十年三月二十五日下兵、户、工。

該部察核具奏。

太子太保、内大臣、兵部尚書都察院右都御史、總督陝甘等處地方軍務兼理糧餉、兼管甘肅巡撫事兼理茶馬、嘉勇侯臣福康安謹題：爲詳請核咨事。

據甘肅布政使司布政使浦霖、按察使司按察使汪新會詳呈，蒙户部尚書總督陝甘部堂嘉勇侯福康安案驗，乾隆肆拾玖年拾月貳拾肆日，准兵部咨，車駕司案呈，准陝甘總督福康安咨前事壹案，相應抄單移咨陝督可也。計黏單一紙，内開：

一，軍營軍火及調撥炮位應准補製并造銷脚價也。查此次奉派京兵并阿拉善蒙古以及川、陝、甘肅叁省滿、漢、土番等項官兵，分途圍剿，需用軍火甚多。除頭貳兩次派撥營分細數業經前司詳請咨部在案，嗣又在于甘提凉州、寧夏、西寧、肅州、河州督標等提鎮營共派撥火藥伍拾萬斤，鉛丸壹百伍拾萬伍千出，火繩柒拾萬丈，應請照例製辦，事竣詳請題銷。又，此次軍營調用炮位，均係雇覓騾馬車輛，派委官兵，運赴軍營應用。所有封口、炮子，應請俟事竣之日，查明用過各若干，照數補製，分晰斤重細數，造册請銷。至雇覓車輛，每叁百玖拾斤合車壹輛，每輛每百里給脚價銀肆錢伍分。其押運官兵盤脚口食，亦照定例支給，俟事竣，一并分晰造册請銷。等語。查此次軍營需用一切軍火及製辦火藥、鉛丸、火繩、封口、炮子等項，應令該督轉飭查明數目，據實造報查核。其所需車輛，據咨稱，按叁百玖拾斤給車壹輛，應令該督轉飭將額設車輛儘數扣除。如有不敷，應行雇覓民車運送。至所需車價銀兩，并押運官兵盤脚口食等項，均事隸户部，應聽户部核覆。等因。

又一件遵札事。蒙户部尚書、總督陝甘部堂嘉勇侯福康安案驗，乾隆肆拾玖年拾壹月貳拾日，准户部咨，軍需局案呈，准陝甘總督福康安咨稱，據甘肅布政使浦霖詳稱，查此次勦捕回匪，調派各處官兵應支事例款項紛繁，若逐件具奏，未免繁瑣。前奉上諭，別處徵調赴甘兵丁應得鹽菜、口糧，必須隨時寬爲應付。即甘肅本省及陝省調到各兵，亦不必拘泥成例支給。等因。欽奉在案。又，伍月拾柒日，奉上諭："甘省逆回滋事，節經檄調西安滿漢官兵，及寧夏、凉州等處滿兵，并各提鎮所屬兵丁，會同進勦，亦不下數千人。其如何支給應付之處，總未據李侍堯詳細奏及。看來此時該督竟屬張惶失志，一籌莫展，以致諸事漫無料理。兵丁等進勦賊匪，鹽菜、口糧最關緊要。況今又調川省屯練兵及阿拉善蒙古兵共貳千名到彼協勦，此項兵丁俱從別處徵調前來，應得口糧，必須隨時寬爲應付，即甘肅本省及陝省調到各兵亦不能枵腹從事。從前勦捕蘇四十三時，所調川省屯練及阿拉善兵，并陝甘官兵、土兵，支給鹽菜、口糧，俱辦有章程。著傳諭李侍堯，即派委大員專司妥協辦理，照前支給，不必拘泥成例。俟事竣後，將必須情由聲明具奏。候朕酌量降旨，庶承辦之員不虞掣肘，而兵丁等得資飽騰，倍加奮勉，勇往從事。但不得因朕有此旨，遂任屬員從中浮冒也。將此傳諭李侍堯，并諭福康安知之。等因。欽此。"遵旨寄信前來。

查得此次逆回不法，奏調滿洲、蒙古、漢、土各官兵齊集勦捕，除供支官兵鹽菜、口糧，借支俸裝、馬匹料草，經前司馮光熊詳請咨部外，所有京兵、阿拉善蒙古、四川屯練降番各兵沿途行走，并到軍營打仗，與夫追勦賊匪，所需乘騎安臺、供差運糧、調撥營驛、采買馬騾、供支料草，及解送軍營馬、騾、紙紅等項，弁兵夫役盤費口食，以及馬、騾倒斃分數，供支退回傷病官兵，及陣傷亡故官兵、夫馬、車輛等項，均關動支錢糧，自應按照節次辦過成例，參酌定議，詳請咨部立案，以便將來造銷。等情。除分咨外，相應咨達。等因。前來。查此次甘肅省勦捕逆回，據陝甘總督福康安將調派各處官兵應辦一切酌定條款咨部立案，應俟奏銷到日查核辦理外，相應咨覆陝甘總督可也。等因。咨院俱行到司。

蒙此，除調赴軍營鉛藥、鍋帳、炮位等項各屬供支車價銀兩另案造册請銷外，所有此次軍需各屬供支滿漢各營，以及進剿凱旋官兵往回外帶一切鉛藥、鍋帳、炮位等項應需拽運車價銀兩，遵即移行各屬遵照造報去後。兹據蘭州、鞏昌、平凉、甘州、凉州、寧夏、西寧柒府，并直隸秦州、階州、涇州、肅州、安西、伍州所屬各廳、州、縣、縣丞，將供支陝甘滿漢各提、鎮、營進剿，并凱旋官兵外帶軍裝各物用過車價銀兩，造册請銷前來。該甘肅布政使浦霖、按察使汪新等查得，舊管無項。新收：一，收領獲司庫銀陸千叁百柒拾貳兩捌錢壹分捌厘；一，收借領府州庫銀柒百陸拾伍兩伍錢貳分陸厘；一，收各屬墊用銀叁千肆百壹拾玖兩叁錢壹分叁厘。叁共銀壹萬伍百伍拾柒兩陸錢伍分柒厘。開除：共銀壹萬伍百伍拾柒兩陸錢伍分柒厘。一，除蘭州、鞏昌、平凉、甘州、凉州、寧夏、西寧柒府，并直隸秦州、階州、涇州、肅州、安西伍州所屬各廳、州、縣、縣丞，運送陝甘滿漢各提、鎮、營進剿并凱旋官兵外帶軍裝等物，各計斤重，程途遠近不一，共支給脚價銀壹萬伍百伍拾柒兩陸錢伍分柒厘。實在無項。

查前項供支陝甘滿漢各營進剿，并凱旋官兵外帶軍裝各物用過車價銀兩，據各屬册登，進剿官兵外帶軍裝各物應用車輛，前因兵行迅速，軍裝隨兵并進，額設所車悉係牛車，不能馳驟，是以全行雇覓騾馬車運送。至凱旋官兵外帶軍裝各物應需車輛，照例扣除額車，如有不敷，始雇民車運送。其用過車價銀兩，俱係照例按程計斤支給，并無浮冒，應請准銷。等因。前來。覆核無异。理合提造司總簡明清册，同各撒册，相應一并詳賫核題。等情。呈詳到臣。

該臣查得，甘肅省各屬，乾隆肆拾玖年，供支陝甘滿漢各提、鎮、營進剿，并凱旋官兵外帶軍裝各物用過車價銀兩，例應造册，題請核銷。兹據甘肅布政使浦霖、按察使汪新等會詳稱，查舊管無項。新收：一，收領獲司庫銀陸千叁百柒拾貳兩捌錢壹分捌厘；一，收借領府州庫銀柒百陸拾伍兩伍錢貳分陸厘；一，收各屬墊用銀叁千肆百壹拾玖兩叁錢壹分叁厘。叁共銀壹萬伍百伍拾柒兩陸錢伍分柒厘。開除：共銀壹萬伍百伍拾柒兩陸錢伍分柒厘。一，除蘭州、鞏昌、平凉、甘州、凉州、寧夏、西寧柒府，并直隸秦州、階州、涇州、肅州、安西、伍州所屬各廳、州、縣、縣丞，運送陝甘滿漢各提、鎮、營進剿并凱旋官兵外帶軍裝等物，各計斤重，程途遠近不一，共支給脚價銀壹萬伍百伍拾柒兩陸錢伍分柒厘。實在無項。查前項供支陝甘滿漢各營進剿并凱旋官兵外帶軍裝各物用過車價銀兩，據各屬册登，進剿官兵外帶軍裝各物應用車輛，前因兵行迅速，軍裝隨兵并進，額設所車悉係牛車，不能馳驟，是以全行雇覓騾馬車運送。至凱旋官兵外帶軍裝各物應需車輛，照例扣除額車。如有不敷，始雇民車運送。其用過車價銀兩，俱係照例按程計斤支給，并無浮冒，應請准銷。等情。造具簡明總册，同各撒册一并呈賫，請題前來，臣覆核無异。除册送部科，并將揭帖照例分送外，相應具題。伏祈皇上睿鑒，敕部核覆施行。謹題請旨。

乾隆伍拾年正月貳拾日。

太子太保、内大臣、兵部尚書都察院右都御史、總督陝甘等處地方軍務兼理糧餉、兼管甘肅巡撫事兼理茶馬、嘉勇侯臣福康安。

【貼黄】

太子太保、内大臣、兵部尚書都察院右都御史、總督陝甘等處地方軍務兼理糧餉、兼管甘肅巡撫事兼理茶馬、嘉勇侯臣福康安謹題：爲詳請核咨事。

該臣查得，甘肅省各屬乾隆肆拾玖年供支陝甘滿漢各提、鎮、營進剿，并凱旋官兵外帶軍裝各物用過車價銀兩，例應造册，題請核銷。兹據甘肅布政使浦霖、按察使汪新等會詳稱，查舊管無項，新收共銀壹萬伍百伍拾柒兩零，開除共銀壹萬伍百伍拾柒兩零，實在無項。查前項供支陝甘滿漢各營進剿，并凱旋官兵外帶軍裝各物用過車價銀兩，俱係照例按程計斤支給，并無浮冒，應請准銷。等情。造具簡册總册，同各撒册，呈賫請題請來。臣覆核無异。除册送部科外，謹題請旨。

【《明清檔案》A243—18，B137043—B137049】

（陝甘總督兼甘肅巡撫）福康安奏參府官溺職請旨革職并委署員缺

乾隆五十年正月二十日

奏。

臣福康安跪奏：爲參奏事。

竊照鞏昌府知府何文耀于上年七月内來甘，臣察其人沾染外吏習氣已深，前經密陳聖鑒，嗣仍留心查察。該員不但才具平庸，仰且蒼滑避事，于地方一切公務，并不振刷精神、督率料理。即如現議添營設汛之馬營監石峰堡及官川等處，均係該府所轄地方，乃該員并未早往勘度情形具禀。迨臣委令原任潘司馮光熊、副將張兆璠前赴該處查辦，而該員仍安坐郡城，并不前往協同履勘，尤爲怠玩。查鞏昌一府管轄十廳、州、縣，幅幀遼闊，政務殷繁。又所屬通渭、伏羌、安定、會寧等處均係賊氛之後撫綏稽察，尤籍大員實心料理。若似此玩忽偷安，何能表率屬吏、整飭地方？未便因其尚無劣迹，姑容貽誤，相應據實恭摺參奏請旨，將鞏昌府知府何文耀照溺職例革職，以示懲儆。至鞏昌府知府員缺緊要，仰懇皇上簡員補放，迅速來甘，以資整頓。其現在委署府篆，亦須遴選妥員。查有寧夏府知府遇昌，辦事認真，人亦勤幹。臣前在户部，素所稔悉，應即令該守前往署理。所遺寧夏府知府印務，亦屬繁劇。查有發甘候補同知知州之敦柱，才具明晰，辦事勇往，堪以委署。除檄飭分往接篆署事外，合并奏聞，伏祈皇上睿鑒。謹奏。

該部議奏。【注】

乾隆五十年正月二十日。

【注】硃批。

【《明清檔案》A243—19，B137051—B137052】

（陝甘總督兼甘肅巡撫）福康安請升調武員

乾隆五十年六月二十二日

奏。

臣福康安跪奏：爲遴員升調要缺參、游，以裨營伍事。

竊照蘭州城守營參將高人杰，前赴西寧大通一帶查辦事件，在途身故，經臣另摺奏聞，其所遺蘭州城守營參將員缺緊要，應即遴員請補。兹臣查有凉州鎮中營游擊吴宗茂，甘肅固原州人，年四十五歲，由行伍，歷升舊縣關營游擊，調補凉州鎮中營游擊。因去年剿捕逆回，奮勇出力，經臣會同大學士公阿桂保奏，蒙恩賞戴花翎，并令送部引見。于本年四月内引見，奉旨："吴宗茂，著回任，以參將題補。欽此。"應請即以該員升補蘭州城守營參將。

其所遺凉州鎮中營游擊爲該標五營領袖，有經手兵馬錢糧之責，必得幹練之員，方能勝任。查有鎮番營游擊德明阿，正黄旗滿洲，年五十二歲，由護軍校，歷升今職。該員諳悉營伍，訓練認真，現委署理該鎮中營事務，頗屬認真妥協，應即以調補凉州鎮中營游擊，一切可資整飭料理。

其所遺鎮番營游擊，亦屬邊陲要缺。查有關山營都司福德保，正紅旗蒙古，年五十二歲，由護軍校，歷升今職。本年五月初六日，欽奉上諭："甘肅都司福德保、袋什衣，于上年逆回占據通渭縣城時，帶兵克復，甚爲出力。前經兵部議給功加紀録，尚係照例議叙，不足以示獎勵。福德保、袋什衣，俱著交該督以游擊遇缺升補。欽此欽遵。"在案。應請即以福德保升補鎮番營游擊，于邊營要缺，實堪勝任。

臣謹專摺具奏。如蒙俞允，吴宗茂係甫經引見回任之員，福德保于乾隆四十八年五月内引見，屆今未滿三年，德明阿以現任游擊調補游擊，均毋庸送部引見。再，德明阿任内有承緝金川逃兵革職留任處分，雖不准升，而例仍准調，合并聲明，伏祈皇上睿鑒。謹奏。

該部議奏。【注】

乾隆五十年六月二十三日。

【注】硃批。

【《明清檔案》A243—117，B137419—B137421】

署兵部尚書劉墉題覆陝甘總督請以阿爾遜布補授甘肅提標前營游擊應令給咨送部引見

乾隆五十年九月十日

題。

七。

五十年九月十四日下兵。

阿爾遜布，依議用，餘依議。

經筵講官、協辦大學士、吏部尚書兼署兵部尚書事務臣劉墉等謹題：爲請補游擊事。

兵科抄出陝甘總督福康安題前事。内開：乾隆伍拾年肆月初肆日，准兵部咨，武選司案呈，准職方司移付，陝甘總督福康安揭稱，甘肅提標前營游擊李福徵，年逾六旬，不能騎射，題請准予休致。等因。相應據揭移付查辦。等因。前來。除將該員休致之處注册外，所遺甘肅提標前營游擊係題補之缺，應輪用滿員補放甘省現有揀發人員，應令該督照例題補可也。等因。到臣。

準此，該臣看得，甘肅提標前營游擊李福徵休致遺缺，接准部咨，應輪用滿員補放甘省現有揀發人員，行令照例題補。等因。臣隨詳加揀選，查有前經剿捕賊匪奮勇出力，奏明留甘補用之副前鋒章京阿邇遜布，年叁拾叁歲，係正黄旗滿洲。該員年壯技優，留心營務，現署寧夏鎮屬平羅營参將事務，并無貽誤，今請以之補授甘肅提標前營游擊，堪以勝任。再，該員係例應引見之員，應俟部覆至日，再行給咨赴部。除履歷俟查取至日另咨送部外，臣謹會同甘肅提督臣閻正祥合詞具題。伏祈皇上睿鑒，敕部議覆施行。謹題請旨。乾隆伍拾年柒月拾壹日題，捌月貳拾日奉旨："該部議奏。欽此欽遵。"于本日抄出到部。

該臣等議得，陝甘總督福康安疏稱，甘肅提標前營游擊員缺，應輪用滿員補放甘省現有揀發人員，行令題補。臣查有前經剿捕賊匪奮勇出力，奏明留甘補用之副前鋒参領阿爾遜布，年壯技優，留心營務，以之補授甘肅提標前營游擊，堪以勝任。等因。具題前來。查甘肅提標前營游擊係題補之缺，應輪用滿員補放。阿爾遜布係副前鋒参領，隨征賊匪，奮勇出力，奏留甘省補用之員。今請補游擊，與例相符。該督既稱該員年壯技優，留心營務，補授甘肅提標前營游擊。等語。應如所請，阿爾遜布准其補授甘肅提標前營游擊。該員係奏留未經引見之員，應令該督給咨該員赴部，臣部帶領引見後給與札付，令其赴任。臣等未敢擅便，謹題請旨。

乾隆伍拾年玖月初拾日。

經筵講官、協辦大學士、吏部尚書兼署兵部尚書、兼管國子監事務臣劉墉，署右侍郎、鑲白旗滿洲副都統臣蘇凌阿，工部右侍郎兼署兵部侍郎臣梁敦書，武選清吏司掌印郎中臣敷森布，郎中臣百慶，郎中臣徐長發，員外郎臣熾昌，主事臣和精額，主事臣福朗，主事臣富綸布，主事臣達德，主事臣王錕，候補主事臣德坤，候補主事臣王中圩，額外主事臣徐逢豫，額外主事臣勞瑾。

【《明清檔案》A244—53，B137731—B137734】

（陝甘總督兼甘肅巡撫）福康安奏議寧夏移駐凉州兵丁支糧辦法

乾隆五十年九月十三日

奏。

臣福康安跪奏：爲酌議具奏事。

竊臣前會同寧夏將軍嵩椿等具奏凉州添駐兵五百名，由寧夏閑散内挑派移駐，其莊浪議添兵三百名，由京城八旗挑派移駐一案，經軍機大臣議覆准行，并以寧夏兵移駐凉州程途較近，不便照由京移駐兵丁之例辦理，交臣酌議具奏。等因。行知前來。臣查寧夏滿兵從前移駐巴里坤案内，每兵于例支口糧車輛之外，復有賞給整裝鹽菜并折給帳房及眷口盤費銀兩，曾經報部准銷。今寧夏移駐凉州，程途較近，與遠赴口外不同。一切應支分例，自應酌减核給。查乾隆四十七年，寧夏曾有挑撥凉、莊補缺兵一百五十名，彼時定議馬步兵丁，每名均准借給一年餉銀。又，每兵例支家口口糧，每口日給京斗、粟米八合三勺。又，每兵例得馬匹草束，每匹日支七斤空草一束。又，每兵一名，連家口給車一輛，每輛每百里給脚價銀四錢五分在案。此次移駐兵丁五百名，自應循照辦理。其製裝鹽菜、帳房、盤費等項銀兩，一概毋庸議給。再，由京移駐莊浪兵丁，既經軍機大臣議准，于明歲春間，分作四起起程，所有寧夏移駐凉州各兵，此時挑派起程，亦已將届冬寒之候，應請統俟明春二三月間起程，分起行走。理合將酌議緣由，恭摺覆奏，伏祈皇上睿鑒。謹奏。

如議行。【注一】

附片：奏報大清等渠冲損情形

乾隆五十年九月十三日。

再，寧夏府屬各州縣，向賴大清、惠農、漢、唐等四渠導引河水，分支汊，夏秋灌溉田禾，冬間潴蓄浸潤，歷係户民自備夫料，官爲督率，疏浚修理。緣各渠堤岸廣遠，年久不無低薄處所。今夏雨水稍多，河水漲溢，堤岸多被冲坍，田廬致有淹損。經臣奏明，專委安肅道鳳翔、凉州府知府富巽馳往，會同該道府等勘查妥辦，叠據具稟，分别恤借，趕緊堵築，現已完竣，冬水可無貽誤。惟各渠渠口淤墊太高，春水微弱，不能到梢，而水勢稍大，下游難以宣泄。堤岸稍有卑薄，即被冲淹，僅藉歲修，斷難完善。而大加修築，民力不無拮据。該郡藉渠灌溉田疇數萬餘畝，關係民生，大非淺鮮。前于乾隆四十二年，曾經借帑六萬六千餘兩修理，分年徵還。現已完銀四萬二千餘兩，計自借項修築，至今不及十載。若非工程草率，何以輒至冲損？臣本擬新任藩司福寧到任後，恭摺奏請陛見。一面即赴寧夏較閲營伍，逐加親勘，設法籌辦。于入覲時，面陳一切情形，恭請訓示。今奉旨前赴新疆，未能分身往勘。查福寧曾任甘肅司道，地方情形，素所諳悉。臣業經面囑，俟臬司陳淮回任、慶桂到甘後，省城别無緊要事件，該司即赴該處勘明，詳加籌畫，確核辦理。臣謹附片奏聞。

知道了。【注二】

【注一】硃批。

【注二】硃批。

【《明清檔案》A244—55，B137739—B137741】

△奉旨中衛協副將袁國瓚著交軍機處記名

乾隆五十年十月二十六日

乾隆五十年十月二十六日，兵部將陝甘總督福康安題補甘肅中衛協副將袁國瓚帶領引見。奉旨："袁國瓚，著交軍機處記名。"

【《乾隆朝上諭檔》第12册，第889頁第2324條】

△諭内閣著照例旌表隆德縣民王大寧等

乾隆五十年十一月初七日

乾隆五十年十一月初七日，内閣奉上諭："據慶桂奏，甘肅秦州民張昂、隆德縣民王大寧，現年各一百二歲，請照例旌表。等語。張昂、王大寧年逾大耋，精神矍鑠，詢屬昇平人瑞，著照例旌表。該部知道。摺并發。欽此。"

【《乾隆朝上諭檔》第12册，第905頁第2352條】

署陝甘總督慶桂題報甘省本年審結過失瘋病殺人案件

乾隆五十年十二月二十一日

題。

□月九日。

該部知道。

經筵講官、議政大臣、兵部尚書、正藍旗滿洲都統、署理陝甘總督臣慶桂謹題：爲遵旨議覆事。

據甘肅按察使司按察使陳淮呈，竊查酌歸簡易册開過失殺人之案，請照軍流之例咨結後，于年底彙册具題。又定例，瘋病殺人之案，入于過去殺人案内彙題。各等因。遵奉在案。今查乾隆伍拾年分例應彙題之案，平羅縣一件報明事：杜吉友因瘋殺死伊妻何氏壹案。緣杜吉友自幼聘娶何月之女何氏爲妻，夫婦和好。乾隆肆拾捌年陸月間，杜吉友得患瘋病，時發時愈，别無親屬拘管。拾壹月叁拾日晚，該犯瘋病狂發，將伊妻何氏用刀砍傷右眉叢、右眼胞、右耳、頷頦、腦後、肩甲、兩手等處殞命，將頭割下。經鄰人陳自惠、汪朝元聞喊出視，杜吉友將頭提至何月家中，猶自跳舞，口發狂言。隨經何月同陳自惠等將該犯綁縛，投鄉約，報縣驗訊，通詳監提杜吉友，并傳鄰證人等復加研訊，實係因瘋殺死，并無別故。查杜吉友因瘋殺死伊妻，應照例永遠鎖固，不准釋□係殺死伊妻，例不追理。再，查該犯并無親屬拘管，尸父何月并不嚴加看守，致傷人命，應與容隱不報之鄉約陳奇文，鄰居陳自惠、汪朝元，均照例杖壹百，折責發落。詳請咨准部覆，仍令照例彙題。

秦州直隸州一件稟驗事：唐修成子牽馬飲水，被犬驚跑，碰踏李王氏身死壹案。緣唐修成子雇與閻密店内充當火夫，乾隆伍拾年叁月拾壹日早辰，有住客牛廷棟令唐修成子將伊馬匹拉往街上飲水。唐修成子牽馬行至西關，忽遇數犬相咬，撲向馬前，以致馬驚。唐修成子年輕力弱，拉勒不住，馬遂驚脱，向西跑走。適有李可榮之孀母李王氏從西走來，唐修成子與街鄰喊避。據李王氏年老，躲避不及，被馬迎面碰傷右太陽、右眉梢倒地，又被馬蹄磕傷人中、躧傷右頷頦、右肩甲。報驗撥醫，調治不效，延至拾陸日，因傷殞命。復據報州驗審，各供前情不諱。反復究詰，堅供委無乘馬馳驟致斃情事。查唐修成子拉馬飲水，被犬驚跑，將李王氏碰躧身死，訊明并無在于街市乘騎馳驟情事，正與初無害人之意而偶致殺傷之律義相符。唐修成子，合依過失殺人，准鬥殺律擬絞，照例收贖，追銀拾貳兩肆錢貳分，給付死者之家，以爲營葬之資。馬匹照例入官，變價充公。詳請咨准部覆，仍令照例彙題。各等因。咨院行司。奉此，當即行據寧夏府，并移准鞏秦階道，轉據平羅縣并秦州直隸州詳請彙題前來，本司覆核無异。相應具詳呈請，合候核題。等情。呈詳到臣。

該臣查得，過失瘋病殺人之案，例應咨部完結，年底彙題，歷經遵照在案。兹據甘肅按察使陳淮詳稱，乾隆伍拾年分過失瘋病殺人之案，查有平羅縣杜吉友，因瘋殺死伊妻何氏壹案，前將杜吉友依瘋病殺人例擬議。又有秦州直隸州唐修成子牽馬飲水，被犬驚跑，碰踏李王氏身死壹案，前將唐修成子依過失殺人律收贖。俱詳蒙咨部，覆准完結，仍照例彙題。等因。今照例摘叙案情，詳請具題前來，臣覆核無异。相應具題，伏祈皇上睿鑒，敕部核

覆施行。謹題請旨。

乾隆伍拾年拾貳月貳拾壹日。

經筵講官、議政大臣、兵部尚書、正藍旗滿洲都統、署理陝甘總督臣慶桂。

【貼黄】

經筵講官、議政大臣、兵部尚書、正藍旗滿洲都統、署理陝甘總督臣慶桂謹題：爲遵旨議覆事。

該臣查得，過失瘋病殺人之案，例應咨部完結，年底彙題，歷經遵照在案。兹據甘肅按察使陳淮詳稱，乾隆伍拾年分過失瘋病殺人之案，查有平羅縣杜吉友因瘋殺死伊妻何氏壹案，前將杜吉友依瘋病殺人例擬議。又有秦州直隸州唐修成子，牽馬飲水，被犬驚跑，碰踏李王氏身死壹案，前將唐修成子依過失殺人律收贖。俱詳蒙咨部，覆准完結，仍照例彙題。等因。今照例摘叙案情，詳請具題前來，臣覆核無异。謹題請旨。

【《明清檔案》A245—19，B138215—B138218】

乾隆五十一年（1786）

（陝甘總督兼甘肅巡撫）福康安奏報甘省地方雨水情形

乾隆五十一年五月二十二日

奏。

臣福康安跪奏：爲奏聞事。

竊照甘省跬步皆山，地多高阜。寧夏一郡，獨受河渠之利，水田廣種稻禾。甘凉二府及肅州等處，亦有水渠，賴以灌溉。此外各該府州類皆重巒疊嶂，小滿、芒種前後，正值夏禾暢發、秋禾播種之時，全賴時雨頻施，方足以資潤澤。今歲春雪疊沾，雨膏優渥，農民已深慶幸。兹據蘭州、鞏昌、平凉、慶陽、寧夏、西寧等府，并直隸秦、階、涇等州所屬陸續具報，四月十

七、十八及二十二三四五七等日，并五月初四、初十、十六七八等日，得雨一二三四寸不等，各皆深秀，麥、豆、青稞等項愈加暢茂。秋禾早者，業經出土，遲亦播種齊全。惟查甘、凉、肅州等屬，先因雨水稍稀，當即飛飭設壇，虔誠祈禱。現據該府州等所屬具報，五月十六七日得雨二三四寸不等，雖間有尚未沾足處所，賴有渠水溉潤，禾苗滋長，日内再得透雨，更爲有裨。陝西夏收豐稔，通算計有九分。現在雨水均調，秋田粟米、糜子、膏粱、蕎麥等項悉皆長發，兩省民情欣悦。邊關腹地，一律敉寧，洵堪上慰聖廑。

至寧夏各渠，仰沐天恩，借項修竣，并于大清、漢、唐、惠農四渠原估工程之外，查明滚水、退水壩閘、馬頭應行加石修砌，暨壩岸卑薄、尚須增築高厚之處，據專委辦工之凉州府知府富巽會同該道府等一律趕辦完全，各渠挑浚深通，培築堅實，開埽放水，倍加暢駛。現在上下田疇澆灌齊足，閭閻感戴皇仁，民氣倍臻熙皞。現據委員候補知府李天培覆勘無异，容臣親詣確驗收工，另行具奏。所有地方雨水情形，理合恭摺具奏，伏祈皇上睿鑒。謹奏。

欣慰覽之。【注一】

乾隆五十一年五月二十二日。

内奏摺一件，糧價單一件。乾隆五十一年五月二十二日謹，臣福康安跪封。【注二】

【注一】硃批。

【注二】封套。

【《明清檔案》A245—88，B138463—B138465】

（陝甘總督兼甘肅巡撫）福康安奏爲代游擊劉承龍等懇請貤贈封典

乾隆五十一年六月十六日

奏。

臣福康安跪奏：爲遵例據情奏懇聖慈俯准貤封事。

竊臣伏查，覃恩曠典，例准貤封。武職副將以下，詳報督撫代奏，歷經遵照辦理。兹恭值乾隆五十年正月初一日恩詔，内外臣工俱准□與封貤。敬謹咨行在□□□陝甘各提臣咨，據平凉城守營游擊劉乘龍、寧夏鎮屬玉泉營游擊詹文英各願將本身妻室封典呈請貤封曾祖父母，并據寧夏鎮屬廣武營游擊明廣以自幼賴伯撫養，情願貤封伊伯父母。又，延綏鎮屬定邊協副將王國士、寧夏鎮標前營游擊丁有成、寧夏鎮屬興武營都司趙文燦、固原提標中營千總朱進廷，各以幼賴胞兄教育，願請貤封兄嫂。等情。咨懇代奏前來。臣逐加查核，均與定例相符。可否准其貤封之處，出自天恩。除將册結咨部，臣謹遵例，據情彙摺恭奏。伏祈皇上睿鑒，敕部施行。謹奏。

該部知道。【注一】

乾隆五十一年六月十六日。

奏摺一件。乾隆五十一年六月十六日謹，臣福康安跪封。【注二】

【注一】硃批。

【注二】封套。

【《明清檔案》A245—105，B138533—B138534】

陝甘總督兼甘肅巡撫福康安爲命案限滿凶犯未獲題參疏防文武官員

乾隆五十一年八月三十日

題。

九月十六日。

五十一年九月廿五日下吏、兵、刑。

周棟等，著議處具奏。該部知道。

太子太保、内大臣、兵部尚書都察院右都御史、總督陝甘等處地方軍務兼理糧餉、兼管甘肅巡撫事兼理茶馬、嘉勇侯臣福康安謹題：爲稟明事。

據甘肅按察使司按察使陳淮呈，案照隴西縣民石君瑞被毆身死，剥去尸身衣服，凶賊逃走壹案。經莊民王守恒于乾隆伍拾壹年肆月拾肆日赴地看見尸軀，首知莊頭聶進玉報縣會營勘明，該處係偏僻小徑，并無墩鋪防汛，尸身仰卧水冲窟圈内，左眉、右太陽穴髮際各有鐵器傷壹處，腦後有鐵器傷貳處。旋據尸弟石臘㪷、尸妻吕氏到案訊明，俱不知石君瑞何日被毆身死。當經驗訊，填格録供通報，奉批飭緝，并取疏防職名請參去後。兹準鞏秦階道李殿圖移稱，查此案限期，應以乾隆伍拾壹年肆月拾肆王守恒見尸報官之日起，扣至本年閏柒月拾肆日肆個月疏防限滿，屢經比緝凶犯未獲，所有承緝捕官隴西縣典史周棟、印官前署隴西縣知縣杜夢錫、督緝兼轄官同城署鞏昌府知府遇昌、統轄官本道鞏秦階道李殿圖，擬合一并開列職名，移候請參。

再，查前署縣杜夢錫，自伍拾壹年肆月拾肆報官之日起，嗣于柒月拾柒日卸事止，計承緝叁個月零貳日。現署知縣應先烈即于是日到任，接緝起至限滿止，計接緝貳拾捌日，應俟扣滿年限，另行查參。至鞏昌府屬糧捕通判，久已奉裁，合并移明。等情。該府于閏柒月拾貳日詳道，該道于閏柒月貳拾叁日移司。準此，除移飭勒緝凶賊務獲究報外，相應詳請，查核題參。等情。又准陝西固原提督哈當阿咨稱，查此案應參疏防武職承緝專汛官鞏昌營千總許紹公、兼轄官署鞏昌營游擊事、岷州營都司李仲炳，統轄官洮岷協副將觀祥，相應開揭，咨送核參。再，查失事地方并未設有墩鋪防兵，合并聲明。等情。俱詳咨到臣。

該臣查得，隴西縣民石君瑞被毆身死，剥去衣服壹案，前據該縣會營武疏防職名送参去後。兹據甘肅按察使陳淮，并准陜西固原提督哈當阿開具文武疏防職名送参□□。查此案應以乾隆伍拾壹年肆月拾肆王守恒見尸報官之日起，扣至本年閏柒月拾肆日肆個月疏防限滿，凶犯未獲。所有承緝捕官隴西縣典史周棟、印官前署隴西縣知縣杜夢錫、督緝兼轄官同城署鞏昌府知府遇昌、統轄官鞏秦階道李殿圖。查前署縣杜夢錫，自伍拾壹年肆月拾肆報官之日起，至柒月拾柒日卸事止，計承緝叁個月零貳日。現署知縣應先烈即于是日到任，接緝起至限滿止，計接緝貳拾捌日，應俟扣滿年限，另行查参。至鞏昌府屬糧捕通判久已裁汰，合并聲明。武職疏防職名，專汛承緝官鞏昌營千總許紹公、兼轄督緝官署鞏昌營游擊事岷州營都司李仲炳、統轄官洮岷協副將觀祥，失事地方亦無墩鋪防兵，合并聲明。等因。前來。除批飭嚴緝凶賊、務獲究報外，所有文武疏防各職名，臣謹恭疏題参，伏祈皇上睿鑒，敕部議覆施行。謹題請旨。

乾隆伍拾壹年捌月叁拾日。

太子太保、内大臣、兵部尚書都察院右都御史、總督陜甘等處地方軍務兼理糧餉、兼管甘肅巡撫事兼理茶馬、嘉勇侯臣福康安。

【貼黄】

太子太保、内大臣、兵部尚書都察院右都御史、總督陜甘等處地方軍務兼理糧餉、兼管甘肅巡撫事兼理茶馬、嘉勇侯臣福康安謹題：爲稟明事。

該臣查得，隴西縣民石君瑞被毆身死，剥去衣服壹案，前據該縣會營勘驗通報，隨即批飭勒緝，務獲究報，并查取文武疏防職名送参去後。兹據甘肅按察使陳淮，并准陜西固原提督哈當阿開具文武疏防職名送参前來。除批飭嚴緝凶賊、務獲究報外，臣謹恭疏題参，謹題請旨。

【《明清檔案》A246—6，B138755—B138758】

△諭内閣著隆興補授寧夏府知府

乾隆五十一年十月初九日

乾隆五十一年十月初九日，内閣奉上諭："甘肅寧夏府知府員缺，著隆興補授。欽此。"

【《乾隆朝上諭檔》第13册，第524頁第1274條】

甘肅布政使福寧奏報移駐莊浪京兵過境事

乾隆五十一年十月十六日

甘肅布政使奴才福寧跪奏：爲奏聞事。

竊奴才奉旨照料自京移駐莊浪官兵前赴涇州，按起往來照看行走，以至莊浪所有沿途經過東路之皋蘭、金縣、安定、會寧、静寧、隆德、固原、平凉、涇州，并西路之平番等十州縣，各色秋禾，俱已刈穫登場，正在碾打。奴才留心體察，詢訪鄉農，咸稱今歲雨暘時若，結顆繁密，倍覺豐收。現在已經播種冬麥之處頗多。蘭州、鞏昌、平凉、凉州、西寧、甘州、秦州等屬，各報于九月十五、十八、二十八九、三十及十月初三四等日，屢獲瑞雪，土脉滋潤，于麥田更屬相宜。市糧充溢，價值平減。此外奴才未曾經過之處，據報情形大概相同，統計通省秋收共有九分。百室盈寧，千箱志慶。邊陲瘠土，際此屢豐之候，氣象日見恬熙，地方俱極寧謐。理合繕摺奏聞，仰慰聖懷，伏祈皇上睿鑒。謹奏。

乾隆五十一年十月十六日。

知道了。

【《宮中檔乾隆朝奏摺》第61輯，第843頁】

陝西固原提督哈當阿奏報巡閱營伍情形事

乾隆五十一年十月二十日

陝西固原提督臣哈當阿跪奏：爲巡閱營伍情形，恭摺奏聞事。

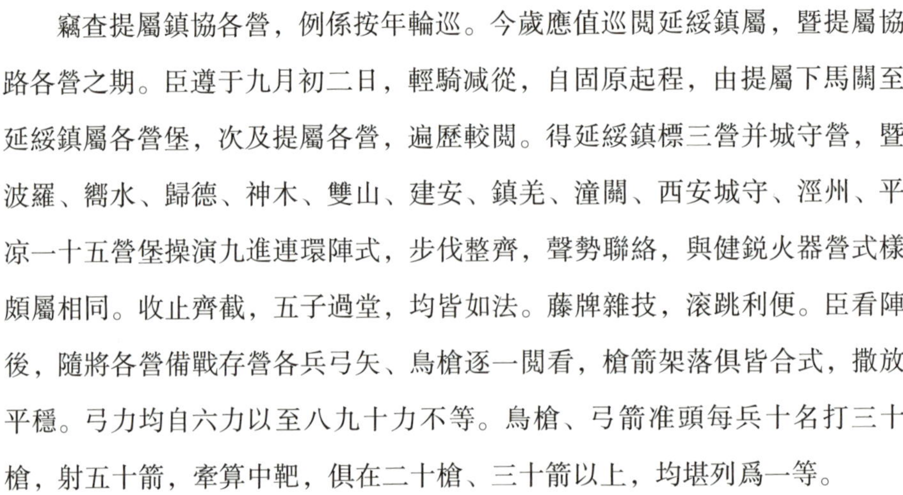

竊查提屬鎮協各營，例係按年輪巡。今歲應值巡閱延綏鎮屬，暨提屬協路各營之期。臣遵于九月初二日，輕騎減從，自固原起程，由提屬下馬關至延綏鎮屬各營堡，次及提屬各營，遍歷較閱。得延綏鎮標三營并城守營，暨波羅、嚮水、歸德、神木、雙山、建安、鎮羌、潼關、西安城守、涇州、平凉一十五營堡操演九進連環陣式，步伐整齊，聲勢聯絡，與健鋭火器營式樣頗屬相同。收止齊截，五子過堂，均皆如法。藤牌雜技，滚跳利便。臣看陣後，隨將各營備戰存營各兵弓矢、鳥槍逐一閱看，槍箭架落俱皆合式，撒放平穩。弓力均自六力以至八九十力不等。鳥槍、弓箭准頭每兵十名打三十槍，射五十箭，牽算中靶，俱在二十槍、三十箭以上，均堪列爲一等。

其餘定邊、安邊、靖邊、鎮靖、磚井、柳樹澗、寧塞、綏德、懷遠、魚河、高家堡、柏林、大柏、油黄、甫木瓜園、延安、鄜州，并提屬之宜君、金鎖、神道嶺、富平、邠州、長武、慶陽、紅德二十五營堡額兵較多者演打進步連環，亦屬整齊，施放槍炮，齊截聯絡。備戰存營兵丁馬步、弓矢暨五子過堂、鳥槍亦俱如式，弓力亦皆勁强。至鳥槍、弓箭准頭，每兵十名打三十槍，中靶均在十八九槍，射五十箭，中靶在二十七八箭以上。各營堡較延綏鎮標及提屬之潼關等營次之，均堪列爲二等。

至各營沿途墩汛兵丁，臣于沿途逐一親加驗看，年力技藝，亦皆去得。其鎮協營路將備官弁、兵丁内有材技强幹者，量加獎賞，以示鼓勵，其技藝中平、年力尚堪造就者，交該將領勒限學習，務期一律精純。仍面囑各將領加意訓練，勿以巡閱已畢，稍有懈忽外，内有定邊營外委徐寧、宜君營外委李成富、平營外委馬剛、額外外委張思明，俱各弓馬生疏，均未便姑容，當即移咨陝甘督臣咨部斥革，俾示儆懲。

臣巡查事竣，于十月十二日回署，復將臣標五營并固原城守營官兵技藝、連環陣式詳細較閲，演打進步連環，步伐整齊，槍炮齊截，聲勢更覺聯絡，藤牌雜技亦俱便捷。五子過堂鳥槍架落合式，施放緊密，均與健鋭火器營式樣相同。備戰存營各兵槍箭准頭，每兵十名打三十槍，中靶二十四五槍，射五十箭，中靶三十三四箭。至官兵馬步弓矢撒放平穩，弓力勁强，比之延綏標協各營，尚覺稍優。以上標鎮各營騎操馬匹，按額逐一點驗，悉皆膘壯。庫貯執操一切軍裝、器械及預備戰兵炒麵等項，均屬齊備、鋭利，備戰兵丁，亦俱精壯。臣仍于較閲之際，將奉頒行軍紀律剴切宣諭，諄囑將備官弁實力訓誡，務使咸成勁旅，以仰副聖主整飭武備、捍衛邊陲之至意。謹將巡閲過營伍情形，理合恭摺奏聞，伏祈皇上睿鑒。謹奏。

乾隆五十一年十月二十日。

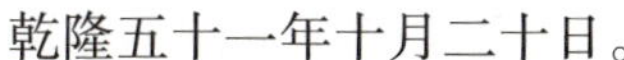

知道了。

【《宫中檔乾隆朝奏摺》第62輯，第45頁】

乾隆五十二年（1787）

△諭内閣著中衛縣知縣明福交吏部帶領引見後仍發甘肅交福康安差遣委用

乾隆五十二年二月初五日

乾隆五十二年二月初五日，内閣奉上諭：“福康安奏，原甘肅中衛縣知縣明福前因辦理平糶遲延一事，參奏革職回旗。查該員在甘年久，四十九年，承辦軍需，保列一等。其緣事原案，止係一時疏懈，現在年力尚强，應令及時自效。等語。著照所請，明福交吏部帶領引見後，仍發甘肅，交福康安差遣委用，三年期滿，如果勤奮出力，再行奏請補用。該部知道。摺并發。欽此。”

【《乾隆朝上諭檔》第13册，第697頁第1677條】

署陝甘總督兼甘肅巡撫永保題報署任守備俸滿稱職請准實授

乾隆五十二年二月二十九日

題。

七。

三月十五日。

五十二年四月十三日下兵。

該部議奏。

署理陝甘總督、兼管甘肅巡撫事務兼理茶馬、正藍旗滿洲副都統臣永保謹題：爲題請實授事。

案查前准兵部咨，武選司案呈，乾隆伍拾壹年閏柒月初柒日，本部將歷俸未滿題署陝西固原城守營守備李逢春帶領引見，奉旨：“李逢春，准其升署陝西固原城守營守備，著赴新任，俟扣滿年限，照例題請實授。欽此。”查李逢春，甘肅人，由行伍，係陝甘督標中營千總。今題署守備，應給與署陝西固原城守營守備札付并限票，令其任事，相應知照該督可也。等因。當經移行，遵照在案。

玆準陝西固原提督臣哈當阿咨，據固原城守營游擊牛敬憲呈，據中軍守備李逢春呈稱，卑職係陝甘督標中營千總，于乾隆伍拾年，蒙總督陝甘部堂福康安以剿捕賊匪打仗奮勇，題請升署固原城守營守備，給咨送部引見，奉旨准其升署，隨蒙兵部頒給署陝西固原城守營守備札付一張。于乾隆肆拾玖年正月貳拾貳日接受千總札付之日起，連閏扣至伍拾壹年拾貳月貳拾貳日，歷俸已滿叁年，理合造具履歷，呈請轉詳。等情。轉報到提督，移咨到臣。

準此，該臣查得，升署人員，例應扣滿年限，題請實授。

兹準陝西固原提督臣哈當阿移稱，固原城守營守備李逢春由督標中營千總升署今職，于乾隆肆拾玖年正月貳拾貳日，接受千總札付之日起，連閏扣至伍拾壹年拾貳月貳拾貳日，歷俸已滿叁年，移送履歷，請題實授。前來。臣查升署守備李逢春，歷俸已滿叁年，應照例題請實授。除履歷送部外，臣謹會同陝西固原提督臣哈當阿合詞具題，伏祈皇上睿覽，敕部議覆施行。爲此具本，謹題請旨。

乾隆伍拾貳年貳月貳拾玖日。

署理陝甘總督、兼管甘肅巡撫事務兼理茶馬、正藍旗滿洲副都統臣永保。

【貼黄】

署理陝甘總督、兼管甘肅巡撫事務兼理茶馬、正藍旗滿洲副都統臣永保謹題：爲題請實授事。

該臣查得，升署人員，例應扣滿年限，題請實授。兹準陝西固原提督臣哈當阿移稱，固原城守營守備李逢春，由督標中營千總升署今職，于乾隆肆拾玖年正月貳拾貳日接受千總札付之日起，連閏扣至伍拾壹年拾貳月貳拾貳日，歷俸已滿叁年，移送履歷，請題實授前來。臣查升署守備李逢春，歷俸已滿叁年，應照例題請實授。除履歷送部外，臣謹合詞具題請旨。

【《明清檔案》A247—10，B139347—B139349】

（陝甘總督兼甘肅巡撫）福康安奏報地方雨水田禾情形

乾隆五十二年四月十八日

奏。

臣福康安跪奏：爲敬陳雨水禾苗情形，仰祈聖鑒事。

竊臣于上月中旬旋抵蘭州，當將沿途雨水田苗情形縷悉入告，并聲明甘

省境内自會寧、安定以至省城一帶，得雨未爲沾足，正當望澤之時，現即虔誠祈禱緣由，恭摺奏聞在案。嗣據蘭州、鞏昌、平凉、慶陽、甘凉、西寧等府暨直隸涇州、秦州、階州、安西州各屬陸續摺報，三月二十二四五六七八等日得雨分寸、日期，臣逐加查核，此内據報深透者十數處，其餘各屬自一二寸至三四寸不等，尚未爲沾足。迨入四月以來，省城微覺暵乾。臣即復虔申祈禱，僅得微雨二次。各屬内具報得雨，亦屬寥寥。現查河東節候較早之區，夏禾滋長數寸，間有已經吐穗者。其河西節候最遲之處，亦俱播種齊全，次第出土。節届小滿，待澤彌殷。臣現仍率同司、道，連日竭誠齋戒虔祈，并通飭各府、州、縣一體設壇虔禱。若于旬日内大沛甘霖，仍屬豐年有兆。今日零星，恩膏否若，早□一切早爲之。【注一】

其寧夏一府，全賴各渠疏浚深通，水勢暢流，足敷灌溉田畝，實爲闔郡生民衣食之源。自去歲仰蒙聖恩，借帑興修之後，夏秋咸獲豐收，具有成效。今歲春工報竣，適臣回任之時，當即飭委原辦渠工之凉州府知府富巽馳赴該處，查看各渠放水情形，據實具報。兹據禀稱，大清、惠農、漢、唐四渠水勢，俱各暢駛到梢，埂岸亦俱堅固，田禾滋長，比户歡騰。等情。至陝西各屬春夏以來，雨澤本極優沾，近復節據具報深透，麥秋在即，已定豐登。現在兩省邊腹寧謐，閭井恬熙，米糧價值，雖間有增長之處，尚不至于昂貴。所有地方雨水田禾情形，理合恭摺具奏，伏乞皇上睿鑒。謹奏。

知道了。【注二】

乾隆五十二年四月十八日。

陝甘總督福奏到甘肅省二月分糧價單一件，奉硃批“覽。欽此”。存留備查，爲此知會。五月初九日。

【注一】硃批。

【注二】硃批。

【《明清檔案》A247—94，B139713—B139715】

（陝甘總督兼甘肅巡撫）福康安奏報續得透雨水日期（附片奏報調任湖廣提督閆正祥趲程赴任緣由）

乾隆五十二年五月二十四日

奏。

臣福康安跪奏：爲恭報續得透雨日期，仰祈聖鑒事。

竊臣于本月十九日，將五月初旬以後各屬具報得雨分寸、日期，暨十八日省城得雨并現仍虔誠祈禱緣由，恭摺由驛具奏，并附片陳明。甘省今年雨澤較短，各屬内缺雨地畝未免稍多，現在確勘情形，如有須撫恤之處，自必仰體聖慈，認真核辦。等因。奏聞在案。

嗣據靖遠、狄道、渭源、平番、固原、鹽茶、隆德、西寧、碾伯、大通、巴燕戎格等廳、州、縣暨沙泥州判具報，十七、八、九等日得雨二三四寸不等。兹蘭州省城，復于二十一日亥初起，至二十二日午正止，始而霡霂沾灑，繼以密雨淋漓，城關得有五寸餘差。查四鄉高阜之區，入土三寸餘，低窪之地，入土五六寸。因雨勢綿密，倍爲沾潤。其附近省城之金縣、定安，據報得雨深透。又據靖遠、河州、循化、渭源、狄道、平番、古浪、武威、會寧、伏羌、通渭、静寧、隆德、平凉、固原、隴西、寧遠、漳縣、西寧、碾伯等州縣暨莊浪、紅水縣丞具報，同日得雨二三四寸及深透不等。是此次雨澤甚寬，計必普沾渥澍，雖節候稍遲，夏收不免歉薄，而于秋禾大有裨益。至從前缺雨之安定、會寧、皋蘭、金縣、河州、狄道、靖遠等七屬，現在均得透雨。臣已飛飭該州，且趁此地土沾潤，有可趕種晚秋之處，督勸民間上緊翻犁，酌借籽粒，以資補種。一面察看民情，或有須續藉口糧，及減價平糶者，分别酌籌接濟。期與閭閻有益，以仰副聖主惠恤黎元之盛心。所有現在續得透雨緣由，理合恭摺，馳奏慈懷，伏祈皇上睿鑒。謹奏。

正爲廑念，欣慰覽之。【注一】

乾隆五十二年五月二十四日。

【附片】

再，臣于本月二十三日，接調任湖廣提督閻正祥來信内稱，十九日行抵平凉縣安國鎮地方。接奉諭旨，以湖南鳳凰廳屬苗民，現有搶奪勒贖、負嵎抗拒之事。浦霖、俞金鰲，業已馳往查拿。諭令閻正祥即赴湖南，會同查辦，該提督即日兼程行走。等語。臣查閻正祥調任湖廣，臣接准部文之日，即委員前赴河州署理鎮篆，令新授甘肅提督蘇靈交卸赴任，以便閻正祥早赴調任。嗣蘇靈于四月二十六日到甘州接任，閻正祥即起程赴楚，于五月初十日過省，十九日行抵平凉之安國鎮，在該提督遵例自力行走，并未稽遲。但據稱接奉諭旨，即日兼程前進，并無"由驛"字樣，想仍係自力遄程。臣竊以湖南現有剿捕頑苗之事，誠如聖諭，多一人，更爲得力。該提督承命遄行，惟期早到一日，則蕆事可早一日，自應馳驛遄行，未便拘泥，致有稽滯。臣不揣冒昧，已飛札覆令輕騎減從，改由驛站趲赴程前往，庶抵楚之期較早，協同查辦，迅速完結，仰副聖懷。所有臣札覆緣由，謹附片奏聞。

今調伊古北口兵能勝任否，據實奏來。【注二】

【注一】硃批。

【注二】硃批。

【《明清檔案》A248—18，B139983—B139985】

（陝甘總督兼甘肅巡撫）福康安奏報甘省各屬雨水田禾情形

乾隆五十二年六月七日

奏。

臣福康安跪奏：爲恭報各屬雨水田禾情形，仰祈聖鑒事。

竊照甘省地方，五月初旬以後，各屬得雨日期、分寸，暨十八、二十一二等日省城及附近州縣續得透雨緣由，經臣恭摺奏聞在案。其時離省較遠各屬尚未據報到臣，隨專札通查去後。旋陸續接據洮州、鹽茶、秦安、鎮番、西和、鎮原、靈臺、正寧、清水、涇州、岷州、大通、永昌、安西、敦煌、玉門、崇信、西寧、肅州、高臺、張掖等廳、州、縣及肅州州同、毛目縣丞稟報，于五月二十一二三五六等日各得雨，自二三四寸至深透不等。嗣蘭州省城復于二十八日戌刻起，至二十九日辰刻止，密雨沾灑，四鄉一律均沾。并據皋蘭、河州、狄道、寧遠、静寧、安定、會寧、通渭、鎮番、隆德、固原、靖遠、西寧、靈州、平羅、寧夏、寧朔、張掖、山丹、永昌各州縣，暨沙泥州判、東樂縣丞等處。各報于二十七八九及六月初二等日，得雨二三四寸，及深透不等。又據巴里坤鎮和倫具報，于五月十六八九等日得有透雨，民屯田地，大有裨益。又，肅州鎮德光因公出口，亦據報稱，惠回堡地方于五月二十五、六兩日得雨四五寸。等情。

臣查甘省去歲冬間，雪澤本少，今年春夏以來，雨水未免愆期，田禾稍形乾暵。臣自三月中旬回任後，節經竭誠祈禱，業將缺雨地方，及委員查勘，酌借口糧，平糶糧石，以資接濟各緣由屢陳聖鑒。兹幸五月中下二旬連沛甘膏，通省普沾優渥。惟是節候稍遲，旱壤山區，恐不免仍有夏收失望之處。應留心□□□。【注一】甘省連歲豐收，民間糧石本屬充裕，業經臣出示曉諭，伊等激發天良，有糧之家，源源出售，加以官爲平糶。又查明乏食貧户酌借口糧，現在已敷接濟。惟是臣前奏皋蘭等州縣被旱較重之區，將來自必仍須撫恤。臣已飭該道履勘確查，并令藩司福寧前赴各處覆查，兼即核散口糧。俟福寧回省後，臣再行親往查勘。計臣五月初五日前奏，已陳睿覽。

仰惟聖主痌瘝在抱，倍僅慈懷，定已早蒙恩旨。所有應行撫恤事宜，臣更當確核情形，妥爲辦理，斷不使一夫失所，以期仰副我皇上惠恤貧黎之至意。至各屬内渠田川地麥、豆、青稞，早者已陸續登場，遲者亦次第升漿結籽。各色秋禾，長發數寸至尺許不等。民情忭慰，地方寧謐，各屬糧價，雖一時未能平賤，亦有較上月稍減者。所有甘省續得雨澤情形，理合恭摺馳奏。再，陝省本年雨水本極優渥，夏收已據報八分有餘，秋禾亦長發芃茂。沿邊如榆林、延安稍覺缺雨之處，現已據報于五月二十一、二日各得澍雨四五寸，于田禾甚有裨益。合并陳明，伏祈皇上睿鑒。謹奏。

乾隆五十二年六月初七日。

覽奏稍慰。【注二】

【注一】硃批。

【注二】硃批。

【《明清檔案》A248—46，B140085—B140087】

工部尚書金簡題覆陝西各營補製赴甘省剿匪兵丁軍裝等項用銀開銷事

乾隆五十二年七月二十八日

題。

五十二年八月初三下工、户、兵。

依議。

工部等部工部尚書、總管内務府大臣臣金簡等謹題：爲遵旨等事。

工科抄出署陝甘總督永保題前事。内開：據陝西布政使司布政使秦承恩呈，蒙總督陝甘部堂一等嘉勇侯福康安案篤驗，乾隆伍拾年柒月初貳日，准兵部咨，武庫司案呈，所有軍機大臣會同本部等部奏前事一摺，相應抄録原奏，行文該督可也。計粘單壹紙，内開：軍機大臣會同兵部等部謹奏，爲遵旨議奏事。乾隆伍拾年肆月拾肆日，内閣抄出陝甘總督福康安具奏甘省遵旨添兵一案，抄出到部。

查設汛安兵，原應酌量地方，調劑得宜，庶巡防嚴密，方足以壯聲威而收實效。甘省毗連川陝，地近新疆，前據該督奏請裁移官弁、添設營汛官兵，并蒙皇上天恩，加賞添兵叁千名，經臣等議，令視其厄要處所，派撥在案。今據奏稱，兩次添兵肆千貳百叁拾捌名，請以馬肆、步肆、守貳作爲定額。所有新添之兵，若全行招募新兵，較練城時驟難得用，擬在甘省全行移兵。陝省分别遠近，近則移兵，遠則移缺。先儘壹千貳百叁拾捌名之數，尚有不敷，即在附近督提鎮大標撥往，令原營照數另行募補。仍將裁移抽撥之處，撥定營分名數，分晰造册，咨部查核。等語。自屬整頓營伍起見，應如所奏辦理，并令該督將抽撥募補各兵，分晰造册，送部查核。至稱前議添設各汛，尚有應行酌改者。

查前議六盤山添安壹汛，設千總壹員，經制外委、額外外委各壹員，兵壹百名。今臣復加勘度，六盤山頂，地勢窄削，難以安營。其山腰有廟兒坪一處，地面平坦，但多沙石，難施夯峨堅築，建蓋兵房，徒費力而易于坍損。又乏水泉，兵馬均難存札。今勘得山之西麓地名楊家店，依山厄要，地頗寬廠，舊有墩塘壹座，擬改于此處設汛，建蓋營署兵房，較爲妥協。但查該處誠爲厄要之地，然西距隆德縣城止十五里。今隆德縣已添足兵壹百伍拾名，東距瓦亭叁拾伍里，亦已添足兵壹百名，則楊家店毋須駐兵壹百名之多，擬止駐經制外委壹員，帶兵伍拾名，在彼分駐，以資聯絡聲勢。請裁減原議添駐六盤山之千總壹員、額外外委壹員、兵伍拾名，仍于山頂安設墩臺壹座、汛房伍間，撥兵輪班巡防。等語。應如所奏，准其即將前議應行添設六盤山之經制外委壹員，帶兵伍拾名，改移楊家店分駐。

又稱，原議孟家墩添壹汛，設千總壹員，經制外委、額外外委各壹員，兵壹百名。今查此地雖居高憑險，在河州城外，不過里許。河州現已添設重兵，其孟家墩近在咫尺，呼吸相通，袛須于孟家墩山頂安設墩塘壹座，酌建汛房拾間，即在河州城守營内撥外委壹員，帶兵貳拾名輪班駐守。其原議之千總、經制外委、額外外委各壹員，兵壹百名，均可裁減。再，臣勘得秦安縣所屬之蓮花城，地居險隘，烟户稠密，其附近拾數村莊，民回雜處，較爲緊要。擬將六盤山裁減之千總壹員、外委壹員、兵伍拾名，移駐巡防。

又查得河州之定羌驛，東通洮河，南連狄道，西接河州，爲叁路厄要之區。前于乾隆肆拾陸年，大學士公阿桂籌議善後事宜案内，奏請復設州判，分防彈壓。但同城并無武弁兵丁，尚未嚴密。又，狄道州之沙泥站係河州、蘭州要道，舊有州判分防，而存城兵止拾伍名，亦屬太單。今擬將孟家墩裁減之千總壹員，經制外委、額外外委各壹員，兵捌拾名，移駐定羌驛，尚餘兵貳拾名，即添駐沙泥站，以資防守。以此一轉移間，與原設弁兵，并無增減，而于防範地方，均收實用。等語。應如所請。所有原議添設六盤山之千總壹員，額外外委壹員，兵伍拾名，准其改移蓮花城分駐。其前議應行添設之孟家墩千總壹員，經制外委、額外外委各壹員，兵捌拾名，准其移駐定羌驛。尚餘兵貳拾名，亦准其添駐沙泥站，以資防守。

至稱墩塘之設，所以盤詰奸匪，接遞文報，期于聲勢聯絡。如人身之血脉貫通，實與營汛相爲表裏。自應遠近疏密，道里適均。又，憑高瞭望，須擇形勢之區，方非虛設。今甘省河東地方，中路自蘭州以至涇州大道，舊有墩塘伍拾壹處，其中遠近參差、位置失地者甚多，實未妥協。又，省城東北路由靖遠以達固原，迤東北以至下馬關一路，墩戍稀疏。又，東南路鞏秦、通渭、伏羌、莊浪一帶，偏僻地方，多係崇山峻嶺，舊設墩塘，更寥寥無幾，實不足以聯絡聲勢。是以臣前兩次籌議，由皋蘭縣屬之三角城至安定、會寧，添安墩塘捌處，静寧州境内添墩塘拾肆處，平凉縣境内添墩拾柒處，馬營監四路添墩肆拾處。固原州東至瓦亭，西至靖遠縣屬之打喇赤，添墩貳拾處。靖遠縣至打喇赤東路添墩陸處，西路添墩貳處。又，自蘭州至靖遠縣添墩拾陸處。又，底店四路添墩捌處，安定境内添墩拾處。共壹百肆拾壹處，先後奏明在案。

玆臣親加履勘，自蘭州以至涇州九百餘里，係新疆孔道、驛站衝途，聲勢最宜聯絡。經前擬舊設墩塘伍拾壹處之外，添設拾叁處，尚覺稀疏。今通盤籌度，請再加添拾玖處。計程拾里或拾伍里，即有墩塘壹處，巡防更爲周密。其原議馬營監四路添設墩塘肆拾處，今親勘情形，該處西接安定，東接伏羌、秦安，西南接鞏昌，東北接静寧，計至四路各交界處所，不過百里内外，止須分布墩塘貳拾處，已敷巡防接應，可毋須肆拾處之多，擬請酌減拾貳處，所有大路加添之拾玖處，即于此内移設。又勘得莊浪至石峰堡之間，有雙峴壹處，頗爲險峻厄要，應請添設墩塘壹處，適符所裁貳拾處之數。其餘安定、會寧、静寧、平凉、底店，固原、鹽茶、靖遠、皋蘭各境内添設墩塘之處，仍照原議數目，相其地勢險易、道里遠近，妥協布置，統計仍符原奏添設壹百肆拾壹處之數，合之舊有墩塘捌拾貳處，共計貳百貳拾叁處。等語。應如所奏。所有原議馬營監四路添設墩塘肆拾處，請酌裁貳拾處，于大路添設拾玖處，雙峴添設壹處。其餘各處，仍照原議統計。仍符原奏添設壹百肆拾壹處之數，均應准其酌裁添設，以資巡防。

至稱大路墩臺塘汛，原爲巡防，亦屬觀瞻所係。每歲年班入覲，新疆伯克人等時有經過，尤須示以整頓嚴肅。臣于途次留心察看，舊日墩塘規制，不能一律。又因年久多有坍損，殊不足以壯觀瞻。自應乘此添建新墩之時，將舊墩普行修改，一律整頓鞏固。自入境以達省城，千里之内，焕然改觀，則地方益昭嚴整，尤足壯金湯之色。

至河西大路各墩塘，舊日規模本爲嚴密，又屢經修整，尚無坍損之處，均毋庸另爲籌辦。惟是墩塘既籌添設，尤貴有兵，常川巡守。嚮來緑營陋習，凡有墩兵，均就附近各營撥往，遇有過往差使，臨時撥兵支應，差過即回本營，平日仍無壹兵常川在汛。甚至有壹兵占多兵之缺，壹塘兼兩塘之差。此項兵丁，營中差操，則稱現在汛所，及查汛防，則又托言調操歸營，彼此巧爲規避，徒屬有名無實。兹臣酌擬每新墩壹所，建蓋土房伍間。其舊時塘汛兵房，一體添蓋足數，即以附近標營舊兵撥駐。間有在該墩坐落地方及附近村莊招募民人充補者，酌量情形辦理。兵壹名撥房壹間，俾移眷安

居，可以責令常川駐守，不得藉稱栖止無所，曠汛誤差。仍嚴飭該管大員加意稽查，如有營弁侵占名糧、兵不足數者，即嚴參治罪，務期有一兵收一兵之用，即添壹墩有壹墩之益。等語。應如所奏。每新墩壹所，准其建蓋土房伍間。其舊時塘汛兵房，一體添蓋足數。每兵壹名，撥房壹間，責令常川駐守，不得藉稱栖止無所，曠汛誤差，以重汛守。仍飭令該管將備加意稽查，如有營弁侵占名糧、兵不足數者，即行嚴參治罪，以示懲儆。至設立墩塘，自應撥兵常川駐守。遇差支應，平時原可撥换操演。今新設墩塘，自應准其即于附近各標營内派撥舊兵，及坐落地方招募新兵駐守，以資差防。至各該州縣抄存逆回房屋，又拆毁禮拜寺木料磚瓦，應如所奏，撥給官兵居住，并就近拆移添建，將節省工料銀兩，于題估案内核明聲登扣除。

又，夾片奏稱：查新設營制，參用舊兵。原因新募之兵不嫻技藝，須得舊兵教習，則各營内有熟手訓練，較易見功。是以臣飭各營務須挑選年力精壯、技藝優嫻之兵移往，不得以年衰技劣者充數塞責。但此項兵丁自舊營前赴新營，程途遠近不等，均係携眷遷移。所有搬家之費，非自力所能辦，自應酌借路費，以資遄往。查内地派赴口外屯防班兵、眷兵，均有官人車輛盤費、口糧之例。今此項撥移之兵係在本省，與遠赴口外省不同，自當比照核减酌給。至所需銀兩，臣查陝西省緩立新兵馬匹節省草乾銀兩，前據西安布政使詳報，截至乾隆肆拾捌年底，實存銀壹萬玖千叁百玖拾伍兩零。又，肆拾玖年壹歲節省核算應銀壹萬叁千捌百陸拾柒兩零。貳共銀叁萬叁千貳百陸拾餘兩。

查陝西去年赴甘剿賊兵丁，均有帶缺軍裝，急應製補，擬請照甘省徵兵帶缺軍裝。經臣奏明，將馬匹再行緩立，節省草乾，即以此項動支補製之例。核計陝西進剿兵叁千捌百玖拾捌名，每兵領出壹分，軍裝約值銀陸兩，共約需銀貳萬叁千叁百捌拾捌兩。除于前存節省銀叁萬叁千貳百陸拾餘兩之内動用外，尚有餘剩銀玖千捌百柒拾餘兩。并請將陝省新兵馬匹緩至本年肆月始行買立。計正月至叁月，又有節省乾銀可得叁千餘兩，合之前項餘剩銀玖千捌百柒拾餘兩，共可得壹萬叁千餘兩。所有各營舊兵搬家盤費，擬請即于此内動用。如有餘剩，更可爲改修各大路舊墩，并添建舊塘兵房工料之用。雖在我皇上軫念邊防，賞添兵數千，原不惜多費帑金，但既有此存剩銀項，自可挹彼注兹，以省另行籌款。

至初次籌議裁移兵丁案内，估需武員衙署、兵房、墩塘等項工料銀，共貳萬肆千貳拾肆兩零。前經臣奏明，再行緩立新兵馬匹，自上年肆月起至本年拾月止，以節省乾銀動用在案。其續議添兵案内添蓋營署、兵房、墩塘工料，共估計銀壹萬叁千伍百玖拾餘兩。查甘省司庫，尚有乾隆肆拾柒年正月起，至肆拾玖年閏叁月止，緩立馬匹節省草乾項下，除動支撥補各營公費不敷，及撥還前此各營借領急製軍裝銀兩之外，實存剩銀壹萬壹千叁百玖拾餘兩，應先儘此項銀兩動支，撙節辦理。尚有不敷，應同新兵製造軍械銀兩一體核明，在于逆産變價銀内撥用。仍先由司庫借款動給，俟收還産價，陸續歸款。等語。查新設營制參用舊兵，係携眷遷移，所有搬家盤費，在所必需。該督奏請酌借路費，并比照内地派赴口外屯防眷兵官給盤費口糧之例，核減酌給之處，自應如該督所奏辦理。查陝省移駐口外屯防眷兵，每大口日給盤費銀壹錢貳分，小口減半給銀陸分。又，無論大小口，每叁名給車壹輛，每車每百里應給脚價銀叁錢陸分，官爲支給，報銷在案。

今據稱酌借路費，比照核減，其每名應核減盤費、車價銀各若干，借給各若干，并所借銀兩作何扣還之處，均未據分晰聲明。至陝省舊兵所需搬家盤費，既據查明，有舊存緩立馬匹節省草乾下剩，并本年正貳叁叁個月節省緩立馬匹草乾等銀共壹萬叁千餘兩可以動支，應准其即于此項銀内動用。如有餘剩，亦准其留爲改修大路舊墩，并添建舊塘兵房工料之用。其甘省舊兵搬家盤費，應否照陝省一體酌借，并動用何項銀兩，亦未據聲明，應令一并詳查，報部核議。

再，初次籌議裁移兵丁案内，估需衙署、兵房、墩塘等項工料銀，共貳萬肆千貳拾肆兩零。業經該督奏明緩立新兵馬匹，自上年肆月起，至本年拾月止，以節省草乾銀兩動用外，其續議添兵案内添改營署兵房、墩塘工料，共估計銀壹萬叁千伍百玖拾餘兩。亦准其將肆拾柒年正月起，至肆拾玖年閏叁月止，緩立馬匹節省草乾存剩銀壹萬壹千叁百玖拾餘兩，儘數動支。尚有不敷，應同新兵製造軍械銀兩一體核明，在于逆産變價銀内撥用，仍先由司庫借給，俟收還産價歸款。至奏稱陝省進剿兵丁帶缺軍裝，擬請照甘省徵兵帶缺軍裝補製之例製辦，應如所奏辦理，并令將補製軍裝數目，估需工料細數，造報兵、工二部查核。所有約需銀貳萬叁千叁百捌拾捌兩，准其在于前存緩立馬匹節省草乾銀叁萬叁千貳百陸拾餘兩之内動用報銷。

又，夾片内奏稱，添設兵丁，即應添備軍械，以資撥給執操。除此内裁移零尾舊兵原有公製、自製器械，即令帶往新營，毋須另製外，其新募兵丁現無執操。又，撥駐陳兵各原營仍應募補，所有軍械當留給補缺之兵，亦應仍在新營另爲製給。臣已通飭營員一體核明估製，籌款辦理。但如弓箭、撒袋、鳥槍、腰刀、矛子、號衣、號帽等項，均係應需之物，未便緩待。且恐各處紛紛製造，勢不能一律精良。臣擬統歸固原標内設局遴員妥造，提臣就近指示查驗，仍先在司庫不拘何項銀内酌量借給，趕緊製就，分撥新營，俟籌定銀款，撥還原借之項。又，臣查得，安西州有庫貯舊時團練屯兵鳥槍壹千柒百伍拾捌杆，因乾隆貳拾伍年裁衛改設府縣案内，將團練屯兵停止，其原領鳥槍繳存州庫，閑貯多年，經臣調運來省，逐加驗試，均尚堅固堪用。此内大鑽布喇鳥槍玖百玖拾壹杆，每杆重拾斤至拾斤有餘。又小鑽布喇鳥槍捌百肆拾柒杆，每杆重伍斤至伍斤有餘。臣伏思此項有用之槍，不便任歸閑廢，現當製造新兵器械之時，即可撥營領用，以省另製之費。但大鑽布喇槍重至拾斤，難資執操，應即酌撥標營，以備防守之需。其重止伍斤者，較爲輕便，即以分派各營撥給新兵操演。但此項鳥槍，究因存貯年久，槍鞘、槍機、火門，間有損壞之處，應另妥爲收拾，仍將槍鞘改用榆木，期于一律精良。等語。

查新添兵丁軍械，係操演在所必需。内除裁移零尾之舊兵器械，自應准其帶往，毋須另製，其新兵并撥駐陳兵應添製急需弓箭等項，統歸固原標設局遴員妥造。應如所奏辦理，准其製造，以資撥給配操所需銀兩，亦准其在于司庫不拘何項銀内，酌量供給，俟籌定銀款，撥還原借，以清款項。應令將添製軍械數目，并估需工料銀數，造報兵、工二部查核。至撥駐陳兵所遺軍械，亦准其留爲各原營補缺兵丁之用。至安西州庫貯舊時停止團練屯兵繳存鑽布喇鳥槍，該督既稱運省驗試，均尚堪用，將重拾斤至拾斤有餘之鳥槍，難資執操，撥給標營，以備防守。其重伍斤至伍斤有餘之鳥槍，撥給新兵操演。此項鳥槍存貯年久，間有損壞，爰爲收拾，仍將槍鞘改用榆木，亦應如所奏，撥給配操，以省另製之費。應令照例載入保題册内，造報查核。臣等悉心酌議，是否有當，伏候訓示遵行，謹奏請旨。乾隆伍拾年伍月貳拾捌日奉旨："依議。欽此"。等因。

蒙此，又蒙總督陝甘部堂、一等嘉勇侯福康安案驗，乾隆伍拾年叁月貳拾叁日，准户部咨，陝西司案呈，内閣抄出軍機處議覆陝督福康安奏備儲徵兵裹帶口糧并挑演備戰兵丁及整理軍裝器械各事宜。等因。一摺。相應抄録原奏，移咨陝甘總督可也。計粘單壹紙，内開：臣阿桂等謹奏，爲遵旨議奏事。陝甘總督福康安奏儲備徵兵裹帶口糧并挑演備戰兵丁及整理軍裝器械各事宜一摺，乾隆伍拾年貳月初陸日，奉硃批："軍機大臣議奏。欽此。"據稱，陝甘各營嚮來原有儲備徵兵裹帶口糧之制，嗣因平定准噶爾回部以後，遂停預備，自應妥爲籌辦，以復舊規。惟是舊議每兵壹名，預備粟米壹京斗，白麥、炒麥各拾貳斤捌兩，以爲叁拾日口糧。因思裹帶粟米，不便遄行，兹酌擬每兵備貯炒麥拾伍斤，足供半月之糧，令各該營核明，移交駐札及附近州縣，即在倉貯麥石内支給。營員磨炒成熟，各製口袋，標記本兵姓名，收貯軍庫。所有磨工柴炭及製辦口袋等項，均准于公費内開銷，仍按季更换，給散各兵，即以抵應得月糧。

至兵多貴精，當于養兵不用之時，勤加訓習。甘省督標伍營額兵叁千名，又城守營兵伍百餘名，除撥協應差外，可以常川訓練者，挑出貳千餘名，勤加操演，并仿照京城健鋭、火器等營陣式，摹送提臣轉發標營各鎮屬，如式演習。其鳥槍連環，不許拘定出數，惟令多帶火藥，應否停止，悉聽臨時號令。又，緑營施放鳥槍，過于高仰，令嚴飭各營，如法教演，務期盡得准頭，槍不虚發。并令每日各照所習之技，在各本營分標逢伍之期，各營會在壹處比試爲小合操，逢拾之期爲大合操。除肄試各項外，即操演玖進拾連環之陣，并酌量各提、鎮、標之大小，令其挑出備戰之兵，自貳叁千名以至壹千貳百名不等。西安將軍標、撫標亦酌定兵數，均照督標認真操演。計將軍、督撫、提鎮各標，共可得貳萬餘名。其各協、營額兵，多寡不等。今定以兵數在叁百名以上者，即挑出壹半，勤加操練，計又可得兵萬餘。合之兩省，足有叁萬餘一呼即集之兵。仍將部頒酌擬行軍紀律數條時時告誡，庶軍律嚴明，咸成勁旅。至軍興之際，備帶軍械、火藥、帳房、馬匹，必須另兵經管。此項兵丁，亦應早爲派定，另造壹册，于每兵名下注明。其挑兵入伍，毋許徇情濫補。拴養馬匹，尤須飼喂飽騰。又，軍器内如槍鞘、火機，均另給式樣，妥爲製造。炮位常令演放，免致火門銹澀。此外如鞦鞋、脚齒等件，均令預備齊全，并備辦擋雨油袋，以免臨時周章。所有添製各項之費，或即歸入現在補製帶缺軍裝案内，通融辦理，或在各營公費銀内支銷。其火藥、鉛丸，尤關緊要。現在移行各提鎮查明，再行通盤籌議。等語。

查國家設兵衛民，不可壹日無備。陝甘兩省，爲邊陲要區，屢經奉旨，增添兵額，設汛安營，行伍已爲充實。惟是兵多貴精，全在平時訓練認真，儲辦周妥，方能有備無患。從前陝甘兵丁，平日皆預備乾糧，一遇調遣，即可剋期起身。後因回部平定，遂爾停止，自應仍復舊制，以利遄行。今據該

督奏，向例每兵壹名，預備粟米壹京斗，白麥、炒麥各拾貳斤捌兩，以爲叁拾日口糧。若壹千人合計，即有叁萬斤，殊形累墜。請每兵各備貯炒麥拾伍斤，足供半月之糧，設遇調遣，即可立時携帶。等語。實于軍行爲便，應如所奏辦理。其應行儲備數目，即令各該營核明，移交駐札及附近州縣，在倉貯麥石内支給。營員磨炒成熟，各製口袋，標記本兵姓名，收貯軍庫。所有磨工、柴炭及製辦口袋等項，均准于公費内開銷。仍按季更换，散給各兵，即以抵應得月糧。如有收藏不謹，以致黴變者，毋許抑派兵丁承領，即著落經管營員賠補。又據稱，甘省督標及城守營共兵叁千伍百餘名，除撥協應差外，可挑出貳千餘名，常川訓練，并酌量各提、鎮之大小，令其挑出備戰之兵，自貳叁千名至壹千貳百名不等。又，西安將軍標、撫標均照督標操演，共可得兵貳萬餘。其各協營兵數在叁百名以上者，各挑出壹半，又可得兵萬餘。合之兩省，足有叁萬餘可用之兵，于邊疆重地，實有裨益。應如議辦理。并行知各省總督及山東、山西、河南、江西等省巡撫，體察各該處實在情形，留心實力妥辦。

至操演之法，嚮來緑營陣勢止係兩儀、四象、方圓等式，相沿舊樣，無裨實用。亦應如該督所請，仿照京城健鋭、火器等營陣式，交提臣轉發標營各鎮屬如式演習。其鳥槍連環，應令多帶火藥演放，毋庸拘定出數。并嚴飭各營教演純熟，務得准頭，不得過于高仰，以期槍不虚發。仍令每日各照所習之技，在各本營分操。逢伍逢拾之期，各營合在壹處比試，并操演玖進拾連環之陣。其各標、鎮、協、營兵丁花名及帶兵將弁，注明册籍，送督臣查驗。如有事故及技藝生疏者，即行裁汰，另挑補額。仍將各營將弁預爲派定，不派别差，以便專意訓練。此外看守堆撥及應差兵丁，于差竣下班之日，亦應仍令歸伍演習。至軍興之際，備帶軍械、火藥、帳房、馬匹等項，自須另兵經管。該督請將經管兵丁早爲派定，并將所管各差使于每兵名下注明，另造壹册，隨時查核。其鞦鞋、脚齒，平時預備齊集，并預製擋雨油袋，以備軍行遇雨之用。又，槍靶、火機，另給式樣製造，并將槍鞘改用榆木之處，均應如所奏辦理。至添製各項之費，或歸入補製帶缺軍裝案内，通融辦理，或在各營公費内支銷。動用何項銀兩，應令該督酌量籌辦，咨部核銷。仍嚴飭各營員毋得藉端扣派，致累民力。以上各事宜，臣等悉心籌議，恭摺具奏，俟命下交部行知各該督撫，一體遵照辦理。是否有當，伏候皇上睿鑒訓示。謹奏。乾隆伍拾年貳月拾叁日，奉旨："依議。欽此"。各等因。俱行到司。蒙此，節經前司通移各提、鎮、標、營一體遵照辦理，并催造各案估册去後。

兹承准固原提督，并准延綏、興漢貳鎮軍撫、貳標各將補製帶缺、撥缺、備戰軍械等項應需工料，分案造具估册，移送前來，相應詳請核題。等情。到臣。據此，該臣查得，陝省各營，乾隆肆拾玖年赴甘剿賊兵丁，帶缺、撥缺軍裝并新挑備戰兵丁應需鞦鞋、脚齒、擋雨油袋及槍鞘改用榆木等項，應行補製添備。經督臣福康安先後具奏，請照甘省補製帶缺軍裝之例，按每名約估銀陸兩，在于緩立新兵馬匹節省草乾銀内動用，通融辦理。俱經接准部咨，行令遵照辦理。并飭將徵兵補製軍裝及備戰兵丁添製各項軍物數目，估需工料細數，造報查核。等因。當即備行，遵照在案。

兹據陝西布政使秦承恩詳稱，查陝省徵兵應製帶缺軍裝，原奏内開：進剿兵叁千捌百玖拾捌名，每名領出壹分，軍裝約估銀陸兩，共約需銀貳萬叁千叁百捌拾捌兩。各營送到補製徵兵帶缺軍裝估册，内開：固原提屬共估銀伍百捌拾壹兩壹錢捌分零，延綏鎮屬共估銀肆千壹百壹拾壹兩玖錢壹分零，興漢鎮屬共估銀肆千叁百貳拾壹兩陸錢伍分零，撫標共估銀貳百陸拾捌兩貳錢零，軍標共估銀捌百伍拾叁兩壹錢陸分零。又，軍標册造進剿凱旋回營兵丁帶回黴爛各械，共估銀捌百叁拾捌兩陸錢伍分零。以上標鎮提屬各營補製徵兵帶缺軍裝册造共估銀壹萬玖百柒拾肆兩捌錢叁分零。又，固原提屬補製肆拾玖年進剿逆回案内，撥缺各軍械應需工料册造共估銀柒百伍拾叁兩壹錢貳分零。又，各營送到添製備戰軍械估册内，固原提屬共估銀貳千壹百柒兩貳錢柒分零，延綏鎮屬共估銀玖百陸拾壹兩壹錢肆分零，興漢鎮屬共估銀叁千叁百貳拾玖兩玖錢柒分零，軍標共估銀貳千伍拾柒兩捌錢柒分零，撫標共估銀壹千壹百叁拾伍兩貳錢捌分。以上標鎮提屬各營添製備戰兵丁軍械各物册造共估銀玖千伍百玖拾壹兩伍錢伍分零，統共估需銀貳萬壹千叁百壹拾玖兩伍錢壹分零，較原奏帶缺軍裝案内，約估銀貳萬叁千叁百捌拾捌兩，除通融動支外，尚有餘剩原估銀貳千陸拾捌兩肆錢捌分零，應請仍存緩立新兵馬匹節省草乾項下，以爲各營舊兵搬家盤費及改添墩塘兵房工料之用。等情。造具估册，呈賫前來，臣覆核無异。除册送部外，臣謹具題，伏祈皇上睿鑒，敕部核覆施行。爲此具本，謹題請旨。乾隆伍拾貳年正月貳拾日題，叁月拾叁日奉旨："該部議奏。欽此欽遵。"于本日抄出到部。

隨經工部將帶缺、撥缺并新兵應製軍裝應否准其製造之處，移咨兵部核覆去後。今于肆月貳拾捌日，准兵部覆稱，查陝省各營補製乾隆肆拾玖年赴甘剿滅逆匪兵丁帶缺軍裝，并新挑備戰兵丁應需軍裝等項，均經軍機大臣議覆，准其製造，自應准其照數補製，以資應用。等因。前來。該臣等會議得，署陝甘總督永保疏稱，陝省各營，乾隆肆拾玖年赴甘剿賊兵丁帶缺、撥缺軍裝并新挑備戰兵丁應需鞦鞋、脚齒、擋雨油袋及槍鞘改用榆木等項，應行補製添備。俱經接准部咨，行令遵照辦理。并飭將徵兵補製軍裝及備戰兵丁添製各項軍物數目，估需工料細數造報查核。等因。當即備行，遵照在案。

兹據陝西布政使秦承恩詳稱，查陝省征兵，兵應製帶缺軍裝，固原提屬共估銀伍百捌拾壹兩壹錢捌分零，延綏鎮屬共估銀肆千壹百壹拾壹兩玖錢壹分零，興漢鎮屬共估銀肆千叁百貳拾壹兩陸錢伍分零，撫標共估銀貳百陸拾捌兩貳錢零，軍標共估銀捌百伍拾叁兩壹錢陸分零。又，軍標册造進剿凱旋回營兵丁帶回徽爛各械，共估銀捌百叁拾捌兩陸錢伍分零。以上標鎮提屬各營補製徵兵帶缺軍裝册造，共估銀壹萬玖百柒拾肆兩捌錢叁分零。又，固原

提屬補製肆拾玖年進剿逆回案内，撥缺各軍械應需工料册造共估銀柒百伍拾叁兩壹錢貳分零。又，各營送到添製備戰軍械估册内，固原提屬共估銀貳千壹百柒兩貳錢柒分零，延綏鎮屬共估銀玖百陸拾壹兩壹錢肆分零，興漢鎮屬共估銀叁千叁百貳拾玖兩玖錢柒分零，軍標共估銀貳千伍拾柒兩捌錢柒分零，撫標共估銀壹千壹百叁拾伍兩貳錢捌分。以上標鎮提屬各營添製備戰兵丁軍械各物册造，共估銀玖千伍百玖拾壹兩伍錢伍分零，通共估需銀貳萬壹千叁百壹拾玖兩伍錢壹分零，較原奏帶缺軍裝案内約估銀貳萬叁千叁百捌拾捌兩，除通融動支外，尚有餘剩原估銀貳千陸拾捌兩肆錢捌分零，應請仍存緩立新兵馬匹節省草乾項下，以爲各營舊兵搬家盤費及改添墩塘兵房工料之用。等情。臣覆核無异。除册送部外，臣謹具題。等因。前來。

查陝省各營補製乾隆肆拾玖年赴甘剿滅逆匪兵丁帶缺軍裝，并新挑備戰兵丁應需軍裝等項，據該督將估需工料銀貳萬壹千叁百拾玖兩伍錢壹分陸厘，題請製辦。既經兵部覆稱，均應准其照數補製，以資應用。工部按册查核，軍械項下，實估需銀貳萬壹百陸拾伍兩陸錢叁分玖厘。内打造鳥槍筒，并未開明計厚若干，槍鞘，槍叉鐵束、銅罐等項，又未開明寬厚、高、深、徑寸。隨槍什件等物，所開荒鐵、煤炭、匠工等項，均與定例不符。其成做號褂、帳房等項，所需布匹、麻繩、梁柱、裁縫等項，又與定例浮多。至估變鑼鍋、帳房等項價值亦屬多寡參差，應于估册内逐一粘簽鈐印，發還該督轉飭，于報銷册内據實分别開明，照例删減增估，同原册一并送部具題，到日再行核銷。至製造弓箭銀壹千壹百伍拾叁兩捌錢柒分柒厘，兵部查册開：製造六力弓伍拾叁張，戰箭叁萬貳千陸百叁拾伍枝，所需價值，核與該省准銷成例有減無浮，均應准其開銷。又，原估需銀并餘剩銀兩，查此案從前原奏約估銀貳萬叁千叁百捌拾捌兩，今册開造估需銀貳萬壹千叁百壹拾玖兩伍錢壹分零，應令俟造報工部、兵部准銷之日，報部查核。其現在餘剩銀貳千陸拾捌兩肆錢捌分零，應准其仍存緩立新兵馬匹節省草乾項下，以爲各營舊兵搬家盤費及改添墩塘兵房工料之用，仍于各本案核實造銷可也。再，此案係工部主稿，合并聲明。臣等未敢擅便，謹題請旨。

乾隆伍拾貳年柒月貳拾捌日。

工部尚書暫署户部尚書事務、管理奉宸苑事務、總管内務府大臣臣金簡，左侍郎兼管光禄寺事務、兼管火藥局、正白旗滿洲副都統、公中佐領、革職留任又從寬留任臣德成，左侍郎、鑲紅旗漢軍副都統兼公中佐領、清字經館提調臣趙鋐，經筵講官、右侍郎臣劉躍雲，虞衡清吏司郎中臣明安，郎中臣官泰，員外郎臣韋馱保，員外郎臣永慶，員外郎臣海明，員外郎臣玉保，員外郎臣玉廷享，主事臣永清，主事臣蘇章阿，主事臣王基，候補主事臣劉青照，户部左侍郎臣諾穆親，左侍郎臣蔣賜棨，陝西清吏司郎中臣舒敏，郎中臣吾祖望，兵部尚書臣彭元瑞，左侍郎臣海寧。

【《明清檔案》A248—101，B140283—B140305】

署陝甘總督兼甘肅巡撫勒保題請核銷移駐凉莊等處滿營官兵支過口糧等銀

乾隆五十二年十月十二日

題。

九。

十月二十七日。

五十二年十一月廿二日下户、兵、工。

該部察核具奏。

暫署陝甘總督管甘肅巡撫事兼理茶馬、山西巡撫臣勒保謹題：爲酌議具奏事。

據甘肅布政使司布政使福寧呈，蒙前署陝甘總督部院慶桂案驗，准户部咨陕西司案呈，内閣抄出陕甘總督福康安奏寧夏移駐凉莊兵丁借給餉銀。等因。一摺，于拾月初拾日抄出到部。相應抄録原奏移咨陕甘總督，欽遵查照可也。計黏單一紙，内開：奏爲酌議具奏事。竊臣前會同寧夏將軍嵩椿等具奏，凉州添駐兵伍百名，由寧夏閑散内挑派移駐，其莊浪議添兵叁百名，由京城八旗挑派移駐壹案，經軍機大臣議覆准行，并以寧夏兵移駐凉州程途較近，不便照由京移駐兵丁之例辦理，交臣酌議具奏。等因。行知前來。

臣查寧夏滿兵從前移駐巴里坤案内，每兵于例支口糧車輛之外，復有賞給製裝鹽菜，并折給帳房及眷口盤費銀兩，曾經報部准銷。今寧夏移駐凉州，程途較近，與遠赴口外不同，一切應支分例，自應酌减核給。查乾隆肆拾柒年，寧夏曾有挑撥凉莊補缺兵壹百伍拾名，彼時定議馬步兵丁，每名均准借給壹年餉銀。又，每名例支家口口糧，每口日支京斗粟米捌合叁勺。又，每兵例得馬匹草束，每匹日支柒斤重草壹束。又，每兵壹名連家口給車壹輛，每輛每百里給脚價銀肆錢伍分。在案。此次移駐兵丁伍百名，自應循照辦理。其製裝鹽菜、帳房、盤費等項銀兩，一概毋庸議給。再，由京移駐莊浪兵丁，既經軍機大臣議准，于明歲春間分作肆起起程。所有寧夏移駐凉州各兵，此時挑派起程，亦已將届冬寒之候，應請統俟明春貳叁月間起程，分起行走。理合將酌議緣由，恭摺覆奏，伏祈皇上睿鑒。謹奏。乾隆伍拾年拾月初柒日，奉硃批："如議行。欽此。"

又蒙前署陕甘總督部院永保案驗，准兵部咨，車馬司案呈，准陕甘總督福康安咨稱，查由京移駐莊浪官兵，甘省應需車輛、口糧、住宿站道、水漿、道路、橋梁、搭蓋棚槽食物及護送官兵各事宜，查照向例籌辦，事竣核實報銷。除咨户部外，相應咨明。等因。前來。查由京移駐莊浪官兵經由甘省所需車輛以及壹站住宿水漿，既據該督查照向例辦理，應俟事竣造報到日查核外，至所需車脚口糧，以及道路橋梁、搭蓋棚槽、護送官兵等項，事隸户、工貳部。既據該督咨明户部，應聽户部查核，仍咨覆該督可也。

又蒙前署陕甘總督部院永保案驗，准户部咨，陝西司案呈，准陝甘總督福康安咨，據布政司呈稱：查得本年秋間，由京移駐莊浪滿兵叁百名沿途應支各項，查照乾隆叁拾捌年由京移駐涼莊、寧夏滿兵經過甘省沿途應支各項，參酌定議，臚列條款，呈請鑒核。

一，官兵應需車輛，應請仍照前例。官員家口，每肆名口給坐車壹輛，每户給拉載行李車壹輛。兵丁無論人口多寡，每户給坐車壹輛，每貳户給拉載行李車壹輛。按移駐官玖員，兵丁叁百名，照依前例應給車數計算，共約需車肆百捌拾餘輛。但官員隨帶家口數目，未奉行知。本司酌議，寬爲備辦車肆百玖拾輛，庶免臨時周章。所需車輛，仍照前例，在于蘭州、鞏昌、平涼、慶陽等府及秦州、階州、涇州等屬，按照地方之大小、道路之遠近，通派雇辦，依期令趕赴涇州首站，照依部單車票之數，按起接替，直送涼莊、滿營交卸，以免沿途按站安車，逐日更换裝卸之繁。所需脚價，照依甘省每輛每百里給脚價銀肆錢伍分之例給與，事竣核實造銷。

一，官兵應支口糧，官粳兵粟，眷屬拾歲以上者、作爲大口，玖歲以下者、作爲小口，大口每口日支京升米捌合叁勺，小口減半給與。等因。亦照前例供支。令各地方官查明，有倉貯者動支倉貯，如無倉貯，即按時價采買，照依部單内填家口數目供支。

一，官兵住宿站道，仍照前定站道行走住宿。并令經過各地方官查明所管站道，每站共有店若干。按照每起官兵數目約計，如有不敷，即令借用民房，以資住宿。

一，官兵經過安定、會寧、西鞏等站，水泉缺乏之處，令地方官預爲積貯。并安設水桶車輛，雇夫運供，以資飯用，毋致缺乏。

一，官兵經過道路橋梁難行之處，俱令各地方官照依前例，隨時修理，寬平堅固，以利遄行。

一，官兵人等行走站道所需食物，宜照例預備。應令沿途經過各地方官照依前例，在于所管之尖宿各站，招徠鋪户，開設飯館，多備什物，務足官兵人等食用，毋得缺少。仍將各物價值，逐一出示曉諭，公平買賣，不許鋪户人等高抬價值措勒，以免争端。并令各該地方官照例搭蓋棚槽，多備料草，以備車夫人等，隨時買喂牲畜。并于尖宿處所，嚴禁賣酒，以免兵丁聚飲滋事。

一，官兵人等經過各站，應需照料官兵，宜照例派撥。今次由京移駐涼莊官兵經過甘省，已奉諭旨，派本司福寧總理稽查，應俟官兵有抵涇之信，即前赴涇州首站，分撥車輛等項，照料稽查。其尖宿各站，應請仍照上届成例，涇州至静寧州查照料。青家驛至秤溝驛，派委鞏秦階道及鞏昌府知府往來稽查照料。三角城至沙井驛，派委蘭州道及蘭州府知府往來稽查照料。苦水至平番，派委涼州府及莊浪同知往來稽查照料。仍令沿途經過各廳、州、縣，在于本管境内照料護送。其自平番縣起，至涼州止，移駐官員隨帶眷口，本屬無多，且係職官，即令甘涼道督同經過地方官可以照料護送，沿途毋庸再行添派文武各員。再，涼州尚有寧夏移駐滿兵，或同時抵境，現留甘涼道在郡照料，亦可無誤。其自涇州起，至莊浪止，沿途應需護送武職官弁，應請移咨固原提督，并檄飭涼州鎮轉飭所屬各營，各按所營地方，每宿站派撥千把、外委等官貳員，帶兵拾名，飭令依期赴站，俟官兵眷口到站住宿時，于店房車輛周圍守夜，巡邏稽查，勿致匪類潛匿滋事。黎明起程，加意照料，飭令眷屬車輛接續行走，不得先後參差。并按每叁站派撥副、參、游、都大員壹員，隨行護送，往來照料，毋庸再派長送官員，以省繁費。等情。

除移行轉飭照辦并咨明兵部外，相應咨達。等因。前來。查由京移駐莊浪官兵沿途應需口糧，照例官粳、兵粟，眷屬每大口日支京升米捌合叁勺，小口減半之處，核與從前辦過例案相符。應令該督俟事竣之日，核實造册報銷。其應需車輛，并沿途住宿尖站，搭蓋棚槽，安設水桶車輛，雇夫運供水漿，及派撥員弁巡防稽查之處，均事隸兵部。既據該督咨明兵部，應咨兵部核覆。至派撥文員事隸吏部，修理道路橋梁事隸工部，應咨吏部、工部，兵部查照可也。

又蒙前署陝甘總督部院永保案驗，准工部咨，都水司案呈，乾隆伍拾壹年拾壹月拾陸日，准户部文開：陝甘總督咨報，本年秋間由京移駐莊浪滿兵叁百名沿途應支各項，查照乾隆叁拾捌年由京移駐凉莊、寧夏滿兵經過甘省沿途應支各項酌議條款，咨部前來。查由京移駐莊浪官兵沿途應需口糧，核與從前辦過例案相符，應令該督事竣，核實造册報銷。其官兵經過道路橋梁難行之處，俱令各地方官照依前例，隨時修理，寬平堅固，以利遄行之處，事隸工部，應咨工部查照。等因。前來。查京城移駐莊浪官兵沿途經由橋道窄險難行之處，應准其動項撙節辦理。應行該督轉飭承辦各員，俟事竣，即將用過工料銀兩，詳造細册，報部核銷。仍知照户部可也。等因。咨院俱行到司。

蒙此，遵即行據蘭州、鞏昌、平凉、慶陽、凉州、寧夏陸府，并秦州、階州、涇州叁直隸州，各將所屬乾隆伍拾壹年奉文供支由京移駐凉莊官兵，并寧夏移駐凉州兵丁支過口糧、車價等項銀兩，造册請銷前來。該甘肅布政司福寧查得，舊管無項。新收：一，收各屬領獲司庫銀捌百捌拾肆兩肆錢叁分捌厘；一，收寧夏府墊用庫貯銀貳千伍百伍拾兩貳錢柒分捌厘；一，收各屬墊用庫貯銀肆千壹百捌拾陸兩叁錢捌厘。叁共銀柒千陸百貳拾壹兩貳分肆厘。一，收各屬采買京斗粳米貳石貳斗肆升壹合；一，收各屬倉貯粳米伍斗玖升柒合陸勺。貳共粳米貳石捌斗叁升捌合陸勺。一，收各屬采買京斗粟米壹拾玖石伍斗貳升玖合陸勺；一，收各屬倉貯京斗粟米捌拾叁石玖斗柒合捌勺。貳共粟米壹百叁石肆斗叁升柒合肆勺。

開除：共銀柒千陸百貳拾壹兩貳分肆厘，京斗粟米壹百叁石肆斗叁升柒合肆勺，京斗粳米貳石捌斗叁升捌合陸勺。一，除采買京斗粳米貳石貳斗肆升壹合，每石照依各本地方現行時價銀貳兩壹錢柒分叁厘至肆兩柒錢貳分不等，共用銀柒兩伍錢貳分壹厘；一，除采買京斗粟米壹拾玖石伍斗貳升玖合陸勺，每石照依各本地方現行時價銀壹兩叁錢叁分伍厘至壹兩叁錢捌分陸厘不等，共用銀貳拾陸兩叁錢玖分玖厘。一，于本案内，鞏昌、平凉、凉州、涇州肆府州屬并臯蘭縣供支由京移駐凉莊官兵，照例官粳兵粟，每大口日支口糧京升米捌合叁勺，小口減半支給。各計支官兵眷口數目不等，共支京斗粳米貳石捌斗叁升捌合陸勺，共支京斗粟米壹百叁石肆斗叁升柒合肆勺。一，于本案内，蘭州、鞏昌、平凉、慶陽、秦州、階州、涇州各所屬，共雇辦供送前項滿兵車肆百柒拾壹輛，原議每輛每百里給脚價銀肆錢伍分。自涇州起至莊浪止，計程壹千壹百陸拾里，共支脚價銀貳千肆百伍拾捌兩陸錢貳分。一，于本案内，平番縣接送前項移駐凉州官陸員，應需乘坐及拉行李車壹拾叁輛，每輛每百里照例給脚價銀肆錢伍分。自平番縣起至凉州止，計程叁百叁拾里，共支脚價銀壹拾玖兩叁錢伍厘。一，于本案内，蘭州、鞏昌、平凉叁府屬并涇州供支前項官兵經過修理橋梁道路，用過物料價值及匠夫應支口食等項，各計支銀兩數目不等，共用銀壹千捌百陸拾壹兩陸錢壹厘。一，于本案内，鞏昌府屬安、會貳縣供支前項官兵經過該處所屬之西鞏、秤鈎等處缺乏水漿，賃用大窖，雇夫挑挖飲馬大池，及雇覓拽水車輛驢頭應需脚價等項銀兩，各計支程途遠近及雇夫賃。一，于本案内，寧夏府供支寧夏滿營移駐凉州兵伍百名，原議每名照例應給柒口家口口糧，共合家口叁千伍百口，每口日支京升粟米捌合叁勺。自寧至凉，計程壹拾肆站，共應支京斗粟米肆百陸石柒斗，每斗照例折銀叁分肆厘，共折銀壹百叁拾捌兩貳錢柒分捌厘。每名照例應給陸匹馬草束，共合馬叁千匹，每匹日支柒斤穀草壹束。自寧至凉，計壹拾肆站，共應支草肆萬貳千束，每束折銀陸厘，共折銀貳百伍拾貳兩貳共支銀叁百玖拾兩貳錢柒分捌厘。一，于本案内，寧夏府供支前項移駐凉州兵伍百名應需乘坐車輛，原議每兵壹名給車壹輛，共應給車伍百輛，每輛每百里給脚價銀肆錢伍分。自寧至凉，計程玖百陸拾里，共折支車價銀貳千壹百陸拾兩。

實在無項。查各屬供支前項，由京移駐涼莊并寧夏移駐涼州兵丁支過口糧、車價及經過沿途修理橋梁道路、運送水漿、用過物料脚價等項銀糧，據各廳、州、縣册登，俱係照例供支，并無絲毫浮冒，應請准銷。至各屬墊用銀兩，俟請領之日，照數給發還項，相應提造簡明總册，同各撒册一并呈賫核題。等情。呈詳到臣。

該臣查得，前准部咨，令將由京移駐涼莊并寧夏移駐涼州滿營官兵支過口糧、車價等項銀兩，造册請銷。等因。轉行遵照在案。兹據甘肅布政使福寧詳稱，查移駐涼莊滿營官兵支過口糧、車價等項銀兩，舊管無項。新收：一，收各屬領獲司庫銀捌百捌拾肆兩肆錢叁分捌厘；一，收寧夏府墊用庫貯銀貳千伍百伍拾兩貳錢柒分捌厘；一，收各屬墊用庫貯銀肆千壹百捌拾陸兩叁錢捌厘。叁共銀柒千陸百貳拾壹兩貳分肆厘。一，收各屬采買京斗粳米貳石貳斗肆升壹合；一，收各屬倉貯粳米伍斗玖升柒合陸勺。貳共粳米貳石捌斗叁升捌合陸勺。一，收各屬采買京斗粟米壹拾玖石伍斗貳升玖合陸勺；一，收各屬倉貯京斗粟米捌拾叁石玖斗柒合捌勺。貳共粟米壹百叁石肆斗叁升柒合肆勺。

開除：共銀柒千陸百貳拾壹兩貳分肆厘，京斗粟米壹百叁石肆斗叁升柒合肆勺，京斗粳米貳石捌斗叁升捌合陸勺。一，除采買京斗粳米貳石貳斗肆升壹合，每石照依各本地方現行時價銀貳兩壹錢柒分叁厘至肆兩柒錢貳分不等，共用銀柒兩伍錢貳分壹厘。一，除采買京斗粟米壹拾玖石伍斗貳升玖合陸勺，每石照依各本地方現行時價銀壹兩叁錢叁分伍厘至壹兩叁錢捌分陸厘不等，共用銀貳拾陸兩叁錢玖分玖厘。內鞏昌、平涼、涼州、涇州肆府州屬，并皋蘭縣供支由京移駐涼莊官兵，照例官粳兵粟，每大口日支口糧京升米捌合叁勺，小口減半支給。各計支官兵眷口數目不等，共支京斗粳米貳石捌斗叁升捌合陸勺，共支京斗粟米壹百叁石肆斗叁升柒合肆勺。又，蘭州、鞏昌、平涼、慶陽肆府，秦州、階州、涇州所屬，共雇辦供送前項滿兵車肆百柒拾壹輛。原議每輛每百里給脚價銀肆錢伍分，自涇州起至莊浪止，計程壹千壹百陸拾里，共支脚價銀貳千肆百伍拾捌兩陸錢貳分。又，平番縣接送前項移駐凉州官陸員，應需乘坐及拉行李車壹拾叁輛，每輛每百里照例給脚價銀肆錢伍分。自平番縣起至凉州止，計程叁百叁拾里，共支脚價銀壹拾玖兩叁錢伍厘。又，蘭州、鞏昌、平凉叁府屬，并涇州供支前項官兵經過修理橋梁道路、用過物料價值，及匠夫應支口食等項，各計支銀兩數目不等，共用銀壹千捌百陸拾壹兩陸錢壹厘。鞏昌府屬安定、會寧貳縣供支前項官兵經過該處所屬之西鞏、秤鈎等處缺乏水漿，賃用大窖，雇夫挑挖飲馬大池，及雇覓拽水車輛驢頭應需脚價等項銀兩，各計支程途遠近及雇夫賃窖銀數不一，共支銀陸百玖拾柒兩叁錢。又，寧夏府供支寧夏滿營移駐凉州兵伍百名，原議每名照例應給柒口家口口糧，共合家口叁千伍百口，每口日支京升粟米捌合叁勺。自寧夏至凉州，計壹拾肆站，共應支京斗粟米肆百陸石柒斗，每斗照例折銀叁分肆厘，共折銀壹百叁拾捌兩貳錢柒分捌厘。每名照例應給陸匹馬草束，共合馬叁千匹，每匹日支柒斤穀草壹束。自寧夏至凉州，計壹拾肆站，共應支草肆萬貳千束，每束折銀陸厘，共折銀貳百伍拾貳兩。貳共支銀叁百玖拾兩貳錢柒分捌厘。又，寧夏府供支前項移駐凉州兵伍百名應需乘坐車輛，原議每兵壹名給車壹輛，共應給車伍百輛，每輛每百里給脚價銀肆錢伍分。自寧夏至凉州，計程玖百陸拾里，共折支車價銀貳千壹百陸拾兩。

實在無項。查各屬供支前項由京移駐凉莊并寧夏移駐凉州兵丁支過口糧、車價及經過沿途修理橋梁道路、運送水漿、用過物料脚價等項銀糧，俱係照例供支，并無絲毫浮冒，應請准銷。至各屬墊用銀兩，俟請領之日，照數給發還項。等情。造具簡明總册，同各撒册一并呈賫，請題前來，臣覆核無异。除册送户部户科并將揭帖照例分送外，相應具題，伏祈皇上睿鑒，敕部核覆施行。謹題請旨。

乾隆伍拾貳年拾月拾貳日。

暫署陝甘總督管甘肅巡撫事兼理茶馬山西巡撫臣勒保。

【貼黄】

暫署陝甘總督管甘肅巡撫事兼理茶馬、山西巡撫臣勒保謹題：爲酌議具奏事。

該臣查得，前准部咨，令將由京移駐涼莊，并寧夏移駐涼州滿營官兵支過口糧、車價等項銀兩，造册請銷。兹據甘肅布政使福寧將各屬供支由京移駐涼莊并寧夏移駐涼州兵丁支過口糧、車價，及經過沿途修理造册聲明，俱係照例供支，并無絲毫浮冒，應請准銷。至墊用銀兩，俟請領之日，照數給發還項。等情。造具簡明總册，同各撒册呈賫請題前來，臣覆核無异。除册送部科外，謹題請旨。

【《明清檔案》A249—106，B140897—B140909】

署陝甘總督管甘肅巡撫勒保題請補授游擊

乾隆五十二年十月二十九日

題。

三。

十一月十五日。

五十二年十一月廿五日下兵。

該部議奏。

暫署陝甘總督管甘肅巡撫事兼理茶馬、山西巡撫臣勒保謹題：爲請補游擊事。

乾隆伍拾貳年柒月拾陸日，准兵部咨，武選司案呈，兵科抄出本部題前事。内開：議得協辦大學士、仍留陝甘總督任福康安疏稱，陝西固原提標左營游擊徐丙蛟勒休遺缺，接准部咨，令于現任人員内題補。臣于陝甘貳省現任人員内詳加揀選，雖有合例人員，但人地不甚相宜。惟查有揀發游擊六達色，該員年壯技優，留心營伍，堪以請補。惟收標未滿年限，與例稍有未符，應請先行署理，俟扣滿年限，另請實授。等因。具題前來。查先經軍機大臣會同臣部議奏，陝西省係屬内地，差務不繁。揀發一項，應請停止。其甘肅揀發滿員，即以該省輪用旗員之缺補用，不得更占緑營之缺。等因。奏准在案。陝西固原提標左營游擊員缺，應輪用緑旗預保人員。臣部現無預保應掣之人，行令該督于現任人員内揀選題補。六達色係揀發甘肅以游擊委用之員，俟有甘肅省輪用滿員缺出補用，今請補陝西提標左營游擊，與例不符，應毋庸議。其所遺陝西固原提標左營游擊員缺，仍令該督于現任人員内揀選題補。等因。于乾隆伍拾貳年陸月拾貳日題，本月拾柒日奉旨："依議。欽此。"相應知照該督可也。等因。到臣。

準此，該臣查得，陝西固原提標左營游擊徐丙蛟勒休遺缺，前經督臣福康安以揀發候補游擊六達色題請署理。接准部咨，六達色係揀發甘肅以游擊委用之員，俟有甘肅省輪用滿員缺出補用。今請補陝西提標左營游擊，與例不符，令于現任人員内揀選題補。等因。臣隨詳加揀選。查有西寧鎮屬白塔營都司王清弼，材技可觀，諳練營務，以之補授陝西提標左營游擊，實堪勝任。查王清弼係直隸保定府雄縣人，歷俸已滿年限，任内并無參罰服制等事。請補陝西提標左營游擊，與例相符。再，該員係例應引見之員，現經臣派赴葉爾羌换防，應俟班滿回營之日，再行給咨赴部，補行引見。除履歷俟查取至日另咨送部外，臣謹會同陝西固原提督臣哈當阿合詞具題，伏祈皇上睿鑒，敕部議覆施行。爲此具本，謹題請旨。

乾隆伍拾貳年拾月貳拾玖日。

暫署陝甘總督管甘肅巡撫事兼理茶馬、山西巡撫臣勒保。

【貼黄】

暫署陝甘總督管甘肅巡撫事兼理茶馬、山西巡撫臣勒保謹題：爲請補游擊事。

該臣查得，陝西固原提標左營游擊徐丙蛟勒休遺缺，前經督臣福康安以揀發候補游擊六達色題請署理。接准部咨，六達色係揀發甘肅以游擊委用之員，俟有甘肅省輪用滿員缺出補用。今請補陝西提標左營游擊，與例不符，令于現任人員内揀選題補。等因。臣隨詳加揀選。查有西寧鎮屬白塔營都司王清弼，材技可觀，諳練營務，以之補授陝西提標左營游擊，實堪勝任。再，該員係例應引見之員，現經臣派赴葉爾羌换防，應俟班滿回營之日，再行給咨赴部，補行引見。除履歷俟查取至日另咨送部外，臣謹合詞具題請旨。

【《明清檔案》A250—13，B141007—B141009】

大學士管户部和珅題覆甘省官兵剿補鹽茶廳逆回支過軍需銀兩開銷事

乾隆五十二年十二月四日

題。

二。

五十二年十二月初六日下户。

依議。

【注一】……上諭事。

户部抄出署理陝甘總督勒保題覆乾隆肆拾玖年剿捕鹽茶廳逆回軍需第二案，甘肅提標各營滿漢官兵支過鹽菜銀兩駁查情節查明題覆一案。乾隆伍拾貳年玖月貳拾肆日題，拾月初捌日奉旨："該部察核具奏。欽此欽遵。"于本日抄出到部。

該臣等查得，署理陝甘總督勒保疏稱，奉准部□□□□□□□□□□□□□□撒拉爾逆回官【注二】遠以十分之八、十分之六支給，題准在案。今肆拾玖年，剿捕鹽茶逆回檄調各處兵丁應需鹽糧，欽奉諭旨，從前剿捕蘇四十三時，所調各項兵丁鹽菜、口糧俱辦有章程，令照前支給，自應遵照辦理，未便以“不必拘泥成例”之一語，遂致例外多銷。此次派調甘肅本省官兵于伍月拾柒日奉旨之日起，照依出征定例，全數支給鹽菜。雖據聲明，因與剿捕撒拉爾逆回成例不符，是以例外支銷摺内列入具奏。但臣部核銷錢糧，惟有恪遵諭旨，暨辦過成案爲憑，扣稍有不符，難以援情核准。從前該督列入例外支銷款内具奏，欽奉硃批“係該部知道”，并未准其全數開銷。所有此項甘省各提、鎮、標滿漢官兵照别省徵調官兵之例，一體全支鹽菜，既與肆拾陸年辦過成案不符，仍未便核准，應令該督查照肆拾陸年辦過成案，删減報部，再行核銷。等因。

遵查乾隆肆拾玖年，派調甘省各提、鎮、標滿漢各營官兵剿除逆回所需鹽菜，自伍月拾柒日欽奉恩旨：“鹽菜、口糧，最關緊要，不必拘泥成例支給，仍于事竣後，聲明具奏。”此聖恩高厚，俯恤戎行，當即明白曉諭，該官兵等無不勇躍奮争。後于報銷時，查與肆拾陸年剿除撒拉爾逆回成案不符，于未經題銷以前，遵奉諭旨，于例外支銷款内列入奏明，奉硃批雖“係該部知道”，但查例外支銷款内，如采買糧料、磨麥匠工以及防守民夫工價等項列入在内，均蒙内部核係情事所必需，題覆准銷，行知在案。今此案甘省各提、鎮、標、營滿漢官兵全支鹽菜，均係實用實銷，并無絲毫浮冒。今若復令删減追賠，則出征兵丁當日既已食用，今復追賠，未免苦累。所有是年支過全分鹽菜銀兩，祈請同例外支銷款内覆准各款一律俯照原册核銷。等因。前來。

查剿捕鹽茶逆回，派調甘省各提、鎮、標、營滿漢官兵支過鹽菜銀兩，先據該督入于軍需第二案内報部請銷，經臣部查册造伍月拾柒日以後，照别省徵調官兵一體支給全分鹽菜，與肆拾陸年剿捕撒拉爾逆回案内議令派調甘肅本省官兵支給十分之六、陝西官兵支給十分之八之例不符，核駁。旋據陝甘總督福康安題覆，此次派調各項官兵，奉有恩旨，以應用鹽菜、口糧最關緊要，令不必拘泥成例支給，是以于伍月拾柒日奉旨後，照别省兵丁之例一體全支，應行

據實報銷。等因。經臣部查，欽奉諭旨内，係因肆拾陸年勦捕蘇四十三時所調各處官兵支給鹽糧，俱辦有章程，令其查照上次事宜，妥協辦理。乃該督因諭旨内有“不必拘泥成例”之語，遂于奉旨後，全行支給，未便議准核駁。嗣據署督臣慶桂題覆，恭繹原奉諭旨内，以兵丁等得資飽騰，感奮集事，加恩體恤，指明不必拘泥成例，令俟事竣，將必需情由，聲明具奏。是以奉到恩旨，遂于伍月拾柒日起，照依出征定例，全數支給。并因與勦捕撒拉爾逆回成例有礙，又經督臣福康安將必需情由列入例外支銷款内聲明，奏奉俞允在案。請將支過銀兩，仍照全數准銷。等因。復經臣部查總督福康安列款具奏一摺，奉旨：“係該部知道，并未俞允，駁令仍按八分、六分之數核計删減。”又經督臣福康安題覆，查勦捕鹽茶逆回，欽奉恩旨以後，當即派委司道大員妥協辦理，于伍月拾柒日起，照依出征定例，全數支給，并無從中浮冒之弊，仍請准銷。等因。經臣部以核銷錢糧，惟有恪遵諭旨暨辦過成案爲憑。此案甘肅各提、鎮、標滿漢官兵照别省徵調官兵之例，一體全支鹽菜，與肆拾陸年辦過成案不符，仍未便核准，行令删減報部。等因。各在案。

今據署督臣勒保題覆，接准督臣福康安移稱，查乾隆肆拾玖年，派調甘肅各提、鎮、標滿漢官兵勦除逆回所需鹽菜，自伍月拾柒日欽奉恩旨：“鹽菜、口糧，最關緊要，不必拘泥成例支給，仍于事竣，後聲明具奏。”此聖恩高厚，俯恤戎行，當即明白曉諭，該官兵等無不勇躍奮争。後于報銷時，查與肆拾陸年勦除撒拉爾逆回成案不符，于未經題銷以前，遵奉諭旨，于例外支銷款内列入奏明。奉硃批雖“係該部知道”，但查例外支銷款内，采買糧料、磨麥匠工以及防守民夫等項列入在内，均奉部題覆准銷。此案甘肅本省滿漢官兵全支鹽菜，均係實用實銷，并無絲毫浮冒。今若復令删減追賠，則出征兵丁當日既已食用，今復追賠，未免苦累。所有支過全分鹽菜銀兩，仍請照依原册准銷。等語。

臣部查乾隆肆拾玖年勦捕鹽茶逆回，派調甘肅本省滿漢官兵并西安滿營官兵，伍月拾柒日後，支過全分鹽菜銀兩，列入軍需第二、第十一兩案題銷。前經臣部查與肆拾陸年議定准給十分之八、十分之六成案，及欽奉諭旨不符，業經核駁三次。近據該署督題覆第十一案供支西安滿營官兵鹽菜，復以從前總督福康安具奏例外支銷款内采買糧料、防守民夫工價等項，均已奉部准銷。此項官兵支過全分鹽菜銀兩，亦係列入例外支銷款内具奏，仍請照數准銷。等因。登覆。經臣部以采買糧料、防守民夫工價等項因係隨時酌辦，亦肆拾陸年所有之項，是以覆准。至兵丁鹽菜，原奉諭旨内業經指明，從前剿捕蘇四十三時所調各省官兵鹽菜、口糧俱辦有章程，令具查照辦理。是此項官兵支給全分鹽菜銀兩，既與肆拾陸年議定支給十分之八之例不符，斷難核准。所有多支二分鹽菜銀兩，駁令該督即行照數删除，著追歸款報部，毋得仍前飾詞登覆，以致塵案久延，不能完結。等因。在案。今該署督題覆第二案派調甘肅本省滿漢官兵，伍月拾柒日後支過全分鹽菜銀兩，與第十一案事同一律，臣部亦斷難核准。所有原請銷銀陸萬捌千陸百捌拾壹兩叁錢玖分貳厘，内除應銷十分之六、十分之八銀伍萬貳千伍拾貳兩壹錢壹分零應准開銷外，其伍月拾柒日以後多支二分、四分鹽菜銀壹萬陸千陸百貳拾玖兩貳錢柒分貳厘零，應令該督查照第十一案指駁情節，即行照數删除，著追歸款。臣等未敢擅便，謹題請旨。

乾隆伍拾貳年拾貳月初肆日。

御前大臣、經筵講官、太子太保、議政大臣、領侍衛内大臣、文華殿大學士、文淵閣提舉閣事、管理吏部户部三庫、理藩院事務、總理圓明園内事務大臣、總管内務府大臣管理上駟院武備院事務、總管圓明園八旗包衣三旗官兵、管理健鋭營事務、正白旗滿洲都統、步軍統領、世襲一等男臣和珅，【注三】經筵講官、議政大臣、户部尚書、鑲藍旗漢軍都統臣綽克托，經筵講官尚書臣董誥，左侍郎、鑲白旗滿洲副都統、革職留任臣諾穆親，左侍郎兼管順天府尹事務、世襲一等輕車都尉臣蔣賜棨，郎中臣良柱，郎中臣固崇阿，員外郎中臣哈

達納，主事臣素魯，主事臣成書，主事臣朱受，主事臣胡文銓，額外主事臣圖明阿，額外主事臣丁堦，額外主事臣楊彦青，司務臣三多。

【注一】此處闕二行。

【注二】此處闕一行。

【注三】銜名："御前大臣經筵講官太子太保議政大臣領侍衛内大臣文華殿大學士文淵閣提舉閣事管理吏部户部三庫理藩院事務總理圓明園内事務大臣總管内務府大臣管理上駟院武備院事務總管圓明園八旗包衣三旗官兵管理健鋭營事務正白旗滿洲都統步軍統領世襲一等男臣和珅。"

【《明清檔案》A250—99，B141425—B141431】

署陝甘總督管甘肅巡撫事勒保題請委署縣官

乾隆五十二年十二月十日

題。

正月二十日。

五十三年正月□□□□。

□□【注】

該部議奏。

暫署陝甘總督管甘肅巡撫事兼理茶馬、山西巡撫臣勒保謹題：爲詳請題署縣令事。

據甘肅布政使司布政使福寧、按察使司按察使姚頤會詳稱，竊查新補會寧縣知縣舒德彰，因患脹滿病症身故，現在據報，轉詳請題，其所遺會寧縣員缺，係衝、難貳項中缺，應歸部選。第甘省現有候補人員，例得遇缺請補。兹本司等查有候補知縣石德麟，現年肆拾捌歲，係順天府通州人，由乾隆叁拾伍年舉人，于肆拾陸年會試榜後，挑選壹等引見，奉旨發往各省，以知縣試用。簽掣甘肅，于是年柒月拾貳日到甘，歷署中衛、岷州、靖遠、金縣各印務。于伍拾年正月内題署鎮原縣知縣，捌月初貳日接准部覆，即于拾捌日卸金縣事，未及到鎮原縣任，旋于拾月内接奉部文，因金縣任内違例濫派里甲雇覓車輛，致陳惠扎傷、趙開虎身死壹案，例議降壹級調用。因承緝逃兵革職留任之員，無級可降，應行革任。奉旨："石德麟，著該督出具考語，送部引見，再降諭旨。欽此。"于伍拾壹年玖月内請咨赴部，伍拾貳年貳月初捌日吏部帶領引見，奉旨："石德麟，著發往甘肅，仍以知縣用。其降級之案，帶于新任。欽此。"于伍拾貳年伍月拾陸日到甘。該員年力强盛，辦事奮勉，以之請署會寧縣知縣，堪以勝任。照例試看，期滿另請實授。係奉旨發甘以知縣補用之員，今請署知縣，銜缺相當，毋庸送部引見。

再，該員有一件清查等事：署岷州任内，應造接收前州富昌交代遲延壹案，罰俸壹年。又一件奏銷等事：署中衛縣任内，接徵叁拾玖年地丁起運銀糧壹年限滿未完壹案，罰俸壹年。又一件請旨等事，中衛縣改撥各營馬草，并未隨時請改，以致未經附入彙題壹案，罰俸壹年。又一件奏銷等事，署岷州任内，接徵肆拾柒年地丁錢糧未完壹案，罰俸壹年。又一件清查等事，署靖遠縣任内，接收前縣馬體咸交代遲延壹案，罰俸壹年。又一件酌撥等事，靖遠縣奉估靖遠等營，肆拾玖年兵馬糧料估撥册造錯誤壹案，罰俸叁個月。又一件清查等事，署金縣任内，接收前縣涂躍龍交代遲延壹案，罰俸壹年。又一件稟報等事，接遞人犯謝爾訓脱逃壹案，罰俸壹年。又一件遵旨等事，署靖遠縣任内，乾隆肆拾捌年額徵耗羨銀糧未完壹案，罰俸壹年。又一件報明等事，署金縣任内，因軍犯徐二等在配同逃被獲壹案，罰俸叁個月。又一件奏銷等事，署靖遠縣任内，接徵肆拾捌年地丁錢糧未完壹案，罰俸壹年。又一件清查等事，署金縣任内，接收交代造册舛錯壹案，罰俸叁個月。又一件清查等事，署金縣文楠接收交代造報遲延壹案，罰俸壹年。又一件遵旨等事，軍機處自浙江石門鎮發交庫倫報匣誤遞至吐魯番壹案，降壹級留任。又一件知照事，署金縣任内，于應用車輛輒令里甲領價雇覓，致釀人命，照例降壹級，帶于新任壹案。相應聲明，會詳呈請核題。等情。呈詳列臣。

該臣查得，新補會寧縣知縣舒德彰病故，除另疏題報外，所遺員缺，係衝、難貳項中缺，應歸部選第。甘省現有候補人員，例得遇缺請補。兹據甘肅布政使福寧、按察使姚頤會詳稱，查有候補知縣石德麟，現年肆拾捌歲，係順天府通州舉人，于肆拾陸年會試榜後，挑選壹等引見，奉旨發往各省，以知縣試用。簽掣甘肅，于是年柒月拾貳日到甘，歷署中衛、岷州、靖遠、金縣印務，于伍拾年正月内題署鎮原縣知縣，捌月初貳日接准部覆。未及到任，旋于拾月内接奉部文，因金縣任内違例濫派里甲雇覓車輛，致陳惠扎傷、趙開虎身死壹案，降壹級調用。因係承緝逃兵不力革職留任之員，無級可降，應行革任。奉旨："石德麟，著該督出具考語，送部引見，再降諭旨。欽此。"于伍拾壹年玖月内請咨赴部，伍拾貳年貳月初捌日吏部帶領引見，奉旨："石德麟，著發往甘肅，仍以知縣用。其降級之案，帶于新任。欽此。"于伍拾貳年伍月拾陸日到甘。該員年力强盛，辦事奮勉，以之請署會寧縣知縣，堪以勝任。照例試看，期滿另請實授。再，該員係奉旨發甘以知縣補用之員，今請署知縣，銜缺相當，毋庸送部引見。等情。會詳請題前來。

臣查石德麟，年力强盛，辦事勤奮，以之請署會寧縣知縣，堪以勝任。相應具題，伏祈皇上睿鑒，敕部議覆施行。再，該員有一件清查等事，署岷州任内，應造接收前州富昌交代遲延壹案，罰俸壹年。又一件奏銷等事，署中衛經任内，接任叁拾玖年地丁起運銀糧壹年限滿未完壹案，罰俸壹年。又一件請旨等事，中衛縣改撥各營馬草，并未隨時請改，以致未經附入彙題壹案罰俸壹年。又一件奏銷等事，署岷州任内，接徵肆拾柒年地丁錢糧未完壹案，罰俸壹年。又一件清查等事，署靖遠縣任内，接收前縣馬體咸交代遲延壹案，罰俸壹年。又一件酌撥等事，靖遠縣任内，奉估靖遠等營肆拾玖年兵

馬糧料估撥册造錯誤壹案，罰俸叁個月。又一件清查等事，署金縣任内，接收前縣涂躍龍交代遲延壹案，罰俸壹年。又一件稟報等事，署金縣任内，接遞人犯謝爾訓脱逃壹案，罰俸壹年。又一件遵旨等事，署靖遠縣任内，乾隆肆拾捌年額徵耗羨銀糧未完壹案，罰俸壹年。又一件報明等事，署金縣任内，軍犯徐二等在配同逃被獲壹案，罰俸叁個月。又一件奏銷等事，署靖遠縣任内，接徵肆拾捌年地丁錢糧未完壹案，罰俸壹年。又一件清查等事，署金縣任内，接收交代造册舛錯壹案，罰俸叁個月。又一件清查等事，署金縣文楠接收交代造報遲延壹案，罰俸壹年。又一件遵旨等事，軍機處自浙江石門鎮發交庫倫報匣誤遞至吐魯番壹案，降壹級留任。又一件知照事，署金縣任内，于應用車輛，輒令里甲領價雇覓，致釀人命，照例降壹級，帶于新任壹案，合并陳明。謹題請旨。

乾隆伍拾貳年拾貳月初十日。

暫署陝甘總督管甘肅巡撫事兼理茶馬、山西巡撫臣勒保。

【貼黄】

暫署陝甘總督管甘肅巡撫事兼理茶馬、山西巡撫臣勒保謹題：爲詳請等事。

該臣查得，會寧縣知縣舒德彰病故，除另疏題報外，所遺員缺，係衝、難貳項中缺，應歸部選。第甘省現有候補人員，例得遇缺請補。兹據甘肅布政使福寧等會詳稱，查有候補知縣石德麟，現年肆拾捌歲，係順天府通州舉人，于肆拾陸年會試後挑選壹等，奉旨以知縣試用。簽掣甘肅，于是年到甘，歷署中衛、岷州、靖遠、金縣各印務，于伍拾年正月内題署鎮原縣知縣。按准部覆，未及到任，旋接部文，因金縣任内違例濫派里甲雇覓車輛，致陳惠扎傷、趙開虎身死壹案，降壹級調用。因係承緝逃兵不力，革職留任之員，無級可降，應行革任。奉旨："石德麟，著該督出具考語，送部引見。"于伍拾貳年貳月初捌日引見。奉旨："石德麟，著發往甘肅，仍以知縣用。其降級之案，帶于新任。欽此。”于伍月拾陸日到甘。該員年力强盛，辦事奮勉，以之請署會寧縣知縣，堪以勝任，照例試看，期滿另請實授。等情。會詳請題前來。臣查石德麟，年力强盛，辦事勤奮，以之請署會寧縣知縣，堪以勝任，謹題請旨。

【注】此二字以墨筆書寫，與題本格式不合，當係後人所加。

【《明清檔案》A251—9，B141529—B141535】

署陝甘總督管甘肅巡撫事勒保題請寧夏等縣支駐防官兵操演槍炮用銀作正開銷

乾隆五十二年十二月二十日

題。

單。

正月二十日。

五十三年三月初八日下工、户、兵。

部議奏。

暫署陝甘總督管甘肅巡撫事兼理茶馬、山西巡撫臣勒保謹題：爲遵旨等事。

據甘肅布政使司布政使福寧詳，蒙署理陝甘總督部堂慶桂案驗，乾隆伍拾壹年正月貳拾貳日，准工部咨，虞衡司案呈，准兵部咨稱，據寧夏將軍嵩春奏稱，查嚮來寧夏兵丁操演鳥槍，春秋貳季共演玖拾日。續于乾隆肆拾肆年由部頒發新刊《則例》，内開：捌旗漢軍及驍騎營鳥槍于每年秋季自捌月拾陸日起，操演貳拾日。等因。經原任將軍莽古賚咨請部示，奉准部覆，遵照新例，于秋季操演貳拾日。等因。查寧夏地方，係邊疆要地，一應技藝，俱宜精鋭。至鳥槍係行軍利器，更宜操演熟習，方能有益。請嗣後寧夏鳥槍兵丁仍遵照舊例，于每年春季自貳月拾陸日起，秋季自捌月拾陸日起，每季

共操演肆拾伍日，由地方官關領玖拾日火藥、鉛丸等物應用。如此則操演日期既多，亦可多加學習。等因。具奏前來。奉旨：“交臣等查議具奏。欽此。”臣等覆查，各省駐防兵丁操演，各按地方形勢，擬定日期，久經遵行在案。其寧夏舊例，每年操演玖拾日。内演連環陸拾日，每出用火藥壹錢。演標準叁拾日，每出用火藥叁錢，鉛子叁錢肆分。此嚮來遵行成例。自肆拾肆年，原任將軍莽古賚以《則例》内所開在京捌旗漢軍及驍騎營操演之例，請示兵部。兵部未經詳查，即覆令遵照辦理。隨至歷年以來，俱改用貳拾日。内拾柒日操連環，每出用火藥貳錢。叁日演標準，每出用火藥貳錢，鉛子叁錢肆分。今該將軍嵩春以操演日期過少，請仍照舊例辦理。等語。

臣等伏思操演技藝，固貴精純，而鉛藥開銷，尤宜核實。查寧夏同省之凉州、莊浪駐防兵丁，每年均係操演捌拾日。内操演小進步肆拾捌日，大連環拾陸日，每出均用火藥陸分。演標準拾陸日，每出用火藥貳錢肆分，鉛子叁錢肆分。此貳處與寧夏同在一省，而火藥多寡不同，已應酌改。今該將軍奏請由地方官關領玖拾日火藥、鉛丸，是于嚮來演放空槍日期，亦照依演放標準一例支給鉛藥，更未允協。請將寧夏駐防操演之例，即照凉州、莊浪駐防之例，每年春秋貳季共定期捌拾日，小進步、大連環每出准給火藥陸分，標準每出准給火藥貳錢肆分，鉛丸叁錢肆分。如此則操演既可純熟，而鉛藥亦不致糜費矣。所有從前不行詳查，率行覆准之兵部尚司各官，應查明交部議處。至該將軍于動用鉛藥數目未能分晰聲明，亦屬不合，應一并請旨，交部查議。是否有當，伏候訓示遵行。等因。乾隆伍拾年拾壹月初柒日奏，本日奉旨：“依議。欽此。”抄録原奏咨部前來，相應移咨該將軍，查照兵部原奏辦理，并知照陝甘總督可也。等因。

又一件題明事。乾隆伍拾壹年捌月貳拾柒日，蒙總督陝甘部堂部勇侯福康安案驗，乾隆伍拾壹年捌月貳拾壹日，准工部咨，虞衡司案呈，工科抄出陝甘總督福康安題前事。等因。乾隆伍拾壹年肆月拾陸日題，伍月貳拾捌日奉旨："該部察核具奏。欽此欽遵。"于本日抄出到部。

該臣等查得，陝督福康安疏稱：寧夏、寧朔貳縣供支駐防寧夏滿兵操演槍炮所需藥鉛等項，遵照部議定價辦理，其用過銀兩在于司庫建曠銀内動支造銷。等因。轉飭遵照在案。兹據甘肅布政使福寧詳稱，查寧夏縣册造辦供火藥陸百玖拾貳斤拾叁兩，每斤價銀陸分陸厘，共用銀肆拾伍兩柒錢貳分陸厘。烘藥柒斤壹兩柒錢柒分伍厘，每斤價銀陸分陸厘，共用銀肆錢陸分玖厘。鐵子伍拾叁斤柒兩，每斤價銀壹分陸厘，共用銀捌錢伍分伍厘。火繩伍百貳拾捌丈伍尺貳寸伍分，每丈價銀貳分，共用銀拾兩伍錢柒分壹厘。鉛子陸拾玖斤捌兩肆錢，每斤價銀叁分伍厘，共用銀貳兩肆錢叁分叁厘。以上通共用過工料銀陸拾兩伍分肆厘。寧朔縣册造辦供火藥陸百玖拾貳斤拾叁兩，每斤價銀陸分陸厘，共用銀肆拾伍兩柒錢貳分陸厘。烘藥柒斤壹兩柒錢柒分伍厘，每斤價銀陸分陸厘，共用銀肆錢陸分玖厘。鐵子伍拾叁斤柒兩，每斤價銀壹分陸厘，共用銀捌錢伍分伍厘。火繩伍百貳拾捌丈伍尺貳寸伍分，每丈價銀貳分，共用銀拾兩伍錢柒分壹厘。鉛子陸拾玖斤捌兩肆錢，每斤價銀叁分伍厘，共用銀貳兩肆錢叁分叁厘。以上通共用過工料銀陸拾兩伍分肆厘。查寧夏、寧朔貳縣辦供駐寧滿兵操演火烘藥鉛等項，通共墊用縣庫未領應需工料銀壹百貳拾兩壹錢捌厘。應俟各該縣請領至日，在于司庫存貯伍拾年建曠銀内動支，作正開銷。等情。臣覆核無异。除册結送部，臣謹具題。等因。前來。

查甘肅省寧夏、寧朔貳縣供支駐防寧夏滿兵乾隆伍拾年分操演槍炮應需火藥等項，共用過工料銀壹百貳拾兩壹錢捌厘。據該督造册題銷，臣部按册查核，與該省每年准銷之例相符，應准開銷可也。等因。乾隆伍拾壹年柒月貳拾柒日題，本月叁拾日奉旨："依議。欽此。"爲此合咨前去，欽遵查照施行。等因。俱行到院行司。

蒙此，該甘肅布政使福寧查得，寧夏、寧朔貳縣每年供支駐寧滿營官兵操

演槍炮應需鉛藥、火繩，前奉部議，照依定價，在于司庫建曠銀内動支，按年造銷在案。玆準寧夏道福永移，據寧夏府知府隆興詳，據寧夏縣知縣王耕、寧朔縣知縣白久潤，各將乾隆伍拾壹年分供支駐寧滿兵操演槍炮，遵照大部議定，照依凉莊之例，春秋貳季共定期捌拾日，用過藥鉛等項銀兩造册請銷。并稱鉛子一項，嚮來甘省别無産鉛處所，每斤備正價銀陸分，自措盤費，在于安西州購買，每斤開銷銀叁分伍厘之處，係遵照乾隆玖年奉准大部駁減案内，每斤減定銀叁分伍厘之數造銷。不敷銀貳分伍厘，并脚價銀兩，係卑縣等歷年賠墊辦供，今實因賠墊維艱，可否准其作正開銷之處？祈請核示，以免賠累之苦。等情。由府道依次加結，轉移前來，按册核算，俱屬相符。

至各該縣册登，嚮來供支駐寧滿兵應需銷叁鉛斤，前因甘省别無産鉛處所，每斤備正價銀陸分，自措盤費，在于安西州舊貯鉛内購買。其用過正價銀兩，係乾隆玖年奉大部飭駁，在于委難删減之中，每年以叁分伍厘删減造銷在案。至每斤不敷正價銀貳分伍厘，脚價盤費銀伍分肆厘，俱係該貳縣在于養廉銀内賠墊辦理，并非以叁分伍厘購買。等情。本司細加確核，俱屬實在情形。其每鉛壹斤需正價銀陸分之處，係奏明官定之價，該貳縣册登價值并無浮冒。至應需運脚并差役盤費銀兩，俱係按照口内、口外定例挽運。其差役盤費，係該貳縣朋價順道購買，按程核算，亦屬有減無浮。應請俯如該貳縣所請，嗣後應需鉛斤，准其俱赴肅州分貯采獲普城山鉛内購買，每斤應需正價銀陸分，運脚差役盤費銀伍分肆厘，每斤正價連運脚價共銀壹錢壹分肆厘。自伍拾貳年爲始，赴司按年請領造銷。至乾隆伍拾壹年，寧夏、寧朔貳縣共墊用過縣庫未領工料銀叁百壹拾肆兩伍錢陸厘，應俟請領至日，在于司庫存貯乾隆伍拾壹年建曠銀内動支作正開銷。所有造到奏銷册結，相應詳賫鑒核具題。等情。到臣。

據此，該臣看得，寧夏、寧朔貳縣供支駐防寧夏滿兵操演槍炮藥鉛等項，經部議定，照依凉莊之例，春秋貳季俱定期捌拾日辦理。其用過各項銀

兩，准在于司庫存貯伍拾壹年建曠銀内動支造銷。等因。轉飭遵照辦理在案。兹據甘肅布政使福寧詳稱，查寧夏縣册造辦供火藥壹千叁百捌拾肆斤貳錢，每斤價銀陸分陸厘，共用銀玖拾壹兩叁錢肆分肆厘捌毫。烘藥捌拾柒斤肆錢玖分伍厘，每斤價銀陸分陸厘，共用銀伍兩柒錢肆分肆厘。火繩貳千肆百玖拾伍丈柒尺貳寸伍分，每丈價銀貳分，共用銀肆拾玖兩玖錢壹分肆厘伍毫。銷叁鉛子貳百陸拾捌斤陸兩捌錢，每斤價銀叁分伍厘，共用銀玖兩叁錢玖分肆厘玖毫。銷叁鐵子伍拾叁斤柒兩，每斤價錢壹分陸厘，共用銀捌錢伍分伍厘。以上寧夏縣共用過銀壹百伍拾柒兩貳錢伍分叁厘。寧朔縣册造辦供火藥壹千叁百捌拾肆斤貳錢，每斤價銀陸分陸厘，共用銀玖拾壹兩叁錢肆分肆厘捌毫。烘藥捌拾柒斤肆錢玖分伍厘，每斤價銀陸分陸厘，共用銀伍兩柒錢肆分肆厘。火繩貳千肆百玖拾伍丈柒尺貳寸伍分，每丈價銀貳分，共用過銀肆拾玖兩玖錢壹分肆厘伍毫。銷叁鉛子貳百陸拾捌斤陸兩捌錢，每斤價銀叁分伍厘，共用銀玖兩叁錢玖分肆厘玖毫。銷叁鐵子伍拾叁斤柒兩，每斤價銀壹分陸厘，共用銀捌錢伍分伍厘。以上寧朔縣共用過工料銀壹百伍拾柒兩貳錢伍分叁厘。貳共寧夏、寧朔貳縣乾隆伍拾壹年壹歲辦供駐寧滿營官兵操演槍炮應需火、烘貳藥，并銷叁鉛子、鐵子等項，共墊用縣庫未領工料銀叁百壹拾肆兩伍錢陸厘。按册核算，俱屬相符。

至各該縣册登嚮來供支駐寧滿兵應需銷叁鉛斤，前因甘省别無産鉛之處，每斤備正價銀陸分，自措盤費，在于安西州舊貯鉛内購買。其用過正價銀兩係乾隆玖年准部飭駁，在于委難删減之中，每年以叁分伍厘删減造銷在案。所有每斤不敷正價銀貳分伍厘，脚價盤費銀伍分肆厘，俱係該貳縣在于養廉内墊賠辦理，并非以叁分伍厘購買。該司確核，俱係實在情形。查每鉛壹斤需正價銀陸分，係奏明官定之價，該貳縣册造并無浮冒，而應需運脚并差役盤費，俱按照口内、口外定例挽運，亦屬有减無浮。應請俯如所請，嗣後應需鉛斤，准其俱赴肅州分貯采獲普城山鉛内購買，每斤應需正價銀陸分，運脚差役盤費銀伍分肆厘，共銀壹錢壹分肆厘。自伍拾貳年爲始，赴司按年請領造銷。其乾隆伍拾壹年，該貳縣共墊用過縣庫未領工料銀叁百壹拾肆兩伍錢陸厘，應俟各該縣請領至日，在于司庫存貯伍拾壹年建曠銀内動支作正開銷。等情。造具册結，呈賫請題前來，臣覆核無异。除册結送部外，臣謹具題，伏祈皇上睿鑒，敕部核覆施行。爲此具本，謹題請旨。

乾隆伍拾貳年拾貳月貳拾日。

暫署陝甘總督管甘肅巡撫事兼理茶馬、山西巡撫臣勒保。

【貼黄】

暫署陝甘總督管甘肅巡撫事兼理茶馬、山西巡撫臣勒保謹題：爲遵旨等事。

該臣看得，寧夏、寧朔貳縣供支駐防寧夏滿兵操演槍炮藥鉛等項，經部議定，照依凉莊之例，春秋貳季俱定期捌拾日辦理。其用過各項銀兩，准在于司庫建曠銀内動支造銷。等因。轉飭遵照辦理在案。兹據甘肅布政使福寧詳稱，寧夏、寧朔貳縣，乾隆伍拾壹年分辦供駐寧滿營官兵操演槍炮，應需火、烘貳藥，并銷叁鉛子、鐵子等項，共墊用過縣庫未領工料銀叁百壹拾肆兩伍錢陸厘，應請在于司庫存貯伍拾壹年建曠銀内動支，作正開銷。等情。造具册結，呈賫請題前來，臣覆核無异。除册結送部外，臣謹具題請旨。

【《明清檔案》A251—70，B141823—B141831】

乾隆五十三年（1788）

陝甘總督勒保奏請張利溥升補金縣知縣事

乾隆五十三年正月二十二日

暫署陝甘總督、山西巡撫臣勒保跪奏：爲衝途縣缺，需人揀員，奏懇聖恩俯准升補，以重地方事。

竊照金縣知縣田登因廢弛驛務，經臣參奏革職，所遺員缺係衝、繁、疲兼三要缺，例應揀員調補。臣與藩臬兩司在于通省知縣内詳加遴選，實無合例堪調之員。伏查乾隆四十二年，欽奉上諭："各省州同理問等官内，或有才猷出衆者，在該省閲歷年多，若令借補知縣，于地方公務似有裨益。嗣後此等人員，如才具果優，堪膺民社，而人地實在必需者，准據實聲叙，專摺奏請，候朕酌量降旨。欽此欽遵。"在案。

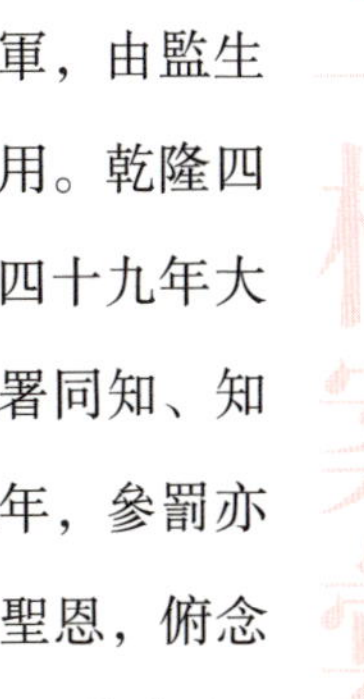

兹查有寧夏府屬花馬池州同張利溥，年三十八歲，鑲黄旗漢軍，由監生充補清字經館翻譯官。承辦秘密經告成，經本館保奏，以州同即用。乾隆四十六年，選授今職，于十二月十三日到任。乾隆五十五年，補行四十九年大計，總督臣福康安保薦卓异在案。該員年壯才明，辦事勤勉，歷署同知、知縣等缺，現在委署平番縣知縣，辦理均無貽誤。本任歷俸已滿五年，參罰亦在十案以内。若以之升補金縣知縣，洵堪勝任。謹遵例專摺奏懇聖恩，俯念金縣員缺緊要，准以該員張利溥升補，于衝途地方，實有裨益。如蒙俞允，容臣給咨該員送部引見，恭候欽定。所有該員參罰案件，謹另繕清單，恭呈御覽，伏乞皇上睿鑒。

再，花馬池州同遺缺，應歸部選，但甘省現有試用人員，另容揀選咨補，合并陳明。謹奏。

乾隆五十三年正月二十二日。

該部議奏。

【《宫中檔乾隆朝奏摺》第67輯，第120頁】

陜甘總督勒保奏報武員查獲匪賊匯奏交部議叙事

乾隆五十三年正月二十七日

暫署陜甘總督、山西巡撫臣勒保跪奏：爲雪澤優沾，農田兆稔，恭摺奏聞，仰祈睿鑒事。

竊照甘省地方，山高土燥，全賴冬春雪澤，優沾地脉，得資沃潤。自上年入冬以後，據河東、河西各屬稟報，得雪優渥。十二月二十、二十一兩日，省城復得透雪，節經臣恭摺奏聞在案。嗣據蘭州、鞏昌、平凉、慶陽、凉州、西寧、甘州、寧夏等府，暨涇州、秦州、階州、肅州各直隸州所屬具報，于十二月十五、十七、十九、二十、二十一二八九日，及本年正月十一二八九等日，各得雪二寸至三四五寸不等。兹蘭州省城復于正月二十六日子刻起至申刻止，密雪繽紛，隨融隨積，差查四鄉高原下隰一律均沾。計省城一帶又得雪五寸，現在同雲密布，雪勢甚寬，附近各屬，諒必同沾渥澤。際此驚蟄届期，土膏萌動，得此透雪，消融入土，冬麥既賴滋培，春耕亦資潤澤，農民實爲忻忭。日來市糧充足，價亦平减，腹地邊關，均極寧謐。理合恭摺由驛具奏，仰慰聖懷，伏祈皇上睿鑒。謹奏。

乾隆五十三年正月二十七日。

欣慰覽之。

【《宫中檔乾隆朝奏摺》第 67 輯，第 164 頁】

陝甘總督勒保奏報查閱過甘肅東部營伍事

乾隆五十三年二月二十二日

暫署陝甘總督、山西巡撫臣勒保跪奏：爲查閱過省東各標協營伍情形，恭摺奏聞事。

竊臣于本月初六日起程，前赴静寧、固原一帶查閱營伍，當將起程日期，恭摺奏明在案。嗣自省啓行，順途查閱安定、會寧、隆德、平凉、涇州、慶陽及馬營監、石峰堡、底店子各營，暨静寧一協，并固原提標五營、城守一營，通行較閲，旋由鹽茶、靖遠一路回省，復查閲靖遠一協，并西安州、鹽茶、李旺堡各營弁兵。所有各該標協營旗幟、甲械俱鮮明鋭利，馬匹亦膘壯足額。試以馬步各箭及馬上技藝，藤牌、對刀各技，俱合式可觀。演試九進連環陣式，起止齊截，進退便利。施放過堂九子并排槍等項，亦屬聯絡便捷，中靶者十居七八。臣擇其材壯技嫺者，當場優加獎賞，間有槍箭中靶較少，或技藝生疏之兵，面加訓勵，并分别斥降，仍飭交該管將弁，勒限練習，以期盡臻純熟。至各該協、營將備等官，馬、步、箭，俱精熟穩當，堪資訓練。臣復與提臣哈當阿將欽頒行軍紀律剴切宣諭，并諄飭該將備等務各認真上緊教演，毋致始勤終怠，以仰副聖主整飭戎行、捍衛邊陲之至意。所有臣查閱過省東各標協營伍情形，理合恭摺奏聞，伏祈皇上睿鑒。謹奏。

乾隆五十三年二月二十二日。

知道了。

【《宫中檔乾隆朝奏摺》第 67 輯，第 392 頁】

陕甘總督勒保奏報查閱河西營伍事

乾隆五十三年三月初八日

暫署陝甘總督、山西巡撫臣勒保跪奏：爲起程查閱河西標協營伍，恭摺奏聞事。

竊臣自去秋來甘署理督篆，先後查閱過省標及河州、西寧、固原各提鎮所屬官弁、兵丁，節經臣恭摺奏蒙聖鑒，其河西之甘、凉、肅一路營伍尚未查閱。兹臣于三月初八日自省起程，順途前赴凉州、甘州、肅州等處次第較閱。各該提鎮標協官兵，計往還不過三十餘日，即可旋省辦理武職軍政及奏銷錢糧，并勘審秋讞等事，均無遲誤。除俟查閱完竣，另行具奏外，所有臣起程查閱營伍日期，理合恭摺奏聞，伏祈皇上睿鑒。謹奏。

乾隆五十三年三月初八日。

知道了。

【《宫中檔乾隆朝奏摺》第 67 輯，第 505 頁】

陝甘總督勒保奏報查閱營伍所見地方情形事

乾隆五十三年四月十二日

暫署陝甘總督、山西巡撫臣勒保跪奏：爲奏聞事。

竊臣前赴涼州、甘州、肅州一帶查閱營伍，業將閲過各該標協情形奏陳聖鑒。臣往返途次，留心察看，緣時届穀雨，該處河西各屬，嚮來不種冬麥。自上臘新正，連沾透雪，春暖消融，地脉頗屬滋潤。所種夏禾，早者已滋長三四寸，遲者亦俱青葱出土，正需時雨接濟。旋于三月二十七八及四月初五、六等日，涼州、甘州、肅州、安西州所屬，各得密雨二、三、四寸不等，沿途禾苗益加暢茂。詢之鄉農，僉稱河西地氣較寒，向年得雨，每比河東稍遲，本年甘膏頗早，尤爲應時渥澤，農情忭慶，載道歡呼。并于途次連接河西之西寧、寧夏，暨河東之蘭州、鞏昌、平涼、慶陽各府，及階州、秦州、涇州各所屬具報，于三月二十四五八九，并四月初五六等日，各得雨自三四五寸至深透不等，冬麥夏禾，倍增暢茂。等情。臣查春末夏初，農田正資膏雨，今各屬一律普沾，夏收大局可定。臣所過各處，市賣糧石，頗爲充裕，價值亦日就平減，閭閻黎庶及回民、番族，俱各安居樂業。途次每有番族土司前來迎接，臣令其進見，諭以聖朝威德，爾等尤當感仰高厚深恩，恪守世職，約束户衆，各安生計。該土司等均歡欣悦服，倍深敬畏。現在地方寧謐，民氣安恬，洵堪仰慰聖懷。所有臣經過各屬及通省普得時雨情形，理合恭摺奏聞，伏祈皇上睿鑒。謹奏。

乾隆五十三年四月十二日。

欣慰覽之。

【《宮中檔乾隆朝奏摺》第 67 輯，第 794 頁】

暫署陝甘總督山西巡撫勒保奏聞通省各屬膏雨連沾田禾暢發摺

乾隆朝五十三年四月二十八日

暫署陝甘總督、山西巡撫臣勒保跪奏：爲膏雨連沾，田禾暢發，恭摺奏聞事。

竊照本年三月下旬及四月初四五等日，蘭州省城暨河東、河西各屬普得澍雨及田禾滋長情形，業經臣查明，奏陳聖鑒在案。茲陸續接據蘭州、鞏昌、平涼、西寧、甘州、凉州、寧夏、慶陽等府，及涇州、秦州、階州、肅州等直隸州各所屬呈報，又自四月初十、十一、十五、十九、二十一等日，各得雨自二三四寸至深透不等。并據聲稱，本年自入春以後，雪澤連沾，地土滋潤，嗣于春末夏初，又普得時雨，冬麥、夏禾俱各長發。茲復續沾渥澤，田禾愈增暢茂。至寧夏一帶，所有大清、惠農及漢、唐等渠，皆疏浚深通，堤岸堅固，渠水現俱暢流，農田灌溉敷足，各處糧價平減，民情歡悦，地方寧謐。各等因。前來。理合恭摺奏聞，仰慰聖懷，伏祈皇上睿鑒。謹奏。

乾隆五十三年四月二十八日。

欣慰覽之。

【《宮中檔乾隆朝奏摺》第 68 輯，第 120 頁】

署陝甘總督管甘肅巡撫事勒保題報署縣丁憂

乾隆五十三年五月十日

題。

五月二十七日。

五十三年十月十六。

吏部知道。

暫署陝甘總督管甘肅巡撫事兼理茶馬、山西巡撫臣勒保謹題：爲呈報丁憂事。

據甘肅布政使司布政使福寧詳，據署平番縣知縣事、花馬池州同張利溥申稱，竊卑職現年叁拾捌歲，係鑲黄旗内務府包衣漢軍巴寧阿佐領下監生，充清字經館翻譯官，承辦秘密經告成，經本館保奏，以州同即用。乾隆肆拾陸年捌月，選授花馬池州同，拾貳月拾叁日到任。前于乾隆伍拾年貳月補行肆拾玖年大計，蒙陝甘總督福部院保薦卓异，奉部議准，歷奉委署寧夏縣知縣、寧夏水利同知各印務。伍拾貳年拾月拾柒日，奉文委署平番縣知縣，即于拾捌日接印任事。今生母徐氏于伍拾叁年叁月拾陸日在平番任所病故，卑職實係親子，例應丁憂，并無過繼捏喪情弊，理合出具親供印結，申請轉報。等情。到司。

據此，該本司查得，署平番縣知縣事、花馬池州同張利溥，係已奏請升署金縣知縣之員。兹據申報，生母徐氏在任病故，例應丁憂，出具丁憂日期供結前來，相應詳請核題，并移咨鑲黄旗内務府，飭取該員母故日期、旗結，就近送部。至所遺金縣知縣員缺，係衝、疲、難叁項要缺，例應在外揀調。又，花馬池州同員缺應歸部選。前于奏升金縣案内，業已聲明留省選員請補，均容另詳，分别請補，合并聲明。等情。呈詳到臣。

該臣查得，現任知縣以上官員，遇有丁憂事故，例應題報。兹據甘肅布政使福寧詳稱，查署平番縣知縣事、花馬池州同張利溥，係已奏請升署金縣知縣之員。今申報生母徐氏于乾隆伍拾叁年叁月拾陸日在平番任所病故，例應丁憂，并具丁憂日期供結，呈請具題前來，臣覆查無异。除結送部科并將揭帖照例分送外，相應具題，伏祈皇上睿鑒，敕部查照施行。再，金縣知縣員缺，係衝、疲、難叁項要缺，例應在外揀調。又，花馬池州同員缺，應歸部選。前于奏升金縣案内，業已聲明留省選員請補，合并陳明。謹具題聞。

乾隆伍拾叁年伍月初拾日，暫署陝甘總督管甘肅巡撫事兼理茶馬、山西巡撫臣勒保。

【貼黄】

暫署陝甘總督管甘肅巡撫事兼理茶馬、山西巡撫臣勒保謹題：爲呈報丁憂事。

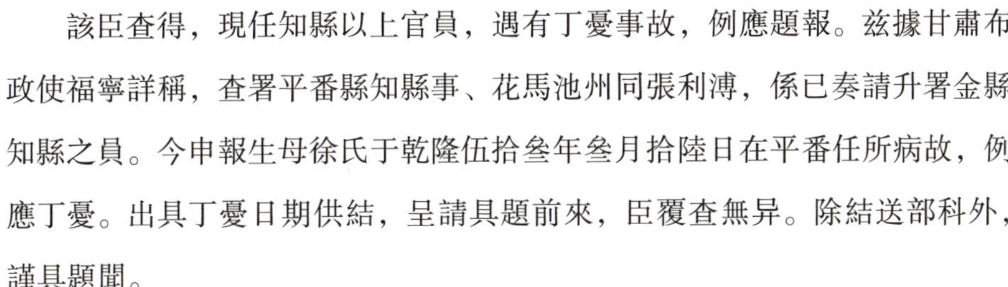

該臣查得，現任知縣以上官員，遇有丁憂事故，例應題報。兹據甘肅布政使福寧詳稱，查署平番縣知縣事、花馬池州同張利溥，係已奏請升署金縣知縣之員。今申報生母徐氏于乾隆伍拾叁年叁月拾陸日在平番任所病故，例應丁憂。出具丁憂日期供結，呈請具題前來，臣覆查無异。除結送部科外，謹具題聞。

【《明清檔案》A252—89，B142441—B142443】

暫署陝甘總督山西巡撫勒保奏報甘省各屬續得透雨情形摺

乾隆朝五十三年六月初十日

暫署陝甘總督、山西巡撫臣勒保跪奏：爲恭報續得透雨情形，仰慰聖懷事。

竊照甘省各屬地方，自本年春夏以來，連得普雨，夏秋二禾，俱各發榮滋長，節經臣查明，恭摺奏陳聖鑒在案。嗣自五月初旬以後，平凉、慶陽、寧夏、西寧等府，及秦州、階州、涇州、肅州、安西五直隸州，各據陸續具報，連次得雨四五寸及深透不等，夏禾可望豐收，秋禾亦俱暢發。惟蘭州府屬之皋蘭、金縣，鞏昌府屬之安定、會寧，暨凉州、甘州所屬之平番、古浪、武威、山丹、張掖等縣，雖亦頻獲甘霖，未能沾足。所有水田及近渠陰窪地畝，禾苗俱極暢茂，其陽坡高阜處所，不無稍形乾暵。臣隨率屬，虔誠步禱，旋于五月二十一日省城得雨二寸餘。又于三十日亥刻起至六月初一日辰刻止，得雨三寸。各屬據報得雨分寸，亦大約相仿，惟尚未透足。正在虔祈，兹復于初六日酉刻起，密雨淋漓，至初七日巳刻止，得雨深透。又于初八日寅刻起至午刻止，復得透雨。現據附省各屬紛紛禀報，同時得雨，一體沾足。際此待澤孔殷，連得甘膏渥沛，在先經受傷之夏禾，固得藉資接濟，而已種之秋田，高下均沾沛澤，西成可期豐稔，農情實爲歡忭。現在通省糧價中平，地方寧謐，均堪上慰慈懷。理合恭摺奏聞，伏祈皇上睿鑒。謹奏。

乾隆五十三年六月初十日。

欣慰覽之。

【《宫中檔乾隆朝奏摺》第 68 輯，第 479 頁】

暫署陝甘總督山西巡撫勒保奏請准以馮秉驥調補張掖縣知縣員缺摺

乾隆朝五十三年六月十四日

暫署陝甘總督、山西巡撫臣勒保跪奏：爲揀員請調要缺知縣，恭摺奏聞事。

竊照張掖縣知縣郭明德調補皋蘭縣知縣，遺缺係衝、繁、疲兼三要缺，先經臣以平羅縣知縣王世治奏請調補，接准部覆，以王世治任内有接徵錢糧未完降職一級一案，與例不符，行令督行揀員調補。等因。隨與藩臬兩司于通省現任知縣内詳加遴選，非本任亦係要缺，即人地未甚相宜。惟查有徽縣知縣馮秉驥，現年四十歲，順天副榜考補八旗教習，期滿引見，奉旨以知縣用。乾隆四十九年，揀發甘肅，于五十二年，題補今職。該員年壯才明，辦事勤幹，任内參罰，除已參未議之案例免，并計及已繳俸銀各案外，其餘罰俸係在十案以内。若以之調補張掖縣缺，實堪勝任。惟歷俸未滿三年，尚未實授，與調補之例稍有未符，但人地實在相需。合無仰懇聖恩，俯念張掖員缺緊要，准以該員馮秉驥調補，于地方實有裨益。如蒙俞允，該員係現任知縣請調知縣，銜缺相當，毋庸送部引見。其從前代辦涇州知州任内，有失察遣犯行凶，部議補官日降一級留任一案，照例帶于新任，仍俟扣限開復後，另請實授。臣謹繕具該員參罰清單，恭呈御覽，伏祈皇上睿鑒。再，徽縣係專難簡缺，應歸部選，但甘省現有試用人員，容臣另行揀員請補，合并陳明。謹奏。

乾隆五十三年六月十四日。

該部議奏。

【《宫中檔乾隆朝奏摺》第68輯，第536頁】

甘肅提督蘇靈奏報查閲過西寧寧夏營伍情形及回署日期摺

乾隆五十三年六月十八日

甘肅提督奴才蘇靈跪奏：爲查閲營伍情形，備陳睿鑒事。

竊奴才仰荷聖恩，補授甘肅提督，于去歲四月間到任後，即將本標五營及城守營官兵逐加驗看，弓馬尚稱熟習，槍箭分數均各合式。其内有年老技疏員弁，陸續移明督臣咨部斥革，即挑選合例員弁拔補。并將陣式不合之處，奴才親加指示，務須照依京營式樣演打，以歸核實。嗣前赴營馬廠并孳生牧廠查點馬匹事竣畢，即考察所屬一提四鎮，應入軍政舉劾官員，分别優劣，密移署督臣核辦後，即應親赴所屬鎮協各營，遍加巡閲。但本年春間署督臣勒保將甘州、凉州、肅州、永固等營官兵業經巡閲，奴才自應停止。

其西寧、寧夏兩鎮，例應奴才親往查閲。隨于四月初八日呈明兵部，輕騎減從，自甘起程，由扁都口草地一路繞赴西寧各營。看得鎮標五營及城守營，并所屬之大通協、巴燕戎格等八營官兵，弓馬均屬可觀，演打陣式，均屬齊截，進步連環，亦俱緊凑。鳥槍准頭，三十槍内中靶俱在二十一二槍至二十四五槍不等，應列爲優等。又，白塔、南川、永安、鎮海營、喇課、貴德、碾伯等七營官兵，一切技藝以及槍、箭分數，演打陣式，俱與鎮標相

仿，亦應列爲優等。其餘威遠、巴暖鎮、海堡、甘都堂、康家寨、乩思觀、扎什巴、北川、哈拉庫圖爾營、亦雜石、千户莊、老鴉、冰溝西、大通等十四營堡官兵，弓箭、槍炮、陣式雖屬合式，而陣式進退，尚欠齊整，應列爲次等。奴才逐營閲看將竣，于五月初五日行至老鴉堡，接到前懇聖恩陛見一摺。奉到硃批："已有旨了。欽此。"

又承准大學士公阿桂、大學士伯和珅字寄。乾隆五十三年四月初八日，奉上諭："據蘇靈奏請赴京陛見一摺。現在臺灣大功告竣，福康安不日凱旋，來京瞻覲，著傳諭蘇靈，且俟福康安回任後，再行來京陛見。將此諭令知之。欽此。"遵旨寄信前來。奴才跪讀之下，感悚無地，惟有謹遵諭旨，矢勤矢慎，勉竭駑駘。凡標屬營伍，倍加留心，實力操練，務成勁旅，以報鴻慈于萬一。

今奴才既已暫緩入都，自應前赴寧夏，詳細閲驗兵技。隨即道出平番，由松山營盤水一路繞赴寧夏。看得鎮標四營及城守、中衛、平羅、靈州、花馬池、横城等十營弓馬俱皆平正，准頭亦俱合式，陣式槍炮聯絡齊整，鳥槍准頭三十槍内中靶在二十三四槍不等，應列爲優等。其餘洪廣、玉泉、廣武、興武以及石空寺、安定、同心、毛卜喇、古水、香山、鎮朔、鎮北、威鎮、李綱、平羌、大壩、韋州、惠安、紅山、清水、臨河、紅寺、棗園共大小二十三營堡，陣式、槍炮、官兵技藝雖不及鎮標聯貫平正，而鳥槍中靶分數、弓箭准頭均尚合式足數，應列爲次等。

至奴才巡閲西寧、寧夏兩鎮六十二營堡之將備、千總等官内，有年力衰弱、弓馬平常之員，業已歸入軍政案内核辦外，惟把總、外委内尚有年老技疏之弁，奴才業經斥革，另行挑拔補額。其有弓馬欠練，而操防勞績尚堪造就者，當場責懲，勒限學習。所有弓馬出色之員弁兵丁，面加奬賞，移知該鎮記名，遇缺送驗。庫貯軍械，俱按册查驗，均屬完固。收槽放廠馬匹，逐加點驗，均各足數。仰蒙聖恩頒賜行軍紀律最爲緊要，奴才莅任後，即刊板分發各營，令官兵一律熟悉，明白講求，以期兵歸實用。此次奴才遍加巡閲各營，復又當場剖意講究，使人人共知大義。其西寧各營，番回雜處，寧夏沿邊，逼近蒙古，凡番、蒙、漢、回、撒拉人等道途叩接，奴才皆用好言撫諭，酌加獎賞，伊等歡聲盈耳，極其恭順。至西寧鎮臣雙喜，歷練邊情，寧夏鎮臣吉蘭泰，老成持重，奴才已諄囑其同心調劑、協力整頓，務期官兵强勇、營伍整齊，以仰副聖主整飭戎行之至意。

所有西寧、寧夏各營經過處所，自四五兩月雨水調勻，河渠水流疏通。現在秋禾青葱暢茂，二麥將已成實，將來西成，可期豐稔。其寧夏渠道自前歲修挑後，近俱堅固深流，民田澆灌滿足。所有甘、凉等處，雨水亦均調勻，田禾均屬暢茂。惟凉州府屬平番、古浪二縣所管之紅水、大靖一帶，五月内雖亦頻獲甘霖，尚未透足，渠田陰地禾苗仍俱暢發，其高阜山坡不無稍露乾暵。幸于六月初七八兩日叠得透雨，淋漓沾足，在受傷之夏禾，已可得資接濟，而所種秋田，益得發生芃茂，于秋成大有裨益。至沿途漢回人等，俱各寧謐。奴才巡閱事竣，于六月十六日回甘，謹將查閱過西寧、寧夏營伍各情形及回署日期，理合恭摺具奏，伏乞皇上睿鑒。謹奏。

乾隆五十三年六月十八日。

覽奏，俱悉。

【《宫中檔乾隆朝奏摺》第68輯，第583頁】

陝甘學政芮永肩奏報陝甘各屬鄉試情形摺

乾隆五十三年七月初一日

陝甘學政臣芮永肩跪奏：爲奏聞事。

竊臣于上年十一月考試榆林時，謹將試過之甘省平凉、慶陽，及陝北之鄜州、延安、綏德、榆林六處考校情形，業經奏明在案。隨于十一月底，接考甘省之寧夏府。今歲正月，由寧夏順路挨考凉州、甘州、肅州、安西、西寧、蘭州、鞏昌等處，其新疆之鎮西府、迪化州，遵照舊例，于考試肅州前封題，由驛遞寄該處都統及該府知府，扃試送卷閱取，俱已試竣。查考過各處，蘭州地居省會，爲人文薈萃之區，文風較勝。寧夏、凉州、鞏昌次之，甘州、肅州、安西、西寧間有佳卷，而詞氣率多膚弱。鎮西、迪化卷數較上届考試加多文藝，亦頗可觀。統核邊郡士習，大半耕讀相兼，質樸安静，場規極爲整肅。臣于發落時，敬宣皇上聖訓，士子當整飭習尚，學行務實，以仰副教養深仁。等語。生童等俱知感激奮興。

臣于四月二十四、二十六等日，承准禮部札開湖南學政臣錢澧條奏科場關節情弊，又廣西道監察御史臣施朝幹奏明拔貢防範事宜，叠奉諭旨："通飭各省學政。"行知到臣。臣跪讀聖訓，仰見皇上剔弊崇實、整勵士習之至意。臣當即敬録上諭，并將湖南學政臣錢澧、廣西道御史臣施朝幹所奏摺稿全行刊刻，榜示通衢，隨于按臨各府考試之前，挨棚張挂，俾士子共知警畏。

臣仰沐聖主鴻恩，簡畀衡文重任，尤宜端己奉公，夙夜兢惕。凡有弊竇，無不加意防範，惟期實力奉行，不敢空言塞責。現在按試各府科考後考取拔貢，臣詳慎遴選。如該學并無出色可拔之人，即寧闕毋濫，遵照定例辦理。俟全陝試竣，届期仍會同督臣、撫臣覆試驗看，核實具題。臣自上年四月考試西安後，按歷陝甘各屬，至今歲六月十八日回臣駐札任所，本年鄉試届期七月中旬，即赴西安辦理録遺送考事宜。所有臣考過各處情形，理合恭摺奏聞，伏祈聖鑒訓示。臣謹奏。

乾隆五十三年七月初一日。

甘省此弊尚少，□審爲之。

【《宫中檔乾隆朝奏摺》第68輯，第690頁】

△諭著王彙補授固原提督等官員任免事

乾隆五十三年七月十九日

同日，奉上諭："陝西固原提督員缺，著王彙補授。浙江提督員缺，著觀成補授。其陝西河州鎮總兵員缺，著路超吉補授。江南壽春鎮總兵員缺，著王柄調補。欽此。"

【《乾隆朝上諭檔》第 14 册，第 425 頁第 1029 條】

暫署陝甘總督勒保奏爲估變廢炮鐵斤摺

乾隆五十三年七月二十六日

暫署陝甘總督、山西巡撫臣勒保跪奏：爲估變廢炮鐵斤，恭摺奏聞事。

竊照陝甘兩省各標協營舊貯大小炮位大半俱係前明製造，存貯年久，鐵質銹蝕，一經點放，即多炸裂。未便循舊留存，致成虛器。經前督臣李侍堯分别飭營演試，將驗係合用炮位存營演用，其炸損銹爛無用廢炮，全行銷毁聲明，將所毁鐵斤，令各該營移交駐札地方官變價充公。奏蒙俞允，遵行在案。嗣據各州縣分晰估報，因價值短少，或此少彼多，未能畫一。復經督臣福康安暨臣先後駁飭增估，并責成甘肅、西安兩藩司督同各道府逐細核驗去後。兹據甘肅藩司福寧、署西安藩司周樽各詳稱，業經督飭，分别增估，并稱各屬例價本係多寡不同，今此項廢鐵係各照本地定價估變，是以間有參差。等情。造册呈送前來。

臣按册確核，計臣標并甘肅、固原兩提屬，及凉州、寧夏、西寧、肅州、河州、永固各鎮協營廢炮鐵斤，共估變銀五千二百九十九兩零，陝西提標軍標及延綏、興漢二鎮標營廢炮鐵片共估變銀三千二百九十六兩零。以上陝甘二省各營廢炮，通共估變銀八千五百九十五兩零，核與各該處物料則例，價值尚無短少。除將送到各册分咨兵、工二部查核，仍俟覆准之日，飭將所變價值查照原奏解司收貯充公外，所有估變陝甘二省各標營廢炮鐵斤緣由，理合恭摺奏聞，伏祈皇上睿鑒。謹奏。

乾隆五十三年七月二十六日。

知道了。

【《宫中檔乾隆朝奏摺》第69輯，第66頁】

暫署陝甘總督勒保奏爲拿獲脱逃改遣軍犯審明正法摺

乾隆五十三年七月二十六日

暫署陝甘總督、山西巡撫臣勒保跪奏：爲拿獲脱逃改遣軍犯，審明正法，恭摺奏聞事。

竊臣接據署固原州知州季榮稟報，該州差役于六月初八日，在于州屬沈家河地方，盤獲形迹可疑一人，解經該署州，驗其年貌，與江蘇省咨緝之逃遣平凉縣民蘇之旺相符，究出該犯犯案改遣在配逃回緣由，并移關犯籍，查提該犯蘇之旺、鄰保人等到案認明屬實。等情。臣隨批飭該署州將蘇之旺小心押解來省審辦去後。兹據解到，臣率同在省司、道等親提研鞫。

緣蘇之旺係平凉縣回民，先于乾隆四十六年，行竊縣民楊明祥家衣物，犯案刺臂，續又行竊張得杰等家衣物，犯案刺面，發配安化縣充徒。四十八年，在配脱逃。于是年十一月内，至陝西所屬長武縣地方，復竊蘇寶禄布匹被獲，估臟二十二兩零。審依三次犯竊，計臟三十兩以下至十兩以上例，應發新疆，改發内地充軍。于五十一年十二月，解至江蘇溧水縣，折責管束。詎該犯仍不安分，于五十二年三月初五日，在配乘間脱逃，用藥將面、臂刺字毁除，從偏僻小路行走，冀欲逃回本籍。行至固原州屬地方，即被差役盤住，解經該署州核對配所咨緝案内年貌，究出脱逃緣由，并移提原籍鄰保等認明，將犯押解到省，審供不諱。詰其逃後并無行凶爲匪及知情窩留之人。該犯尚未到籍，即被鄰境拿獲，原籍鄰保亦無容隱情弊，已無遁飾。

查例載，新疆人犯改發内地之後，如有脱逃被獲，照例即行正法。等語。今蘇之旺係依三次犯竊，計贜三十兩以下至十兩以上例，應發新疆改發内地之犯，乃敢在配乘間脱逃，實屬藐法。臣于審明後，即遵例恭請王命，飭委按察使姚頤、臣標中軍副將顔鳴漢，將該犯蘇之旺押赴市曹處斬訖。仍咨明江蘇暨各省督撫，飭屬一體停緝，并抄全案供招咨部，查核所有拿獲逃遣審明辦理緣由，理合恭摺奏明，并繕該犯供單，敬呈御覽。至署固原州知州、靈臺縣知縣季榮，能督率州役，盤獲形迹可疑之人，因查驗年貌，核與江省咨緝原案相符，即究出鄰境改遣逃犯，稟解審辦，不使漏網，尚屬留心地方，平日辦理公事，亦尚認真，可否量加鼓勵之處，出自聖主天恩，合并附摺奏聞，伏祈皇上睿鑒。謹奏。

乾隆五十三年七月二十六日。

該部知道。

【《宫中檔乾隆朝奏摺》第69輯，第67頁】

暫署陜甘總督勒保奏報委署總兵副將摺

乾隆五十三年七月二十六日

暫署陜甘總督、山西巡撫臣勒保跪奏：爲委署總兵副將，恭摺奏聞事。

竊臣接准部咨，欽奉上諭：“蔡攀龍，著來京引見。”再降諭旨：“所有福建水師提督員缺，著哈當阿調補。其陜西固原提督員缺，著王彙暫行署理，候朕另行簡放。欽此。”等因。除恭録咨行欽遵外，伏查閩省當臺匪大加懲創之後，水師營務關係緊要，自應即令王彙前赴固原接印署理，以便哈當阿交代，作速起程。惟王彙本任河州總兵一缺，地處岩疆，操防關重，必須遴選妥員前往接署，方與邊陲營伍有裨。兹查有臣標中軍副將顔鳴漢實心訓練，寬嚴得當，人亦體面，堪以署理河州鎮總兵要缺。其顔鳴漢所遺副將印篆，查有臣標右營參將百祥，熟諳營務，辦事勤明，堪以委令署理。除檄飭遵照并將右營參將印務遞委接署外，所有委署總兵、副將各缺，理合恭摺具奏，伏祈皇上睿鑒。謹奏。

乾隆五十三年七月二十六日。

知道了。

【《宮中檔乾隆朝奏摺》第 69 輯，第 68 頁】

新授陝西固原提督王彙奏請陛見摺

乾隆五十三年八月初四日

新授陝西固原提督奴才王彙跪奏：爲恭懇聖恩俯准陛見，以遂微誠事。

竊奴才欽奉諭旨，補授陝西固原提督，恩深任重，悚惕靡寧。伏念固原控制岩疆，提督統轄三鎮，責成綦重，整飭爲難。奴才年輕識淺，諸未諳練，驟膺巨任，深懼弗克肩荷，上負生成現在。奴才遄赴固原接印後，惟有仰懇聖恩，俯准奴才瞻覲天顔，俾得跪聆聖訓，藉以啓迪愚蒙，庶諸事得有遵循，冀免隕越，奴才實不勝感悚待命之至。爲此恭摺奏懇，伏乞皇上睿鑒恩准。謹奏。

乾隆五十三年八月初四日。

且俟之。

【《宮中檔乾隆朝奏摺》第 69 輯，第 131 頁】

新授陝西固原提督王彙奏謝補授今職摺

乾隆五十三年八月初四日

新授陝西固原提督奴才王彙跪奏：爲恭謝天恩，仰祈聖鑒事。

竊奴才承准署督臣勒保照會兵部咨開：乾隆五十三年七月十一日，奉上諭："蔡攀龍，著來京引見。"再降諭旨："所有福建水師提督員缺，著哈當阿調補。其陝西固原提督員缺，著王彙暫行署理，候朕另行簡放。欽此欽遵。"并蒙督臣勒保奏委督標中軍副將顏鳴漢署理河州鎮篆，于八月初四日來至河州，奴才隨將總兵印信交令接收任事。正在恭摺具奏起程間，旋又接奉諭旨："陝西固原提督員缺，著王彙補授。欽此。"

伏念奴才漢軍世僕，祖孫父子渥受國恩。奴才愚昧無知，仰蒙聖主造就生成，洊擢總兵，由興漢調任河州。一載以來，方懼無能報稱，時切悚惶。兹復仰荷恩綸，畀以提督重寄。凡此逾分之寵榮，實屬夢想所不到。撫躬循省，感惕交深。惟有勉竭駑駘，實心實力，董率將弁，于整飭營伍、訓練兵丁等事，加倍認真辦理，以冀仰酬高厚鴻慈于萬一。

再，哈當阿蒙恩調補福建水師提督營務，正關緊要，自應速赴新任。奴才現在趕緊前往固原接印任事，以便哈當阿迅速起程外，所有感激下忱，合先具摺，恭謝天恩，伏祈皇上睿鑒。謹奏。

乾隆五十三年八月初四日。

覽。

【《宫中檔乾隆朝奏摺》第 69 輯，第 131 頁】

兼署兵部印務綽克托題覆甘肅凉州鎮標守備准以李吉補授

乾隆五十三年九月六日

【注】

經筵講官議政大臣、署吏部尚書兼署兵部印務、鑲藍旗漢軍都統臣綽克托等謹題：爲請補守備事。

兵科抄出署理陝甘總督山西巡撫勒保題前事。内開：乾隆伍拾叁年陸月拾貳日，准兵部咨，武選司案呈，兵科抄出本部題前事。内開：議得署理陝甘總督山西巡撫勒保疏稱，題補陝西臨洮營都司陳士典所遺凉州鎮標右營守備壹缺，接准部咨，令于候補人員内題補。臣隨于候補人員内詳加揀選。查有前經督臣福康安具奏修築寧夏渠工完固緣由，將在工甄别壹等之寧夏鎮標右營千總劉大成酌予記名，量加拔補一摺，奉到硃批："如所議行。欽此欽遵。"在案該員，年壯技嫻，辦事勇往，以之請補凉州鎮標右營守備，堪以勝任。惟該員歷俸未滿叁年，與例稍有未符，應請先行升署，俟扣滿年限，另請實授。等因。具題前來。查定例，陸路都司以下，歷俸叁年，始准保題。等語。甘肅凉州鎮標右營守備係題補之缺，應輪用候補人員。千總劉大成歷俸未滿叁年，係辦理渠工議叙之員，應俟歷俸叁年後，遇有行題現任人員之缺題補。今題補輪用候補人員之缺，與例不符，應毋庸議。其甘肅凉州鎮標右營守備員缺，俟命下之日，臣部行文該督，另行揀選合例人員題補。等因。于乾隆伍拾叁年伍月拾肆日題，本月拾伍日奉旨："依議。欽此。"相應知照該督可也。等因。到臣。

準此，該臣看得，凉州鎮標右營守備陳士典升任遺缺，經臣以寧夏鎮標右營千總劉大成題請升署。接准部咨，與例不符，令于候補人員内另行揀選題補。等因。臣隨詳加揀選，查有俸滿候補守備肅州鎮屬沙州營千總李吉，年壯技優，諳練營務，任内并無降罰服制事件，以之補授凉州鎮標右營守備，實堪勝任。查該員係蘭州府河州人，請補前項員缺，係隔府別營，與例相符。再，李吉于本年貳月初叁日，在于保送案内，甫經引見回任，毋庸再爲給咨赴部。除履歷查取至日另送部外，臣謹會同甘肅提臣蘇靈合詞具題，伏祈皇上睿鑒，敕部議覆施行。謹題請旨。乾隆伍拾叁年柒月拾貳日題，捌月初玖日奉旨："該部議奏。欽此欽遵。"于本日抄出到部。

該臣等議得，署理陝甘總督山西巡撫勒保疏稱，凉州鎮標右營守備陳士典升任遺缺，經臣以千總劉大成題請升署，接准部咨，與例不符。令于候補人員内，另行揀選題補。臣隨詳加揀選，查有俸滿候補守備沙州營千總李吉，年壯技優，諳練營務，以之補授凉州鎮標右營守備，實堪勝任。該員係蘭州府人，請補前項員缺，係隔府別營，與例相符。等因。具題前來。查甘肅凉州鎮標右營守備係題補之缺，于陝甘松潘輪用滿員案内應用。緑旗候補人員李吉係俸滿千總奉旨回任以守備題補之員，任内并無事故，題補守備，與例相符。該督既稱該員年壯技優，諳練營務，以之補授凉州鎮標右營守備，實堪勝任。等語。應如所請，李吉，准其補授甘肅凉州鎮標右營守備。該員係奉旨回任以守備題補之員，毋庸送部引見，恭候命下，臣部發給札付，令其任事。臣等未敢擅便，謹題請旨。

乾隆伍拾叁年玖月初陸日。

經筵講官、議政大臣、署吏部尚書兼署兵部印務、鑲藍旗漢軍都統臣綽克托，經筵講官、尚書降壹級、從寬留任臣彭光瑞，户部右侍郎兼署兵部左侍郎事務臣汪承霈。

【注】此前有闕幅。

【《明清檔案》A253—131，B143069—B143071】

暫署陝甘總督勒保奏報派撥更換屯防官兵摺

乾隆五十三年九月二十一日

暫署陝甘總督、山西巡撫臣勒保跪奏：爲派撥更換屯防官兵，恭摺奏聞事。

竊照新疆各城屯防緑營官兵，例于五年班滿時，由各該原營派撥更換，以均勞逸，歷届遵行在案。兹查烏什地方，乾隆四十八年冬間，派往更换各官兵扣至五十四年正月，五年期滿。接准該處辦事大臣來咨，依期調撥。等因。隨咨行原派之固原提督暨寧夏鎮總兵，各按應調各數派撥，由藩司福寧核明，具詳前來。臣覆加查核，烏什年滿官兵内，除情願告駐一班，及四十八年以後調往補缺，現在班期未滿者，毋庸更换外，餘俱如數派撥。計應派守備二員、千把總八員、經制外委四員、馬步守兵七百七十六名。臣現飭令選撥年力精壯、技藝優嫻者派往，毋得率以老弱充數。其應需添换軍裝、火繩等項，照依來咨，如數添换配帶。定限本年十月内，自肅州出口，明歲正月趕抵屯所，以資屯防。仍飭照往例，各以本營之官管領本營之兵，其應支分例照例辦給外，所有選撥烏什换防官兵緣由，理合恭摺奏明，伏祈皇上睿鑒。謹奏。

乾隆五十三年九月二十一日。

知道了。

【《宫中檔乾隆朝奏摺》第69輯，第568頁】

暫署陝甘總督勒保附奏報委署總兵副將片

乾隆五十三年九月二十一日

再，查凉州鎮總兵巴彦圖派委護送伯克等赴京所遺印務，查有中衛協副將文圖熟諳營務，訓練認真，堪以委令接護。其文圖所遺副將印務，查有寧夏鎮屬靈州營參將五十一操防勤慎，堪以委令署理。又，永昌協副將海注進京，所遺副將印務，查有俄卜嶺營游擊趙繼鼎訓練實心，堪以委令護理。均可不致貽誤。除檄飭遵照，并將參將五十一、游擊趙繼鼎等遺缺分别遞委接署外，理合附片奏明。謹奏。

。

【《宫中檔乾隆朝奏摺》第 69 輯，第 570 頁】

暫署陝甘總督勒保奏報秋禾約收分數摺

乾隆五十三年九月二十八日

暫署陝甘總督、山西巡撫臣勒保跪奏：爲恭報秋禾約收分數，仰祈聖鑒事。

竊照甘省各屬地方，自本年夏秋以來，暘雨應時，農田所種各色秋禾，俱及時長發暢茂。經臣查明情形，節次陳奏并聲明。平凉、華亭、武威、平番、古浪等屬，夏禾間有被雹、被旱之處，已飭補種秋禾，統俟秋成勘辦。嗣于七八月内，續據皋蘭、金縣、狄道三州縣各具報，有雨中帶雹處所。又，平羅縣屬近河低窪地畝，因黄水驟漲，秋禾間被淹漫。等情。當經臣分委各道府勘明。偏被雹、旱及被水各地畝，田禾受傷甚輕，均不成灾，隨又批令于秋收時再行據實勘報。各在案。兹據藩司福寧將各屬收成分數彙核具詳前來，臣覆加查核。除被雹、被旱、被水地畝外，凉州一府暨安西直隸州所屬各收成七分有餘，蘭州、鞏昌、平凉、甘州、西寧五府，暨階州、涇州二直隸州所屬，各收成八分。慶陽、寧夏二府，暨秦州、肅州二直隸州所屬，各收成八分有餘。統計甘肅通省，秋禾實在收成八分有餘。至偏被雹、旱之平凉、華亭、武威、平番、古浪、皋蘭、金縣、狄道八州縣，暨被水之平羅縣屬，各地畝本係一隅中之一隅，已據各該屬逐一履勘，秋收均在五六分以上，不致成灾。惟較之未受傷之處，收成未免歉薄，民力不撫拮据。除現在恭疏題請，將各該户民應徵本年正借銀、糧及舊欠銀、糧、草束，仰懇皇上天恩，概行緩至來歲徵收，以紓民力。仍于今冬明春，察看情形，如有缺籽乏食之户，分别酌借倉糧接濟外，所有甘省秋禾約收分數，理合恭摺具奏，伏祈皇上睿鑒。謹奏。

乾隆五十三年九月二十八日。

即有旨諭。

【《宫中檔乾隆朝奏摺》第 69 輯，第 642 頁】

甘肅提督蘇靈奏爲查奏田禾收成分數摺

乾隆五十三年十月十六日

甘肅提督奴才蘇靈跪奏：爲查奏田禾收成分數，以慰聖懷事。

案查前承兵部札付，内開：奉上諭："各省總兵此後遇有地方緊要事件，及尋常雨水收成情形，應隨時據實奏報，毋得循照舊例、虚應故事。欽此欽遵。"在案。伏查甘州、凉州、寧夏、西寧四提鎮營分駐地方夏間雨水情形，前于巡閲營伍摺内，奏明聖鑒在案。兹夏秋二禾，已届收穫之期，奴才隨時留心體察，所有甘、凉一帶，雖于四五月間雨澤稀少，幸于六月初旬大沛甘霖，民田普獲沾足，其夏禾均得接濟，蔥生暢茂，所有收成分數均在七八分以上。至秋禾等色，自七月以來，雨澤調匀，霜信遲降，顆粒俱飽綻實，較之夏禾，又覺豐稔。所有秋收分數，均在八分有餘，民情甚爲歡悦。此時各處糧價平減，所屬地方，亦俱寧謐，均堪仰慰聖懷。所有甘、凉等各鎮協營田禾收成情形，謹據實恭摺奏聞，伏乞皇上睿鑒。謹奏。

乾隆五十三年十月十六日。

欣慰覽之。

【《宫中檔乾隆朝奏摺》第 69 輯，第 777 頁】

陝甘總督勒保奏報民數穀數事

乾隆五十三年十一月十六日

暫署陝甘總督、山西巡撫臣勒保跪奏：爲恭報民數、穀數，仰祈聖鑒事。

竊照通省民數、穀數，例應按年查明具奏。又，乾隆四十年四月，欽奉上諭："各督撫等嚴飭所屬，嗣後務須查明實在民數具報，確核彙奏。欽此欽遵。"在案。兹據甘肅布政使福寧詳稱，乾隆五十三年，甘肅省蘭州、鞏昌、平凉、慶陽、甘州、凉州、寧夏、西寧八府，及秦州、階州、涇州、肅州、安西五直隸州所屬，實在民數共男女大小一千五百一十六萬三千六百八十六口，較上年計增一千九百九十口。又，實在倉貯各色京斗糧三百六十三萬四千二百七十三石九斗四升零，造册呈賫前來，臣覆核無异。除咨户部外，謹具摺奏聞，并繕黄册，恭呈御覽，伏祈皇上睿鑒。謹奏。

乾隆五十三年十一月十六日。

册留爲覽。

【《宫中檔乾隆朝奏摺》第 70 輯，第 273 頁】

陝甘總督勒保奏報甘肅社倉實貯石數事

乾隆五十三年十一月十六日

暫署陝甘總督、山西巡撫臣勒保跪奏：爲遵例奏報社倉糧數，仰祈聖鑒事。

竊照各省義倉實貯穀數，例應歲底具奏。甘省嚮來并無義倉名目，惟各屬社倉係民間自行捐輸，與義倉相同。所有收支動存各數，節經按年彙奏在案。茲行據甘肅布政使福寧查明，乾隆五十三年，甘肅省蘭州、鞏昌、平涼、慶陽、甘州、涼州、寧夏、西寧等八府，及秦州、階州、涇州、肅州、安西等五直隸州，實存民捐社倉京斗糧三萬一千九百六十六石零，俱係實貯在倉，并無虧缺。等情。詳報前來，臣覆核無异。除將收支各細數分晰造册，另行恭疏具題外，所有甘省各屬實貯民捐社倉糧數，理合恭摺具奏，伏祈皇上睿鑒。謹奏。

乾隆五十三年十一月十六日。

覽。

【《宫中檔乾隆朝奏摺》第 70 輯，第 274 頁】

△諭著傳諭勒保等即飭所屬查拿固原州陳才等

乾隆五十三年十一月二十一日

大學士公阿、大學士伯和字寄甘肅、陝西、河南、湖北、安徽、江蘇各督撫。

乾隆五十三年十二月二十一日，奉上諭："尚安奏烏嚕木齊遣犯劉玉愷、崔世英于本年九月内在配脱逃。等語。劉玉愷係湖北興山縣人，充當餘丁，因隨征脱逃案内，免死，發遣。崔世英係江南直隸通州人，因誆騙銀錢、假冒職官，發給兵丁爲奴。該犯等膽敢在配脱逃，情殊可惡，非在沿途逗遛，即潛回原籍。著傳諭該督撫等嚴飭地方各員，實力查緝務獲。又據奏，回民穆奇旺等行竊拒捕案内，尚有未獲之陳才、馬三、馬四、李金望四犯，現在嚴緝務獲。等語。陳才等俱係甘肅固原州回民，夥同匪犯行竊，拒捕傷差，情罪甚重。未便久稽顯戮，著傳諭勒保即飭所屬查拿，務期弋獲，毋任遠揚漏網。將此由四百里，各傳諭知之。欽此。”遵旨寄信前來。

【《乾隆朝上諭檔》第 14 册，第 684 頁第 1575 條】

陝甘總督勒保奏報換防官兵出關事

乾隆五十三年十一月二十一日

暫署陝甘總督、山西巡撫臣勒保跪奏：爲查明換防官兵出關日期，恭摺奏聞事。

竊照烏什地方五年班滿，應換官兵。先經臣按照該處來咨，行令各原營派撥更换，一面恭摺陳奏，并聲明各官兵等應于本年十月内自肅州出關。等因。在案。兹據藩司福寧詳，據署肅州知州董良詳稱，烏什應換官兵共七百九十員名，内寧夏鎮屬守備一員，千總二員，把總五員，經制外委四員，馬步守兵五百九十八名。又，固原提屬守備一員，千總一員，馬步守兵一百七十八名，俱于本年十月二十及二十一五等日出關。等因。前來。除飭將各該官兵營分花名及自營起程日期分晰造册，俟到日咨部外，所有烏什換防官兵出關日期，理合恭摺具奏，伏祈皇上睿鑒。謹奏。

乾隆五十三年十一月二十一日。

覽。

【《宫中檔乾隆朝奏摺》第 70 輯，第 347 頁】

陝西固原提督王彙奏謝恩賜畫卷一份事

乾隆五十三年十一月二十六日

陝西固原提督奴才王彙跪奏：爲恭謝天恩事。

竊奴才荷蒙恩賞御筆仿宋李迪《鷄雛待飼圖》墨刻一卷，由京提塘處捧賫前來，奴才隨出郊跪迎，至署恭設香案，望闕叩頭謝恩祗領訖。欽惟我皇上化洽寰區，恩周蔀屋，五十餘年以來，何日不廑誠求保赤之殷衷，何人不沾懷保惠鮮之渥澤，久已含哺鼓腹，巷舞衢歌，洵無一夫之失所矣。乃猶宵旰忘勞，痌瘝在抱，萬幾之暇，游藝之餘，偶披《待飼之圖》，彌切如傷之視，天章重灑，寶墨新摹，賜及群工，告諸司牧。

奴才伏讀之下，仰見慈懷愷惻，一民飢猶己飢，雖萬方胥慶盈寧，而睿慮益深軫廑。凡職司撫字者，孰不觸目警心，凛遵訓諭，期大小臣工，共勖循良之治，俾閭閻百姓，益臻康阜之休。奴才雖非牧民之官，亦忝封圻之寄，惟當仰體聖主愛民之德意，推以惠恤兵丁，庶幾稍酬高厚于萬一。爲此具摺，恭謝天恩，伏祈皇上睿鑒。謹奏。

乾隆五十三年十一月二十六日。

覽。

【《宫中檔乾隆朝奏摺》第70輯，第405頁】

陝甘總督勒保奏呈兩司道府考語清單事

乾隆五十三年十二月十六日

陝甘總督臣勒保跪奏：爲據實密陳，仰祈聖鑒事。

竊照欽奉上諭："各省總督，每年將該省提督是否勝任及總兵能否整飭營伍之處留心體察，據實密奏一次。欽此欽遵。"在案。臣于上年七月，仰蒙恩旨，來甘接署督篆，莅任數月，即届密奏之期。所轄陝甘兩省提督、總兵賢否，其時未能周知，未敢冒昧填注考語，致有失實，當經奏蒙恩鑒。兹臣在甘年餘，并經陸續前往甘州、固原、肅州、凉州、河州、西寧各提鎮屬查閱營伍，所有提督、總兵各員任内辦理操防訓練事宜，及居官之聲名才具，隨時留心體訪，并于因公會晤時，察其見識、議論，逐一切實考核。謹就臣一己所見，開具清單，填注考語，據實恭摺，奏呈御覽，伏祈皇上睿鑒。謹奏。

乾隆五十三年十二月十六日。

摺留覽。

【《宮中檔乾隆朝奏摺》第 70 輯，第 650 頁】

陝甘總督勒保奏報地方得雪事

乾隆五十三年十二月二十一日

陝甘總督臣勒保跪奏：爲恭報通省得雪情形，仰祈聖鑒事。

竊照三冬雪澤，最爲裨益春耕。先經陸續接據蘭州、鞏昌、平凉、慶陽、西寧、甘州、凉州、寧夏等八府，暨涇州、秦州、階州、肅州、安西五直隸州，并哈密廳各據報所屬，于十月初三、十一、十九，暨十一月初九、二十六，及十二月初九、初十、十一等日，各得雪自一二三寸至五六寸不等。兹省城于十二月十九日亥刻，復得密雪起，至二十日巳刻止，積地約有四寸，四鄉一律普沾。現尚彤雲密布，雪勢頗寬，諒附近所屬，自可同日沾被。似此三冬瑞雪，不但河東各屬播種冬麥處所倍沾渥潤，即河西所屬嚮來不種冬麥之處，得此冬雪凝積，至春時消融入土，于春犁更有裨益。現在農情歡忭，糧價中平，腹地邊關，均極寧謐。理合恭摺奏聞，仰慰慈懷，伏祈皇上睿鑒。謹奏。

乾隆五十三年十二月二十一日。

欣慰覽之。

【《宮中檔乾隆朝奏摺》第 70 輯，第 704 頁】

乾隆五十四年（1789）

陜甘總督勒保奏聞審明回民趙金有私帶玉石一案定擬緣由摺

乾隆五十四年正月二十九日

陜甘總督臣勒保跪奏：爲審擬具奏事。

竊照喀喇沙爾辦事大臣德勒克楞貴拿獲回民趙金有携帶私玉二十一斤，有開都河水手兵丁郝登解引渡過河一案，當經德勒克楞貴奏明，將趙金有、郝登解二犯解交臣衙門審擬在案。玆據沿途將趙金有等遞解到蘭，行據署甘肅按察使李殿圖審擬具詳前來。緣趙金有係固原州回民，寄居肅州。郝登解係靈州營守兵，派往喀喇沙爾，撥充開都河水手。趙金有于乾隆五十二年販得雜貨，赴口外阿克蘇一帶地方發賣，行至庫車相近，途遇不識姓名回子，將玉石一塊計重二十一斤向换絲綫、茶葉，該犯給與絲綫一斤、茶葉二斤，將玉石换獲。因恐前途查出，不敢帶往，即于該處附近僻地内埋藏暗記，旋赴阿克蘇開鋪生理。至五十三年九月，由阿克蘇搭坐同鄉回民趙尚官車輛回家，行至庫車，私往原埋玉石處所，將玉石挖出，偷裝車内，趙尚官并不知情。嗣至喀喇沙爾開都河邊，復慮被人搜出，又乘間取玉埋于彼處無人行走地内。該犯隨車渡河，投住歇店。次日下午，乘趙尚官外出，假稱牽馬飲水，將駕車馬二匹拉赴河沿，思欲渡河，挖取原玉。因不識河水深淺，未敢徑渡。適水手兵丁郝登解見而詢問該犯，遂告以實情，并許以靴帽，央求引渡。郝登解應允，即與該犯分騎原拉馬匹，導引過河，將玉石取回。趙金有令郝登解一同回店，取交所許靴帽。將至店門，即被巡兵盤住，一并拿獲，報經辦事大臣德勒克楞貴，解臣衙門審擬。玆嚴加審訊，據各供認前情不諱。詰係初次换獲私玉，并非積慣偷販。其水手郝登解亦無另有引渡私販別案，似無遁飾。

查例載，私赴新疆偷販玉石，一經查獲，即照竊盜例，計贓論罪。又載在官人役取受有事人財，果于法有枉縱，即照枉法計贓科罪。各等語。此案趙金有换獲私玉，用絲綫、茶葉估值銀二兩二錢，依竊盜贓一兩以上至十兩律罪，應杖七十。但該犯以内地回民偷販私玉，輾轉埋藏，又誘許兵丁靴帽，引渡挖取，情殊狡詐，應再加枷號三個月，即于省城示衆，滿日重責三十板，以示懲儆。革兵郝登解所許靴帽尚未入手，計贓值銀一兩以上，依枉法贓一兩至五兩杖八十，無禄人減一等律罪，應杖七十，但該犯以營兵充當官渡水手，既知趙金有埋藏私玉，并不首報，反敢聽許財物，引送過河，未便輕縱，亦應于省城枷號三個月，滿日重責三十板。同趙金有分别遞回各原籍，交保嚴加管束，毋許再出滋事。車户趙尚官已據德勒克楞貴訊明省釋，私玉一塊已留貯喀喇沙爾遇便解京。郝登解名糧已經斥革，均毋庸議。除抄録供招咨部外，所有臣審明定擬緣由，理合恭摺具奏，伏祈皇上睿鑒。謹奏。

乾隆五十四年正月二十九日。

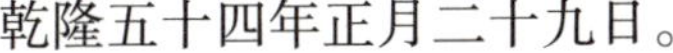

依議。

【《宫中檔乾隆朝奏摺》第71輯，第143頁】

陝甘總督勒保奏聞暫委參將白守忠接署潼關協副將摺

乾隆五十四年四月初四日

陝甘總督臣勒保跪奏：爲委署副將循例奏聞事。

竊照潼關協副將色赫那于三月初五日因病身故，所遺員缺，當經固原提督臣王彙飭委宜君營參將白守忠前往潼關暫行接署在案。臣查白守忠，熟諳營伍，堪以署理。除檄飭遵照外，理合循例，恭摺具奏，伏祈皇上睿鑒。謹奏。

乾隆五十四年四月初四日。

知道了。

【《宫中檔乾隆朝奏摺》第 71 輯，第 593 頁】

乾隆五十五年（1790）

△諭内閣著禮部照例具題旌表固原州監生陳彝一門

乾隆五十五年二月初八日

乾隆五十五年二月初八日，内閣奉上諭："據勒保奏，甘肅固原州監生陳彝，十世同居一門，男婦大小一百三十餘人。等語。陳彝合族同居，業經十世，兄弟歡愉，孫曾蕃衍，洵爲盛世休徵。特製詩章，并書匾額以賜。所有應行旌表之處，著該部照例具題，摺并發。欽此。"

【《乾隆朝上諭檔》第 15 册，第 461 頁第 1025 條】

△諭内閣寧夏府同知張度著調補山東臨清直隸州知州等官員任免事

乾隆五十五年二月二十七日

乾隆五十五年二月二十七日，内閣奉上諭："甘肅寧夏府同知張度，著調補山東臨清直隸州知州。現任知州吉忠，著補授濟南府同知。欽此。"

【《乾隆朝上諭檔》第 15 册，第 495 頁第 1113 條】

△諭土爾扈特霍碩特等祝萬壽前來仍由寧夏沿邊一路行走等事

乾隆五十五年五月十四日

大學士伯和字寄陝甘總督勒。

乾隆五十五年五月十四日，奉上諭："據勒保奏，土爾扈特霍碩特等及各城回子伯克，今歲因叩祝萬壽前來，人數較多。凡土爾扈特等仍由寧夏沿邊一路行走，以避内地暑熱。各回疆伯克俱由蘭州、西安大路遄行，以免壅滯。一俟進關後，飭令道員副將護送趲〔儹〕行。等語。土爾扈特及各城回子伯克等計四月二十進關後，距七月初十以前尚有八十日，儘可從容前來與宴，不至遲滯。至土爾扈特霍碩特等恐有未出痘之人，自應照例由寧夏沿邊一路屆期趕至熱河。倘各城回子伯克途次不能趲〔儹〕行，即趕至京師，尚不誤筵宴之期，不至熱河，亦無不可，總不必過于催迫，以免沿途趲〔儹〕進之勞。

“又，另片奏稱，土爾扈特汗策林納木札爾親來祝釐，一切應付，應量加豐裕，于經過地方有鎮道駐札處，均各筵宴一次。等語。策林納木札爾雖係汗號，與各内外札薩克、蒙古汗王何异？非如安南國王親自初來瞻覲者可比。若俱于經過地方開筵宴賚，不特徒滋繁費，亦且無此體制。該督所請一體預備之處，殊可不必。將此諭令知之。欽此。”遵旨寄信前來。

【《乾隆朝上諭檔》第 15 冊，第 673 頁第 1501 條】

大學士管兵部阿桂題覆陝甘總督疏請調補督標中營都司事

乾隆五十五年八月一日

題。

王化龍等，依議調補，餘依議。

經筵日講起居注官、太子太保、議政大臣、武英殿大學士、領文淵閣事、管理兵部刑部户部三庫事務、御前大臣、領侍衛内大臣、掌翰林院事兼管鑲黄旗滿洲都統、誠謀英勇公臣阿桂等謹題：爲酌請調補都司，以裨營伍事。

兵科抄出陝甘總督勒保題前事。内開：竊查督標左營守備王化龍，先經臣題補陝西孤山堡都司，業准部覆在案。兹查現任督標中營都司五達色，年力精壯，營伍熟悉，但于省會地方辦理未能裕如。今升補陝西孤山堡都司之王化

龍，係由督標左營守備升補。該員精明强幹，諳練省會情形，于督標中營都司壹缺，尤爲人地相宜。若以之調補中營都司，實堪勝任。至王化龍所遺孤山堡都司員缺，係屬獨營，請即以五達色調補，亦能勝任。如此一轉移間，庶人地各得其宜，與衝僻營伍，均有裨益。查王化龍係平凉府固原州人，五達色係鑲黄旗滿洲。今調補前項員缺，與例相符。再，該員等均係對缺調補，毋庸送部引見。除履歷俟查取至日另咨送部外，臣謹會同固原提督臣王彙合詞具題，伏祈皇上睿鑒，敕部議覆施行。謹題請旨。乾隆伍拾伍年陸月初柒日題，柒月初玖日奉旨："該部議奏。欽此欽遵。"于本日抄出到部。

該臣等議得，陝甘總督勒保疏稱，查督標中營都司五達色，年力精壯，營伍熟悉，但于省會地方辦理未能裕如。陝西孤山堡都司王化龍係由督標左營守備升補，該員精明强幹，諳練省會情形，于督標中營都司壹缺，尤爲人地相宜。若以之調補中營都司，實堪勝任。所遺孤山堡都司員缺，係屬獨營，請即以五達色調補，亦能勝任。等因。具題前來。查陝甘督標中營都司五達色、陝西孤山堡都司王化龍任内均無事故，調補都司，與例相符。該督既稱督標中營都司五達色于省會地方辦理未能裕如，陝西孤山堡都司王化龍係由督標左營守備升補，諳練省會情形，于督標中營都司壹缺，人地相宜，調補中營都司，實堪勝任。所遺孤山堡都司員缺，係屬獨營，即以五達色調補，亦能勝任。等語。應如所請，王化龍准其調補陝甘督標中營都司，五達色准其調補陝西孤山堡都司。該員等係對缺調補，均毋庸送部引見。恭候命下，臣部各换給札付，令其任事。臣等未敢擅便，謹題請旨。

乾隆伍拾伍年捌月初壹日。

經筵日講起居注官、太子太保、議政大臣、武英殿大學士、領文淵閣事、管理兵部刑部户部三庫事務、御前大臣、領侍衛内大臣、掌翰林院事兼管鑲黄旗滿洲都統、誠謀英勇公臣阿桂【注】，經筵講官、議政大臣、兵部尚書、正藍旗滿洲都統臣慶桂，尚書臣劉峨，署右侍郎臣虔禮寶，右侍郎、鑲紅旗漢軍副都統兼公中佐領、清字經館提調臣趙鋏，武選清吏司掌印郎中臣博慶，員外郎臣玉岱，主事臣伍保，主事臣富倫布，主事臣觀光，主事臣周元鼎，主事臣張丙震，候補主事臣徐逢豫，額外主事臣熊之書。

【注】銜名："講起居注官太子太保議政大臣武英殿大學士領文淵閣事管理兵部刑部户部三庫事務御前大臣領侍衛内大臣掌翰林院事兼管鑲黄旗滿洲都統誠謀英勇公臣阿桂"。

【《明清檔案》A256—55，B144377—B144379】

乾隆五十六年（1791）

△奉旨臺斐英阿陳科錩俱著交軍機處記名

乾隆五十六年二月初八日

本月初八日，吏部將陝甘總督勒保保舉堪勝知府之蘭州府循化同知臺斐英阿、直隸州知州借補固原州知州陳科錩帶領引見。奉旨："臺斐英阿、陳科錩，俱著交軍機處記名。欽此。"

【《乾隆朝上諭檔》第16册，第153頁第369條】

陝甘總督兼甘肅巡撫勒保題報署縣試用期滿稱職請准實授

乾隆五十六年三月二十七日

題。

□。

四月十二日。

五十六年四月廿四下吏。

該部議奏。

兵部尚書兼都察院右都御史、總督陝甘等處地方軍務兼理糧餉并兼管甘肅巡撫事兼理茶馬臣勒保謹題：爲請署要缺知縣，恭摺奏聞事。

據甘肅布政使司布政使蔣兆奎、按察使司按察使鄭製錦會詳稱，蒙總督陝甘部堂勒保案驗，乾隆伍拾叁年玖月初陸日，准吏部咨，文選司案呈，内閣抄出暫署陝甘總督勒保奏前事。等因。乾隆伍拾叁年陸月拾肆日，奉硃批："該部議奏。欽此。"議得暫署陝甘總督勒保奏稱，寧夏縣知縣王耕丁憂，所遺員缺係衝、繁、疲、難肆項相兼，例應在外揀調。查有揀發委用知縣雙德，年壯才明，辦事勤慎，以之請署寧夏縣知縣，洵堪勝任。該員係揀發知縣，請署知縣，銜缺相當，毋庸送部引見，仍俟扣滿年限，另請實授。等因。前來。查寧夏縣知縣，係衝、繁、疲、難最要缺，例應在外揀選調補。雙德，正黄旗滿洲監生，由理藩院筆帖式，于乾隆伍拾壹年玖月揀選引見，發往甘肅，以知縣差遣委用。該督既稱該員年壯才明，辦事勤慎。以之請署寧夏縣知縣，洵堪勝任。等語。應如該督所請，寧夏縣知縣員缺，准其將委用知縣雙德署理，照例試看期滿，如果稱職，另請實授。再，該員係委用知縣，請署知縣，銜缺相當，毋庸送部引見。等因。乾隆伍拾叁年柒月貳拾玖日，奉旨："依議。欽此"。等因。准咨，行司。蒙此，當經轉飭遵照在案。

兹準護寧夏道移，據寧夏府知府隆興詳，據寧夏縣知縣雙德詳稱，竊卑職年肆拾壹歲，係正黄旗滿洲永來佐領下人，由理藩院筆帖式京察壹等，奉旨記名，以理事同知、通判補用。伍拾壹年玖月揀選引見，奉旨："雙德，著發往甘肅，以知縣差遣委用。欽此。"伍拾貳年貳月到甘，委署高臺縣知縣。嗣蒙奏署今職，于伍拾肆年拾月拾伍日到任，扣至伍拾伍年拾月拾伍日，試署壹年期滿，例應實授，理合具文詳請。等情。到府。

據此，卑府查該員每逢朔望，傳集士民，宣講聖諭，化導愚民。設立漢回義學，捐給膏火，延師課讀，咸知文學。查緝匪類，民各安堵。嚴行保甲，地方寧謐。自理詞訟，隨到隨審，民無拖累。徵收錢糧，俱令自封投匱，實貯倉庫，并無虧缺。該員心地明白，辦事勤慎，洵屬稱職，堪以實授。理合叙明該員年歲、履歷、事實，出具考語，詳請核轉。等情。到道。據此，查卑護道已于寧夏府任内出具考語，毋庸再爲加考，擬合據文轉請。等情。到司。

準此，該本司等會查得，寧夏縣知縣雙德，自乾隆伍拾肆年拾月拾伍日到任起，扣至伍拾伍年拾月拾伍日，試署壹年期滿，例應實授。兹準據該道府查明居官備叙年歲、履歷事實、出具考語，轉請前來。本司等覆查，該員年富力强，辦事誠實，堪以實授。再，該員前署高臺縣任内，有一件奏銷等事，經徵伍拾叁年地丁耗交錢糧未完，罰俸玖個月，應解銀貳拾陸兩叁錢柒分，已于伍拾陸年貳月貳拾玖日照數扣收司庫訖。應俟查造本年秋撥時，造報候撥。此外并無降革處分，以及罰俸咨參之案，與實授之例相符。相應詳請具題。等情。呈詳到臣。

該臣查得，前准部咨，令將署寧夏縣知縣雙德試看期滿，如果稱職，另請實授。等因。行司轉飭遵照在案。兹據甘肅布政使蔣兆奎等會詳稱，據寧夏縣知縣雙德詳稱，竊卑職年肆拾壹歲，係正黄旗滿洲永來佐領下人，由理藩院筆帖式京察壹等，奉旨記名，以理事同知、通判補用。伍拾壹年玖月揀選引見，奉旨："雙德，著發往甘肅，以知縣差遣委用。欽此。"伍拾貳年貳月到甘，委署高臺縣知縣。嗣蒙奏署今職，于伍拾肆年拾月拾伍日到任，扣至伍拾伍年拾月拾伍日，試署壹年期滿，例應實授。兹準據該道府查明居官備叙年歲、履歷事實、出具考語，轉請前來。本司等覆查該員年富力强，辦事誠實，堪以實授。等情。會詳請題前來。

臣查雙德，年壯才明，辦事勤慎，堪以實授。相應具題，伏祈皇上睿鑒，敕部議覆施行。再，該員前署高臺縣任内，有一件奏銷等事，經徵伍拾叁年地丁耗羨錢糧未完，罰俸玖個月，應解銀貳拾陸兩叁錢柒分，已于伍拾陸年貳月貳拾玖日照數扣收司庫訖。此外并無降革處分，以及罰俸咨參之案，與實授之例相符，合并陳明。謹題請旨。

乾隆伍拾陸年叁月貳拾柒日。

兵部尚書兼都察院右都御史、總督陝甘等處地方軍務兼理糧餉并兼管甘肅巡撫事兼理茶馬臣勒保。

【貼黄】

兵部尚書兼都察院右都御史、總督陝甘等處地方軍務兼理糧餉并兼管甘肅巡撫事兼理茶馬臣勒保謹題：爲請署要缺知縣，恭摺奏聞事。

該臣查得，前准部咨，令將署寧夏縣知縣雙德試看期滿，如果稱職，另請實授。等因。行司轉飭遵照在案。兹據甘肅布政使蔣兆奎等會詳稱，寧夏縣知縣雙德，年肆拾壹歲，係正黄旗滿洲，由理藩院筆帖式京察壹等，奉旨記名，伍拾壹年揀選引見，奉旨："雙德，著發往甘肅，以知縣差遣委用。欽此。"伍拾貳年貳月到甘，委署高臺縣知縣。奏署今職，于伍拾肆年拾月拾伍日到任，扣至伍拾伍年拾月拾伍日，試署壹年期滿，例應實授。該員年富力强，辦事誠實，堪以實授。等情。會詳請題前來。臣查雙德年壯才明，辦事勤慎，堪以實授。謹題請旨。

【《明清檔案》A257—73，B145111—B145115】

甘肅寧夏總兵官吉蘭泰題報交印起程陛見日期

乾隆五十六年十月十三日

題。

□。

十月二十七日。

五十六年十一月□□日下兵。

該部知道。

鎮守甘肅寧夏等處地方總兵官、帶薦舉紀録一次、尋常紀録三次、加一級臣吉蘭泰謹題：爲恭報微臣交印起程陛見日期事。

竊臣恭摺奏請陛見，于乾隆伍拾陸年玖月初肆日接奉硃批："來。欽此。"臣當即呈明陝甘總督臣勒保委員接署總兵印務。兹督臣飭委中衛協副將文圖于本年拾月拾叁日抵寧，臣遵將寧夏總兵官銀印壹顆、王命旗牌拾杆面、未用火牌叁張、勘合拾道、蒙古勘合拾道，暨節次奉到聖訓、上諭、清漢各書，并《行軍紀律》等項，飭委臣標中軍游擊馬斌賫送。該員接署訖，臣即于是日自寧起程赴京，叩覲天顔。所有微臣交印起程日期，理合恭疏題報，伏乞皇上睿鑒施行。爲此具本，謹具題聞。

乾隆伍拾陸年拾月拾叁日。

鎮守甘肅寧夏等處地方總兵官、帶薦舉紀録一次、尋常紀録三次、加一級臣吉蘭泰。

【貼黄】

鎮守甘肅寧夏等處地方總兵官、帶薦舉紀録一次、尋常紀録三次、加一級臣吉蘭泰謹題：爲恭報微臣交印起程陛見日期事。

竊臣恭摺奏請陛見，于乾隆伍拾陸年玖月初肆日接奉硃批："來。欽此。"臣當即呈明陝甘總督臣勒保委員接署總兵印務。兹督臣飭委中衛協副將文圖于本年拾月拾叁日抵寧，臣遵將寧夏總兵官銀印壹顆、王命旗牌拾杆面、未用火牌叁張、勘合拾道、蒙古勘合拾道，暨節次奉到聖訓、上諭、清漢各書，并《行軍紀律》等項，飭委臣標中軍游擊馬斌賫送。該員接署訖，臣即于是日自寧起程赴京，叩覲天顔。所有微臣交印起程日期，理合恭疏題報，伏乞皇上睿鑒施行。謹具題聞。

【《明清檔案》A260—80，B146801—B146802】

乾隆五十七年（1792）

陝甘總督兼甘肅巡撫勒保題報乾隆五十四年額徵鹽課錢糧

乾隆五十七年正月二十四日

題。

五。

二月初十日。

五十七年二月廿八日下户。

該部察核具奏，册并發。

太子太保、兵部尚書兼都察院右都御史、總督陝甘等處地方軍務兼理糧餉并兼管甘肅巡撫事兼理茶馬臣勒保謹題：爲請就近責成，以例行催事。

據署甘肅布政司事按察使鄭製錦呈，蒙前任甘肅巡撫都院石文焯牌開，案照雍正叁年拾月貳拾日，准户部咨，令將花馬小池并臨、鞏貳府鹽課錢糧，仍歸甘肅巡撫奏銷。等因。遵照在案。除乾隆伍拾叁年鹽課奏銷已經造賫題報外，兹準護蘭州道清安泰移稱，蘭州府屬并新歸之靖遠縣，乾隆伍拾肆年鹽課、土鹽税銀，并按丁加引加增課銀，及閏月，共應徵銀柒百貳拾叁兩柒錢叁分陸厘，俱已通完。又，鞏昌府屬并直隸秦州、階州貳州屬，乾隆伍拾肆年鹽課，并按丁加引加增課銀，及閏月，共應徵銀伍千陸百貳兩陸分伍厘，俱已通完。又准寧夏道福永移稱，乾隆伍拾肆年花馬小池鹽課，并加增及新增，共應徵銀壹萬肆千伍百叁拾叁兩叁錢貳分叁厘，照數通完。内存留祭祀等項銀叁拾貳兩玖錢玖分玖厘。以上蘭州、寧夏貳道册報，共實解交司庫銀貳萬捌百貳拾陸兩壹錢貳分伍厘。等因。各造具册籍前來。本署司覆加查核，照例彙造清册，同實收一并呈賫，合候核題。等情。呈詳到臣。

該臣查得，鹽課錢糧，例應按年題報。除乾隆伍拾叁年額徵鹽課經臣照例題報外，玆據署甘肅布政使鄭製錦詳，准護蘭州道清安泰移稱，蘭州府屬并新歸靖遠縣，乾隆伍拾肆年鹽課土鹽税銀，并按丁加引加增課銀，及閏月，共應征銀柒百貳拾叁兩柒錢叁分陸厘，俱已通完。又，鞏昌府屬并直隸秦州、階州貳州屬，乾隆伍拾肆年鹽課，并按丁加引加增課銀，及閏月，共應徵銀五千陸百貳兩陸分伍厘，俱已通完。又准寧夏道福永移稱，乾隆伍拾肆年花馬小池鹽課，并加增及新增，共應徵銀壹萬肆千伍百叁拾叁兩叁錢貳分叁厘，照數通完。内存留祭祀等項銀叁拾貳兩玖錢玖分玖厘。以上蘭州、寧夏貳道册報，共實解交司庫銀貳萬捌百貳拾陸兩壹錢貳分伍厘。等情。造具清册、實收，詳賫請題前來，臣覆核無异。除備造清册、實收送户部户科，并將揭帖照例分送外，理合繕造黄册壹本，恭呈御覽，伏祈皇上睿鑒施行。爲此具本，專差承差趙永亨賫捧，謹具題聞。

乾隆伍拾柒年壹月貳拾肆日。

太子太保、兵部尚書兼都察院右都御史、總督陕甘等處地方軍務兼理糧餉并兼管甘肅巡撫事兼理茶馬臣勒保。

【貼黄】

太子太保、兵部尚書兼都察院右都御史、總督陕甘等處地方軍務兼理糧餉并兼管甘肅巡撫事兼理茶馬臣勒保謹題：爲請就近責成等事。

該臣查得，鹽課錢糧，例應按年題報。除乾隆伍拾叁年額徵鹽課經臣照例題報外，玆據署甘肅布政使鄭製錦詳稱，蘭州府屬并新歸靖遠縣乾隆伍拾肆年鹽課、土鹽税銀，并按丁加引加增鹽課，及閏月，共應徵銀柒百貳拾叁兩零，俱已通完。又，鞏昌府屬并直隸秦州、階州貳州屬，乾隆伍拾肆年鹽課，并按丁加引加增課銀，及閏月，共應徵銀伍千陸百貳兩零，俱已通完。又，乾隆伍拾肆年花馬小池鹽課，并加增及新增，共應徵銀壹萬肆千伍百叁拾叁兩零，俱已通完。内存留祭祀等項銀叁拾貳兩零，以上共實解交司庫銀貳萬捌百貳拾陸兩零。等情。造具清册、實收，詳賫請題前來，臣覆核無异。除備造清册、實收分送部科外，理合繕造黄册，恭呈御覽，謹具題聞。

【《明清檔案》A261—73，B147361—B147363】

陝甘總督兼甘肅巡撫勒保題請核銷甘省乾隆五十二年各營動用公費銀兩

乾隆五十七年閏四月二十一日

題。

廿一。

五十七年□月□日下户、兵、工。

該部察核具奏。

太子太保、兵部尚書兼都察院右都御史、總督陝甘等處地方軍務兼理糧餉并兼管甘肅巡撫事兼理茶馬臣勒保謹題：爲遵旨等事。

據署甘肅布政使司事按察使鄭製錦詳，蒙前任陝甘總督部堂李侍堯案驗，乾隆肆拾玖年正月初玖日，准户部咨，陝西司案呈，准陝甘總督李侍堯咨，據布政司呈稱，查得營中動用公費銀兩，現蒙接准部咨，令于先期咨部核准，俟工竣，再將實用銀數核實報銷，仍于年底將收支動用數目，并聲叙已未報銷原案，造具簡明總册，咨部查核，如有餘剩，即于下年扣除請領。等因。伏查營中公費銀兩，現既改動正項，自應報部核銷，以昭慎重。惟是按年動用款目較多，若逐款先期咨報，工竣造銷，殊覺案牘滋繁。前蒙憲臺飭議，隨經轉移去後。兹準各提、鎮、營咨覆前來，本司調齊歷年案據，悉心籌酌，如營中補製軍裝，補製備貯火藥，請買備貯鉛斤，補修軍械庫房，火藥局、教場口外各營修理墩臺汛房，西寧鎮補製，出口會盟鍋帳等捌款，俱非按年動用，應請先期報部，專案造銷。他如司中隨時查扣，及營中隨時動用各項，既無定數，亦無定款，難以預爲懸擬，自應先期聲叙案據，咨部立案，以便于事竣後，造報請銷。

其各營製造并領運操演火藥、火繩，采買銷叁鉛斤，領運餉鞘盤脚并撥餉委員盤費，牧馬外委盤費，進瓜馱轎盤脚，補製銷叁農具，掃雪兵丁鞋脚，伴送回目通丁，坐臺兵丁口食，青海出差通丁口食等拾款，均係按年動用，俱應分晰造報，以便查核，應請于年底彙案，分册造銷。又如開操等項，祭祀造册紙張字工、掌稿書識、工食等叁款，俱係按年零星動用，應請于年底彙册造銷，仍將壹歲收支動存銀數，聲明已未報銷原案，造具簡明總册，一并呈請咨部。

至餘剩銀兩，自應遵照部示，即于下年扣除請領。惟甘省地處邊垣，各營本無存貯公項，將此項再行扣留司庫，營中設有緩急需用之處，殊覺鞭長不及。似應將餘剩公費銀兩，令各提、鎮、營于每年年底就近寄貯道、府、州庫，令該道、府、州出具庫收具報。如有動用，令提鎮報明憲臺，批准咨部，始准支發。仍移知本司查考，則營員既無從虧那，而緩急有備，似于邊營有裨，是否有當？相應開造清册，先行呈請咨部立案，以便將來造銷。等情。相應咨達。等因。前來。

查先據陝甘總督咨稱，甘省督標伍營，并甘肅、固原、烏魯木齊叁提督，凉州、寧夏、西寧、肅州、巴里坤、河州陸鎮，暨鞏寧城守營、瑪納斯營協、庫爾喀喇烏蘇、精河、喀喇巴爾噶遜各營，每年共需公費銀肆萬捌千貳百柒拾叁兩陸錢玖厘。隨移咨兵部覆稱，各營應需公費，與該督所送原册相符，經本部准其按年隨餉估撥，毋庸遇閏加增，扣除小建，以歸簡便。至朋扣壹項，仍請照舊解司之處，查公費兵丁名色既已删除，若仍扣朋合，未免一事兩岐。應令該督將嗣後估撥公費銀兩，按照各營應扣朋合銀兩，照數先行扣存司庫，再將應需公費確數核實估計，以昭畫一。前項銀兩既經改動正項，嗣後凡有修理軍裝、製辦火藥，以及一切公用等項，俱應先期咨報兵、工貳部核准，俟工竣後，核實報銷。仍于年底將收支數目并聲叙已未報銷原案造册，咨部查核，如有餘剩，即應于下年抵除請領。等因。咨覆該督在案。今據該督咨稱，營中公費銀兩，現既改動正項，自應報部核銷，以昭慎重。惟是按年動用款目較多，若逐款先期咨報，工竣造銷，殊覺案牘滋繁。隨調齊歷年案據，悉心籌酌。如營中補製軍裝，補製備貯火藥，請買備貯鉛斤，補修軍械庫房，火藥局、教場口外各營修理墩臺汛房，西寧鎮補製，出口會盟鍋帳等捌款，俱非按年動用，應請先期報部，專案造銷。他如司中隨時查扣及營中隨時動用各項，既無定數，亦無定款，難以預爲懸擬。自應先期聲叙案據，咨部立案，俟事竣後報銷。其各營製造并領運操演火藥、火繩，采買銷叁鉛斤，領運餉鞘盤費并撥餉委員盤費，牧馬外委盤費，進瓜馱轎盤脚，補製銷叁農具，掃雪兵丁鞋脚，伴送回目通丁，坐臺兵丁口食，青海出差通丁口食等拾款，并開操等項，祭祀造册紙張字工、掌稿書識、工食等叁款，均係按年動用，應請于年底造册報銷，仍將壹歲收支動用銀數聲明，已未報銷原案，造具簡明清册咨部。等語。應如該督所咨，將補製軍械等捌款，如有動用，先期報部核准後，專案造銷。其向無定款定數，隨時動用各案，應先期咨部立案，以便于事竣後造報請銷。至各營製造并領運操演火藥等拾款，及開操祭祀等叁款，均係按年應用之款，應令于年底分款造册報銷，仍將壹歲收支動用存剩銀數，聲明已未報銷原案，造具簡明清册，統隨該省兵馬奏銷附題核銷，以昭慎重。至每年支銷餘剩銀兩，據稱若再扣留司庫，營中設有緩急需用，殊覺鞭長不及。應請于每年年底，就近寄貯道、府、州庫，如有動用，報明該督咨部，始准支發，營員無從虧那，而緩急有備。等語。亦應如該督所咨辦理。即將上年餘剩銀兩暫寄文員庫内，如有支銷動用，遞入下年册，内報部查核可也。等因。到院行司。

蒙此，該署甘肅布政使鄭製錦查得，各提、鎮、營每年動用公費銀兩，前經酌議條款，請奉大部咨覆，令將常年動用各項年底分款造册，報部核銷。如非常年動用之項，即令先期咨部專案報銷，并于每年歲底，將收支動存銀數，聲明已未報銷原案，造具簡明清册，題請核銷。等因。當經備移轉

飭，遵照在案。除各提、鎮、營，乾隆伍拾貳年壹歲各案動支過公費銀兩細數款册，另案詳請咨部外，兹承准甘肅、固原、烏魯木齊叁提督，并凉州、寧夏、西寧、肅州、河州、巴里坤陸鎮，暨督標中營永固、静寧貳協，將乾隆伍拾貳年壹歲收支動存公費銀兩各數目，彙造簡明總册，移送請轉前來。本署司覆查乾隆伍拾貳年分甘省各提、鎮、協、營收去動存銀兩數目，均屬相符。除移令各該營將不敷銀兩在于下年公費節省銀内抵收造報，并將存剩銀兩造入下年奏銷册内查核外，相應遵照原議，彙造司總清册，詳請核題。等情。到臣。

據此，該臣查得，各提、鎮、協、營每年動用公費銀兩，前經酌議條款，嗣准部覆，令將常年動用銀兩，年底分晰各項造册報銷，如非常年動項，先期咨部專案請核，并每年歲底，將收支動存銀數，聲明已未報銷原案，造具清册，題該核銷。等因。當經轉飭遵辦去後。兹據署甘肅布政使司按察使鄭製錦詳稱，覆查甘省各提、鎮、協、營，乾隆伍拾壹年拾貳月底止，舊營共存剩公費銀叁萬肆千玖拾陸兩柒錢伍分玖厘捌毫。内督標伍營存剩銀叁千肆百貳拾叁兩捌錢捌厘，甘標伍營存剩銀貳千柒百玖拾兩壹錢肆分玖厘肆毫。永固協屬永固、甘州城守、洪水、南古山、丹硤口、馬營墩、大馬等營存剩銀貳千伍百玖拾柒兩玖錢玖分肆厘。固原提屬靖遠、鹽茶、李旺、涇州、紅德、平凉等營堡存剩銀柒百伍拾壹兩柒錢玖分叁厘叁毫。静寧協屬静寧、底店、隆德、楊家店、莊浪、會寧、馬營監、安定、通渭等營汛存剩銀貳百叁拾兩玖錢柒分捌厘，凉州鎮屬凉標伍營，高古城、大靖、莊浪、武勝、松山、鎮羌、岔口、三眼井、永泰、紅城、苦水等營堡存剩銀貳千伍百陸拾兩叁錢柒分伍厘。寧夏鎮標肆營并所屬城守平羅、洪廣、玉泉、廣武、中衛、花馬池，并韋州、惠安貳堡，靈州并同心、臨河堡、興武等營堡存剩銀叁千玖百柒兩伍錢柒分伍厘。西寧鎮屬城守大通、永安、白塔、丹噶爾甘、都堂、札什巴等營存剩銀壹千貳百捌拾陸兩貳錢肆分柒厘。肅州鎮

標叁營并所屬城守、嘉峪關、金塔、威虜、下古城、鎮夷、鹽池、清水、高臺、平川、紅崖、安西、布隆吉、橋灣、瓜州、踏實、雙塔、沙州、靖逆、赤金、惠回等營堡存剩銀壹萬陸拾叁兩捌錢肆分叁厘。河州鎮屬城守沙泥站、定羌、唐家川、循化、洮岷、舊洮、階州、成縣、西固、鞏昌、伏羌、寧遠、漳縣、秦州、秦安、清水、禮縣、徽縣、兩當、西和、蓮花城、蘭州城守等營存剩銀壹千肆百叁拾貳兩壹錢壹分肆厘。巴里坤鎮屬城守、哈密貳營存剩銀柒百貳拾柒兩柒錢壹分肆厘玖毫。烏魯木齊提標肆營并所屬鞏寧城守、庫爾喀喇烏蘇、喀喇巴爾噶遜、瑪納斯、精河等營存剩銀肆千叁百貳拾肆兩壹錢陸分捌厘貳毫。

又，各營通共不敷公費銀壹萬壹千柒百壹拾玖兩玖錢柒分玖厘伍毫。内永固協屬黑城、梨園貳營，不敷銀壹百陸拾捌兩玖分。固原提屬蘆塘、西安州、下馬關、永安八營，慶陽、固原城守等營，不敷銀伍百壹拾捌兩肆分肆厘柒毫。静寧協屬馬家堡、郭城驛、石峰堡等營，不敷銀貳拾柒兩壹錢叁分壹厘。凉州鎮屬蔡旗、高溝、西把截、上古城、炭山、豐樂、南把截、永昌、寧遠、永寧、新城、張義、靖邊、安遠、水泉、黑松、土門、古浪、俄卜嶺、紅水等營堡，不敷銀壹千陸百肆兩壹錢玖分捌厘。寧夏鎮屬石空寺、古水、横城叁營堡，不敷銀貳百肆拾壹兩壹錢叁厘。西寧鎮屬鎮標伍營，鎮海、哈拉庫、圖爾貴德、南川、亦雜石、千户莊、北川、威遠、碾伯、老鴉冰溝、西大通、巴燕戎格、巴暖、康家寨、乩思觀等營堡，不敷銀貳千肆百叁拾柒兩叁錢叁分壹厘肆毫。肅州鎮屬黄墩營，不敷銀捌拾兩柒錢肆厘。河州鎮標兩營，并所屬保安、起臺、臨洮、岷州、文縣、金縣等營，不敷銀柒百叁拾玖兩捌分叁厘壹毫。巴里坤鎮標叁營并所屬古城、木壘等營，不敷銀伍千肆百柒拾伍兩伍錢壹分叁厘。烏魯木齊提屬濟木薩營，不敷銀肆百貳拾捌兩柒錢捌分壹厘叁毫。

新收：乾隆伍拾貳年正月起，至年底止，各提、鎮、協、營共領過歲額公費銀肆萬陸千伍百伍拾貳兩玖錢伍分叁厘。又，督標伍營改製封口繳還核減鐵價銀伍拾捌兩陸錢柒厘貳共銀肆萬陸千陸百壹拾壹兩伍錢陸分，内督標伍營原額銀貳千陸百貳拾玖兩捌厘。又，繳還改製封口核減鐵價銀伍拾捌兩陸錢柒厘。甘提標伍營原額銀叁千陸拾肆兩柒錢柒分陸厘。永固協屬各營原額銀壹千玖百叁拾柒兩伍分貳厘。固原提屬各營原額銀壹千玖百肆拾捌兩肆錢。静寧協屬各營原額銀壹千壹百叁拾柒兩玖錢叁分叁厘。凉州鎮屬各營原額銀肆千伍百叁拾陸兩壹錢柒分貳厘。寧夏鎮屬各營原額銀肆千貳百肆拾壹兩捌錢肆分。西寧鎮屬各營原額銀肆千捌百貳拾陸兩柒錢壹分伍厘。肅州鎮屬各營原額銀陸千陸百捌拾陸兩叁分玖厘。河州鎮屬各營原額銀肆千伍百捌拾兩肆錢玖分貳厘，巴里坤鎮屬各營原額銀叁千伍百陸拾叁兩肆錢陸分玖厘，烏魯木齊提屬各營原額銀柒千肆百壹兩伍分柒厘。

開除：乾隆伍拾貳年正月起，至拾貳月底止，各提、鎮、協、營各案動用共使過公費銀叁萬捌千陸百玖拾肆兩貳錢貳分壹厘柒毫。内各營配造火藥用過工料銀壹萬伍千柒百陸拾柒兩柒錢貳分玖厘伍毫。各營采買銷叁鉛鐵，用過正脚價銀叁千壹百肆拾叁兩貳錢捌厘陸毫。各營開操出行、霜降祭祀銀壹千捌拾肆兩肆分捌厘。各營請領官兵俸餉盤脚銀柒千伍百陸拾叁兩玖分肆厘肆毫。各營造報各案奏銷紙張字工銀叁千玖百陸拾貳兩貳錢肆分壹厘貳毫。各營製辦戰兵備貯口糧炒麵應需扇簸炒麥人工口食、柴炭等項銀叁百伍拾肆兩叁錢陸分陸厘。各營掌稿工食差派，各處造册字識盤費，并派赴新疆换防、書識安家，以及通丁口食、跑遞文報兵丁鹽菜等項銀叁千柒百柒拾陸兩肆分肆厘。督標伍營并凉州、寧夏貳鎮屬添製封口、炮子等項，用過工料銀叁百貳拾陸兩陸錢捌分叁厘。甘標伍營製造進瓜馱轎用過工料盤費銀陸百玖兩玖錢陸分陸厘，扣還司庫。各營借領補製各項軍械并坐壹兵丁領穿靰鞋銀陸百叁拾捌兩玖錢貳分柒厘。凉州鎮標分領大神炮位，用過脚價銀壹拾壹兩壹錢伍分捌厘。永昌、紅城等營堡建修軍庫、藥局、馬棚、教場，并補製旗幟用過工料銀肆百柒拾柒兩陸錢貳分陸厘。安西沙州、靖逆等營支過派赴口外巴里坤等處馬廠牧馬兵丁盤費銀貳拾柒兩捌錢肆分，巴里坤鎮標東打板掃雪兵丁鞋脚銀壹百肆拾肆兩。又，哈密協供支伊犁入覲哈薩克阿哈岱赴京安臺馬匹料草銀叁百肆拾玖兩捌錢玖分肆厘，烏魯木齊提標等營打造銷叁農具等項銀肆百伍拾柒兩叁錢玖分陸厘。又，各營歸還舊管不敷公費銀壹千玖百叁拾肆兩柒錢叁分陸厘肆毫。内西寧鎮標并鎮海喇課、哈拉庫圖、亦雜石、千户、莊巴、燕戎、巴暖、康家寨等營歸還舊管不敷銀叁百肆拾叁兩肆錢肆分肆厘。肅州鎮屬黄墩營歸還舊管不敷銀貳拾伍兩陸錢柒分玖厘。河州鎮屬保安、岷州貳營歸還舊管不敷銀捌兩壹錢捌分壹厘。巴里坤鎮標并古城、木壘等營歸還舊管不敷銀壹千貳百貳拾肆兩伍錢陸分捌厘肆毫。濟木薩營歸還舊管不敷銀叁百叁拾貳兩捌錢陸分肆厘。

實在：乾隆伍拾貳年年底止，各營存剩公費共銀肆萬壹千捌百壹拾捌兩陸錢玖分伍毫。内督標伍營存剩銀肆千叁百伍拾貳兩貳錢。甘標伍營存剩銀貳千陸百捌拾叁兩陸錢捌分玖毫。永固協屬永固、甘州城守、洪水、南古城、馬營墩、山丹、硤口、大馬等營存剩銀貳千玖百柒兩玖錢肆分貳厘。固原提屬靖遠、鹽茶、李旺堡、涇州、紅德城、平凉城守等營存剩銀玖百玖拾陸兩壹分叁毫。静寧協屬静寧、隆德、莊浪、馬營監、安定、通渭等營存剩銀貳百貳拾貳兩壹錢伍分玖厘。凉州鎮屬凉標伍營，高古、大靖、莊浪、武勝、松山、裴家鎮、羌岔口、三眼井、永泰、苦水等營堡，存剩銀貳千貳百陸拾肆兩捌錢玖厘。寧夏鎮標肆營，并所屬城守、平羅、洪廣、玉泉、大壩、廣武、中衛、花馬池營，并所屬韋州、惠安貳堡，安定、興武等營堡，存剩銀肆千肆百貳拾兩叁錢貳分。西寧鎮屬城守、大通、永安、白塔、丹噶爾甘、都堂、札什等營堡，存剩銀壹千捌百陸拾陸兩捌錢柒分貳厘。肅州鎮屬鎮標叁營城守，嘉峪關、金塔寺、威虜、下古城、鎮夷、鹽池、清水、高臺、平川、紅崖、安西、布隆吉爾、橋灣、瓜州、踏實、雙塔、沙州、靖逆、赤金、惠回等營堡，存剩銀壹萬叁千壹百貳拾叁兩肆錢玖分叁厘。河州鎮屬城守、沙泥站、定羌驛、唐家川、循化、舊洮、階州、成縣、西固、鞏昌、伏羌、寧遠、濟縣、秦州、秦安、清水、禮縣、徽縣、兩當、西和、蓮花城等營存剩銀壹千柒百玖拾貳兩貳錢捌分叁厘伍毫。巴里坤鎮屬城守、哈密貳營存剩銀玖百叁拾陸兩玖錢貳分柒厘伍毫。烏魯木齊提屬提標肆營并瑪納斯、鞏寧城守、庫爾喀喇烏蘇、喀喇巴爾噶遜等營存剩銀陸千貳百伍拾壹兩玖錢玖分叁厘叁毫。又，各提、鎮、協、營共不敷公費銀壹萬壹千伍百貳拾肆兩伍錢柒分壹厘玖毫。内永固協屬黑城、梨園貳營，不敷銀貳百陸拾捌兩陸錢捌分柒厘伍毫。固原提屬蘆塘、西安州、下馬關、永安八營，慶陽、固原、城守等營，不敷銀柒百捌拾壹兩柒錢壹分玖厘柒毫。静寧協屬底店、會寧、馬家堡、郭城驛、石峰堡等營汛，不敷銀柒拾貳兩肆分貳厘。凉州鎮屬蔡旗、高溝、西把截、上古城、炭山、豐樂、南把截、永昌、寧遠、永寧、新城、張義、靖邊、安遠、水泉、鎮番、黑松、土門、古浪、俄卜嶺、紅水、紅城等營堡，不敷銀貳千叁百玖拾陸兩柒錢柒分陸厘。寧夏鎮屬石空寺、古水井、横城、靈州等營堡，不敷銀叁百肆拾肆兩貳錢柒分。西寧鎮屬鎮標伍營，鎮海喇課、哈喇庫圖爾、貴德、南川、亦雜石、千户莊、北川、威遠、碾伯、老鴉、冰溝、西大通、巴燕戎格、巴暖、康家寨、乩思觀等營堡，不敷銀貳千叁百叁拾玖兩柒錢玖分柒厘肆毫。肅州鎮屬黄墩營不敷銀伍拾伍兩貳分伍厘。河州鎮屬鎮標兩營，保安、起臺、臨洮、洮岷、岷州、文縣、蘭州城守、金縣等營，不敷銀玖百捌兩肆錢捌分壹厘叁毫。巴里坤鎮標叁營，并所屬古城、木壘貳營，不敷銀肆千貳百伍拾兩玖錢肆分肆厘陸毫。烏魯木齊提屬濟木薩、精河貳營，不敷銀壹百陸兩捌錢貳分捌厘肆毫。

以上各提、鎮、協、營收支動存銀兩數目，均屬相符。除移令各該營將不敷銀兩在于下年公費節省銀内抵收造報，并將存剩銀兩造入下年簡明奏銷册内查核外，遵照原議，彙造司總簡明清册，詳賫前來，臣覆核無异。除各册送部外，臣謹具題，伏祈皇上睿鑒，敕部核覆施行。爲此具本，謹題

請旨。

乾隆伍拾柒年閏肆月貳拾壹日。

太子太保、兵部尚書兼都察院右都御史、總督陝甘等處地方軍務兼理糧餉并兼管甘肅巡撫事兼理茶馬臣勒保。

【貼黄】

太子太保、兵部尚書兼都察院右都御史、總督陝甘等處地方軍務兼理糧餉并兼管甘肅巡撫事兼理茶馬臣勒保謹題：爲遵旨等事。

該臣查得，各提、鎮、協、營每年動用公費銀兩，前經酌議條款，嗣准部覆，令將常年動用銀兩年底分晰各項造册，題請核銷。等因。當經轉飭遵辦去後。兹據署甘肅布政使司按察使鄭製錦，將乾隆伍拾貳年分甘省各提、鎮、協、營舊管、新收、開除、實在，各提、鎮、協、營收支動存銀兩數目，均屬相符。遵照原議，彙造司總簡明清册，詳賫前來，臣覆核無异。除各册送部外，臣謹具題請旨。

【《明清檔案》A263—46，B148441—B148454】

陝甘總督兼甘肅巡撫勒保題報副將病故

乾隆五十七年五月二十七日

題。

五十七年□月□日下兵。

兵部知道。

太子太保、兵部尚書兼都察院右都御史、總督陝甘等處地方軍務兼理糧餉并兼管甘肅巡撫事兼理茶馬臣勒保謹題：爲報明副將病故事。

准陝西固原提督臣王彙咨開，准延綏鎮咨，據波羅協都司達蘭圖禀稱，本協副將舒津泰，身患昏迷病症，調治不愈，于乾隆伍拾柒年閏肆月貳拾伍日病故。理合報明。等情。據此，除照例委員查驗該副將果患何疾病故，有無别情，取具嫡親、承查印甘各結，并查明任内有無未清錢糧事件，原領札付到日，另咨移送外，謹將該副將病故日期，相應咨明。等因。到臣。

準此，該臣查得，守備以上官員病故，例應題報。兹陝西延綏鎮屬波羅協副將舒津泰，因患昏迷病症，調治罔效，于乾隆伍拾柒年閏肆月貳拾伍日病故。經臣飭委延安營參將徐錕前赴波羅協將副將事務署理，除查取嫡親甘結及承查官印結，同原領札付，并任内有無未清錢糧事件，查取至日，另咨送部外，所有陝西波羅協副將舒津泰病故日期，理合恭疏題報，伏祈皇上睿鑒，敕部查照施行。爲此具本，謹具題聞。

乾隆伍拾柒年伍月貳拾柒日。

太子太保、兵部尚書兼都察院右都御史、總督陝甘等處地方軍務兼理糧餉并兼管甘肅巡撫事兼理茶馬臣勒保。

【貼黄】

太子太保、兵部尚書兼都察院右都御史、總督陝甘等處地方軍務兼理糧餉并兼管甘肅巡撫事兼理茶馬臣勒保謹題：爲報明副將病故事。

該臣查得，守備以上官員病故，例應題報。兹陝西延綏鎮屬波羅協副將舒津泰，因患昏迷病症，調治罔效，于乾隆伍拾柒年閏肆月貳拾伍日病故。經臣飭委延安營參將徐錕前赴波羅協將副將事務署理，除查取嫡親甘結及承查官印結，同原領札付，并任内有無未清錢糧事件，查取至日，另咨送部外，所有陝西波羅協副將舒津泰病故日期，理合恭疏題報。謹具題聞。

【《明清檔案》A263—113，B148747—B148748】

陜甘總督兼甘肅巡撫勒保題請預撥甘肅所屬各驛倒馬價銀

乾隆五十七年六月三十日

題。

七月十六日。

五十七年八月□日下兵、户。

該部議奏。

太子太保、兵部尚書兼都察院右都御史、總督陜甘等處地方軍務兼理糧餉并兼管甘肅巡撫事兼理茶馬臣勒保謹題：爲欽奉上諭事。

據署甘肅布政司事按察使鄭製錦呈，蒙總督陜甘勒部院案驗，乾隆伍拾陸年拾壹月拾壹日，准兵部咨，車駕司案呈，兵科抄出本部題前事壹案，相應抄單移咨該督可也。計黏單壹紙，内開：會議得，陜甘總督勒保疏稱，查得甘省所屬地驛每年需用倒馬價銀，例應預爲估撥。兹據甘肅布政使蔣兆奎詳稱，查得乾隆伍拾陸年壹歲倒馬價銀，准署按察使王曾翼造册移送。查册造蘭州、鞏昌、平凉、慶陽、甘州、凉州、寧夏、西寧捌府，并直隸秦州、階州、肅州、安西州、涇州伍州所管各驛，乾隆伍拾陸年原額、新添、孳生共馬叁千貳百柒拾叁匹。自乾隆伍拾陸年正月初壹日起，至年底止，照依拾分倒貳之例合算，共應准倒馬陸百伍拾肆匹陸分，每匹價銀捌兩，共銀伍千貳百叁拾陸兩捌錢。又，册造蘭州、鞏昌、平凉、甘州、凉州伍府，并直隸涇州、肅州所管肆拾陸驛，續添共馬柒百肆拾匹。自乾隆伍拾陸年正月初壹日起，至年底止，照依拾分倒貳之例合算，共應准倒馬壹百肆拾捌匹，每匹價銀捌兩，共銀壹千壹百捌拾肆兩。又，册造鞏昌、平凉貳府屬所管翟家所、高家堡、神林堡、安國鎮肆腰站，撥安馬壹百貳拾匹。自乾隆伍拾陸年正月初壹日起，至年底止，照依拾分倒貳之例合算，共應准倒馬貳拾肆匹，每匹價銀捌兩，共銀壹百玖拾貳兩。又，册造蘭州、鞏昌、平凉、凉州肆府，并直隸涇州所管貳拾肆驛，增添馬伍百捌拾伍匹，自乾隆伍拾陸年正月初壹日起，至年底止，照依拾分倒貳之例合算，共應准倒馬壹百壹拾柒匹，每匹價銀捌兩，共銀玖百叁拾陸兩。核查册造倒斃分數，買補價值，與例相符。至前項倒馬價銀，應請在于各屬解到官茶改折歸并候撥兵餉款内動支，作正開銷。

再，查肅州、安西貳州安設運送新疆一切官物車馬，前經奏明，另立棚槽拴喂，當將所需料草、夫工、倒馬等項銀兩，詳明在于庫貯新疆經費款内支發。已將伍拾伍年支過銀兩聲明款目，造册呈請，題銷在案。所有此案拉車馬壹百伍拾匹，伍拾陸年壹歲應准倒馬叁拾匹，共需買補馬價銀貳百肆拾兩，應請仍于新疆經費銀内動支，庶免牽混。仍遵照部示，統隨驛站奏銷案内分晰造報，彙請題銷。等情。造具估册，呈賫請題前來，臣覆核無异。除册送部外，相應具題。等因。具題前來。

查定例，甘省驛馬倒斃，不得過貳分，買補馬價，每匹准銷銀捌兩。向例，馬價次年撥補，另爲造銷。經原任甘肅巡撫鄂樂舜題請，自乾隆拾玖年爲始，統入驛站奏銷案内題銷。其倒馬價銀，亦照工料之例預爲估撥，于每年年底飭令請領，次年彙入驛站奏銷案内造報。等因。經兵部覆准在案。今甘肅省乾隆伍拾陸年，原額、新添、孳生，并續添、增添撥安，共實留馬肆千柒百拾捌匹，照依拾分倒貳之倒合算，共應倒馬玖百肆拾叁匹陸分，每匹價銀捌兩，共該馬價銀柒千伍百肆拾捌兩捌錢。兵部核算倒馬分數，并買補價值，均與定例相符，應如該督所題，准其照數動撥。至該督疏稱，前項馬價銀兩在于各屬解到官茶改折歸并候撥兵餉款内動支。等語。亦應如該督所題，准其照數動撥。

再，該督疏稱，肅州、安西貳州安設運送新疆官物、車馬壹百伍拾匹，伍拾陸年壹歲應准倒馬叁拾匹，共需買補倒馬價銀貳百肆拾兩。兵部按倒馬分數買補，價值核算，與定例相符，亦應准其買補。至應請仍于新疆經費銀内動支之處，亦應准其照數動撥。仍令該督將前項動支銀兩，并倒馬數目，

于該年驛站奏銷案内，分晰造報查核。等因。乾隆伍拾陸年拾月拾壹日題，本月拾叁日奉旨："依議。欽此。"等因。咨院行司。

蒙此，該署甘肅布政使鄭製錦查得，前奉部咨，甘肅各驛每年應准貳分倒馬價銀，自乾隆拾玖年爲始，照工料之例預爲估撥，年底飭令請領，次年彙入驛站奏銷案内造報。等因。除乾隆伍拾陸年應准貳分倒馬價銀，已經估請造入伍拾陸年驛站奏銷案内報銷在案。兹準署甘肅按察使富巽將乾隆伍拾柒年壹歲倒馬價銀，分案造具估册，移送前來。查册造蘭州、鞏昌、平凉、慶陽、甘州、凉州、寧夏、西寧捌府，并直隸秦州、階州、肅州、安西州、涇州伍州所管各驛，乾隆伍拾柒年原額、新添、孳生共馬叁千貳百柒拾叁匹，自乾隆伍拾柒年正月初壹日起，至年底止，照依拾分倒貳之倒合算，共應准倒馬陸百伍拾肆匹陸分，每匹價銀捌兩，共銀伍千貳百叁拾陸兩捌錢。又，册造蘭州、鞏昌、平凉、甘州、凉州伍府，并直隸肅州、涇州所管肆拾陸驛，續添共馬柒百肆拾匹，自乾隆伍拾柒年正月初壹日起，至年底止，照依拾分倒貳之倒合算，共應准倒馬壹百肆拾捌匹，每匹價銀捌兩，共銀壹千壹百捌拾肆兩。又，册造鞏昌、平凉貳府屬所管翟家所、高家堡、神林堡、安國鎮肆腰站，撥安馬壹百貳拾匹，自乾隆伍拾柒年正月初壹日起，至年底止，照依拾分倒項之例合算，共應准倒馬貳拾肆匹，每匹價銀捌兩，共銀壹百玖拾貳兩。又，册造蘭州、鞏昌、平凉、凉州肆府，并直隸涇州所管貳拾肆驛增添馬伍百捌拾伍匹，自乾隆伍拾柒年正月初壹日起，至年底止，照依拾分倒貳之倒合算，共應准倒馬壹百壹拾柒匹，每匹價銀捌兩，共銀玖百叁拾陸兩。核查册造倒斃分數買補，價值與例相符。至前項倒馬價銀，向係在于司庫收貯各屬解到官茶改折歸并候撥兵餉銀内動支。今伍拾柒年壹歲倒馬價銀柒千伍百肆拾捌兩捌錢，應請在于收貯候撥兵餉款内動支，作正開銷。

再，查肅州、安西貳州安設運送新疆一切官物車馬，前經奏明，另立棚槽拴喂，當將所需料草、夫工、倒馬等項銀兩詳明在于庫貯新疆經費款内支發。已將伍拾陸年支過銀兩聲明款目，造册呈請，題銷在案。所有此項拉車馬壹百伍拾匹，伍拾柒年壹歲應准倒馬叁拾匹，共需買補價銀貳百肆拾兩，應請仍于新疆經費銀内動支，庶免牽混。仍遵照前奉部示，統隨驛站奏銷案内，分晰造報，彙請題銷。所有臬司造到此案拉車馬匹，伍拾柒年應需買補倒馬估册，相應一并呈賫核題。再，此案馬價係按年估請之件，并不計限，合并聲明。等情。呈詳到臣。

該臣查得，甘肅省所屬各驛，每年需用倒馬價銀，例應預期估撥。兹據署甘肅布政使鄭製錦詳稱，查乾隆伍拾柒年壹歲倒馬價銀，准署按察使富巽造册移送。查册造蘭州、鞏昌、平凉、慶陽、甘州、凉州、寧夏、西寧捌府，并直隸秦州、階州、肅州、安西州、涇州伍州所管各驛，乾隆伍拾柒年原額、新添、孳生共馬叁千貳百柒拾叁匹，自乾隆伍拾柒年正月初壹日起，至年底止，照依拾分倒貳之例合算，共應准倒馬陸百伍拾肆匹陸分，每匹價銀捌兩，共銀伍千貳百叁拾陸兩捌錢。又，册造蘭州、鞏昌、平凉、甘州、凉州伍府，并直隸肅州、涇州所管肆拾陸驛，續添共馬柒百肆拾匹，自乾隆伍拾柒年正月初壹日起，至年底止，照依拾分倒貳之例合算，共應准倒馬壹百肆拾捌匹，每匹價銀捌兩，共銀壹千壹百捌拾肆兩。又，册造鞏昌、平凉貳府屬所管翠家所、高家堡、神林堡、安國鎮肆腰站，撥安馬壹百貳拾匹，自乾隆伍拾柒年正月初壹日起，至年底止，照依拾分倒貳之例合算，共應准倒馬貳拾肆匹，每匹價銀捌兩，共銀壹百玖拾貳兩。又，册造蘭州、鞏昌、平凉、凉州肆府，并直隸涇州所管貳拾肆驛增添馬伍百捌拾伍匹，自乾隆伍拾柒年正月初壹日起，至年底止，照依拾分倒貳之例合算，共應准倒馬壹百壹拾柒匹，每匹價銀捌兩，共銀玖百叁拾陸兩。核查册造倒斃分數，買補價值，與例相符。至前項倒馬價銀，向係在于司庫收貯各屬解到官茶改折歸并候撥兵餉銀内動支。今伍拾柒年壹歲倒馬價銀柒千伍百肆拾捌兩捌錢，應請在于收貯候撥兵餉款内動支，作正開銷。

再，查肅州、安西貳州安設運送新疆一切官物車馬，前經奏明，另立棚槽拴喂，當將所需料草、工夫、倒馬等項銀兩詳明在于庫貯新疆經費款内支發。已將伍拾陸年支過銀兩聲明款目，造册呈請，題銷在案。所有此項拉車馬壹百伍拾匹，伍拾柒年壹歲應准倒馬叁拾匹，共需員補價銀貳百肆拾兩，應請仍于新疆經費銀内動支，庶免牽混。仍遵照前奉部示，統隨驛站奏銷案内分晰造報，彙請題銷。等情。造具估册，呈賚請題前來，臣覆核無异。除册分送部科外，相應具題。伏祈皇上睿鑒，敕部核覆施行。謹題請旨。

乾隆伍拾柒年陸月叁拾日。

太子太保、兵部尚書兼都察院右都御史、總督陝甘等處地方軍務兼理糧餉并兼管甘肅巡撫兼理茶馬臣勒保。

【貼黄】

太子太保、兵部尚書兼都察院右都御史、總督陝甘等處地方軍務兼理糧餉并兼管甘肅巡撫兼理茶馬臣勒保謹題：爲欽奉上諭事。

該臣查得，甘肅省所屬各驛每年需用倒馬價銀，例應預期估撥。兹據署甘肅布政使鄭製錦詳稱，查乾隆伍拾柒年壹歲倒馬價銀，准署按察使富巽造册移送。查册造蘭州、鞏昌、平凉、慶陽、甘州、凉州、寧夏、西寧捌府，并秦州、階州、肅州、安西州、涇州伍直隸州所管各驛，乾隆伍拾柒年原額、新添、孳生、續添、增添共馬肆千柒百壹拾捌匹。自乾隆伍拾柒年正月初壹日起，至年底止，照依拾分倒貳之例合算，共應准倒馬玖百肆拾叁匹零，每匹價銀捌兩，共買補價銀柒千伍百肆拾捌兩零，應請在于各屬解到官茶改折歸并候撥兵餉款内動支，作正開銷。再，查肅州、安西貳州安設運送一切官物拉車馬壹百伍拾匹，伍拾柒年壹歲應准倒馬叁拾匹，共需買補倒馬價銀貳百肆拾兩，仍于新疆經費銀内動支。等情。造具估册，呈賚請題前來，臣覆核無异。除册分送部科外，謹題請旨。

【《明清檔案》A264—105，B149279—B149286】

陝甘總督兼甘肅巡撫勒保題報署縣試用期滿職請准實授

乾隆五十七年七月十六日

題。

八月初二日。

五十七年□月廿三。

該部議奏。

太子太保、兵部尚書兼都察院右都御史、總督陝甘等處地方軍務兼理糧餉并兼管甘肅巡撫事兼理茶馬臣勒保謹題：爲揀員分别請署知縣恭摺奏聞事。

據署甘肅布政司事按察使鄭製錦、署按察司事甘凉道富巽會詳稱，蒙總督陝甘勒部院案驗，乾隆伍拾伍年拾壹月貳拾陸日，准吏部咨，文選司案呈，内閣抄出陝甘總督勒保奏前事。等因。乾隆伍拾伍年玖月貳拾貳日，奉硃批："該部議奏。欽此。"議得陝甘總督勒保奏稱，碾伯縣知縣黄家駒，又平羅縣知縣王世治，經臣分别革職、勒休貳缺，隨與藩臬兩司公同遴選。查有揀發知縣景安，心地明白，辦事勤慎，以之請署碾伯縣衝、難中缺，堪以勝任。又，揀發知縣達楷，年壯才明，辦事勤奮，以之請署平羅縣疲、難中缺，足資治理。惟查景安、達楷貳員，俱係揀發人員，今請署理參革、勒休遺缺，與例稍有未符，但人地相宜。相應恭摺，奏懇聖恩俯准，即以景安署理碾伯縣知縣，達楷署理平羅縣知縣，于地方實有裨益。如蒙俞允，該貳員均係揀發知縣請署知縣，銜缺相當，毋庸送部。此見仍俟試看期滿，另請實授。等因。前來。

查平羅縣知縣係疲、難中缺，應歸月選。達楷，鑲紅旗滿洲官學生，由刑部筆帖式記名，以知縣用。乾隆伍拾肆年拾壹月，揀選引見，發往甘肅差遣委用。該督既稱該員年壯才明、辦事勤奮，以之署理平羅縣知縣，于地方實有裨益。等語。應如該督所請，委用知縣達楷准其署理平羅縣知縣，照例試看期滿。如果稱職，另請實授。該員係委用知縣請署知縣，銜缺相當，毋庸送部引見。至碾伯縣知縣員缺，該督請以委用知縣景安署理。等語。查景安，現據鑲白旗滿洲都統咨報，該員已丁母憂，所有該督奏請署理碾伯縣知縣之處，毋庸議。其碾伯縣知縣員缺，臣部照例歸于月分銓選。乾隆伍拾伍年拾月拾捌日，奉旨："依議。欽此。"等因。准咨，行司。蒙此，隨即移行，遵照在案。

茲準寧夏道福永移，據署寧夏府知府鶴綸詳，據平羅縣知縣達楷申稱，竊卑職年肆拾壹歲，係鑲紅旗滿洲凌惠佐領下人，由官學生方略館議叙掣補刑部筆帖式。乾隆伍拾叁年拾壹月，本部保送引見，奉旨："著記名以知縣用。欽此。"伍拾肆年拾壹月，揀發甘肅，伍拾伍年貳月貳拾肆日到省，奉委署西寧縣印務。嗣蒙奏署今職，奉准部覆，于伍拾陸年陸月初捌日到任。今扣至伍拾柒年陸月初捌日，試署壹年期滿，例應實授，理合叙明年歲履歷，申請轉詳。等情。到府。

據此，卑署府查該員自到任以來，每逢朔望，宣講聖諭，士民咸知向化。設立漢回義學，捐俸延師訓課，文風振興。經收錢糧，令民自封投匱，毋致胥役滋弊。力行保甲，查緝匪類，地方寧謐。疏通渠道，及時灌溉，農民樂利。自理詞訟，隨到隨審，并無拖累。修補橋梁、道路，以利行人。經手倉庫錢糧，并無虧缺。該員年力精壯，辦事奮勉，實屬稱職，堪以實授。相應加考，詳請核移。等情。到道。據此，本道查該員年力强壯，辦事勤慎，實屬稱職，堪以實授。擬合加考，移請核轉。等因。到司。準此，該本署司等會查得，平羅縣知縣達楷，自乾隆伍拾陸年陸月初捌日至任之日起，扣至伍拾柒年陸月初捌日，試署已滿壹年。令準據該管道府叙明該員履歷事實出考，轉請實授前來。覆查該員年富力强，辦事勤慎，實屬稱職，堪以實授。等情。呈詳到臣。

該臣查得，前准部咨，令將署平羅縣知縣達楷照例，試看期滿，如果稱職，另請實授。等因。行司。遵照在案。兹據署甘肅布政使鄭製錦等會詳稱，署平羅縣知縣達楷，現年肆拾壹歲，鑲紅旗滿洲凌惠佐領下人，由官學生方略館議叙製補刑部筆帖式。乾隆伍拾叁年拾壹月，本部保送知縣引見，奉旨："著記名以知縣用。欽此。"伍拾肆年拾壹月，揀發甘肅，伍拾伍年貳月貳拾肆日到省，委署西寧縣印務。嗣蒙奏署今職，奉准部覆，于伍拾陸年陸月初捌日到任起，今扣至伍拾柒年陸月初捌日，試署壹年期滿，例應實授。準據該道府查明該員居官事實，開叙年歲履歷，出具考語，轉請實授。本署司等覆查該員年富力强，辦事勤慎，實屬稱職，堪以實授。等情。會詳請題前來。臣查達楷，年壯才明，辦事勤慎，堪以實授。相應具題，伏祈皇上睿鑒，敕部議覆施行。

再，該員前署西寧縣任内有一件據首等事：賈家莊郭得旺，磨輪上無名男子被殺身死，凶犯未獲壹案，肆參接緝不力，于現任内罰俸壹年，有紀録壹次，銷去紀録壹次，抵罰俸陸個月，仍罰俸陸個月。一件遵旨等事：批解前任知縣那靈阿應賠虧缺廢炮鐵斤變價銀兩遲延壹案，罰俸壹年。以上貳案俸銀未完。又，平羅縣本任内一件稟明流犯脱逃事：流犯周遂在配脱逃，限滿未獲壹案。一件奏銷等事：接徵乾隆伍拾陸年地丁正耗銀糧未完壹分以上壹案。以上貳案已經咨參，尚未奉准部覆。此外再無參罰案件，與實授之例相符，合并陳明。謹題請旨。

乾隆伍拾柒年柒月拾陸日。

太子太保、兵部尚書兼都察院右都御史、總督陝甘等處地方軍務兼理糧餉并兼管甘肅巡撫事兼理茶馬臣勒保。

【貼黄】

太子太保、兵部尚書兼都察院右都御史、總督陝甘等處地方軍務兼理糧餉并兼管甘肅巡撫事兼理茶馬臣勒保謹題：爲揀員分別請署知縣等事。

該臣查得，前准部咨，令將署平羅縣知縣達楷照例，試看期滿，如果稱職，另請實授。等因。行司。遵照在案。兹據署甘肅布政使鄭製錦等會詳稱，署平羅縣知縣達楷，現年肆拾壹歲，鑲紅旗滿洲凌惠佐領下人，由刑部筆帖式。乾隆伍拾叁年拾壹月，本部保送引見，奉旨："著記名以知縣用。欽此。"伍拾肆年拾壹月，揀發甘肅，伍拾伍年貳月貳拾肆日到省，委署西寧縣印務。嗣經奏署今職，奉准部覆，于伍拾陸年陸月初捌日到任起，扣至伍拾柒年陸月初捌日，試署壹年期滿，例應實授。準據該道府查明該員居官事實，開叙年歲履歷，出具考語，轉請實授。本署司等覆查該員年富力强，辦事勤慎，堪以實授。等情。會詳請題前來。臣查達楷，年壯才明，辦事勤慎，堪以實授。相應具題，謹題請旨。

【《明清檔案》A265—26，B149501—B149506】

陝西巡撫秦承恩題報派赴葉爾羌等處换防兵支過俸賞車價口糧等銀

乾隆五十七年八月二十九日

題。

九月初□。

五十七年十月□日下户。

該部察核具奏。

兵部侍郎兼都察院右副都御史、巡撫陝西等處地方贊理軍務兼理糧餉臣秦承恩謹題：爲呈請移咨派員更换事。

據陝西布政使司布政使和寧呈，准甘肅藩司咨，乾隆伍拾伍年拾貳月拾叁日，蒙總督陝甘勒部堂憲牌，案查前准葉爾羌總辦大臣明興、協辦大臣愛興□□，内開：駐防陝西興漢鎮屬舊縣關營游擊魏文，叁年期滿，應照例咨調人員更换，以均勞逸。等因。當經檄飭該鎮，照例將所屬游擊人員開摺呈請酌派在案。今本督部堂查得，略陽營游擊朱學仁，堪以派赴葉爾羌换班。除行藩司外，合行檄飭該鎮轉飭遵照，依期起程。至應得分例，飭令在于地方官處支領，仍先將起程日期具報，以便遴員前往接署，并移明固原提督毋違。等因。除照會興漢鎮轉飭該□遵照外，合行檄飭，即轉飭遵照，仍將該員起程日期及應得分例，照例分案具詳請咨，并移明西安藩司毋違。等因。

蒙此，查定例，派往新疆换防官員自本營起程，按品借支壹年俸銀，俟班滿回營之日，仍行扣還。沿途乘騎本身例馬，每匹日支柒斤重〔空〕草壹束，照部價每束折銀壹分，在于本營馬乾銀内生扣。又，游擊准帶兵書肆名，每名賞給行裝銀壹拾伍兩。自本營起，至哈密止，按伍名給車壹輛，口内每百里給脚價銀肆錢伍分，口外每百里給脚價銀壹兩貳錢。所需車脚銀兩，自陝省支至甘省交界，由甘省接界地方官接支赴哈哈密以西，每叁名合給馱載駝壹隻，折支價銀壹拾捌兩，于出口時，由肅州按□折給，令其自行購備。抵防後，照庫車以西之例，扣繳拾分之叁分，作貳年扣退。官兵并額帶跟役餘丁，口内沿途按站支領口糧官員粳米、兵役粟米，每員名日支京升米捌合叁勺，或炒白麵壹斤。自肅州出口，除支口糧外，照例起支鹽菜。游擊本身月支鹽菜銀肆兩，跟役陸名。兵書每名月支鹽菜銀玖錢。馬兵每肆名、步守兵每伍名，各合給餘丁壹名。跟役、餘丁每名月支鹽菜銀伍錢。等因。今興漢鎮屬派往葉爾羌换防游擊朱學仁，并隨帶兵書所需各項，應悉照前例支給。除移興漢鎮飭遵外，擬合移咨遵照供支施行。等因。

又于乾隆伍拾陸年柒月拾叁日，承准固原提督准甘肅布政司咨呈，乾隆伍拾陸年陸月貳拾捌日，蒙總督陝甘勒部堂憲牌，本年陸月□□肆日，准哈密總辦大臣琅玕、協辦大臣增□□開，據哈密協副將永亮呈稱，案查哈密聽差固原提標左營把總明克謨，扣至乾隆伍拾陸年伍月貳拾貳日，叁年班滿，所有班滿日期，理合具文呈報。等情。據此，查聽差把總明克謨，前于伍拾叁年班滿時，據該把總禀稱，情願告駐壹班。經前任哈密大人准留壹班，并

聲明另行扣滿年限更換。等因。在案。今據該協呈報，該員于本年伍月貳拾貳日叁年班滿，自應調員更换，相應移咨轉飭派員更换。等因。到本部堂。準此，合行檄飭咨呈固原提督選派把總壹員，前往更换。至該員應得分例，飭令在于地方官照前例支領，仍將派員姓名及起程日期具詳，轉咨毋違。等因。蒙此，擬合咨呈，希即選派把總壹員前往更换，仍將派員營分姓名及擬定起程日期先行移司，以便轉詳，請咨施行。等因。

準此，查哈密應派聽差把總壹員，本提督選得潼關協分防華州汛把總王恭堪以派往，擬合就行。爲此仰該協查照來文事理，即轉飭該弁刻速起程，前往更换。至該員應得分例，移令地方官照例供支，仍將該弁擬定起程日期，即爲備文呈報以憑，轉咨毋違。等因。除行潼關協轉飭該弁起程前往更换外，擬合移明，希即查明把總王恭應支分例，飭令地方官供支施行。各等因。□準此，節經移行遵照造報去後。今承准固原提督暨興漢鎮，并據西安、同州等府州將各該官兵支過奉賞、車價、口糧等項銀兩，造具奏銷册，移報到司。準據此，該布政使和寧□得，葉爾羌、哈密等處屯差游擊魏文、把總明克謨俱已班滿，例應派往更换。蒙督部堂選派興漢鎮屬略陽營游擊朱學仁并隨帶兵書肆名，又固原提屬潼關協把總王恭前往接辦。

以上派往葉爾羌、哈密等處屯防聽差官員、兵書應需各項分例銀兩，俱經甘肅藩司查照節次换防成例詳議。官員按品借支壹年俸銀，俟班滿回營之日，仍行扣還。兵丁每名賞給行裝銀壹拾伍兩，沿途乘騎本身例馬，沿途每匹日支柒斤重草壹束，照部價每束折銀壹分，在于各本營馬乾銀内坐扣。兵書自本營起，至哈密止，按伍名給車壹兩，每輛口内、口外照例支給脚價。官役、兵書、餘丁口内沿途按站支給口糧，官員粳米，兵役、餘丁粟米，每員名日支京升米捌合叁勺，或炒白麵壹斤，跟役每名日支粟米伍合，事竣核實報銷。等情。詳咨奉部，覆准在案。今准各提、鎮、營并據各府州將所屬各州縣供支過前項分例等項銀兩，分晰造册，請銷前來。

伏查乾隆伍拾陸年分，固原提督并興漢鎮屬奉派哈密、葉爾羌等處聽差換防官兵陸員名内，游擊壹員朱學仁借支壹年俸銀叁拾玖兩叁錢叁分陸厘，把總壹員王恭借支壹年俸銀壹拾貳兩肆錢陸分捌厘。馬步、兵書肆名，每名賞銀壹拾伍兩，共銀陸拾兩。以上通共支過俸賞銀壹百壹拾壹兩捌錢肆厘。又，葉爾羌換防游擊隨帶馬步、兵書肆名，照例每伍名給車壹兩，共車捌分。自本營起，至甘省交界階州止，計程壹百伍里。每車每百里照棧外之例，給脚價銀叁錢陸分，共銀叁錢貳厘。又，西安、同州、漢中叁府，邠州、乾州貳州屬奉文供支固提并興漢鎮屬各營派赴葉爾羌等處換防聽差官兵陸員名，内略陽營游擊壹員朱學仁，潼關協把總壹員王恭，馬步、兵書肆名，餘丁玖分，跟役捌名。照例官員粳米，兵丁、餘丁粟米，每員名各日支京升米捌合叁勺，跟役每名日支粟米伍合，例馬每匹日支柒斤重草壹束。以上官貳員，共支京斗粳米玖升壹合叁勺。每斗價銀貳錢壹分伍厘至貳錢肆分伍厘不等，共銀貳錢玖厘。馬步、兵書肆名，餘丁玖分，跟役捌名，共支京斗粟米壹斗柒升柒勺，每斗價銀壹錢至壹錢伍分不等，共銀貳錢捌厘。例馬捌匹，共支柒斤重草貳拾陸束，每束價銀壹分，共銀貳錢陸分。叁項共銀陸錢柒分柒厘。以上通共銀壹百壹拾貳兩柒錢捌分叁厘。應請在于司庫地丁銀内動支，内官員借支壹年俸銀伍拾壹兩捌錢肆厘，俟班滿回營之日扣還。又，本身例馬沿途支過柒斤重草貳拾陸束，應照部價每束折銀壹分，共銀貳錢陸分，在于各本營馬乾銀内坐扣還項。所有各營官兵支過俸賞、車價、口糧等項銀兩，分晰造具總撒細數清册，并取到各屬供支口糧無浮印結，加具保結，相應具詳呈賫核題。等情。到臣。

該臣看得，陝西省各營派赴葉爾羌、哈密等處換防官兵支過俸賞、車價、口糧等項銀兩一案，據布政使和寧詳稱，乾隆伍拾陸年分，固原提督并興漢鎮屬奉派哈密、葉爾羌等處聽差換防官兵陸員名内，游擊壹員朱學仁借支壹年俸銀叁拾玖兩叁錢叁分陸厘，把總壹員王恭借支壹年俸銀壹拾貳兩肆

錢陸分捌厘。馬步、兵書肆名，每名賞銀壹拾伍兩，共銀陸拾兩。以上通共支過俸賞銀壹百壹拾壹兩捌錢肆厘。又，葉爾羌换防游擊隨帶馬步、兵書肆名，照例每伍名給車壹兩，共車捌分。自本營起，至甘省交界階州止，計程壹百伍里，每車每百里照棧外之例，給脚價銀叁錢陸分，共銀叁錢貳厘。又，西安、同州、漢中叁府，邠州、乾州貳州屬奉文供支固提并興漢鎮屬各營派赴葉爾羌等處换防聽差官兵陸員名，内略陽營游擊壹員朱學仁，潼關協把總壹員王恭，馬步、兵書肆名，餘丁玖分，跟役捌名，照例官員粳米，兵丁、餘丁粟米，每員名各日支京升米捌合叁勺，跟役每名日支粟米伍合，例馬每匹日支柒斤重草壹束。以上官貳員，共支京斗粳米玖升壹合叁勺。每斗價銀貳錢壹分伍厘至貳錢肆分伍厘不等，共銀貳錢玖厘。馬步、兵書肆名，餘丁玖分，跟役捌名，共支京斗粟米壹斗柒升柒勺，每斗價銀壹錢至壹錢伍分不等，共銀貳錢捌厘。倒馬捌匹，共支柒斤重草貳拾陸束，每束價銀壹分，共銀貳錢陸分。叁項共銀陸錢柒分柒厘。以上通共銀壹百壹拾貳兩柒錢捌分叁厘，應請在于司庫地丁銀内動支。内官員借支壹年俸銀伍拾壹兩捌錢肆厘，俟班滿回營之日扣還。又，本身例馬沿途支過柒斤重草貳拾陸束，應照部價每束折銀壹分，共銀貳錢陸分，在于各本營馬乾銀内坐扣還項。所有各營官兵支過俸賞、車價、口糧等項銀兩，分晰造具册結，由司加結請題前來，臣覆無异。除册結分送部科外，謹會同督臣勒保合詞具題，伏祈皇上睿鑒，敕部核覆施行。爲此具本，謹題請旨。

乾隆拾柒年捌月貳拾玖日。

兵部侍郎兼都察院右副都御史巡撫、陝西等處地方贊理軍務兼理糧餉臣秦承恩。

【貼黄】

兵部侍郎兼都察院右副都御史巡撫、陝西等處地方贊理軍務兼理糧餉臣秦承恩謹題：爲呈請移咨派員更换事。

該臣看得，陝西省各營派赴葉爾羌、哈密等處换防官兵支過俸賞、車價、口糧等項銀兩一案，據布政使和寧詳稱，乾隆伍拾陸年分，固原提督并興漢鎮屬奉派哈密、葉爾羌等處聽差换防官兵支過俸賞、車價、粳米、漿米□□壹百壹拾貳兩柒錢捌分叁，請在于司庫地丁銀内動支，造具册結，銷題前來，臣覆核無异。除册結分送部科外，謹會同臣勒保合詞，謹題請旨。

【《明清檔案》A266—16，B150009—B150016】

陝甘總督兼甘肅巡撫勒保題報各營軍器錢糧盤查無缺

乾隆五十七年八月三十日

題。

九月十六日。

五十七年十月□日下兵。

該部知道。

太子太保、兵部尚書兼都察院右都御史、總督陝甘等處地方軍務兼理糧餉并兼管甘肅巡撫事兼理茶馬臣勒保謹題：爲敬獻芻言，恭請聖鑒事。

□□雍正拾壹年正月貳拾壹日，准兵部咨開，會覆雲南提督蔡成貴題前事。等因。于雍正拾年拾壹月□貳日題，本月拾伍日奉□□□旨："依議。欽此。"抄出到部。相應通行直隸各省將軍督撫、提鎮一體欽遵可也。計黏單一紙，内開：查督撫、提鎮係封疆大吏，各營器械，自宜留心考察。後副、參、游、都、守等官專屬提轄者提督委員盤查，□□鎮轄者總兵委員盤查，如屬督撫所轄而不屬提鎮所轄者，亦令督撫委員盤查。皆取本營并無缺少印結，及委員并無捏飾甘結存案。應令各督撫、提鎮將標鎮協營軍器俱于年底保題壹次，仍將各省軍伙器械等項數目，分晰各標營造册并保結送部查核。如委盤保題之□□□發覺缺少者，委員照徇情例議處，督撫、提鎮照□□例議處。等因。

又于乾隆拾貳年玖月貳拾□日，准兵部咨黏單，内開：本部檢閱各省保題軍器册内，并未將額設馬兵若干名、盔甲若干□、□兵若干名、盔甲若干副，分晰開載□□□□□、旗纛、器械各若干件，係何項兵丁□□操演，詳細聲明。至各項□餘盔甲、旗纛、器械，亦不注明"銷""存"字樣。每遇各省請製、請銷軍裝等項，殊難按册查考。事關軍器，未便任其籠統開造，以致頭緒不清、章程不一。相應通行直省將軍、督撫、提鎮轉飭各營，逐款查明，詳細開注入□馬步兵丁額數，并馬步各兵所用盔甲□□□□□餘各項甲仗器械，係督撫轄者，督撫各彙□□□□□簡明清册。係提鎮轄者，提鎮各彙□造具四柱簡明清册，仍于册尾開明各項總□，作速送部，以憑查考。并取具該承辦官并□□□□□等弊印甘各結，報部備查。□□□□□□開造不行分晰詳細，致干□查可也。

又于乾隆貳拾陸年捌月貳拾陸日，准兵部咨，本部原題内開：議得山東巡撫阿爾太疏稱，請將各營錢糧、馬匹俱令慎重交代，年終一并保題。等因。查各直省年底將存貯軍器取結保題送部，其經管錢糧、馬匹向未開載。兵部酌議，請嗣後于保題軍器册内，將錢糧有無虧缺、馬匹是否膘壯之處，俱照山東一體辦理，取□□□□□□造册，送部查核。其提鎮所轄統彙送督撫□報。等因。于乾隆貳拾柒年柒月拾壹日題，□月拾肆日奉旨："依議。欽此。"照在案。兹準陝西固原提□□前□署甘肅提督臣烏大經、烏嚕木齊提督臣興奎，將標屬暨延綏、興漢、河州、凉州、寧夏、西寧、肅州、巴里坤各鎮營盤查各册移送。

又據督標中軍副將許世臣將督標各營盤查清册呈賫，并準據聲稱標協各營官兵俸餉銀兩俱係按季從司領回，隨即□封，會同文員照數監散，截曠銀兩亦係按季解交司庫，營中并無存□，均□□查照造報外，所有乾隆伍拾陸年分各標協營存貯一切軍伙器械、儲備箭枝，以及盈餘軍器等項，委員盤查，并無短少。馬匹俱各膘壯，公費銀兩亦無虧缺。照依定例，分晰造册，咨送前来□□到臣。準據此，該臣查得，各省督□提□□□各協營軍器，例應年底盤查保題。

又，保題軍器册内，應將錢糧有無虧缺、馬匹是否膘壯之處，取結造册，送部查核。等因。移行遵照在案。兹準據固原、甘肅、烏嚕木齊叁提督暨督標中軍副將許世臣，各將乾隆伍拾陸年分各標鎮協營存貯一切軍伙器械、儲備箭枝，以及盈餘軍器等項，委員盤查，并無短少，馬匹俱各膘壯，公費錢糧亦無虧缺，照例造册，咨送前來無异。除册送外，臣謹循例，彙案具題，伏祈皇上睿鑒，敕部核覆施行。爲此具本，謹題請旨。

乾隆伍拾柒年捌月叁拾日。

太子太保、兵部尚書兼都察院右都御史、總督陝甘等處地方軍務兼理糧餉并兼管甘肅巡撫事兼理茶馬臣勒保。

【貼黄】

太子太保、兵部尚書兼都察院右都御史、總督陝甘等處地方軍務兼理糧餉并兼管甘肅巡撫事兼理茶馬臣勒保謹題：爲敬獻芻言等事。

該臣查得，各省督撫、提鎮所屬各協營□，例應年底盤查保題。又，保軍器册内應將錢糧有無虧缺、馬匹是否膘壯之處，取結造册，送部查核。等因。遵照在案。兹準據固原、甘肅、烏魯木齊叁提督暨督標中軍副將許世臣，各將乾隆伍拾陸年分各標鎮協營存貯一切軍伙器械、儲備箭枝，以及盈餘軍器等項，委員盤查，并無短少。馬匹俱各膘壯，公費錢糧亦無虧缺。照例造册，咨送前來。臣按册覆核無异。除册送部外，臣謹循例，具題請旨。

【《明清檔案》A266—21，B150035—B150038】

陝甘總督勒保題報陝省補製新疆屯防及進剿金川官兵軍械用銀遵駁更造請銷并開造册遲延職名

乾隆五十七年九月九日

題。

九月二十五日。

五十七年十月□日下工、户、兵。

該部查核具奏。

太子太保、兵部尚書兼都察院右都御史、總督陝甘等處地方軍務兼理糧餉并兼管甘肅巡撫事兼理茶馬臣勒謹題：爲奏聞事。

據西安布政使司布政使和寧詳，蒙總督陝甘勒部院案驗，乾隆伍拾伍年陸月初陸日，准工部咨，虞衡司案呈，工科抄出陝督勒保題前事。等因。乾隆伍拾肆年拾月拾貳日題，拾壹月拾伍日奉旨：“該部察核具奏。欽此欽遵。”于本日抄出到部。

該臣等會查得，陝甘總督勒保疏稱，陝西省各標鎮營借銀補制節年派赴新疆屯防及進剿金川官兵帶缺軍械壹案，前經署督臣慶桂具題，嗣准部覆，以製造帳房并未開明布匹名色，塘馬旗、銅鑼、銅號、蟒筒等項亦未開明工料細數，廣膠、銅鈴等項價值又與定例浮多，令據實查明删減，另造妥册。等因。當經轉飭遵照去後。兹據署西安布政司恩明詳稱，查此案，各標鎮協營原共估銀肆萬陸千叁百貳拾捌兩項錢柒分，前次册造共請銷銀肆萬伍千玖百拾伍兩壹錢陸分玖厘，删減及截除零尾共銀肆百拾叁兩壹錢壹厘。今查舊制西安提標并册造共請銷銀壹萬壹千伍百拾伍兩玖錢叁分貳厘，删減銀肆百叁拾肆兩貳錢壹分伍厘。延綏鎮屬各營册造共請銷銀壹萬壹千捌百柒拾玖兩肆錢柒分貳厘，删減銀玖兩玖錢陸分。舊制固原鎮屬册造共請銷銀壹萬柒百柒拾貳兩壹錢柒分，删減銀叁百伍拾兩肆錢玖分叁厘。興漢鎮屬册造共請銷銀壹萬肆百玖拾壹兩伍錢玖分陸厘，刪減銀肆百陸拾壹兩叁錢叁分壹厘。

以上各標鎮協營，通共止請銷銀肆萬肆千陸百伍拾玖兩壹錢柒分，較前項報銷復刪減銀壹千貳百伍拾伍兩玖錢玖分玖厘。統計兩次，共刪減銀壹千陸百陸拾玖兩壹錢。應請將實銷銀兩遵照原議舊制，西安提標在于歲取馬廠地租銀内按年解還歸款，造報撥用。其餘各營，在于公費項下作正開銷。至兩次刪減銀兩，仍令收入各本營公費奏銷新收項下造報，以歸實用。

再，此案原議各營借支司庫地丁銀兩，俟前借貳年、叁年公費扣完之日，分作陸年、捌年扣還。今該營等已于乾隆肆拾柒年春季并肆拾玖年春季，在于各本營公費銀内陸續扣起，按年報撥在案。造具册籍，并原駁簽册，一并呈賫前來，臣覆核無异。除册送部外，臣謹具題。再，此案造册遲延職名，係慶陽營中軍守備馬良棟、長武營都司胡敖、邠州營都司王琯、涇州營都司四德、署紅德城營守備八營千總于文瑶，相應附參，合并陳明。等因。前來。

查陝省各營補製征屯兵丁帶缺軍械，先經兵部准其製造。據該督自行節減銀肆百拾叁兩壹錢零，實請銷銀肆萬伍千玖百拾伍兩壹錢陸分零，造册送部。經工部以製造帳房所開布匹并未開明布匹名色，塘馬旗、銅鑼、銅號、蟒筒等項，亦未開明工料細數，廣膠、銅鈴等項價值又與定例浮多，行令分晰刪減，另造妥册，同原册送部核銷在案。今據該督自行刪減銀壹千貳百伍拾伍兩玖錢玖分玖厘，實請銷銀肆萬肆千陸百伍拾玖兩壹錢柒分，另册送部。工部按册查核，内銅鑼、長號等項仍未將長徑深厚尺寸分晰開明，其大鐵鍬、钁頭、鐮斧等項，仍未開明净重鐵斤各計若干，其帳房、綳子所用梁木長徑尺寸各處相同，册開價值每根銀自伍厘至壹錢肆分陸厘不等，工部均難核准，應于册内逐一黏簽鈐印，發還該督嚴飭各營員據實核明，分晰刪減，另造妥册，同原册送部具題，到日再行核銷。其自行刪減銀壹千貳百伍拾伍兩玖錢玖分玖厘，據稱入于公費奏銷新收項下造報，以歸實用。應令該督造入公費册内新收項下，報部查核。至所稱報銷實用銀兩于各營公費陸續扣收報撥之處，應合該督將此案用過價值銀兩，俟造報工部核准之日，在于原借銀内作正開銷。仍將原借地丁銀兩，遵照從前原奏，分作陸年、捌年，在于各營公費及西安提標歲收馬廠地租銀内照數查扣，統俟扣還歸款之日，報明户部查核。兵部查造册遲延之守備馬良棟，都司胡敖、王琯、四德，署守備事千總于文瑶等伍員，均例應按照逾限月日分别議處，疏内俱未分晰聲明，應令該督查明報部，到日再議。等因。乾隆伍拾伍年叁月拾肆日題，本月貳拾叁日奉旨："依議。欽此。"相應行文陝甘總督欽遵查照可也。等因。

又于乾隆伍拾伍年柒月貳拾壹日，蒙總督陝甘部堂勒保案驗同前事。乾隆伍拾伍年柒月初拾日，准兵部咨，職方司案呈，准工部咨前事壹案，相應抄單知照該督可也。計黏單一紙，内開：會查得陝督勒保疏稱，陝西省各標鎮營借銀補製節年派赴新疆屯防及進剿金川官兵帶缺軍械壹案，將册造遲延職名附參前來。兵部查造册遲延之守備馬良棟，都司胡敖、王琯、四德，署守備事千總于文瑶等伍員，均例應按照逾限月日分别議處。疏内俱未分晰聲明，應令該督查明報部，到日再議。等因。乾隆伍拾伍年叁月拾肆日題，本月貳拾叁日奉旨："依議。欽此。"等因。到院。俱行到司。

蒙此，當經轉移各營遵照，另造妥册，陸續移送到司，遵即具詳請題。復蒙黏簽批駁，隨即分移各營，照依指駁情節，據實删减更造去後。兹準舊制，西安提標并潼關、慶陽、西鳳叁協營，及延綏、興漢、舊制固原等叁鎮，各將所屬補製征屯兵丁帶缺急需軍械用過工料銀兩，照依指駁情節，分晰按例删减，另造清册。并將造册遲延各職名，及守備馬良棟等伍員逾限月日，一并查明造册，陸續咨送到司。準此，查得陝省各標鎮協營補製節年派往伊犁等處屯田及進剿金川帶缺急需軍械用過工料銀兩報銷壹案，蒙准部咨，令嚴飭各營查照册内簽駁情節，據實核明分晰，畫一删减，另造妥册。并將造册遲延之守備馬良棟等伍員，逾限壹月，一并查明報部。等因。遵即移准各營，照依部示指駁及簽駁各情節，逐一按例删减。并查明守備馬良棟等逾限月日，分案造册，陸續移送前來。所有報銷各册及逾限遲延各官職名，并原發各册，相應一并呈賫，恭候查核具題。等情。到臣。

據此，該臣查得，陝西省各標鎮協營補製節年派赴新疆等處屯田及進剿金川兵丁帶缺急需軍械用過工料銀兩報銷壹案，接准部咨，以銅鑼、銅號、蟒筒等項仍未將長徑深厚尺寸分晰開明，其大鐵鍁、钁頭、鐮斧各項，亦未開明净重鐵斤若干，帳房、綳子所用梁木價值不一，查明册内黏簽駁飭情節，嚴飭各營據實删減，分晰畫一，另造妥册，到日再行核銷。并造册逾限遲延各官職名，一并查明報部。等因。當即轉飭遵照指駁各情節，分晰據實删減，另造妥册，詳請核辦去後。兹據西安布政使和寧詳稱，伏查此案各標鎮協營原估共銀肆萬陸千叁百貳拾捌兩貳錢柒分，前册造共請銷銀肆萬肆千陸百伍拾玖兩壹錢柒分，兩次删減及截除零尾共銀壹千陸百陸拾玖兩壹錢。合查舊制西安提標并營册造，共請銷銀玖千肆百陸拾陸兩貳分肆厘，删減銀貳千肆拾玖兩玖錢捌厘。延綏鎮屬册造，共請銷銀玖千壹百伍拾叁兩貳錢伍分叁厘，删減銀貳千柒百貳拾陸兩貳錢壹分玖厘。舊制固原鎮屬册造，共請銷銀捌千伍百柒拾兩玖錢陸分玖厘，删減銀貳千貳百壹兩貳錢壹厘。興漢鎮屬册造，共請銷銀柒千伍百陸拾伍兩貳錢玖分捌厘，删減銀貳千玖百貳拾陸兩貳錢玖分捌厘。

以上各標鎮協營，通共請銷銀叁萬肆千柒百伍拾伍兩伍錢肆分肆厘，較前報銷删減銀玖千玖百叁兩陸錢貳分陸厘。統計叁次删減銀壹萬壹千伍百柒拾貳兩柒錢貳分陸厘。應請將實銷銀兩，遵照原議舊制西安提標在于歲取馬廠地租銀内，按年解還歸款，造報撥用。其餘各營在于公費項下作正開銷。至叁次删減銀兩，仍令收入各本營公費奏銷新收項下造報，以歸實用。

再，此案原議各營借支司庫地丁銀兩俟前借貳年、叁年公費扣完之日，分作陸年、捌年扣還。今該營等已于乾隆肆拾柒年春季并肆拾玖年春季，在于各營公費銀内陸續扣起，按年報撥在案。等情。呈詳前來，臣覆核無异。

除送到造册逾限遲延之守備馬良棟等各職名揭帖，并報銷各册，同原發各册送部外，相應具題，伏祈皇上睿鑒，敕部核覆施行。爲此具本，謹題請旨。

乾隆伍拾柒年玖月初玖日。

太子太保、兵部尚書兼都察院右都御史、總督陝甘等處地方軍務兼理糧餉并兼管甘肅巡撫事兼理茶馬臣勒保。

【貼黄】

太子太保、兵部尚書兼都察院右都御史、總督陝甘等處地方軍務兼理糧餉并兼管甘肅巡撫事兼理茶馬臣勒保謹題：爲奏聞事。

該臣查得，陝西省各標鎮協營補製節年派赴新疆等處屯田及進勦金川兵丁帶缺急需軍械用過工料銀兩報銷一案，按准部咨，查明册内黏簽駁飭情節，嚴飭各營據實删減，分晰畫一，另造妥册，到日再行核銷。并造册逾限遲延各官職名，一并查明報部。等因。當即轉飭遵照删減，另造妥册，詳請核辦去後。玆據西安布政使和寧詳稱，伏查此案各標鎮協營通共請銷銀叁萬肆千柒百伍拾伍兩伍錢肆分肆厘，較前報銷删減銀玖千玖百叁兩陸錢貳分陸厘，統計叁次删減銀壹萬壹千伍百柒拾貳兩柒錢貳分陸厘。應請將實銷銀兩遵照原議舊制西安提標在于歲取馬廠地租銀内按年解還歸款，造報撥用。其餘各營在于公費項下作正開銷。至叁次删減銀兩，仍合收入各本營公費奏銷新收項下造報，以歸實用。等情。呈詳前來，臣覆核無异。除各册送部外，臣謹具題請旨。

【《明清檔案》A266—47，B150141—B150148】

陝甘總督兼甘肅巡撫勒保題報參將病故

乾隆五十七年九月九日

【注】太子太保、兵部尚書兼都察院右都御史、總督陝甘等處地方軍務

兼理糧餉并兼管甘肅巡撫事兼理茶馬臣勒保謹題：爲報明參將病故事。

准固原提督臣王彙咨開，據涇州營都司四德呈稱，據興漢鎮屬陽平關營額外外委張環等稟稱，緣本營參將馮配年陸拾貳歲，係湖北襄陽府襄陽縣人，奉文調考來固，得患中風不語病症，醫治不效，于乾隆伍拾柒年捌月貳拾貳日，行至涇州途次病故。理合報明。等情。據此，卑職前往查驗屬實，理合轉報。等情。到本提督。據此，除查取結札并查明該員任内有無未清錢糧事件，另文咨送外，所有該參將病故日期相應咨明。等因。到臣。

準此，該臣查得，武職守備以上官員病故，例應題報。茲有陽平關營參將馮配調考赴固，陡患中風不語病症，醫藥未效，于本年捌月貳拾貳日，在涇州途次病故。准固原提督巨王彙委員查驗屬實，并聲明應取結札并該員任内有無未清錢糧事件，俟查取至日，另行咨送。等因。前來。臣覆查無异。除結札俟查取至日另咨送部外，所有陽平關營參將馮配在途病故日期，合先恭疏題報，伏祈皇上睿鑒，敕部查照施行。爲此具本，謹題請旨。

乾隆伍拾柒年玖月初玖日。

太子太保、兵部尚書兼都察院右都御史、總督陝甘等處地方軍務兼理糧餉并兼管甘肅巡撫事兼理茶馬臣勒保。

【貼黄】

太子太保、兵部尚書兼都察院右都御史、總督陝甘等處地方軍務兼理糧餉并兼管甘肅巡撫事兼理茶馬臣勒保謹題：爲報明參將病故事。

該臣查得，武職守備以上官員病故，例應題報。茲有陽平關營參將馮配調考赴固，陡患中風不語病症，醫藥未效，于本年捌月貳拾貳日，行至涇州途次病故，准固原提督臣王彙委員查驗屬實，并聲明應取結札并該員任内有無未清錢糧事件，俟查取至日，另行咨送。等因。前來。臣覆查無异。除結札查取至日另咨送部外，所有陽平關營參將馮配在途病故日期，理合恭疏題報。謹題請旨。

【注】此前有闕幅。

【《明清檔案》A266—48，B150149—B150150】

陝甘總督兼甘肅巡撫勒保題報清查乾隆五十六年各營兵丁數目

乾隆五十七年九月十日

題。

九月二十四日。

五十七年十月□日下兵。

該部察核具奏。

太子太保、兵部尚書兼都察院右都御史、總督陝甘等處地方軍務兼理糧餉并兼管甘肅巡撫事兼理茶馬臣勒保謹題：爲請查各省額兵，以清經制額餉，用剔漏弊，永杜冒濫事。

前准兵部咨，職方清吏司案呈，奉本部送，兵科抄出該本部覆户科副理官徐必進題前事。等因。順治拾壹年正月貳拾捌日奉旨："該部知道。欽此欽遵。"抄出到部送司。奉此，案呈到部。

該臣等看得，科臣徐必進疏稱，各屬標營將領坐名冒糧，虚糜額餉，應徹底清算，造册報部，永爲定規，題請前事。案查順治拾年陸月内，題覆本部尚書王永吉題爲遵奉上傳等事一疏，内議：各營兵馬，沿襲陋規，不無虚冒，屢催册報，往往稽遲。間有報到，又復不實。應敕各督撫徹底清查，汰老弱，清隱占，備將汰過虚兵清出糧若干，年底造册奏報。等因。奉有"依議"之旨，臣部欽遵，通行在案。今科臣所奏與臣部所見相同，應仍敕下各督撫，徹底清查，作速奏報。等因。順治拾壹年叁月拾伍日奉旨："是。欽此欽遵。"抄部移咨前來。

準此，又于康熙元年正月初肆日，准兵部咨，爲欽奉上論事。職方清吏司案呈，奉本部准延綏巡撫張中第咨前事。等因。到部。查點汰兵馬咨送經制千把文册，均係武官之事，應遵照會議内事理，聽總督、提督管理，仍咨回該撫可也。

又于乾隆肆拾玖年玖月貳拾肆日，准兵部咨，爲咨查事。武庫司案呈，准軍機處交查，定鼎以來，甘省、陝省原設額兵若干，雍正年間，因防備准噶爾添兵若干，至平定新疆後，陸續將甘省、陝省内地兵丁移駐烏魯木齊、伊犁等處各若干，屯防兵若干。肆拾陸年以前，甘省、陝省各官養廉名糧各若干，公費虚兵各若干，扣留公糧各若干，并新疆兵内有無養廉、公費、公糧各若干之處，詳細查明，分款開單，速寄軍機處。等因。前來。查陝甘貳省兵册，歷據該督題報，均未分晰。甘省若干，陝省若干，其移駐新疆各兵，亦未按照由某省某年派往開列。至養廉及公費并公糧，逐年俱有多寡不符，屢次駁查，續據聲覆，總未清晰。且該督題報肆拾柒年分兵丁數目亦有不符，現今駁查，未經登覆。今軍機處交查，難以聲覆，應擬定册式，行文陝甘總督，查照軍機處交查各款，將甘肅省、陝西省及新疆各處，速即詳細逐款分晰，遵造妥册送部，以便核覆可也。等因。節經移行通查，遵照在案。

兹準西安將軍臣舒亮、陝西巡撫臣秦承恩、固原提督臣王彙、署甘肅提督臣烏大經、烏魯木齊提督臣興奎、延綏鎮總兵官楊秀、河州鎮總兵官保興、興漢鎮總兵官皂君保、凉州鎮總兵官巴彦圖、寧夏鎮總兵官吉蘭泰、西寧鎮總兵官富爾賽、肅州鎮總兵官索費英阿、巴里坤鎮總兵官和倫、督標中軍副將許世臣，各將乾隆伍拾陸年分標營經制原額、裁撥、駐防、屯田、聽差、增添、裁汰、實在馬步戰守兵丁數目及無隱占虚冒文册，咨呈前來。準據此，該臣查得，督撫、提鎮各標協營清查兵馬一案，例應按年彙題。兹準據西安將軍、陝西巡撫暨陝甘提督總兵并督標中軍副將許世臣，各將乾隆伍拾陸年分經制原額、裁撥、駐防、屯田、聽差、增添、裁汰、實在兵丁數目，遵照上届册式，分晰在營、在屯，造具清册前來，臣覆核無异。除册彙送兵部外，臣謹會同西安將軍臣舒亮、陜西巡撫臣秦承恩、陜西固原提督臣王彙、署甘肅提督臣烏大經、烏魯木齊提督臣興奎合詞具題，伏祈皇上睿鑒，敕部核覆施行。爲此具本，專差承差趙文魁、張成賫捧，謹題請旨。

乾隆伍拾柒年玖月初拾日。

太子太保、兵部尚書兼都察院右都御史、總督陜甘等處地方軍務兼理糧餉并兼管甘肅巡撫事兼理茶馬臣勒保。

【貼黄】

太子太保、兵部尚書兼都察院右都御史、總督陜甘等處地方軍務兼理糧餉并兼管甘肅巡撫事兼理茶馬臣勒保謹題：爲清查各省額兵等事。

該臣查得，督撫、提鎮各標協營清查兵馬一案，例應按年彙題。兹準據西安將軍、陜西巡撫暨陜甘提督總兵并督標中軍副將許世臣，各將乾隆伍拾陸年分經制原額、裁撥、駐防、屯田、聽差、增添、裁汰、實在兵丁數目，遵照上届册式，分晰在營、在屯，造具清册前來，臣覆核無异。除册彙送兵部外，臣謹合詞，具題請旨。

【《明清檔案》A266—49，B150151—B150154】

陜甘總督兼甘肅巡撫勒保題報甘肅各營乾隆五十六年朋馬銀兩

乾隆五十七年九月二十二日

題。

十月初十日。

五十七年十月□日下兵、户。

該部察核具奏。

太子太保、兵部尚書兼都察院右都御史、總督陜甘等處地方軍務兼理糧餉并兼管甘肅巡撫事兼理茶馬臣勒保謹題：爲請定歲底奏報，以肅馬政事。

據署甘肅布政使司事、按察使鄭製錦詳稱，案查前奉兵部咨前事。内開：嗣後朋桩馬匹以各該巡撫交割之日爲始，俱聽各該總督查核奏報，相應題明通行各督撫遵照。等因。續于康熙捌年陸月拾肆日，准兵部咨同前事。内開：舊管朋桩銀兩已歸户部，嗣後奏銷册内不必開列。又于雍正拾貳年肆月拾捌日，准兵部咨，爲酌定驛朋事宜事，計黏單一紙，内開：一，各省朋馬奏銷册籍，多有舛錯遺漏，若不行駁查，既恐朦混冒開，若駁查往復，又必稽遲歲月，于内、于外，均有不便。應令該督撫將各營官兵馬匹各造總册壹本、細册壹本，朋桩皮臟等銀總册壹本、細册壹本，臣部頒給式樣，令其照式造報。如有浮冒、重複等弊，不難按册稽查題結。等因。奉旨："依議。"各在案。

又于乾隆貳拾叁年捌月貳拾壹日，准户部咨，爲奏銷兵馬錢糧事。陝西清吏司案呈，查得兵馬錢糧一項，每年官員缺曠不齊，兵馬多寡不一，全以該督撫册造數目爲憑，例應與兵部經制官員及兵馬各數畫一造報，庶官兵馬匹支過俸餉銀兩、料草等項錢糧，易于當年核銷。乃陝甘貳省奏銷兵馬錢糧册内造報官員數目，并告休協領等官年月日期，及馬步兵丁各數，并不與兵部畫一造報。是以節年奏銷案内，非告休年月日期未經聲叙，即官兵數目不符，且檢查緑營馬匹數目，亦不同時造報兵部。以致奏銷到部，無憑查對。用過錢糧，礙難銷算。俱經本部題明，將原册暫存。仍令該督撫查明造報兵部，核准咨覆，始得核銷，殊非慎重錢糧之道。應行文陝督、陝撫、甘撫轉飭各該布政司，嗣後造報本部兵馬錢糧奏册，即將八旗緑營官兵馬匹數目畫一造報兵部。間有不符之處，即行聲叙，以憑查封核銷，毋得任其仍前參差造報，致使錢糧難以當年銷結可也。等因。

又于乾隆叁拾壹年捌月初拾日，准兵部咨，車駕司案呈，兵科抄出署陝甘總督舒赫德將陝西省乾隆貳拾玖年分朋馬奏銷造册，具題前來。查朋馬奏銷，事關錢糧，其動朋買補并撥還遺營馬價銀，必須將所倒馬匹核對總細册開數目，兩相符合，始可准銷。今該督題報陝西省乾隆貳拾玖年朋馬奏銷造

送各册，據各營馬匹細册開除各兵倒馬共壹千陸百壹拾柒匹，據馬匹司總册首開除倒斃逾限馬壹千叁百叁拾肆匹，撫標倒斃已過肆年之限馬陸匹。又據朋銀司總册首開除動朋買補并撥補還項，共馬壹千伍百貳匹。是叁項册内數目，均屬不符，本部難以核銷。相應行文陝督，將實在倒馬共若干匹、遺營撥補若干匹、動朋買補若干匹，詳細確查報部，再行查核。再，查該省上年經制馬壹萬貳千柒百伍匹，今司總册造額設馬壹萬貳千陸百捌拾捌匹，與上年造報數目不符，應令該督將該省額設共馬若干匹，歷年裁汰馬若干匹，現設馬若干匹，詳叙原案，造具總撒細册，以憑查對。其司總原册，發還本部，另頒册式一紙。該督轉飭承辦各員，照式造具妥册送部，以憑查核具題。

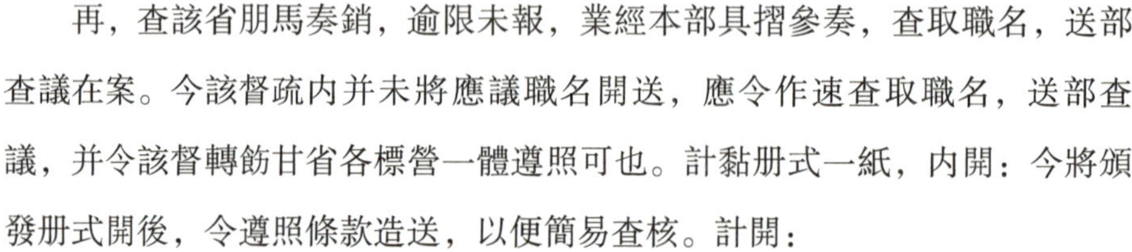

再，查該省朋馬奏銷，逾限未報，業經本部具摺參奏，查取職名，送部查議在案。今該督疏内并未將應議職名開送，應令作速查取職名，送部查議，并令該督轉飭甘省各標營一體遵照可也。計黏册式一紙，内開：今將頒發册式開後，令遵照條款造送，以便簡易查核。計開：

一，舊管項下，已缺額者，不必載，已裁汰者，不必載，衹要開列舊管數目。

一，新收項下，裁汰所遺入新收，動項買補入新收，兩營互撥不必載。總以該省收入之數爲主，作爲新收，其餘悉可删减。

一，開除項下，現在倒斃者開載，裁汰者開載，調撥别項應用另行補額者開載，撥解鄰省者開載。總以出去之數爲主，作爲開除，其餘悉可删减。

一，實在項下，前後新收、開除之數既清，實在數目，衹須將官例公糧、公費及騎操馬匹各核一總數，其各項細數，毋庸再叙。

再，現額、缺額、新收、開除各項下，如防兵留營遺馬、撥補倒缺馬共若干匹，派赴運營并屯田遺馬共若干匹，裁馬改步遺馬若干匹，改設營制减退裁除遺馬共若干匹，該年各標營倒斃馬共若干匹，衹須逐款各核一總數，填注應列項下。如因公差遣派赴换留等項馬匹，雖不在本營，而于原額不動，不算開除。等因。到院。俱經轉行到司。蒙此，該署甘肅布政使鄭製錦查得，甘肅省各提、鎮、營應造乾隆伍拾陸年朋合銀兩并馬匹册籍，今准各提、鎮、協、營陸續造送前來，覆查無异。理合遵照部發册式，造具總撒清册，相應呈請核題。等情。到臣。據此，該臣查得，甘肅省各提、鎮、協、營朋合銀兩官兵馬匹，例係按年分晰奏報。兹據署甘肅布政司按察使鄭製錦詳稱，查得甘肅省各提、鎮、協、營應造乾隆伍拾陸年朋合銀兩并馬匹册籍，今准各提、鎮、協、營陸續造送前來。

查陝甘督標甘肅、烏嚕木齊貳提，并凉州、寧夏、西寧、肅州、河州、巴里坤陸鎮，靖遠、慶陽、静寧叁協，及寧夏部郎奉撥守兵，舊管：乾隆伍拾伍年拾貳月底止朋合桩臟銀兩在于乾隆伍拾伍年奏銷册内造報，此册内毋庸重造。

新收：乾隆伍拾陸年正月起，至拾貳月底止，官兵共扣朋合銀叁萬柒千陸百貳拾兩貳錢陸分壹厘，桩銀無項，皮臟銀壹千捌百捌拾陸兩伍錢。

開除：乾隆伍拾陸年正月起，至拾貳月底，止朋合銀叁千柒百壹拾叁兩壹錢陸分伍厘。内在于欽奉上諭事案内，供支莊浪廳永昌、古浪貳縣各寺院喇嘛乾隆伍拾陸年衣單銀叁百貳拾玖兩壹錢陸分伍厘。又于特飭定議等事案内，應支各提、鎮、營乾隆伍拾陸年倒馬價銀陸百貳拾肆兩，内已支銀五百柒拾陸兩，未支銀肆拾捌兩。又于沿邊等事案内，供支口内各廳、州、縣乾隆伍拾陸年塘站倒馬價銀貳千貳百捌兩。又于欽奉上諭事案内，供支肅州鎮標安西協乾隆伍拾陸年供差倒馬價銀伍百伍拾貳兩。

實在：乾隆伍拾陸年拾貳月底止，朋合銀叁萬叁千玖百柒兩玖分陸厘。每百以貳兩合算，共應解大部飯食銀陸百柒拾捌兩壹錢肆分貳厘止，該銀叁萬叁千貳百貳拾捌兩玖錢伍分肆厘。

查前項實在銀兩，于乾隆拾陸年閏伍月内，在于咨會撥解俸銀事案内，

請奉户部題准，嗣後朋合銀兩，除支給各提、鎮、營倒馬價銀外，餘剩銀兩儘數留備西海各王台吉每年俸銀之需。仍將留備俸銀毋庸造報緣由，在于朋合銷算案内聲明，造報兵部查核。等因。遵奉在案。今乾隆伍拾陸年實在銀叁萬叁千貳百貳拾捌兩玖錢伍分肆厘，内支給青海各王台吉乾隆伍拾陸年正俸銀玖千叁百兩。又，支給各提、鎮、營乾隆伍拾陸年差兵盤費銀貳千貳百壹拾貳兩肆錢玖分陸厘。又，支給巴里坤東、西廠并廠牧放孳生馬匹兵丁，乾隆伍拾陸年壹歲加增鹽菜銀貳千伍百玖拾捌兩陸錢。實在銀壹萬玖千壹百壹拾柒兩捌錢伍分捌厘，應照數留給各王台吉俸銀之需。皮臓銀壹千捌百捌拾陸兩伍錢，每百以貳兩合算，共應解大部飯食銀叁拾柒兩柒錢叁分止，該銀壹千捌百肆拾捌兩柒錢柒分。又，陝甘督標固原、甘肅、烏嚕木齊叁提屬，凉州、寧夏、西寧、肅州、河州、巴里坤陸鎮屬標協各營堡，額設官例馬貳千貳百陸匹，外委千把總騎馬伍百叁拾捌匹，額外外委騎馬壹百伍拾伍匹，各兵騎操馬貳萬柒千陸百陸拾叁匹。

舊管：乾隆伍拾伍年拾貳月底止，官例馬貳千貳百陸匹，官馬貳萬捌千叁百伍拾陸匹，内外委千把總騎馬肆百玖拾貳匹，額外外委騎馬壹百伍拾肆匹，各兵騎操馬貳萬肆千陸百柒拾貳匹。新疆屯防外委馬肆拾壹匹，兵丁馬壹千叁百柒拾貳匹。緩補兵丁馬貳拾貳匹，供差扣缺馬壹匹。撥給安西供差馬貳拾肆匹，摘撥安塘并幫安西供差馬肆拾叁匹。緩補外委馬伍匹，緩補兵丁馬壹千叁百玖拾陸匹。瑪納斯回營未補兵丁馬壹匹，倒缺未補額外外委馬壹匹，兵丁馬壹百叁拾貳匹。

新收：乾隆伍拾陸年正月起，至拾貳月底止，朋銀買補倒斃過伍馬柒拾捌匹，分領伊犁等處并孳生番貢等項馬匹，撥補倒斃過伍馬叁千肆百玖拾陸匹，屯防遺營撥補倒斃過伍馬肆拾肆匹，倒斃過伍暫停未補外委馬叁匹，額外外委馬伍匹，兵丁馬壹百肆拾柒匹。分領伊犁馬内，撥補倒缺未補額外外委馬壹匹，兵丁馬壹百貳拾肆匹。朋銀買補供差倒斃馬貳拾柒匹，買補屯防退回外委馬壹匹，兵丁馬伍匹，内地坐補烏什屯田外委馬壹匹，奉派屯防兵丁留營撥缺馬肆拾貳匹，奉派屯防緩補兵丁馬叁匹，屯所咨回内地撥補兵丁領騎伊犁馬壹匹，買補摘缺赴藏兵丁馬肆拾叁匹，孳生撥補摘缺赴藏兵丁馬柒拾陸匹，派赴西藏安臺外委馬伍匹，兵丁馬叁百柒拾匹。從西寧縣領銀買補摘撥前往青海兵丁馱馬叁拾匹，接項事故外委馬壹拾匹，兵丁馬捌百陸拾叁匹。

開除：乾隆伍拾陸年正月起，至拾貳月底止，倒斃過伍馬叁千柒百柒拾叁匹，倒斃供差馬貳拾柒匹，原缺倒斃未補額外外委馬壹匹，兵丁馬壹百貳拾肆匹，奉派屯防兵丁留營馬肆拾貳匹，奉派屯防緩補馬叁匹，屯防退回外委馬壹匹，兵丁馬伍匹。内地坐補屯田外委留營馬壹匹，屯所咨回内地撥補兵丁馬壹匹，摘撥前往青海馱馬叁拾匹，摘撥赴藏安臺并官兵乘騎外委馬伍匹，兵丁馬肆百捌拾玖匹，事故外委馬壹拾匹，兵丁馬捌百陸拾叁切。

實在：乾隆伍拾陸年拾貳月底止，官例馬貳千貳百陸匹，官馬貳萬捌千叁百伍拾陸匹，内外委千把總騎馬肆百捌拾肆匹，額外外委騎馬壹百伍拾匹，各兵騎操馬貳萬肆千貳百肆拾叁匹。新疆屯防外委馬肆拾壹匹，兵丁馬壹千肆百捌匹，緩補兵丁馬貳拾伍匹，供差扣缺馬壹匹。撥給安西供差馬貳拾肆匹，摘撥安塘并安西供差馬肆拾叁匹。緩補外委馬伍匹，緩補兵丁馬壹千叁百玖拾叁匹。瑪納斯回營兵丁未補馬壹匹，倒斃未補外委馬叁匹，額外外委馬伍匹，兵丁馬壹百伍拾伍匹。摘撥西藏安臺并赴藏官兵乘騎外委馬伍匹，兵丁馬叁百柒拾匹。

照依部頒册式，分晰造具清册，呈請前來，臣覆核無异。除朋馬各册送部外，臣謹具題，伏祈皇上睿鑒，敕部核覆施行。爲此具本，專差承差李梧、王法懷賫拜，謹題請旨。

乾隆伍拾柒年玖月貳拾貳日。

太子太保、兵部尚書兼都察院右都御史、總督陝甘等處地方軍務兼理糧餉并兼管甘肅巡撫事兼理茶馬臣勒保。

【貼黃】

太子太保、兵部尚書兼都察院右都御史、總督陝甘等處地方軍務兼理糧餉并兼管甘肅巡撫事兼理茶馬臣勒保謹題：爲請定歲底奏報等事。

該臣查得，甘肅省各提、鎮、協、營朋合銀兩官兵馬匹，例係按年分晰奏報。茲據署甘肅布政司按察使鄭製錦詳稱，查得甘肅省各提、鎮、協、營應造乾隆伍拾陸年朋合銀兩并馬匹册籍，照依部頒册式，分晰造具清册，呈詳前來，臣覆核無異。除朋馬各册送部外，臣謹具題請旨，依議具題。

【《明清檔案》A266—77，B150287—B150295】

署工部尚書金簡題覆寧夏寧朔二縣供支滿營官兵操演槍炮需用藥鉛等銀開銷事

乾隆五十七年十一月二十五日

題。

五十七年十一月二十七日下工。

依議。

署工部尚書、吏部尚書、鑲黄旗漢軍都統臣金簡等謹題：爲遵旨等事。

工科抄出陝甘總督勒保題前事。内開：據署甘肅布政使司事按察使鄭製錦詳，蒙太子太保、總督陝甘勒部院案驗，乾隆伍拾陸年捌月貳拾壹日，准工部咨，虞衡司案呈，工科抄出陝督勒保題前事。等因。乾隆伍拾陸年肆月拾伍日題，伍月拾叁日奉旨："該部察核具奏。欽此欽遵。"于本日抄出到部。

該臣等查得，陝甘總督勒保疏稱，寧夏、寧朔二縣供支駐防寧夏滿營春秋二季操演槍炮用過藥鉛等項銀兩，係在司庫建曠銀内動支造銷，歷經照辦在案。茲據甘肅布政使蔣兆奎詳稱，查寧夏、寧朔二縣，乾隆伍拾伍年一歲辦供駐寧滿營官兵操演槍炮應需火、烘二藥，并銷三鉛子、鐵子、火繩等項，共墊用縣庫未領工料銀叁百拾肆兩伍錢陸厘。按册核算，俱屬相符，應俟各該縣請領至日，在于司庫存貯伍拾伍年建曠銀内動支作正開銷。等情。造具册結，呈賫前來，臣覆核無异。除册結送部外，臣謹具題。等因。前來。

查寧夏、寧朔二縣供支駐防寧夏滿兵乾隆伍拾伍年操演槍炮需用鉛子、火藥等項，據該督將用過銀兩造册題銷。臣部按册查核，所有用過火藥貳千柒百陸拾捌斤肆錢，烘藥壹百柒拾肆斤玖錢玖分，火繩肆千玖百玖拾壹文肆尺伍寸，銷三鉛伍百叁拾陸斤拾叁兩陸錢，鐵子壹百陸斤拾肆兩，共用過銀叁百拾肆兩伍錢陸厘，與歷年准銷之例相符，應准開銷。相應咨覆該督并知照户部。等因。乾隆伍拾陸年陸月貳拾玖日題，柒月初肆日奉旨："依議。欽此。"相應移咨陝甘總督欽遵查照可也。等因。到院行司。蒙此，該署甘肅布政使鄭製錦查得，前奉部咨，令將寧夏滿營每年春秋二季操演槍炮次數、出數行令分晰造報，并令將寧夏、寧朔二縣供支該滿營鉛斤，每斤照依歷年題銷成案，以叁分伍厘造銷。又于乾隆伍拾柒年肆月初陸日，奉准工部，奏奉諭旨，直隸、江蘇、安徽、浙江等省營伍兵丁操演所需鉛丸，俱不另開耗鉛火工，其餘各省亦應一體照辦。各等因。遵奉在案。

兹準寧夏道移，據寧夏府詳，據寧夏、寧朔二縣各將乾隆伍拾陸年分供支過駐寧滿兵春秋二季操演槍炮每日演放次數、出數，用過火藥、鉛斤價銀，分晰造具奏銷册結，由府道加結，移送請轉前來。本署司覆查，寧夏縣册造辦供火藥壹千叁百捌拾肆斤貳錢，每斤價銀陸分陸厘，共用銀玖拾壹兩叁錢肆分肆厘捌毫。烘藥捌拾柒斤肆錢玖分伍厘，每斤價銀陸分陸厘，共用銀伍兩柒錢肆分肆厘。麻火繩貳千肆百玖拾伍丈柒尺貳寸伍分，每丈價銀貳分，共用銀肆拾玖兩玖錢壹分肆厘伍毫。銷三鉛子貳百陸拾捌斤陸兩捌錢，每斤歷年價銀叁分伍厘，今遵奉新例，每斤除去火工銀叁厘，實請銷銀叁分貳厘，共用銀捌兩伍錢捌分玖厘陸毫。鐵子伍拾叁斤柒兩，每斤價銀壹分陸厘，共用銀捌錢伍分伍厘。以上寧夏縣共用銀壹百伍拾陸兩肆錢肆分柒厘。寧朔縣册造辦供火藥壹千叁百捌拾肆斤貳錢，每斤價銀陸分陸厘，共用銀玖拾壹兩叁錢肆分肆厘捌毫。烘藥捌拾柒斤肆錢玖分伍厘，每斤價銀陸分陸厘，共用銀伍兩柒錢肆分肆厘。麻火繩貳千肆百玖拾伍丈柒尺貳寸伍分，每丈價銀貳分，共用銀肆拾玖兩玖錢壹分肆厘伍毫。銷三鉛子貳百陸拾捌斤陸兩捌錢，每斤歷年價銀叁分伍厘，令遵奉新例，每斤除去火工銀叁厘，實請銷銀叁分貳厘，共用銀捌兩伍錢捌分玖厘陸毫。鐵子伍拾叁斤柒兩，每斤價銀壹分陸厘，共用銀捌錢伍分伍厘。以上寧朔縣共用銀壹百伍拾陸兩肆錢肆分柒厘。二共寧夏、寧朔二縣，乾隆伍拾陸年一歲辦供駐寧滿營官兵操演槍炮應需火、烘二藥，并銷三鉛子、鐵子、火繩等項，共墊用縣庫未領工料銀叁百壹拾貳兩捌錢玖分肆厘。按册核算，俱屬相符。應俟該二縣請領至日，在于司庫存貯伍拾陸年建曠銀内動支，作正開銷，所有造到奏銷册結，相應詳請核題。等情。到臣。

據此，該臣查得，寧夏、寧朔二縣供支駐防寧夏滿營官兵春秋二季操演槍炮用過藥鉛等項銀兩，係在司庫建曠銀内動支造銷，歷經照辦在案。兹據署甘肅布政使司按察使鄭製錦詳稱，查寧夏、寧朔二縣，乾隆伍拾陸年一歲辦供駐寧滿營官兵操演槍炮，應需火、烘二藥并銷三鉛子、鐵子、火繩等項，其墊用縣庫未領工料銀叁百壹拾貳兩捌錢玖分肆厘。按册核算，俱屬相符，應俟該二縣請領至日，在于司庫存貯伍拾陸年建曠銀内動支作正開銷。等情。造具册結，呈賫前來，臣覆核無异。除册結送部外，臣謹具題，伏乞皇上睿鑒，敕部核覆施行。爲此具本，謹題請旨。乾隆伍拾柒年玖月初玖日題，拾月拾伍日奉旨："該部察核具奏。欽此欽遵。"于本日抄出到部。

該臣等查得，陝甘總督勒保疏稱，寧夏、寧朔二縣供支駐防寧夏滿營官兵春秋二季操演槍炮用過藥鉛等項銀兩，係在司庫建曠銀内動支造銷，歷經照辦在案。兹據署甘肅布政使司按察使鄭製錦詳稱，查寧夏、寧朔二縣，乾隆伍拾陸年一歲辦供駐寧滿營官兵操演槍炮，應需火、烘二藥，并銷三鉛子、鐵子、火繩等項，共墊用縣庫未領工料銀叁百壹拾貳兩捌錢玖分肆厘，按册核算，俱屬相符，應俟該二縣請領至日，在于司庫存貯伍拾陸年建曠銀内動支，作正開銷。等情。造具册結，呈賫前來，臣覆核無异。除册結送部外，臣謹具題。等因。前來。

查寧夏、寧朔二縣供支駐防寧夏滿營乾隆伍拾陸年操演槍炮需用藥鉛、火繩等項，據該督將用過工料銀叁百拾貳兩捌錢玖分肆厘造册題銷。臣部按册查核，内火藥項下并未遵照新定則例，將用工、用料暨硝磺價脚細數分晰造報，礙難查核。其火繩一項，新例係兵丁自備，不准開銷，應將原册發還該督，轉飭查照新例，核實造報，另造妥册，同原册送部，到日再行核辦，并知照户部可也。臣等未敢擅便，謹題請旨。

乾隆伍拾柒年拾壹月貳拾伍日。

署工部尚書、吏部尚書、按察欽奉上諭事件處大臣、管理御茶膳房奉宸苑事務、鑲黄旗漢軍都統、總管内務府大臣臣金簡，經筵日講起居注官、尚書掌翰林院事、教習庶吉士臣彭元瑞，左侍郎、正紅旗滿洲副都統臣成策，署左侍郎、正藍旗漢軍副都統臣范宜恒，右侍郎、正藍旗滿洲副都統、總管内務府大臣臣巴寧阿，右侍郎臣吴省欽，虞衡清吏司部中臣官泰，郎中臣佛尼勒，郎中臣劉青照，郎中臣孫廷夔，員外郎臣玉保，主事臣西登額，主事臣齡福奏。

【《明清檔案》A267—90，B150897—B150902】

△諭著傳諭蘇凌阿張若渟即將馮廷璉所控各款迅速嚴審定擬具奏等事

乾隆五十七年十二月初一日

大學士公阿、大學士伯和字寄尚書蘇、侍郎張、陝甘總督勒。

乾隆五十七年十二月初一日，奉上諭："勒保奏，十一月十九日行抵靈州、花馬池地方，二十三四日可馳抵榆林。自榆林至蒲城，計程尚有一千三

百餘里，所有陝省蒲城縣馮廷璉控案，已咨會蘇凌阿等，不必等候，先行審辦。等語。榆林與甘省寧夏接壤，勒保由沿邊行走，前往審案，取道較近，何以十一月初十日自蘭州起身，十九日始行抵靈州，殊屬遲緩。所有蒲城縣里正馮廷璉呈控該縣匿災不報各款，前有旨，如勒保在葭州審案已竣，即就近前往會審。昨據蘇陵阿等奏，約于二十日可抵蒲城。此案情節，現在亦當審訊明白，自不必復等候勒保，致有遲延，著傳諭蘇凌阿、張若渟，即將馮廷璉所控各款，迅速嚴審，定擬具奏。

"至蒲城今年被旱，昨據秦承恩奏，該縣地方原辦災七分，復請于開春展賑一月，或係聞知欽差之信補行填入，以爲掩飾彌縫地步。已有旨，令秦承恩明白回奏，并將寄信諭旨抄寄蘇凌阿等同看，并著該尚書等即秉公確查。如秦承恩報災在前，馮廷璉控告在後，是該撫尚無諱飾之咎，若馮廷璉控告在前，秦承恩報災在後，是既諱飾于前，復裝點于後，即當將該撫一并據實参奏，勿稍回護。將此傳諭蘇凌阿等，并諭勒保知之。欽此。"遵旨寄信前來。

【《乾隆朝上諭檔》第17册，第112頁第327條】

乾隆五十八年（1793）

陝甘總督兼甘肅巡撫勒保題報都司病故

乾隆五十八年二月七日

題。

二月二十二日。

五十八年□月□日下兵。

兵部知道。

太子太保、兵部尚書兼都察院右都御史、總督陝甘等處地方軍務兼理糧

餉并兼管甘肅巡撫事兼理茶馬臣勒保謹題：爲報明都司病故事。

准陝西固原提督臣王彙咨，據城守營游擊蘇楞額呈稱，據西安州營兵丁屈延福等禀稱，小的跟隨署西安州營都司王嶟卸事後，前赴延綏安邊堡本任，行至固原州，得患胃氣疼痛病症，調治不痊，于乾隆伍拾捌年正月拾肆日病故。理合報明。等情。據此，隨飭委本標中軍參將徐煜查驗，取結去後。兹據該參將呈稱，遵即查驗得都司王嶟，實係得患胃氣疼痛病症病故，并無别情。取具嫡親甘結，出具承查印結呈賫。至該員任内有無未完錢糧事件，同原領札付功札，俟查取至日，另文呈賫，理合禀報。等情。呈報到提督，移治到臣。

準此，該臣查得，武職守備以上官員病故，例應題報。兹有署西安州營都司王嶟卸事後，前赴延綏鎮屬安邊堡本任，行至固原州，得患胃氣疼痛病症，于乾隆伍拾捌年正月拾肆日病故。經提臣委員查驗，取具印甘各結移送，并聲明。該都司任内有無未清錢糧事件及原領札付功札，俟查明另咨移送。等因。前來，臣覆查無异。除印甘各結送部，并即委員接署外，所有署西安州營都司事安邊堡都司王嶟病故日期，理合恭疏題報，伏祈皇上睿鑒，敕部查照施行。爲此具本，謹具題聞。

乾隆伍拾捌年貳月初柒日。

太子太保、兵部尚書兼都察院右都御史、總督陝甘等處地方軍務兼理糧餉并兼管甘肅巡撫事兼理茶馬臣勒保。

【貼黄】

太子太保、兵部尚書兼都察院右都御史、總督陝甘等處地方軍務兼理糧餉并兼管甘肅巡撫事兼理茶馬臣勒保謹題：爲報明都司病故事。

該臣查得，武職守備以上官員病故，例應題報。兹有署西安州營都司王嶟卸事後，前赴延綏鎮屬安邊堡本任，行至固原州，得患胃氣疼痛病症，于乾隆伍拾捌年正月拾肆日病故。經提臣委員查驗，取具印甘各結移送，并聲明。該都司任内有無未清錢糧事件及原領札付功札，俟查明另咨移送。等因。前來，臣覆查無异。除印甘各結送部，并即委員接署外，所有署西安州營都司事安邊堡都司王嶟病故日期，理合恭疏題報。謹具題聞。

【《明清檔案》A268—37，B151277—B151278】

陕甘總督兼甘肅巡撫勒保題報乾隆五十七年緝拿盗犯首夥未獲武職

乾隆五十八年五月十日

題。

五月二十六日。

五十八年六月□日下刑、兵。

該部議奏。

太子太保、兵部尚書兼都察院右都御史、總督陝甘等處地方軍務兼理糧餉并兼管甘肅巡撫事兼理茶馬臣勒保謹題：爲請定承緝等事。

竊查定例，在逃夥盗從犯罪該斬、絞、重辟者，以結案咨題部覆文到日爲始，限壹年緝拿。逾限不獲，年底彙題，將承緝之員核議。壹貳名不獲，罰俸陸個月。叁肆名不獲，罰俸玖個月。伍陸名以上不獲，罰俸壹年。再限壹年緝拿，限滿不獲，仍照此例參處，人犯照案緝拿。等因。又准吏部咨，在逃之夥盗限緝無獲，與在逃之盗首不同，兼轄等官毋庸一并開參。此等人犯，原議止令將承緝之員定以貳限處分，并未將接緝人員一并議令彙參，應通行各省一體辦理。等因。又准兵部咨，承緝盗夥各官，有升調離任之不同，其限緝案、緝年分亦因之各异。有文職尚在限緝，而武職已入案緝者，武職准其先入年底彙參。再，盗案獲賊過半，尚有首夥未獲，盗首仍歸年限扣參，其餘夥盗自應入于年底彙參。至盗首不獲案緝之件，文職既歸承緝凶首盗案内彙參，其武職應准其將首夥各犯概歸本案彙參，相應通行各省督撫可也。各等因。遵照在案。

茲乾隆伍拾柒年分，陝西、甘肅貳省武職承緝首夥各盜及從犯未獲各案，准陝西固原提督臣王彙查明開報前來。臣查漢中府西鄉縣民雷明學被賊捆縛搜取財物一案，應以乾隆伍拾陸年柒月貳拾柒日准到部咨之日起，扣至伍拾柒年柒月貳拾柒日初參，壹年限滿，盜犯仍未弋獲。承緝專汛把總楊玉秀、協防外委魏朝棟，此外陝甘各提、鎮、營并無承緝首夥各盜從犯未獲，應入伍拾柒年年底彙參之案。除仍飭嚴緝逸盜務獲究報外，所有乾隆伍拾柒年年底承緝武職應行查取職名，臣謹照例彙題，伏祈皇上睿鑒，敕部查議施行。爲此具本，謹題請旨。

乾隆伍拾捌年伍月初拾日，太子太保、兵部尚書兼都察院右都御史、總督陝甘等處地方軍務兼理糧餉并兼管甘肅巡撫事兼理茶馬臣勒保。

【貼黄】

太子太保、兵部尚書兼都察院右都御史、總督陝甘等處地方軍務兼理糧餉并兼管甘肅巡撫事兼理茶馬臣勒保謹題：爲請定承緝等事。

竊查定例，在逃夥盜罪該斬絞重辟者，以結案咨題部覆文到日爲始，限壹年緝拿不獲，年底彙題，將承緝之員核議。再限壹年緝拿不獲，仍照此例參處。等因。茲乾隆伍拾柒年，陝西、甘肅貳省武職承緝首夥各盜及從犯未獲各案，准陝西固原提督臣王彙查明開報前來。臣查“漢中府西鄉縣民雷明學被賊捆縛搜取財物”一案，應以乾隆伍拾陸年柒月貳拾柒日准到部咨之日起，扣至伍拾柒年柒月貳拾柒日初參，壹年限滿，盜犯仍未弋獲。承緝專汛把總楊玉秀、協防外委魏朝棟，此外陝甘各提、鎮、營并無承緝首夥各盜從犯未獲，應入伍拾柒年年底彙參之案。除仍飭嚴緝逸盜務獲究報外，所有乾隆伍拾柒年年底承緝武職應行查取職名，臣謹照例彙題，謹題請旨。

【《明清檔案》A268—92，B151505—B151507】

陝甘總督兼甘肅巡撫勒保題報已故千總家産全無請准豁免追銀

乾隆五十八年八月二十日

題。

九月初四日。

五十八年九月廿三日下工、户。

該部議奏。

太子太保、兵部尚書兼都察院右都御史、總督陝甘等處地方軍務兼理糧餉并兼管甘肅巡撫事兼理茶馬臣勒保謹題：爲遵旨議奏事。

據甘肅布政使司布政使汪志伊呈，蒙總督陝甘勒部院案驗，乾隆伍拾捌年正月初壹日，准户部咨，陝西司案呈，准陝甘總督勒保咨前事壹案，相應移咨陝甘總督可也。計黏單一紙，内開：准陝甘總督勒保咨，據布政司呈稱，查得奉部咨，令將迪化等拾處建修倉廒案内，原任阜康縣申保、綏來縣富昇、蘆草溝所千總馬俊、精河糧員馬殿翼、頭屯所千總赫奇等，應繳核減銀兩，在于各原辦官名下照數著追完報。等因。當經備移各該處，轉飭著追完報去後。兹于乾隆伍拾柒年捌月貳拾貳日，蒙檄准烏魯木齊都統咨，據鎮迪道呈稱，案查現任精河糧員馬殿翼應繳倉廒核減銀壹百柒拾兩捌錢肆分捌厘，已據該員照數解交收貯道庫，造入伍拾柒年夏季季報册内在案。又，現署吐魯番同知申保，應繳前在阜康縣任内建修倉廒，核減銀肆百貳拾貳兩壹錢伍分伍厘，前據該員照數解交，隨于伍拾柒年柒月初玖日收貯道庫，在于伍拾柒年秋季季報册内造報，應請移咨内地查核。等因。遵查鎮迪道收貯馬殿翼申保應賠銀數，均屬相符。至前任蘆草溝所千總馬俊應賠前項核減銀壹百伍兩肆錢，已于乾隆伍拾柒年柒月初叁日，在該員現任平羅營守備應領俸餉銀内，照數扣貯司庫，收入新疆經費項下，應俟明歲造報伍拾捌年春撥時，在于不應撥册内造報查核。所有申保、馬殿翼、馬俊等叁員完繳過前項核減銀兩，相應詳請咨明户部、工部查核。

再，此案尚有前任綏來縣現任哈密通判富昇應繳倉廒核減銀壹千叁百貳拾肆兩叁錢貳厘，業經請明同該員應賠删減車價，咨部分年完交在案。至病故前任頭屯所千總赫奇應繳倉廒核減銀肆拾壹兩叁錢柒分，因該員家屬無力完繳，現在取結，另案辦理，合并聲明。等情。除咨工部外，相應咨遵。等因。前來。查迪化州等處建修倉廒案内應追核減銀兩，前經工部行令照數著追，報部在案。今據陝甘總督咨稱，現任精河糧員馬殿翼應繳倉廒核減銀壹百柒拾兩捌錢肆分捌厘。現署吐魯番同知申保，應繳建倉核減銀肆百貳拾貳兩壹錢伍分伍厘。已據照數解交道庫，造入伍拾柒年夏秋貳季季報册内。又，前任蘆草溝所千總馬俊應賠核減銀壹百伍兩肆錢，已在該員平羅營守備俸餉銀内扣貯司庫，收入新疆經費項下，俟造報伍拾捌年春撥時，造入不應撥册内報部。又，哈密通判富昇，應繳核減銀壹千叁百貳拾貳兩叁錢貳厘，業經請明同該員應賠删減車價，咨部分年完繳在案。又，病故前任頭屯所千總赫奇，應繳倉廒核減銀肆拾壹兩叁錢柒分，因該員家屬無力完繳，現在取結另案辦理。等語。查現任精河糧員馬殿翼，完解建修倉廒核減銀壹百柒拾兩捌錢肆分捌厘。現署吐魯番同知申保，完解建修倉廒核減銀肆百貳拾貳兩壹錢伍分伍厘，既據聲明照數收貯鎮迪道庫，應令該督轉飭造入該處奏銷册内新收項下報部。其前任蘆草溝所千總馬俊應追建倉核減銀壹百伍兩肆錢，據稱在于該員現任平羅營守備俸餉内扣貯司庫，收入新疆經費下，應令該督造入伍拾捌年春撥不應撥册内，報部查核。又，哈密通判富昇應追建倉核減銀壹千叁百貳拾肆兩叁錢貳厘，業據該督同該員應賠删減車價，咨請分年完繳，業已彼案核覆，應令該督查照辦理。至病故千總赫奇應繳建倉核減銀肆拾壹兩叁錢柒分，既據聲明因該員家屬無力完繳，現在取結，另案辦理，應咨工部查照可也。等因。

同日，又一件遵旨議奏事。蒙總督陝甘勒部院案驗，乾隆伍拾捌年正月

初壹日，准工部咨，營繕司案呈，本年拾月初陸日，准陝甘總督勒保咨稱，據甘肅布政司呈稱，查得奉准部咨，令將迪化等拾處建修倉廒案内，原任阜良縣申保、綏來縣富昇、蘆草溝所千總馬俊、精河糧員馬殿翼、頭屯所千總赫奇等應繳核減銀兩，在于各承辦官名下照數著追完報。等因。當經備移各該處，轉飭著追完報去後。兹于乾隆伍拾柒年捌月貳拾貳日，准烏魯木齊都統咨，據鎮迪道呈稱，現任精河糧員馬殿翼應繳建倉核減銀壹百柒拾兩捌錢肆分捌厘，已據該員照數解交收貯道庫，造入伍拾柒年夏季季報册内在案。又，現署吐魯番同知申保，應繳前在阜康縣任内建修倉廒核減銀肆百貳拾貳兩壹錢伍分伍厘，前據該員照數解交，隨于伍拾柒年柒月初玖日收貯道庫，在于伍拾柒年秋季季報册内造報，應請移咨内地查核。等因。遵查迪化州收貯馬殿翼、申保應賠銀數，均屬相符。至前任蘆草溝所千總馬俊應賠前項核减銀壹百伍兩肆錢，已于乾隆伍拾柒年柒月初叁日，在該員現任平羅營守備應領俸餉銀内，照數扣貯司庫，收入新疆經費下，應俟明歲造報伍拾捌年春撥時，在于不應撥册内造報查核。所有申保、馬殿翼、馬俊等叁員完繳過前項核減銀兩，相應詳請咨明户、工貳部查核。再，此案尚有前任綏來縣、現任哈密通判富昇應繳倉廒核減銀壹千叁百貳拾肆兩叁錢貳厘。業經請明，同該員應賠删减車價，咨部分年完交在案。至病故前任頭屯所千總赫奇，應繳倉廒核減銀肆拾壹兩叁錢柒分，因該員家屬無力完繳，現在取結另案辦理，合并聲明。等情。除咨户部外，相應咨達。等因。前來。

查迪化州等拾處修建倉廒案内，原任阜康縣申保應追核減銀肆百貳拾貳兩壹錢伍分伍厘。現任精河糧員馬殿翼，應追核減銀壹百柒拾兩捌錢肆分捌厘。前任蘆草溝所千總馬俊，應追核減銀壹百伍兩肆錢。既據該督照數兑收貯庫，相應移咨户部查核。至病故頭屯所千總赫奇，應追核減銀肆拾壹兩叁錢柒分，該督既稱該員家屬無力完繳，現在取結，另案辦理，應咨該督速飭查明辦理。前署綏來縣現任哈密通判富昇，應追核減銀壹千叁百貳拾肆兩叁錢貳厘，先據該督咨報，該員甫經到任，前項銀兩爲數過多，一時實難設措，請照例分限肆年完繳。等因。咨部。經本部以行追一切工程核减銀兩向無分限完繳之例，移咨該督，即行照數催追完繳，報部在案。應仍咨該督，查照本部前咨，即行照數催追完繳報部，毋任遲延，致干查辦。并知照户部可也。等因。咨院，俱行到司。蒙此，該甘肅布政使汪志伊查得，奉部咨，令將迪化等拾處建修倉廒案内，前任綏來縣現任哈密廳富昇，并病故頭屯所千總赫奇等應繳核减銀兩，速飭催追，取結辦理。等因。遵即備移轉飭查追去後。嗣據哈密廳富昇將應繳銀壹千叁百貳拾肆兩叁錢貳厘，于乾隆伍拾柒年拾貳月拾陸日照數解司，收入新疆經費款内。隨將收解銀數日期，并候造撥册内緣由，詳請咨明大部，于乾隆伍拾捌年陸月初捌日奉准在案。

兹準甘凉道移，據甘州府申，據張掖縣詳稱，病故前任頭屯所千總赫奇應賠倉廒核减銀兩，差查該故員并無子嗣，亦無房産，止有遺妻李氏，現在績麻度日，糊口維艱，實係無可著追。取具鄰佑、耆約甘結，加結呈賫。等情。并移准鎮迪道移，據迪化州申，據頭屯蘆草溝貳所千總詳稱，遵查病故頭屯所千總赫奇，在頭屯并前署蘆草溝所千總任内，并無寄頓財産，理合取具鄉保甘結，加結申賫。各等情。先後轉移到司。本司復查，例載離任官員有應追銀兩者，例應任所查明并無隱寄，取具切實印甘各結，由本籍確查。如果無財産寄頓，即由本籍照例具題豁免。等因。今已故前任頭屯所千總赫奇，應賠建修倉廒核减銀肆拾壹兩叁錢柒分，既准甘凉、鎮迪貳道查明，該故員原籍家屬無可著追，并歷過各任所俱無寄頓財産，取具各結，轉移前來，核與豁免之例相符。所有移到印甘各結，相應詳賫，會題豁免，等情。呈詳到臣。

該臣查得，離任官員有應追銀兩，如果無力完繳，查明任所、原籍并無財産寄頓，例應取具切實印結，題請豁免。等因。兹據甘肅布政使汪志伊詳稱，查已故前任頭屯所千總赫奇應賠建修倉廒核减銀肆拾壹兩叁錢柒分，既

准甘凉、鎮迪貳道查明該故員原籍家屬無可著追，并歷過各任所俱無寄頓財産，取具各結，轉移前來，核與豁免之例相符。等情。取具印甘各結，呈賚請題前來，臣覆查無异。除結分送部科外，相應會同烏魯木齊都統臣尚安合詞具題，伏祈皇上睿鑒，敕部核覆施行。謹題請旨。

乾隆伍拾捌年捌月貳拾日。

太子太保、兵部尚書兼都察院右都御史、總督陝甘等處地方軍務兼理糧餉并兼管甘肅巡撫事兼理茶馬臣勒保。

【貼黄】

太子太保、兵部尚書兼都察院右都御史、總督陝甘等處地方軍務兼理糧餉、兼管甘肅巡撫事兼理茶馬臣勒保謹題：爲遵旨議奏事。

該臣查得，離任官員有應追銀兩，如果無力完繳，查明任所、原籍并無財産寄頓，例應取具切實印結，題請豁免。等因。兹據甘肅布政使汪志伊詳稱，查已故前任頭屯所千總赫奇應賠建修倉廒核減銀肆拾壹兩零，既准甘凉、鎮迪貳道查明該故員原籍家屬無可著追，并歷過各任所，俱無寄頓財産，取具各結，轉移前來，核與豁免之例相符。等情。取具印甘各結，呈賚請題前來，臣覆核無异。除結分送部科外，相應會同烏魯木齊都統臣尚安合詞具題，謹題請旨。

【《明清檔案》A269—10，B151739—B151746】

大學士管兵部阿桂題覆陝西下馬關營守備准以景坤補授

乾隆五十八年九月二十二日

【注】經□□□官、太子太保、武英殿大學士、吏部尚書、領文□兵部刑部事務□大臣、兼管□滿洲都統□謀英勇□臣阿桂題：爲請補守備事。

兵科抄出陝甘總督勒保題前事。内開：乾隆伍拾捌年陸月拾肆日，准兵

部咨，武選司案呈，查近經出有陝西綏德城守營都司，係部推之缺，本部將升銜留任都司李洳坐補。等因。具題。于乾隆伍拾捌年伍月初壹日奉旨："李洳，依議用，餘依議。欽此。"查李洳所遺陝西下馬關營守備員缺，陝甘松潘輪用滿員案内應用緑旗候補人員，應令該督揀選合例人員題補，相應知照該督可也。等因。到臣。

準此，該臣查得，陝西下馬關營守備李洳推升都司遺缺，奉旨接准部咨，應輪用緑旗候補人員，行令揀選題補。等因。臣隨于候補人員内詳加揀選。查有陝西固原提屬關山營千總景坤，經臣保送，赴部引見，奉旨："景坤，著回任，照例以守備題補。欽此欽遵。"在案。該員年力强壯，弓馬去得，以之請補陝西下馬關營守備，堪以勝任。查景坤現年肆拾貳歲，係陝西西安府長安縣人，請補前項員缺，與例相符，任内并無參罰事件。再，該員于乾隆伍拾柒年拾貳月保送案内引見回任，應免送部。除履歷俟查取至日另咨送部外，臣謹會同署陝西固原提督臣富爾賽合詞具題，伏祈皇上睿鑒，敕部議覆施行。謹題請旨。乾隆伍拾捌年柒月拾玖日題，捌月貳拾日奉旨："該部議奏。欽此欽遵。"于本日抄出到部。

該臣等議得，陝甘總督勒保疏稱，陝西下馬關營守備李洳推升都司遺缺，接准部咨，應輪用緑旗候補人員，行令揀選題補。等因。臣隨于候補人員内詳加揀選。查有陝西關山營千總景坤，年力强壯，弓馬去得，以之請補陝西下馬關營守備，堪以勝任。等因。具題前來。

查陝西下馬關營守備係題補之缺，應用候補人員。千總景坤係俸滿保送引見，奉旨著回任，照例以守備題補之員，任内并無事故，題補守備，與例相符。該督既稱該員年力强壯，弓馬去得，以之請補陝西下馬關營守備，堪以勝任。等語。應如所請，景坤准其補授陝西下馬關營守備。該員係奉旨回任，以守備題補之員，毋庸送部。恭候命下，臣部發給札付，令其任事。臣等未敢擅便，謹題請旨。

經□□□官、太子太保、武英殿大學士、吏部尚書、領文□兵部刑部事務□大臣、兼管□滿洲都統□謀英勇□臣阿桂，尚書臣劉峨，左侍郎、正紅旗滿洲副都統臣玉保，左侍郎、鑲紅旗漢軍副都統兼中佐領清字經館提調臣趙鍈，右侍郎、署正紅主長漢軍副都統臣成策，經筵講官、吏部左侍郎兼署兵部右侍郎臣金士松，武選清吏司掌印員外郎臣玉岱，郎中臣周元鼎，員外郎臣雙慶，員外郎臣逢盛，員外郎臣噶爾圖，員外郎臣范櫄，主事臣彦布，主事臣德克精阿，主事臣徐逢豫，候補主事臣王觀，候補主事臣熊之書，候補主事臣王育琮，柒品京官臣何錚。

【注】此前有闕幅。

【《明清檔案》A269—46，B151901—B151903】

陝甘總督兼甘肅巡撫勒保題報甘省秋禾收成分數

乾隆五十八年十月二十二日

題。

十一月初八日。

五十八年十一月十□日下户。

該部知道。

太子太保、兵部尚書兼都察院右都御史、總督陝甘等處地方軍務兼理糧餉并兼管甘肅巡撫事兼理茶馬臣勒保謹題：爲彙報秋禾實收分數，恭請睿鑒事。

據甘肅布政使司布政使汪志伊呈，蒙前護甘肅巡撫印務徐布政使案驗，乾隆元年叁月拾柒日，准户部咨開，内閣抄出總理事務和碩莊親王等議覆，刑科掌印給事中陳履平奏督撫奏報年歲收成分數請改用題本一摺。查督撫奏報年歲收成分數，向係具摺密陳。若改用題本，自可杜假飾之弊。但摺奏可隨時具報，而題本必需彙集通省分數，未免稽遲。應請嗣後仍令該督撫隨時具摺奏報外，再將通省之夏收、秋收分數分繕兩本具題，交部科查察。等因。奉旨："依議。欽此。"抄出到部，移咨轉行。等因。

又蒙前督查部院案驗，准户部咨同前事。等因。又蒙前撫元部院案驗，爲欽奉上諭事。乾隆叁年柒月拾玖日，准户部咨，山東司案呈，户科抄出山東巡撫法敏題報東省各州縣四鄉麥收分數壹案，于乾隆叁年伍月貳拾日題，陸月初肆日奉旨："該部知道。嚮來各省開報收成本内，有止開某州某縣收成幾分者，有開各州縣收成分數而又合算一省之中約計可得幾分者。朕思開報收成，自當將各州縣分數分開于前，再將合計通省分數總開于後，則一望洞然。庶可慰朕念切民依之至意。著傳諭各督撫一體遵行。欽此欽遵。"于本月初伍日抄出到部。相應通行各省督撫遵奉旨内事理施行可也。等因。又蒙前督查部院案驗，准户部咨同前，等因。

又蒙巡撫甘肅鄂部院案驗，爲遵旨彙奏事。乾隆拾肆年陸月初柒日，准户部咨，福建清吏司案呈，本部彙奏乾隆拾叁年各直省豐歉旱澇收成分數壹案，乾隆拾肆年肆月貳拾叁日奏，本日奉旨："堂官免其交部，餘依議。欽此。"相應抄録原奏黏單，移咨各該督撫，逐一查明報部，并令嗣後題報麥禾分數，務將省轄府、州、縣、衛等處開列明確。如有應行聲明之處，務將不符緣由逐一聲明，庶彙奏得以畫一，而辦理不致參差矣。行令各督撫一體遵照可也。計黏單一紙，内開：户部謹奏，爲遵旨彙奏事。該臣等查得，乾隆玖年拾貳月初貳日，内閣抄出河南道監察御史彭肇洙奏稱，凡四方水旱豐歉，各省督撫或題或奏，部覆請旨施行。計壹歲之中，天下之大，奏牘如此其紛且繁，皇上安能于萬幾之餘處處周知而數計？宜令户部年終壹次彙奏，計歲中某省旱、某省澇，某省旱澇不爲灾，某省豐、某省歉，某省豐歉居半。按省分注，務在簡切詳明，彙總繕摺，于封印之日，進呈御覽。等因。奉旨："著照所請，行該部知道。欽此欽遵。"經臣等以各省收成分數，各該督撫勘明題報，須于次年貳月内到齊奏請。嗣後于叁月内彙摺具奏，歲以爲

例。等因。奉旨："依議。"欽遵各在案。今據直隸等省各該督撫將乾隆拾叁年分夏麥、早禾、秋禾收成分數，即間有被灾分數，陸續題報前來。

查各省收成，應照分數區別豐歉。乾隆拾年彙奏案内，臣等請照酌借倉糧定例，收成在捌分以上者爲豐收，柒分以下者爲歉收，歷年遵行在案。查各省題報收成分數，臣部向將該省所轄地方開列于前，即將該督撫等題報收成分數分列于後，開單進呈。今次將各省題報分數與該省所轄地方詳加查對，内有廳、衛、城所等處，該督撫題報案内并未報有分數。臣等竊思，或係附入各州徵收，以致與省轄數目不符，亦應聲明報部，該督撫并未聲明。臣部承辦司員自乾隆拾年起，至拾叁年止，均未經詳查，係屬疏漏，應交部議處。至此次雖經臣等查出，但從前疏略之咎，亦所難辭，應請一并查議。今仍按現在題報各省州縣豐歉分數，原案通融核算，區別分注。内有短少之處，一并開注。繕具清單，進呈御覽。仍令該督撫詳細聲明報部，再行辦理可也。計開：甘肅省轄捌府、拾壹州、陸廳、肆拾肆縣、陸衛、壹所，按督撫題報分數案内，并未將捌府開報分數。再，省轄府、州、縣、衛、廳、所各屬是否確實題報分數案内，有無遺漏舛錯，應令一并作速查明報部。等因。

又蒙巡撫甘肅常部院案驗，乾隆貳拾捌年玖月初柒日，准户部咨：陝西清吏司案呈，乾隆貳拾捌年柒月拾捌日，准山東司傳抄本部議覆廣東調任巡撫明山奏各省開報收成分數請删除厘毫零尾一摺。乾隆貳拾捌年柒月拾肆日奏，奉旨："依議。欽此。"相應傳付各司抄録查照。等因。前來。相應抄録原奏，行文陝甘督撫一體遵照可也。計黏抄原奏一紙，内開：爲遵旨議奏事。内閣抄出廣東調任巡撫明山奏各省開報收成分數請删除厘毫零尾一摺，于乾隆貳拾捌年陸月貳拾伍日奉硃批："該部議奏。欽此欽遵。"于柒月初壹日抄出到部。

該臣等查得，廣東調任巡撫明山奏，欽惟我皇上重農貴粟，凡直省收成分數，上廑宸衷，爲臣子者，自當據實入告，不敢稍有虚飾。惟是臣每見各省題奏，多有開報至幾厘幾毫爲止者。查收成分數，原係均略大概，非會計錢穀可比。即以撒合總例有零尾，亦當云幾分以上。若錙銖積算，折及厘毫，轉失核實之道。就臣愚見，應請嗣後題奏收成分數，總以幾分爲率，若不止此數，則統言幾分以上，將厘毫零尾删除，庶名實相符，而敷奏亦覺得體。等因。前來。

查開報收成分數，嚮來各省撫俱係繕摺奏報。自乾隆元年，刑科給事中陳履平奏准，行令各直省將所屬各州縣夏收、秋收分數改爲題本以來，各該督撫本内，有稱收成在幾分幾厘幾毫者，又有稱係幾分有餘者，亦有題報收成在幾分以上者，各省原未畫一。今該撫奏稱，收稱分數係約略大概，非會計錢穀可比。請嗣後題報收成分數，總以幾分爲率。若不止此數，統言幾分以上，將厘毫零尾删除。等語。臣等覆查各省收成分數，每年據實題報，以稽核地方之豐歉。臣部于年底將各省題報分數情形彙核，開單奏聞。如有適合幾分爲率者，則稱收成幾分。如有收成在幾分幾厘，并有在幾分以上者，則俱稱收成幾分有餘。其直隸、湖北等省間有開寫厘毫者，概行删除，以免參差瑣碎之繁，歷年遵照具奏在案。今該撫所請删除零尾之數，與臣部年終具奏成例相符。應如所請，行令各督撫，嗣後題報收成分數，俱照臣部具奏之例，開明幾分，或開寫幾分有餘，庶各省得以畫一，而名實亦屬相符。俟命下之日，臣部行文各直省督撫府尹等一體遵照可也。乾隆貳拾捌年柒月拾肆日奏，柒月拾肆日奉旨："依議。欽此欽遵。"等因。

又蒙陝甘總督勒部院案驗，乾隆伍拾肆年閏伍月拾叁日，准大學士伯和珅等字寄，内開：臣和珅謹奏，查閔鶚元奏貳麥約收分數摺内，江寧、蘇州、松江、常州、鎮江、太倉陸府州屬均有玖拾分不等，揚州、淮安、徐州、通州、海州伍府州屬亦約有玖拾分不等。臣等將江蘇省麥收分數通盤牽算，約共玖分有餘。除擬寫寄信閔鶚元諭旨，令其查明據實覆奏外，并行知各省督撫，嗣後奏報夏秋收成分數，俱于摺尾將通省牽算總共分數若干，聲叙明晰，不得仍前含混。謹奏。乾隆伍拾肆年伍月拾貳日奉旨："知道了。欽此。"各等因。咨院俱行到司。

蒙此，各轉飭遵照在案。今查乾隆伍拾捌年秋禾約收分數，催據各屬先後呈報前來，業經分晰開摺，呈請具奏在案。該甘肅布政使汪志伊查得，蘭州府屬之皋蘭縣秋禾收成陸分，河州秋禾收成玖分，狄道州秋禾收成陸分，沙泥州判秋禾收成柒分，渭源縣秋禾收成捌分，金縣秋禾收成陸分，靖遠縣秋禾收成陸分有餘。統計蘭州府屬，除紅水縣丞、循化廳地氣寒冷，向不種秋外，收成陸分有餘。

鞏昌府屬之隴西縣秋禾收成拾分，寧遠縣秋禾收成玖分，伏羌縣秋禾收成拾分，西和縣秋禾收成拾分，安定縣秋禾收成陸分，會寧縣秋禾收成陸分有餘，通渭縣秋禾收成玖分，漳縣秋禾收成玖分。統計鞏昌府屬，除岷州、洮州廳地氣寒冷，向不種秋外，收成捌分有餘。

平凉府屬之平凉縣秋禾收成陸分，華亭縣秋禾收成玖分有餘，莊浪縣丞秋禾收成捌分有餘，隆德縣秋禾收成陸分，固原州秋禾收成玖分，静寧州秋禾收成陸分有餘，鹽茶廳秋禾收成玖分有餘。統計平凉府屬收成柒分有餘。

慶陽府屬之寧州，秋禾收成捌分有餘，安化縣秋禾收成捌分有餘，合水縣秋禾收成柒分有餘，正寧縣秋禾收成玖分有餘，環縣秋禾收成玖分。統計慶陽府屬收成捌分有餘。

甘州府屬之撫彝廳，秋禾收成玖分有餘，張掖縣秋禾收成玖分，山丹縣秋禾收成玖分有餘，東樂縣丞秋禾收成玖分。統計甘州府屬收成玖分有餘。

凉州府屬之武威縣秋禾收成玖分，永昌縣秋禾收成玖分，鎮番縣秋禾收成捌分有餘，古浪縣秋禾收成捌分，平番縣秋禾收成柒分。統計凉州府屬收成捌分有餘。

寧夏府屬之靈州，秋禾收成拾分，寧夏縣秋禾收成捌分有餘，寧朔縣秋禾收成捌分有餘，中衛縣秋禾收成玖分有餘，平羅縣秋禾收成玖分有餘，花馬池州同秋禾收成拾分。統計寧夏府屬收成玖分有餘。

西寧府屬之貴德廳，秋禾收成玖分，碾伯縣秋禾收成捌分。統計西寧府屬，除巴燕戎格廳，西寧、大通貳縣，地氣寒冷，向不種秋外，收成捌分有餘。

秦州直隸州秋禾收成拾分，清水縣秋禾收成玖分有餘，秦安縣秋禾收成玖分有餘，禮縣秋禾收成玖分有餘，徽縣秋禾收成玖分，兩當縣秋禾收成捌分有餘，三岔州判秋禾收成玖分有餘。統計秦州直隸州并所屬收成玖分有餘。

階州直隸州秋禾收成拾分，文縣秋禾收成玖分有餘，成縣秋禾收成拾分，西固州同，秋禾收成玖分有餘。統計階州直隸州并所屬收成玖分有餘。

涇州直隸州秋禾收成陸分，崇信縣秋禾收成陸分，靈臺縣秋禾收成柒分，鎮原縣秋禾收成柒分有餘。統計涇州直隸州并所屬收成陸分有餘。

肅州直隸州秋禾收成捌分有餘，高臺縣秋禾收成捌分有餘，王子莊州同秋禾收成捌分，毛目縣丞秋禾收成捌分。統計肅州直隸州并所屬收成捌分有餘。

安西直隸州秋禾收成玖分有餘，敦煌縣秋禾收成拾分，玉門縣秋禾收成拾分。統計安西直隸州并所屬收成玖分有餘。等情。各申報前來。

查甘肅捌府、伍直隸州屬，通省牽算，秋禾實在收成捌分有餘。再，查皋蘭、金縣、狄道、平涼、隆德，直隸涇州、崇信等柒州縣，本年夏秋收成，均屬歉薄，業蒙奏請將平涼、隆德、涇州、崇信肆州縣本年應徵錢糧緩至來年麥後徵收。至皋蘭、金縣、狄道叁州縣，本年係恭奉恩旨輪免之年，地丁銀兩毋庸置議，惟該州縣尚有應徵耗羨柒分屯糧及本年出借糧石，并各年舊欠正借銀、糧、草束，應請同平涼、隆德、涇州、崇信等肆州縣應徵地丁各項錢糧，均緩至來年麥後徵收，以舒民力。相應一并聲明，詳請核題。

再，查甘肅省捌府，并無管轄地畝，無憑開報分數。今照舊例，將各該府州屬并秦州、階州、涇州、肅州、安西直隸伍州，及所屬陸州、叁廳、肆拾肆縣、叁州同、貳州判、叁縣丞，本年秋禾實收分數，分晰總撒，統爲開報。其未種秋禾者，亦在撒内逐細聲除，并無遺漏，合并聲明。等情。呈詳到臣。

該臣查得，各省每年秋禾收成分數，例應題報。兹據甘肅布政使汪志伊，將甘肅省蘭州、鞏昌、平凉、慶陽、甘州、凉州、寧夏、西寧捌府，并秦州、階州、涇州、肅州、安西伍直隸州所屬乾隆伍拾捌年秋禾收成分數，逐一開列彙報前來。

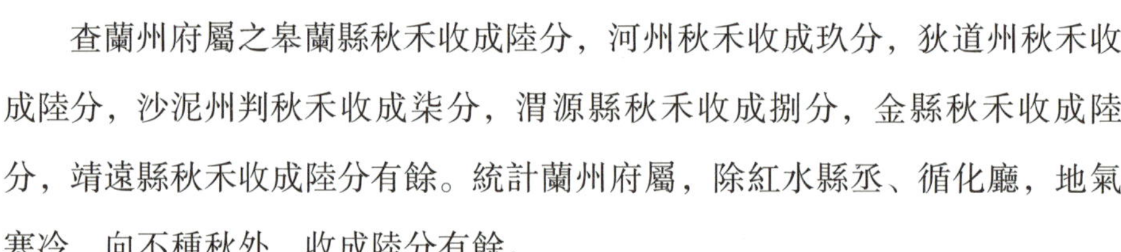

查蘭州府屬之皋蘭縣秋禾收成陸分，河州秋禾收成玖分，狄道州秋禾收成陸分，沙泥州判秋禾收成柒分，渭源縣秋禾收成捌分，金縣秋禾收成陸分，靖遠縣秋禾收成陸分有餘。統計蘭州府屬，除紅水縣丞、循化廳，地氣寒冷，向不種秋外，收成陸分有餘。

鞏昌府屬之隴西縣秋禾收成拾分，寧遠縣秋禾收成玖分，伏羌縣秋禾收成拾分，西和縣秋禾收成拾分，安定縣秋禾收成陸分，會寧縣秋禾收成陸分有餘，通渭縣秋禾收成玖分，漳縣秋禾收成玖分。統計鞏昌府屬，除岷州、洮州廳，地氣寒冷，向不種秋外，收成捌分有餘。

平凉府屬之平凉縣秋禾收成陸分，華亭縣秋禾收成玖分有餘，莊浪縣丞秋禾收成捌分有餘，隆德縣秋禾收成陸分，固原州秋禾收成玖分，静寧州秋禾收成陸分有餘，鹽茶廳秋禾收成玖分有餘。統計平凉府屬收成柒分有餘。

慶陽府屬之寧州，秋禾收成捌分有餘，安化縣秋禾收成捌分有餘，合水縣秋禾收成柒分有餘，正寧縣秋禾收成玖分有餘，環縣秋禾收成玖分。統計慶陽府屬收成捌分有餘。

甘州府屬之撫彝廳秋禾收成玖分有餘，張掖縣秋禾收成玖分，山丹縣秋禾收成玖分有餘，東樂縣丞秋禾收成玖分。統計甘州府屬收成玖分有餘。

凉州府屬之武威縣秋禾收成玖分，永昌縣秋禾收成玖分，鎮番縣秋禾收成捌分有餘，古浪縣秋禾收成捌分，平番縣秋禾收成柒分。統計凉州府屬收成捌分有餘。

寧夏府屬之靈州秋禾收成拾分，寧夏縣秋禾收成捌分有餘，寧朔縣秋禾收成捌分有餘，中衛縣秋禾收成玖分有餘，平羅縣秋禾收成玖分有餘，花馬池州同秋禾收成拾分。統計寧夏府屬收成玖分有餘。

西寧府屬之貴德廳秋禾收成玖分，碾伯縣秋禾收成捌分。統計西寧府屬，除巴熱戎格廳，西寧、大通貳縣，地氣寒冷，向不種秋外，收成捌分有餘。

秦州直隸州秋禾收成拾分，清水縣秋禾收成玖分有餘，秦安縣秋禾收成玖分有餘，禮縣秋禾收成玖分有餘，徽縣秋禾收成玖分，兩當縣秋禾收成捌分有餘，三岔州判秋禾收成玖分有餘。統計秦州直録州并所屬收成玖分有餘。

階州直隸州秋禾收成拾分，文縣秋禾收成玖分有餘，成縣秋禾收成拾分，西固州同秋禾收成玖分有餘。統計階州直隸州并所屬收成玖分有餘。

涇州直隸州秋禾收成陸分，崇信縣秋禾收成陸分，靈臺縣秋禾收成柒分，鎮原縣秋禾收成柒人有餘。統計涇州直隸州并所屬收成陸分有餘。

肅州直隸州秋禾收成捌分有餘，高臺縣秋禾收成捌分有餘，王子莊州同秋禾收成捌分，毛目縣丞秋禾收成捌分。統計肅州直隸州并所收成捌分有餘。

安西直隸州秋禾收成玖分有餘，敦煌縣秋禾收成拾分，玉門縣秋禾收成拾分。統計安西直隸州并所屬收成玖分有餘。

統計甘肅省捌府、伍直隸州及所屬陸州、叁廳、肆拾肆縣、叁州同、貳州判、叁縣丞，縣省牽算，總共收成捌分有餘。再，查皋蘭、金縣、狄道、平涼、隆德、直隸涇州、崇信等柒州縣，本年幫秋收成均屬歉薄，經臣奏請，將平涼、隆德、涇州、崇信肆州縣要應徵錢糧緩至來年麥後徵收。至皋蘭、金縣、狄道叁州縣，本年係恭奉恩旨輪免之年，地丁銀兩毋庸置議，惟該州縣尚有應徵耗羡柒分屯糧及本年出借糧口，并各年舊欠正借銀、糧、草束，應請同平涼、隆德、涇州、崇信等肆州縣應徵地丁各項錢糧，均緩至來年麥後徵收，以舒民力。所有甘肅省乾隆伍拾捌年秋禾收成分數，相應具題，伏祈皇上睿鑒，敕部查照施行。謹具題聞。

乾隆伍拾捌年拾月貳拾貳日。

太子太保、兵部尚書兼都察院右都御史、總督陝甘等處地方軍務兼理糧餉并兼管甘肅巡撫事兼理茶馬臣勒保。

【貼黄】

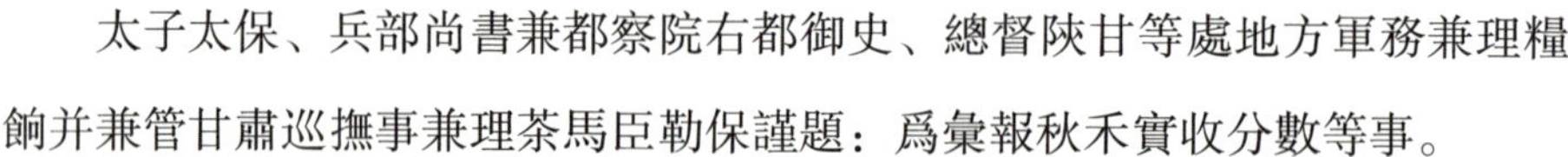

太子太保、兵部尚書兼都察院右都御史、總督陝甘等處地方軍務兼理糧餉并兼管甘肅巡撫事兼理茶馬臣勒保謹題：爲彙報秋禾實收分數等事。

該臣查得，各省每年秋禾收成分數，例應題報。兹據甘肅布政使汪志伊，將甘肅省蘭州、鞏昌、平凉、慶陽、甘州、凉州、寧夏、西寧捌府，并秦州、階州、涇州、肅州、安西伍直隸州所屬，乾隆伍拾捌年秋禾收成分數，逐一開列，彙報前來。查蘭州府屬收成陸分有餘，鞏昌府屬收成捌分有餘，平凉府屬收成柒分有餘，慶陽府屬收成捌分有餘，甘州府屬收成玖分有餘，凉州府屬收成捌分有餘，寧夏府屬收成玖分有餘，西寧府屬收成捌分有餘，秦州并所屬收成玖分有餘，階州并所屬收成玖分有餘，涇州并所屬收成陸分有餘，肅州并所屬收成捌分有餘，安西州并所屬收成玖分有餘。統計甘肅省捌府、伍直隸州及所屬陸州、叁廳、肆拾肆縣、叁州同、貳州判、叁縣丞，通省牽算，收成捌分有餘。所有甘肅省乾隆伍拾捌年秋禾收成分數，謹具題聞。

【《明清檔案》A269—75，B152039—B152051】

乾隆五十九年（1794）

△諭兵部將靈州營參將薩哈蘇帶領引見交軍機處記名

乾隆五十九年十二月十四日

本月十三日，兵部將陝甘總督勒保預行保舉之甘肅靈州營參將薩哈蘇帶領引見，奉旨：“薩哈蘇，著交軍機處記名。”

【《乾隆朝上諭檔》第18册，第376頁第811條】

乾隆六十年（1795）

△諭著傳諭陝甘總督宜綿即遵照前旨如查明該處倉糧實在不敷動支或仿照五十六年之數酌量采買敷用即止等事

乾隆六十年十一月初四日

大學士公阿、大學士伯和字寄陝甘總督宜。

乾隆六十年十一月初四日，奉上諭："前因秦承恩奏，皋蘭、固原二州縣市價中平，應飭照額共采買糧十八萬石，并照向定章程，上色不得過二兩，下色不得過一兩二錢，照時價購買。等語。殊屬自相矛盾，當經降旨詢問。勒保兹據奏稱，甘省從前奏定章程原係專指市集時價而言，如時價在二兩及一兩二錢以内即屬平減，始准采買，若在二兩及一兩二錢以外即屬價昂，雖值采買之時，亦應停止。等語。所奏頗爲明晰。各省采買，自應視市價之長落以爲準。如市價平減，當嚴查所屬，毋許其浮開肥橐。一遇價昂，即飭停止，以防勒買病民。如此辦理，原爲得當。前此秦承恩籠統具奏，遽請采買十八萬石，顯係地方官趁新督署任，思欲借端浮冒派累。秦承恩讀書老實，遂爲屬員所愚。宜綿現已接篆，著傳諭該督，即遵照前旨，如查明該處倉糧實在不敷動支，或仿照五十六年之數，酌量采買，敷用即止。仍嚴密稽察，毋許該州縣有從中侵肥、勒派累民等事，方爲妥善。勒保摺，著抄寄閲看。將此由五百里，傳諭宜綿，并諭勒保知之。欽此。"遵旨寄信前來。

【《乾隆朝上諭檔》第18册，第871頁第1964條】

△諭著傳諭宜綿于審辦梁玉柱控案完竣後即由該處交印迅速來京

乾隆六十年十一月二十五日

大學士公阿、大學士伯和字寄陝甘總督宜。

乾隆六十年十一月二十五日，奉上諭："宜綿覆奏采買一摺。已批'該部知道矣'。此事前據秦承恩奏到，于皋蘭、固原二處共采買糧十八萬石，爲數過多，恐市儈抬價居奇，該州縣轉有食貴之虞。令擬仿照五十六年勒保所辦，二處衹采買八萬石，尚爲得當。仍當隨時留心查察，毋令不肖官吏有侵肥勒派情事。又據奏，前赴漢中府審辦梁玉柱控案一摺，宜綿親身前往，就近審辦，更可易于完結。漢中距京較近，該督年逾六旬，可入千叟宴，著傳諭宜綿，于審案完竣後，即由該處交印，迅速來京。將此諭令知之。欽此。"遵旨寄信前來。

【《乾隆朝上諭檔》第18冊，第914頁第2062條】

嘉慶朝

嘉慶元年（1796）

陝甘總督兼甘肅巡撫宜綿題請補授游擊

嘉慶元年二月一日

題。

二月十五日。

元年二月廿六日下兵。

該部議奏。

兵部尚書兼都察院右都御史、總督陝甘等處地方軍務兼理糧餉并兼管甘肅巡撫事兼理茶馬臣宜綿謹題：爲請補游擊事。

乾隆陸拾年拾壹月貳拾捌日，准兵部咨，武選司案呈，兵科抄出署理陝甘總督秦承恩題游擊色布星額病故一疏，于乾隆陸拾年拾月拾貳日奉旨："兵部知道。欽此。"除將該員病故之處注册，其所遺陝西蘆塘營游擊係題補之缺，陝甘貳省、四川松潘壹鎮輪缺案内應用緑旗預保人員，本部現無預保注册人員，行令該督于現任人員内揀選題補，相應知照該督可也。等因，到臣。

準此，該臣查得，固原提屬蘆塘營游擊色布星額病故遺缺，接准部咨，應用緑旗預保人員，本部現無預保注册人員，令于現任人員内揀選題補。等因。臣隨詳加揀選，查有甫經預保河州鎮屬保安營都司郭寧邦，現年伍拾歲，係四寧縣人。該員弓馬嫻熟，隨征著績，以之請補蘆塘營游擊，堪以勝任。再，查該員請補前項員缺，與例相符，係應行引見之員。臣現于預保案内照例給咨赴部。除履歷查取至日另咨送部外，臣謹會同固原提督臣柯藩合詞具題，伏祈皇上睿鑒，敕部議覆施行。爲此具本，謹題請旨。

嘉慶元年肆月初壹日。

兵部尚書兼都察院右都御史、總督陝甘等處地方軍務兼理糧餉并兼管甘肅巡撫事兼理茶馬臣宜綿。

【貼黄】

兵部尚書兼都察院右都御史、總督陝甘等處地方軍務兼理糧餉并兼管甘肅巡撫事兼理茶馬臣宜綿謹題：爲請補游擊事。

該臣查得，固原提屬蘆塘營游擊色布星額病故遺缺，接准部咨，令于現任人員内揀選題補。等因。臣隨查有甫經預保河州鎮屬保安營都司郭寧邦，該員弓馬嫻熟，隨征著績，以之請補蘆塘營游擊，堪以勝任。除履歷查取至日另咨送部外，臣謹會同固原提督臣柯藩合詞具題請旨。

【《明清檔案》A271—29，B152981—B152982】

陝甘總督兼甘肅巡撫宜綿題報寧夏縣屬河忠堡水冲沙壓地畝確勘不能墾復

嘉慶元年四月九日

題。

十一。

元年六月初九日下户。

該部議奏。

兵部尚書兼都察院右都御史、總督陝甘等處地方軍務兼理糧餉并兼管甘肅巡撫事兼理茶馬臣宜綿謹題：爲報明等事。

據甘肅布政使司布政使陸有仁呈，蒙前署陝甘總督秦部院案驗，乾隆陸拾年玖月初貳日，准户部咨，陝西司案呈，户科抄出調任陝甘總督勒保將甘肅省寧夏縣屬河忠堡沙壓地畝題請豁除壹案，乾隆陸拾年叁月拾貳日題，伍月初壹日奉旨："該部議奏。欽此欽遵。"于本日抄出到部。

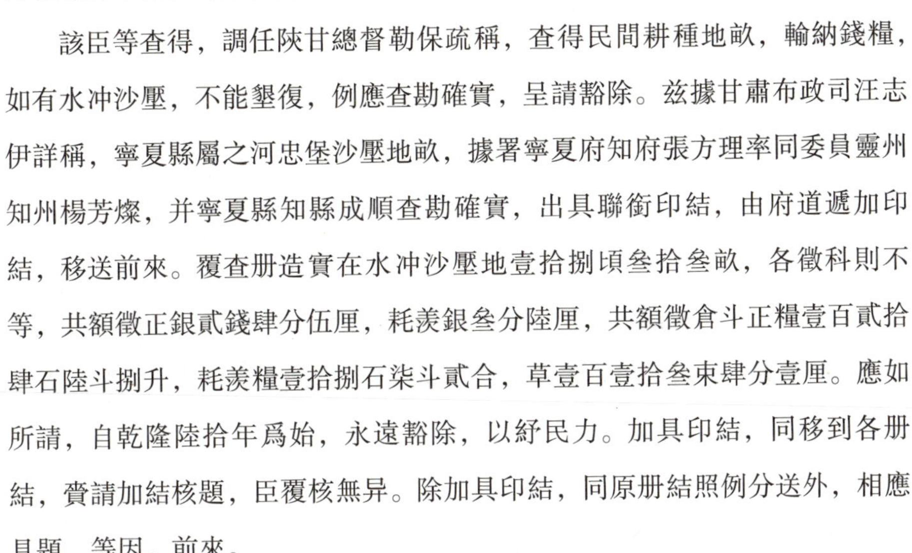

該臣等查得，調任陝甘總督勒保疏稱，查得民間耕種地畝，輸納錢糧，如有水冲沙壓，不能墾復，例應查勘確實，呈請豁除。兹據甘肅布政司汪志伊詳稱，寧夏縣屬之河忠堡沙壓地畝，據署寧夏府知府張方理率同委員靈州知州楊芳燦，并寧夏縣知縣成順查勘確實，出具聯銜印結，由府道遞加印結，移送前來。覆查册造實在水冲沙壓地壹拾捌頃叁拾叁畝，各徵科則不等，共額徵正銀貳錢肆分伍厘，耗羨銀叁分陸厘，共額徵倉斗正糧壹百貳拾肆石陸斗捌升，耗羨糧壹拾捌石柒斗貳合，草壹百壹拾叁束肆分壹厘。應如所請，自乾隆陸拾年爲始，永遠豁除，以紓民力。加具印結，同移到各册結，賫請加結核題，臣覆核無异。除加具印結，同原册結照例分送外，相應具題。等因。前來。

查定例，成熟地畝，或因水冲沙壓變爲磽薄者，准其隨時查明取結，造册題報減則。日後或培植復熟，亦即隨時確勘，取具册結題報，仍按原則徵收。等因。今據調任陝甘總督勒保疏稱，寧夏縣屬河忠堡水冲沙壓地畝，據印委各員勘明，實在水冲沙壓不能墾復地壹拾捌頃叁拾叁畝，共額徵銀貳錢肆分伍厘，耗羨銀叁分陸厘，共額徵倉斗正糧壹百貳拾肆石陸斗捌升，耗糧壹拾捌石柒斗貳合，草壹百壹拾叁束肆分壹厘。請自乾隆陸拾年爲始豁除，以紓民力。等語。臣部查民間水冲沙壓地畝固宜隨時查辦，以免民累。而既經沙壓之後，亦應上緊勸墾，以復舊額。此案寧夏縣屬河忠堡地畝因被水淤沙積壓，該地方官理應一面先行報部，一面勸民培植墾復。如果沙積稍厚，查勘屬實，一時不能墾復，再行照例題請減則。俟培植復熟，隨時確勘題報，按照原則徵收。今該堡水冲地畝沙壓至壹千捌百餘畝之多，并不先行奏明，遽將應徵正耗銀、糧、草束全行題請豁除，與定例不符。事關國賦，臣部殊難率准。應令該督遴委隔屬道府大員，親赴該堡勘明沙壓地數是否屬實。清文四至，確勘情形，并將如何勸民培植復熟之處，另行妥議。題報到日，再行核議。等因。乾隆陸拾年柒月拾肆日題，本月拾玖日奉旨："依議。欽此。"相應稱咨陜甘總督遵照可也。等因。咨院。行據甘肅布政使陸有仁詳稱，奉准部咨，令將寧夏縣屬河忠堡水冲沙壓地畝遴委隔屬道府大員親赴該堡勘明沙壓是否屬實。清文四至，并將如何勸民培植復熟之處，另行妥議。題報到日，再行核議。等因。遵即照依部駁情節，飭令委員逐一勘文，實在不能墾復，取具冊結登報。等情。呈詳到臣。

該臣查得，前准部咨，令將寧夏縣屬河忠堡水冲沙壓地畝遴委隔屬大員勘明是否屬實，另行妥議題報去後。兹據甘肅布政使陸有仁詳稱，當經詳明批委平慶道姜開陽會同寧夏道福永前往該堡查勘明確，據實造冊結報去後，兹準平慶、寧夏貳道會移稱，本道等親詣寧夏縣屬河忠堡水冲地畝處所，率同署寧夏府知府張方理、寧夏縣知縣興恒，勘得河忠堡西與黄河毗連，南有山水澇河壹道，向由慶陽府屬環河直注黄流，北有靈州出水溝壹道，中隔西渠，北接户氏楊邦俊地界。因伍拾玖年柒月中旬大雨連宵，澇河山水陡發，從劉家廟上下堤埂處所冲斷豁口兩處，挾沙壅石，遂將李邦俊等額地盡行淹泡。水涸之後，沙石壅雜，堆積如山，其坑陷不平之處，亦係碎石鱗集。今逐細清文，實在不能墾復地壹拾捌頃叁拾叁畝。隨與該縣徵收地丁紅冊内核對，共額徵地畝正銀貳錢肆分伍厘，耗銀叁分陸厘。共額徵倉斗正糧壹百貳拾肆石陸斗捌升，耗糧壹拾捌石柒斗貳合，草壹百壹拾叁束肆分壹厘。其地既經水冲沙壓，深厚不能墾復，應請仍于造報乾隆陸拾年地丁奏銷冊内聲除，以免民累。所有該縣造到花名地畝四至清册，出具印結，同寧夏府加具印結，理合繪圖貼説，加結稱送。等情。前來，本司覆查無异。所有造到册結，相應詳請覆題。

再，查各廳、州、縣額徵錢糧，前奉部議，統于由單之下遇有尾零，遵照歸減。其單内開列如數，仍存其舊，以符《賦役全書》。是以該縣册造總撒錢糧地畝尾零全行備造，今于詳内歸減呈報，合并聲明。等情。請題前來，臣覆核無异。除册結、圖説、揭帖照例分送部科外，相應具題，伏祈皇上睿鑒，敕部核覆施行。謹題請旨。

嘉慶元年肆月初玖日。

兵部尚書兼都察院右都御史、總督陝甘等處地方軍務兼理糧餉并兼管甘肅巡撫事兼理茶馬臣宜綿。

【貼黄】

兵部尚書兼都察院右都御史、總督陝甘等處地方軍務兼理糧餉并兼管甘肅巡撫事兼理茶馬臣宜綿謹題：爲報明等事。

該臣查得，前准部咨，令將寧夏縣屬河忠堡水冲沙壓地畝遴委隔屬道府大員親赴該堡勘明沙壓是否屬實。清文四至，并將如何勸民培植復熟之處，另行妥議。題報到日，再行核議。等因。當經行據甘肅布政使陸有仁呈稱，遵即照依部駁情節，委員勘明，實在不能墾復，取具册結圖説。等情。呈賫請題前來，臣覆核無异。謹題請旨。

【《明清檔案》A271—121，B153401—B153405】

陝甘總督兼甘肅巡撫宜綿題報都司病故

嘉慶元年五月二十日

題。

元年□月十二日下兵。

兵部知道。

兵部尚書兼都察院右都御史、總督陝甘等處地方軍務兼理糧餉并兼管甘肅巡撫事兼理茶馬臣宜綿謹題：爲報明都司病故日期事。

准固原提督臣柯藩咨，准延綏鎮咨，據署神木協副將田有成呈，據孤山堡額外外委劉耀稟稱，竊本堡都司五達色，得患癆疫病症，調治不愈，于嘉慶元年貳月初壹日病故，理合稟明。等情。轉報到鎮。隨飭委署鎮羌堡都司姜大凌前往查驗取結去後。兹據該署都司稱，遵即前往查驗，得該都司五達色實係得患癆疫病故，并無別情。取具嫡親甘結，出具承查印結，并原領都司札付，理合呈繳。等情。轉報到提督，移咨到臣。

准此，該臣查得，武職守備以上官員病故，例應題報。兹延綏鎮屬孤山堡都司五達色得患癆疫病症，調治不愈，于嘉慶元年貳月初壹日病故。經延綏鎮委員查驗屬實，并無別情，取具嫡親甘結，出具承查印結及原領都司札付，移送到提督轉移前來，臣覆查無异。除俟查明該故員任内有無未清錢糧事件另咨報部，今將結札送部外，所有孤山堡都司五達色病故日期，理合恭疏題報，伏祈皇上睿鑒，敕部查照施行。爲此具本，謹具題聞。

嘉慶元年伍月貳拾日。

兵部尚書兼都察院右都御史、總督陝甘等處地方軍務兼理糧餉并兼管甘肅巡撫事兼理茶馬臣宜綿。

【貼黄】

兵部尚書兼都察院右都御史、總督陝甘等處地方軍務兼理糧餉并兼管甘肅巡撫事兼理茶馬臣宜綿謹題：爲報明都司病故日期事。

該臣查得，武職守備以上官員病故，例應題報。兹延綏鎮屬孤山堡都司五達色得患癆疫病症，調治不愈，于嘉慶元年貳月初壹日病故。經延綏鎮委員查驗屬實，并無別情，取具嫡親甘結，出具承查印結及原領都司札付，移送到提督轉移前來，臣覆查無异。除俟查明該故員任内有無未清錢糧事件另咨報部，今將結札送部外，所有孤山堡都司五達色病故日期，理合恭疏題報。謹具題聞。

【《明清檔案》A272—49，B153669—B153670】

陜甘總督兼甘肅巡撫宜綿題請核銷甘肅省乾隆六十年驛站錢糧

嘉慶元年六月十六日

題。

元年□月□日下户。

該部察核具奏。

太子太保、兵部尚書兼都察院右都御史、總督陜甘等處地方軍務兼理糧餉并兼管甘肅巡撫事兼理茶馬臣宜綿謹題：爲請旨奏銷歲底驛站錢糧，以期畫一事。

據甘肅按察使司按察使廣厚呈，蒙總督陜甘宜部院牌開，案照甘肅省乾隆陸拾年驛站奏銷册籍例，于嘉慶元年伍月内具題，即將該年驛站錢糧册籍速行造賫。等因。蒙此，遵即備行各屬造報去後。兹據各府州陸續造賫前來，該甘肅按察使廣厚查得，蘭州、鞏昌、平凉、慶陽、甘州、凉州、寧夏、西寧捌府，并秦州、階州、肅州、涇州、安西伍直隸州所屬各驛支過乾隆陸拾年分原額、新添、新增、孳生，并衝途各驛續添、增添及安設拉車夫馬工料、外備站價，以及應付廩給口糧，墊供不敷，并倒馬買補馬價暨鋪司工食，共支銀貳拾萬柒千壹百柒拾伍兩捌錢貳分肆厘。本色倉斗糧伍千陸百陸拾石伍斗肆升玖合貳勺，折京斗糧捌千捌拾陸石肆斗玖升捌合柒勺。本色倉斗料捌百壹拾肆石捌升，折京斗料壹千壹百陸拾貳石玖斗柒升壹合叁勺。本色草叁萬伍千叁百貳拾捌束。所有各府州造賫乾隆陸拾年奏銷細數，理合彙造總册，詳賫核題。等情。呈詳到臣。

該臣查得，驛站錢糧，例應按年奏銷。兹據甘肅按察使廣厚詳稱，蘭州、鞏昌、平凉、慶陽、甘州、凉州、寧夏、西寧捌府，并秦州、階州、肅州、涇州、安西、伍直隸州所屬各驛支過乾隆陸拾年分原額、新添、新增、孳生，并衝途各驛續添、增添及安設拉車夫馬工料、外備站價，以及應付廪給口糧，墊供不敷，并倒馬買補馬價，暨鋪司工食，共支銀貳拾萬柒千壹百柒拾伍兩捌錢貳分肆厘。本色倉斗糧伍千陸百陸拾石伍斗肆升玖合貳勺，折京斗糧捌幹捌拾陸石肆斗玖升捌合柒勺。本色倉斗料捌百壹拾肆石捌升，折京斗料壹千壹百陸拾貳石玖斗柒升壹合叁勺。本色草叁萬伍千叁百貳拾捌束。等情。造具總册，同各屬細數清册詳賫請題前來，臣覆核無异。除册分送部科外，相應具題，伏祈皇上睿鑒，敕部核覆施行。謹題請旨。

嘉慶元年陸月拾陸日。

太子太保、兵部尚書兼都察院右都御史、總督陕甘等處地方軍務兼理糧餉并兼管甘肅巡撫事兼理茶馬臣宜綿。

【貼黄】

太子太保、兵部尚書兼都察院右都御史、總督陕甘等處地方軍務兼理糧餉并兼管甘肅巡撫事兼理茶馬臣宜綿謹題：爲請旨奏銷歲底驛站錢糧等事。

該臣查得，驛站錢糧，例應按年奏銷。兹據甘肅按察使廣厚詳稱，蘭州、鞏昌、平凉、慶陽、甘州、凉州、寧夏、西寧捌府，并秦州、階州、肅州、涇州、安西伍直隸州所屬各驛支過乾隆陸拾年分原額、新添、新增、孳生，并各驛續增及安設拉車夫馬工料、外備站價，以及應付廪給口糧，墊供不敷，并倒馬買補馬價，暨鋪司工食，共支銀貳拾萬柒千壹百柒拾伍兩零，本色倉斗折京斗糧捌千捌拾陸石肆斗零，本色倉斗折京斗料壹千壹百陸拾貳石玖斗零，本色草叁萬伍千叁百貳拾捌束。等情。造具總册，同細數清册，呈賫請題前來，臣覆核無异。除册送部科外，謹題請旨。

【《明清檔案》A272—95，B153835—B153837】

陝甘總督兼甘肅巡撫宜綿題請委署縣官

嘉慶元年七月二十一日

題。

元年九月廿三日下。

該部議奏。

太子太保、兵部尚書兼都察院右都御史、總督陝甘等處地方軍務兼理糧餉并兼管甘肅巡撫事兼理茶馬臣宜綿謹題：爲詳請題署縣令，以裨地方事。

據甘肅布政使司布政使陸有仁、按察使司按察使廣厚會詳稱，竊照安定縣知縣英格病故遺缺係衝、難中缺，應歸部選。但甘省現有候補人員，例得遇缺請補。玆本司等查有委用知縣達楷，年肆拾伍歲，係鑲紅旗滿洲凌慧佐領下官學生，由刑部筆帖式保送知縣。乾隆伍拾肆年拾壹月，揀選引見，奉旨發往甘肅差遣委用。伍拾伍年貳月到省，委署西寧縣知縣，蒙奏署平羅縣知縣，伍拾陸年陸月初捌日到任。嗣蒙奏調綏來縣知縣，未經到任，旋于伍拾捌年伍月初貳日，聞訃丁母憂，請咨回旗守制。服滿，照例仍赴原省委用，于嘉慶元年叁月初壹日到甘。該員心地明白，辦事勤奮，以之請署安定縣知縣，堪以勝任，俟扣滿年限，另請實授。該員係委用知縣，請署知縣，銜缺相當，毋庸送部引見，相應詳請核題。等情。呈詳到臣。

該臣查得，安定縣知縣英格病故遺缺係衝、難中缺，應歸部選。但甘省現有候補人員，例得請補。玆據甘肅布政使陸有仁等會詳稱，查有委用知縣達楷，年肆拾伍歲，係鑲紅旗滿洲凌慧佐領下官學生，由刑部筆帖式保送知縣。乾隆伍拾肆年拾壹月，揀選引見，奉旨發往甘肅差遣委用。伍拾伍年貳月到省，蒙奏署平羅縣知縣，伍拾陸年陸月初捌日到任。嗣蒙奏調綏來縣知縣，未經到任，旋丁母憂，回旗守制。服滿，照例仍赴原省委用，于嘉慶元年叁月初壹日到甘。該員心地明白，辦事勤奮，以之請署安定縣知縣，堪以勝任。俟扣滿年限，另請實授。該員係委用知縣，請署知縣，銜缺相當，毋庸送部引見。等情。會詳請題前來。臣查達楷年力正强，辦事勤慎，以之請署安定縣知縣，堪以勝任。相應具題，伏祈皇上睿鑒，敕部議覆施行。

再，該員有一件據首等事：西寧縣賈家莊郭得旺磨輪上無名男子被殺身死無衣壹案，肆參現任内罰俸壹年，有紀録壹次，抵罰俸陸個月，仍罰俸陸個月。又一件遵旨等事：署西寧縣批解前任西寧縣那靈阿應賠虧缺廢炮鐵斤變價銀兩遲延壹案，罰俸壹年。又一件稟明事：平羅縣流犯周遂脱逃壹案，罰俸陸個月。又一件欽奉等事：西寧縣伍拾伍年賞過老民絹、棉、米、肉等項折給銀兩，登答册籍遲延壹案，罰俸玖個月。又一件報明事：平羅縣流犯周遂脱逃壹案，貳參補官日罰俸壹年。以上伍案，已于嘉慶元年正月初壹日欽奉恩詔寬免，業已彙册咨部查銷在案。又一件欽奉恩詔事：署西寧縣造報伍拾伍年賞給過老民絹、棉、米、肉折價等項銀兩奏銷舛錯壹案，已經咨參，未准部覆。此外再無參罰案件，合并陳明。謹題請旨。

嘉慶元年柒月貳拾壹日。

太子太保、兵部尚書兼都察院右都御史、總督陝甘等處地方軍務兼理糧餉并兼管甘肅巡撫事兼理茶馬臣宜綿。

【貼黄】

太子太保、兵部尚書兼都察院右都御史、總督陝甘等處地方軍務兼理糧餉并兼管甘肅巡撫事兼理茶馬臣宜綿謹題：爲詳請等事。

該臣查得，安定縣知縣英格病故遺缺係衝、難中缺，應歸部選。但甘省現有候補人員，例得請補。兹據甘肅布政使陸有仁等會詳稱，查有委用知縣達楷，年肆拾伍歲，係鑲紅旗滿洲凌慧佐領下官學生，由刑部筆帖式保送知縣。乾隆伍拾肆年拾壹月，奉旨發往甘肅差遣委用，伍拾伍年貳月到省。蒙奏署平羅縣知縣，伍拾陸年陸月到任。嗣蒙奏調綏來縣知縣，未經到任，旋丁母憂，回旗守制。服滿，照例仍赴原省委用，于嘉慶元年叁月初壹日到甘。該員心地明白，辦事勤奮，以之請署安定縣知縣，堪以勝任。俟扣滿年限，另請實授。該員係委用知縣，請署知縣，銜缺相當，毋庸送部引見。等情。會詳請題前來。臣查達楷，年力正强，辦事勤慎，以之請署安定縣知縣，堪以勝任。謹題請旨。

【《明清檔案》A273—1，B154037—B154040】

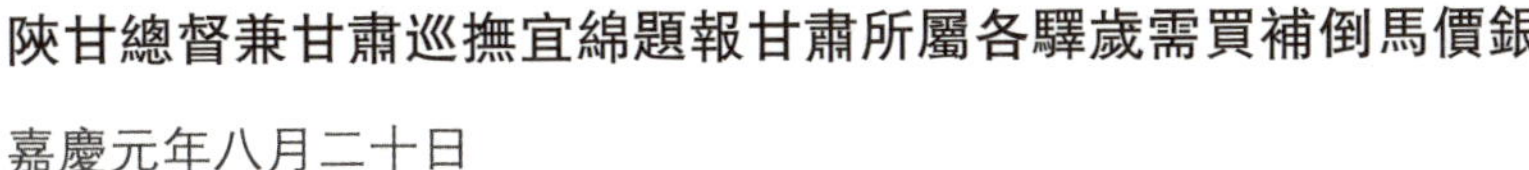

陝甘總督兼甘肅巡撫宜綿題報甘肅所屬各驛歲需買補倒馬價銀

嘉慶元年八月二十日

題。

元年九月□日下户。

該部議奏。

太子太保、兵部尚書兼都察院右都御史、總督陝甘等處地方軍務兼理糧餉并兼管甘肅巡撫事兼理茶馬臣宜綿謹題：爲欽奉上諭事。

據甘肅布政使司布政使陸有仁呈，蒙總督陝甘宜部院案驗，准署陝甘總督秦承恩移交，乾隆陸拾年拾貳月拾玖日，准兵部咨，車駕司案呈，兵科抄出本部題前事壹案，相應抄單移咨陝甘總督可也。計黏單一紙，内開：會議得署陝甘總督秦承恩疏稱，查得甘肅省所屬各驛每年需用倒馬價銀，例應預期估撥。玆據甘肅布政使陸有仁詳稱，查乾隆陸拾年壹歲倒馬價銀，准署甘肅按察使事蘭州道瑺亨造册移送。查册造蘭州、鞏昌、平凉、慶陽、甘州、凉州、寧夏、西寧捌府，秦州、階州、肅州、涇州、安西伍直隸州所屬各驛，乾隆陸拾年原額、新添、孳生共馬叁千貳百柒拾叁匹。自乾隆陸拾年正月初壹日起，至年底止，照依拾分倒貳分之例合算，共應准倒馬陸百伍拾肆

匹陸分，每匹價銀捌兩，共銀伍千貳百叁拾陸兩捌錢。又，册造蘭州、鞏昌、平凉、甘州、凉州伍府，并直隸肅州、涇州所管肆拾陸驛，續添共馬柒百肆拾匹。自乾隆陸拾年正月初壹日起，至年底止，照依拾分倒貳分之例合算，共應准倒馬壹百肆拾捌匹，每匹價銀捌兩，共銀壹千壹百捌拾肆兩。又，册造鞏昌、平凉貳府屬所管翟家所、高家堡、神林堡、安國鎮肆腰站撥安馬壹百貳拾匹。自乾隆陸拾年正月初壹日起，至年底止，照依拾分倒貳分之例合算，共應准倒馬貳拾肆匹，每匹價銀捌兩，共銀壹百玖拾貳兩。又，册造蘭州、鞏昌、平凉、凉州肆府，并直隸涇州所管貳拾肆驛增添馬伍百捌拾伍匹。自乾隆陸拾年正月初壹日起，至年底止，照依拾分倒貳分之例合算，共應准倒馬壹百壹拾柒匹，每匹價銀捌兩，共銀玖百叁拾陸兩。核查册造倒斃分數，買補價值，與例相符。至前項倒馬價銀，向係在于司庫收貯各屬解到官茶改折歸并候撥兵餉銀内動支，今陸拾年壹歲倒馬價銀柒千伍百肆拾捌兩捌錢，應請在收貯候撥款内動支，作正開銷。再，查肅州、安西貳直隸州安設運送新疆一切官物車馬，前經奏明，另立棚槽拴喂，當將所需料草、夫工、倒馬等項銀兩，詳明在于庫貯新疆經費款内支發，已將伍拾玖年支過銀兩聲明款目，造册呈請，題銷在案。所有此項拉車馬壹百伍拾匹，陸拾年壹歲應准倒馬叁拾匹，共需買補價銀貳百肆拾兩，應請仍于新疆經費銀内動支，庶免牽混。仍遵照前奉部示，統隨驛站奏銷案内分晰造報，彙請題銷。等情。造具估册，呈賫請題前來，臣覆核無异。除册送部外，相應具題。等因。具題前來。

查定例，甘省驛馬倒斃不得過貳分，買補馬價，每匹准銷銀捌兩。向例馬價次年撥補，另爲造銷，經原任甘肅巡撫鄂樂舜題請乾隆拾玖年爲始，統入驛站奏銷案内題銷。其倒馬價銀，亦照工料之例，預爲估撥，于每年年底飭令請領，次年彙入驛站奏銷案内造報。等因。經兵部覆准在案。今甘肅省乾隆陸拾年原額、新添、孳生，并續添、增添、撥安共實留馬肆千柒百壹拾捌匹，照依拾分准倒貳分之例合算，共應倒馬玖百肆拾叁匹陸分，每匹價銀捌兩，共該馬價銀柒千伍百肆拾捌兩捌錢。兵部核算倒馬分數，并買補價值，均與定例相符。應如該署督所題，准其照數動撥。至該署督疏稱，前項馬價銀兩在于各屬解到官茶改折歸并候撥兵餉款内動支。等語。亦應如該署督所題，准其照數動撥。

再，該署督疏稱，肅州、安西貳州安設運送新疆官物車馬壹百伍拾匹，陸拾年壹歲應准倒馬叁拾匹，共需買補倒馬價銀貳百肆拾兩。兵部按倒馬分數買補價值核算，與定例相符，亦應准其買補。至所稱仍于新疆經費銀内動支之處，亦應准其照數動撥。仍令該督將前項動支銀兩并倒馬數目，于該年驛站奏銷案内分晰造報查核。等因。乾隆陸拾年拾壹月貳拾叁日題，本月貳拾伍日奉旨："依議。欽此。"等因。咨院行司。

蒙此，該甘肅布政使陸有仁查得，前奉部咨，甘肅各驛每年應准貳分倒馬價銀，自乾隆拾玖年爲始，照工料之例預爲估撥，年底飭令請領，次年彙入驛站奏銷案内造報。等因。除乾隆陸拾年應准貳分倒馬價銀，已經估請造入陸拾年驛站奏銷案内報銷在案。玆准甘肅按察使廣厚將嘉慶元年壹歲倒馬價銀分案造具估册，移送前來，相應呈賫核題。再，此案係按年估請之件，并不計限，合并聲明。等情。呈詳到臣。

該臣查得，甘肅省所屬各驛，每年需用倒馬價銀，例應預期估撥。玆據甘肅布政使陸有仁詳稱，查嘉慶元年壹歲倒馬價銀，准甘肅按察使廣厚造册移送。查册造蘭州、鞏昌、平凉、慶陽、甘州、凉州、寧夏、西寧捌府，并秦州、階州、肅州、涇州、安西伍直隸州所管各驛，嘉慶元年原額、新添、孳生共馬叁千貳百柒拾叁匹。自嘉慶元年正月初壹日起，至年底止，照依拾分倒貳分之例合算，共應准倒馬陸百伍拾肆匹陸分，每匹價銀捌兩，共銀伍千貳百叁拾陸兩捌錢。又，册造蘭州、鞏昌、平凉、甘州、凉州伍府，并直隸肅州、涇州所管肆拾陸驛，續添共馬柒百肆拾匹。自嘉慶元年正月初壹日

起，至年底止，照依拾分倒貳分之例合算，共應准倒馬壹百肆拾捌匹，每匹價銀捌兩，共銀壹千壹百捌拾肆兩。又，册造鞏昌、平凉貳府屬所管翟家所、高家堡、神林堡、安國鎮肆腰站撥安馬壹百貳拾匹。自嘉慶元年正月初壹日起，至年底止，照依拾分倒貳分之例合算，共應准倒馬貳拾肆匹，每匹價銀捌兩，共銀壹百玖拾貳兩。又，册造蘭州、鞏昌、平凉、凉州肆府，并直隸涇州所管貳拾肆驛，增添馬伍百捌拾匹伍。自嘉慶元年正月初壹日起，至年底止，照依拾分倒貳分之例合算，共應准倒馬壹百壹拾柒匹，每匹價銀捌兩，共銀玖百叁拾陸兩。核查册造倒斃分數，買補價值，與例相符。至前項倒馬價銀，向係在于司庫收貯各屬解到官茶改折歸并候撥兵餉銀内動支。今嘉慶元年壹歲倒馬價銀共柒千伍百肆拾捌兩捌錢，應請在于收貯候撥兵餉款内動支，作正開銷。

再，查肅州、安西貳直隸州安設運送新疆一切官物車馬，前經奏明，另立棚槽拴喂，當將所需料草、夫工、倒馬等項銀兩，詳明在于庫貯新疆經費款内支發。已將乾隆陸拾年支過銀兩聲明款目，造册呈請，題銷在案。所有此項拉車馬壹百伍拾匹，嘉慶元年壹歲應准倒馬叁拾匹，共需買補價錢貳百肆拾兩，應請仍于新疆經費銀内動支，庶免牽混。仍遵照前奉部示，統隨驛站奏銷案内分晰造報，彙請題銷。等情。造具估册，呈賫請題前來，臣覆核無异。除册分送部科外，相應具題，伏祈皇上睿鑒，敕部核覆施行。謹題請旨。

嘉慶元年捌月貳拾貳日。

太子太保、兵部尚書兼都察院右都御史、總督陝甘等處地方軍務兼理糧餉并兼管甘肅巡撫事兼理茶馬臣宜綿。

【貼黄】

太子太保、兵部尚書兼都察院右都御史、總督陝甘等處地方軍務兼理糧餉并兼管甘肅巡撫事兼理茶馬臣宜綿謹題：爲欽奉上諭事。

該臣查得，甘肅省所屬各驛每年需用倒馬價銀，例應預期估撥。兹據甘肅布政使陸有仁詳稱，查嘉慶元年壹歲倒馬價銀，准甘肅按察使廣厚造册移送。查册造蘭州、鞏昌、平凉、慶陽、甘州、凉州、寧夏、西寧捌府，并秦州、階州、肅州、涇州、安西伍直隸州所管各驛，嘉慶元年原額、新添、孳生、續添、增添共馬肆升柒百壹拾捌匹。自嘉慶元年正月初壹日起，至年底止，照依拾分倒貳分之例合算，共應准倒馬玖百肆拾叁匹零，每匹價銀捌兩，共買補價銀柒千伍百肆拾捌兩零，應請在于各屬解到官茶改折歸并候撥兵餉款内動支，作正開銷。再，查肅、安貳直隸州安設運送一切官物拉車馬壹百伍拾匹，嘉慶元年壹歲應准倒馬叁拾匹，共需買補倒馬價銀貳百肆拾兩，應于新疆經費銀内動支。等情。造具估册，呈賫請題前來，臣覆核無异。除册分送部科外，謹題請旨。

【《明清檔案》A273—74，B154335—B154341】

△諭著宜綿委員履勘寧夏中衛等縣被水淹浸之處查明秋禾受傷分數酌量妥爲撫恤奏聞等事

嘉慶元年九月初二日

大學士伯和字寄陝甘總督宜。

嘉慶元年九月初二日，奉上諭："前因甘省皋蘭等處被旱成灾，節經降旨，令該督等妥爲撫恤，并以烏魯木齊所屬糧價較平，或勸諭貧民出口就食他方，量爲資助，俾失業貧民謀生有路。硃：不過無聊之思。兹據宜綿覆奏，各屬貧民見有借糶賑恤之恩旨，俱各安土重遷，不肯遠出。等語。自係實在情形。此等被灾貧民既願安居閭里，斷無强其就食遐方之理。現在宜綿與藩司等籌辦續糶，并勸諭居民，將多餘糧石糶賣，嚴禁市儈囤積。其成灾各屬，現飭印委各員認真散賑，務俾小民均沾實惠，自當如此辦理。

“又據奏，各廳、州、縣七月糧價已較上月漸次平減，此可稍慰。至成灾各屬，雖現經借糶給賑，究恐民食尚屬拮据。著傳諭宜綿諄飭所屬，加意撫綏。如届冬令尚有應行展賑之處，即一面具奏，一面展賑，務令貧民口食得資接濟，不致一夫失所爲妥。再，甘省地方産米之區較少，現雖經該督勸諭居民將多餘糧石糶賣，但如該省寧夏所屬除現未經被灾處所外，其餘州縣糧食是否尚足濟灾區，缺乏若本省不敷接濟，或于鄰境西安及川省産米地方設法招徠，俾市販聞風競集，小民口食有資，更爲妥善。該督曾否籌計及此，并著酌量情形，妥爲辦理，據實具奏。

“又據另片奏，涇州、鞏昌所屬之崇信、岷州等處地畝偶受雹傷。又，寧夏、中衛、西寧、碾伯等縣間有被水淹浸之處，并著宜綿委員確切履勘，查明秋禾受傷分數，酌量妥爲撫恤奏聞，以副朕軫念灾區至意。將此五百里諭令知之。欽此。”遵旨寄信前來。

【《嘉慶道光兩朝上諭檔》第 1 册，第 256 頁第 659 條】

△諭宜綿奏親赴鞏昌一帶抽查户口并酌定散賑事宜

嘉慶元年九月二十一日

大學士公阿、大學士伯和字寄陝甘總督宜。

嘉慶元年九月二十一日，奉上諭：“宜綿奏親赴鞏昌一帶抽查户口，并酌定散賑事宜一摺，覽奏俱悉。該省皋蘭等十八廳、州、縣夏禾被旱成灾，節經降旨，令該督查明應賑貧民，飭屬妥辦。兹據宜綿親赴各處抽查户口、銀、米，兼賑所辦，尚爲妥協，但灾歉之後，小民待哺甚殷，該督務須督飭所屬留心稽察，并親往抽驗，俾灾黎均沾實惠，毋任吏胥稍有侵蝕尅扣情弊。至被灾地方，業經該督撥糧十八萬餘石、銀五十餘萬兩，分給散放。其被灾較重之區于正賑、加賑之外，如民力尚不免拮据，宜綿仍當察看情形，酌籌接濟，不可意存惜費，以副朕軫念災區、有加無已至意。其寧夏等府所屬之平羅、環縣等處，因河水暴漲，并猝被冰雹，秋禾受傷，并著宜綿飭屬確切履勘，妥爲撫恤，毋使一夫失所。將此由六百里諭令知之。欽此。”遵旨寄信前來。

【《嘉慶道光兩朝上諭檔》第1册，第283頁第727條】

陝甘總督兼甘肅巡撫宜綿題報乾隆六十年各營兵馬數目

嘉慶元年十月五日

題。

十月十九日。

元年十月□日下兵。

該部察核具奏。

太子太保、兵部尚書兼都察院右都御史、總督陝甘等處地方軍務兼理糧餉并兼管甘肅巡撫事兼理茶馬臣宜綿謹題：爲清查各省額兵，以清經制額餉，用剔漏弊，永杜冒濫事。

前准兵部咨，職方清吏司案呈，奉本部送，兵科抄出該本部覆户科副理官徐必進題前事。等因。順治拾壹年正月貳拾捌日，奉旨：“該部知道。欽此欽遵。”抄出到部送司。奉此，案呈到部。該臣等看得，科臣徐必進疏稱，各屬標營將領坐名冒糧，虚糜額餉，應徹底清算，造册報部，永爲定規，題請前事。

案查順治拾年陸月内，題覆本部尚書王永吉題爲欽奉上傳等事一疏，内議各營兵馬沿襲陋規，不無虚冒，屢催册報，往往稽遲。間有報到，又復不實。應敕各督撫徹底清查，汰老弱、清隱占，備將汰過虚兵清出糧若干，年底造册奏報。等因。奉有“依議”之旨，臣部欽遵通行在案。今科臣所奏與臣部所見相同，應仍敕下各督撫，徹底清查，作速奏報。等因。順治拾壹年叁月拾伍日奉旨："是。欽此欽遵。"抄出移咨前來。准此，又于康熙元年正月初肆日，准兵部咨：爲欽奉上諭事。職方清吏司案呈，奉本部准，延綏巡撫張中第咨前事。等因。到部。查點汰兵馬，咨送經制千把文册，均係武官之事，應遵照會議内事理，聽總督、提督管理，仍咨回該撫可也。

又于乾隆肆拾玖年玖月貳拾肆日，准兵部咨，爲咨查事，武庫司案呈，准軍機處交查，定鼎以來，甘省、陝省原設額兵若干，雍正年間，因防備準噶爾添兵若干，至平定新疆後，陸續將甘省、陝省内地兵丁移駐烏嚕木齊、伊犁等處各若干，屯防兵若干，肆拾陸年以前，甘省、陝省各官養廉名糧各若干，公費虚兵各若干，扣留公糧各若干，并新疆兵内有無養廉公費、公糧各若干之處，詳細查明，分款開單，速寄軍機處。等因。前來。查陝甘貳省兵册，歷據該督題報，均未分晰甘省若干、陝省若干。其移駐新疆各兵，亦未按照由某省某年派往開列，至養廉及公費并公糧逐年俱有多寡不符，屢次駁查。續據聲覆，總未清晰，且該督題報肆拾柒年分兵丁數目亦有不符。現今駁查，未經登覆。今軍機處交查，難以聲覆。應擬定册式，行文陝甘總督查照軍機處交查各款，將甘肅省、陝西省及新疆各處速即詳細逐款分晰，遵造妥册送部，以便核覆可也。等因。節經移行通查，遵照在案。

茲准署西安將軍臣花尚阿、陝西巡撫臣秦承恩、固原提督臣柯藩、甘肅提督臣烏大經、烏嚕木齊提督臣興奎、署延綏鎮總兵官印務永昌協副將田有成、署興漢鎮總兵官印務潼關協副將徐煜、河州鎮總兵官保興、署涼州鎮總兵官印務靖遠協副將齊郎阿、寧夏鎮總兵官吉蘭泰、西寧鎮總兵官富爾賽、肅州鎮總兵官索費英阿、署巴里坤鎮總兵官印務安西協副將德成額、署督標中軍副將事右營參將皂禄，各將乾隆陸拾年分標營經制原額、裁撥、駐防、屯田、聽差增添、裁汰、實在馬步戰守兵丁數目及無隱占虚冒文册，咨呈前來。準據此，該臣查得，西安軍標并陝甘督撫、提鎮各標、協、營清查兵馬一案，例應按年彙題。兹準據西安將軍、陝西巡撫暨各提督總兵并署督標中軍副將皂禄，各將乾隆陸拾年分經制原額、裁撥、駐防、屯田、聽差、增添、裁汰、實在兵丁數目，遵照上届册式，分晰在營、在屯造具清册前來，臣覆核無异。除册彙送兵部外，臣謹會同署西安將軍臣花尚阿、陝西巡撫臣秦承恩、陝西固原提督臣柯藩、甘肅提督臣烏大經、烏嚕木齊提督臣興奎合詞具題，伏祈皇上睿鑒，敕部核覆施行。爲此具本，專差承差梁懿德、吴學明賫捧，謹題請旨。

嘉慶元年拾月初伍日。

太子太保、兵部尚書兼都察院右都御史、總督陝甘等處地方軍務兼理糧餉并兼管甘肅巡撫事兼理茶馬臣宜綿。

【貼黄】

太子太保、兵部尚書兼都察院右都御史、總督陝甘等處地方軍務兼理糧餉并兼管甘肅巡撫事兼理茶馬臣宜綿謹題：爲清查各省額兵等事。

該臣查得，西安軍標并陝甘督撫、提鎮各標、協、營清查兵馬一案，例應按年彙題。兹準據署西安將軍、陝西巡撫暨各提督、總兵，并署督標中軍副將，各將乾隆陸拾年分經制原額、裁撥、駐防、屯田、聽差、增添、裁汰、實在兵丁數目，遵照上届册式，分晰在營、在屯，造具清册前來，臣覆核無异。除册彙送兵部外，臣謹合詞，具題請旨。

【《明清檔案》A274—30，B154743—B154746】

陝甘總督兼甘肅巡撫宜綿題報甘省秋禾收成分數

嘉慶元年十月二十二日

題。

十一月初六日。

元年□月□日下户。

該部知道。

太子太保、兵部尚書兼都察院右都御史、總督陝甘等處地方軍務兼理糧餉并兼管甘肅巡撫事兼理茶馬臣宜綿謹題：爲彙報秋禾實收分數，恭請睿鑒事。

據甘肅布政使司布政使陸有仁呈，蒙前護甘肅巡撫印務徐布政使案驗，乾隆元年叁月拾柒日，准户部咨開，内閣抄出總理事務和碩莊親王等議覆，刑科掌印給事中陳履平奏督撫奏報年歲收成分數請改用題本一摺。查督撫奏報年歲收成分數，向係具摺密陳，若改用題本，自可杜假飾之弊。但摺奏可隨時具報，而題本必需彙集通省分數，未免稽遲。應請嗣後仍令該督撫隨時具摺奏報外，再將通省之夏收、秋收分數分繕兩本具題，交部科查察。等因。奉旨："依議。欽此。"抄出到部，移咨轉行。等因。又蒙前督查部院案驗，准户部咨同前事。等因。

又蒙前撫元部院案驗，爲欽奉上諭事。乾隆叁年柒月拾玖日，准户部咨，山東司案呈，户科抄出山東巡撫法敏題報東省各州縣四鄉麥收分數壹案，于乾隆叁年伍月貳拾日題，陸月初肆日奉旨："該部知道。嚮來各省開報收成本内，有止開某州某縣收成幾分者，有開各州縣收成分數，而又合算一省之中約計可得幾分者。朕思開報收成，自當將各州縣分數分開于前，再將合計通省分數總開于後，則一望洞然。庶可慰朕念切民依之至意。著傳諭各督撫一體遵行。欽此欽遵。"于本月初伍日抄出到部。相應通行各省督撫一體遵奉旨内事理施行可也。等因。又蒙前任查部院案驗，准户部咨同前事。等因。

又蒙巡撫甘肅鄂部院案驗，爲遵旨彙奏事。乾隆拾肆年陸月初柒日，准户部咨，福建清吏司案呈，本部彙奏乾隆拾叁年各直省豐歉旱澇收成分數壹案，乾隆拾肆年肆月貳拾叁日奏，本日奉旨："堂官免其交部，餘依議。欽

此。”相應抄録原奏黏單移咨各該督撫，逐一查明報部，并令嗣後題報麥禾分數，務將省轄府、州、縣、衛等處開列明確。如有應行聲明之處，務將不符緣由逐一聲明。庶彙奏得以畫一，而辦理不致參差矣。行令各督撫一體遵照可也。

計黏單一紙，内開：户部謹奏，爲遵旨彙奏事。該臣等查得，乾隆玖年拾貳月初貳日，内閣抄出河南道監察御史彭肇洙奏稱，凡四方水旱豐歉，各省督撫或題或奏，部覆請旨施行。計一歲之中，天下之大，奏牘如此其紛且繁，皇上安能于萬幾之餘處處周知而數計？宜令户部年終壹次彙奏。計歲中某省旱，某省澇，某省旱澇不爲灾，某省豐，某省歉，某省豐歉居半。按省分注，務在簡切詳明，彙總繕摺，于封印之日，進呈御覽。等因。奉旨：“著照所請行，該部知道。欽此欽遵。”經臣等以各省收成分數，各該督撫勘明題報，須于次年貳月内到齊奏請。嗣後于叁月内彙摺具奏，歲以爲例。等因。奉旨：“依議。”欽遵各在案。今據直隸等省各該督撫將乾隆拾叁年分夏麥、早禾、秋禾收成分數，及間有被灾分數，陸續題報前來。

查各省收成，應照分數區别豐歉。乾隆拾年彙奏案内，臣等請照酌借倉糧定例，收成在捌分以上者爲豐收，柒分以下者爲歉收，歷年遵行在案。查各省題報收成分數，臣部向將該省所轄地方開列于前，即將該督撫等題報收成分數分列于後，開單進呈。今次將各省題報分數，與該省所轄地方詳加查對，内有廳衛城所等處，該督撫題報案内并未報有分數。臣等竊思，或係附入各州縣徵收，以致與省轄數目不符，亦應聲明報部，該督撫并未聲明。臣部承辦司員，自乾隆拾年起，至拾叁年止，均未經詳查，係屬疏漏，應交部議處。至此次雖經臣等查出，但從前疏略之咎，亦所難辭，應請一并查議。今仍按現在題報各省州縣豐歉分數原案，通融核算，區别分注，内有短少之處，一并開注，繕具清單，進呈御覽，仍令該督撫詳細聲明報部，再行辦理可也。計開：甘肅省轄捌府、拾壹州、陸廳、肆拾肆縣、陸衛、壹所，按督撫題報分數案内，并未將捌府開報分數。再，省轄府、州、縣、衛、廳、所各屬是否確實題報分數案内，有無遺漏舛錯，應令一并作速查明報部。等因。

又蒙巡撫甘肅常部院案驗，乾隆貳拾捌年玖月初柒日，准户部咨，陝西清吏司案呈，乾隆貳拾捌年柒月拾捌日，準山東司傳抄本部議覆廣東調任巡撫明山奏各省開報收成分數請删除厘毫零尾一摺，乾隆貳拾捌年柒月拾肆日奏，奉旨："依議。欽此。"相應傳付各司抄録查照。等因。前來。相應抄録原奏，行文陝甘督撫一體遵照可也。

計黏抄原奏一紙，内開：爲遵旨議奏事。内閣抄出廣東調任巡撫明山奏各省開報收成分數請删除厘毫零尾一摺，于乾隆貳拾捌年陸月貳拾伍日奉硃批："該部議奏。欽此欽遵。"于柒月初壹日抄出到部。該臣等查得，廣東調任巡撫明山奏稱，欽惟我皇上重農貴粟，凡直省收成分數，上廑宸衷，爲臣子者，自當據實入告，不敢稍有虚飾。惟是臣每見各省題奏，多有開報至幾厘幾毫爲止者。查收成分數，原係約略大概，非會計錢穀可比。即以撒合總例有零尾，亦當云幾分以上。若錙銖積算，折及厘毫，轉失核實之道。就臣愚見，應請嗣後題奏收成分數，總以幾分爲率。若不止此數，則統言幾分以上，將厘毫零尾删除，庶名實相符，而敷奏亦覺得體。等因。前來。

查開報收成分數，嚮來各督撫俱係繕摺奏報。自乾隆元年，刑科給事中陳履平奏准，行令各直省將所屬各州縣夏收、秋收分數改爲題本以來，各該督撫本内有稱收成在幾分幾厘幾毫者，又有稱係幾分有餘者，亦有題報收成在幾分以上者。各省原未畫一。今該撫奏稱，收成分數係約略大概，非會計錢穀可比。請嗣後題報收成分數，總以幾分爲率。若不止此數，統言幾分以上，將厘毫零尾删除。等語。臣等覆查各省收成分數，每年據實題報，以稽核地方之豐歉。臣部于年底將各省題報分數情形，彙核開單奏聞。如有適合幾分爲率者則稱收成幾分，如有收成在幾分幾厘并有在幾分以上者，則俱稱

收成幾分有餘。其直隸、湖北等省，間有開寫厘毫者，概行删除，以免參差瑣碎之繁。歷年遵照具奏在案。今該撫所請删除零尾之數，與臣部年終具奏成例相符。應如所請，行令各該督撫，嗣後題報收成分數，俱照臣部具奏之例開明幾分，或開寫幾分有餘，庶各省得以畫一，而名實亦屬相符。俟命下之日，臣部行文各直省督撫府尹等，一體遵照可也。乾隆貳拾捌年柒月拾肆日奏，柒月拾肆日奉旨："依議。欽此欽遵。"等因。

又蒙陝甘總督勒部院案驗，乾隆伍拾肆年閏伍月拾叁日，準大學士伯和珅等字寄，内開：臣和珅謹奏，查閔鶚元奏貳麥約收分數摺内，江寧、蘇州、松江、常州、鎮江、太倉陸府州屬，均有玖拾分不等。揚州、淮安、徐州、通州、海州伍府州屬，亦約有玖拾分不等。臣等將江蘇省麥收分數通盤牽算，約共玖分有餘。除擬寫寄信閔鶚元諭旨，令其查明據實覆奏外，并行知各省督撫，嗣後奏報夏秋收成分數，俱于摺尾將通省牽算總共分數若干，聲叙明悉，不得仍前含混。謹奏。乾隆伍拾肆年伍月拾貳日奉旨："知道了。欽此。"等因。

又蒙前任陝甘總督勒部院案驗，乾隆伍拾捌年捌月拾壹日，準大學士伯和珅字寄各省督撫，乾隆伍拾捌年柒月貳拾叁日奉上諭："本日陝西省題報貳麥收成分數，閲本首摘叙事由，又稱夏禾收成分數。嚮來惟大田秋稼始稱爲'禾'，今該省題報麥收，何得又牽扯'夏禾'字樣？此皆秦承恩叙事不能明悉，恐各省亦有似此題報者。著傳諭各該督撫，嗣後彙報收成分數時，務須留心檢點，將麥收、大田分晰題奏，毋得牽混繕寫，以致眉目不清。將此諭令知之。欽此。"遵旨寄信前來。各等因。咨院俱行到司。蒙此，均經轉飭遵照在案。今查嘉慶元年秋禾約收分數，催據各屬呈報前來，業經分晰開摺，呈請具奏在案。兹據各屬將秋禾實收分數開報到司，相應詳請核題。再，查甘肅省捌府并無管轄地畝，無憑開報分數。今照舊例，將各該府并秦州、階州、涇州、肅州、安西、伍直隸州及所屬本年秋禾實收分數，分晰總

撤，統爲開報。其未種秋禾者，亦在撤内逐細聲除，并無遺漏，合并聲明。等情。呈詳到臣。

該臣查得，各省每年秋禾收成分數，例應具題。兹據甘肅布政使陸有仁，將甘省蘭州等捌府、秦州等伍直隸州并所屬嘉慶元年秋禾收成分數，逐一開列，彙報前來。查蘭州府屬之皋蘭縣，除夏田被旱、不能翻種晚秋地畝外，其餘秋禾收成陸分。河州秋禾，除夏田被旱、翻種晚秋不能成熟外，餘俱收成陸分。狄道州秋禾，除夏田被旱、翻種晚秋不能成熟外，餘俱收成陸分。沙泥州判，除夏田被旱、不能翻種晚秋地畝外，其餘秋禾收成陸分有餘。渭源縣，秋禾收成陸分。金縣，除夏田被旱、不能翻種晚秋地畝外，其餘收成陸分有餘。靖遠縣，除夏田被旱、不能翻種晚秋地畝外，其餘秋禾收成陸分。統計蘭州府屬，除紅水縣丞、循化廳地氣寒冷，向不種秋外，收成陸分有餘。

鞏昌府屬之隴西縣，除夏田被旱、不能翻種晚秋地畝外，其餘秋禾收成陸分有餘。寧遠縣，除夏田被旱、不能翻種晚秋地畝外，其餘秋禾收成陸分。伏羌縣，除夏田被旱、不能翻種晚秋地畝外，其餘秋禾收成陸分有餘。西和縣，秋禾收成陸分。安定縣，除夏田被旱、不能翻種晚秋地畝外，其餘秋禾收成陸分。會寧縣，除夏田被旱、不能翻種晚秋地畝外，其餘秋禾收成陸分。通渭縣，除夏田被旱、不能翻種晚秋地畝外，其餘秋禾收成陸分有餘。漳縣，除夏田被旱、不能翻種晚秋地畝外，其餘秋禾收成陸分有餘。統計鞏昌府屬，除岷州、洮州地氣寒冷，向不種秋外，收成陸分有餘。

平凉府屬之平凉縣，除夏田被旱、不能翻種晚秋地畝外，其餘秋禾收成陸分。華亭縣，秋禾收成陸分有餘。莊浪縣丞，秋禾降夏田被旱、翻種晚秋不能成熟外，餘俱收成陸分。隆德縣，除夏田被旱、不能翻種晚秋地畝外，其餘秋禾收成陸分。固原州，除夏田被旱、不能翻種晚秋地畝外，其餘秋禾收成陸分有餘。静寧州，除夏田被旱、不能翻種晚秋地畝外，其餘秋禾收成陸分。鹽茶廳，除夏田被旱、不能翻種晚秋地畝外，其餘秋禾收成陸分。統計平涼府屬收成陸分有餘。

慶陽府屬之寧州秋禾收成柒分，安化縣秋禾收成玖分，合水縣秋禾收成柒分，正寧縣秋禾收成捌分有餘。環縣除被雹地畝外，其餘秋禾收成陸分。統計慶陽府屬收成柒分有餘。

甘州府屬之撫彝廳秋禾收成捌分有餘，張掖縣秋禾收成捌分有餘，山丹縣秋禾收成捌分，東樂縣丞秋禾收成捌分。統計甘州府屬收成捌分有餘。

涼州府屬之武威縣秋禾收成捌分有餘，永昌縣秋禾收成柒分有餘，鎮番縣秋禾收成柒分有餘，古浪縣秋禾收成捌分。平番縣除夏田被旱、不能翻種晚秋地畝外，其餘秋禾收成陸分。統計涼州府屬收成柒分有餘。

寧夏府屬之靈州秋禾除被雹地畝外，餘俱收成柒分。寧夏縣秋禾除被雹地畝外，餘俱收成陸分有餘。寧朔縣秋禾收成陸分有餘。中衛縣秋禾除被水地畝外，餘俱收成柒分。平羅縣秋禾除被水地畝外，餘俱收成陸分有餘。花馬池州同秋禾除被雹地畝外，餘俱收成陸分有餘。統計寧夏府屬收成陸分有餘。

西寧府屬之貴德廳秋禾收成捌分。碾伯縣秋禾除被水地畝外，餘俱收成捌分。統計西寧府屬，除巴燕戎格廳、西寧、大通貳縣地氣寒冷，向不種秋外，收成捌分。

秦州直隸州秋禾收成捌分有餘，清水縣秋禾收成捌分有餘，秦安縣秋禾收成捌分，禮縣秋禾收成捌分，徽縣秋禾收成玖分有餘，兩當縣秋禾收成捌分，三岔州判秋禾收成捌分。統計秦州直隸州屬收成捌分有餘。

階州直隸州秋禾收成捌分，文縣秋禾收成玖分，成縣秋禾收成捌分，西固州同秋禾收成玖分。統計階州直隸州屬收成捌分有餘。

涇州直隸州秋禾收成捌分。崇信縣秋禾除被雹地畝外，餘俱收成捌分。靈壹縣秋禾收成柒分。鎮原縣秋禾除被雹地畝外，餘俱收成柒分有餘。統計涇州直隸州屬收成柒分有餘。

肅州直隸州秋禾收成捌分，高臺縣秋禾收成捌分，王子莊州同秋禾收成捌分有餘，毛目縣丞秋禾收成捌分有餘。統計肅州直隸州屬收成捌分有餘。

安西直隸州秋禾收成玖分，敦煌縣秋禾收成捌分有餘，玉門縣秋禾收成捌分有餘。統計安西直隸州屬收成捌分有餘。

查甘肅捌府、伍直隸州屬，通省牽算，秋禾實在收成柒分有餘。等情。呈請具題前來，臣覆核無异。除揭貼照例分送外，相應具題，伏祈皇上睿鑒，敕部查照施行。謹具題聞。

嘉慶元年拾月貳拾貳日。

太子太保、兵部尚書兼都察院右都御史、總督陝甘等處地方軍務兼理糧餉并兼管甘肅巡撫事兼理茶馬臣宜綿。

【貼黄】

太子太保、兵部尚書兼都察院右都御史、總督陝甘等處地方軍務兼理糧餉并兼管甘肅巡撫事兼理茶馬臣宜綿謹題：爲彙報等事。

該臣查得，各省每年秋禾收成分數，例應題報。兹據甘肅布政使陸有仁將甘肅省蘭州、鞏昌、平凉、慶陽、甘州、凉州、寧夏、西寧捌府，并秦州、階州、涇州、肅州、安西伍直隸州所屬嘉慶元年秋禾收成分數，逐一開列彙報前來。查甘州、秦州、階州、肅州、安西伍府州屬，俱收成捌分有餘。西寧府屬收成捌分。慶陽、凉州、涇州叁府州屬俱收成柒分有餘。蘭州、鞏昌、平凉、寧夏肆府屬俱收成陸分有餘。統計甘肅省捌府伍直隸州，通省牽算，收成柒分有餘。等情。前來，臣覆核無异。謹具題聞。

【《明清檔案》A274—64，B154893—B154903】